PSICODRAMA

J. L. MORENO

PSICODRAMA

Tradução de
ÁLVARO CABRAL

Título original: *Psicodrama – First Volume*.

1ª edição 1975.

13ª reimpressão 2014.

Direitos de tradução para a língua portuguesa
adquiridos com exclusividade pela
EDITORA PENSAMENTO-CULTRIX LTDA.
Rua Dr. Mário Vicente, 368 – 04270-000 – São Paulo, SP
Fone: (11) 2066-9000 – Fax: (11) 2066-9008
E-mail: atendimento@editoracultrix.com.br
http://www.editoracultrix.com.br
que se reserva a propriedade literária desta tradução.
Foi feito o depósito legal.

Dedicado a Meu Irmão

William L. Moreno

Patrocinador do primeiro
Teatro Terapêutico em Viena, 1922
e
Fundador do Teatro de Nova Iorque para
Psicodrama, 1942

DIVISA

Mais importante do que a ciência é o seu resultado,
Uma resposta provoca uma centena de perguntas.

Mais importante do que a poesia é o seu resultado,
Um poema invoca uma centena de atos heróicos.

Mais importante do que o reconhecimento é o seu resultado,
O resultado é dor e culpa.

Mais importante do que a procriação é a criança.
Mais importante do que a evolução da criação é a
evolução do criador.

Em lugar de passos imperativos, o imperador.
Em lugar de passos criativos, o criador.
Um encontro de dois: olhos nos olhos, face a face.
E quando estiveres perto, arrancar-te-ei os olhos
e colocá-los-ei no lugar dos meus;
E arrancarei meus olhos
para colocá-los no lugar dos teus;
Então ver-te-ei com os teus olhos
E tu ver-me-ás com os meus.

Assim, até a coisa comum serve o silêncio
E nosso encontro permanece a meta sem cadeias:
O Lugar indeterminado, num tempo indeterminado,
A palavra indeterminada para o Homem indeterminado.

Traduzido de "Einladung zu einer Begegnung", por J. L. Moreno, pág. 3, publicado em Viena, 1914.

Deus é espontaneidade. Daí o mandamento:
"Sê espontâneo!"

De "The Words of the Father", Introdução por J. L. Moreno, pág. XVIII.

SUMÁRIO

SEÇÃO V. TEORIA E PRÁTICA DOS PAPÉIS

SEÇÃO VI. PSICODRAMA

SEÇÃO VII. PSICOMÚSICA

SEÇÃO IX. FILMES TERAPÊUTICOS

PSICODRAMA E PSICOTERAPIA DE GRUPO

Introdução à Quarta Edição do Original em Inglês

Há dois mil anos, a humanidade sofreu, como nós hoje, uma crise de primeira grandeza. Para as grandes massas, a catarse proveio do Cristianismo, devido à universalidade dos seus métodos e à praticabilidade dos seus instrumentos — amor e confissão, caridade e esperança — em vez da que promanava das escolas filosóficas do Egito e da Grécia. Em nosso tempo, as ciências sociais e mentais têm em mira um propósito semelhante ao que a religião atingiu outrora. As massas humanas sofrem de inquietação social e mental. Provavelmente, a catarse virá de novo de instrumentos que combinam a universalidade de método e grande praticabilidade. Um dos métodos mais promissores desenvolvidos nos últimos vinte e cinco anos e que preencheu essas exigências é o método psicodramático.

Drama é uma transliteração do grego δρᾶμα, *que significa ação, ou uma coisa feita. Portanto, o psicodrama pode ser definido como a ciência que explora a "verdade" por métodos dramáticos.*

O método psicodramático usa, principalmente, cinco instrumentos — o palco, o sujeito ou paciente, o diretor, o staff *de assistentes terapêuticos ou egos auxiliares, e o público. O primeiro instrumento é o palco. Por que um palco? Ele proporciona ao paciente um espaço vivencial que é flexível e multidimensional ao máximo. O espaço vivencial da realidade da vida é amiúde demasiado exíguo e restritivo, de modo que o indivíduo pode facilmente perder o seu equilíbrio. No palco, ele poderá reencontrá-lo, devido à metodologia da Liberdade — liberdade em relação às tensões insuportáveis e liberdade de experiência e expressão. O espaço cênico é uma extensão da vida para além dos testes de realidade da própria vida. Realidade e fantasia não estão em conflito; pelo contrário, ambas são funções dentro de uma esfera mais vasta — o mundo psicodramático de objetos, pessoas e eventos. Em sua lógica, o fantasma do pai de Hamlet é tão real e sua existência tão permitida quanto o próprio Hamlet. Os delírios e alucinações recebem corpo — consubstanciação no palco — e igualdade de* status *com as percepções sensoriais normais. O plano arquitetônico do palco é feito de acordo com requisitos terapêuticos. As suas formas circulares e níveis do palco, níveis de aspiração, assinalando a dimensão vertical, estimulam o alívio de tensões e permitem a mobilidade e flexibilidade de ação. O* locus *de um psicodrama, se necessário, pode ser designado em toda e qualquer parte, onde quer que os pacientes estejam, no campo de batalha, na sala de aula ou no lar. Mas a resolução final de profundos conflitos mentais requer um cenário objetivo, o teatro terapêutico. Tal como na religião, embora o devoto possa orar ao seu Deus em seus aposentos particulares, é na igreja que a comunidade de crentes alcança a mais completa confirmação de sua fé.*

O segundo instrumento é o sujeito ou paciente. É solicitado a ser ele mesmo no palco, a retratar o seu próprio mundo privado. É instruído para ser ele mesmo, não um ator, tal como o ator é compelido a sacrificar seu próprio eu privado ao papel que lhe foi imposto por um dramaturgo. Uma vez "aquecido" para a tarefa, é comparativamente fácil ao paciente fazer um relato de sua vida cotidiana em ação, pois ninguém possui mais autoridade sobre ele mesmo do que ele mesmo. Ele tem de atuar livremente, à medida que as coisas lhe acodem à mente; é por isso que tem de lhe ser concedida liberdade de expressão, espontaneidade. Em grau de importância, o processo de representação segue-se à espontaneidade. O nível verbal é transcendido e incluído no nível de ação. Existem muitas formas de representação, simulação de estar desempenhando um papel, passagem ao ato (acting out) *ou reapresentação de uma cena passada, vivenciar um problema atualmente premente, criando vida no palco ou testando-se a si mesmo para o futuro. Segue-se o princípio de envolvimento. Fomos criados com a idéia de que, tanto em situações de tratamento como de teste, um mínimo de envolvimento com outras pessoas e objetos é uma coisa sumamente desejável para o paciente. Um exemplo disso é o "Rorschach". A situação Rorschach é reduzida a borrões de tinta. No Rorschach, os sujeitos mudam mas a situação é sempre a mesma. Pensa-se que o fato de ser puro constitui a sua maior virtude e, portanto, oferece um teste "objetivo". Também a entrevista psicanalítica, em sua forma ortodoxa, tentou ser pura e objetiva, reduzindo ao mínimo o envolvimento com o analista. Na situação psicodramática, não só é possível mas esperado um máximo de envolvimento com outros sujeitos e outras coisas. A realidade não só não é temida mas provocada. Com efeito, na situação psicodramática, têm lugar todos os graus de envolvimento, do mínimo ao máximo. Segue-se, em adição, o princípio de concretização. O paciente é habilitado não só a encontrar-se com partes de si mesmo mas com outras pessoas que compartilham de seus conflitos mentais. Essas pessoas podem ser reais ou ilusórias. O teste da realidade, que é mera palavra em outras terapias, é, pois, realmente concretizado no palco. O processo preparatório de "aquecimento" do sujeito para o retrato psicodramático é estimulado por numerosas técnicas, somente algumas das quais são aqui mencionadas: auto-apresentação, solilóquio, projeção, interpolação de resistência, inversão de papéis, duplo ego, técnicas de espelho, mundo auxiliar, concretização e técnicas psicoquímicas. A finalidade dessas várias técnicas não é converter os pacientes em atores mas, antes, incentivá-los para que sejam* no palco o que eles são, mais profunda e explicitamente do que parecem ser na realidade da vida.

O terceiro instrumento é o diretor. Ele tem três funções: produtor, terapeuta e analista. Como produtor, tem de estar alerta para converter toda e qualquer pista que o sujeito ofereça em ação dramática, para conjugar a linha de produção com a linha vital do sujeito e nunca deixar que a produção perca contato com o público. Como terapeuta, atacar e chocar o sujeito é, por vezes, tão permissível quanto rir e trocar chistes com ele; às vezes, poderá se tornar passivo e indireto, e a sessão, para todos os fins práticos, parece ser dirigida pelo paciente. Enfim, como analista, poderá complementar a sua própria interpretação mediante respostas provenientes de informantes no público, marido, pais, filhos, amigos ou vizinhos.

O quarto instrumento é um staff de egos auxiliares. Estes egos auxiliares ou atores terapêuticos têm um duplo significado. São extensões do diretor, exploratórias e terapêuticas, mas também são extensões do paciente, retratando as personae reais ou imaginadas de seu drama vital. As funções do ego auxiliar são triplas: a função do ator, retratando papéis requeridos pelo mundo do paciente; a função do agente terapêutico, guiando o sujeito: e a função do investigador social.

O quinto instrumento é o público. Este reveste-se de uma dupla finalidade. Pode servir para ajudar o paciente ou, sendo ele próprio ajudado pelo sujeito no palco, converte-se então em paciente. Quando ajuda o paciente, é um sólido painel de opinião pública. Suas respostas e comentários são tão extemporâneos quanto os do paciente e podem variar desde o riso ao violento protesto. Quando mais isolado estiver o paciente, por exemplo, porque o seu drama no palco é formado por delírios e alucinações, mais importante se torna para ele a presença de um público disposto a aceitá-lo e compreendê-lo. Quando o público é ajudado pelo sujeito, assim se tornando o próprio sujeito, a situação inverte-se. O público vê-se a si mesmo, isto é, um de seus síndromes coletivos é retratado no palco.

A porção de palco de uma sessão psicodramática abriu o caminho à pesquisa e à terapia da ação, ao teste e adestramento de papéis, aos testes e entrevistas situacionais, ao passo que a porção de público se tornou o terreno comum das mais conhecidas formas de psicoterapia de grupo, como os métodos de conferência, os métodos teatrais e os métodos cinematográficos. Os fundamentos científicos da psicoterapia de grupo requerem, como requisito prévio, uma ciência básica de relações humanas, largamente conhecida como sociometria. É da "sociatria", uma contraparte patológica dessa ciência, que pode ser derivado, no tocante à organização anormal de grupos, o diagnóstico e o prognóstico, a profilaxia e o controle do comportamento do grupo divergente.

Agora que descrevemos os cinco instrumentos básicos requeridos para conduzir uma sessão psicodramática, podemos formular a seguinte pergunta: Para que efeito? Limitar-nos-emos aqui à descrição de um único fenômeno: a catarse mental (proveniente do grego, com o significado de purga, purificação).

Breuer e Freud ignoravam as implicações psicoterapêuticas do meio dramático a que Aristóteles se referiu. Coube ao psicodrama redescobrir e tratar a idéia de catarse em sua relação com a psicoterapia. Retomamos a linha de pensamento onde Aristóteles a deixara. Nós também começamos pelo drama, mas invertemos o procedimento. Não foi para a fase final mas para a fase inicial do drama que dirigimos a atenção. Quando entramos em cena com as nossas investigações, a catarse mental só se encontrava na literatura dramática, em reminiscências cada vez mais tênues da antiga definição de Aristóteles e o termo, em si, estava praticamente fora de circulação. Os psicanalistas, após um breve reacendimento no começo da década de 1890, puseram-no de lado. Como toda e qualquer atividade humana pode, praticamente, ser a fonte de um maior ou menor grau de catarse, o problema está em determinar em que consiste a catarse, de que maneira ela difere, por exemplo, da felicidade, do contentamento, êxtase, satisfação de necessidades etc. e se uma fonte é superior a uma outra na produção de catarse; por outras palavras, se existe ou não um elemento comum a todas as fontes que opera na produção da catarse. Portanto, o meu intento foi definir a catarse de tal sorte que todas as formas de influência que têm um efeito catártico demonstrável possam ser mostradas como passos positivos dentro de um único processo total de operação. Eu descobri que o princípio comum produtor de catarse é a espontaneidade.

Em virtude da universalidade do ato e de sua natureza primordial, ele abrange todas as outras formas de expressão, as quais fluem dele naturalmente ou podem ser estimuladas a emergir; associações verbais, associações musicais, associações visuais, associações cromáticas, associações rítmicas e coreográficas, e todo e qualquer outro estímulo que possa despertar ou inibir o surgimento de um ou outro fator, por exemplo, o uso de "disparadores" psicoquímicos, como os sedativos, os barbitúricos como o amital de sódio, o pentotal de sódio; ou métodos de choque como a insulina, o metrazol ou a eletricidade; ou medicações endocrinológicas como o extrato de tireóide, estão inteiramente dentro do esquema da catarse total; tais estímulos podem condicionar e preparar o organismo para a integração psicodramática. A necessidade dramática pode ser temporariamente abafada, por exemplo, pela sonoterapia ou as terapias de choque. Mas a necessidade fundamental de compreensão de certas imagens fantásticas não pode ser "abafada". A menos que o indivíduo seja reduzido a um inválido cerebral pela cirurgia ou prolongados tratamentos de choque, o paciente temporariamente aterrorizado está fadado a recair e reproduzir o mesmo tipo de síndrome mental que tinha antes de começado o tratamento. Todos os riachos da catarse parcial fluem para a corrente principal da catarse de ação.

O tratamento de públicos tornou-se uma importante alternativa do tratamento individual. O relacionamento do público consigo mesmo numa *sessão psicodramática, sendo tratado pelo seu próprio porta-voz no palco, dá-nos uma pista para as razões do efeito catártico do psicodrama. De acordo com os historiadores do teatro grego, o público existiu primeiro, o coro, discorrendo em torno de um síndrome comum. Havia entre os seus componentes aqueles que "davam a tônica" mas conservavam-se dentro do coro, não destacados deste. Thespis é apontado como tendo colocado o primeiro ator num espaço social fora do coro, o palco, não falando para o coro mas retratando as atribulações do seu próprio herói. Atribui-se a Ésquilo a colocação do segundo ator no palco, assim possibilitando o diálogo e a interação de papéis. A nós poderá ser creditado o fato de ter sido posta no palco a própria psique. A psique, que originalmente promanou do grupo — após um processo de reconversão no palco — personificada por um ator — retorna ao grupo — na forma de psicodrama. Aquilo que era mais surpreendente, novo e espetacular de ver e sentir no palco apresenta-se aos participantes, após uma completa exposição, como um processo que lhes é familiar e intimamente conhecido — como o próprio eu de cada um deles. O psicodrama confirma a própria identidade deles como num espelho.*

INTRODUÇÃO À TERCEIRA EDIÇÃO DO ORIGINAL EM INGLÊS

Antecedentes Históricos

Em 1914, houve em Viena duas antíteses da psicanálise; uma foi a rebelião do grupo suprimido contra o indivíduo; constituiu o primeiro passo além da psicanálise: a "psicoterapia de grupo". Introduzi esta denominação para sublinhar o fato de que se tratava, acima de tudo, de uma "terapia" do grupo e não, meramente, de uma análise sociológica ou psicológica. A outra foi a rebelião do ator suprimido contra a palavra. Isto constituiu o segundo passo além da psicanálise, o "psicodrama". No princípio foi existência. No princípio foi o ato.

Princípio. O método meramente analítico e verbal de psicoterapia de grupo cedo esbarrou com dificuldades. Quando se praticava a psicoterapia de grupo unicamente *in situ,* isto é, no seio da família, na fábrica etc. onde é vivida a vida, em todas as dimensões do presente, na ação, no pensamento e na palavra, sob a forma de monólogo, diálogo ou drama, o elemento psicomotor do organismo e o significado criador do encontro permaneceram inconscientes e sem investigação. Entretanto, quando chegava o momento de passar de um lugar natural para um sintético — por exemplo, da família para a clínica — era necessário reestruturar a vida em todas as suas dimensões, a fim de se poder realizar uma terapia no sentido real e concreto da palavra. Por conseguinte, tiveram de ser reconstruídas todas as relações que se produziam na vida cotidiana; era preciso dispor de um espaço onde fosse possível viver a vida da família da mesma maneira que ocorria na realidade, assim como simbolicamente. O quarto de dormir, a cozinha, o jardim, as *dramatis personae* da família — o pai, a mãe, o filho — e as discussões, conflitos e tensões entre elas, tal como ocorriam na vida cotidiana, tudo o que damos por assente e que permanece inconsciente, tinham de ser não só reconstituídos mas reduzidos a seus elementos verdadeiramente simbólicos. O que antes parecia ser problemático e lamentável converteu-se numa vantagem. A psicoterapia de grupo viu-se forçada a penetrar em todas as dimensões da existência, numa profundidade e amplitude que o psicoterapeuta de orientação verbal desconhecia. A psicoterapia de grupo converteu-se em psicoterapia da ação e em psicodrama.

Teoria do Papel

O Conceito de Papel

Nos últimos trinta anos, desenvolveu-se um novo conjunto de teorias que se propôs estabelecer uma ponte entre a psiquiatria e as ciências sociais; procurou transcender as limitações da psicanálise, do behaviorismo e da sociologia. Um dos mais significativos conceitos dessa nova estrutura teórica é o conceito psiquiátrico de papel.

É um "mito" que o sociólogo norte-americano G. H. Mead tenha exercido uma influência marcante sobre a formulação do conceito psiquiátrico de "papel" e de sua psicopatologia. A formulação e desenvolvimento desse conceito e das técnicas de desempenho de papéis é do exclusivo domínio dos especialistas em psicodrama. Isto abrange todas as formas de psicodrama, desde as extremas versões não-analíticas até às versões estritamente analíticas, nos Estados Unidos, França, Alemanha, Suíça, Espanha, Japão e Índia. Foram esses especialistas que não só formularam o conceito mas, além disso, iniciaram e levaram a cabo extensas pesquisas empíricas e clínicas durante mais de quarenta anos. Foi o meu livro em alemão, *Das Stegreiftheater*, de 1923 (traduzido para o inglês como *The Theatre of Spontaneity*), que abriu caminho ao psicodrama experimental e às técnicas do "aqui e agora".

O livro póstumo de G. H. Mead, *Mind, Self and Society*, apareceu em dezembro de 1934, quase um ano depois do meu *Who Shall Survive?*, editado em janeiro de 1934. Em momento nenhum utiliza Mead os termos "executante de papel" *(role player)*, "desempenho de papéis" ou "técnicas de desempenho de papéis", nem trata das implicações psicopatológicas do conceito de papel. Foi um excelente teórico mas nunca abandonou o plano da teoria. Se fosse por ele, não existiria o vasto conjunto de experimentação e pesquisa de papéis. O que nós, os especialistas em psicodrama, fizemos, foi (a) observar o processo do papel no próprio contexto da vida; (b) estudá-lo em condições experimentais; (c) empregá-lo como método psicoterapêutico (terapia da situação e do comportamento); e (d) examinar e treinar o comportamento no "aqui e agora" (adestramento de papel, adestramento da conduta e espontaneidade).

O Surgimento do Eu

"O desempenho de papéis é anterior ao surgimento do eu. Os papéis não emergem do eu; é o eu quem, todavia, emerge dos papéis." Evidentemente, isto é apenas uma hipótese, atraente para o cientista especializado em sociometria e comportamento mas que talvez seja rejeitada pelos aristotélicos, teólogos e metapsicólogos. O sociometrista sublinhará que o desempenho de papéis não é um traço exclusivamente humano, visto que os animais também desempenham papéis; eles podem ser observados assumindo papéis sexuais, papéis de construtores de ninhos e papéis de líderes, por exemplo.[1] Em contraste, os aristotélicos afirmarão que se deve postular a existência de um eu latente, como algo preexistente a todas as manifestações de papéis. Se não fosse essa estrutura do eu, os fenômenos do papel seriam carentes de significado e direção. Devem estar fundados em algo que confere unidade.

É possível harmonizar as opiniões do cientista do comportamento com as dos filósofos. Antes e imediatamente após o nascimento, o bebê vive num universo indiferenciado, a que eu chamei a "matriz da identidade". Essa matriz é existencial mas não é experimentada. Pode ser considerada o *locus* donde surgem, em fases graduais, o eu e suas ramificações, os papéis. Os papéis são os embriões, os precursores do eu, e esforçam-se por se agrupar e unificar. Distingui os papéis fisiológicos ou psicossomáticos, como os do indivíduo que come, dorme e exerce uma atividade sexual; os papéis psicológicos ou psicodramáticos, como os de fantasmas, fadas e papéis alucinados; e, finalmente, os papéis sociais, como os de pai, policial, médico etc. Os primeiros papéis a aparecer são os fisiológicos ou psicossomáticos. Sabemos que entre o papel sexual, o do indivíduo que dorme, o do que sonha e o do que come, desenvolvem-se "vínculos operacionais" que os conjugam e integram numa unidade. Num certo ponto, poderíamos considerá-la uma espécie de eu fisio-

1. "Sociometry of Subhuman Groups", Sociometry Monograph N.º 38.

lógico, um eu "parcial", um conglomerado de papéis fisiológicos. Do mesmo modo, no decurso do desenvolvimento, os papéis psicodramáticos começam se agrupando e formam uma espécie de eu psicodramático; e, finalmente, acontece o mesmo com os papéis sociais, compondo uma espécie de eu social. Os eus fisiológico, psicodramático e social são apenas eus "parciais"; o eu inteiro, realmente integrado, de anos posteriores, ainda está longe de ter nascido. Têm de se desenvolver, gradualmente, vínculos operacionais e de contato entre os conglomerados de papéis sociais, psicológicos e fisiológicos, a fim de que possamos identificar e experimentar, depois de sua unificação, aquilo a que chamamos o "Eu" e o "a mim". Desta maneira, a hipótese de um eu latente, metapsicológico, pode ser conciliada com a hipótese de um eu emergente, operacional. Entretanto, a teoria do papel é útil para tornar tangível e operacional um misterioso conceito do eu. Foi observado que há freqüentes desequilíbrios no agrupamento de papéis, dentro da área dos papéis psicossomáticos ou dos papéis sociais e entre essas áreas. Esses desequilíbrios geram um atraso no surgimento de um eu real e como tal experimentado, ou intensificam os distúrbios do eu.

Como a matriz da identidade é, no momento de nascer, o universo inteiro do bebê, não há diferenciação entre o interno e o externo, entre objetos e pessoas, entre psique e meio; a existência é una e total. Talvez seja útil considerar que os papéis psicossomáticos, no decurso de suas transações, ajudam a criança pequena a experimentar aquilo a que chamamos o "corpo"; que os papéis psicodramáticos a ajudam a experimentar o que designamos por "psique"; e que os papéis sociais contribuem para se produzir o que denominamos "sociedade". Corpo, psique e sociedade são, portanto, as partes intermediárias do eu total.

Se partirmos do postulado oposto, o de que o eu é anterior aos papéis e que os papéis emergem dele, teremos de supor que os papéis já estão implantados no eu e dele surgem necessariamente. Sendo preestabelecidos, teriam de adotar formas previamente determinadas. Semelhante teoria seria difícil de aceitar num mundo dinâmico, variável e autocriativo. Estaríamos na mesma posição dos teólogos de antanho que supunham que nascemos com uma "alma", e de que dessa alma original e dada provinha tudo o que um homem faz, vê ou sente. Também para o teólogo moderno seria vantajoso conceber a alma como uma entidade que se cria e evolui a partir de milhões de pequenos começos. Assim, a alma não está no começo mas no final da evolução.

O Termo "Papel"

O termo inglês *role* (= papel), originário de uma antiga palavra francesa que penetrou no francês e inglês medievais, deriva do latim *rotula*. Na Grécia e também na Roma Antiga, as diversas partes da representação teatral eram escritas em "rolos" e lidas pelos pontos aos atores que procuravam decorar seus respectivos "papéis"; esta fixação da palavra *role* parece ter-se perdido nos períodos mais incultos dos séculos iniciais e intermediários da Idade Média. Só nos séculos XVI e XVII, com o surgimento do teatro moderno, é que as partes dos personagens teatrais foram lidas em "rolos" ou fascículos de papel. Desta maneira, cada parte cênica passou a ser designada como um papel ou *role*.

Assim, por sua origem, o papel não é um conceito sociológico ou psiquiátrico; entrou no vocabulário científico através do teatro. É esquecido amiúde que a moderna teoria dos papéis teve sua origem lógica no teatro, do qual tomou suas perspectivas. Tem uma longa história e tradição no teatro europeu, a partir da qual eu desenvolvi gradualmente a direção terapêutica e social de nosso tempo. Introduzi-a nos Estados Unidos em meados da década de 1920. Dos papéis e contrapapéis, situações de papel e conservas de papel, desenvolveram-se naturalmente suas extensões modernas: o executante do papel, o desempenho de papéis, a expectativa de papel, a passagem ao ato *(acting out)* e, finalmente, o psicodrama e o sociodrama. Muitos sociólogos norte-americanos monopolizaram a teoria da ação e do papel, especialmente Talcott Parsons, como se fosse propriedade sociológica. Mas a maioria dos termos e significados que Parsons e seus colaboradores apresentam em suas obras pode ser encontrada em minhas publicações anteriores.

Definições e Construtos do Papel

O papel é a forma de funcionamento que o indivíduo assume no momento específico em que reage a uma situação específica, na qual outras pessoas ou objetos estão envolvidos.

O conceito de papel atravessa as ciências do homem, a fisiologia, a psicologia, a sociologia e a antropologia, unindo-as num novo plano. A teoria dos papéis não está limitada a uma só dimensão, a social. A teoria psicodramática dos papéis, operando com uma orientação psiquiátrica, é mais abrangente. Leva o conceito de papel a todas as dimensões da vida; começa com o nascimento e continua durante toda a vida do indivíduo e do *socius*, o membro da sociedade. Construiu modelos para o desempenho de papéis desde o nascimento em diante. Não podemos começar com o processo de papéis no momento em que a linguagem é adquirida; para sermos coerentes, ele tem de ser estudado desde as fases não-verbais da existência. Portanto, a teoria dos papéis não pode ser limitada aos papéis sociais; ela deve incluir as três dimensões: papéis sociais, expressando a dimensão social; papéis psicossomáticos, que expressam a dimensão fisiológica; e papéis psicodramáticos, que constituem a expressão da dimensão psicológica do eu.

Exemplos ilustrativos de papéis psicossomáticos são o papel do indivíduo que come e o papel sexual. Padrões característicos da interação mãe-bebê no processo de alimentação produzem constelações de papéis no indivíduo que come, as quais podem ser acompanhadas ao longo dos diferentes períodos da vida. A dedicação corporal do bebê à mãe é precursora do comportamento ulterior no papel sexual. Formas psicodramáticas de desempenho de papéis, como a inversão de papéis, a identificação de papel, o duplo desempenho e o desempenho de espelho, contribuem para o crescimento mental do indivíduo. Os papéis sociais desenvolvem-se numa fase subseqüente e apóiam-se nos papéis psicossomáticos e psicodramáticos, como formas anteriores da experiência.

Função do Papel

"A função do papel é penetrar no inconsciente, desde o mundo social, para dar-lhe forma e ordem." Eu mesmo sublinhei a relação dos papéis com as situações em que o indivíduo opera *(status)* e a relação significativa do papel com o ego.

Espera-se que todo o indivíduo esteja à altura do seu papel oficial na vida, que um professor atue como professor, um aluno como aluno e assim por diante. Mas o indivíduo anseia por encarnar muito mais papéis do que aqueles que lhe é permitido desempenhar na vida e, mesmo dentro do mesmo papel, uma ou mais variedades dele. Todo e qualquer indivíduo está cheio de diferentes papéis em que deseja estar ativo e que nele estão presentes em diferentes fases do desenvolvimento. É em virtude da pressão ativa que essas múltiplas unidades individuais exercem sobre o papel oficial manifesto que se produz amiúde um sentimento de ansiedade.

Todo o indivíduo — assim como tem, a todo o momento, um conjunto de amigos e um conjunto de inimigos — vê-se a si mesmo numa variada gama de papéis e vê os outros que o cercam numa grande variedade de contrapapéis. Eles estão em várias fases de desenvolvimento. Os aspectos tangíveis do que se conhece como o "ego" são os papéis em que ele atua, com o padrão de relações de papel em torno de um indivíduo, que é o seu foco. Consideramos os papéis e as relações entre eles o desenvolvimento de maior significado em qualquer cultura específica.

O papel é a unidade da cultura; ego e papel estão em contínua interação.

Desempenho de Papéis, Percepção do Papel e Representação do Papel

A percepção do papel é cognitiva e prevê as respostas iminentes. A representação do papel é uma aptidão de desempenho. Um alto grau de percepção do papel pode estar acompanhado de escassa aptidão para a sua representação e vice-versa. O desempenho de papéis *(role playing)* é uma função tanto da percepção como da representação de papéis. A aprendizagem de papéis, em contraste com o desempenho de papéis, é um esforço que se realiza mediante o ensaio de papéis, a fim de desempenhá-los de modo adequado em situações futuras.

Patologia do Papel

O comportamento regressivo não é uma verdadeira regressão fisiológica mas uma forma de desempenho inconsciente de papéis, uma regressão "psicodramática". O adulto catatônico nem por isso deixa de ser adulto, fisiológica e psicologicamente. Mas, ao atuar como um bebê indefeso, recorre ao mais baixo denominador possível do comportamento.

A "neurose histriônica" dos atores deve-se à intervenção de fragmentos de papéis "alheios" à personalidade do ator.

Medição de Papéis

Regra geral, um papel pode estar: 1. rudimentarmente desenvolvido, normalmente desenvolvido ou hiperdesenvolvido; 2. quase ou totalmente ausente numa pessoa (indiferença); 3. pervertido numa função hostil. Um papel, em qualquer das categorias acima, também pode ser classificado do ponto de vista do seu desenvolvimento no tempo: 1. nunca esteve presente; 2.

está presente em relação com uma pessoa mas não a respeito de uma outra; 3. esteve presente em relação a uma pessoa mas está agora extinto.

Um outro método significativo de medição é a análise de diagramas e sociogramas de papéis de indivíduos e grupos, do ponto de vista da interação de papéis, do conglomerado de papéis e da predição do comportamento futuro.

Os Estados Co-Inconscientes e a "Interpsique"

Por meio da "inversão de papéis" um ator tenta identificar-se com um outro mas essa inversão de papéis não pode ter lugar no vácuo. Indivíduos que se conhecem intimamente são suscetíveis de inverter seus papéis com muito maior facilidade do que os indivíduos que estão separados por uma larga distância psicológica ou étnica. A causa dessas grandes variações é o desenvolvimento de estados co-conscientes e co-inconscientes. Tanto o conceito de inconsciente individual (Freud) como o de inconsciente coletivo (Jung) não podem ser facilmente aplicados a estes problemas, sem forçar o significado dos dois termos. As livres associações de A podem ser um caminho para os estados inconscientes de A; as livres associações de B podem ser um caminho para os estados inconscientes de B; mas pode o material inconsciente de A vincular-se natural e diretamente ao material inconsciente de B, a menos que compartilhem ambos os estados inconscientes? O conceito de estados inconscientes individuais torna-se insatisfatório para explicar os movimentos entre as situações atuais de A e B. Devemos procurar um conceito construído de tal modo que a indicação objetiva da existência desse processo em ambas as direções não provenha de uma única psique mas de uma realidade mais profunda em que os estados inconscientes de dois ou mais indivíduos estão interligados com um sistema de estados co-inconscientes. Estes desempenham um grande papel na vida de pessoas intimamente associadas, como pai e filho, marido e mulher, mãe e filha, irmãos e gêmeos, mas também em outros conjuntos íntimos como equipes de trabalho, grupos de combate em guerras e revoluções, campos de concentração e grupos religiosos carismáticos. A terapia conjugal e familiar, por exemplo, tem de ser conduzida de tal modo que se manifeste a "interpsique" de todo o grupo na representação, exteriorizando suas tele-relações e seus estados co-conscientes e co-inconscientes. Os estados co-conscientes e co-inconscientes são, por definição, aqueles que os participantes experimentaram e produziram conjuntamente e que, por conseguinte, só podem ser reproduzidos ou representados em conjunto. Um estado co-consciente ou co-inconsciente não pode ser propriedade de um único indivíduo. É sempre uma propriedade *comum* e sua representação é impossível sem um esforço combinado. Se a representação desse estado co-consciente ou co-inconsciente é desejável ou necessária, tem de efetuar-se com a colaboração de todos os indivíduos envolvidos no episódio. O método lógico para tal representação a dois é o psicodrama. Por maior que seja o gênio perceptivo de um dos participantes do grupo, ele não poderá reproduzir sozinho esse episódio, pois ambos têm em comum seus estados co-conscientes e co-inconscientes, os quais são a matriz donde promana sua inspiração e seu conhecimento.

Regras Fundamentais

O psicodrama foi introduzido nos Estados Unidos em 1925 e, desde então, vários métodos clínicos foram desenvolvidos: o psicodrama terapêutico, o sociodrama, o axiodrama, o desempenho de papéis *(role playing)*, o psicodrama analítico e várias modificações dos mesmos.

Os principais participantes num psicodrama terapêutico são o protagonista ou sujeito; o diretor ou terapeuta principal; os egos auxiliares; e o grupo. O protagonista apresenta um problema privado ou coletivo; os egos auxiliares ajudam-no a dar vida ao seu drama pessoal e coletivo, e a corrigi-lo. Às experiências psicológicas significativas do protagonista é dada uma forma muito mais completa e detalhada do que a vida permitiria em circunstâncias normais. Um psicodrama pode ser produzido em qualquer lugar, onde quer que os pacientes estejam: no lar, num hospital, numa sala de aula ou num quartel. O seu "laboratório" instala-se em qualquer parte. O mais vantajoso é um espaço terapêutico especialmente adaptado, contendo um palco. O psicodrama está centrado no protagonista (no problema privado do protagonista) ou centrado no grupo (no problema do grupo). Em geral, é importante que o tema, privado ou coletivo, seja um problema verdadeiramente sentido pelos participantes (reais ou simbólicos). Os participantes devem representar suas experiências espontaneamente, embora a repetição de um tema possa revestir-se, com freqüência, de vantagens terapêuticas. A seguir ao protagonista, os egos auxiliares e o terapeuta principal desempenham um importante papel. É da responsabilidade deles elevar ao mais alto nível possível a produtividade terapêutica do grupo.

O Protagonista. — O protagonista deve estar consciente ou inconscientemente motivado para que possa ser produtivo. O motivo poderá ser, entre outras coisas, o desejo de auto-realização, de alívio de sua angústia mental, de capacidade para funcionar adequadamente num grupo social. Ele sente-se frustrado, digamos, no papel de pai ou em qualquer outro papel de sua vida real, e desfruta da sensação de domínio e realização por meio do psicodrama, o qual lhe confere uma satisfação simbólica.

Resistência

O termo "resistência" é aqui usado num sentido operacional. Significa, meramente, que o protagonista não quer participar na produção. Como superar essa resistência inicial é um desafio à habilidade do terapeuta. Este poderá decidir a intervenção de um ego auxiliar para desempenhar o papel de "duplo" do protagonista. Habitualmente, o duplo coloca-se atrás do paciente e inicia um solilóquio. Leva o protagonista a participar no solilóquio e talvez o faça admitir as razões ocultas que ele tinha para a sua recusa. Esta é a técnica do "solilóquio do duplo".
O terapeuta principal pode utilizar uma outra técnica — a "técnica de solilóquio do terapeuta". Sentar-se-á a um lado do palco e começará monologando deste modo: "Eu sei que João (o paciente) não gosta de mim. Não vejo que outra razão ele possa ter para recusar-se a cooperar." Talvez o paciente aceite essa deixa e responda: "Não é de *você* que eu não gosto. É dessa mulher sentada na primeira fila. Ela me recorda a minha tia."

Um outro método consiste em deixar que o paciente (A) retorne ao grupo e começar com um outro paciente (B), chamando então o paciente A para que seja um ego auxiliar em qualquer episódio relativo a B, por exemplo, atuando como seu pai, como policial ou médico. Esta é a "técnica do ego auxiliar do paciente". A, que não queria apresentar os seus próprios problemas, pode estar disposto a ajudar um outro membro do grupo a apresentar os seus.

Ainda um outro método de quebrar a resistência é a chamada "técnica simbólica", a qual parte de uma produção simbólica a fim de que o medo de envolvimento pessoal seja eliminado como causa da resistência. O diretor dirige-se ao grupo nestes termos: "Há um conflito entre marido e mulher por causa de certas irregularidades no comportamento do marido. Ele pode ser um jogador, um alcoólico ou qualquer outra coisa. Têm um filho único, um rapaz, que não sabe que partido tomar." Neste ponto, o diretor volta-se para o grupo e pergunta: "Quem quer desempenhar o papel do marido, da mulher ou do filho?" Como esses papéis não afetam as vidas privadas dos membros do grupo, o diretor poderá mais facilmente induzir alguns deles a participar.

Uma outra forma de "remover a resistência" é o uso das relações significativas existentes entre membros do grupo. O diretor, por exemplo, sabe que há rivalidade entre dois indivíduos, A e B. Pode convidá-los a expressá-la no palco, dizendo-lhes: "Deixemos que o grupo decida quem está com a razão."

Um outro método consiste em utilizar "tensões de liderança" ou "hostilidades étnicas", por exemplo, entre refugiados e americanos natos, entre porto-riquenhos e negros, dentro do grupo.

Uma técnica eficaz para quebrar a resistência é o uso de temas cômicos ou caricaturas para despertar o senso de humor dos membros.

Finalmente, mas não de somemos importância, deve ser prestada atenção particular à resistência que é dirigida contra as personalidades "privadas" do terapeuta principal ou dos egos auxiliares. Em tais casos, pode ser necessário substituir o terapeuta ou os egos auxiliares, ou mesmo reestruturar o grupo para satisfazer as necessidades do paciente.

Compete ao diretor usar todo o seu engenho e argúcia para descobrir as pistas suscetíveis de iniciar a produção e, uma vez iniciada, cuidar de que ela se encaminhe numa direção construtiva. Assim, as causas de resistência do paciente podem ser resumidas como sendo *privadas, sociais* ou *simbólicas.*

Passagem ao Ato ("Acting Out") Terapêutico e Controlado

O especialista em psicodrama argumenta da seguinte maneira: "Por que não deixar que o paciente passe ao ato seus pensamentos e impulsos ocultos, como alternativa para uma 'análise' de sua resistência?" O paciente no divã, por exemplo, pode ser uma mulher que tem subitamente a necessidade de levantar-se e dançar, ou de falar com o marido, a quem suspeita de infidelidade conjugal, ou talvez, dominada por um sentimento de culpa, queira ajoelhar-se e rezar. Se essas atividades forem proibidas ao paciente, certos elementos que o estão perturbando não vêm à tona e não podem ser explicados nem tratados. Mas se o paciente sabe que a passagem ao ato de seus pensamentos e impulsos ocultos é tolerada pelo terapeuta, por certo os exibirá. Por sua vez, o terapeuta poderá utilizar o material exibido em benefício do próprio paciente. Se, por exemplo, o paciente planeja uma tentativa de suicídio para o dia seguinte e lhe for permitido retratar essa tentativa dentro do quadro de uma sessão terapêutica, o terapeuta poderá impedir a passagem ao ato na própria vida. Mas se a regra for proibir a passagem ao ato durante a sessão, é possível que o paciente se mate no dia seguinte e, assim, talvez só retorne à hora psicanalítica seguinte sob a forma de uma nota obituária de seus parentes. Se a passagem ao ato tem lugar durante a sessão e se o terapeuta não manipular adequadamente o episódio, isto, é claro, também pode ser pernicioso ao paciente. Assim, o ponto crucial da questão reside em tolerar e permitir a passagem ao ato, dentro de um contexto que ofereça segurança de execução e sob a orientação de terapeutas aptos a utilizar a experiência.

Todo o problema do não-envolvimento tem suas raízes na atitude original de muitos dos primeiros psicanalistas — o temor ao amor direto ou à hostilidade direta, o seu receio da passagem ao ato dos pacientes em relação a eles e da passagem ao ato dos psicanalistas em relação aos pacientes. Neste caso, a confusão é particularmente aumentada pelos outros significados diferentes atribuídos à expressão "passagem ao ato" *(acting out)*. Quando introduzi esse termo (1928), quis dizer passar para fora *aquilo* que está dentro do paciente, em contraste com a representação de um papel que é atribuído ao paciente por uma pessoa de fora. Não quis dizer com isso que *deveria ser impedida* essa passagem ao ato porque camuflava uma forma de resistência do paciente (ponto de vista psicanalítico). Eu quis dizer justamente o contrário — que a passagem ao ato era necessária por expressar importantes experiências do paciente que de outro modo permaneceriam ocultas e difíceis, quando não impossíveis, de interpretar. No pensamento psicodramático, o atuar desde dentro, ou passar ao ato, é uma fase necessária no avanço da terapia; proporciona ao terapeuta uma oportunidade para avaliar o comportamento do paciente e, além disso, confere também ao paciente a possibilidade de avaliá-lo por si mesmo *(introvisão da ação)*. Mas se o comportamento natural for persistentemente proibido, o esforço psicodramático corre o perigo de degenerar num jogo de palavras, um jogo de salão carente de sentimento e com reduzido valor terapêutico. A fim de superar a confusão semântica, sugeri que diferenciemos dois tipos de passagem ao ato: a *irracional* e *incalculável* que ocorre na própria vida, prejudicial ao paciente ou outros; e a *terapêutica* e *controlada,* a qual tem lugar no contexto do tratamento. Um exemplo ilustrativo da passagem ao ato terapêutica e controlada é a seguinte *Técnica da Loja Mágica (Magic Shop Technique).* O diretor representa no palco uma "Loja Mágica". Ele próprio ou algum membro do grupo escolhido por ele, assume o papel de lojista. A loja está repleta de itens imaginários, de uma natureza não-física. Os itens não estão à venda mas podem ser obtidos por permuta, em troca de outros valores a serem entregues pelos membros do grupo, individualmente ou em conjunto. Um após outro, os membros do grupo oferecem-se para subir ao palco, entrando na loja em busca de uma idéia, um sonho, uma esperança, uma ambição. Parte-se do princípio de que só fazem isso se sentem um forte desejo de obter um valor altamente apreciado ou sem o qual suas vidas pareceriam carentes de sentido. Eis um exemplo: Uma paciente depressiva, que foi admitida em 1948 após uma tentativa de suicídio, entrou na Loja Mágica, pedindo "Paz de Espírito". O lojista, Justus Randolph, um jovem e sensível terapeuta, perguntou-lhe: "O que quer dar em troca disso? Você sabe que nada lhe poderemos dar se não estiver disposta a sacrificar alguma outra coisa."

— O que é que quer? — indagou a paciente.

— Há uma coisa pela qual muitas pessoas que vêm a esta loja anseiam, — respondeu o terapeuta, — a fertilidade, a capacidade de conceber filhos e a disposição para fazê-lo. Quer renunciar a isso?

— Não, isso é um preço excessivamente alto. Então prefiro não ter paz de espírito.

Dito isto, a paciente saiu do palco e voltou à sua cadeira. O lojista atingira um ponto sensível. Maria, a protagonista, estava noiva mas recusava-se a casar por causa de um arraigado medo ao sexo e ao parto. Suas preocupações fantasiosas envolviam imagens de violento sofrimento, tortura, morte etc. durante o parto.

O Conceito de Encontro: Tele e Transferência em Relação ao Terapeuta e aos Egos Auxiliares

A transferência é o desenvolvimento de fantasias (inconscientes) que o paciente projeta no terapeuta, cercando-o de um certo fascínio. Mas há um outro processo que tem lugar no paciente, naquela parte do seu ego que não é afetada pela auto-sugestão. Por meio dele, o paciente avalia o terapeuta e percebe, intuitivamente, que espécie de homem ele é. Essas intuições do comportamento imediato do terapeuta — físico, mental ou outro — constituem as relações tele. *Tele* (do grego: distante, influência à distância) é mútua percepção íntima dos indivíduos, o cimento que mantém os grupos unidos. É *Zweifuhlung,* em contraste com *Einfuhlung.* Como um telefone, tem dois terminais e facilita uma comunicação nos dois sentidos. Tele é uma estrutura primária, a transferência uma estrutura secundária. Após a dissipação da transferência, continuam operando certas condições tele. A tele estimula as parcerias estáveis e relações permanentes. Pressupõe-se que no desenvolvimento genético da criança, a tele surge *antes* da transferência.

As relações télicas entre protagonista, terapeuta, egos auxiliares e as "dramatis personae" importantes do mundo que retratam são decisivas para o processo terapêutico.

Ab-Reação e Espontaneidade

A diferença entre ab-reação e processo psicodramático é qualitativa e não quantitativa. O paciente, os egos auxiliares, assim como o público, apresentam diversas ab-reações que são integradas na produção psicodramática. A produção psicodramática consiste em cenas estruturadas, cada cena em papéis estruturados e cada papel em interações estruturadas. As várias ab-reações estão obviamente entrelaçadas numa sinfonia de gestos, emoções, impulsos e interações. Numerosos indivíduos — o protagonista, os egos auxiliares, o diretor e o grupo — tomam parte em seu desenvolvimento. Para a sua produção é requerida uma considerável dose de emoção, pensamento e aptidões científicas e artísticas. Embora criadas sem ensaio prévio e sem pretensões estéticas, podem ser comparadas, como documentos humanos, com obras tais como o *Hamlet* ou o *Rei Lear.* Seria profundamente absurdo chamar ao *Hamlet,* de Shakespeare, apenas uma elevada forma de ab-reação. Implicaria um mau uso de palavras.

Definição Operacional da Espontaneidade

A minha definição operacional da espontaneidade é freqüentemente citada da seguinte maneira: O protagonista é desafiado a responder, com um certo grau de adequação, a uma nova situação ou, com uma certa medida de novidade, a uma antiga situação. Quando o ator no palco se encontra sem uma conserva de papel, o ator religioso sem uma conserva ritual, eles têm que improvisar, de recorrer a experiências que não estão preparadas de antemão para a sua representação mas que, pelo contrário, ainda se encontram enterradas dentro deles, numa fase informe. A fim de mobilizá-las e dar-lhes forma, necessitam de um transformador e catalisador, uma espécie de inteligência que opera aqui e agora, *hic et nunc,* a "espontaneidade". Os processos de cura mental requerem espontaneidade para serem eficazes. A técnica de livre associação, por exemplo, envolve a atuação espontânea do indivíduo, embora esteja restrita à verbalização de tudo o que lhe acode à mente. O que está funcionando aqui não é apenas a associação de palavras mas também a espontaneidade que as impele à associação. Quanto maior for o volume de associação de palavras, mais significativa e mais espontânea é a sua produção. *Ceteris paribus,* isso aplica-se igualmente a todos os outros métodos inventados para ajudar às curas mentais. No psicodrama, em particular, a espontaneidade opera não só na dimensão das palavras mas em todas as outras dimensões de expressão, como a atuação, a interação, a fala, a dança, o canto e o desenho. *A vinculação da espontaneidade à criatividade foi um importante avanço, a mais elevada forma de inteligência de que temos conhecimento, assim como o reconhecimento de que ambas são as forças primárias no comportamento humano.* O papel dinâmico que a espontaneidade desempenha no psicodrama, assim como em toda e qualquer forma de psicoterapia, não deve implicar, entretanto, que o desenvolvimento e a presença da espontaneidade constituem, *per se,* a "cura". Existem formas de espontaneidade patológica que distorcem as percepções, dissociam a representação de papéis e interferem em sua integração nos vários níveis da existência.

Livre Associação, Papel Falado e Representado

Não é muito exato dizer que a psicanálise é um diálogo entre duas pessoas. Poder-se-ia dizer com maior justificação que é um monólogo, mantido na presença de um intérprete. Existem hoje tantas variedades de técnicas psicanalíticas que é difícil traçar uma linha divisória. Um diálogo, não só no sentido socrático mas também na acepção comum, é um encontro de duas pessoas, cada qual com uma igual oportunidade de combater e revidar. *Não* é isso, evidentemente, o que se passa na psicanálise. Também é inexato afirmar que o psicodrama é um diálogo que tem lugar entre vários indivíduos. Assim como a psicanálise é menos que um diálogo, o psicodrama é mais que um diálogo, no sentido de que a vida é algo mais que um diálogo. É difícil definir o contraste entre palavras e ações, uma vez que falar é uma forma de comportamento. Mas a ênfase da psicanálise recaiu nos símbolos verbais e sua interpretação. Quando um paciente associa livremente, as suas ações estão limitadas e restringidas de um modo artificial. Não lhe é permitido que atue e interatue livremente. Ainda que no comportamento adulto as ações e as palavras se entrelacem naturalmente e se encadeiem amiúde, não deveremos enfraquecer a distinção profunda que existe entre ação e palavras, a qual é sumamente diferenciada nos primórdios da infância e em certos estados mentais definidos. Quando dizemos "palavras", referimo-nos às palavras faladas numa língua específica, por exemplo, o inglês ou o alemão. Mas o inglês ou o alemão, ou qualquer outra língua dotada de sintaxe, não nasce conosco. Durante uma parte muito importante de nossa vida, a sua primeira fase em nossa infância, não dispomos de tais meios de comunicação social "normalizada" mas a impressão desse período de nossa vida sobre o desenvolvimento futuro é onipresente. Nesse período, os atos são atos e não palavras, e as matrizes de ação que desenvolvemos na infância são anteriores às matrizes verbais que mais tarde integramos naquelas.

Catarse

A catarse, como conceito, foi introduzido por Aristóteles. Ele empregou esse termo para expressar o efeito peculiar exercido pelo teatro grego sobre os seus espectadores. Na *Poética,* sustentou que o teatro tende a purificar os *espectadores,* ao excitar artisticamente certas emoções que agem como uma espécie de alívio ou descarga de suas próprias paixões egoístas.

Esse conceito de catarse sofreu uma revolucionária mudança desde que o sistemático trabalho psicodramático teve início em Viena, em 1919. Essa mudança foi exemplificada pelo distanciamento do teatro escrito (conservado), em favor do teatro espontâneo (psicodrama), transferindo-se a ênfase dos espectadores para os atores.

No meu estudo *The Spontaneity Theatre (Das Stegreiftheater),* publicado em 1923, a nova definição de catarse foi a seguinte: "[O psicodrama] produz um efeito terapêutico — não no espectador (catarse secundária) mas nos atores-produtores que criam o drama e, ao mesmo tempo, se libertam dele."

Houve dois caminhos que conduziram à concepção psicodramática da catarse mental. Um foi o que levou do teatro grego ao teatro convencional de hoje, implicando a aceitação universal do conceito aristotélico de catarse. O outro caminho partiu as religiões do Oriente e do Oriente Próximo. Essas religiões sustentavam que um santo, a fim de se tornar um salvador, tinha de realizar um esforço; primeiro, tinha que realizar-se e salvar-se a si mesmo. Por outras palavras, na situação grega, o processo de catarse mental era concebido como estando localizado no espectador — uma catarse passiva. Na situação religiosa, o processo de catarse foi localizado no ator, tornando-se a sua vida real o palco. Era uma catarse ativa. No conceito grego, o processo de realização de um papel tinha lugar num objeto, numa pessoa simbólica no palco. No conceito religioso, o processo de realização tinha lugar no sujeito — na pessoa viva que estava buscando a catarse. Poderíamos dizer que a catarse passiva está aqui frente a frente com a ativa; a catarse estética com a ética. Esses dois desenvolvimentos que, até aqui, seguiam caminhos independentes, foram sintetizados pelo conceito psicodramático de catarse. Dos antigos gregos, conservamos o drama e o palco; dos hebreus aceitamos a catarse do ator. O espectador converteu-se, ele próprio, num ator.

A catarse mental nem sempre pode ser atingida ao nível da realidade, para fazer frente a todas as situações e relações em que possa existir alguma causa de desequilíbrio. Para que seja eficaz, tem de ser aplicada de um modo concreto e específico. Portanto, o problema tem consistido em descobrir um meio pelo qual possamos cuidar dos fenômenos causadores de desequilíbrio, da maneira mais realista possível, ainda que permaneçam *fora* da realidade; um meio que inclua uma realização, assim como uma catarse para o corpo; um meio que possibilite a catarse no nível da fala; um meio que prepare o caminho para a catarse, não só dentro de um indivíduo mas também entre dois, três ou tantos quantos estiverem envolvidos numa situação vital; um meio que torne acessível à catarse o mundo das fantasias e dos papéis e relações irreais. Foi encontrada uma resposta para todos esses e muitos outros problemas numa das mais antigas invenções do espírito criador do homem: o teatro.

O Diretor

Relação com a Produção. — Do ponto de vista da produção, a relação significativa entre o psicodrama e o sonho tem sido freqüentemente enfatizada. Lewis Mumford disse, em certa ocasião, que "o psicodrama é a essência do sonho". É certo que, em ambos os casos, lidamos amiúde com produções fantásticas em que o protagonista está profundamente envolvido. Tal como no sonho, o psicodrama parece ser uma exposição da dinâmica inconsciente. Mas talvez seja apropriado sublinhar algumas diferenças fundamentais. Os personagens num sonho são fantasmas alucinados. Só existem na mente do indivíduo que sonha e dissipam-se logo que o sonho termina. Mas num psicodrama os personagens são pessoas reais. O indivíduo que sonha pode continuar sonhando as coisas mais fantásticas sem encontrar resistência alguma por parte dos personagens oníricos, uma vez que estes, assim como todo o enredo do sonho, são produção sua. No psicodrama, entretanto, os egos auxiliares que desempenham papéis resistem, com freqüência, às divagações do protagonista, replicam-lhe, contrariam-no e, se necessário, modificam o curso do argumento. Poderíamos dizer que existe uma contra-resistência movida contra o protagonista de todos os lados. Por razões exploratórias e terapêuticas, os egos auxiliares podem "interpolar" resistências de toda a sorte, contrárias à intenção do protagonista. Este, no psicodrama, nunca está só, como o indivíduo que sonha de noite. Sem as contraforças que os egos auxiliares e os membros do grupo injetam, as oportunidades do protagonista para aprender seriam muito reduzidas.

Relação com o Paciente. — A regra geral de direção consiste, principalmente, em depender dos protagonistas para o fornecimento de *pistas* sobre o modo como a produção deve ser encaminhada. A primeira pista de um paciente com alucinações pode ser:

P.: — Ouço meu pai gritando.

T.: — Donde vem a voz?

P.: — Vem de trás da parede.

T.: — Seu pai está sozinho?

P.: — Não, está com minha mãe e estão brigando.

Pode ou não ser encontrada uma pista mas, no caso de se apresentar, então o episódio é passado ao ato.

O diretor instrui dois egos auxiliares para que ensaiem a representação de pai e mãe, e o conflito entre ambos.

O pai senta-se.

— Não, — protesta o protagonista, — ele não está sentado. Está caminhando para cá e para lá.

P.: — Não, ele não está de cabeça levantada. Tosse e cospe assim. — Procura mostrar como aos egos auxiliares.

É possível que o protagonista peça reiteradamente novas modificações; se protesta demais, poder-se-á pedir-lhe que ele próprio assuma o papel do pai. Agora, ele dá "a sua própria interpretação" do pai alucinatório, tal como o percebe. Notamos aqui que o desempenho "direto" de papéis pode ser insuficiente e percebemos por que motivo é necessário introduzir as técnicas psicodramáticas. A finalidade é (1) induzir o protagonista a uma ação mais profunda, envolvendo-o cada vez mais em sua própria experiência; e (2) tornar mais tangíveis as suas alucinações, quer através de sua própria representação das mesmas, quer por meio da representação a cargo de um ego auxiliar. *A nossa hipótese é que, se tais experimentos são realizados no momento em que as alucinações estão ativas, são interpolados controles na mente do paciente, barreiras condicionantes que são sobremodo importantes como reservatório de medidas preventivas, no caso de posteriores recaídas.* Se o paciente sofre uma recaída, os prévios episódios de alucinações semelhantes voltarão à sua mente, associados a "controles", não tanto em sua memória como em seu comportamento, e esses elementos preventivos, que retornam com aqueles episódios, reduzirão a violência do novo ataque.

O paciente, é claro, pode usar até o próprio psicodrama como um meio de resistência. Mas o diretor do psicodrama tem a oportunidade de intervir com várias técnicas, de modo a impedir que o protagonista "não entre no jogo" e use a própria situação psicodramática como uma cortina para a não-cooperação.

Relação com o Ego Auxiliar. — O terapeuta diretor mantém uma significativa relação com o paciente; este deve estar cônscio de que aquele assume uma responsabilidade global pelo tratamento. Mas o terapeuta não se encontra sozinho em sua tarefa. Colaboram com ele numerosos assistentes terapêuticos, os egos auxiliares. Por vezes, é possível que um ego auxiliar se recuse a desempenhar os papéis que o protagonista quer que ele represente. A razão da não-participação pode ser que o paciente queira atuar sempre em papéis sádicos, papéis de onipotência, para humilhar o seu parceiro em tais episódios. Por exemplo, pode querer ir sempre sentado no automóvel e deixar que o ego auxiliar seja o motorista de táxi, ou talvez queira ser uma personalidade importante num *night club,* enquanto o ego auxiliar serve de "garçon" ou de porteiro, ou poderá querer ser um grande general, que dá ordens a quantos o cercam, ao sabor de seus caprichos. É bem possível que o ego auxiliar acabe percebendo que um ou dois desses episódios talvez possuam valor catártico para o paciente mas que a sua repetição venha a ser perniciosa. Poderá então intervir e sugerir que a situação seja invertida, quer dizer, o ego auxiliar passe a ser o Napoleão e o paciente o João Ninguém. Se o paciente não aceita, o ego auxiliar pode explicar então que já sofreu bastante e se nega a atuar. Esta espécie de resistência pode ser classificada como "resistência por razões terapêuticas". Pode haver também um tipo de resistência de natureza privada. O ego auxiliar pode sentir que, ao desempenhar o papel de um amigo íntimo nesse episódio particular, está sendo pessoalmente envolvido e magoado. Por exemplo, eu tratei de uma jovem senhora no palco, a qual estava discutindo com seu marido por causa das infidelidades imaginadas deste. Nesse momento, foi ordenado ao ego auxiliar que assumisse o papel de uma amiga da paciente, sendo instruído no sentido de proteger o marido e enfatizar a sua inocência. Mas quando entrou no palco, fez exatamente o oposto do que se esperava que fizesse. Deu todo o apoio à esposa, em suas alucinações, e aconselhou-a a pôr o marido fora de casa, pois ele era indigno do seu amor. Quando o ego auxiliar foi sustado em seu papel e se lhe assinalou depois que praticara uma inversão completa de comportamento no palco, desfez-se em lágrimas e disse: "Não pude evitá-lo, porque eu estou na mesma posição dessa paciente em minha própria vida privada." Distinguimos, portanto, duas espécies de resistência: uma por razões terapêuticas e a outra por razões pessoais.

Egos Auxiliares

Como Atores. — Os egos auxiliares são atores que representam pessoas ausentes, tal como aparecem no mundo privado do paciente. Os melhores egos auxiliares são antigos pacientes que fizeram, pelo menos, uma recuperação temporária e os egos terapêuticos profissionais oriundos de um meio sociocultural semelhante ao do paciente. Se é possível uma escolha, os egos auxiliares "naturais" são preferíveis aos profissionais, por muito bem adestrados que estes últimos estejam. Muitos investigadores que tentaram aplicar o psicodrama a diferentes contextos culturais, comprovaram que a escolha adequada de egos auxiliares é de primordial importância. Uma mulher porto-riquenha de meia-idade que sofria estranhas alucinações e não respondia a qualquer forma de psicoterapia, reagiu ao psicodrama logo que foram usados egos auxiliares naturais. Muitas de suas alucinações com tonalidades religiosas pareceram quase normais à sua própria gente.

Como a tarefa dos egos auxiliares é representar as percepções dos pacientes dos papéis internos ou figuras que dominam o seu mundo, quanto mais adequadamente as apresentem, maior será o efeito sobre o paciente. Em vez de "falar" ao paciente sobre suas experiências internas, os egos auxiliares retratam-nas e tornam possível ao paciente encontrar no exterior as suas próprias figuras internas. Tais encontros vão além da comunicação verbal e ajudam o paciente a fortalecer as suas vagas percepções internas, com as quais pode relacionar-se sem ajuda externa. Essas figuras simbólicas de sua vida interior não são meros fantasmas; são, no entanto, atores terapêuticos dotados de vida real própria.

Relação com o Paciente. — A regra geral no psicodrama clássico é que o paciente pode escolher ou rejeitar os egos que desempenham os papéis significativos de sua vida e, vice-versa, que os egos têm liberdade de colaborar ou não com o paciente. Entretanto, há exceções em que o paciente é exposto a um certo ego com um papel especial, criado sem o seu consentimento, e, por vezes, o terapeuta é instruído para assumir um papel que não lhe agrada particularmente retratar. Indicações ou contra-indicações são os benefícios mentais que se espera serem derivados pelo paciente desses procedimentos traumáticos.

Ao desempenhar o papel, espera-se que o ego se identifique intimamente consigo mesmo o mais que puder, não só para representar e simular mas para "sê-lo". A hipótese correspondente é que, o que certos pacientes precisam, mais do que qualquer outra coisa, é entrar em contato com pessoas que, segundo parece, alimentam sentimentos profundos e calorosos em relação a eles. Por exemplo, se o paciente, quando criança, nunca teve um verdadeiro pai, numa situação terapêutica quem desempenhar o papel de pai deve gerar no paciente a impressão de que aí está um homem que atua como ele gostaria que seu pai tivesse atuado; se não teve mãe quando criança, que aí está uma mulher que atua como desejava que sua mãe tivesse feito etc. Quanto mais afetuoso, íntimo e sincero for o contato, maiores serão as vantagens que o paciente poderá derivar do episódio psicodramático. O envolvimento total no papel por parte do ego auxiliar é indicado no caso do paciente que foi frustrado pela ausência dessa figura materna ou paterna, ou de outras figuras construtivas e socializantes, em sua vida. Se indicado, é permitido ao ego auxiliar mostrar-se tão ativo quanto o paciente necessita. O "contato corporal" é uma forma básica de comunicação. Contudo, nem sempre é indicado. Em alguns casos, a intimidade e o calor do contato, especialmente o contato corporal, podem ser contra-indicados. Por exemplo, há pacientes esquizofrênicos que se molestam quando tocados, abraçados, beijados. Preferem que os seus egos auxiliares desempenhem papéis simbólicos e onipotentes. Com freqüência, verificamos que esses pacientes não estão preparados para a abordagem realista. Têm de passar por numerosos atos simbólicos, antes de ser aceitável um encontro direto e imediato.

Tele e Contratransferência

Um mínimo de estrutura tele e resultante coesão da interação entre os terapeutas e os pacientes é um pré-requisito indispensável para que tenha êxito o psicodrama terapêutico em curso. Se os egos auxiliares estão perturbados em virtude de (1) problemas próprios não resolvidos, (2) protesto contra o diretor psicodramático, (3) mau desempenho dos papéis que lhes foram atribuídos, (4) ausência de fé e atitude negativa em relação ao método usado, ou (5) conflitos interpessoais entre eles, geram uma atmosfera que se reflete na situação terapêutica. Portanto, é óbvio que se os fenômenos de transferência e contratransferência dominam o relacionamento entre os terapeutas auxiliares e com os pacientes, o progresso terapêutico será grandemente prejudicado. O fator decisivo para o progresso terapêutico é a *tele*.

Aquecimento Preparatório para um Papel

Os especialistas em psicodrama com formação psicanalítica obedecem, com freqüência, à regra da psicanálise que foi formulada por Fenichel como "não fazer o jogo" do paciente. A opinião deles é que também no psicodrama é desejável a clássica atitude psicanalítica de não-envolvimento. O ego auxiliar é instruído, quando entra numa situação para desempenhar qualquer papel, no sentido de que cumpra todas as movimentações prescritas pelo papel mas se conserve intimamente tão frio quanto possível, recusando-se terminantemente a sentir emoção pelo papel que lhe cabe desempenhar, representando-o com indiferença e acatando o princípio de neutralidade. Essa espécie de resistência do terapeuta, por razões de método, é o dogma de uma das escolas francesas de psicodrama (Lebovici e Diatkine). A dificuldade em tal conduta do terapeuta psicodramático é que, se o paciente necessita de uma mãe ou de um pai, uma esposa ou um filho, e o ego auxiliar que deve retratar esse papel não transmite ao paciente as características genuínas do mesmo, então o mais provável é que o paciente seja prejudicado, em vez de auxiliado. Sentir-se-á mais uma cobaia do que um ser humano. Esse método talvez seja indicado em certos casos, quando o paciente é autista em um tal grau que está pouco cônscio do que se passa à sua volta, inteiramente absorvido em si mesmo.

O GRUPO DE ESPECTADORES

Psicoterapia de Grupo Versus Psicanálise de Grupo

Podemos examinar a formação de grupos sintéticos desde o ponto de vista do quadro de referência psicanalítico. Reuni os novos membros do grupo (1921) numa sala que estava provida de numerosos divãs. Cada indivíduo foi colocado num divã. Aplicou-se-lhes a lei fundamental da livre associação. O experimento fracassou; a livre associação de um começou se misturando com as livres associações do outro. Isso confundiu-os e produziu uma situação caótica. As razões para esse fracasso foram duplas. A livre associação só funciona de modo significativo quando se desenrola num rumo individual; as livres associações que têm significado na direção seguida pelo indivíduo A não têm significado algum na direção de B ou de C, ou vice-versa. Eles não possuem um inconsciente comum; na teoria psicanalítica, cada indivíduo tem seu próprio inconsciente. Quando a livre associação foi rigorosamente aplicada, vários indivíduos foram psicanalisados em separado. Não se converteu em psicanálise de grupo mas em psicanálise de vários indivíduos, num contexto coletivo. Mas os meus objetivos eram a terapia de grupo e a análise de grupo, não a análise individual. Como o método psicanalítico de livre associação foi comprovadamente estéril, desenvolvi um novo método que se baseou no estudo da formação de grupos em *statu nascendi.*

Indivíduos que nunca se encontraram antes e que, desde o primeiro encontro em diante, tiveram de ser participantes do mesmo grupo, representam um novo problema para o terapeuta; vemo-los quando entram espontaneamente em inter-relações que os levam a formar um grupo *sub species momenti;* podemos estudar a reação espontânea deles na fase inicial da formação de grupo e as atividades desenvolvidas no curso de tal organização... podemos desenvolver o tratamento para diante em vez de para trás; podemos começar com a atitude inicial que uma pessoa adota em relação à outra e acompanhar o destino ulterior dessas inter-relações, que espécie de organizações elas desenvolvem.

Corroborando a existência dessa matriz inicial comum, a pesquisa sociométrica mostrou que "a resposta imediata entre estranhos difere significativamente da que poderia esperar-se por acaso..." Barker, em seu experimento clássico, reuniu doze estudantes universitários que não se conheciam e que foram selecionados num grupo mais amplo para a sua primeira reunião. Seis eram do sexo masculino e seis do feminino. Das trinta e seis escolhas de companheiros de carteira, na primeira ocasião, entre vinte e vinte e cinco por cento repetiram-nas na segunda ocasião. De trinta e duas respostas a outras escolhas, na primeira ocasião, entre oitenta e um e sessenta e três por cento foram repetidas na segunda. Ambas as percentagens são consideravelmente superiores às que teriam sido obtidas se os sujeitos tivessem feito suas escolhas inteiramente ao acaso.

Por outras palavras, *desde a primeira reunião já opera a tele entre os membros de um grupo.* Essa débil coesão "primária" pode ser utilizada pelo terapeuta em favor do desenvolvimento de metas terapêuticas comuns. Todas as interações entre os homens, as ab-reações, os solilóquios, os diálogos, a tele e as relações de transferência com o terapeuta, os egos auxiliares e entre os diversos membros no decurso do tratamento, receberão a influência dessa estrutura original e, por seu turno, modificá--la-ão. É esse o novo quadro de referência operacional, de acordo com o qual podemos estudar as fases sucessivas por que passa um grupo sintético.

O Comportamento Imediato do Grupo e o "Estilo de Cabeceira" do Terapeuta

Sociogramas. — A principal preocupação do terapeuta psicodramático é o comportamento imediato do grupo. Quando o terapeuta enfrenta o seu grupo para realizar a primeira sessão, percebe imediatamente, com o seu apurado sentido de relações interpessoais, algumas das interações entre os membros, como a distribuição de amor, ódio e indiferença. Não se trata apenas de uma coleção de indivíduos. Ele observa que um ou dois dos membros sentam-se isolados, fisicamente distantes dos demais; que dois ou três se agrupam, sorrindo e cochichando entre eles; que um par deles discutem ou estão sentados ao lado um do outro, numa atitude de frieza. Por outras palavras, começam a ganhar forma, na mente do terapeuta, os primeiros contornos de um sociograma. Não precisa fazer um teste formal para obter esse conhecimento. Basta anotar a existência dessa "matriz embrionária", a qual se lhe revela através de sua observação imediata. Converte-se em seu guia empático para o processo terapêutico em formação. Qualquer que seja o seu tamanho, o grupo já possui desde a primeira sessão uma estrutura específica de relações interpessoais que não se manifesta, porém, de imediato, na superfície, matriz sociométrica ou coletiva subjacente que é. Convém diferençar o reconhecimento intuitivo da estrutura (sociograma intuitivo; o sociograma é uma diagrama que representa as forças de atração, repulsão e indiferença que operam nos grupos); o reconhecimento da estrutura pelo observador (sociograma do observador); o reconhecimento objetivo da estrutura (sociograma objetivo); e o reconhecimento perceptivo da estrutura (sociograma perceptivo). O terapeuta poderá hesitar em impor ao grupo um teste sociométrico para começar mas deixará que tome forma em sua mente o sociograma, em sua forma intuitiva, à medida que observa o que se passa à sua volta, à maneira do "estilo de cabeceira" do psicoterapeuta de grupo. Após uma ou duas sessões, talvez tome notas (depois) sobre a impressão que tem da estrutura existente; e poderá solicitar a um dos seus co-terapeutas que faça o mesmo, independentemente, para cotejar depois os respectivos dados. Esse sociograma de um observador tem maior objetividade e suplementa as intuições originais. Se, depois de várias sessões, o grupo já está bem estabelecido e o contato com o terapeuta é favorável, talvez tenha chegado o momento estratégico para um teste sociométrico formal, do qual resultará um sociograma "objetivo". Um novo passo na exploração clínica do grupo é dado quando se deixa que cada membro do grupo faça o seu próprio sociograma, isto é, permitindo-lhe que indique quem são, em sua opinião, os membros do grupo que o aceitam ou o rejeitam. Ele revela as percepções que tem do que as pessoas à sua volta pensam dele — um sociograma perceptivo. Talvez pense que todo o mundo simpatiza com ele, ao passo que o sociograma objetivo é capaz de mostrar que é um indivíduo rejeitado. Tal discrepância entre as suas percepções e os fatos objetivos pode proporcionar importantes indicações sobre o seu *status* interpessoal e permitir um refinamento da sua posição no sociograma.

Conclusões

As escolas behavioristas têm se limitado a observar e a efetuar experimentos com o comportamento "externo" dos indivíduos, deixando de fora importantes porções do subjetivo. Muitos métodos psicológicos, como a psicanálise, o Rorschach e o TAT, colocaram-se no extremo oposto, focalizando o subjetivo mas limitando ao mínimo o estudo do comportamento direto e recorrendo ao uso de complicados sistemas de interpretação simbólica. O método psicodramático realiza uma nova síntese desses dois extremos. Está concebido de tal modo que pode explorar e tratar o comportamento imediato em todas as suas dimensões.

Como não podemos penetrar na mente e ver o que o indivíduo percebe e sente, o psicodrama procura, com a colaboração do paciente, transferir a mente "para fora" do indivíduo e objetivá-la dentro de um universo tangível e controlável. Poderá levar o processo de estruturação do mundo do paciente até ao limiar de tolerância, penetrando e suplantando a realidade (realidade "excedente"), e pode insistir nos detalhes mais minuciosos dos episódios a serem explorados no espaço físico, mental e social. A sua finalidade é tornar diretamente visível, observável e mensurável o comportamento total. O protagonista está sendo preparado para um encontro consigo mesmo. Depois de completada essa fase de objetivação, começa a segunda fase, que consiste em ressubjetivar, reorganizar e reintegrar o que foi objetivado. (Na prática, porém, ambas as fases são concomitantes.)

O método psicodramático assenta na hipótese de que, para oferecer aos pacientes, separadamente ou em grupos, uma nova oportunidade de reintegração psicodinâmica e sociocultural, são necessárias "culturas terapêuticas em miniatura", em lugar ou além de habitats naturais insatisfatórios. Os veículos para a realização desses programa são: (1) o psicodrama existencial no contexto da própria vida comunitária *in situ* e (2) o teatro terapêutico, neutral, objetivo e flexível. Este último representa o método de laboratório, em contraste com o método natural, e encontra-se estruturado para satisfazer as necessidades socioculturais do protagonista.

Seção I. O BERÇO DO PSICODRAMA

O caminho mais curto para chegar à essência de uma idéia é explorar como foi concebida e anunciada pela primeira vez. As potencialidades terapêuticas quase ilimitadas do psicodrama talvez justifiquem que retrocedamos até ao seu berço. O psicodrama nasceu no Dia das Mentiras, 1.º de abril de 1921, entre as 7 e as 10 horas da noite.

O local de nascimento da primeira sessão psicodramática oficial [2] foi a *Komoedien Haus*, um teatro dramático de Viena. Eu não possuía um elenco de atores nem uma peça. Apresentei-me nessa noite sozinho, sem preparação alguma, perante uma platéia de mais de mil pessoas. Quando a cortina foi levantada, o palco estava vazio, com exceção de uma poltrona de pelúcia vermelha, de espaldar alto e armação em talha dourada, como o trono de um rei. No assento da poltrona havia uma coroa dourada. O público compunha-se, além de uma maioria de curiosos, de representantes de estados europeus e não-europeus, de organizações religiosas, políticas e culturais. Quando me lembro de tudo isso, fico espantado com a minha própria audácia. Foi uma tentativa de tratar e curar o público de uma doença, um síndrome cultural patológico de que os participantes compartilhavam. A Viena do pós-guerra fervia em revolta. Não tinha governo estável, nem imperador, nem rei, nenhum líder. Tal como a Alemanha, a Rússia, os Estados Unidos e, na verdade, todo o mundo povoado, também a Áustria estava inquieta, em busca de uma nova alma.

Mas, falando em termos psicodramáticos, eu tinha um elenco e tinha uma peça. O público era o meu elenco, as pessoas que enchiam o teatro eram como outros tantos dramaturgos inconscientes. A peça era o enredo em que haviam sido jogados pelos acontecimentos históricos e em que cada um desempenhava um papel real. Como diríamos hoje, o meu intento era conseguir o sociograma em *statu nascendi* e analisar a produção. Se con-

2. *Der Koenigsroman*, capítulo sobre "Das Narrentheater des Koenigsnarren", Gustav Kiepenheuer Verlag, Berlim, 1922.

seguisse converter os espectadores em atores, os atores do seu próprio drama coletivo, isto é, dos dramáticos conflitos sociais em que estavam realmente envolvidos, então a minha audácia estaria recompensada e a sessão poderia começar. O tema natural do enredo foi a busca de uma nova ordem de coisas, testar cada um dos que, no público, aspirassem à liderança e, talvez, encontrar um salvador. Cada um segundo o seu papel, políticos, ministros, escritores, militares, médicos e advogados, todos foram por mim convidados a subir ao palco, sentar-se no trono e atuar como um rei, sem preparação prévia e diante de um público desprevenido. O público era o júri. Mas deve ter sido, na realidade, uma prova muito difícil; ninguém passou nela. Quando o espetáculo terminou, verificou-se que ninguém havia-se considerado digno de tornar-se rei e o mundo continuou sem líderes. A imprensa vienense, na manhã seguinte, mostrou-se muito perturbada com o incidente. Perdi muitos amigos mas registrei, calmamente: "Ninguém é profeta em sua própria terra", e continuei com minhas sessões perante assistências de países europeus e nos Estados Unidos.

Espero que isto não pareça imodéstia mas como o psicodrama foi a minha criação mais pessoal, o seu berço em minha autobiografia pode projetar mais luz sobre o seu nascimento. Esta exceção ao hábito intelectual de sobriedade pode ser particularmente desculpável em virtude do modo como se desenvolveu o psicodrama. Não foi uma obra escrita que o introduziu (coisa que só secundariamente ocorreu), nem um bando de escritores, colaboradores e protagonistas, mas as repetidas apresentações públicas. Comecei como condutor de sessões para grupos maiores ou menores em diferentes lugares — jardins, ruas, teatros, unidades militares, prisões e hospitais. Com efeito, um impulso tão persistente no sentido de metas por mim próprio escolhidas, apesar de uma opinião pública despreparada, deve ter profundas implicações pessoais.

Quando eu tinha quatro anos e meio, meus pais viviam numa casa às margens do rio Danúbio. Num domingo saíram para fazer uma visita, deixando-me sozinho no porão da casa com alguns filhos dos vizinhos. O tamanho desse porão era cerca de três vezes maior que o de um quarto normal. Estava vazio, com exceção de uma grande mesa de carvalho colocada no centro. As crianças propuseram: "Vamos brincar." Um deles perguntou: "De quê?" "Já sei, — disse eu — vamos brincar de Deus com os anjos." As crianças indagaram: "Mas quem é Deus?" E eu respondi: "Eu sou Deus e vocês os meus anjos." Todos concordaram. Uma delas declarou: "Primeiro devemos construir o céu." Arrastamos todas as cadeiras que havia nos vários quartos e salas da casa para o porão, colocamo-las sobre a grande mesa e começamos construindo um céu após outro, atando várias cadeiras umas às outras num nível e pondo mais cadeiras em cima daquelas, até alcançarmos o teto. Então, todas as crianças me ajudaram a trepar até atingir a cadeira mais alta, onde me sentei. As crianças começaram dando voltas em redor da mesa, usando seus braços como asas e cantando. De súbito, ouvi uma criança perguntando-me: "Por que não voas?" Estiquei os braços, tentando fazê-lo. Um segundo depois, despencava e dei comigo no chão, o meu braço direito fraturado. Foi esta, que eu me recorde, a primeira sessão psicodramática "particular" que conduzi. Eu era, ao mesmo tempo, o diretor e o sujeito. Com freqüência me é perguntado por que motivo o palco do psicodrama tem a forma que tem. A primeira inspiração pode muito bem ter decorrido dessa experiência pessoal. Os céus, até chegar ao teto, podem ter preparado o caminho para a minha idéia dos vários níveis do palco psicodramático, sua dimensão vertical, o primeiro nível como o nível da concepção, o segundo como o nível de crescimento, o terceiro como o nível da completação e da ação, o quarto — a galeria — o nível dos messias e dos heróis. O aquecimento preparatório do difícil "papel" de Deus pode ter antecipado o processo de aquecimento *(warming up)* por que os sujeitos devem passar no processo de espontâneo desempenho de papéis no palco psicodramático. A minha queda, quando as crianças deixaram de agüentar as cadeiras empilhadas, talvez me ensinasse a lição de que até o ser mais alto depende de outros, "egos auxiliares", e que um paciente-ator necessita deles para que possa atuar de modo adequado. E, gradualmente, aprendi que também outras crianças gostam de brincar de Deus.

Há um profundo significado no jogo de Deus das crianças. Continuei atraído pelo seu misterioso plano. Como estudante, entre 1908 e 1911, costumava passear pelos jardins de Viena, reunindo crianças e formando grupos para representações improvisadas. Conhecia, é claro, Rousseau, Pestalozzi e Froebel. Mas isso era um novo enfoque. Era um jardim de infância em escala cósmica, uma revolução criativa entre as crianças. Não se tratava de uma cruzada filantrópica de adultos em prol das crianças mas uma cruzada de crianças em favor de si mesmas, em prol de uma sociedade de sua própria idade e com seus próprios direitos. As crianças tomaram partido — contra os adultos, as pessoas crescidas, os estereótipos sociais e os robôs — a favor da espontaneidade e da criatividade. Eu permitia-lhes brincarem de Deus, se quisessem. Comecei a tratar dos problemas das crianças, quando falhavam, tal como *eu* fui tratado quando quebrei o braço, deixando-os atuar de improviso — uma espécie de psicoterapia para deuses caídos. Muitos pais e professores me induziram então a abrir um teatro para crianças.[3]

Existe ainda um quarto berço. Depois do jogo de Deus, da revolução nos jardins e da *Komoedien Haus*, veio o Teatro para a Espontaneidade, na Maysedergasse, perto da Ópera de Viena, que numa noite fugaz se converteu de Teatro para a Espontaneidade num Teatro Terapêutico. Tínhamos uma jovem atriz, Barbara, que trabalhava para o teatro e também participou num novo experimento que eu havia iniciado, o jornal vivo e improvisado.[4] Ela era uma atração principal, por causa da sua excelência nos papéis de ingênua, heróicos e românticos. Logo se evidenciou que ela estava enamorada de um jovem poeta e autor teatral que nunca deixava de sentar-se na primeira fila, aplaudindo e acompanhando atentamente cada uma de suas atuações. Desenvolveu-se um romance entre Barbara e George. Certo dia, o seu casamento foi anunciado. Entretanto, nada mudou; ela continuou sendo a nossa principal atriz e ele, por assim dizer, o nosso principal espectador. Um dia fui procurado por George, seus olhos usualmente alegres refletindo uma grande perturbação.

— Que aconteceu? — perguntei-lhe.

— Oh, doutor, não posso suportar isto.

— Isto o quê? — Olhei-o inquisitivamente.

— Aquela criatura doce e angelical a quem vocês todos admiram comporta-se como um ser endemoninhado quando está a sós comigo. Fala numa linguagem desabusada e quando me enfureço com ela, como sucedeu a noite passada, não hesita em esmurrar-me.

— Calma, — disse eu. — Venha ao teatro como de costume e tentarei achar um remédio.

Quando Barbara chegou aos bastidores do teatro nessa noite, pronta para desempenhar um de seus papéis habituais de pura feminilidade, eu detive-a.

— Escute, Barbara, você tem-se portado maravilhosamente até agora mas receio que esteja ficando muito rotineira. As pessoas gostariam de vê-la em papéis mais terra-a-terra, que retratem a vulgaridade e a estupidez da natureza humana, a sua realidade cínica, as pessoas não só como elas são mas *piores* do que são, as pessoas como se comportam quando são impelidas a extremos, em circunstâncias incomuns. Você gostaria de tentar isso?

---

3. *Ibid.*, capítulo sobre "Das Koenigreich der Kinder".
4. De *Rede Vor Dem Richter*, 1925.

— Sim, — respondeu com entusiasmo. — Alegra-me que tenha falado nisso. Faz tempo que penso que eu devia oferecer ao nosso público uma experiência nova. Acha que posso fazê-lo?

— Tenho confiança em você, — disse eu. — Acabo de ler a notícia de que uma rapariga de Ottakring (um bairro pobre de Viena), prostituta de rua, foi atacada e assassinada por um estranho. Ele ainda está em liberdade e a política procura-o. Você é a rapariga. Este aqui (assinalando Richard, um dos nossos atores) é o apache. Preparem a cena.

Uma rua foi improvisada no palco, com um café e dois candeeiros. Barbara entra em cena. George estava em sua poltrona habitual, na primeira fila da platéia, muito excitado. Richard, no papel do apache, saiu do café com Barbara e seguiu-a. Tiveram um encontro que logo se converteu em acalorada discussão. Era sobre dinheiro. De súbito, Barbara mudou de maneira de representar, totalmente inesperada nela. Praguejou como um soldado de cavalaria, agrediu o homem com os punhos e deu-lhe repetidos pontapés nas canelas. Vi George meio levantado em seu lugar, erguendo ansiosamente o braço na minha direção, mas o apache acabou por se enfurecer e começou perseguindo-a. Bruscamente, ele sacou de um bolso interior do paletó uma navalha (um apetrecho cênico) e continuou perseguindo a moça, cada vez mais perto dela, prestes a encurralá-la num canto. Barbara atuou tão bem que dava a impressão de estar realmente assustada. O público levantou-se, gritando: "Parem! Parem!" Mas ele só se deteve depois que, supostamente, a moça foi "assassinada". Depois da cena, Barbara estava exuberante de alegria, beijou George e foram para casa em êxtase. Desde então, ela continuou representando esses papéis abjetos. George veio procurar-me no dia seguinte. Ele compreendeu imediatamente que se tratava de uma terapia. Barbara desempenhou empregadinhas domésticas, solteironas solitárias, esposas vingativas, noivas rancorosas, empregadas de bar e companheiras de marginais. George dava-me informações diárias. "Bem", disse-me ele, após algumas sessões, "algo está acontecendo a ela. Ainda tem acessos de mau humor em casa mas perderam a intensidade de antes. São crises mais curtas e, a meio delas, não é raro sorrir e, como ontem, recordar cenas semelhantes que representou no teatro. Ela ri e eu também rio, pois também me recordo. É como se cada um de nós visse o outro num espelho psicológico. Rimos os dois. Às vezes, ela começa rindo antes de ter o acesso de mau gênio, prevendo o que vai acontecer. Finalmente, excita-se e acaba por ter o acesso, mas este carece da veemência habitual". Era como uma catarse derivada do humor e do riso. Continuei o tratamento, atribuindo-lhe mais cuidadosamente os papéis, de acordo com as necessidades dela e dele. Um dia, George confessou o efeito que essas sessões lhe causavam, quando as acompanhava atentamente e absorvia a análise que eu fazia depois. "Observando as suas apresentações no palco, sinto-me mais tolerante para com Barbara, menos impaciente." Nessa noite, eu disse a Barbara o quanto ela havia progredido como atriz e perguntei-lhe se não gostaria de contracenar com George. Assim aconteceu e os duetos no palco, que se apresentaram como parte do nosso programa oficial, pareciam-se cada vez mais com as cenas que ambos tinham diariamente em casa. Gradualmente, retrataram a família dela e a dele, representaram cenas da infância, seus sonhos e planos para o futuro. Depois de cada representação, alguns espectadores vinham procurar-me e perguntavam por que as cenas de Barbara e George os comoviam muito mais profundamente que as outras (terapêutica do público). Alguns meses depois, Barbara e George sentaram-se a sós comigo no teatro. Tinham-se encontrado a si mesmos e um ao outro uma vez mais, ou melhor, tinham-se encontrado a si mesmos e um ao outro pela primeira vez. Analisei o desenvolvimento do seu psicodrama, sessão por sessão, e contei-lhes a história de sua cura.

Tudo isto aconteceu, é claro, num meio específico, em Viena, a cidade de muitos berços. Foi também o berço da psicanálise. O leitor poderá perguntar: Que relação existe entre o psicodrama e a psicanálise? Como correntes de pensamento, têm origens diametralmente opostas. Só me encontrei com o Dr. Freud uma vez. Aconteceu em 1912 quando, enquanto trabalhava na Clínica Psiquiátrica da Universidade de Viena, assisti a uma de suas aulas. O Dr. Freud tinha acabado a sua análise de um sonho telepático. Quando os estudantes saíram, ele perguntou-me o que eu estava fazendo. "Bom, Dr. Freud, eu começo onde o senhor deixa as coisas. O senhor vê pessoas no ambiente artificial do seu gabinete, eu vejo-as na rua e em casa delas, em seu ambiente natural. O senhor analisa os sonhos das pessoas. Eu procuro dar-lhes coragem para que sonhem de novo. *Ensino às pessoas como brincarem de Deus.*" O Dr. Freud encarou-me com uma expressão de perplexidade. Mas a psicanálise tinha criado uma atmosfera de temor entre os jovens. O medo à neurose era a norma do dia. Um gesto heróico, uma nobre aspiração, faziam imediatamente do seu portador um suspeito. "Foi a psicanálise que começou a luta contra o gênio desde a retarguarda, a recriminá-lo e a desconfiar dele, por causa dos seus complexos. Depois que as forças cósmicas criadoras foram expurgadas da natureza (Darwin) e da sociedade (Marx), o passo final foi o expurgo do gênio pela psicanálise. A vingança da mentalidade medíocre consistiu em reduzir todas as coisas ao seu menor denominador comum. Como todos têm complexos e o homem criador não é exceção, todos são semelhantes. Todos os homens são gênios, um esforça-se por sê-lo, outro não se preocupa com isso. Um exército de filisteus cai sobre Sansão. Não havia razão alguma para o admirar e temer. Ele não é mais forte do que nós, é apenas o complexo, a sua longa cabeleira. Todos podemos deixar crescer o cabelo." [5]

O Teatro para a Espontaneidade converteu-se num lugar de reunião dos descontentes e rebeldes psicológicos, o berço da revolução criadora entre 1922 e 1925. Foi principalmente daí e do meu livro sobre o Teatro para a Espontaneidade que partiu a inspiração para o uso de técnicas lúdicas (*play techniques*), a terapia de representações espontâneas, a psicoterapia de grupo e a aprendizagem de papéis, métodos esses que muitos psicanalistas e educadores assimilaram gradualmente em seus trabalhos. Poderiam ser facilmente reconstituídos os fios condutores que iam da Maysedergasse, onde estava localizado o *Stregreiftheater*, até à Dominikaner Platz, onde vivia o Dr. Freud. [6] Seria interessante para um historiador investigar como os psicanalistas efetuaram, passo a passo, essas adoções, aproximando-se cada vez mais dos meus procedimentos e métodos, primeiro, e mais tarde até da minha terminologia e teoria. Seria significativo assinalar algumas das fases cruciais nesse desenvolvimento. Originalmente, havia uma única situação que era aceitável para Freud. Era a situação psicanalítica em seu consultório. Mas, gradualmente, tornaram-se evidentes as limitações dessa situação. Ela só era aplicável a uma escassa minoria de indivíduos, os adultos jovens e de meia-idade. Não havia relação de transferência e, portanto, não era possível a análise de crianças e psicóticos. Mas, assim como não havia possibilidade de psicanálise sem uma transferência adequada, de acordo com a sua própria sentença, tampouco se considerou desejável qualquer outra situação como veículo de tratamento. Freud apegou-se obstinadamente a uma única situação — a situação sagrada. Foi essa, provavelmente, a razão pela qual os seus discípulos aderiram tão lentamente às minhas idéias de terapia de representação espontânea e de terapia de grupo ou de público. As crianças eram observadas à distância e casualmente interrogadas enquanto brincavam. O material era então analisado (análise do jogo) de um

---

5. *Ibid.*, traduzido de *Rede vor dem Richter*.

6. A evolução natural da ciência não tem contemplação com as prioridades individuais mas é a essas idiossincrasias particulares que a ciência deve a sua marcha grandiosa. Fui eu quem mostrou o caminho para o tratamento de grupos não-transferenciais, crianças e psicóticos, desenvolvendo sistematicamente a *representação lúdica como princípio terapêutico*.

modo arbitrário, dado que os sujeitos não estavam incluídos nem tinham participação na análise, que era realizada com base nas descobertas feitas com neuróticos adultos. Numa fase subseqüente, começaram sendo construídas situações em que as crianças eram colocadas e rodeadas de bonecos e objetos premeditados. O analista ainda se mantinha à distância mas podia agora deslocar-se tacitamente da situação psicanalítica para a situação de jogo, sem suscitar muitas objeções por parte dos ortodoxos. Uma vez que começaram se deslocando nessa direção, era inevitável que, no curso de vinte anos, se acercassem cada vez mais dos meus preceitos e procedimentos originais, nos quais tudo o que eles introduziram pouco a pouco já estava contido como partes naturais de um todo: observação, análise e um meio repleto de outros indivíduos, objetos ou bonecos. Não puderam continuar evitando a adoção das minhas interpretações da catarse resultante do próprio jogo espontâneo e do efeito que uma criança exerce sobre outra. Começaram então a aperceber-se de que, ao modificar as situações em que as crianças brincam, era possível obter melhores efeitos terapêuticos. Gradualmente, as relações entre as crianças, o papel em que atuam, a semelhança simbólica ou real com as suas próprias situações vitais, começaram logicamente a transformar o que, de início, era um recurso auxiliar para fins exploratórios limitados, num domínio independente de pesquisa e terapia. Está em pleno curso o processo de adoção e tácita aceitação de todos os métodos psicodramáticos e sociométricos básicos. O que ainda continua obstruindo o verdadeiro desenvolvimento é a teimosa adesão a conceitos psicanalíticos desgastados, como libido, trauma e fixação precoce, resistência e repressão etc., conceitos esses que podem ter sido apropriados para *uma* situação — a psicanalítica. Mas estas *novas* situações — a situação psicodramática no psicodrama, a situação de grupo na psicoterapia de grupo, a situação lúdica na terapia de jogo — têm uma estrutura própria e desenvolvem-se melhor se permitirmos que formulem e aperfeiçoem seus conceitos de acordo com as suas próprias necessidades. Por muito grande que seja a dívida anônima e "suprimida" da psicanálise para com o psicodrama e a sociometria, estou plenamente cônscio, por minha parte, de que viver na mesma cidade com uma geração de psicanalistas deve ter tido considerável influência sobre a minha própria obra, embora fosse preponderantemente negativa. Como uma inversão da verdade e pelo fato de ser um amálgama astutamente disfarçado de preconceitos e conhecimentos profundos, a psicanálise converteu-se numa força reacionária, no campo das ciências sociais. Freud falhou em dois aspectos, primeiro pela rejeição da religião. Isso custou-lhe a oportunidade de conhecer, de um modo existencial, a contribuição dada pelos santos e profetas (que não são a mesma coisa que os teólogos teóricos; é possível ser um santo sem conhecimento algum ou com um mínimo apenas de teoria) para a psicoterapia, como os mais engenhosos agentes psicoterápicos antes do advento da ciência natural. Segundo, por sua indiferença em relação aos movimentos sociais, como o socialismo e o comunismo. A sua ignorância custou-lhe uma outra oportunidade — a de estudar a estrutura do grupo. Marx deixara um vasto campo aberto à crítica, por negligenciar em sua análise social os processos específicos de ação interindividual. Mas Freud negou-se a transpor os limites do organismo individual. Coube ao psicodrama levar a sério a representação de Deus e traduzi-la em termos terapeuticamente válidos; e coube à sociometria levar a sério o grupo — como um processo *sui generis* — ampliar e aprofundar dessa forma o âmbito da análise, mais além de qualquer visão que Freud possa ter tido alguma vez sobre o assunto.

A minha própria dívida positiva vai para outras personalidades e correntes de pensamento, em primeiro lugar, com os grandes *atores terapêuticos* da vida religiosa. Homens como Josias, Jesus, Maomé e Francisco de Assis possuíram um profundo senso dramático e conheceram uma forma de catarse mental incomparavelmente mais profunda que a dos gregos, uma que decorria da realização de grandes papéis com sua própria carne e sangue, isoladamente e em grupos, do confronto cotidiano com ásperas conjunturas. O seu palco foi a comunidade e toda a situação em que se viam desafiava o seu gênio terapêutico. Conheciam em primeira mão e não através de livros a espontaneidade, a solução imediata, o processo de aquecimento preparatório e o desempenho de papéis. Jesus, como um ator terapêutico principal, tinha seus egos auxiliares nos apóstolos e seu diretor psicodramático no próprio Deus, que lhe indicava o que fazer e dizer.

Em nosso próprio tempo, as correntes de pensamento que culminaram no psicodrama foram fermentadas em vários cérebros. A Henri Bergson, para citarmos um, coube a honra de introduzir na filosofia o princípio da espontaneidade (embora raramente empregasse a palavra), numa época em que os mais destacados cientistas sustentavam teimosamente que tal coisa não existia na ciência objetiva. Mas os seus *données immediates*, seu *élan vital* e sua *durée*, eram metáforas da experiência que impregnaria toda a sua obra — a espontaneidade — mas que ele tentou em vão definir. Em seu sistema não há "momento", tão-só *durée*. "A duração não é um instante substituído por outro... é um progresso contínuo do passado que vai consumindo o futuro... a acumulação do passado sobre o passado prossegue sem repouso." O universo de Bergson não pode começar e não pode repousar, é um sistema em que não há lugar para o *momento.* Em sua justificável refutação do conceito intelectual e matemático do tempo, ele foi longe demais. Com o relógio, com a medição de um momento mecânico, ele também excluiu o momento criador. Entretanto, sem um momento como *locus nascendi,* uma teoria da espontaneidade e da criatividade corre o perigo de ficar inteiramente metafísica ou de se tornar completamente automática.

Pouco depois, quase em sua esteira mas obviamente independente de Bergson, Charles Sanders Peirce, o fundador do pragmatismo, fez surpreendentes referências à espontaneidade, as quais permaneceram inéditas até muito depois de sua morte. "...o que é a espontaneidade? É o caráter de não derivar por lei de algo antecedente... Não sei como poderia entender-se o significado de espontaneidade, a não ser como novidade, frescor e diversidade." [7] Em toda a obra publicada a título póstumo de Peirce há referências dispersas à espontaneidade que eu considero, mesmo em sua forma não sistematizada, uma contribuição maior do que a sua teoria pragmática. Ele reconheceu a realidade do tempo mas em seu sistema, como no de Bergson, tampouco se deixou lugar ao *momento.* Se tivesse chegado a uma noção mais clara do que é a espontaneidade, encontrar-se-ia em melhores condições para perceber a posição ímpar do momento num universo que flui. Tal como Bergson, Peirce foi um *filósofo-espectador,* não um *filósofo-ator.* Não pretendeu mudar o universo mas, simplesmente, compreendê-lo. Contudo, em especial na esfera humana, é impossível entender o presente social se não tentarmos mudá-lo. As brilhantes especulações de Peirce têm um outro ponto fraco. O acaso absoluto e a espontaneidade apresentam-se-lhes como sendo a mesma coisa mas, na medida em que permaneçam indiferenciados, nenhum progresso pode ser feito na pesquisa sobre espontaneidade. O acaso continuou sendo propriedade do matemático e a espontaneidade foi deixada para as divagações do místico. O ponto mais vulnerável nas alusões de Bergson e Peirce à espontaneidade é que elas são respostas generalizadas a situações generalizadas. Mesmo que o verdadeiro significado de espontaneidade pudesse ser descoberto por reflexão pura, seria uma verdade não concretizada e não vivida. *A espontaneidade é que produz a espontaneidade,* não a reflexão sobre ela. *A espontaneidade é que produz a ordem,*

7. Charles Sanders Peirce, *Collected Papers,* Vol. I, Harvard University Press, 1935. [Tradução brasileira parcial: *Semiótica e Filosofia,* Editora Cultrix, SP, 1972.]

não as leis que são, em si mesmas, instrumento de uma ordem espontânea. *A espontaneidade é que incentiva a criatividade.* Onde o filósofo percebe a superfície a que confere somente uma expressão aforística, o ator terapêutico das grandes religiões, em seus períodos vitais, penetrou na própria essência, por meio da ação e da realização. Só através delas o poder reflexivo do gênio foi aplicado às situações reais. A análise psicodramática descobriu que existe, por detrás da exterioridade de inspiração do terapeuta religioso, um núcleo de estratégias de ação profunda que são semelhantes às estratégias da ação num teatro terapêutico.

Historicamente, o psicodrama representa o ponto culminante na passagem do tratamento do indivíduo isolado para o tratamento do indivíduo em grupos; do tratamento do indivíduo por métodos verbais para o tratamento por métodos de ação. Desenvolveu uma teoria da personalidade e uma teoria do grupo que é, tanto no aspecto analítico como no de tratamento, mais profunda, mais ampla e mais econômica do que as suas predecessoras. É uma combinação eficaz da catarse individual com a coletiva, da catarse de participação com a de ação.

O eterno conflito entre o indivíduo e o grupo ganhou uma nova versão em nosso tempo, o qual pode muito bem ser chamado a era das revoluções sociais. Achei útil [8] dividi-la em três fases, a revolução *econômica,* começando com a sublevação francesa em 1789 e tendo seu clímax na revolução russa, no final da I Guerra Mundial. A segunda, a revolução *psicológica* que começou com os movimentos românticos do século XIX e teve o seu clímax na divulgação em escala mundial dos princípios psicanalíticos. A terceira, a revolução *criativa,* iniciada com uma reavaliação do nosso sistema de valores, com uma ênfase particular na sobrevivência do homem, não enquanto animal mas enquanto agente criador. Está ainda em sua fase de formação, em busca de instrumentos e instituições por meio dos quais possa dirigir permanentemente o futuro do grupo humano.

O psicodrama apresentou-se em nosso tempo como uma resposta à sua crise axiológica. Dois sistemas de valores estão em conflito, um conflito de tal ordem que está fadado a produzir, inevitavelmente, a transição de uma velha ordem de relações humanas para uma nova ordem. Quando a psicanálise começou a tornar-se uma força social, a resistência contra ela foi explicada como devida ao ressentimento e indignação que eram provocados por uma teoria que atribuia motivos sexuais até às aspirações mais sublimes. A resistência contra o psicodrama tem

8. Ver "A Revolução Criadora", pág. 94 deste volume.

diferentes conotações. Decorre do fato de problemas particulares serem tratados em público, propriedades psicológicas privadas, experiências do gênero mais íntimo que sempre foram consideradas o fundamento básico da identidade individual, serem confiadas ao grupo. O indivíduo é instado a enfrentar a verdade de que essas experiências não são realmente "suas" mas uma propriedade psicológica pública. Essa perda de tudo o que individualidade pressupunha não pode ser aceita sem luta. O indivíduo é solicitado a sacrificar o seu esplêndido isolamento mas não está seguro de que o psicodrama seja capaz de substituir o seu investimento.

Não é destituído de significado o fato de que a cena da batalha entre os isolacionistas e os coletivistas psicológicos se situe, cada vez mais, nos Estados Unidos. As pessoas e os costumes nos países europeus, onde a psicologia mais recente se iniciou, são mais reservados e, por conseguinte, as linhas de tratamento tinham de ser mais restritas e reservadas. A psicoterapia foi, em grande parte, uma batalha de palavras. A ação parecia perigosa, dado que poderia facilmente redundar em excessos e anarquia. A ação privada e social era rotulada de exibicionismo, embora a exibição somente com palavras fosse uma prática altamente recomendável... sob a capa de um livro. Mas o temor da ação manteve os povos da Europa rígidos e despreparados; e, quando um dia se romperam as comportas de segurança, nas formas de revoluções sociais, foram apanhados de surpresa e não dispunham dos meios para sustar a inundação. Os excessos que temiam (e que pensavam dificultar proibindo "pequenas" ações espontâneas) tiveram lugar, realmente, por causa do medo que da inação e da obediência fez uma virtude. Se tivesse sido dada uma certa margem de liberdade à espontaneidade das massas, mediante a permissão de milhões de pequenos atos de pouca importância, como uma vacinação psicológica em pequenas doses, as principais tensões coletivas poderiam ter sido descarregadas e as revoluções dos últimos vinte e cinco anos teriam sido cortadas em botão por milhões de situações individuais. Isso teria significado a sociometria e o psicodrama aplicados em escala européia como preventivos e inversões das técnicas fascistas, pelo tratamento terapêutico das massas.

Uma psicologia da ação é mais compatível com os americanos,[9] um povo de mentalidade motriz, treinado por uma história de pioneirismo e pela filosofia do pragmatismo, propício às

---

9. Ver "Foundations of the Sociometric Institute", *Sociometry*, Vol. 5, N.º 2, maio de 1942, pág. v.

idéias motoras e em que o drama significa ação. "Ir a lugares e fazer coisas" é, para eles, uma noção mais popular e aceitável do que "sentar-se numa cadeira e ler livros." Parece-lhes mais fácil aceitar uma psicoterapia que seja uma batalha de atos. Isto poderá explicar a recepção favorável do psicodrama nos Estados Unidos, porquanto é um sistema que habilita as pessoas a agir e a sentir, a descobrir coisas e a vê-las por si mesmas. Se existe algum erro provável em minhas afirmações e conclusões — e talvez haja muitos — eles têm uma oportunidade de verificá-lo colocando a sua própria personalidade em foco e lançando-a à ação.

Antecedentes Históricos e a Idéia de Catarse Total

Drama é uma transliteração do grego, que significa ação ou uma coisa feita. O psicodrama é uma transliteração de uma coisa feita à psique e com a psique — a psique em ação. O psicodrama pode ser definido, pois, como a ciência que explora a "verdade" por métodos dramáticos. Uma outra definição de psicodrama pode ser dada em contraste com *das Ding an sich* [a coisa em si], de Kant, sendo então o psicodrama *das Ding ausser sich* [a coisa fora de si]. Segundo Kant, *das Ding an sich* é o número, subjacente e oposto aos fenômenos da nossa limitada experiência. O psicodrama, *das Ding ausser sich*, é número que se converteu em fenômeno ou fenômeno que se converteu em número. A frase alemã *ausser sich* tem uma outra e significativa implicação. Ela também quer dizer "alguém que está fora de si, que perdeu as estribeiras ou o controle". Uma *Ding ausser sich* é, por conseguinte, uma coisa desvairada por (ou contra) si mesma. Esta definição ganha em significado se considerarmos o sentido de "protagonista", título dado ao ator principal na tragédia grega. Protagonista significa o homem tomado de frenesi, um louco. Um teatro para o psicodrama é, portanto, um teatro do homem enlouquecido, um público de loucos que olha para um deles, que continua sua vida no palco.

Segundo parece, o psicodrama não tem precedentes nos tempos históricos. Superficialmente, o mais próximo dele na história teatral é a *Commedia dell'Arte* italiana. O argumento ou enredo era escrito mas o diálogo era improvisado pelos atores. Nessas obras, os personagens repetiam-se invariavelmente, por exemplo, Arlequim, o Capitão, o Doutor.[10] Mas a finalidade da *Commedia dell'Arte* era o entretenimento, não a terapêutica.

---

10. Ver Winifred Smith, *The Commedia dell'Arte*, Nova Iorque, 1912, também *Encyclopedia Britannica*, 1929, pág. 106.

Mesmo como um teatro para a espontaneidade, limitava esta à improvisação do diálogo, o qual, como as situações e os conflitos se repetiam sempre, estava fadado a terminar em clichês de uma conserva cultural, mais cedo ou mais tarde. Funcionando fiel à estrutura do teatro legítimo e sem um sistema de adestramento da espontaneidade, a *Commedia dell'Arte* morreu após lenta agonia. As leis da legítima dramaturgia — a unidade de enredo, a unidade de personagem, a unidade de pensamento e ação, a naturalidade e clareza de dicção — enunciadas por Aristóteles na *Poética*, foram inspiradas pela tragédia grega, uma conserva dramática, e pelo teatro grego, um veículo para a sua reprodução. As leis do psicodrama tiveram de ser investigadas sem um modelo histórico, partindo da estaca zero e dentro de um diferente quadro de referência.

Para um verdadeiro precedente, devemos buscá-lo nas civilizações do período pré-histórico. Nos ritos dramáticos primitivos, o executante aborígine não era um ator mas um sacerdote. Ela como um psiquiatra empenhado em redimir a tribo, persuadindo o sol para que brilhasse ou a chuva para que caísse. A fim de obter dos deuses ou das forças naturais uma resposta apropriada, podem ter sido empregados abundantemente métodos de simulação, persuasão e provocação aparentados com os do psicodrama primitivo. Muito antes da medicina científica, em nossa acepção da palavra, praticou-se a purificação de enfermidades mentais e físicas, mediante um choque quase psicodramático. Há alguns anos, esta idéia foi confirmada por um eminente antropólogo.[11] Depois de assistir a uma sessão psicodramática, ele informou-me que acabara de regressar de uma expedição científica que o levou a uma aldeia de índios pomos, perto da costa ocidental da Califórnia. Aí tivera a oportunidade de testemunhar um procedimento muito semelhante ao psicodramático, por sua atmosfera. Um homem foi trazido do campo, doente e aparentemente moribundo. O curandeiro apareceu imediatamente com seus assistentes e perguntou o que tinha acontecido. O homem que viera acompanhando o doente explicou: ele assustou-se quando encontrou um peru selvagem, uma ave que nunca vira. O curandeiro retirou-se. Voltou pouco depois, representando com seus assistentes (egos auxiliares) a situação do choque, tal como ocorrera, e retratando escrupulosamente cada detalhe. O curandeiro atuou como o peru, esvoaçando freneticamente em redor do doente mas de modo que este pudesse perceber que a ave era inofensiva e seus temores eram injustificados. O homem começou gradualmente a reviver e a recuperar-se.

---

11. Bernard W. Aginsky, comunicação pessoal.

Uma das importantes realizações da teoria psicodramática foi o desenvolvimento da idéia de catarse. Breuer [12] e Freud [13] ignoravam as implicações psicoterapêuticas do meio dramático a que Aristóteles se referiu na *Poética*. Coube ao psicodrama redescobrir e elaborar a idéia de catarse, em sua relação com a psicoterapia. A famosa definição de tragédia no Capítulo VI da *Poética* termina com a seguinte proposição: "Uma tragédia está repleta de incidentes que despertam piedade e temor, para realizar com eles a sua catarse dessas emoções." E no Capítulo IX: "A tragédia... é uma imitação não só de uma ação completa mas também de incidentes que suscitam piedade e medo. Tais incidentes exercem o maior efeito sobre a mente quando ocorrem inesperadamente e, ao mesmo tempo, como conseqüência um do outro..." [14] É em vão que se procura em toda a *Poética* uma ampliação dessas magras referências à catarse. Mas a *Poética* é um ensaio sobre poesia, não sobre catarse. Mesmo no domínio da poesia, Aristóteles estava interessado nas formas *finais* dela e não em suas origens. Se estivesse, *De Poetica* ter-se-ia convertido em *De Catharsis*. Portanto, como analista da conserva dramática, ele apreciou a estrutura formal do legítimo drama mas não descreve o seu *status nascendi*. A catarse não é para ele um fenômeno mas um secundário, um subproduto, um efeito da poesia sobre o leitor ou o espectador. Sem dúvida, os mais antigos filósofos gregos e o *Daimon* de Sócrates estavam mais próximos do significado profundo da catarse, embora não tivessem um nome para ela.

Desde Aristóteles, a conserva dramática continuou sendo, para todos os estudiosos que reconsideraram dogmaticamente a doutrina da catarse, o único quadro de referência, quaisquer que fossem as diferenças de opinião. Lessing, [15] por exemplo, sustentou que a tragédia afeta mais os leitores e os espectadores que os intérpretes, ao passo que Goethe [16] afirmou que ela afeta mais os atores que os espectadores e leitores. O estímulo era

12. Foi Josef Breuer, o precursor da psicanálise, quem "introduziu a seguinte inovação; deixou que a paciente, sob hipnose, falasse e lhe contasse o que lhe oprimia a mente. Regra geral, a paciente falava livremente nessas circunstâncias e, ao fazê-lo, manifestava uma grande emoção. Ao despertar do estado hipnótico sentia-se aliviada... Em virtude da descarga regular de emoções, deu-se ao método o nome de método catártico". Ver Gregory Zilboorg e George W. Henry, *A History of Medical Psychology*, W. W. Norton & Co., Nova Iorque, 1941, pág. 486.

13. O próprio Freud se refere ao procedimento de Breuer como sendo capaz de "levar os pacientes a recordarem e reproduzirem essas experiências (traumáticas) sob hipnose". Ver Sigmund Freud, *The History of the Psychoanalytic Movement*, em *The Basic Writings of Sigmund Freud*, Random House, Nova Iorque, 1938, pág. 934.

14. Ver *The Basic Works of Aristotle*, Random House, Nova Iorque, 1941, págs. 1460, 1464-65. Ver também Ingram Bywater, *Aristotle and the Art of Poetry*, Oxford, 1909.

15. G. E. Lessing, *Hamburgische Dramaturgie*, 1769.

16. J. W. Goethe, *Wilhelm Meister's Wanderjahre*, 1792-1800.

sempre a obra de arte como produto acabado, o poema ou quadro completo, a conserva dramática, que serviam de base às suas especulações.

Portanto, quando comecei a estudar o fenômeno da catarse,[17] retomei o curso de pensamento onde Aristóteles o abandonara. Também comecei pelo drama mas *inverti* o procedimento. Não dirigi a atenção para a sua fase terminal mas, de outro modo, para a sua fase inicial. Era a comunidade donde promanavam os dramas e os atores que os produziam; e tampouco era *qualquer* comunidade, uma comunidade *in abstracto*, mas a *minha* aldeia e vizinhança, a casa em que *eu* vivia. Os atores *não eram quaisquer pessoas*, gente *in abstracto*, mas a *minha* gente, meu pai e minha mãe, meus irmãos e irmãs, meus amigos e vizinhos. E os dramas em que estávamos interessados não eram os que amadurecem na mente dos artistas mas, muito antes de chegarem a eles, os que surgem na vida cotidiana, no espírito de pessoas simples. Por outras palavras, tratei do drama num nível em que a nítida separação entre o estético e o terapêutico carece de significado, e muito antes da distinção entre o individual e o universal se converter numa conclusão prevista e inevitável. Era um nível anterior à divisão entre espectadores e atores. Era uma comunidade de atores sem um público, enquanto categoria especial. A espontaneidade e criatividade dos atores eram a nossa principal preocupação. A sua sinceridade e integridade significavam muito mais do que sua mestria. A catarse deslocou-se do espectador para o ator. "O fundamento em que se baseia a análise do teatro não é um produto acabado mas a realização espontânea e simultânea de uma obra poética, dramática, em seu processo de desenvolvimento desde o *status nascendi* em diante, de etapa em etapa. E, de acordo com essa análise, tem lugar a catarse (primária): mas não só no espectador (efeito desejado secundário) e nas *dramatis personae* de uma produção imaginária mas nos atores espontâneos do drama, que produzem os personagens libertando-se deles ao mesmo tempo."[18]

A própria definição aristotélica de tragédia como "uma imitação da ação e da vida",[19] discutível mesmo para a sua forma convencional, passou por uma profunda mudança. O psicodrama define o teatro mais como extensão da vida e da ação do que como sua imitação; mas onde há imitação a ênfase não está naquilo que imita mas na oportunidade de recapitular problemas irresolvidos num contexto social mais livre, mais amplo e mais

---

17. 1911, 1919, *Die Gottheit als Komoediant*, 1923, *Das Stegreiftheater*.
18. Traduzido de *Das Stegreiftheater*, Berlim, 1923.
19. Capítulo VI de *De Poetica* II.

flexível. A "extensão" é um requisito indispensável ao teatro, num mundo em expansão. O "duplo", o "cavalo voador" e o "demônio alucinado" são tão reais e têm tanto direito ao espaço vital quanto as pessoas reais que atuam. Sua representação pode despertar a espontaneidade dos sujeitos e fazer lugar para vidas não vividas e ações impensadas. Dentro do infinito número de mundos imaginários, a própria vida apresenta-se apenas como uma variedade algo forçada. O paciente-ator é como um refugiado que, de súbito, revela novas forças porque ingressou num mundo mais livre e mais vasto. A catarse é gerada pela visão de um novo universo e pela viabilidade de novo crescimento (a ab-reação e a descarga de emoções são apenas manifestações superficiais). A catarse começa no ator quando este representa o seu próprio drama, cena após cena, e alcança o clímax quando ocorre a sua peripécia.

A teoria psicodramática desenvolveu a idéia de catarse em quatro direções: a somática, a mental, a individual e a grupal. Conferiu ao ideal de tratamento da situação total um fundamento prático e realista, mediante a introdução de métodos que sustentam a possibilidade de ser efetuado um diagnóstico total e sintético, assim como uma terapêutica sintética e total.

A antiga idéia de catarse *somática* foi revivida pelos métodos psicodramáticos; eles devolvem o corpo à ação, consciente e sistematicamente, como um centro de adestramento e readestramento, no que se refere a todas as suas funções. Ao deslocar-se do presente para o passado, o psicanalista tinha perdido de vista não só as exigências imediatas da psique individual mas também os requisitos imediatos do *corpo* individual e, para todos os fins práticos, protelou e negligenciou o seu tratamento. A catarse somática é aqui definida como purificação ou limpeza de qualquer lugar do corpo; o lugar do corpo pode ser o canal alimentar, o aparelho urinário ou o órgão genital.[20] Na teoria psicodramática, por exemplo, os atores e os atos em seu *statu nascendi* são os dados primários e não uma evolução de atos pretéritos, ao passo que na teoria psicanalítica a preocupação básica é com a evolução de atos pretéritos ou a regressão aos mesmos.

A catarse *mental,* quando eu entrei em cena com as minhas próprias investigações, só podia ser encontrada (na literatura dramática) em pálidas recordações da velha definição de Aristóteles e o próprio termo estava, praticamente, fora de circulação. A psicanálise tinha-o posto de lado e favorecia, por exemplo,

---

20. Referimo-nos à catarse somática num sentido estritamente físico, embora estejamos plenamente cônscios de que físico e mental são abstrações e não podem ser separadas uma da outra. A catarse somática pode resultar da defecação, num caso, do orgasmo sexual, em outro.

a transferência e a identificação inconscientes como um meio de obter resultados curativos. Os psicanalistas haviam marginalizado o termo, depois de um rápido momento de fulgor, nos começos da década de 1890, porque careciam de métodos para lidar com atores humanos, direta e imediatamente, nas situações em que eles padeciam. Se tivessem inventado um método como o psicodrama, a situação psicodramática tê-los-ia compelido, por seu próprio impulso, a elaborar um conjunto de conceitos como espontaneidade, criatividade, ação, papel, ego primário, ego auxiliar e assim por diante. Semelhante conjunto conceptual teria tornado plausível e coerente a idéia de catarse mental e a relação da espontaneidade de um sujeito com a catarse mental ter-se-ia convertido no ponto central de suas pesquisas. Teriam reconhecido que, na situação psicodramática, o paciente recebe as três formas básicas de catarse mental, uma no autor — o criador e paciente do drama privado — a outra no ator que lhe dá vida e a terceira no público que co-sente os acontecimentos. Mas, por falta disso, eles foram obrigados, em virtude do caráter passivo e retrospectivo da situação psicanalítica, a desenvolver um conjunto de conceitos, como os de trauma, regressão, inconsciente e transferência, e quanto mais coerentes e sistemáticos foram em obedecer às inspirações proporcionadas pelo método psicanalítico, mais se extraviaram, como marinheiros que, depois de terem recebido uma boa gratificação, desembarcam com ela numa ilha exótica, separada do mundo da civilização.

Há numerosos elementos capazes de produzir uma catarse parcial. Mas, pela integração sintética de todos os elementos, pode ser obtida a catarse total. O espectador aristotélico é posto em contato apenas com um único elemento — a conserva dramática — de modo que a purificação ou catarse mental que obtém não pode ir além do alcance do impacto desse elemento. O paciente psicanalítico é posto em contato com um outro elemento: as associações verbais que ele próprio é capaz de expressar. Portanto, o montante de purificação ou catarse mental que possa obter depende da esfera de influência que sobre ele exercem essas palavras — a qual é muito limitada e freqüentemente enganadora. Existem dúzias de outros elementos isolados, cada um de validade semelhante mas igualmente limitado em seus efeitos, como, por exemplo, a influência da cor, da música, das formas plásticas, a influência da dança, dos costumes e das festividades públicas. Como toda e qualquer atividade humana pode ser, praticamente, a fonte de algum grau de catarse, o problema consiste em determinar o que é catarse, de que forma difere, por exemplo, da felicidade, do contentamento, do êxtase, da satisfação de necessidades etc. e se uma fonte é superior, na produção de catarse, a uma outra fonte; com efeito, trata-se de saber se existe um elemento comum a todas as fontes, o qual opera na produção da catarse. Portanto, o meu intuito foi definir a catarse de tal modo que se possa mostrar que todas as formas de influência que exercem um efeito catártico demonstrável são passos positivos num só processo de operação. Descobri o princípio comum que produz a catarse na espontaneidade, na ação dramática espontânea.

Espero ter conseguido construir uma situação de tratamento de tal modo universal que todas as outras formas de tratamento, a física, a psicológica e a social, encontram nela um papel natural.

Em virtude da universalidade do ato e sua natureza primordial, ele abrange todas as outras formas de expressão. Estas fluem naturalmente dele ou podem ser encorajadas para que surjam: associações verbais, associações musicais, associações visuais, associações cromáticas, associações rítmicas e coreográficas e todo e qualquer outro estímulo que possa suscitar ou inibir o aparecimento de um ou outro fator, por exemplo, o uso de agentes psicoquímicos, como sedativos, barbitúricos, amital sódico, pentotal sódico, ou métodos de choque como a insulina, o metrazol ou a eletricidade, ou medicamentações endocrinológicas, como os extratos de tireóide, que estão dentro do esquema da catarse total, podem condicionar e preparar o organismo para a integração psicodramática. Todos os riachos da catarse parcial fluem para a corrente principal da catarse de ação.[21]

Um dos problemas do tratamento psicodramático consiste em induzir o sujeito a uma representação adequada das dimensões vividas e não-vividas do seu mundo privado. Isto é uma questão comparativamente simples quando as porções não--vividas do eu estão próximas do contexto da realidade e perto da compreensão do diretor e seus egos auxiliares. Mas torna-se uma tarefa extremamente difícil no caso, por exemplo, de pacientes psicóticos, quando as distorções e idéias delirantes estão entrelaçadas tão sutilmente e tão bem escondidas que é insuficiente a compreensão do diretor e de seus egos auxiliares. É aqui que a imaginação analítica e artística do diretor e de seus egos tem de seguir os vôos fantasiosos do sujeito; e, quando isso se torna impossível, inventar recursos e artifícios por meio dos quais o próprio sujeito possa ser convertido no principal agente

21. Esta teoria da catarse baseia-se no pressuposto de que um *deficit* de *e* (espontaneidade) num contexto social provoca distúrbios dinâmicos, individuais e coletivos. Esses distúrbios aumentam na mesma proporção em que aumenta o *deficit* de *e*. O *deficit* de *e* pode ser medido por testes sociométricos, testes de espontaneidade e de papéis.

produtor. Parece ser indispensável a representação do mundo interior, num contexto dramático, para aqueles indivíduos que atingiram a fase de uma desordem mental bem organizada. A necessidade do drama pode ser temporariamente abafada, por exemplo, pela sonoterapia ou as terapias de choque. Mas a necessidade fundamental de realização de certas imagens fantásticas não pode ser "abafada". A menos que se reduza o sujeito à situação de inválido cerebral, pela cirurgia ou prolongados tratamentos de choque, o paciente momentaneamente assustado sofrerá por força uma recaída e reproduzirá o mesmo tipo de aspiração que tinha antes de iniciado o tratamento.

O grau em que o psicodrama revolucionou a idéia de catarse que ocorre no próprio ator não pode ter melhor exemplo ilustrativo que a mudança político-cultural por que a nossa indústria de diversões está passando — o teatro, o rádio e o cinema. Fui recentemente ao cinema e assisti ao filme *Spellbound.*[22] O ator-paciente é uma vítima de amnésia que imagina ter matado um homem, um certo Dr. Edwardes. É submetido à psicanálise mas não parece ser um sujeito muito adequado para ela. Quando não pode recordar por associações de palavras, é compelido a representar as cenas dramáticas. É obviamente suposto pelo autor e produtor que a dramatização das cenas totais é um meio mais forte e mais eficaz do que um relato verbal para a recordação de experiências esquecidas. O paciente é continuamente estimulado a passar ao ato o que lhe aconteceu ou que lhe está acontecendo nesse momento. O autor e o produtor pressupõem, evidentemente, que não só as experiências passadas mas também as presentes são comunicadas de um modo mais adequado a um analista mediante a sua representação dramática do que por um depoimento verbal. Cercam o paciente de todos os estímulos dramáticos possíveis, com imagens ópticas e acústicas. Fazem-no voltar à cena do crime — não só física e psicologicamente mas também dramaticamente. Induzem-no a representar a fantasia de crime num contexto atualizado. O mais velho psicanalista do filme, o Dr. Brulow, é corretamente retratado como uma pessoa que, durante todo o filme, resiste a tudo o que vá mais além da análise. Combate a Dra. Peterson, uma analista, e intima-a a renunciar a um empreendimento absurdo. Mas a Dra. Peterson representa no filme um princípio diferente, aparentemente não notado pelo autor e produtor e pelos atores da peça, e provavelmente nem mesmo pelo assessor psiquiátrico. É como se ela dissesse a si mesma: "É aqui onde termina

22. Baseado numa história de Ben Hecht, "The House of Dr. Edwardes", e dirigido por Alfred Hitchcock. Seus principais personagens são o Dr. Brulow, a Dra. Peterson, o Dr. Murchison e o Dr. Balantine. O consultor psiquiátrico foi o Dr. May E. Romm.

a sabedoria do mais sábio dos analistas. Talvez exista algo mais além da análise que ele não apreendeu. O fato de ser a amante do paciente *e* sua analista, ao mesmo tempo, embora seja intrinsecamente uma combinação contraditória, talvez me habilite a fazer mais do que ele." Na realidade, ela optou por deixar de ser apenas uma psicanalista para o paciente e converte-se em seu "ego auxiliar", como dizemos em terminologia de psicodrama. Ela identifica-se com o paciente não só em palavras mas na ação. Co-atua com ele em situações vitais. Reconstitui com ele a situação do crime, assumindo o papel do assassinado. Prepara-lhe situações futuras, compatíveis com suas próprias visões, de modo que o paciente possa desempenhá-las melhor. É como se ela pensasse: "A psicanálise não pode ajudá-lo, tentemos o psicodrama." E daí em diante, embora de uma forma primitiva, o velho Dr. Brulow[23] combate a jovem e afetuosa Dra. Peterson[24] — a psicanálise em luta contra o psicodrama. Quando, no filme, o procedimento psicodramático consegue provocar, finalmente, a catarse do paciente-ator, teria sido um bom clímax se o Dr. Brulow se inclinasse diante do público e reconhecesse oficialmente o método com que a Dra. Peterson tratou o caso, um método mais eficaz do que o dele. Supõe-se, ao longo do filme, que ao deixar que o paciente-ator represente as cenas dramáticas, foram mortos dois coelhos de uma só cajadada: obtém-se uma revelação tão completa quanto possível da cadeia de causas que culminaram no surto da doença mental e uma catarse do próprio paciente, por outras palavras, foi reconhecido que a exploração por meios psicodramáticos é superior à psicanálise e que a catarse de ação é superior à transferência na remoção de sintomas.

---

23. Interpretado por Michael Checkow.
24. Interpretado por Ingrid Bergman.

Seção II. O TEATRO TERAPÊUTICO

Origem do Drama Terapêutico

PRIMEIRA SESSÃO PSICODRAMÁTICA

Somente são apresentados os pontos culminantes, as cenas decisivas e diálogos mais importantes desta sessão. Está sendo preparada a tradução completa do texto para publicação como uma monografia especial num próximo futuro. Para que se compreenda a origem do psicodrama, parece indispensável que a atmosfera vienense da época seja levada à atenção do público americano.

Produzido em: Kinderbuehne (Teatro das Crianças), 1911.

Personagens: O Ator, representando Zarathustra.
O Dramaturgo.
O Espectador.
Eu (J. L. Moreno).
Todos os Espectadores: O Público.

A cena está montada para a apresentação de um drama, *Os Feitos de Zarathustra,* de um autor pouco conhecido. Entra o ator no papel de Zarathustra. Quando começa a representar e declama as primeiras frases, um espectador sobe do auditório ao palco. O ator é apanhado de surpresa e as cenas e diálogos, desse ponto em diante, são improvisados.

Espectador (olhando para o Ator): Os seus olhos não são os olhos de Zarathustra. Onde estão as rugas e a velhice de Zarathustra? Onde sua corcova e sua aflição?

Ator (olha para o alto, surpreso e embaraçado).

Espectador (apanha um papel no bolso): Está escrito neste anúncio teatral: "Esta noite apresentaremos *Os Feitos de Zarathustra.*" Será representada a sua vida. Ninguém pode fazer isso, exceto o próprio Zarathustra. (Dá um salto.) Qual é o seu nome, senhor?

Ator: Zarathustra.

Espectador: De verdade?

Ator: Sou e não sou... uma vida em duas horas.

Espectador: Duas horas não equivalem aos seus cem mil anos.

Pausa.

Espectador: Oh, como foi que lhe tocou esse papel? É possível que Zarathustra veja desde seu túmulo a ressurreição de sua vida no seu corpo vil e estranho. Os mortos não podem revidar. Oh, ator, deixa viver os vivos e que os mortos permaneçam mortos. Zarathustra está aqui num lugar errado. Tenho ordem de fazê-lo voltar. Saia desse papel e deixe que ele volte a si mesmo. Hesita? Imagine algo pior e mais perigoso para você. Zarathustra não está morto! Ele ainda vive, neste preciso momento, em algum lugar da Terra. Vive nesta cidade e caminha diariamente por ruas e praças que bem conhecemos ou, para deixar as coisas mais claras, ele veio ao teatro esta noite. Senta-se no meio do público. Agora! Ali! Noite após noite, vê a máscara e a caricatura de sua vida surgindo neste palco. Oh, suplico, parem com isso. Ele vem por essa entrada lateral (o espectador assume o papel do verdadeiro Zarathustra e joga-se ao chão). Ajoelha-se e enrosca-se em volta de seus joelhos (faz esses gestos, à maneira de um ego auxiliar) e...

Ator (interrompe o espectador e continua seu pensamento, em tom sarcástico): Suplica-me que me detenha, ordenando-me que me represente a mim mesmo em vez dele, que me espelhe em vez de refleti-lo.

Espectador: Esse é o conflito entre Zarathustra, o espectador, e Zarathustra, o ator.

Ator: Que se passa com você? Por que se intromete em minha altercação com Zarathustra? Por que necessita ele de um advogado?

Espectador: Esse é o meu caso e o de todos os que estão neste auditório como público. Não teme que lhe diga que talvez *eu* seja Zarathustra? Pois bem, eu sou.

Ator: Como posso eu livrar-me... e todo o público... deste papel? Não fui eu quem o criou. Começo vislumbrando o fim do meu drama. Onde está o meu assassino?

Entra em cena o Dramaturgo.

Dramaturgo: Que mal você está atuando esta noite, Zarathustra! Qual é o problema?

Ator: Estou procurando o meu assassino. O meu médico acaba de diagnosticar uma profunda perturbação em minha mente. E você quem é?

Dramaturgo: Sou o autor desta peça.

Ator: Puxa vida, afinal sempre veio! Cure-me rapidamente, sou uma vítima da sua arte. Você conhece Zarathustra (arranca a máscara de seu rosto e volta a ser ele mesmo, um particular).

Dramaturgo: É verdade. (Contemplando a máscara que jaz no chão.) Eu o criei.

O Eu Pessoal do Ator: Que todos os papéis de todos os heróis teatrais retornem ao vosso negro coração paterno. Por que permite que a sua loucura penetre em meu sangue e em meu corpo? Seja o seu próprio ator.

Pausa.

Terminada esta cena, um ator chamou-me, perguntando como eu podia ficar silencioso diante de tal blasfêmia. Levantei-me de meu lugar no público e caminhei na direção do palco.

Eu: Vejo com assombro e anuncio ao mundo o teatro perfeitamente real, pela primeira vez na História, desde que teve seu início e nos foi legado como um dom dos deuses. O teatro, até hoje, espelhou os sofrimentos de coisas estranhas mas aqui, no Teatro para o Psicodrama, representa as nossas próprias atribulações. Até agora, pecou, serviu a falsos deuses mas, agora, produz-se a si mesmo como um jogo. Até à data, o autor atraiçoou o ator, o o ator atraiçoou o espectador mas, aqui e agora, todos se tornaram uma só pessoa. Neste louco festival, provocado pela revolta do público contra os autores e os atores, solto a mais elevada forma de riso. É um drama que se criou por uma inversão de si mesmo.

Dramaturgo: Isso me pareceria o fim do teatro.

Eu: Sim e, no entanto, enfaticamente não. Antes de que seja possível a restauração do teatro genuíno e criativo, todos os seus elementos e partes devem ser destruídos peça por peça, até se alcançarem os seus primeiros e mais antigos alicerces. Isto é uma condenação de toda a maquinaria do teatro e a restauração do caos. Mas quando nada sobrar, no fim dessa revolução teatral... qnando tiverem desaparecido dramaturgos, atores e espectadores... então, desse caos, o nascimento do teatro, em sua mais pura forma, poderá inspirar-se de novo: o teatro do gênio, da imaginação total, o teatro da espontaneidade.

Dramaturgo: Dou-me agora conta de que sou um patife, um falsário. Mas uma peça só pode ser criada escrevendo-a. Ser é ser, e escrever é e continuará sendo uma coisa vulgar por toda a eternidade.

Eu: Todos os teatros do passado, todas as suas obras, são passos preparatórios da espécie de teatro que temos aqui esta noite. Este é o drama final.

Dramaturgo: Quem escreverá esse drama?

Eu: Este é o drama em que cada homem é o seu próprio autor, ator e público. O "verbo" não foi o princípio... foi o final.

Dramaturgo: Agora entendo.

Eu: Se você... ou qualquer um no público... produzisse outra vez seus dramas do passado aqui, neste palco, eles exerceriam sobre você, o herói original e permanente, e sobre todo o público, um efeito cômico, libertador e purificador. Ao representar-se a si mesmo, você vê-se em seu próprio espelho no palco, exposto como está a todo o público. É esse espelho de si mesmo que provoca o mais profundo riso nos outros e em você, porque vê o seu próprio mundo de sofrimentos passados dissolvido em eventos imaginários. De súbito, existir não é penoso e contundente mas cômico e divertido. Todas as suas mágoas do passado, suas explosões de cólera, seus desejos, alegrias, êxtases, vitórias, triunfos, foram *esvaziados* de pena, cólera, desejo, alegria, êxtase, vitória e triunfo, isto é, foram esvaziados de toda a *raison d'être*. Você pode agora dizer a si mesmo: Fui alguma vez esse camarada? (A mesma coisa poderia ser dita por qualquer de vós, atores e espectadores.) Existiu alguma vez quem atua e fala? Isto pode ser um assunto para os deuses decidirem. Mas um riso interminável, que supera tanto as deficiências como as vitórias, apossa-se do público.

Pausa.

Ator: Seria bom conhecer a origem do riso.

Eu: Creio que o riso teve origem quando Deus se viu a si mesmo. Foi no sétimo dia da criação que Deus, o criador, olhou para os seus seis dias de trabalho e prorrompeu em gargalhadas... rindo de si mesmo.

Ator: Essa foi também a origem do teatro.

Eu: Sim, enquanto estava rindo, um palco surgiu rapidamente debaixo dele. Aqui está, sob os nossos pés.

Data da primeira publicação em forma de folheto, outubro de 1911.
Data da publicação definitiva, abril de 1919.
Em "Daimon", uma revista editada por Genossenschafts Verlag, em Viena. Traduzido para o inglês parcialmente pelo autor, do seu próprio texto alemão, "The Godhead as Comedian" (*Die Gottheit als Komoediant* = A Deidade como Comediante).

O Locus Nascendi do Teatro

Por meio da geometria do espaço é determinado o local das configurações geométricas. Por meio de uma teometria do espaço determina-se o *locus nascendi* de idéias e objetos.

No estabelecimento de um ponto de referência para os espaços teométricos devem ser destacados três fatores: o *status nascendi*, o *locus* e a *matriz*. Estes fatores representam fases diferentes do mesmo processo. Não existe "coisa" sem seu *locus*, não há *locus* sem seu *status nascendi* e não há *status nascendi* sem sua matriz. O *locus* de uma flor, por exemplo, está no canteiro onde cresce como tal e não nos cabelos de uma mulher. O seu *status nascendi* é o de uma coisa em desenvolvimento, tal como brota da semente. A sua matriz é a própria semente fértil. O *locus* de uma pintura é o seu contorno original e específico. Se a pintura for espacialmente removida de seus contornos originais, ela converte-se, simplesmente, numa outra "coisa" — um valor secundário e permutável.

O *locus* de uma palavra é a língua do que a pronuncia ou as linhas com que a caneta a forma pela primeira vez. Essa palavra, repetida, converte-se num outro som mais feio; o manuscrito, multiplicado em letra de imprensa, converte-se em mercadoria intelectual. Uma vez mais, a sua singularidade é obliterada.

Do ponto de vista exclusivo da utilidade e da praticabilidade, não existe diferença alguma entre a pintura original e suas reproduções. As palavras que um homem profere e sua duplicação impressa comunicam o mesmo conteúdo a terceiros. A existência de muitas cópias idênticas ao original gera a impressão ilusória de que há muitos originais ou de que o original e as cópias têm o mesmo significado. Pode até dar a impressão de que não existe qualquer original autêntico — somente derivados.

É importante refletir sobre o processo interno de transformação que ocorre no decurso da mudança de uma expressão criadora desde o seu *locus nascendi* para novos lugares ou meios de comunicação. Uma "coisa" converte-se em outra "coisa" — embora, em virtude do atraso de linguagem, a mesma palavra possa ser utilizada para muitos objetos ou fatos diferentes. Assim, o "David" de Miguel Ângelo em seu *locus nascendi* é o verdadeiro "David" de Miguel Ângelo. Colocado num museu, já não é verdadeiramente o mesmo; está-se prestando à composição de uma outra "coisa", o museu. Agora é uma das "coisas" que concorrem para formar um museu. Analogamente, o lírio na mão de uma mulher já não é puramente um lírio mas uma extensão decorativa de sua mão, do seu corpo. A situação primária de uma coisa está no local que lhe deu nascimento.

Toda e qualquer coisa, forma ou idéia tem um lugar, um *locus*, que lhe é o mais adequado e apropriado, no qual possui a mais perfeita, a mais ideal expressão do seu significado. Podemos conceber o *locus* ideal da carta, do livro, da linguagem, e também se pode conceber o *locus* do teatro. A consubstanciação deve corresponder à idéia da coisa. Assim, a representação do teatro deve corresponder à idéia dele, caso contrário será uma deformação da sua essência. Uma carta, por exemplo, tem seu *locus* ideal na mão da pessoa a quem se escreveu. Nas mãos de uma pessoa não desejada, de um estranho a quem a carta não foi endereçada, o conteúdo expresso e as implicações não expressadas carecem de sentido, a carta está como que em exílio, deslocada (fora do *locus*).

O teatro legítimo é um teatro *como se* — fora de lugar. O verdadeiro *locus* do teatro é o teatro para a espontaneidade.

O Teatro Terapêutico

O teatro legítimo não tem pudor: ergue-se num lugar determinado, a finalidade é previamente determinada, está dedicado à ressurreição do drama escrito e é acessível a todos, sem discriminação.

Mas o verdadeiro símbolo do teatro terapêutico é o lar. Aí surge o teatro em seu mais profundo sentido, porque os segredos mais bem guardados resistem violentamente a ser tocados e expostos. É o completamente privado. A primeira casa, o lugar onde começa e termina a vida, a casa de nascimento e a casa da morte, a casa das mais íntimas relações interpessoais, converte-se num palco e cenário de fundo. O proscênio é a porta da frente, a moldura de uma janela e a galeria. A platéia está no jardim e na rua.

O ideal é estar livre de restrições; de um lugar e de um produto criativo previamente determinado. Ambos delimitam o pleno e irrestrito surgimento da espontaneidade. No teatro legítimo, o momento e o lugar não são livres. Ambos estão predeterminados em forma e conteúdo — a peça escrita e a produção ensaiada determinam o momento e retiram-lhe a liberdade; a estrutura do teatro anteviu a finalidade do edifício e, por conseguinte, fez com que o lugar não fosse livre para o surgimento verdadeiramente espontâneo de um ato criador. No teatro para a espontaneidade, o momento é verdadeiramente livre, presente em forma e conteúdo, mas o lugar é secundário e derivado. No teatro terapêutico, que é a forma suprema de teatro, tanto o lugar como o momento são originais. O lugar primário da experiência, o lugar de nascimento, é o *locus nascendi* do teatro. O momento primário de criação é o *status nascendi*. Aqui são sintetizados o verdadeiro momento e o verdadeiro lugar.

A representação espontânea de papéis dá a "prova metaprática" de um reino de liberdade, em que a ilusão é estritamente separada da realidade. Mas existe um teatro em que a realidade ou o ser são demonstrados através da ilusão, em que se restaura a unidade original entre as duas metazonas — mediante um processo de auto-reflexão humorística; no teatro terapêutico, realidade e ilusão são uma só coisa.

Os Atores no Palco Terapêutico

Os atores do palco terapêutico são os habitantes do lar privado. Se uma pessoa vive sozinha, o desfile de sensações, sentimentos e pensamentos de um mundo privado, pessoal, pode ter lugar como num sonho sem resistência. Mas quando duas pessoas vivem juntas e se encontram diariamente, então começa a verdadeira situação teatral, proporcionando alegria ou sofrimento. É essa situação que produz o conflito. Converte os solitários habitantes da casa numa comunidade.

Desde o momento em que se estabelece o conflito, o fato brutal do espaço e do tempo de que eles compartilham ampliam a rede de suas relações e aumentam a intensidade do seu problema. A ansiedade pode tornar-se tão grande que na casa os dois ou os muitos não são ajudados pelo silêncio — porque dois ou muitos convivem nela. Uma conversa não os ajuda porque a perturbação não está somente no intelecto, ela já está em seus próprios corpos. Nenhuma transformação pode ajudá-los agora, nem mesmo a mais plausível de todas: a morte. É uma situação de dois seres que não se entendem entre si, por causa — e apesar — da mais completa clareza e conhecimento recíprocos. É a situação de duas almas a quem nada pode ajudar, nenhuma transformação do intelecto, do espírito, do corpo, exceto o amor. Tudo o que acontece e que é tentado será em vão. Vivem a eterna repetição e aprofundamento dos mesmos problemas. E até a autodestruição levaria, neste caso, à negação e eliminação da consciência, não do conflito. O conflito é eterno. O nó é cortado, não desatado. A casa em que vivem é uma proteção contra as intromissões, a estrutura que os cerca uma barreira contra comunicações e encontros indesejáveis. O conflito é um pretexto íntimo para se esconderem ainda mais profundamente.

Mas desse labirinto de complicação com pai e mãe, esposa e filho, amigo e inimigo, acumulado no decorrer de uma vida inteira, que acaba se convertendo no próprio mundo da pessoa, em virtude de compreensões e incompreensões, surge finalmente uma interrogação: Como poderão ser salvos o nascimento, a bondade, a verdade, a mentira, o crime, os mexericos, o ódio, o medo, o horror, a dor, a estupidez, a loucura, o reconhecimento, o saber, a renúncia, a morte, o nojo, a salvação, as ilimitadas variações e combinações desses processos entre si? E todos deveriam ser salvos, porquanto são todos genuínos, parcelas da existência que surgem espontaneamente.

É isso o que pode ser feito através do último teatro: o teatro terapêutico.

As pessoas representam diante de si mesmas — como o fizeram alguma vez por necessidade, em ludíbrio autoconsciente, de novo a mesma vida. O lugar do conflito e o do seu teatro é o mesmo. A vida e a fantasia assumem a mesma identidade e o mesmo tempo. As pessoas não querem superar a realidade, querem expô-la. Reexperimentam-na, são os seus donos, não só como seres fictícios mas também de sua verdadeira existência. De que outro modo poderiam fazê-la renascer? Pois é justamente isso o que fazem. Toda a vida é exposta, com todas as suas complicações mútuas, na dimensão temporal, nenhum momento, nenhum instante dela sendo extinto; cada momento de tédio é retido, cada interrogação, cada crise de ansiedade; cada momento de íntimo recolhimento, de ensimesmamento, regressa à vida. Não se trata apenas de um retorno e reprodução de seus diálogos mas também os corpos voltam rejuvenescidos. Seus nervos, suas pulsações, todos são representados, do nascimento em diante, como se recordados por uma memória sobrenatural, como o plano preestabelecido de um universo gêmeo mas idêntico. Todos os seus poderes, feitos e pensamentos aparecem na cena em seu contexto e seqüência originais, réplicas das fases por que passaram outrora. Todo o passado é exumado de seu túmulo e acode imediatamente ao chamado. Não emerge apenas para curar-se, para alívio e catarse, mas é também o amor a seus próprios demônios que impele o teatro a libertar-se de suas cadeias. Para poder escapar de suas jaulas, rasgam suas feridas mais profundas e secretas, e elas sangram agora externamente, ante os olhos da gente.

Os Espectadores do Teatro Terapêutico

Os espectadores do teatro terapêutico são a comunidade inteira. Todos são convidados e todos se juntam diante da casa. O psicodrama só pode começar quando estiver presente o último habitante da cidade.

O Significado do Psicodrama

Mas essa louca paixão, essa revelação da vida no domínio da ilusão, não funciona como renovação do sofrimento; pelo contrário, confirma a regra geral: toda e qualquer segunda vez *verdadeira* é a libertação da primeira. Libertação é uma definição exagerada do que ocorre, pois a completa repetição de um processo faz com que o seu assunto pareça absurdo ou ridículo. Obtém-se, a respeito de nossa própria vida, a respeito de tudo o que fizemos e fazemos, *o ponto de vista do criador* — a experiência da verdadeira liberdade, a liberdade em relação à nossa própria natureza. A primeira vez faz com que a segunda vez redunde em riso. Falamos, comemos, bebemos, procriamos, dormimos, estamos despertos, escrevemos, lutamos, discutimos, ganhamos, perdemos, morre-se também, na segunda vez — de maneiras psicodramáticas. Mas a mesma dor não afeta o ator e o espectador como dor, a mesma carência não os afeta como carência, o mesmo pensamento não os afeta como pensamento. É algo indolor, inconsciente, impensado, imortal. Cada figura viva nega-se e resolve-se a si mesma através do psicodrama. Vida e psicodrama compensam-se mutuamente e afundam-se no riso. É a forma final de teatro.

O teatro para a espontaneidade foi o desencadeamento da ilusão. Mas essa ilusão, passada ao ato pelas pessoas que a viveram na realidade, é o desencadeamento da própria vida — *das Ding ausser sich* (a coisa fora de si). O teatro das coisas últimas não é a repetição eterna do mesmo, por necessidade eterna (Nietzsche), mas o oposto disso. *É a repetição autogerada e autocriada de si mesmo. Prometeu apossou-se de suas correntes, não para se conquistar nem para se destruir. Ele, como um criador, produziu-se de novo e provou, mediante o psicodrama, que a sua existência agrilhoada foi obra do seu próprio livre arbítrio.*

Psicocatarse

Tentei redefinir o *status nascendi* do teatro e descrever as suas versões básicas. O novo quadro de referência permite-nos formular um novo ponto de vista e delimitá-lo do ângulo que Aristóteles apresentou em sua *Poética:* "A tarefa da tragédia é produzir (nos espectadores), mediante o temor e a piedade, uma libertação de tais emoções." A base da análise de Aristóteles foi a tragédia *acabada*. Ele procurou derivar o significado do teatro do efeito exercido por um produto acabado sobre as pessoas, durante a sua representação.

Os fundamentos em que este livro baseia a sua análise do teatro não constituem um produto acabado mas a realização espontânea e simultânea de uma obra poética, dramática, em seu processo de desenvolvimento, desde o seu *status nascendi* em diante, passo a passo. E, de acordo com essa análise, tem lugar a catarse: não só no público — efeito secundário desejado — e não só nas *dramatis personae* de uma produção imaginária mas, primordialmente, nos atores espontâneos do drama que produzem os personagens libertando-se deles ao mesmo tempo.

Primeira publicação nas págs. 25-29 de *Das Stegreiftheater*.

Seção III. REVOLUÇÃO CRIADORA

Uma Filosofia do Ato Criador

PRIMEIRO: *Tem de interpretar e elaborar uma filosofia do criador como um corretivo antimecânico da nossa época.*

SEGUNDO: *Enunciar as técnicas de improvisação já conhecidas e ampliar os conhecimentos sobre elas através da colaboração com muitos grupos experimentais.*

TERCEIRO: *Registrar as criações realizadas com a ajuda de várias técnicas de improvisação, de acordo com o impulso do momento.*

Este método de apresentação difere de qualquer outro que possa ser o resultado do produto do momento somado à interferência consciente e às correções *post natum*. É a demonstração das qualidades criadoras que se desenvolvem num esforço contínuo, com a ajuda de técnicas improvisadas. Não é mais emocional do que intelectual nem mais natural do que espiritual, pois essas qualidades criadoras são aquilo em que se convertem através da espontânea confluência de elementos subconscientes, conscientes, emocionais, intelectuais e espirituais, tal como se encontram à disposição do sistema nervoso no homem.

Ave Creator

Os mais radicais deístas da extrema direita e os mais radicais agnósticos e ateus da extrema esquerda atribuíram várias qualidades positivas e negativas à Suprema Inteligência Universal, e Deus tem sido tanto afirmado como negado em todas as categorias dessas qualidades, do ser, da essência, da substância, da personalidade, de governante, de onipotente, de suprema bondade, de onisciência, de santidade, de justiça, como espírito de progresso e revolução. Cada um desses atributos, ou vários deles ao mesmo tempo, foram convertidos na carne e substância de diversas filosofias e religiões, e têm sido motivo de orgulho de várias doutrinas aceitarem ou aniquilarem, em seus sistemas, cada um e todos esses atributos da Divindade. Mas eu pergunto a mim mesmo por que todos os escritos dos homens, afirmativos ou negativos, negligenciaram quase completamente o Seu atributo de Criador.

O motivo é simples. Os atributos de bondade, poder, santidade, sabedoria, justiça, contribuem para um *status* diferente de seu *status* como Criador, para o *status* de Deus após os sete dias de criação, depois de ter feito o universo, depois de Deus ter-se estabelecido a Si Mesmo como um personagem definido, ter-se reconhecido e tornar-se reconhecível como possuidor de atributos definidos. Tornara-se suscetível de análise porque já tinha gerado o filho. Todas as afirmações e negações de Deus, todas as Suas imagens, giraram em torno disto, o Deus do segundo *status*, o Deus que, por assim dizer, obteve reconhecimento nos negócios do universo. Mas existe um outro *status* de Deus que, mesmo como símbolo, foi negligenciado: é o seu *status* antes do *Sabath*, a partir do momento da concepção, durante o processo de criação e desenvolvimvento dos mundos e de Ele Mesmo.

Por muito paradoxal que possa parecer, esse *status* de Deus está muito mais próximo da humanidade, como está a mãe de seu filho durante a gravidez do que depois de separar-se dele, porque não é a existência perfeita e inatingível que é pintada ante nossos olhos mas um ser em crescimento, em fermentação, em ativa formação, imperfeito, que se esforça por chegar à perfeição e à completação.

A ciência e a nova psicologia, precedidas pelas grandes religiões, estabeleceram em nossas civilizações o ideal do sábio como sendo aquele homem que atingiu um equilíbrio de perfeição através da supremacia intelectual. O seu aspecto visível é o rosto de um velho, do produto acabado, a representação humana da imagem de Deus em seu estado secundário. A mesma estratégia de preferência, isto é, a preferência do segundo estado contra o primeiro estado do mito bíblico, é experimentada na atitude do homem para consigo mesmo, suas artes, sua moral, suas formas de cultura, sociedade e governo.

A última fase de uma obra, os livros nas bibliotecas, as pinturas e esculturas terminadas nas galerias e museus, os produtos mercantis das idéias inventivas, os padrões rígidos, as fórmulas éticas, psicológicas e físicas, fascinaram a imaginação do homem, converteram-se nos ídolos em torno dos quais todos gravitariam. E foi tudo com o mesmo motivo que se invocou para a concepção superficial de Deus; o homem, uma vez terminado o seu processo de criação, tinha estabelecido não só a obra mas ele próprio, tinha-se estabelecido em sua personalidade, nome, crédito, poder e retidão. E, em virtude desse próspero estado, o pintor, o escultor, o legislador de culturas e civilizações, esqueceram, uma vez terminados os dias de criação, que tinham sido escravos no Egito, esqueceram os dias magros de contínuos esforços de produção, esqueceram o próprio *status* de criação, seus silêncios, os seus desertos, as suas imperfeições, seus desesperos e inferioridades. Esqueceram porque não queriam observar certas mudanças que quase sempre ocorreram no próprio homem-criador. A obra estava concluída e o seu criador parecia estar em situação vantajosa, comparada com as suas várias fases durante a evolução. Mas aquele que, quando o filho ainda estava dentro dele, se mostrava radiante e cristalino, depois da separação converteu-se no dono de um filho, possuidor de um valor que, por vezes, parecia-lhe muito íntimo, glorificador do seu passado, mesmo quando esse passado era tão-somente o seu ontem. Quem pode dizer em que filisteu, satisfeito consigo mesmo, se converteu Dante, passados os momentos criadores da *Divina Comédia*? O mesmo princípio é aplicável a todos os tipos de criação, a uma cultura e a uma civilização como totalidade. O nosso mundo necessita de um corretivo, uma glorificação do ato criador, um asilo para o criador, um refúgio para as almas sedentas e famintas que só lutam pelos silêncios e grandezas do momento, que dedicaram suas vidas, com infinita modéstia, à transitória realidade do momento e se desligaram da glória permanente da imortalidade.

Assim, a principal categoria de uma filosofia do criador é o momento e o desenvolvimento de uma técnica que oriente o criador entre a Cila da crua espontaneidade e a Caribde da obra acabada, sua idolização e repetição. Um procedimento deste gênero levará, gradualmente, a uma reavaliação de todas as técnicas pregressas, que tratam do adestramento e das mutações do equipamento mental e nervoso do homem.

A Arte do Momento

A improvisação *(impromptu)*[25] não é um substituto do teatro mas uma forma artística independente. O nome "teatro" que se lhe associou deu azo a analogias errôneas. Os historiadores do teatro ensinaram durante duzentos anos que as peças

25. "Improvisação" e "espontaneidade" são palavras sinônimas; empregamo-las aqui indistintamente.

dionisíacas improvisadas (indianas, gregas e européias) foram as precursoras do teatro dogmático do drama, que a forma caótica "inferior" foi então substituída pelo Teatro Apolíneo "superior". Mas o drama espontâneo e o teatro para a espontaneidade não devem ser concebidos como o começo e o fim de uma linha de desenvolvimento. Eles promanam de impulsos separados e têm objetivos ainda mais diversos.

As ações, assemelhando-se ao drama de espontaneidade, foram o reservatório onde os "grandes" poetas se inspiraram. A peça improvisada tem, na verdade, uma relação mais estreita com o poeta do que com o teatro. No século XVIII, um interessante conflito ocorreu em muitos países europeus. A ilustração das pessoas incultas, sob os auspícios dos intelectuais iluministas (liderados por Lessing, Sonnenfels e outros), sufocou os últimos membros do espírito popular e tradicional de improvisação. Com efeito, nessa época, dominava a *commedia dell'arte* medieval mas, como era representada de memória, era somente o eco, o remanescente do espírito divino de outrora. Era, em si mesma, um teatro reprodutivo e sofrivelmente reprodutivo. Parecia ser preferível escrever o drama do que estar na dependência de uma memória insegura.

O moderno Movimento de Improvisação diverge essencialmente das tentativas anteriores (Grécia, Índia etc.), na medida em que as escassas referências históricas permitem uma comparação. No começo de muitas culturas nacionais da era pré-histórica e clássica, apareceu a peça improvisada (dança, música, teatro etc.). Mas o seu significado não foi reconhecido pelos artistas e filósofos desse tempo. A descoberta do momento e sua relação com a técnica do ato criador fez-se em nosso tempo, como um passo muito tardio na civilização humana. O homem primitivo viveu e criou no momento mas, logo que os momentos de criação passaram, ele mostrava-se muito mais fascinado pelo "conteúdo" dos atos criadores pretéritos, sua cuidadosa conservação e avaliação do seu valor, do que pela manutenção e continuação dos processos da própria criação. Pareceu-lhe ser um estágio mais elevado de cultura desprezar o momento, sua incerteza e desamparo, e empenhar-se em obter conteúdos, proceder à sua seleção e idolatrá-los, lançando assim os alicerces de um novo tipo de civilização, *a civilização da conserva.*

Consideramos a peça dionisíaca *extempore,* acabando na dramaturgia escrita, como sendo uma evolução *intencional,* como o seu destino natural. *Foi o puro imediatismo como forma inicial de um processo, em busca de um conteúdo sagrado.* Logo que sua meta foi alcançada, a expressão mais adequada (drama de Ésquilo, Sófocles, Eurípides etc.) fixou-se e foi assegurada para "sempre", e a procura de espontaneidade, então desnecessária, pôde extinguir-se. A concepção da arte imediata, em nosso sentido, estava longe da vista... Uma análise demonstraria facilmente que o grande curso da experiência religiosa, dos Profetas a Jesus, dos Santos a Pascal e Kierkegaard, foi necessário preparar o caminho para a concepção do ato espontâneo criador. Parece que estamos presenciando hoje um caso semelhante na Rússia. Depois da Revolução, os trabalhadores russos divertem-se representando a Revolução *extempore*. Contudo, o seu objetivo não é o momento mas a repetição de um rito político sagrado, uma conserva: a Revolução.

O Ato Criador

Antes de passarmos a discutir este assunto, talvez seja aconselhável considerar o emprego dos termos "consciente" e "inconsciente". Para uma mente continuamente criadora, não existiria a distinção entre consciente e inconsciente. Um criador é como um corredor, para quem, no ato de correr, a parte do caminho que ele já passou e a parte que tem diante de si são uma só coisa, qualitativamente.

Assim, a distinção entre consciente e inconsciente não tem lugar numa psicologia do ato criador. É uma *logificatio post festum*. Fazemos uso dela, como uma ficção popular, somente para proceder ao levantamento de uma ciência das características do ato improvisado.

O inconsciente, como uma espécie de reservatório permanente, como algo "dado", do qual promanam os fenômenos mentais e ao qual revertem eternamente, difere do significado que eu aqui lhe atribuo. O inconsciente é um reservatório continuamente enchido e esvaziado pelos "indivíduos criadores". Foi criado por eles e, portanto, pode ser desfeito e substituído.

A primeira característica do ato criador é a espontaneidade; a segunda característica é uma sensação de surpresa, de inesperado. A terceira característica é a sua irrealidade, a qual tem por missão mudar a realidade em que surge; algo anterior e além da realidade dada está operando num ato criador. Enquanto que um ato vivente é um elemento no *nexo causal* do processo vital da pessoa real, o ato criador espontâneo faz parecer como se, por um momento, o *nexo causal* tivesse sido quebrado ou eliminado. Se uma pessoa telefona ao seu dentista porque lhe dói um dente, o seu ato de telefonar serve aos seus impulsos de preservação do seu corpo; logo, o ato é um momento no processo de causalidade vital; mas se a pessoa atuar *como se* telefonasse ao dentista, então, usa-se a si mesma, usa os seus impulsos, o telefone, o dentista, como materiais de uma estratégia para um fim fictício. Pode ser notado que a frase popular "A vida é teatro" é freqüentemente enfatizada de um modo equívoco.[26] Os papéis desempenhados na vida e os papéis representados no palco têm uma semelhança meramente superficial; mais ponderadamente considerados, possuem um significado muito diferente. Na vida, os nossos sofrimentos são reais, nosso amor, nossa fome, nossa cólera, são reais. É a diferença entre realidade e ficção; ou, como disse Buda, "O que é terrível ser, é agradável de ver." A quarta característica do ato criador é que significa um atuar *sui generis. Durante o processo de viver, atua-se muito mais sobre nós do que atuamos.* É essa a diferença entre uma criatura e um criador.

Mas esses processos não determinam, meramente, as condições psíquicas; eles também produzem efeitos miméticos. Paralelas às tendências que fazem subir certos processos à consciência, existem outras que levam à sua consubstanciação mimética. Esta é a quinta característica do ato criador.

Na representação criadora espontânea, as emoções, os pensamentos, processos, frases, pausas, gestos, movimento etc. parecem, no começo, penetrar de modo informe e anárquico num meio ordenado e numa consciência bem estabelecida. Mas, no decurso do seu desenvolvimento, torna-se claro que pertencem todos a uma só classe, como os tons de uma melodia; estão numa relação semelhante à das células de um novo organismo. A desordem é apenas uma aparência exterior; internamente, existe uma força propulsora coerente, uma aptidão plástica, uma necessidade imperiosa de assumir forma definida; o estratagema do princípio criador, que se alia à astúcia da razão para realizar uma intenção imperativa. O poeta não esconde complexos mas germes de forma e o seu objetivo é um ato de nascimento. Portanto, não está meramente seguindo um padrão; ele pode alterar o mundo criativamente. O erro da psicanálise foi o de não compreender os processos que se desenrolam nos artistas como fenômenos *específicos* do ego criador — mas derivou, pelo contrário, suas formas e materiais, mais ou menos exclusivamente, da história sexual ou biológica da pessoa privada do artista (complexos).

Quando o poeta cria um *Fausto* ou um *Hamlet*, a pedra angular de sua criação é o seu corpo. O germe seminal de seus heróis ganha existência, e suas qualidades físicas e espirituais

---

26. Evreinoff comete esse equívoco no seu livro *Theatre in Life*.

desenvolvem-se lado a lado. Corpo e alma são igualmente importantes. Quando a obra de criação está concluída, o herói ganha existência completa, não uma pálida idéia mas uma pessoa real.

O Estado de Espontaneidade

O agente da improvisação, poeta, ator, músico, pintor, encontra seu ponto de partida não fora mas dentro de si mesmo, no "estado" de espontaneidade. Este não é algo permanente, algo estabelecido e rígido como são as palavras escritas ou as melodias; é, contudo, fluente, de uma fluência rítmica com altos e baixos, que cresce e desaparece gradualmente como atos da vida e, no entanto, é diferente da vida. É o estado de produção, o princípio essencial de toda a experiência criadora. *Não é algo dado, como as palavras e as cores. Não está conservado nem registrado. O artista improvisador deve ser "aquecido", deve fazê-lo galgando a colina.* Uma vez que tenha percorrido o caminho ascendente até ao "estado", este desenvolve-se com toda a sua potência e energia.

O estado de espontaneidade é uma entidade psicológica independente. Os termos gerais "emoção" e "sentimento" não o expressam, pois os "estados" não decorrem meramente do Medo, Ansiedade, Cólera e Ódio mas de (1) complexos tais como a polidez, a rudeza, a leviandade, a arrogância e a astúcia, que são todos, no artista improvisador, estados afetivos em resposta a uma situação exterior, ou de (2) condições tais como as limitações pessoais e embriaguez. Além disso, o "estado" não surge automaticamente; não é preexistente. É produzido por um ato de vontade. Surge espontaneamente. Não é criado pela vontade consciente, que atua freqüentemente como barreira inibitória, mas por uma libertação que, de fato, é o livre surgimento da espontaneidade. Termos como "emoção" ou "condição" tampouco cobrem totalmente a idéia. Pois, amiúde, o "estado" não só motiva um processo interno mas também uma relação externa, social, isto é, uma correlação com o "estado" de uma outra pessoa criadora. Se a técnica do estado de espontaneidade for aplicada ao drama, desenvolve-se uma nova arte do teatro.

O Status Nascendi e a Idéia de Perfeição

Um fato é freqüentemente esquecido: a obra de arte que chega agora ao público, seja um poema, uma sonata, um quadro ou uma estátua, nem sempre possui essa forma rígida que parece ser permanente e irrevogável. A forma final chega ao mercado mas o processo de criação dessa forma tem um valor mais importante na experiência humana do que é correntemente reconhecido. O objeto de arte não ganhou existência como as peças de uma máquina que podem ser montadas mecanicamente. A forma final é a sucessora de toda uma série de ancestrais. Vários projetos a precederam e alguns deles podem ter tanta validade quanto o que foi finalmente escolhido. O *status nascendi* raramente é também um estado perfeito. As primeiras tentativas promanam da mesma inspiração que o estágio final. O projeto não é um fragmento; a obra está toda contida nele. Em cada estágio da sua criação, a atenção do artista dirige-se, com maior ou menor força, para o todo. Portanto, a diferença entre a obra de arte concluída e um projeto anterior não está na essência da coisa. Ocorreu um processo de comparação; o resultado depende do "valor" que o artista atribui a certas fases da obra que vão adquirindo forma em seu íntimo. Essa avaliação é assunto seu. Ele poderia igualmente deter-se em qualquer fase da produção. Mas continua "corrigindo" até que a obra esteja concluída. É seu código aproximar sua obra o mais possível de algum ideal de perfeição por ele estabelecido. O autor, como o pai malvado da fábula, não tem pena dos seus próprios filhos. Mata o primogênito em benefício do que nasceu por último.

As primeiras formas de uma dada obra não são normalmente conhecidas do mundo. Se fossem conhecidas, seria muito duvidoso que o veredito estético comum não diferisse da decisão do artista. Existem fragmentos de Hölderlin e Blake que excedem em muito a beleza da forma final do mesmo motivo. Há leitores que dão mais valor ao *Fausto* original de Goethe do que ao *Fausto* da forma final e autêntica, a grande obra construída com tanto labor. Ignoramos quantas formas intermédias possam ter havido entre o primeiro e o último *Fausto.* Goethe fez sua opção com o direito de pai, de poeta e talvez de produtor. Se tivesse tido a vida eterna e o poder criador de um anjo, Goethe jamais concluiria o seu *Fausto.*

Uma função do teatro para a espontaneidade é tomar sob sua proteção essas obras de arte abortivas. É o santuário do filho indesejado mas, por assim dizer, somente daqueles filhos que não querem viver mais de uma vez. Não oferece imortalidade; oferece, antes, o amor da morte. Faria bem aos nossos autores escrever menos e atuar mais, pois ao escrevermos tentamos inculcar permanência ao que pode ter seu valor no momento mas não depois. Muita força e esforço mental devem ser sacrificados antes que surja, inadvertidamente, uma forma viva. *Après nous — le poète.* Muitos aventureiros devem afundar-se antes que surja um poeta. Na época atual, são muitos os que se afirmam poetas quando poderiam ser melhor levados em conta como refinados aventureiros. A nossa tendência é para depreciar a experiência da aventura louvando o produto.

O Teatro para a Espontaneidade e o Método de Stanislavski

O teatro para a espontaneidade não tem relação alguma com o chamado método de Stanislavski. Nesse método, a improvisação é um complemento da finalidade de representar um grande Romeu ou um grande Rei Lear. O elemento de espontaneidade tem, neste caso, o propósito de servir à conserva cultural, de revitalizá-la. O método de improvisação, como princípio primário, a ser desenvolvido sistematicamente *apesar da* conserva e do serviço consciente dela, estava fora do domínio de Stanislavski. Uma leitura cuidadosa de seu livro, *An Actor Prepares,*[27] uma brilhante exposição da arte dramática, esclarece esse ponto. Ele limitou o fator de espontaneidade à reativação de recordações carregadas de emoção. Essa abordagem vinculou a improvisação à experiência passada, em vez do momento. Mas, como sabemos, foi a categoria do momento que conferiu à obra de espontaneidade e ao psicodrama sua revisão e direção fundamentais. A ênfase sobre as recordações carregadas de emoção coloca Stanislavski em curiosa relação com Freud. Também Freud tentou fazer seu paciente mais espontâneo, assim como *Stanislavski procurava fazer seus atores mais espontâneos na representação de papéis conservados.* À semelhança de Stanislavski, Freud tentou evocar a experiência real do sujeito, mas preferia também as experiências intensas do passado ao momento — se bem que para uma aplicação diferente — no tratamento dos distúrbios mentais. Embora trabalhando num domínio diferente, Freud e Stanislavski eram contrapartes que se correspondiam um ao outro.

É interessante ampliar a comparação da abordagem de Stanislavski do drama legítimo com o meu Teatro para a Espontaneidade. Stanislavski era um veemente protagonista da conserva dramática, o teatro de Shakespeare, Racine, Molière e Chekov. A sua maior ambição era reproduzir a obra do autor teatral tão dinâmica e perfeitamente quanto possível. Ele ponderou sobre o modo como inventar meios pelos quais pudesse libertar o organismo do ator de clichês e torná-lo tão livre e criador quanto possível para a tarefa a desempenhar. Como um

27. Stanislavski, Constantin, *An Actor Prepares*, Theatre Arts, Inc., Nova Iorque, 1936.

dos meios para prepará-lo, também fez uso da improvisação. Mas não se apercebeu do profundo conflito psicológico em que o ator se viu envolvido, usando a improvisação, por um lado, mediante a recordação e representação de vívidos incidentes emocionais do passado e ensaiando, ao mesmo tempo, papéis, situações e diálogos criados para ele por um autor teatral. Pelo fato de trabalhar em duas dimensões, o seu ator desenvolveu um processo de aquecimento preparatório que é abortivo e embrionário, seguindo direções espontâneas que serão subseqüentemente destruídas — e um outro processo de aquecimento preparatório, organizado e conservado, que deve absorver e traduzir as inspirações recebidas daquilo que chamamos, em psicodrama, os estados espontâneos, numa formulação conservada e não-criativa, isto é, não criada pelo ator. No Teatro para a Espontaneidade, pusemos fim a esse dilema entre o drama espontâneo e a rígida conserva dramática. Apercebemo-nos de que não podemos libertar o ator dos clichês pela improvisação e, depois, saturá-los continuamente de clichês — os clichês de Romeu, Rei Lear ou Macbeth. Foi uma importante decisão quando resolvemos abandonar completamente os clichês de papéis, permitindo ao elenco ser inteiramente criativo e espontâneo, e desenvolver papéis em *statu nascendi.* Assim como Stanislavski foi um adepto consciente da conserva dramática, nós tornamo-nos protagonistas conscientes do teatro espontâneo. Eu estava plenamente cônscio de que a tarefa de produção tinha sido, assim, muito complicada e formulei uma *arte do momento,* em contraste com a *arte da conserva,* a qual tem dominado, pelo menos em nossa civilização, o teatro e seus produtos. Demonstrei em outro lugar que a *Commedia dell'Arte* da Itália medieval não pode ser excetuada da interpretação aqui dada.

O passo para a completa espontaneidade do ator originou o passo seguinte, a intermitente *desconservação* do ator em relação aos clichês que poderiam ter-se acumulado no decurso da sua produção ou da sua vida; e demos então, por fim, o terceiro passo, que foi um adestramento consciente e sistemático de espontaneidade. Foi essa metodologia do adestramento que preparou o caminho para o psicodrama. Uma vez que ao ator fora permitida uma completa espontaneidade própria, todo o seu mundo privado, seus problemas pessoais, seus próprios conflitos, seus sonhos e derrotas, ganharam o primeiro plano. Reconheci gradualmente o valor terapêutico que esse tipo de apresentação tinha para o próprio autor e para o público, quando manipulado adequadamente.

Desde o começo, a Dramaturgia foi um empreendimento paradoxal. Se o autor teatral tentasse desempenhar um papel no drama desenrolado em seu íntimo, ver-se-ia levado a um riso pagão pela fatuidade do drama projetado e o rudimentar da produção encenada. Pois o seu drama já encontrou o seu palco interior e continua sendo aí representado; o seu palco é a sua alma. Se nos fosse possível senti-lo, ouvi-lo, vivê-lo simultaneamente com ele, estaríamos sentados diante do verdadeiro palco, na verdadeira *première*. Mas o dramaturgo combina-se com o produtor e tenta, com toda a seriedade, levar ao palco físico, *post hoc*, o que teve seu palco de uma vez para sempre e o que já foi encenado.

De um lado, está sempre o criado e do outro o criador. A nossa preocupação imediata vai para o teatro criador puro, no qual cada evento só acontece uma vez e nunca mais. Adotar e adaptar uma obra de arte para a cena é ir contra a natureza da idéia clássica do drama. Os métodos atuais de produção teatral estão destruindo até o tipo criado, dogmático, de teatro. *Pois esse teatro preocupa-se com a reprodução fidelíssima de cada palavra.* O seu valor depende da fidelidade dessa reprodução. É a justificação de uma vida que já passou; é um exemplo moderno do culto da morte, um culto de ressurreição, não de criação.

O atual teatro tradicional é defendido pelos seus apologistas, os quais afirmam que as suas produções são, em si mesmas, ímpares e obras de arte. O teatro escrito está subordinado à maquinaria da cena teatral.[28]

Respondemos que a obra de arte a que se referem decorre de um processo de compilação. Não é um exemplo de uma arte do momento, nem de uma arte de restauração. Como um produto híbrido, está comprometida numa constante reconstituição de circunstâncias e procura substituir o significado mediante uma hábil composição e as maravilhas da técnica. *O moderno teatro é cinóide;*[29] *tal como o filme é cortado e editado, também a peça teatral é cortada e montada.*

A matriz do Teatro da Improvisação é a alma do autor. Entreguemo-nos à ilusão de que as figuras do drama que aí está em processo de produção se tornaram visíveis, audíveis e tangíveis. Nessa representação ideal todas as condições são satis-

28. Produtores como Reinhardt e Tairoff foram os principais intérpretes desse tipo de arte teatral. Ver, de Tairoff, *Das entfesselte Theater*, editado por Gustav Kiepenheuer, Berlim, 1924.
29. Cinóide — semelhante a Cine (Cinema).

feitas: o ato de criação é contemporâneo do de produção; há harmonia entre situação e palavra.

Derivar disso uma ciência e procurar leis que a governem é o objeto da "Dramaturgia". Por outro lado, a "Criaturgia" não se interessa pelos eventos que estão contidos nos dramas nem pelas leis que podem ser derivados deles. Interessa-se pelo próprio drama da criação.

Enquanto que a Dramaturgia vem depois do drama, a Criaturgia deve funcionar com ele. Uma figura após outra das *personae dramatis* surge na alma do autor e fala. Se imaginarmos o autor separado dos tipos que provêm dele, o seguinte processo poderá ser observado. Cada uma dessas *personae dramatis* é sua própria criadora e o poeta é quem as combina num todo unificado. Eis o conceito primário do desempenho improvisado. O autor deve ser encarado como um estrategista e cada uma das suas personagens um ator que improvisa. Mas enquanto o drama constitui na mente do autor um só ato unificado de criação, no caso da improvisação, aquilo que até agora havia sido meramente suposto converte-se em realidade; todo e qualquer ator que improvisa é, de fato, o criador da sua *dramatis persona* e o produtor da improvisação (aliás, o autor) deve sintetizar os processos de cada *dramatis persona* em uma nova totalidade. A dificuldade inerente na combinação de numerosas ações, enquanto estão sendo produzidas, em compô-las de modo que não entrem em conflito, e em produzir uma peça atraente, exige uma nova técnica de produção.

A Criaturgia interessa-se pelas leis de acordo com as quais uma peça teatral em que se apresentam duas ou mais pessoas pode ser produzida enquanto aquelas estiverem empenhadas em representá-la simultaneamente.

Levantam-se três interrogações principais:

1. Como será preservado na colaboração o *tempo* válido para o indivíduo?
2. Que posições assumirão no palco as *dramatis personae?*
3. Como devem cooperar os atores, para que possam criar uma obra de arte dramática, independentemente de seus desempenhos individuais?

O *tempo* dos atores, suas posições em cena e a seqüência de suas ações não são questões indiferentes; cada caso particular requer um padrão de velocidade (tempo), um padrão de posição (espaço) e um padrão de seqüência (unidade). Por outras palavras, são necessárias notações de tempo, espaço e coordenação. Uma vez presentes esses três padrões, está determinada a estrutura de uma produção. (Teoria da Harmonia.)

A unidade no ator e da obra teatral é o mais difícil comportamento cênico. Deve ser superada uma profunda resistência, pelo menos durante o período de criação. Essa resistência é a soma de todos os padrões do ator, de sua "personalidade privada". Deve ser conseguida a eliminação do corpo-e-alma individual, em suas formas de comportamento real. Num plano mais elevado, um problema semelhante tem que ser resolvido por místicos e ascetas, a saber: a eliminação e gradual extinção da pessoa privada total no processo de converter-se num santo. Neste caso, entretanto, a solução não é, meramente, de curta duração mas para a eternidade.

O Jornal Vivo

Não só a forma do drama e do teatro é revolucionada no teatro para a espontaneidade mas também o caráter que o poeta nele ostenta. O poeta desempenha um novo papel. Até agora, o seu papel tem sido ativo na redação e conclusão de um drama; entretanto, foi passivo em seu desempenho. No Teatro da Improvisação, ele é o centro ativo e, talvez, o mais ativo do próprio desempenho. Os atores, que só no dia da representação conhecem qualquer dos enredos em que se apresentarão, são submetidos pelo poeta, imediatamente antes da representação e diante do público, ao processo a que dei o nome de Ato de Transferência Pública. Na mente do poeta, formas, estados de espírito, visões de papéis e de peças, estão em contínuo processo de transformação. Estão sempre, em seu íntimo, passando por diversas fases de desenvolvimento. Quanto mais claros estiverem em seu íntimo, mais veementemente os sentirá e mais eficaz ele será na tentativa de transmiti-los aos atores. O autor teatral e o diretor são um só.

A apresentação é improvisada não só em seu caráter mas também em sua forma e conteúdo. Durante a nossa experimentação, procuramos descobrir formas de arte dramática que diferenciem as peças do Teatro de Improvisação das do palco reprodutor, não só do ponto de vista do ator mas também do ponto de vista do espectador. Uma das formas que melhor se ajusta ao nosso ideal é a apresentação de *notícias cotidianas*. Só a improvisação é, por natureza, tão rápida que possa projetar notícias em cena. Quando um autor teatral escreve uma peça sobre notícias, estas já perderam a viva excitação causada pelo seu caráter imediato e real. Mas, na Improvisação, ambos os pólos se encontram: o Momento na vida e o Momento no íntimo do criador.

Adestramento Corporal

Dedicamos agora a nossa atenção ao problema com que o ator e o produtor se defrontam na Improvisação.

O ator deve adquirir, gradualmente, a capacidade de relaxar e libertar os seus sistemas de reflexos.

São úteis os exercícios de ginástica e dança improvisados. Devemos somar a esses uma técnica específica para a improvisação corporal. Conquanto certos métodos antigos permitam a prática de um gesto específico, acompanhando uma dada expressão verbal e variando com os requisitos do papel, o Teatro da Improvisação deve construir uma nova técnica que responda ao seu propósito.

Um dos problemas persistentes do ator-em-preparação no teatro tradicional consiste em atingir a coordenação do corpo e da expressão verbal, e em eliminar aqueles gestos pessoais e idiossincráticos que nada têm a ver com o papel. Como o papel era uma estrutura previamente feita, imposta ao ator desde fora, isso era uma dificuldade quase insuperável. Era exigido do autor a máxima condição de plasticidade e o seu valor como artista era determinado, em grande parte, pela sua aptidão plástica. A análise mostrará facilmente que essa aptidão plástica era, tão-somente, um estado incipiente de espontaneidade. Mas o antigo teatro não soube reconhecer que existia uma relação orgânica inalterável entre a expressão oral e a mimética. Tanto no velho teatro como no Teatro Improvisado é necessário tal adestramento, a fim de estabelecer uma persistente integração e uma rica variedade no vocabulário corporal. E este enunciado sugere que tal riqueza de facilidade expressiva é um *desideratum,* não menos na vida em geral do que em seu reflexo teatral.

Na peça improvisada deve ser evitada, precisamente, a relação casual entre palavra e ato, de sorte que se possa realizar plenamente a relação inerente.

O corpo do ator deve ser tão livre quanto possível, deve responder sensitivamente a todo e qualquer motivo da mente e da imaginação. Deve ter a capacidade de executar o maior número possível de movimentos, e de executá-los fácil e rapidamente. Com efeito, esses movimentos devem ser espontâneos, de modo que o ator não fraqueje numa crise. Pode muito bem acontecer que ocorra a um ator uma idéia não acompanhada por qualquer sugestão de um gesto adequado e, se não possuir amplos recursos, todo o ato poderá desmoronar. Para eliminar esse perigo, (a) deve ser armazenada no corpo uma provisão tão grande de possíveis movimentos quanto ao ator seja dado adquirir, de modo que as idéias, à medida que se apresentam, possam recorrer àqueles; (b) deve se aprender a criar respostas ("criatoflexos").

A Revolução Criadora

A maior, mais longa, mais difícil e mais singular das guerras empreendidas pelo homem durante sua trajetória faz soar seu chamado. Não tem precedente nem paralelo na história do universo. Não é uma guerra contra a natureza nem uma guerra contra outros animais, nem de uma raça humana, estado ou nação contra qualquer outra raça, estado ou nação. Tampouco é uma guerra de uma classe social contra uma outra classe social. É uma guerra do homem contra fantasmas, os fantasmas a que, não sem razão, se chamou os maiores construtores de conforto e civilização. São eles a máquina, a conserva cultural, o robô.

O ponto criticamente mais frágil no universo de hoje é a incapacidade do homem para competir com os artefatos mecânicos de algum outro modo que não seja através de forças externas: submissão, destruição real, revolução social. O problema de refazer o próprio homem e não só o seu meio ambiente tornar-se-á cada vez mais o problema fundamental, quanto mais as forças técnicas avançarem com êxito na realização da máquina, da conserva cultural e do robô; e, embora o desenvolvimento destas coisas ainda esteja longe de atingir seu auge, a situação final do homem e a sua sobrevivência podem ser nitidamente visualizadas, pelo menos de um modo teórico.

Surgiram duas formas de robô: uma como auxiliar do homem e construtora de sua civilização; a outra, uma ameaça à sua sobrevivência e destruidora do homem.

Em primeiro lugar, poder-se-á perguntar como é possível que um artefato mecânico se torne perigoso para o homem, seu criador? Seguindo a trajetória do homem através das várias fases da nossa civilização, encontramo-lo usando os mesmos métodos, na fabricação dos produtos culturais, que são empregados depois, e com menos atritos, pelos produtos de sua mente, os seus inventos técnicos. Esses métodos, com freqüência, equivaleram simplesmente a isto: negligenciar e abandonar o genuíno e excelso processo criador na própria alma, suprimir todos os momentos ativos, vivenciais, e esforçar-se por alcançar um objetivo imutável — a ilusão do produto acabado, perfeito, cuja suposta perfectibilidade foi uma desculpa por excelência para renunciar ao seu passado, para preferir um fenômeno à sua realidade total. Existe um motivo astuto nesse procedimento do homem, pois se apenas uma fase do processo criador é realmente boa e todas as outras são más, então essa fase escolhida, que substitui o processo total, pode ser memorizada, conservada, eternizada, e proporciona conforto à alma do criador, assim como ordem à civilização de que ele é parte integrante.

Podemos observar essa estratégia em todas as tentativas culturais do homem; e ela pôde ludibriar os homens, ao considerarem-na respeitável e benéfica, enquanto o processo da revolução industrial não produziu uma conjuntura mundial sem precedentes. Enquanto o artefato mecânico não entrou em massa na situação econômica na forma de livro, gramofone e cinema sonoro, o homem não teve concorrência na execução de suas conservas. Uma vez que um grupo de atores tivesse ensaiado e assimilado uma peça à perfeição, esse grupo era o único proprietário da sua mercadoria especial, que era oferecida para venda. A única concorrência só podia vir de um outro grupo de homens. Uma vez que um grupo de músicos tivesse ensaiado e aperfeiçoado um certo número de composições musicais, eles eram os únicos possuidores e executantes desse produto. Eles ganhavam dinheiro mediante o processo de repetição. A introdução de engenhos culturais mudou completamente a situação. O homem já não era mais necessário para a repetição de seus produtos acabados. As máquinas faziam o trabalho igualmente bem e talvez ainda melhor que o homem, por um custo muito menor.

No início desse processo industrial, o homem tentou enfrentá-lo mediante uma ação agressiva. Recorde-se a destruição da biblioteca de Alexandria ou a condenação da letra rígida de Jesus de Nazaré e o evangelho do reino espiritual de Deus como remédio. Quanto mais a avalancha de fantasmas se avizinhava da Terra, mais o homem tentava outros meios de defesa. Inventou o socialismo e teve a esperança de que, através da mudança do atual estado da produção e distribuição do trabalho e seus produtos, o artefato mecânico tornar-se-ia um auxiliar e uma comodidade ainda maior do que até agora.

Contudo, um ângulo do problema foi completamente esquecido.

Existe um modo, simples e claro, em que o homem pode lutar, não através da destruição nem como uma parte da engrenagem social mas como indivíduo e criador, ou como uma associação de criadores. Ele tem de encontrar uma estratégia de criação que escape à traição da conservação e à concorrência do robô. Essa estratégia é a prática do ato criador, o homem como um instrumento de criação que muda continuamente os seus produtos. A espontaneidade, enquanto método de transição, é tão antiga, evidentemente, quanto a própria humanidade. Mas, como foco de si mesma é um problema de hoje e de manhã. Se uma fração de milésimo da energia que a humanidade desperdiçou na concepção e desenvolvimento de artefatos mecânicos fosse utilizada na promoção e aperfeiçoamento da nossa capacidade cultural, durante o próprio momento de criação, a humanidade ingressaria numa nova era de cultura, um tipo de cultura que não teria de temer qualquer possível recrudescimento da maquinaria nem as raças de robôs do futuro. O homem terá escapado, sem abandonar coisa alguma do que a civilização da máquina produziu, para um Jardim do Éden.

O Momento é a abertura pela qual o homem passará em seu caminho. E ainda que possa parecer paradoxal, o intelectual, o artista, seres que, desde o advento do socialismo e da psicanálise, se converteram em entidades duvidosas e foram condenados à morte, são e serão os primeiros portadores de uma revolução que, no fim, satisfará também o orgulho biológico do homem. As raças de homens que aderiram à produção conservada extinguir-se-ão. Assim, comprovar-se-á que a "sobrevivência do mais apto", de Darwin, é algo muito estreito. Será substituída pela sobrevivência do criador.

Essa guerra contra os fantasmas exige ação, não só da parte de indivíduos isolados e de pequenos grupos mas também das grandes massas humanas. Essa guerra — dentro de nós próprios — é a Revolução Criadora.

Todos os artigos desta seção foram publicados em *Impromptu Magazine*, Vol. I, N.os 1 e 2, janeiro e abril de 1931; foram traduzidos de *Das Stegreiftheater*, 1923.

Seção IV. PRINCÍPIOS DE ESPONTANEIDADE

Teoria da Espontaneidade do Desenvolvimento Infantil

"O sentido de espontaneidade, enquanto função cerebral, mostra um desenvolvimento mais rudimentar que qualquer outra importante função fundamental do sistema nervoso central. Isto poderá explicar a surpreendente inferioridade dos homens quando confrontados por táticas de surpresa. O estudo das táticas de surpresa no laboratório mostra a flexibilidade ou rigidez dos indivíduos que se deparam com incidentes inesperados. Tomadas de surpresa, as pessoas atuam assustadas ou perplexas. Apresentam respostas falsas ou nenhuma resposta. Parece não haver nada para que os seres humanos estejam pior preparados e o cérebro humano pior equipado do que para a surpresa. O cérebro normal reage confusamente mas os testes psicológicos de surpresa comprovaram que as pessoas fatigadas, com os nervos esgotados e governadas por máquinas, são ainda mais ineptas; não têm reações rápidas nem respostas inteligentes, organizadas, para opor a golpes bruscos que parecem provir de nenhuma parte... Quando o comparamos com muitas outras funções cerebrais, como a inteligência e a memória, o sentido de espontaneidade demonstra estar menos desenvolvido. Talvez isso se deva ao fato de que, na civilização de conservas que criamos, a espontaneidade é muito menos utilizada e treinada do que, por exemplo, a inteligência e a memória."

— The Theatre for Spontaneity *(1923), traduzido e revisto, "The Philosophy of the Moment"*, Sociometry, *Vol. 4, N.º 2, 1941.*

"... A evolução consciente através do treino da espontaneidade, abre novos horizontes para o desenvolvimento da raça humana." — Who Shall Survive?, *1934.*

INTRODUÇÃO

A estrutura teórica de toda e qualquer ciência empírica necessita, de tempos em tempos, de uma revisão completa. Novas descobertas e, talvez, ainda mais do que isso, novas dimensões de investigações, requerem e exigem novas hipóteses de apoio. Precisa-se, por exemplo, de uma teoria da personalidade, especialmente uma teoria do desenvolvimento infantil, que se harmonize melhor com as dimensões do estudo a que se dedica um número cada vez maior de psicólogos da infância, psicólogos sociais, psicanalistas e psicoterapeutas. Eles ainda se baseiam em conceitos antiquados que não são suficientemente adequados para as novas situações. As teorias de desenvolvimento infantil, tal como foram elaboradas pelo behaviorismo, a escola gestaltista e a psicanálise, perderam seu magnetismo em alguns setores, provavelmente porque perderam a sua utilidade no estudo empírico e experimental. Está aumentando o atrativo de conceitos tais como os de espontaneidade, processo de aquecimento *(warming up)*, treino da espontaneidade, ego auxiliar, desempenho de papel *(role playing)* e tele (receptores de distância mental).

No passado, a ênfase recaiu na descrição do bebê como organismo individual, mostrando como ele se desenvolve a partir de uma personalidade psicologicamente indiferenciada para uma cada vez mais diferenciada. Progrediu-se em conformidade com o modelo do biólogo, o qual também se interessava, primordialmente, pela gradual diferenciação do aspecto físico do organismo. Desde esse ponto de vista, não existe diferença entre os termos behavioristas, os da escola gestaltista e os psicanalíticos, por maiores que sejam os contrastes entre essas ideologias em outros aspectos.

O estudo psicológico do recém-nascido efetuou-se, principalmente, em duas dimensões: uma é a da psicologia animal, que estuda o comportamento do jovem animal e o compara com os bebês humanos. São exemplos os experimentos de Pavlov com cães e os experimentos de labirinto com ratos. Apreciamos o valor dessa corrente de pesquisa mas consideramo-la unilateral. É um fruto da teoria da evolução, tentando descobrir, paralelamente aos elos biológicos entre seres humanos e subumanos, os estágios psicológicos intermediários entre organismos humanos e subumanos.

A segunda dimensão é a interpretação da criança pequena principalmente em termos derivados dos síndromes mentais do adulto neurótico. O melhor exemplo ilustrativo disso é a teoria psicanalítica, a qual atribui a desorganização da personalidade e as anormalidades sexuais aos impulsos orais e anais da criança.

Há uma terceira dimensão da pesquisa infantil que tem sido largamente negligenciada. Em vez de considerar a criança do ponto de vista dos organismos inferiores, tentando interpretá-la como um pequeno animal, em termos de psicologia animal, e em vez de tentar interpretá-lo como um pequeno neurótico ou um pequeno selvagem, pelo ângulo neurótico, é pertinente encarar sistematicamente o bebê humano desde a plataforma dos mais elevados exemplos concretos de expressão e realização humanas — referimo-nos aqui, literalmente, aos gênios da raça — interpretando-o como um gênio em potencial. Pressupomos aqui que, nos gênios da raça, certas capacidades e aptidões básicas latentes, comuns a todos os homens, encontram sua mais dramática expressão. Têm uma intensidade que é mais difícil de ser enxergada no indivíduo mediano. Sua natural e contínua espontaneidade e criatividade, não só em raros momentos mas como uma expressão cotidiana, fornece-nos indícios para compreender a criança que não podem ser desprezados, a menos que consideremos todos os gênios da raça humana como *aberrações*. O que está no âmago de sua apaixonada existência deve ser a coisa mais positiva e substancial que está latente em toda e qualquer criança pequena. É distorcida no decurso de sua existência e poderíamos perdê-la de vista por causa de interpretações unilaterais. Neste estudo e em pesquisas semelhantes que publicamos, a espontaneidade e a criatividade são consideradas fenômenos *primários* e *positivos*, e não derivados da libido ou de qualquer outro impulso animal. Da maneira como os homens de gênio se preparam com todo o seu organismo em *status nascendi* para empreendimentos e obras criadoras, podemos obter indícios sobre o modo como toda e qualquer criança, em miniatura, se prepara e sustenta a si mesma, a partir do momento de seu nascimento em diante.

Há ainda um outro aspecto negligenciado na descrição do desenvolvimento do bebê humano — o de uma sondagem mais profunda de termos tão generalizados como meio, situação ou campo. Com freqüência, não são incluídas as questões mais profundas, subjacentes nesses termos. Por exemplo, a parte mais importante, dentro do meio ou campos, são os organismos individuais em interação. É importante saber *como* interatuam esses organismos individuais e, em particular, como o bebê humano interatua com outros organismos individuais. É a ênfase e o estudo dessas questões mais profundas do desenvolvimento infantil que as teorias da espontaneidade e sociométricas trouxeram a primeiro plano e procuraram resolver.

A Situação no Nascimento Como Primeira Fase no Processo de Preparação para os Estados Espontâneos

Situação no Nascimento. Para se entender o papel da espontaneidade na situação do nascimento, devemos analisar o organismo que pode recorrer à sua ajuda. Por um acidente da natureza, parece que o bebê humano nasce *nove* meses depois da concepção. Poderia nascer muitos meses depois e o recém-nascido poderia vir ao mundo quase preparado para cuidar de si mesmo, à semelhança de alguns recém-nascidos entre outros vertebrados. Tal como são as coisas, o bebê humano ingressa num mundo complicado e perigoso muito antes do seu organismo estar preparado para satisfazer suas necessidades prementes e, por conseguinte, a soma de ajuda de que necessita para sobreviver tem de ser muito maior e mais prolongada que no caso de qualquer outro filhote da classe primata.

Uma parte inadequadamente desenvolvida do seu organismo é o cérebro. A condição do cérebro, nas primeiras semanas depois do nascimento, é num estado de revolução. O prosencéfalo do recém-nascido é incompleto. Os centros cerebrais ainda não estão desenvolvidos. A circulação cerebral ainda não foi bem estabelecida. O sistema capilar é inadequado. Os centros da fala e a coordenação muscular para a locomoção não estão desenvolvidos. Inclusive a sucção, a ingestão, o choro, a respiração e a eliminação ainda não estão bem estabelecidos imediatamente após o nascimento. Esses fatores são parcialmente responsáveis pela elevada taxa de mortalidade durante os primeiros meses de vida extra-uterina. A situação de um bebê ao nascer faz com que seja quase um milagre o fato dele nascer vivo. Muda-se de um exíguo compartimento fechado para um espaço aberto e ilimitado. Transfere-se da escuridão eterna para um meio iluminado e multicolorido. Ingressa numa esfera de visão e som. Muda de posições limitadas para um meio em que a locomoção e a direção são indispensáveis. Passa de uma existência parasitária, em que foi alimentado através da placenta materna, para uma existência em que a sua atividade própria é indispensável na ingestão e eliminação do alimento. Passa de um estado de sono constante para um estado de gradual despertar e percepção do mundo que o cerca. Muda de uma situação que lhe proporciona um equilíbrio seguro para um mundo que terá de ser conquistado para sobreviver nele e no qual terá de adquirir, gradualmente, um equilíbrio próprio. Ingressa nesse mundo de um modo tão súbito que o seu ajustamento bem sucedido é um dos grandes enigmas da vida. Dentro de poucos minutos, ele transfere-se, praticamente, de um mundo para um outro.

Ao nascer, o bebê transfere-se para um conjunto totalmente estranho de relações. Não dispõe de modelo algum, de acordo com o qual possa dar forma aos seus atos. Defronta-se com uma nova situação, mais do que em qualquer outra época de sua vida subseqüente. A essa resposta do indivíduo a uma nova situação — e à nova resposta a uma antiga situação — chamamos *espontaneidade*. Para que o bebê viva, essa resposta deve ser positiva e sem falhas. Deve ser rápida, reagindo ao estímulo do momento. Essa resposta pode ser *mais* ou *menos* adequada. Deve existir, pelo menos nos momentos cruciais, uma certa soma desse fator *e* (espontaneidade). Um mínimo de espontaneidade já é requerido no primeiro dia de vida.

O crescimento físico do organismo do embrião e sua prontidão anatômica para o grande mergulho no último mês de gravidez não podem ser considerados uma explicação suficiente para que se nasça com vida e depois se viva de modo exuberante. Deve existir um fator com que a natureza generosamente dotou o recém-chegado, de modo que possa desembarcar com segurança e radicar-se, pelo menos provisoriamente, num universo inexplorado. Esse fator é diferente e algo mais do que a energia dada que se conservou no corpo do recém-nascido. É um fator que o habilita a superar-se a si mesmo, a entrar em novas situações como se carregasse o organismo, estimulando e excitando todos os seus órgãos para modificar suas estruturas, a fim de que possam enfrentar as suas novas responsabilidades. A esse fator aplicamos o termo espontaneidade (fator *e*).

Para os propósitos do presente estudo, é secundário se serão encontrados tipos especiais de genes que sejam responsáveis pelo desenvolvimento do fator *e*, ou se o fator *e* operará independentemente dos genes. Mas somos favoráveis à hipótese de que o fator *e* não é, estritamente, um fator hereditário nem, estritamente, um fator ambiental. No estado atual das pesquisas biogenéticas e sociais, parece ser mais estimulante supor que, no âmbito da expressão individual, existe uma área independente *entre* a hereditariedade e o meio ambiente, influenciada mas não determinada pela hereditariedade (genes) e as forças sociais (tele). O fator *e* teria a sua localização topográfica nessa área. É uma área de relativa liberdade e independência das determinantes biológicas e sociais, uma área em que são formados novos atos combinatórios e permutações, escolhas e decisões, e da qual surge a inventiva e a criatividade humana. Certas incoerências e imprevisibilidades incômodas mas perenes, tanto nos fenômenos físicos como nos mentais, encontrariam uma explicação no funcionamento do fator *e*.[30] O surgimento do fator *e* pressupõe que as funções da memória e da inteligência como centros especializados do córtex cerebral estão em formação e com isso a sua própria diferenciação delas como função especial. Embora as áreas individuais e múltiplas da função da espontaneidade no córtex cerebral estejam ainda inexploradas e dificilmente constituam, inclusive, um problema consciente para o patologista cerebral, o fato de que esse fator *e* possa ser demonstrado e isolado em testes infantis de ação e de comportamento indica que existe uma contraparte somática. A grande plasticidade do cérebro infantil sugere que está bem disposto para a interação favorável com fatores *e*. A alta sensibilidade do tecido cerebral para o fator *e* ou — simbolicamente falando — a espontaneidade original do tecido cerebral, pode ser a razão pela qual a especialização gradual e subseqüente do cérebro em centros e funções nunca é rígida e absoluta. Mantém-se um certo grau de espontaneidade do tecido cerebral que serve em emergências como um último recurso para os pacientes nervosos. Talvez tenha valor uma revisão do desenvolvimento do cérebro, do ponto de vista da teoria da espontaneidade, e uma

---

30. O fator tele é o que é medido pelos testes sociométricos. O fator *e* é medido pelos testes de espontaneidade. O fator *e* encoraja novas combinações *mais além* do que os genes realmente determinam. O número dessas combinações é praticamente ilimitado. O fator tele opera em toda a estrutura social mas recebe a influência do fator *e* para aumentar ou diminuir seu alcance, acima ou abaixo de um certo nível. Quer dizer, o processo de escolha de um indivíduo pode expandir-se ou decrescer segundo o fator *e*. De acordo com a nossa hipótese, a maioria das características físicas e mentais é determinada geneticamente, mas são possíveis combinações entre elas e as forças sociais (tele) cujo aparecimento é atribuído ao fator *e*. De acordo com esta hipótese, gêmeos idênticos criados num meio idealmente supervisado, expostos às mesmas situações, na mesma seqüência, *difeririam*, apesar de tudo, de tempos em tempos, em certas combinações. Esses desvios do efeito combinado da hereditariedade e das forças sociais seriam atribuíveis, assim, ao fator *e* puro.

Não se espera que as unidades hereditárias (genes) determinem as relações *entre* organismos. A área entre organismos é controlada pelo fator tele. Tampouco é esperado que as unidades hereditárias sejam responsáveis por todas as possíveis respostas necessárias na adaptação do organismo a novas situações, no ambiente interno ou externo. A área que vai das influências hereditárias às operações tele está dominada pelo fator *e*. Assim, o fator *e* é o terreno donde surgirá mais tarde a matriz espontânea, criadora, da personalidade. (Ver "Mental Catharsis and the Psychodrama", *Sociometry*, Vol. 3, N.º 3, 1940, págs. 218-220.) [A personalidade] pode ser definida como uma função de *g* (genes), *e* (espontaneidade), *t* (tele) e *m* (meio).

"...em duas pessoas estruturalmente idênticas, ainda existe um elemento de escolha e decisão que pode operar para determinar as manifestações da conduta e do comportamento, sobretudo quando há pouco ou nenhum envolvimento neurótico ou psicótico. Esse elemento de escolha pode ser estabelecido como não-hereditário, se assim quiserem, mas não precisa ser atribuído *ipso facto* ao meio ambiente. É algo que promana do indivduo e que, como tal, pode ser igualmente influenciado por tudo o que contribui para formar o íntimo do indivíduo. A coerência não precisa tampouco ser uma característica de gêmeos idênticos num momento dado, nem de um só indivíduo em momentos diferentes. Uma previsibilidade de comportamento com 100% de segurança não é uma expectativa legítima em qualquer desses casos." Gladys C. Schwesinger, *The Journal of Heredity*, Vol. 33, N.º 1, janeiro de 1942.

avaliação do grau comparativo de espontaneidade que cada parte do cérebro retém.

Processo de "Aquecimento" Preparatório Para um Novo Ambiente. A primeira manifestação básica de espontaneidade é o aquecimento preparatório da criança para o novo ambiente. O processo de aquecimento preparatório é um fenômeno suscetível de medição. A sua expansão depende da espécie e grau de novidade que vai ser encontrada.

Podemos ilustrar esse processo de aquecimento preparatório indicando certas características que a situação psicodramática possui e que são comparáveis à situação no nascimento. No caso dos adultos, ela está construída de tal modo que a espontaneidade do indivíduo pode ser testada. O sujeito é jogado abruptamente numa situação que é novidade para ele e ante a qual terá de "aquecer-se", a fim de realizar um ajustamento rápido. O sujeito é freqüentemente ordenado a proceder ao aquecimento *como se não possuísse qualquer dispositivo de arranque mental à sua disposição* (correspondendo ao bebê quando nasce, o qual carece de dispositivos de arranque mental). O sujeito pode movimentar-se ou começar respirando pesadamente, fazer caretas, apertar os punhos, mexer os lábios, gritar ou chorar — quer dizer, ele utilizará dispositivos físicos de arranque a fim de começar, confiando em que as atividades neuromusculares ou outras atividades físicas acabarão por afirmar e libertar formas de expressão mais altamente organizadas, como a adoção de papéis e a inspiração criadora, levando-o ao máximo grau de aquecimento preparatório de um ato espontâneo, para enfrentar uma situação nova.

Os auto-arranques físicos, como foi observado em experimentos espontâneos com adultos, funcionam mediante a provocação consciente de um simples ato, o qual, se for adequadamente excitado pelo seu próprio impulso, começará sendo acompanhado de outras ações voluntárias e involuntárias; por exemplo, o ritmo respiratório aumenta duas ou três vezes, depois do passo voluntário original. O pulso passa de setenta batidas para cento e vinte ou mais. Essas fases involuntárias no processo de aquecimento preparatório (provocadas por um passo inicial consciente) associam amiúde outras atividades involuntárias, simultaneamente, nas quais os sistemas neuromusculares desempenham um papel preponderante, como a transpiração, os movimentos de braços e pernas, a falta de ar, a perda de equilíbrio, expressões faciais de pânico e ansiedade, sons inarticulados e palavras. As ações sociais deliberadas podem impulsionar ainda mais o processo de aquecimento, levando-o ao domínio das relações interpessoais.

Além disso, na situação psicodramática, o mundo todo em que o ator ingressa — os enredos, as pessoas, os objetos, em todas as suas dimensões e em seu tempo e espaço — é para ele novidade. Cada passo que ele dá em frente nesse mundo cênico tem de ser definido pela primeira vez. Cada palavra que ele profere é definida pela palavra que lhe foi dirigida. Cada movimento que ele faz é definido, suscitado e configurado pelas pessoas e objetos com que se encontra. Cada passo por ele dado é determinado pelos passos que os outros dão na direção dele. Mas os passos dos outros também são determinados, pelo menos em parte, pelos seus próprios passos.

Sabemos pelo estudo do processo de aquecimento no desempenho adulto e nas relações interpessoais que as categorias de auto-arranque podem ser diferenciadas, isto é, arranques físicos e arranques mentais. A diferenciação em duas maneiras separadas de arranque ainda não é acessível ao bebê. Ao que parece, há muito pouca atividade mental no arranque do recém-nascido. Por conseguinte, podemos muito bem admitir que ele só faz uso de arranques físicos. Estes continuam sendo os arranques auxiliares em todos os processos de aquecimento preparatório, ao longo da vida. O adulto recorre a eles, especialmente em casos de emergência ou quando é colhido de surpresa. Como no caso do bebê, ele pode estar tão absorvido em seu aquecimento preparatório de um ato espontâneo que, pelo menos manifestamente, é capaz de estar vazio de imagens mentais. Ao invés da criança, o adulto possui, é claro, dispositivos mentais, sociais e psicoquímicos de arranque adquiridos, os quais podem iniciar independentemente o seu aquecimento, assim como interatuar com os arranques físicos.

Em alguns dos experimentos realizados com adultos, empregando arranques físicos como meios de aquecimento preparatório, muitos sujeitos não conseguiram atingir o nível de *mentação*. Paravam bruscamente a meio do ato e desistiam. Tornou-se evidente, pois, que o processo de aquecimento não tem que atingir o nível de mentação mas pode *terminar* em qualquer ponto do processo, abaixo desse nível. Isto pode constituir o modo infantil de aquecimento preparatório. A criança emprega arranques físicos, o ato é terminado mais ou menos abaixo do nível de mentação e é provocado por estímulos físicos.

Na situação natal, os arranques físicos são acionados muito antes do ato de nascimento ter lugar. O embrião "a nascer" está usando os seus próprios dispositivos físicos de arranque, sua cabeça ou os pés pressionando contra as paredes musculares do útero, a fim de adquirir gradualmente impulso. Quando se depara com os numerosos becos sem saída, é ajudado de tempos em tempos pelos arranques físicos da própria mãe, ação voluntária e contrações musculares involuntárias, como processo em que ela faz o seu próprio aquecimento para o ato de expulsão. O momento do nascimento é o grau máximo de aquecimento preparatório do ato espontâneo de estar nascendo para um novo ambiente a que o nascituro terá de ajustar-se rapidamente. Não é um trauma mas o estágio final de um ato para o qual foram requeridos nove meses de preparação. A criança é o ator. Tem de atuar em papéis sem possuir um ego ou personalidade para desempenhá-los. Tal como o ator improvisado, cada passo que dá no mundo é novo. Tem de atuar rapidamente, obedecendo à instigação do momento — aquele momento em que começa funcionando um novo aparelho respiratório, ou aquele momento em que ele deve, pela primeira vez, chupar o fluido oriundo do peito materno ou da mamadeira.

Como sublinhamos, o bebê vincula a sua energia espontânea ao novo meio, através dos *arranques físicos* do processo de aquecimento. Como sabemos, ele não teria êxito nesse esforço se não acudissem em sua ajuda os dispositivos de *arranque mental* dos egos auxiliares — mães, parteiras, amas — nesse meio, isto é, cuidando dele e alimentando-o. É claro, o aquecimento para o ato de nascimento foi um impulso perpétuo do bebê durante um período tão longo que qualquer *demora* por parte desses egos auxiliares, uma vez acionado o mecanismo de parto, só poderá estimular os auto-arranques do bebê. Se essa demora exceder um certo ponto, esse esforço extenua o bebê e, ficando a mãe exausta, uma vantagem converte-se em calamidade.

Sabemos, pois, que a criança é capaz de auto-arranque, em certa medida, tanto em seu esforço para nascer como em seus papéis vitais subseqüentes (comer, eliminar etc.). Mas os graus de disposição espontânea para proceder ao arranque diferem de um bebê a outro. Certos bebês podem ter dificuldades para nascer, enquanto que outros nascem com muito pouco esforço. Alguns nascituros necessitam de alguma ajuda para empurrá-los ao longo do canal de parto, alguns precisam de assistência instrumental ou de intervenção cirúrgica, pondo em risco não só as suas próprias vidas como as de outros. Alguns bebês têm dificuldade em começar a respirar, atrasando-se no arranque físico do ato rítmico final de respiração.[31]

---

31. "Numa filosofia do Momento, três fatores devem ser enfatizados: o *locus*, o *status nascendi* e a matriz. Representam três ângulos do mesmo processo. Nenhuma "coisa" existe sem seu *locus*, não há *locus* sem *status nascendi* e não há *status nascendi* sem sua matriz. O *locus* de uma flor, por exemplo, está no canteiro onde cresce. O seu *status nascendi* é o de uma coisa em crescimento, tal como brota da semente. A sua matriz é a semente fecundada. Todo e qualquer ato ou desempenho humano tem um padrão

O próprio começo da sucção não é, em muitos bebês, tão adequado quanto geralmente se supõe. Alguns só a iniciam depois que o mamilo é pressionado contra os seus lábios ou o líquido tépido penetra em sua boca. O grau de disposição espontânea na sucção varia entre o bebê excessivamente ávido que começa por si mesmo e o bebê desinteressado, em cujo caso se requer uma considerável manipulação para estimular o seu ritmo de sucção.

Portanto, o processo de aquecimento preparatório é uma indicação concreta, tangível e mensurável de que os fatores *e* estão operando. É a partir da análise e medição do processo de aquecimento que podemos determinar a presença e o raio de ação desses fatores. Se não houver sinal de aquecimento, concluiremos pela ausência ou perda de espontaneidade. Se for detetável algum grau de aquecimento num determinado setor de uma área, então concluiremos que um grau correspondente de espontaneidade está operando nesse setor. Entretanto, não indica que os fatores *e* operam em outros setores de uma dada área, ou em outras áreas, enquanto aí não se manifestarem sinais de um processo de aquecimento preparatório. Um grau máximo ou ótimo de aquecimento indicará que fatores *e* estão operando numa dada área, num grau máximo ou ótimo. Um processo de superaquecimento preparatório indicaria que, numa dada área, operam excessivos fatores *e* — isto é, mais do que os requeridos para um ato equilibrado.

O processo de aquecimento manifesta-se em toda e qualquer expressão do organismo vivo, *na medida em que este se esforça no sentido de um ato.* Possui uma expressão somática, uma expressão psicológica e uma expressão social. As variedades de

---

de ação primária — um *status nascendi*. Um exemplo é o desempenho do ato de comer, que começa desenvolvendo o papel de "comedor" em toda a criança, logo depois de nascer. Neste caso, o padrão de gestos e movimentos que levam ao estado final de saciação é o processo de aquecimento preparatório." Ver Moreno, J. L., "Foundations of Sociometry", *Sociometry*, Vol. 4, N.º 1, 1941. Esses princípios podem ser aplicados à origem do organismo humano. O *locus nascendi* é a placenta no útero materno; o *status nascendi* é o período de concepção. A *matrix nascendi* é o óvulo fertilizado do qual se desenvolve o embrião. A fase inicial de um processo de vida tem sido grandemente negligenciada, em comparação com as fases mais avançadas e com a fase terminal. Foi uma importante contribuição da pesquisa da espontaneidade e da criatividade que tenha sido considerado que o processo de concepção de, por exemplo, a *Nona Sinfonia* de Beethoven se reveste da mesma importância, se não maior, que o "nascimento" da obra. Quando lidamos com um organismo vivo, desviamos a nossa atenção do nível de nascimento para o próprio nível da concepção. Os métodos para o estudo *direto* do embrião em seu meio intra-uterino estão se aproximando da órbita da execução técnica. Filmes da vida embrionária, durante os nove meses de gravidez, são necessários para obter uma visão das respostas do embrião de estágio após estágio. Pode ser que esteja para aparecer algum dispositivo técnico, na forma de um tipo de *filme de raios-X* que combine as técnicas cinematográficas com as da fotografia com raios-X.

sua expressão dependem da diferenciação do organismo e do meio em que ele existe. A expressão somática do processo de aquecimento preparatório especializa-se em torno de muitas áreas (zonas) *focais*, que servem como dispositivos físicos de arranque do aquecimento preparatório.

A Função do Processo de Aquecimento Preparatório e a Matriz de Identidade

As Zonas Como Loci Nascendi para o Aquecimento [32]

Processo. É paradoxal que a criança tenha, ao nascer, um organismo cuja unidade anatômica e fisiológica nunca será maior. Mas não tem um mundo próprio, dentro do qual possa operar. É um ator — sem palavras e quase sem córtex cerebral. Vê-se compelido a formar o seu mundo na base de zonas pequenas e fragilmente relacionadas, as quais estão desigualmente espalhadas por todo o corpo. Essas zonas podem ser divididas em operacionais e não-operacionais. Pode imaginar-se uma escala, colocando num extremo as zonas corporais que têm a maior intensidade operacional e freqüência de função, e no outro extremo uma intensidade quase neutral e uma freqüência de função quase igual a zero. Certas zonas — a visual, a nasal, a oral etc. — já estão em formação durante a primeira semana de vida da criança. O significado de cada zona consiste em ser formada no interesse de uma função indispensável da criança e, portanto, estimula a criança a concentrar-se na ação dessa função. Toda a vez que um objeto se avizinha da zona visual, tem lugar um processo de aquecimento preparatório em que o sistema neuromuscular da zona desempenha um papel preponderante. Na zona oral, por exemplo, a ingestão de comida está associada à absorção dos alimentos que requer a participação dos tecidos neuromusculares dos lábios e do interior da boca. Um diferente conjunto de músculos é ativado em torno da zona anal, durante o processo de aquecimento para o ato de eliminação.

---

32. "Observei, experimentando com numerosos pacientes e não-pacientes, que *todo e qualquer processo de aquecimento preparatório que abranja uma pequena parcela da personalidade pode ser absorvido e, de momento, anulado por qualquer processo de aquecimento preparatório que tenha um alcance maior mas que cubra, ao mesmo tempo, aquela parcela.* Vi esse mecanismo funcionando com tanta freqüência que me sinto justificado para considerá-lo uma regra prática. Foi com base nessa observação que se desenvolveu uma importante técnica terapêutica." Ver Moreno, J. L., "Interpersonal Therapy and the Psychopathology of Interpersonal Relations", *Sociometry*, Vol. I, Parte 1, 1937.

Cada processo de aquecimento tem um foco. Tende a estar localizado numa zona, como seu *locus nascendi*. Contudo, as primeiras áreas sensibilizadas — isto é, sensibilizadas por esses atos de aquecimento preparatório — não estão literalmente ligadas à pele da criança. Não existe, na realidade, uma zona oral, uma zona anal, mas zonas de que a boca ou o ânus são uma parte. Neste sentido "sociométrico", a zona é uma área de que, por exemplo, a boca, o mamilo do peito materno, o leite e o ar entre eles são fatores contribuintes. Sempre que esses componentes convergem num foco, a zona entra em ação.

Toda a zona é o ponto focal de um dispositivo físico de arranque no processo de aquecimento preparatório de um estado espontâneo de realidade, sendo tal estado ou estados componentes na configuração de um "papel". Cada zona é formada no interesse de uma função indispensável da criança. Por vezes, converte-se na fonte de um dispositivo de arranque — físico ou mental — no processo de aquecimento para um estado espontâneo de realidade. Além de ser uma zona vinculada a um dado organismo, converte-se no *locus nascendi* de dispositivos de arranque que a aquecem para objetos e pessoas. Torna-se o ponto focal do próprio ato espontâneo. No nível físico, uma zona nunca está inteiramente separada de cada uma das outras zonas; envolve, em certa medida, todo o organismo, no momento de funcionar. Mas nós estamos lidando aqui com uma construção das realidades experienciais da criança e não com a sua estrutura física; o processo de aquecimento preparatório com um conjunto de arranques físicos de uma zona determinada é propenso a separar e isolar essa zona no nível de realidade, *mais* do que a situação física indicaria. No ato de ingerir alimento, por exemplo, a boca converte-se no ponto focal de um processo específico de aquecimento ao nível de realidade experiencial, mesmo quando as contrações e ânsias de fome no estômago envolvem indiretamente o organismo todo. Esse ponto focal de interesse parece alhear mais a criança do que está acontecendo numa outra zona do seu corpo do que sucederia no caso de inatividade da zona oral. Portanto, a focalização num processo específico de aquecimento aumenta a atenção dirigida para o ato imediato e, assim, é encorajada uma tendência à crescente especialização de numerosos caminhos para o correspondente processo de aquecimento.

As várias zonas desenvolvem, gradualmente, diversas relações ao nível de realidade. Certas zonas tendem para a coação e cooperação, como a zona oral com a zona da garganta, a zona da bexiga com a anal, a zona visual com a auditiva etc. Certas zonas tendem a excluir-se mutuamente — como a zona manual e a zona da garganta, a da bexiga e a visual. Algumas zonas tendem a manter-se neutras. À medida que a estrutura da criança se desenvolve, o nível de realidade experiencial vai se tornando mais complexo. Certas zonas, que eram comparativamente separatistas, começam interatuando mais e convertem-se numa cadeia de zonas ou segmentos corporais. Assim, no nível de realidade experiencial, os processos específicos de aquecimento preparatório interatuam e o resultado será um conjunto de dispositivos físicos de arranque, digamos, os da zona oral excitarão gradualmente a zona da garganta e a zona anal, redundando numa espécie de contraparte da segmentação corporal — uma segmentação ao nível de realidade. Portanto, o organismo da criança, que consistia originalmente num dado número de segmentos separados, sobrepostos às várias zonas do organismo, começará a fundi-los em vastas áreas do corpo. Quanto maior for a área do corpo abrangida pelo aquecimento, maior será o número de unidades neuromusculares estimuladas. A criança começará se identificando ora com uma vasta área do corpo, ora com outra vasta área do corpo, ignorando que, na realidade, elas estão unidas entre si, e distante ainda de descobrir que, algum dia, ele será indicado como proprietário individual de todas elas.

O Ego Auxiliar como parte do processo de aquecimento da criança e o desempenho infantil de papéis. Assim como algumas crianças precisam de ajuda para nascer, também necessitam de auxiliares para comer, dormir ou deslocar-se no espaço à sua volta. Do ponto de vista da criança, esses auxiliares apresentam-se como extensões do seu próprio corpo, enquanto ela é demasiado fraca e imatura para produzir essas ações por seu próprio esforço. Devem ser-lhe proporcionados pelo mundo exterior: mãe, pai ou ama. A uma extensão do ego da pessoa, necessária a uma existência adequada e que deve ser fornecida por uma pessoa substituta, demos o nome de "ego auxiliar".

A função do ego auxiliar foi considerada indispensável na situação experimental do psicodrama, como um conceito para a compreensão do processo interpessoal que ocorre no palco, assim como um instrumento para tratamento. Na situação psicodramática, o ego auxiliar tem duas funções — a de retratar papéis e a de guia. A primeira função é a de retratar o papel de uma pessoa *requerida* pelo sujeito; a segunda função é a de guiar o sujeito, mediante o aquecimento preparatório, para suas ansiedades, deficiências e necessidades, com o objetivo de orientá-lo no sentido da melhor solução de seus problemas. O contexto natural da relação mãe-filho é comparável à relação sujeito-ego auxiliar da situação psicodramática. Também a mãe tem duas funções: uma é a de atuar adequadamente no papel de mãe; a outra é a de desenvolver um quadro nítido das necessidades e do ritmo do bebê, a fim de que possa aquecer-se para as exigências dele, a fim de ajudá-lo a funcionar adequadamente.

Ver-se-á que, mediante o conceito de ego auxiliar, muitos fenômenos até agora desligados entre si no desenvolvimento infantil, os quais tinham de ser explicados por várias teorias, podem ser agora explicados por uma única hipótese, capaz de reunir todos os dados do desenvolvimento numa teoria unificada. Essa hipótese única está baseada no fato de que a relação mãe-filho é uma dupla relação, envolvendo mais uma ação cooperativa do que padrões de comportamento individual separados entre si.

Papel do Comedor. Considera-se usualmente como um só ato se duas partes do corpo operam em conjunto em seu desempenho, como, por exemplo, os dois pés ao andarmos, os dois olhos na visão, ou o braço direito e o esquerdo para segurar e agarrar. Entretanto, algum processo de ajustamento é necessário até que esse desempenho se torne desenvolto. Ao agarrar alguma coisa com ambas as mãos, por exemplo, o processo de aquecimento preparatório em que a mão esquerda está envolvida poderá não se harmonizar o tempo todo com o processo de aquecimento preparatório em que a mão direita está envolvida. Em essência, o fato de que um instrumento, como o peito materno ou a mamadeira, por exemplo, não está imediatamente ligado ao organismo do bebê, não produz uma situação diferente. O problema do interajustamento entre instrumentos orgânicos e extra-orgânicos não é de uma ordem diferente do problema de interajustamento entre dois instrumentos orgânicos, dentro do mesmo organismo. A dificuldade só aparece porque esses instrumentos pertencem a duas pessoas distintas, neste caso, à criança e à mãe. Esses instrumentos suscitam, em ambos, condições transpsicológicas de diferente natureza e requerem que eles se fundam num só fluxo de ação, cada um com o seu ponto de partida próprio. Cada um, no processo de aquecimento preparatório do ato de comer, aciona um conjunto diferente de arranques físicos; por exemplo, a mãe, o peito e os braços, segurando o mamilo com firmeza junto aos lábios da criança, ou então uma mamadeira, inclinada num ângulo semelhante, e a criança, hipnoticamente atraída para o alimento, chupando o fluido com a boca. No decurso do duplo aquecimento preparatório, que tem um único objetivo — a satisfação da fome da criança — os esforços de ajustamento físico desenvolvem-se paralelamente aos esforços de ajustamento mental. A mãe (ego auxiliar) produz uma imagem mental de seu filho, no processo de assumir o seu papel; mas, por seu turno, a criança também participa tanto no ato de estar sendo alimentado (mamadeira ou seio, mãos da mãe etc.) como no de admitir o alimento em sua boca. A imagem mental que a mãe tem do seu filho é uma soma de imagens auxiliares. Estas imagens são freqüentemente suscitadas por sensações de temor de que a criança não esteja suficientemente alimentada, e a mãe será induzida por elas a aumentar o tempo de nutrição, além das necessidades da criança. Vice-versa, a criança pode recusar-se a aceitar o tempo materno, reduzindo-o abaixo do seu próprio nível de necessidade; e, assim, ocorrem várias formas de desajustamento que distorcem o desempenho na aprendizagem de como comer.

De um modo diferente dos órgãos (mãos, língua etc.) que estão fixados ao seu corpo e à sua imediata disposição no caso de uma emergência, a mãe com todos os seus instrumentos de ego auxiliar, está totalmente desligada e independente da criança. Afasta-se dela, abandona-a mas volta quando a ansiedade da criança é manifesta. É um choque peculiar na experiência da criança em crescimento a descoberta da diferença entre instrumentos a ela ligados e instrumentos separados dela. O "eu" e o "tu" ainda não surgiram. A criança experimenta instrumentos que lhe estão ligados e instrumentos que estão separados dela mas ainda não tem consciência da diferença entre esses dois tipos, uma vez que carece de consciência de que alguns desses instrumentos pertencem a outros indivíduos, assim como não se apercebe de que alguns deles são *seus*. Por outras palavras, os instrumentos ligados à mãe e os instrumentos ligados à criança estão todos, para esta, vinculados ao ato de alimentação e assim permanecem até quando os instrumentos maternos (seio ou mamadeira, mãos etc.) são afastados da criança, *depois* do ato alimentar. Quanto a isso, nos primeiros dias de vida, o bebê experimenta todos os objetos e pessoas como coexistentes com ele, pertencentes a ele, ou experimenta-se a si mesmo como coexistente com esses objetos e pessoas, ou pertencendo-lhes.

Assim como a mãe experimenta o lado infantil da cadeia de aquecimento preparatório, o bebê participa ainda mais profundamente, por causa da sua maior receptividade e sugestividade não só em sua parte como receptor de alimento mas também no lado materno dessa cadeia; isto é, o bebê experimenta a mamadeira ou o seio materno que avança para ele, o mamilo que toca em seus lábios, a admissão desse mamilo em sua boca e a sucção de alimento como *um só ato*. Para dar ainda mais ênfase a essa co-ação e coexistência damos o exemplo do bebê tão absorto em sua sucção que não pode ser distraído desse ato mesmo por algo tão perturbador como cócegas em seus pés. Embora observemos uma retração flexível do pé, não se registra mudança alguma em seu foco no ato alimentar, não o interrompe nem abranda o ritmo, não muda a sua atenção visual; nenhum sinal de alteração pode ser notado em sua ação original. Uma atividade, num momento dado, exclui toda e qualquer outra atividade; um foco exclui todo e qualquer outro foco. A criança procede a seu aquecimento preparatório, exclusivamente, para a execução de tarefas em situações imediatas. Ela vive no tempo imediato.

Essa coexistência, co-ação e co-experiência que, na fase primária, exemplificam a relação do bebê com as pessoas e coisas à sua volta, são características da *matriz de identidade*. Essa matriz de identidade lança os alicerces do primeiro processo de aprendizagem emocional da criança.

Uma vez estabelecida a matriz de identidade e completamente formado o complexo de imagens intimamente associadas à sua intensa participação na "unicidade" do ato, estão criadas as bases para "futuros" atos combinatórios. Como a ação da mãe é uma extensão da ação *dele*, o bebê pode permitir-se, com o decorrer do tempo, abandonar uma parte dela — a sua própria extremidade — e concentrar-se na parte materna — a outra extremidade da matriz. Por meio dessa transação, a criança pode preparar o terreno para a futura inversão da cadeia de aquecimento. Desempenhar o papel do "outro" não se apresenta de súbito e em forma acabada à criança; passa por numerosas fases de desenvolvimento que se sobrepõem e, com freqüência, operam conjuntamente.

A primeira fase consiste em que a outra pessoa é, formalmente, uma parte da criança, isto é, a completa e espontânea identidade.

A segunda fase consiste em que a criança concentra a sua atenção na outra e estranha parte dela.

A terceira fase consiste em separar a outra parte da continuidade da experiência e deixar de fora todas as demais partes, incluindo ela mesma.

A quarta fase consiste em que a criança situa-se ativamente na outra parte e representa o papel desta.

A quinta fase consiste em que a criança representa o papel da outra parte, a respeito de uma outra pessoa, a qual, por sua vez, representa o seu papel. Com esta fase, completa-se o ato de inversão de identidade.

Estas cinco fases representam a base psicológica para todos os processos de desempenho de papéis e para fenômenos tais como a imitação, a identificação, a projeção e a transferência. Por certo, os dois atos finais de inversão não ocorrem nos primeiros meses de vida da criança. Mas, algum dia, a criança inverterá o quadro, assumindo o papel de quem lhe dá alimento, a põe a dormir, a carrega ao colo e a passeia. Temos, pois, duas fases da matriz de identidade: primeiro, a fase de identidade ou unidade, como no ato de comer; e, segundo, a fase de usar essa experiência para a inversão de identidade.

No âmbito da identidade ocorre o processo de adoção infantil de papéis.[33] Essa adoção infantil de papéis consiste em duas funções: dar papéis (dador) e receber papéis (recebedor). Na situação alimentar, por exemplo, a concessão de papéis é feita pelo ego auxiliar (a mãe) e o recebimento de papéis é feito pelo filho, ao receber o alimento. A mãe, ao dar alimento, aquece-se em relação ao filho para a execução de atos de uma certa coerência interna. O bebê, por seu lado, ao receber o alimento, aquece-se para a execução de uma cadeia de atos que também desenvolvem um certo grau de coerência interna. O resultado dessa interação é que se estabelece, gradualmente, uma certa e recíproca expectativa de papéis nos parceiros do processo. Essa expectativa de papéis cria as bases para todo o intercâmbio futuro de papéis entre a criança e os egos auxiliares.

O processo de construção de imagens e o processo de co-ação, na adoção de papel do comedor, fornece-nos uma chave para a compreensão das causas subjacentes no processo de aprendizagem emocional, atribuído por alguns à imitação. O conceito de imitação expressa-se, freqüentemente, como uma relação em sentido único, ou uma relação de papéis em sentido único. Refere-se ao bebê imitando a mãe, o modo como ele come e copia o comportamento dela. O mesmo é válido no tocante à projeção, em referência à omissão dos processos da outra pessoa que interatua com a criança. Alude-se com freqüência à projeção quando a criança supõe que um animal ou um boneco tem uma experiência semelhante à sua. Sem dúvida, isso não faz sentido algum no comportamento primário do bebê. A idéia de projeção implica que um ser humano, um animal ou um objeto são independentes e distintos da pessoa que projeta. O comportamento de projeção desse tipo é impossível para um ser que vive dentro de *uma* esfera, por muito desigual e instável que essa esfera possa ser internamente. A projeção também pode significar a localização de um estímulo em sua suposta origem, por exemplo, a dor no estômago. Mas o projetor e o local de projeção são partes da mesma técnica de aquecimento

33. "Todo o papel é uma fusão de elementos privados e coletivos... Um papel compõe-se de duas partes: o seu denominador coletivo e o seu diferencial individual. Pode ser útil distinguir entre *adoção de papéis (role-taking)*, que é a adoção de um papel acabado e plenamente estabelecido, o qual não permite variação alguma ao indivíduo, grau nenhum de liberdade; a *representação de papéis (role playing)*, que permite ao indivíduo um certo grau de liberdade; e *criação de papéis (role-creating)*, que permite ao indivíduo um alto grau de liberdade como, por exemplo, no caso do *ator de espontaneidade*." Ver J. L. Moreno, "Sociodrama", *Psychodrama Monograph* N.º 1, 1944.

preparatório e ainda não são separados pela criança. Um mecanismo tal como a projeção não pode surgir neste nível de desenvolvimento infantil.

Do mesmo modo, a identificação carece de significado no primeiro mundo da criança. Ela subentende dois egos separados, cuja existência está definitivamente estabelecida; caso contrário, não poderia ter lugar o desejo de identificar-se com pessoas exteriores a si e a plena realização da identificação. Esta implica que a criança é capaz de experimentar-se como um ego em relação com um outro ego. Implica ainda que a criança está apta a reconhecer porções do seu ego como diferentes de porções do outro ego, ou porções do seu ego que são semelhantes às do outro. A identificação não é dada mas o resultado de um esforço para ir mais além ou fora do que a pessoa *é*. Obviamente, a criança é incapaz de experimentar um tão complicado processo. Duvidamos, pois, de que a aprendizagem primária infantil se baseie em operações tais como a projeção, a imitação e a identificação. A hipótese da matriz de identidade permite uma explicação mais plausível das primeiras formas de aprendizagem.

O desenvolvimento da estratégia de inversão da criança é um indicador da liberdade obtida em relação ao ego auxiliar, a mãe ou a mãe-substituta. Significa o primeiro passo na emancipação da criança de dependentes, se não de fato, pelo menos em sua imaginação. Reforça também as imagens de "um dia serei grande", para fazer tudo por si mesma sem a ajuda de um ego auxiliar. A fase inicial de co-experiência e colaboração com o ego mais forte proporciona à criança um incentivo para a ação independente.

À medida que a criança amadurece, embora ainda dentro da matriz de identidade ou de experiência unificada, o montante de assistência que o ego auxiliar tem de prestar à criança torna-se cada vez menor, e a soma de atividade em que a criança participa torna-se cada vez maior; por outras palavras, o ego auxiliar (a mãe) assiste à criança na formação de seus próprios papéis, permitindo-lhe gradualmente mais independência. Esse processo de intercomunicação entre mãe e filho é a matriz que alimenta a primeira adoção, pela criança, de um papel independente.

O Universo da Criança

A matriz de identidade é a placenta social da criança, o *locus* em que ela mergulha suas raízes. Proporciona ao bebê humano segurança, orientação e guia. O mundo em torno dele é denominado o *primeiro* universo, porquanto possui muitas características que o distinguem do outro, o segundo universo. A matriz de identidade dissolve-se gradualmente, à medida que a criança vai ganhando em autonomia — isto é, desenvolve-se um certo grau de auto-arranque numa função após outra, tais como a alimentação, a eliminação, a capacidade de agarrar coisas e a locomoção; começa a declinar a sua dependência dos egos auxiliares.[34] O primeiro universo termina quando a experiência infantil de um mundo em que tudo é real começa se decompondo em fantasia e realidade. Desenvolve-se rapidamente a construção de imagens e começa tomando forma a diferenciação entre coisas reais e coisas imaginadas.

Longo Período de Infância: Uma Característica do Primeiro Universo. A teoria psicanalítica de que a existência intra-uterina do embrião é demasiado curta, deixando implícito que seria desejável uma gravidez mais prolongada, é errônea. Se o estado de gravidez do bebê humano pudesse ser prolongado por um experimento da natureza ou, por algum recurso técnico, ampliá-lo de, digamos, nove meses para quinze meses, o resultado poderia ser que a criança nascesse inteiramente desenvolvida e seria muito melhor comparado com os filhotes de primatas e de outros vertebrados. Poderia nascer bastante independente e auto-suficiente mas teria sacrificado as oportunidades para as que o prepara a placenta social mediante uma demorada incubação num exíguo e recôndito meio. Teria sacrificado a produtiva associação, culturalmente significativa, com seres ativos e altamente organizados, em troca de uma vida de isolamento; finalmente, mas não de menor importância, talvez nascesse, em virtude de sua comparativa auto-suficiência, com muito menos necessidade de ajuda mas também menos sensível para a aculturação da herança social incorporada nos egos auxiliares do novo meio. Portanto, as nossas conclusões são que todo o prolongamento da gravidez humana seria uma calamidade para a criança, que a sua duração parece ter sido muito bem planejada e que a criança nasce num momento estratégico para o desenvolvimento das suas potencialidades espontâneas. Se ela se atreve a nascer menos auto-suficiente do que os outros animais, é porque os fatores *e* e a variedade de recursos da matriz lhe permitem o "salto". E, por último, a espécie humana é o gênio entre os primatas — e um prolongado período de latência é algo que se encontra comumente no caso dos gênios.

---

34. "De acordo com a nossa hipótese, uma operação mental como a identidade total deve ter preexistido na criança, antes de uma operação como a identificação poder ocorrer." Ver J. L. Moreno, "Sociodrama", Seção VIII deste volume.

Amnésia Infantil e o Síndrome da Fome de Atos. Uma das importantes características do primeiro universo é a total amnésia que temos a respeito dos primeiros três anos de nossa vida. Não pode ser satisfatoriamente explicada pelo desenvolvimento inferior do cérebro; a amnésia continua muito depois do córtex cerebral estar francamente consolidado. Tampouco pode ser explicada por mecanismos inconscientes, como a repressão, porquanto muito pouco é registrado que *possa* ser recordado e o que não é recordado não pode ser reprimido.

Essa amnésia é total e indiscutível para a criança mais velha ou adulto, olhando retrospectivamente do seu estágio atual de desenvolvimento, quando procura recordar os eventos interiores e exteriores que o cercaram durante os primeiros três anos de vida. Para o bebê e a criança em crescimento, a situação é algo diferente. Tem lugar algum registro, certamente depois dos primeiros meses, quando o bebê dá sinais de recordar certas pessoas e objetos, como a comida e a mãe, com que esteve intimamente relacionado. Mas esquece facilmente — a sua recordação tem curta duração. O montante de registro de atos e eventos deve ser, pois, débil e escasso.

A nossa explicação da amnésia baseia-se no processo de aquecimento preparatório de um ato espontâneo. Centenas de testes de espontaneidade com sujeitos de todas as idades demonstraram que, para o sujeito poder recordar numa data ulterior o que teve lugar durante o ato, ele deve registrar os eventos enquanto se desenrola o processo de aquecimento preparatório do ato. Uma certa parte do seu ego deve afastar-se, como uma espécie de observador participante *interno*, e registrar os acontecimentos. Somente se um acontecimento foi registrado poderá ser depois recordado; e só se for recordado poderá ser esquecido. Somente os eventos que foram registrados ou recordados podem ser reprimidos. A conclusão é que, em tais casos, quando nada é recordado pelo sujeito de atos e eventos que ocorreram nele ou em torno dele, esse observador participante interno não se desenvolveu. Ele não se estabeleceu porque todas as partes do sujeito estavam incluídas no ato.

A experiência da criança pode ser considerada um paralelo, em escala ampliada, do sujeito totalmente espontâneo do palco psicodramático. Devemos supor que a criança procede a um aquecimento preparatório dos atos espontâneos, com um tamanho grau de intensidade que todas as partículas do seu ser participam no processo — que nem o menor fragmento pode ser desviado para fins de registro. Onde não há registro, não é possível recordação. A criança não permite que qualquer parte do seu ser funcione em alguma referência, exceto a do momento

— a situação imediata. Essa absorção integral da criança no ato[35] para o qual está se aquecendo é a razão básica das duas dimensões do tempo — a dimensão do passado e a do futuro — não estarem desenvolvidas ou, na melhor das hipóteses, serem rudimentares. É no *passado* que armazenamos as nossas recordações e é o *futuro* que pode lucrar com o seu registro.

As nossas tentativas de medição do alcance da memória infantil mostraram que esse alcance *aumenta*, tanto na extensão retrospectiva como na nitidez, à medida que a criança ganha em anos; mas o montante de registro e a conseqüente fixação mnemônica são continuamente varridos, despejados pela esmagadora capacidade de absorção da criança, no tocante aos atos em que está envolvida no momento. A criança desenvolve intermitentemente, por assim dizer, uma *amnésia retroativa*, mesmo para o escasso montante de registro de atos e acontecimentos que foi capaz de reter. A fome de atos da criança é tão grande e incessante que usa toda a sua energia para esse fim e tão pouca quanto possível para uma coisa aparentemente tão desprezível como seja recordar (essa recordação é feita para ele pelo ego auxiliar). Devemos concluir que as repetidas amnésias retroativas da criança equivalem ao *efeito de amnésia total* de que sofrem as crianças mais velhas e os adultos, a respeito dos seus primeiros três anos de vida. Quanto à estrutura do tempo, suas dimensões de passado e de futuro, estão desenvolvidas na criança de um modo tão frágil que a aprendizagem por recordação é impossível. A base do seu processo de aprendizagem deve ser diferente. Como hoje sabemos, possui um local especial de amarração: a matriz de identidade.

A primeira grande área de existência humana que se estende por cerca de três anos de vida parece pertencer a um domínio, um mundo próprio. Tem características muito diferentes dos tipos de experiência que a criança tem depois que o passado e o futuro começam adquirindo uma configuração mais específica e a brecha entre fantasia e realidade inicia duas tendências

35. "A ênfase sobre o conteúdo resulta na divisão do indivíduo numa personalidade de *ato* e uma personalidade de *conteúdo*. Achamos valiosa a hipótese que pressupõe o desenvolvimento de dois diferentes centros da memória, um *centro para atos* e um *centro para conteúdos*, os quais continuam sendo, em geral, estruturas separadas e sem conexão alguma. Um conteúdo não é recebido no mesmo momento em que surge um ato mas o primeiro é-o num estado opaco, desbotado, e o segundo num estado altamente excitado; eles seguem diferentes trajetos no sistema nervoso. Por conseguinte, não reaparecem simultaneamente, preenchendo um momento, unindo a personalidade toda numa só ação, mas em momentos diferentes, separados um do outro. O material aprendido não atinge o centro para atos da personalidade. Desenvolve-se uma memória estanque, que impede a integração do conhecimento fatual na personalidade ativa do indivíduo. O conhecimento permanece por assimilar, sem ser absorvido pela personalidade, e obstrui sua influência plena sobre a sua atividade e discernimento." Ver J. L. Moreno, *Who Shall Survive?* 1934, pág. 329.

basicamente diferentes de processos de aquecimento preparatório. Portanto, parece ser um útil construto teórico considerarmos o primeiro universo uma *idade* distinta e especial da vida, tal como o são também a infância, a adolescência, a idade adulta e a velhice.

Progresso ou Atraso; Trauma ou Catarse. O "longo" período da infância foi interpretado pelos psicanalistas como um processo de retardamento e foi comparado com o atraso do adulto neurótico. Mas parece-nos mais plausível julgar que a prova de um processo de amadurecimento reside em suas realizações. O termo a curto prazo da existência intra-uterina pode ser explicado pela superior fome de atos do bebê humano e a busca de um universo em expansão e mais estimulante do que o proporcionado pelo meio intra-uterino. Uma certa lentidão relativa de uma ou outra função, por exemplo, a de alimentar-se por si mesmo, pode ser um sacrifício adequado em prol de linhas de desenvolvimento de maior importância no futuro. O longo período de dependência do bebê humano pode ser explicado por um ávido aprendizado, progresso, amadurecimento e graduação para um mundo que é incomparavelmente mais complicado do que o mundo em que o bebê primata se inicia e para uma integração bem sucedida no qual necessita de recursos incomparavelmente maiores (fator *e*).

Um outro conceito psicanalítico é o do nascimento como um trauma do qual a criança tarda em recuperar-se. Seria análogo ao choque psicodramático, se pudéssemos obrigar o bebê a permanecer no ventre materno ou a regressar à sua existência intra-uterina. Mas o ato natal, para o qual ele e sua parceira materna estiveram se preparando durante nove meses, é o oposto do trauma. É uma catarse de profundo alcance tanto para a mãe como para o bebê. Uma teoria de espontaneidade do desenvolvimento infantil avalia o crescimento do bebê em termos positivos, e mais em termos de progressão do que em termos negativos de retardamento e regressão.

O Tempo Infantil e o Conceito de Momento; O Espaço Infantil e o Surgimento de Tele. O conceito subjetivo do tempo adulto tem três dimensões: passado, presente e futuro. O tempo infantil tem apenas uma dimensão: o presente. A criança efetua o seu aquecimento preparatório para situações imediatas, se e quando o faz, e para o tempo imediato. Isto é exemplificado no ato alimentar. A criança comporta-se como se sofresse de um síndrome de *fome de atos.* A esta fome de atos corresponde a categoria do presente, do momento.

A dimensão do passado desenvolve-se muito mais tarde e é em conjunto com o passado que podem se desenvolver conceitos tais como causa ou inconsciente. É uma falácia referirmo-nos ao inconsciente como se fosse a substância donde promanam todos os fenômenos mentais. Para uma personalidade do ato, como a da criança pequena, que vive predominantemente em atos, não existe o conceito de inconsciente.

O espaço psicológico do bebê desenvolve-se paralelamente ao telencéfalo. Os receptores de distância física, como os visuais e auditivos, permitem-lhe desenvolver os contornos físicos do espaço. Por si mesmos, são incapazes de estabelecer uma relação entre a criança e as pessoas e coisas que a cercam, enquanto ela não as experimentar como exteriores ou interiores a si mesma. Apresentam-se como uma coisa múltipla — a matriz de identidade. Na fase primitiva da matriz de identidade, a criança ainda não distingue entre próximo e distante. Mas, gradualmente, o sentido de proximidade e distância vai-se desenvolvendo e a criança começa a ser atraída para pessoas e objetos ou a afastar-se deles. Este é o primeiro reflexo social — indicando o aparecimento do fator tele, e é o núcleo dos subseqüentes padrões de atração-repulsa e das emoções especializadas — por outras palavras, das forças sociais que cercam o indivíduo ulteriormente. Parece que, paralelamente ao desenvolvimento dos receptores físicos, visuais e auditivos, do córtex cerebral infantil, desenvolve-se o fator tele estimulado por eles e que, por sua vez, estimula o desenvolvimento daqueles. Em sua forma primitiva, o fator tele deve ser indiferenciado, uma tele de matriz de identidade; gradualmente, dá-se a separação de uma tele para objetos e uma tele para pessoas. Uma tele positiva separa-se de uma tele negativa, uma tele para objetos reais de uma tele para objetos imaginários.

O Estado Não-Onírico do Bebê. Origem do Sonho e do Inconsciente. Parece que, em seu primeiro universo, a criança passa por dois períodos: o primeiro período é o da identidade total, em que todas as coisas, pessoas e objetos, incluindo ela própria, não são diferenciados como tais mas experimentados como uma multiplicidade indivisível; o segundo período é o da identidade total diferenciada, ou da realidade total diferenciada, em que os objetos, animais, pessoas e, finalmente, a própria criança, passaram a diferenciar-se. Mas ainda não existe diferença efetiva entre real e imaginado, entre animado e inanimado, entre a aparência das coisas (imagens de espelho) e as coisas como realmente são. Se esta teoria é correta, um bom argumento pode ser formulado em favor da idéia de que a criança pequena não sonha durante esse primeiro período. Foi assinalado em nossa exposição sobre a amnésia que o bebê é incapaz de registrar ou recordar eventos, e essa incapacidade será tanto maior quanto menos idade tiver a criança; isso, por si mesmo, limitaria a possibilidade de sonhar, no que se refere àqueles sonhos que são momentaneamente provocados no decurso do sono. Excluiria os sonhos que são provocados por eventos do passado, por muito recentes que tais possam ser. Por outras palavras, o único tipo de sonho infantil que pode ser teoricamente admitido é o imediatamente provocado por uma situação que estimula ou assusta o bebê no momento, sem despertá-lo. Entretanto, existe um outro argumento que elimina a possibilidade até de tais sonhos provocados por situações imediatas. Todos os sonhos que objetivamos no palco psicodramático, assim como os analisados por investigadores anteriores, *não* possuem a estrutura de uma experiência de identidade total, em que coisas, pessoas e objetos estão indiferenciados, mas já têm a estrutura da experiência de realidade total; quer dizer, em todos os sonhos, as coisas, pessoas e objetos estão diferenciados, embora *não* exista diferenciação entre real e imaginado, entre as aparências das coisas e a sua realidade. Isto indicaria que os sonhos, *tal como os conhecemos,* não podem ser produzidos no período da identidade total; com efeito, o fenômeno onírico deve ter seu surgimento muito depois do período de realidade total começar se decompondo. *O começo dos sonhos deve ser relacionado com a decrescente intensidade da fome de atos da criança.* A fome onírica da criança aumentaria em proporção inversa à fome de atos. A fome onírica será grandemente estimulada quando se operar na criança a brecha entre fantasia e realidade.

Isto descartaria a noção de que as crianças sonham desde que nascem — de que a análise de sonhos pode ser usada como a estrada real para a compreensão do comportamento infantil das primeiras semanas de vida. As interpretações psicanalíticas baseadas nessa premissa não se ajustariam a essa hipótese. Disse Freud em *Interpretação de Sonhos:* "O que outrora prevaleceu em estado de vigília, quando a nossa vida psíquica ainda era recente e ineficaz, parece ter sido banido para a nossa vida noturna... O sonho é um fragmento da vida psíquica relegada da criança." E diz mais: "Sonhar é, em seu todo, um ato de regressão às primeiras relações do indivíduo, uma ressurreição da sua infância, dos impulsos que então prevaleciam e dos modos de expressão de que dispunha então. Por detrás dessa infância do indivíduo, promete-se-nos, pois, uma introvisão da infância filogenética, da evolução da raça humana, de que o desenvolvimento do indivíduo é apenas uma repetição resumida, influenciada pelas circunstâncias fortuitas da vida. Começamos a desconfiar de que Friedrich Nietzsche tinha razão quando disse que, num sonho, 'persiste uma parcela primordial da humanidade a que já não podemos chegar por caminho direto...' "

Temos aqui o núcleo de uma das mais profundas inspirações de Freud. Mas, admitindo que o sonho seja um remanescente da mais recuada infância, a generalização que ele aduziu é, provavelmente, errônea. O sonho não retrocede indefinidamente no passado, pois tem um começo, uma origem. *Não pode originar-se antes do período em que a existência desperta possui uma estrutura semelhante à do sonho noturno.* Entretanto, a estrutura da vida desperta da criança, imediatamente após o seu nascimento, é muito mais primitiva do que a estrutura revelada pelo sonho noturno. Não podemos discernir na estrutura da matriz de identidade — que domina a vida desperta do bebê — algo que se assemelhe à estrutura do sonho noturno. Só depois de aparecer o período da realidade total é que se apresentam na vida *desperta* da criança imagens que se assemelham à estrutura do sonho noturno. Portanto, a esperança dos psicanalistas de que o sonho possa ser usado como manancial das experiências arcaicas da humanidade pode ter que ser abandonada. Na medida em que é provável que o sonho seja uma manifestação comparativamente retardatária no desenvolvimento dos processos psíquicos, originária do período da realidade total, a própria teoria do inconsciente perde a principal justificação para a sua existência.

Efeitos Patológicos dos Artefatos Mecânicos. É interessante refletir sobre o modo como a revolução industrial afeta o primeiro universo, e que artefatos engenhosos o homem inventa para poupar sua energia até no processo de gestação e criação dos filhos. Por certo está muito distante o velho sonho fáustico de criar um embrião num tubo de ensaio, libertando a mãe dos incômodos da gravidez e o bebê da dependência de uma outra pessoa, conferindo-lhe completa autonomia com o auxílio de um artefato mecânico.

Contudo, existem realmente, numa escala menor, dispositivos largamente empregados para poupar tempo, os quais apresentam um problema nas primeiras semanas de vida do bebê. Este é muitas vezes deixado sozinho para que chupe o leite da mamadeira *sem ajuda.*

Enquanto o bebê foi amamentado ao peito, a mãe não podia separar-se do seu próprio seio, deixar o bebê e dedicar-se a outras tarefas. Ela tinha de permanecer na maior vizinhança do bebê, proporcionando-lhe com o alimento e com a presença de sua pessoa, de seus cuidados maternais, um agente estimulante e, às vezes, superestimulante.

A substituição de um ego auxiliar, a mãe, por um *objeto auxiliar,* a mamadeira, não pode deixar de envolver sérias conseqüências — pelo menos, num período durante o qual os alicerces emocionais da aprendizagem estão sendo construídos. A mamadeira tenta muitas mães a reduzirem sua presença pessoal no ato alimentar do bebê a um mínimo e a adicionarem um dispositivo que acionará a mamadeira automaticamente, levando-a à boca do bebê até que a sua fome esteja saciada.

A tendência para livrar-se de uma tarefa consumidora de tempo está aumentando e o fenômeno deveria ser cuidadosamente analisado em seus prós e contras, antes que assuma proporções alarmantes. Os investigadores sociométricos assinalaram que o isolamento orgânico do embrião prossegue durante um breve período, após o nascimento, até que o aparecimento da tele inicia as primeiras estruturas interpessoais. Mas algumas crianças perpetuam o padrão de isolamento orgânico pelo isolamento social. Com efeito, uma considerável percentagem de indivíduos manifesta a tendência para serem postergados ou isolados em grupos durante a vida inteira; a questão é se o ego auxiliar, na forma de mãe, não teve, desde tempos imemoriais, uma função mais profunda a cumprir do que ser apenas a fonte alimentar da criança. Talvez os nossos ancestrais menos instruídos mas mais intuitivos, tenham tratado melhor de seus bebês do que nós, pelo menos nessa fase particular que descrevemos acima.

Tivemos antes ocasião de assinalar um artefato semelhante para poupar energias, o qual opera mais tarde na vida da criança — o período em que as bonecas desempenham um papel tão importante no mundo infantil. A boneca, em virtude de sua semelhança intencional com seres humanos ou animais humanizados, representa, pelo menos em "nossa cultura", uma função importante de sua sociopatologia. Seres que podem ser amados e odiados em excesso e que, por sua vez, não podem amar nem revidar, que podem ser destruídos sem uma queixa ou um lamento, por outras palavras, bonecas que são como indivíduos que perderam toda a sua espontaneidade. Essa *vida morta* da boneca deveria preocupar seriamente os pais e educadores, porquanto não a colocamos num museu mas nas mãos de nossos filhos. As bonecas tornam-se os seus melhores companheiros, recordações a que retornam em suas fantasias de adolescentes. Os brinquedos, como as bonecas, são objetos inanimados e a criança pode criar os papéis de senhor e escravo. Os brinquedos não podem se defender quando a criança aplica sua força física, maltratando-os ou causando a sua destruição. Isto é contrário aos próprios princípios da democracia. A função dos brinquedos no princípio da vida da criança deve sofrer uma revisão. Não desejamos desaconselhar o seu uso judicioso. Mas a sua utilização indiscriminada só pode ser perniciosa. As crianças habituam-se à espontaneidade "fácil". Mas a dificuldade pode ser superada. Os nossos lares e jardins de infância deveriam substituir muitos de seus equipamentos de bonecas e brinquedos por egos auxiliares, indivíduos reais que assumam o "papel" daqueles. Os indivíduos que desempenham papéis de bonecos e situações fantásticas são adestrados para reduzir sua própria espontaneidade e permitir à criança um montante de espontaneidade superior ao das situações reais; mas, por detrás do sujeito que faz de boneco existe uma pessoa real, sensível. A criança aprenderá pela técnica do ego auxiliar o que não pode aprender pela técnica de brincar com bonecas — que existem limites tanto para os extremos de amor como para os extremos de ódio. Deixar a criança sozinha com seus bonecos é paralelo a deixar o bebê sozinho com a mamadeira, um objeto auxiliar.

A Brecha Entre a Fantasia e a Experiência da Realidade

Num certo ponto do desenvolvimento infantil, com o início do "segundo" universo, a personalidade passa a estar normalmente dividida. Formam-se dois conjuntos de processos de aquecimento preparatório — um de atos de realidade, outro de atos de fantasia — e começam se organizando. Quando mais profundamente talhados estiverem esses caminhos, mais difícil se torna passar de um para outro sob o estímulo do momento. O problema não consiste em abandonar o mundo da fantasia em favor do mundo da realidade ou vice-versa, o que é praticamente impossível; trata-se, todavia, de estabelecer meios que permitam ao indivíduo ganhar completo domínio da situação, vivendo em ambos os caminhos mas capaz de transferir-se de um a outro. O fator que pode garantir esse domínio para uma rápida transferência é a espontaneidade mas, obviamente, não a espontaneidade como um fator instintivo a que se possa ter maior ou menor acesso, e sim como um princípio consciente e construtivo na construção da personalidade — o treino da espontaneidade. Sem a função da espontaneidade para facilitar a mudança, o processo de aquecimento preparatório pode produzir uma disposição mental num caminho, a ponto de estorvar ou prejudicar as relações do indivíduo com situações e objetos reais, ou com situações e objetos imaginados (dado que nenhum indivíduo pode viver permanentemente num mundo inteiramente real ou num mundo inteiramente imaginário). A função da realidade opera mediante interpolações de resistências que não são introduzidas pela criança mas lhe são impostas por outras pessoas, suas relações, coisas e distâncias no espaço, e atos e distâncias no tempo. A fantasia ou função psicodramática está livre dessas resistências extrapessoais, a menos que o indivíduo interponha a sua própria resistência.

A criança pequena começa desenvolvendo dois caminhos emocionais em seu universo. Eles podem correr independentemente, sem que nunca se encontrem de novo. Assim, a criança viverá em duas dimensões ao mesmo tempo, uma real, outra irreal, sem ser perturbada pela divisão; ou pode acontecer que os dois caminhos, A e B, se esforcem, de tempos em tempos, por reunir-se, restabelecendo o seu *status* original. Esses esforços podem provocar colisões entre os dois caminhos, produzir bloqueios e levar o fluxo de espontaneidade à inércia. É esta última coisa o que realmente acontece à personalidade humana. Enquanto vive, o homem tenta eliminar a brecha original e porque, em princípio, não tem êxito, a personalidade humana, mesmo em seus exemplares mais integrados, possui um toque trágico de *relativa* imperfeição. Existe essa contínua luta no íntimo do indivíduo, ao tentar manter um equilíbrio entre esses dois diferentes caminhos, nos quais a sua espontaneidade tenta fluir. É como um homem que tem duas contas de poupança e deposita numa as coisas que não quer ou não pode depositar na outra. O significado mais profundo dessa luta deriva da incapacidade da criança para continuar a uniformidade do seu primeiro universo, onde todos os processos de aquecimento preparatório da adoção de papéis estavam centralizados e eram uniformes. Por muito grandes que fossem então as suas ansiedades e inseguranças, ele teve de separar uma parte do seu eu da outra. Pode ter sido não-consciente e fraco mas, pelo menos, vivia unido num só mundo e não em dois, visto que, como dissemos antes, a criança pequena ainda não aprendeu a diferençar as duas funções — realidade e fantasia. A transição do primeiro universo para o segundo (aquele período em que se torna cônscio da realidade e da fantasia) acarreta uma transformação total na sociodinâmica do universo infantil.

Da brecha entre realidade e fantasia surgem dois novos conjuntos de papéis. Enquanto a brecha não existia, todos os componentes reais e fantásticos estavam fundidos num só conjunto de papéis, os papéis *psicossomáticos*. Um exemplo disso é o papel de comedor. Mas, da divisão do universo em fenômenos reais e fictícios, surgem gradualmente um mundo social e um mundo da fantasia, separados do mundo psicossomático na matriz de identidade. Estão agora surgindo formas de representação de papéis que correlacionam a criança com pessoas, coisas e metas no ambiente real, exterior a si mesma, e a pessoa, objeto e metas que ela *imagina* estarem fora de si mesma. Dá-se-

-lhes o nome, respectivamente, de *papéis sociais* (o pai) e *papéis psicodramáticos* (o deus).

Desenvolvimento do Fator E

O rico material clínico das sessões psicodramáticas provocou a primeira formulação do fator *e*. A prova de sua existência obteve o apoio de experimentos com situações de surpresa, das quais foram eliminados fatores tais como a inteligência, a memória e o condicionamento. Um certo número de pesquisas está atualmente em curso com a finalidade de demonstrar estatisticamente o fator *e* e de determinar a probabilidade estatística de sua existência.

O termo "fator" é empregado com certa reserva. Também poderia ter sido usado o termo "agente" ou "unidade". Mas faculdade, aptidão ou função teriam conotações demasiado específicas, quanto ao seu significado. A primeira tarefa consistiu em elaborar métodos de medição que fossem capazes de diferençar o fator *e* da inteligência e da memória, por exemplo. É provável que os testes de inteligência meçam *menos* do que a inteligência pretende ser, de acordo com algumas definições que são excessivamente abrangentes. O fator *e* reduz e limita o significado de inteligência, o que deve fazer dos testes de inteligência e de espontaneidade instrumentos mais precisos de medição. Os testes de inteligência não medem a espontaneidade e os de espontaneidade não podem medir a inteligência, em sua acepção mais estrita. Isto não exclui que ambos possam ser vantajosamente combinados. O fator *e* também reduz e delimita o significado de memória. Os testes de espontaneidade não medem a memória e, portanto, devem ser construídos de tal modo que a inteligência, a memória, o condicionamento, os fatores genéticos e os fatores tele sejam eliminados, tanto quanto possível, como fatores suscetíveis de influenciar as ações do indivíduo. Um indivíduo com um baixo QI pode ser mais espontâneo que um dotado de alto QI. Um indivíduo com baixa capacidade de retenção de fatos pela memória pode ser mais espontâneo que os indivíduos dotados de uma função mnemônica altamente desenvolvida e idônea. Numerosos indivíduos, igualmente descondicionados para uma situação nova, podem variar em suas reações à mesma. Um pode achar-se desorientado ante ela, em virtude de uma deficiência no fator *e*, um outro pode adaptar-se-lhe com certa demora. Ainda outros poderão apresentar numerosos graus de adequação. Uma tarefa delicada será a separação dos fatores *e* dos fatores genéticos. Pode ser que se descubram genes especiais para a rapidez de um estado espontâneo. Mas a di-

DESENVOLVIMENTO DA IMAGEM DO MUNDO DA CRIANÇA

(1) MATRIZ DE IDENTIDADE TOTAL

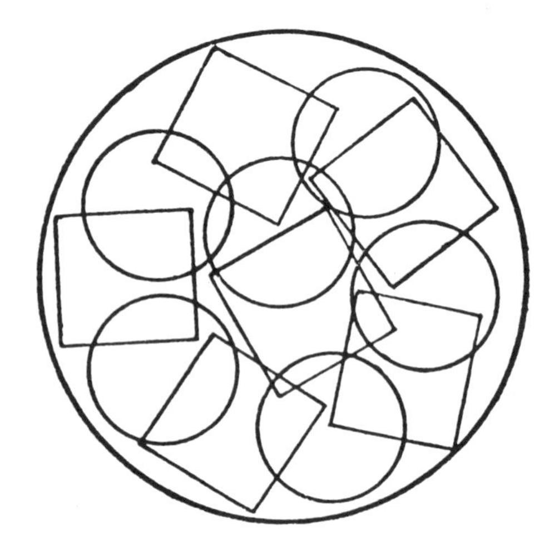

FIGURA 1

O círculo grande representa o mundo infantil. Os círculos pequenos, dentro dele, representam organismos vivos, por exemplo, pessoas ou animais. Os quadrados representam objetos tais como coisas inanimadas, alimentos ou artefatos mecânicos como a mamadeira. Os círculos e quadrados sobrepõem-se para indicar que os indivíduos e os objetos ainda não são experimentados como unidades separadas mas que se fundem em diversas configurações, à medida que entram na esfera de ação da criança. A mamadeira pertence à mão que a segura e ambas pertencem aos lábios, no ato de mamar. As configurações que a criança experimenta são determinadas por atos; quer dizer, ela associa as partes de pessoas e coisas que se movem até ela como pertencentes a uma multiplicidade vinculada ao ato desse momento.

minuição ou aumento dos estados espontâneos, num indivíduo que se defronta com uma situação nova, requer um sentido de oportunidade para o qual não existe qualquer dotação hereditária. Conceitos como os de adaptação, flexibilidade, ajustamento e reajustamento estão continuamente lidando com o fator *e* e ganharão em clareza com a sua medição.

A minha primeira hipótese baseou-se na premissa de que é indispensável um certo grau de desenvolvimento cerebral para o aparecimento do fator *e*. Supôs-se que o sistema de reflexos

(2) Matriz de Identidade Total Diferenciada (ou de Realidade Total)

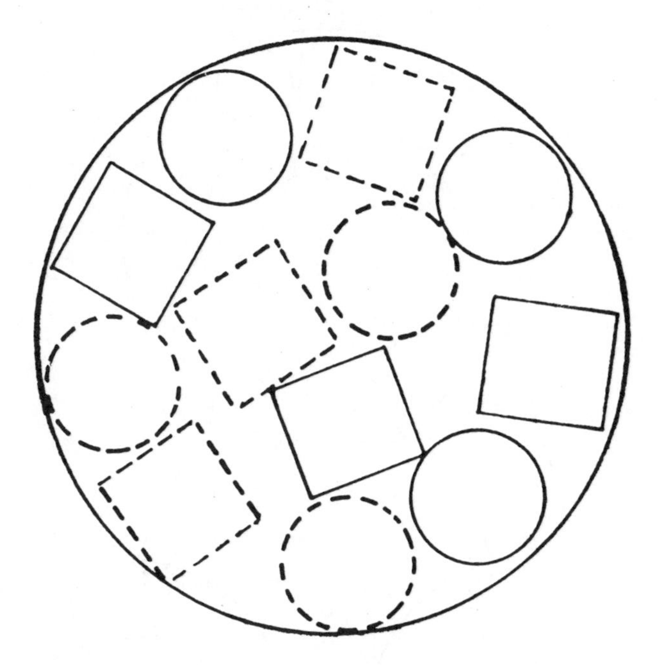

Figura 2

O círculo grande representa o mundo infantil. Os círculos pequenos representam indivíduos; os quadrados representam objetos. Estão separados uns dos outros porque já são diferenciados como unidades que atuam separadamente. Mas estão todos incluídos no círculo grande porque a criança atribui-lhes o mesmo grau de realidade. Os círculos tracejados representam indivíduos imaginados e os quadrados tracejados, objetos imaginados. Diferenciam-se uns dos outros mas são considerados igualmente reais — como indivíduos reais e objetos reais.

condicionados, inteligência e memória, deve estar bem consolidado antes que o organismo humano possa estar preparado para o fator *e*, e que não se atreveria a usá-lo, mesmo que pudesse surgir e estabelecer-se num ponto prematuro do seu desenvolvimento, porquanto poderia expô-lo a complicações enormes, talvez fatais. Também foi suposto que, portanto, o "momento", como categoria e foco em si mesmo, não poderia manter-se enquanto instrumento pragmático para dar forma ao progresso humano. Temeroso de arriscar a sua existência com a espon-

(3) Matriz da Brecha Entre Fantasia e Realidade

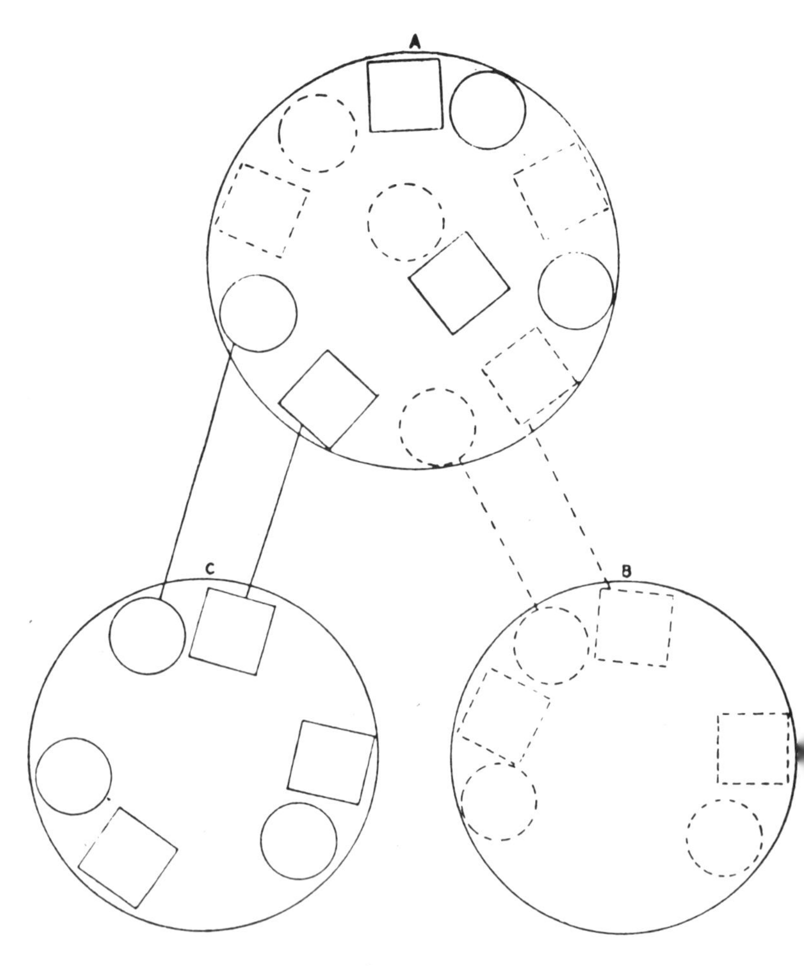

Figura 3

O círculo grande superior (A) representa o mundo da realidade total, como foi descrito na Figura 2. Os dois círculos inferiores representam o mundo da fantasia (B) e o mundo da realidade (C). Nesta fase do desenvolvimento só os dois círculos inferiores representam o processo real. É aqui reproduzida a matriz da realidade total, a fim de que os processos gêmeos de substituição possam ver visualizados. Damos uma ilustração da remodelação por meio de um par de indivíduos e objetos nos círculos B e C.

DIAGRAMA
DE PAPÉIS

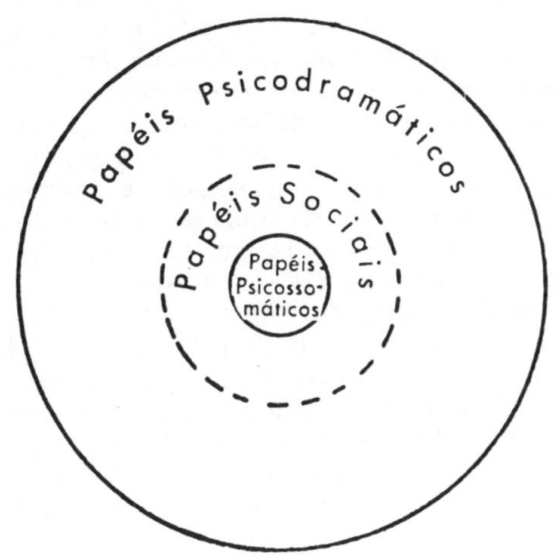

FIGURA 4

Este diagrama retrata os três tipos de papel, os precursores do ego. Os papéis psicossomáticos estão no círculo central, e os dois outros círculos concêntricos seguintes representam os papéis sociais e psicodramáticos, com uma linha tracejada separando-os para indicar que a divisão entre eles é tênue. Atribui-se aos papéis sociais um espaço menor, uma vez que estão menos intensamente desenvolvidos que os psicodramáticos. Em termos evolutivos, os papéis psicossomáticos (papel de comedor, eliminador, dormente etc.) surgem primeiro. Os papéis psicodramáticos e sociais desenvolvem-se mais tarde, sendo o predomínio dos papéis psicodramáticos muito mais extenso e acentuado que o dos papéis sociais. Estabelecida a ruptura entre fantasia e realidade, os papéis sociais e psicodramáticos, até então misturados, começam se diferençando. Os papéis de mãe, filho, filha, professor etc. são denominados papéis sociais e separados das personificações de coisas imaginadas, tanto reais como irreais.
A estes dá-se o nome de papéis psicodramáticos.

QUADRO DAS CLASSIFICAÇÕES DO PAPEL

Origem	*Grau de liberdade da espontaneidade*	*Conteúdo*	*Quantidade*
Papéis coletivos Papéis individuais	Adoção de Papéis Representação de Papéis Criação de Papéis	Papéis psicossomáticos Papéis psicodramáticos Papéis sociais	Deficiência de papéis Adequação de papéis Superioridade de papéis

Tempo	*Velocidade*	*Consistência*	*Posição*	*Forma*
Expectativa (futuro) Atualidade (presente) Reminiscente (passado)	Lenta Média Rápida Excessiva	Fraca Equilibrada Forte	Dominante Recessiva	Flexível Rígida

taneidade e a inidoneidade do momento, o homem mais primitivo jogou ansiosamente a sua criatividade em formas que pudessem ser preservadas — as das conservas técnicas e culturais. A terrível sensação de imperfeição, que os desempenhos momentâneos e improvisados lhe deram, foi sagazmente superada pelo *apego* a essas muletas tecnológicas e artefatos culturais. Mas o desenvolvimento excessivamente extenso do meio tecnocultural provocou uma nova crise na forma do robô e da engrenagem cultural, tal como o caso, por exemplo, do cinema. São capazes não só de ajudar mas de substituir o homem no momento de desempenho. O resultado prático é que o homem pode reduzir a sua criatividade ao mínimo e, no entanto, exercer enorme poder sobre outros. Neste ponto do seu desenvolvimento, em nosso tempo, o homem está suficientemente protegido pela maquinaria tecnológica e cultural para poder dar-se agora ao luxo de realizar experimentos com o fator *e*, como um foco *per se.*

Há alguns anos, vimo-nos forçados a ampliar essa fórmula, em virtude das seguintes observações: Os indivíduos podem aperfeiçoar o seu comportamento e alcançar um desempenho superior, sem qualquer mudança *significativa* no QI. As mudanças na capacidade de desempenho refletir-se-ão nos resultados dos testes de inteligência mas não no grau de ganho total causado pelo fator *e*, visto que o teste de inteligência não é um instrumento suficientemente sensível para medir o fator *e*. Os deficientes mentais, que chegaram ao final de suas capacidades de aprendizagem mediante dispositivos construídos para adaptar-se aos postulados das funções de inteligência e memória, ainda podem aprender por meio do treino de espontaneidade e o desempenho de papéis. As crianças entre dois e seis anos de idade têm uma relação com estereótipos sociais e culturais que difere acentuadamente da dos adultos. Gostam de repetir e de que se lhes repitam as coisas uma e outra vez. Raramente ficam satisfeitas com uma *única* versão de uma ação ou de uma história que lhes é contada. A vida é uma aventura que nunca está terminada. É como se o fator *e* interviesse na situação e *protelasse* o seu desfecho. O seu amor às mesmas ações e histórias, seu perene impulso para voltar a elas, produzem um *apego* afetivo às conservas culturais que, em parte, é um substitutivo e, em parte, uma ampliação do apego aos egos auxiliares e objetos do começo da infância.

Um quadro provisório do modo como se desenvolve o fator *e*, da situação natal em diante, é o seguinte: No começo, é fraco, inconstante e surge, particularmente, em momentos críticos. Por vezes não se manifesta, embora essa ausência seja, amiúde, fatal para a criança. O veículo de sua operação é a porção de dispositivos físicos de arranque do processo de aquecimento preparatório. Nas primeiras semanas de vida, recrudesce em freqüência e quantidade mas muito pouco em estabilidade. O apego ao ego auxiliar é uma outra base formidável para a sua operação. O fator *e*, de acordo com o acima exposto, é um agente ativo em favor da criança, muito antes que a inteligência e a memória desenvolvam novos métodos de orientação para a criança. Mas chega um ponto, no desenvolvimento infantil, em que a inteligência e memória assumem a liderança, e o fator *e* vê-se cada vez mais forçado a uma situação de subserviência em relação a ambas. Com a brecha entre fantasia e realidade, tem lugar um novo surto do fator *e*. Por algum tempo, é como se fosse capaz de fazer a inteligência, a memória e as forças sociais subordinadas suas. Mas, finalmente, submete-se aos poderosos estereótipos sociais e culturais que dominam o meio humano. Daí em diante, à medida que a criança ganha em anos, o fator *e* converte-se na função esquecida.

Conclusões

Este estudo apresenta uma hipótese sobre o desenvolvimento do bebê humano desde a situação no momento do nascimento até que ele encontrou a primeira base segura no novo mundo. A hipótese usa idéias como a espontaneidade, o *locus nascendi*, o processo de aquecimento preparatório, o ato espontâneo, a fome de atos, o desempenho de papéis e o ego auxiliar, a fim de construir novos conceitos como os de matriz de identidade e o primeiro universo.

Uma hipótese, que cobre a parte mais misteriosa da existência humana e sua fase menos articulada, é aqui apresentada com algumas reservas, aguardando a realização de pesquisas que a comprovem ou reprovem. Contudo, oferece certos valores que são importantes para uma hipótese bem construída: (a) simplicidade; o síndrome "processo de aquecimento preparatório — espontaneidade e fome de atos" é a base de todas as outras formulações. Parece ter uma coesão interna e uma uniformidade superiores às de anteriores esforços interpretativos; (b) produtividade; é capaz de interpretar fenômenos da infância que até aqui eram intrigantes, a "curta" existência intra-uterina, o "longo" período pós-natal, a amnésia infantil, a origem da construção de imagens e a origem do sonho; (c) estimula pesquisas ulteriores e (d) oferece a matriz de identidade total como raiz comum do desenvolvimento mental — de fato, de todo o processo de aprendizagem.

Construtos teóricos e empíricos. São admissíveis construtos lógicos e intuitivos puros em domínios de pesquisa que ainda estão inteiramente inexplorados. Tais domínios de pesquisa são abertos, de tempos em tempos, como foi o caso da abordagem sociométrica *antes* de 1923, aproximadamente. Contudo, uma vez que um domínio de pesquisa tenha sido investigado mediante instrumentos adequados, os construtos teóricos puros tornam-se retrogressivos. Todos os construtos e hipóteses deveriam basear-se, desde então, em diretrizes lógicas, intuitivas e empíricas, conjuntamente. Um exemplo ilustrativo disso é a pesquisa sociométrica. Depois de *Das Stegreiftheater* (1923), *The Group Method* (1931) e *Who Shall Survive?* (1934), tornou-se imperiosa uma nova estratégia de pesquisa. Ver "Sociometry in Relationship to other Social Sciences", *Sociometry*, Vol. I, N.º 1, 1937.

Estágios no desenvolvimento infantil. "Os principais vetores de desenvolvimento (infantil) podem ser assim resumidos: um estágio de *isolamento orgânico* (grifado no original) a partir do nascimento, um grupo de indivíduos isolados, cada um totalmente absorvido em si mesmo; um estágio de diferenciação *horizontal* (grifado no original) de estrutura, a partir de cerca de 20-28 semanas de vida em diante, em que os bebês começam reagindo mutuamente, contribuindo os fatores de proximidade física e distância física, respectivamente, para a proximidade ou distância psicológica, começando a 'familiaridade' primeiro com os vizinhos, uma diferenciação horizontal de estrutura; um estágio de diferenciação *vertical* de estrutura desde, aproximadamente, as 40-42 semanas de idade em diante, em que uma ou outra criança exige uma atenção desproporcionada, deslocando a distribuição de emoção dentro do grupo da diferenciação de estrutura horizontal para a vertical, o grupo que tinha estado até este ponto igualmente 'nivelado' desenvolve membros mais e menos proeminentes, os de cima e os de baixo." Ver Moreno, J. L., *Who Shall Survive?*, 1934, págs. 23-24.

Posição da criança no espaço social. "A base da classificação sociométrica não é uma psique que está vinculada a um organismo individual mas *um organismo individual deslocando-se no espaço em relação a coisas ou outros sujeitos também se deslocando em torno dele no espaço.* (Grifado no original.) A tele, por muito pouco expansivo ou rudimentar que seja, é uma expressão do grau de atração entre eles. A nossa fórmula de classificação sociométrica apenas tem que expressar a posição de um indivíduo dentro de um grupo de sujeitos e coisas"... *Who Shall Survive?*, 1934, págs. 377-378.

Espontaneidade. "A raiz da palavra 'espontâneo' e seus derivados é o latim *sponte*, com o significado de *por livre vontade.* 'A espontaneidade tem a tendência inerente para ser experimentada por um indivíduo como seu próprio estado, autônomo e livre — isto é, livre de influências exteriores e de qualquer influência interna que ele não possa controlar. Para o indivíduo, pelo menos, tem todas as características de uma experiência livremente produzida.' 'A espontaneidade também é a capacidade de um indivíduo para enfrentar adequadamente cada nova situação.' 'Ela (a espontaneidade) não é apenas o processo dentro da pessoa mas também o fluxo de sentimentos na direção do estado de espontaneidade de uma outra pessoa. Do contato entre dois estados de espontaneidade que, naturalmente, estão centrados em duas pessoas diferentes, resulta uma situação interpessoal.' " (À reação interpessoal dá-se o nome de *tele.*) Ver J. L. Moreno, "The Philosophy of the Moment and the Spontaneity Theatre", *Sociometry*, vol. 4, n.º 2, 1941; ver J. L. Moreno, *Who Shall Survive?*, 1934.

Processo de Aquecimento (Warming Up). "Os dispositivos físicos de arranque de qualquer comportamento, como atuar ou falar sob a instigação do momento, fazem-se acompanhar de sinais fisiológicos. No processo de aquecimento preparatório, esses símbolos desdobram-se e libertam emoções simples, como medo, cólera, ou estados mais complexos. Não é necessário que no processo de aquecimento preparatório surjam reações verbais. Elas podem ou não aparecer. Mas os símbolos mímicos estão sempre presentes; estão relacionados com processos fisiológicos subjacentes e com estados psíquicos. Os indicadores de aquecimento preparatório foram experimentalmente determinados. O experimento foi conduzido de modo que o sujeito não tivesse intenção de produzir qualquer estado mental específico. Foi-lhe sugerido que se lançasse nesta ou aquela ação corporal sem pensar no que resultaria disso. Verificou-se que o 'arranque' dessas ações era acompanhado de um processo de 'aquecimento preparatório'. Pudemos observar então que, se um sujeito deixa escapar certas expressões, como ofegar, acelerar a respiração etc., sem uma meta definida, desenvolveram-se, não obstante, certas tendências emocionais. Estas últimas não parecem estar relacionadas exclusivamente a *uma* emoção mas, outrossim, a todo um grupo de emoções com propriedades semelhantes em comum. Por exemplo, as seguintes expressões — apertar os dentes, fechar os punhos, traspassar com o olhar, franzir o sobrolho, movimentos bruscos, voz esganiçada, desferir golpes, arrastar os pés, altear a fronte, respiração arquejante e outras — tendem a suscitar estados emocionais como a cólera, a vontade de domínio, o ódio ou um *vago precursor* dessas correntes de sentimento. Um outro conjunto, respiração acelerada, bocejos, tremores, acessos, crispação dos músculos faciais, incapacidade de falar, gritos repentinos, torcer as mãos etc., desenvolve uma outra tendência afetiva, ansiedade, medo, desespero ou uma combinação destes. Ainda um outro conjunto, sorrisos, gargalhadas, olhos arregalados, beijar, abraçar etc., estimula um estado de feliz excitação. Entretanto, por indiferenciados que sejam os sentimentos produzidos, é observável que um conjunto de movimentos *desencadeia* uma tendência de sentimentos e um outro conjunto de movimentos *desencadeia* uma outra tendência afetiva, e assim por diante. Cada um desses conjuntos de 'arranques' parece funcionar como uma unidade... Verificou-se que os movimentos corporais seguem-se uns aos outros numa certa ordem de sucessão, de acordo com o qual está o arranque iniciador da série. Se a sucessão é interrompida, a ordem temporal é prejudicada e o estado afetivo suscitado torna-se confuso." Ver J. L. Moreno, *Who Shall Survive?*, 1934, págs. 194-195.

"O processo de aquecimento preparatório consiste em atos e intervalos específicos. Enquanto um indivíduo come, tais atos e intervalos variam de duração. O regime de freqüência com que um ato se segue a outro é característico de cada indivíduo. Pode ser tão rápido que os intervalos entre os atos se avizinham de zero ou tão lento que as pausas tornam-se a essência do processo de aquecimento preparatório de um indivíduo. Neste caso, os atos parecem ser rupturas ocasionais numa pausa contínua."

"O papel do comedor é um dos papéis mais fundamentais do bebê. O desempenho do bebê durante o processo de nutrição é uma seqüência contínua de atos raramente quebrados por um intervalo. Faz uma parada para respirar somente depois de uma cadeia de atos ter provocado uma pausa brusca. Na evolução de um estado de desempenho, o ato deve ser considerado primário e a pausa considerada, em grande parte, um desenvolvimento secundário e posterior. É evidente pelas observações que a função das pausas se desenvolve mais rapidamente, assim que o bebê aprende a usar ferramentas para comer e começa a comer com outras pessoas. A pausa é o resultado de um processo social normativo. O tempo de duração de uma refeição pode ser expressado pela seguinte fórmula: T (tempo total) $=$ i (intervalo inicial) $+$ N (número) $\times$ A (duração do ato médio) $+$ N_1 (um número diferente) $\times$ P (duração da pausa média). No caso da refeição de Sarah (uma doente mental), o seu ato médio durou 37,2 segundos, as suas pausas registraram uma média de 78,75 segundos, o seu intervalo inicial 180 segundos (3 minutos). Sabemos que comeu 25 porções e precisou de 24 pausas. Portanto, a sua fórmula seria: $T = 180 + 25 \times 37{,}2 + 24 \times 78{,}75$, ou $T = 3.000$ (segundos) o que equivale a 50 minutos. Na mesma refeição, Barbara precisou de 50 porções. Foram observadas cinco pausas muito curtas e não precisou de intervalo inicial. Gastou 5½ minutos na refeição, ou seja, 330 segundos. O tempo do ato médio foi, assim, 6,6 segundos e suas pausas registraram uma média de 3 segundos. Não pudemos medir o tempo dos intervalos negativos mas o seu total pôde ser calculado quando empregamos a fórmula acima, com ligeiras modificações. Assim: $T = O$ (intervalo inicial) $+ 50 \times 6{,}6 + 5 \times 3 - T_2$ (total dos intervalos negativos). Sabemos que levou 330 segundos, pelo que a equação simplificada é a seguinte: $330 = 330 + 15 - T_2$, logo: $T_2 = 15$ segundos."

"Evidentemente, atuar e fazer pausas adquirem, na evolução, um desempenho específico e uma qualidade dinâmica inter-relacionados. No caso de Sarah, essa função dinâmica da pausa está pervertida. Com efeito, como uma análise mais detalhada demonstra, só aparentemente é uma pausa. A pausa está mascarando um novo ato subjacente ou uma série de atos que vinculam sua mente a um ou outro de seus temores ou idéias. Por esses processos de aquecimento preparatório, estranhos e interpolados, o seu retorno ao desempenho do ato de comer é extremamente prejudicado. Com efeito, as suas pausas estão amiúde tão pervertidas que consistem numa verdadeira pausa mais uma cadeia de atos estranhos mais um intervalo inicial para uma nova porção. No caso de Barbara, a situação é diferente. O ato é que está pervertido, não a pausa." (Ver "Normal and Abnormal Characteristics of Performance Paterns, with special reference to the duration of spontaneous states", por Joseph Sargent, Anita M. Uhl, em colaboração com J. L. Moreno, *Sociometry*, Vol. 2, n.º 4, 1939.)

Observações de bebês alimentados ao peito e com mamadeira, mostraram que a duração de uma mamada é espontaneamente terminada pelo bebê quando foi alcançado o ponto de saturação. A mãe, ou ego auxiliar, pode prolongar forçadamente o ato de nutrição, mais além da própria finalização da criança, ou a mãe poderá encurtá-lo bruscamente. O resultado dessa interferência é que a criança fará uma interrupção e uma pausa, por vezes sem qualquer estímulo exterior, resultando num aquecimento pervertido do seu papel de comedor.

Organização da Pessoa Humana. A pessoa humana é o resultado de forças hereditárias (g), forças sociais (t) e forças ambientais (m). Segundo esta fórmula, as forças sociais são distintas das ambientais. As investigações sociométricas e o desenvolvimento do fator tele demonstraram que essa distinção é vantajosa, do ponto de vista da sistemática. A tendência dos psicólogos gestaltistas e dos teóricos do campo para colocar num só domínio as relações sociais e objetais — como pertencentes ambas ao meio ambiente — é desvantajosa. Analogamente, o estudo das mesmas forças psíquicas seria beneficiado por uma divisão entre os processos gerais *p* (inteligência, memória, associação etc.) e o fator *e* (espontaneidade).

O estudo direto e a experimentação com crianças, assim como a construção de testes, favorecendo as hipóteses baseadas em suas descobertas, substituíram gradualmente todos os métodos indiretos, quer se fundamentem no comportamento de animais ou de adultos. Esse tipo de estudo deveria passar a um plano secundário. Os conceitos behavioristas derivados da experimentação com animais, como os de reflexo condicionado, recondicionamento, bloqueio (misturando à análise do comportamento animal as metáforas da interpretação humana) tendem a *supersimplificar* a situação da criança. Só podem ser suplementares em relação ao estudo direto de fatos imediatos e espontâneos. Os conceitos psicanalíticos, por outra parte, decorrentes da análise de adultos, como os de inconsciente, identificação, repressão, regressão, transferência, deslocamentos, trauma etc., só podem *supercomplicar* a situação. Eles são inúteis neste nível do desenvolvimento da personalidade (para não citar outras razões), dado que a situação psicodinâmica donde esses conceitos foram obtidos não existe — ou ainda não existe. O pesquisador psicanalítico retrocede em busca do trauma. Mas nenhum trauma pode ser construído antes do nascimento. O investigador psicodramático dirige-se para diante, na direção do ato. Mas esse impulso para diante começa com o bebê ao nascer, não permitindo, por conseguinte, qualquer possibilidade de retrocesso, só para diante, que é o processo vital em progressão.

Treino da Espontaneidade. "... Decidimos deixar o indivíduo atuar como se não tivesse passado e não estivesse determinado por uma estrutura orgânica; descrever em termos de ação o que acontece ao indivíduo nesses momentos; atermo-nos às provas, à medida que elas se nos deparam, e derivar exclusivamente delas as nossas hipóteses operacionais. O ponto de partida foi o estado em que o próprio indivíduo se lançou com o propósito de expressão. Lançou-se nele por sua própria vontade. Não houve imagens passadas que o guiassem, pelo menos, que o guiassem conscientemente. Não houve impulsos para repetir um desempenho passado ou suplantá-lo. Procedeu a um aquecimento preparatório de um estado de sentimentos, freqüentemente de um modo inadequado e brusco. Mostrou possuir senso de relação com as pessoas e coisas à sua volta. Após alguns momentos de tensão, veio a descontração e a pausa, o anticlímax. Demos a esse estado o nome de *Estado de Espontaneidade*... Foi dito aos estudantes que se lançassem nas situações, que as vivessem a fundo e que representassem todos os detalhes necessários nelas, como se fosse a sério... Nenhuma situação é repetida... Durante o treino, um estudante efetua um meticuloso registro de cada atuação. Uma cópia é fornecida a cada um dos estudantes participantes... Depois de cada atuação, inicia-se uma sessão de análise e debate desta, na qual tomam parte os estudantes e o instrutor... O mais impressionante efeito terapêutico é o recrudescimento geral de flexibilidade e facilidade para enfrentar situações da vida, dentro dos limites orgânicos de cada indivíduo." Ver J. L. Moreno e Helen Jennings, "Spontaneity Training", *Psychodrama Monograph N.º 3*, Beacon House, Nova Iorque.

O Ego Auxiliar. "A situação do ego auxiliar tem que ser diferenciada da sua função. Por muito que ele tenha-se tornado auxiliar, por mais profundamente que se aproxime do ideal de unificação, a unidade nunca é completa, em virtude de limitações orgânicas e psicológicas. O grau de limitações orgânicas e psicológicas é variável. A mãe é para o bebê de quem está grávida um ego auxiliar ideal. Ela ainda o é depois do nascimento do seu bebê, a quem amamenta e de quem cuida, mas a defasagem orgânica e psicológica manifesta-se antes do bebê nascer. A mãe é o exemplo ideal de um ego auxiliar instintivo. Ou o ego auxiliar inclui a pessoa a ser ajudada — inclusão do ego fraco do bebê no ego da mãe — ou é incluído. Neste último caso, o ego auxiliar é fraco e a pessoa auxiliada é forte. Essa relação é freqüentemente forçada, como na relação servo-senhor, e tem a marca da exploração. O ego auxiliar pode ter proveito da defasagem que existe entre ele e a pessoa a ser ajudada. Como somente uma parte do seu ego é empregada no processo de unificação, *uma parte dele está livre para atuar no interesse desse ego, mais do que pode fazer por si mesmo*... A situação do ego auxiliar consiste, pois, em atingir a unidade com uma pessoa, absorver os desejos e necessidades do paciente e agir em seu interesse sem ser, contudo, idêntico a ele."

Desempenho de Papéis. "Consideramos os papéis e as relações entre papéis o desenvolvimento mais significativo em qualquer cultura específica. Ao padrão de relações em torno de um indivíduo, como seu foco, dá-se o nome de seu átomo cultural. Todo o indivíduo, assim como tem um conjunto de amigos e um conjunto de inimigos — um átomo social — também possui uma gama de papéis que se defronta com uma outra gama de contrapapéis. *Os aspectos tangíveis do que é conhecido como o "ego" são os papéis em que ele atua.*" J. L. Moreno, "Sociometry and the Cultural Order", *Sociometry Monograph N.º 2*, Beacon House, Inc., 1943.

Tele. "Um sentimento que é projetado à distância; a unidade mais simples de sentimento transmitida de um indivíduo a um outro." Ver J. L. Moreno, *Who Shall Survive?*, 1934, pág. 432. "Ao fator sociogravitacional que opera entre indivíduos, induzindo-os a formar relações de par, triângulos, quadrângulos, polígonos etc. *mais* positivas ou negativas do que *por acaso*, dei o nome de *tele* — derivado do grego e cujo significado é 'longe' ou 'distante'. Não tem relação alguma como *telos*, que significa o 'fim' ou 'propósito'." Ver J. L. Moreno, "Sociometry and the Cultural Order", *Sociometry Monograph N.º 2*, Beacon House Inc., 1943.

Teoria Geral da Espontaneidade

O lugar do fator *e* numa teoria universal da espontaneidade é uma importante questão teórica. Surgirá o fator *e* somente no grupo humano ou a hipótese *e* poderá ser ampliada, dentro de certos limites, aos grupos subumanos e aos animais inferiores e plantas? Como pode a existência do fator *e* ser reconciliada com a idéia de um universo sujeito a leis mecânicas, por exemplo, com a lei da conservação de energia? A idéia da conservação de energia foi o modelo inconsciente de muitas teorias psicológicas, como, por exemplo, a teoria psicanalítica da libido. De acordo com essa teoria, Freud pensou que, se o impulso sexual não encontra satisfação em seu objetivo direto, deve deslocar sua energia não aplicada para alguma outra parte. Deve — pensou ele — vincular-se a um *locus* patológico ou então encontrar uma saída na sublimação. Freud era incapaz de conceber que essa emoção inaplicada se dissipasse, porquanto o dominava a idéia física da conservação da energia. Se também nós seguíssemos aqui esse preceito do padrão de energia, e negligenciássemos as perenes incoerências no desenvolvimento dos fenômenos físicos e mentais, teríamos de considerar a espontaneidade uma energia psicológica — uma quantidade que se distribui dentro de um campo — a qual, se não puder encontrar aplicação numa direção, fluirá numa outra direção para manter o seu volume e alcançar o seu equilíbrio. Deveríamos supor, nesse caso, que o indivíduo possui uma certa quantidade de espontaneidade armazenada, que ele aumenta e que ele consome no decurso da vida. Ao longo de sua existência, o indivíduo recorre a esse reservatório. Pode usá-la toda ou até exceder-se. Contudo, semelhante interpretação é insatisfatória, de acordo com as pesquisas sobre espontaneidade, pelo menos no que se refere ao nível da criatividade humana. Propomos aqui a seguinte teoria. O indivíduo não está dotado de um reservatório de espontaneidade, na acepção de um volume ou quantidade dados e estáveis. A espontaneidade é (ou não) disponível em graus variáveis de acesso imediato, desde zero ao máximo, operando como um catalisador psicológico. Assim, o indivíduo, quando se vê perante uma nova situação, não tem outra alternativa senão utilizar o fator *e* como guia, apontando-lhe que emoções, pensamentos e ações são mais apropriados. Por vezes, tem de recorrer a mais espontaneidade, outras vezes a menos, de acordo com as exigências da situação ou tarefa. Deve cuidar de não produzir menos que o montante exato de espontaneidade necessário, pois se isso acontecesse precisaria de um "*reservatório*" donde extraí-la. Do mesmo modo, deve ter o cuidado de não produzir mais do que a situação requer, pois o excedente poderia induzi-lo a armazenar, a estabelecer um reservatório, conservando-a para tarefas futuras como se fosse energia, assim completando um círculo vicioso que redunda na deterioração da espontaneidade e no desenvolvimento de conservas culturais. A espontaneidade só funciona no momento de seu surgimento, assim como, falando metaforicamente, se acende uma luz numa sala e todas as suas partes se tornam claras. Quando se apaga a luz, a estrutura básica da sala continua sendo a mesma e, no entanto, desapareceu uma qualidade fundamental.

A lei física de conservação da energia foi aceita durante a segunda metade do século XIX, em muitos setores, como um axioma universal. Muitos estudiosos consideraram a energia, em todas as suas manifestações, como se fosse um volume de água num copo. Se a água desapareceu totalmente ou em parte, não pode ter-se desvanecido. Deve ter sido consumida, derramada ou transformada num equivalente. Partiram do princípio de que o volume de energia que tinha originalmente devia ter--se mantido constante em qualquer ponto do processo. Freud especulou, igualmente, com a hipótese de que a energia da libido deve permanecer constante. Portanto, se o fluxo de energia libidinal é interrompido e impedido de alcançar sua meta, a energia bloqueada deve fluir para alguma outra parte e encontrar novas saídas, isto é, na agressão, substituição, projeção, regressão ou sublimação. Estes fenômenos que, na superfície, parecem não estar relacionados entre si, podiam ser agora expressados em termos de um único princípio: a energia da libido. Num sistema psicodinâmico tão fechado não existe lugar para a espontaneidade. Assim como a energia da libido deve permanecer constante, também o determinismo psicológico é absoluto. Como não se admite a operação de um fator do gênero da espontaneidade, os fatores psicodinâmicos que causam uma manifestação de comportamento — se a sua origem não pode ser atribuída a eventos recentes — devem ser remetidos a um passado indefinível e cada vez mais remoto. As descobertas realizadas pelas pesquisas sobre espontaneidade tornaram desnecessários esses sistemas forçados de intelectualização. A unidade e a universalidade explicativas que oferecem haviam se convertido num preço excessivamente alto. Esses sistemas levam a uma supersimplificação interpretativa e a uma perigosa inércia que estorva o desenvolvimento de novos métodos de investigação de fatos e de experimentação. Enquanto a espontaneidade foi uma noção vaga e mística, esses rígidos sistemas puderam prosperar quase incontestes mas, como o seu estabelecimento como vigoroso conceito, como agente claramente discernível e mensurável, a maré começou favorecendo os sistemas mais flexíveis.

O fato de que a espontaneidade e a flexibilidade podem operar em nosso universo mental e evocar níveis de expressão organizada que não são totalmente atribuíveis a determinantes precedentes, leva-nos a recomendar o abandono ou a reformulação de todas as teorias psicológicas correntes, manifesta ou tacitamente baseadas na doutrina psicanalítica, por exemplo, as teorias de frustração, projeção, substituição ou sublimação.

Na teoria da espontaneidade, a energia, enquanto sistema organizado de forças psíquicas, não foi inteiramente abandonada. Ela reaparece na forma de conserva cultural. Mas, em vez de ser o manancial, de estar no começo de todo e qualquer processo, como a libido, está no final de um processo, um produto terminal. É avaliada em sua relatividade, não como uma forma última mas como um produto intermédio que, de tempos em tempos, é reorganizado, reformado ou inteiramente decomposto por novos fatores de espontaneidade que atuam sobre ele. Estamos retornando aqui com uma resposta para a questão que iniciou este capítulo. É na interação entre espontaneidade e criatividade, por um lado, e a conserva cultural, por outro, que a existência do fator *e* pode ser, de algum modo, harmonizada com a idéia de um universo sujeito a leis, como, por exemplo, a lei da conservação de energia.

Condições favoráveis e desfavoráveis para o surgimento do fator e. Um tipo de universo *aberto,* isto é, um universo em que é continuamente possível um certo grau de novidade — e é esse, evidentemente, o tipo de universo em que surgiu a consciência humana — é uma condição favorável para que o fator *e* surja e se desenvolva. Não poderia existir num universo fechado à novidade, isto é, determinado por leis absolutas. Se a espontaneidade fosse, por acaso, colocada em tal universo, deteriorar-se-ia rapidamente, em virtude da impossibilidade do seu desenvolvimento e ao desuso de sua função. Se um indivíduo conhecesse de antemão a espécie de situação que vai encontrar quanto à sua forma, lugar e tempo, poderia preparar-se para ela sem necessidade de espontaneidade. Mas se alguma espontaneidade for usada por ele durante a preparação, não haveria provas de que ela esteve atuando.

Um certo grau de imprevisibilidade dos eventos futuros é uma premissa em que deve assentar a idéia do fator *e*. Pode-se conceber um universo (ou, melhor, um poliverso ou multiverso) que é dominado pelo acaso. Pode-se imaginar um universo dominado pelo fator *e* reduzindo a esfera do acaso; e ainda um universo que acrescenta a regularidade e a ordem, as chamadas leis da natureza, ao acaso e à espontaneidade.

Uma alta probabilidade de eventos, quanto ao tempo, lugar e forma, não é uma condição favorável ao desenvolvimento do fator *e*. Quanto maior for a probabilidade de repetição de certos eventos, menor será a probabilidade de que surja a espontaneidade. É mais a não-repetição desses eventos que constitui condição favorável ao desenvolvimento de *e* e que aumenta a probabilidade de que o fator *e* surja no futuro. Mas a não-repetição de eventos *per se*, ou seja, a contínua novidade de eventos, tampouco é uma prova rigorosa de que a espontaneidade esteja operando. O caráter em constante mudança dos eventos pode ser fruto do puro acaso. Portanto, deve ser construído um teste que diferencie os eventos fortuitos dos espontâneos, assim como distingue a repetição de eventos dos que são novidade.

Um outro problema é a freqüência do fator *e*, tal como se manifesta nas respostas de um indivíduo às situações. Um indivíduo pode revelar uma alta freqüência de *e*, outro uma baixa freqüência. Se, por exemplo, a resposta de um indivíduo a várias situações sem precedentes é continuamente adequada e eficaz, comparada com as respostas de um outro indivíduo para quem as situações são igualmente inéditas, então poderemos concluir que o fator *e* opera com maior freqüência num caso que no outro — sendo sempre a premissa que os indivíduos testados não conheciam de antemão que espécie de situação podia apresentar-se e que tipo de resposta seria requerida para enfrentar adequadamente aquela.

Um outro aspecto importante do desenvolvimento humano é que a gama de experiências que atingem a criança é quantitativamente maior do que para o adulto, e isso tem importância não só para a criança mentalmente superior mas toda e qualquer criança. A necessidade de adquirir certas aptidões básicas, como as de comer, falar, andar etc., estimula um processo de aprendizagem que é, em muitos aspectos, dessemelhante da aprendizagem memorizada e planejada do adulto. Em seu crescimento, a criança está tão intimamente relacionada com os fenômenos em seu *status nascendi*, que é artificial uma diferenciação entre situação e resposta. A proximidade da criança em relação ao *status nascendi* da experiência mantém-na em uma atmosfera de espontaneidade e criatividade que raramente é experimentada em períodos posteriores da vida. As novas situações e a intensidade com que possa experimentá-las assemelham-se aos atos criadores em tal grau que, para a criança, criar torna-se uma coisa rotineira. Em virtude dessa atmosfera de novas e contínuas experiências, criar e "ser" parecem para ela a mesma coisa. Nenhum evento pode tornar-se antiquado quando tantos novos acontecimentos substituem os anteriores e prometem um mundo de intermináveis eventos vindouros, um mundo de pura criatividade. Como indivíduo, pode realmente criar muito pouco, a maioria dos seus atos assemelha-se aos de seus pares; mas a lógica com que a criança se apercebe da criatividade é justificada pelo *modo* de sua experiência, seu *status nascendi*, mais do que pela singularidade da sua experiência.

Assim, vemos que a freqüência com que se apresenta o fator *e* está distribuída de um modo pouco uniforme durante toda a nossa vida, e que o bebê humano, durante os primeiros anos de vida, defronta-se com novas experiências e novas situações que o desafiam continuamente a responder, num grau sem paralelo em outros períodos da vida. O nosso pressuposto é que, quanto maior for o número de novas situações, maior é a probabilidade de que o indivíduo produza uma quantidade comparativamente maior de novas respostas, mesmo pensando que lhe seria impossível tomar consciência de todas as situações que surgem à sua volta e responder de uma forma adequada a todas as novas situações. Mas deve responder a um certo número dessas situações.

Formas de Espontaneidade

Há dois métodos pelos quais pode ser provada a existência do fator *e*. O método *negativo*, por análise lógica ou intuitiva, demonstra que as leis da natureza não são absolutas mas elas mesmas produtos de uma evolução; conclui-se por inferência que deve existir um fator como a espontaneidade, não limitado por essas leis. O método *positivo* demonstra a existência da espontaneidade por meio do *experimento*. Começa com a sua percepção direta e demonstra a sua operação através de testes, medições e os resultados do treino de espontaneidade. É o método experimental o que promete uma base sólida para a pesquisa da espontaneidade.

Como base no estudo experimental, pudemos considerar quatro expressões características da espontaneidade como formas relativamente independentes de um fator *e* geral. Analisamos essas formas de espontaneidade da seguinte maneira: (a) a espontaneidade que entra na ativação de conservas culturais e estereótipos sociais; (b) a espontaneidade que entra na criação de novos organismos, novas formas de arte e novas estruturas ou padrões ambientais; (c) a espontaneidade que entra na formação de livres expressões da personalidade; e (d) a espontaneidade que entra na formação de respostas adequadas a novas situações.

Qualidade dramática. A primeira forma em consideração é a da qualidade dramática da resposta. É essa qualidade a que confere novidade e vivacidade a sentimentos, ações e expressões verbais que nada mais são do que repetições do que um indivíduo experimentou antes milhares de vezes — isto é, que nada contêm de novo, original ou criador. Assim, a vida de um homem pode ser, em suas expressões e manifestações sociais, inteiramente rotineira mas os seus contemporâneos e amigos considerá-la extraordinária, por causa do sabor particular que ele é capaz de incutir aos atos cotidianos mais triviais, por exemplo, ao caminhar, comer, escutar, bater papo e fazer o amor. Se pudéssemos esvaziar sua mente e examinar-lhe o conteúdo, descobriríamos estereótipos ou repetições. Em contraste com ele, um outro indivíduo poderia ser o seu duplo psicológico e exteriorizar o mesmo comportamento mas, por carência dessa qualidade, parece ser um sujeito cacete e monótono, apagado e sem vivacidade. O primeiro homem, evidentemente, é um indivíduo idealizado mas o fenômeno descrito é um agente poderoso e pode ocorrer a qualquer homem por breves instantes. Opera em certos períodos da vida, como a infância e a adolescência, com maior freqüência do que em outros. Essa forma de *e* reveste-se, segundo parece, de grande importância prática, ao *energizar* e *unificar* o eu, na medida em que o indivíduo é capaz de vincular ao eu unidades conservadas e fechadas de experiência. Faz com que atos dissociados, do tipo automático, se apresentem e sejam experimentados como genuína auto-expressão. Opera como um cosmético para a psique. Faz com que o indivíduo pareça mais jovem e mais inteligente do que é, mas não o torna biologicamente mais jovem nem muda a sua inteligência de um modo significativo. Muda a atmosfera da sua aparência psicológica. Tais indivíduos mostram maior vivacidade, são mais vigorosos e comunicativos do que se não dispusessem desse fator.[36]

O mesmo fenômeno pode ser observado nas produções do ator legítimo. Assume um papel, aprende-o e ensaia-o até que se converta numa completa conserva, um estereótipo à sua disposição, de modo que, quando reproduz esse papel no palco, nenhum gesto ou expressão verbal é deixada ao acaso. Mas o grande ator, como o homem idealizado a que nos referimos acima, é capaz de elevar e avivar essa conserva, incutindo-lhe uma expressão exaltada e grandiloqüente por meio desse fator *e*, isto é, acrescentar novidade, vivacidade e qualidade dramática à fiel comunicação literal do texto do dramaturgo, o que faz com que o seu desempenho pareça sempre novo mesmo depois de recitar o mesmo papel mil vezes; assim, as conservas dramáticas podem ser vinculadas ao seu, conferindo-lhes o caráter de verdadeira auto-expressão e ao ator a aparência de um grande criador cênico. O acento que o ator proporciona a eventos insignificantes, por seus maneirismos de fala e movimento, faz com que pareçam extraordinários. Ele próprio parece, às vezes, sobrenatural ou incomum. Se na vida real ele se permitisse atuar como o faz em cena, seria considerado louco. É significativo que a palavra grega para o principal ator no palco seja *protagonista*, isto é, o homem frenético ou louco. Os gregos aperceberam-se, intuitivamente, de que o ator que atua como um louco no palco e o indivíduo atormentado que enlouquece na vida real, são do mesmo material psíquico.

Criatividade. A forma seguinte a considerar é a da criatividade. O extremo oposto de um homem que é um gênio na dramatização do eu mas totalmente improdutivo, é o homem totalmente produtivo e criador, embora talvez seja inexpressivo e insignificante como indivíduo. Se esvaziássemos a sua mente,

---

36. O padre-nosso que se recita em cada refeição pode ter sido pronunciado pela centésima vez por um indivíduo. As palavras e a seqüência podem permanecer inalteradas. Pode ter a aparência externa de uma velha resposta à situação com que ele se depara, mas a intensidade de sentimento, a cadência e a sua ação enquanto recita a prece podem diferenciá-la de suas próprias versões anteriores e da maneira como outros indivíduos a dizem. O fator *e* torna-se aqui manifesto, embora possa não parecer necessário ser espontâneo quando se reza. Não existe ameaça alguma contra a vida do indivíduo mas pode estar ameaçado o seu *status*. Poder-se-ia argumentar que o efeito da prece sobre os participantes seria igualmente grande se a pessoa fizesse uma absoluta repetição dela de cada vez. Mas quanto mais automática for a recitação da prece, tanto mais a perda de *e* (espontaneidade) deteriorará a fé de cada um no valor da oração. Por outro lado, um contínuo exercício de espontaneidade na prece, conferirá a esta uma realidade e dignidade religiosa sempre crescentes.

encontrá-la-íamos num permanente *status nascendi*, repleta de sementes criadoras, sempre disposta a dissolver as conservas existentes e criando novas formas, novas idéias e novas invenções. Está perpetuamente empenhado em produzir novas experiências em seu próprio íntimo, a fim de que elas possam transformar o mundo à sua volta e, assim, enchê-lo de novas situações. Estas, por sua vez, desafiam-no a mais experiências novas, que voltam a esforçar-se por remodelar o mundo em redor. Assim, esse indivíduo está comprometido num ciclo incessante de criatividade. Este é um caso idealizado mas o gênio de nossa cultura sempre contém uma parcela dessa capacidade. Essa função *e* não se satisfaz em expressar meramente o eu; está ávida por *criar* o eu. Três versões foram diferenciadas: (a) a espontaneidade que entra no nascimento e criação de uma nova criança; (b) a espontaneidade que entra na criação de novas obras de arte, de novas invenções tecnológicas e sociais; e (c) a espontaneidade que entra na criação de novos ambientes sociais. Um indivíduo altamente espontâneo tirará o maior proveito dos recursos que tem à sua disposição, como inteligência, memória, aptidões, e pode suplantar em muito um indivíduo que é superior nesses recursos mas deles tira o mínimo proveito. A espontaneidade pode entrar no indivíduo criativamente dotado e suscitar uma resposta. Houve muitos mais Miguel Ângelos do que aquele que pintou grandes quadros, muitos mais Beethovens do que aquele que escreveu as grandes sinfonias e muitos mais Cristos nasceram do que o que veio a ser Jesus de Nazaré. O que têm em comum são as idéias criadoras, a motivação, a inteligência, as aptidões e a educação. O que os separa é a espontaneidade que, nos casos bem sucedidos, habilita o seu portador a dominar completamente esses recursos, enquanto que os que fracassam ignoram o que fazer com todos os seus tesouros; eles sofrem de deficiências em seus processos de aquecimento preparatório.

Originalidade. A terceira forma de espontaneidade é a de originalidade. É aquele livre fluxo de expressão que, sob análise, não revela qualquer contribuição suficientemente significativa para que se lhe chame criatividade mas que, ao mesmo tempo, em sua forma de produção, é uma expansão ou variação ímpar da conserva cultural, tomada como modelo. Isto é freqüentemente ilustrado pelos desenhos espontâneos das crianças e a poesia dos adolescentes, que acrescentam algo à forma original sem alterar a sua essência.

Adequação da resposta. A quarta consideração é a da adequação. Um homem pode ser criativo, original ou dramático mas nem sempre tem, de um modo espontâneo, uma resposta adequada a novas situações. Se apenas dispusesse de respostas estereotipadas, por muito dramatizadas que fossem, cairia no domínio da primeira forma. Se estivesse cheio de idéias e tentasse criar novas situações, caberia no domínio da segunda forma. Em ambos os casos, não se disporia prontamente da requerida resposta adequada, isto é, adequada à situação com que o indivíduo se defronta. Num caso, pode haver demasiado pouco; no outro caso, pode haver em excesso. Numa nova situação a enfrentar, há três reações possíveis que o indivíduo pode manifestar:

(a) *Nenhuma resposta numa situação.* Isto significa que nenhum fator *e* está em evidência. O indivíduo pode ter abandonado a antiga resposta sem apresentar uma nova. Pode ter mantido constante a antiga resposta ou tê-la alterado de um modo tão insignificante que parece perdido ante uma nova situação. Ou não presta atenção à nova situação ou então é incapaz de fazê-lo, por falta de habilidade para reconhecê-la. Mas a ausência de resposta pode revestir-se de terríveis conseqüências para o indivíduo. A nova situação poderia ameaçar a sua existência ou destruir alguns dos valores que ele encarece. Quanto mais profundamente o seu desejo de produzir uma resposta *e* estiver ligado à incapacidade de produzi-la, maior será a calamidade.

(b) *Uma velha resposta a uma nova situação.* Um exemplo ilustrativo é o avião-robô. O aparecimento das V-1 e V-2 foi uma nova situação com que o Estado-Maior britânico se deparou em 1944. Responder-lhe da mesma forma que a um avião pilotado pelo homem teria sido insatisfatório. Uma nova resposta tinha de ser encontrada — *uma resposta para a qual não havia precedente* — e é neste ponto que entra em jogo o fator *e*, na inventiva dos engenheiros e na organização de suas idéias.

(c) *Nova resposta a uma nova situação.* Como foi acima explicado, uma resposta antiga é carente de *e*. Uma nova resposta não pode ser produzida sem *e*, embora outros fatores devam participar, como a inteligência, a memória etc. Devemos assinalar aqui a diferença entre *e* adequada e apropriada, por um lado, e *e* errática e inadequada, por outro lado. Uma resposta pode ser nova mas estar muito distanciada das exigências da situação. Mas é a resposta adequada e apropriada que importa quando um homem é atacado por um assaltante, quando deflagra um incêndio ou quando é preciso puxar de uma arma, subitamente, para nos defendermos de um inesperado ataque inimigo.

Assim, a resposta a uma nova situação requer senso de oportunidade, imaginação para a escolha adequada, originalidade de impulso próprio em emergências, pelo que deve responsabilizar-se uma especial função *e*. É *uma aptidão plástica de adaptação*, mobilidade e flexibilidade do eu, *indispensável a um organismo em rápido crescimento num meio em rápida mudança.*

Espontaneidade e Medição

A importância prática das respostas adequadas a situações novas, na seleção e reabilitação de pessoal militar e industrial, no adestramento e readestramento para cargos de liderança, levou-nos a focalizar a nossa atenção em procedimentos que possam explorá-las e medi-las.

Procedimento de teste. O teste seguinte contém uma série de emergências em que terá de operar, necessariamente, a adequação, uma forma de espontaneidade. De mais de trezentos indivíduos testados, foram escolhidos aqui alguns deles, a título ilustrativo. Têm aproximadamente o mesmo *status* sociométrico, tal como é medido pelos testes sociométricos. Os seus quocientes de inteligência variaram entre 75 e 130.

Todos os objetos que são necessários ao teste estão *concretamente* presentes na situação. Por exemplo, um telefone, água, livro, rádio, vassoura, uma saída etc., e as disposições espaciais são apresentadas tão realisticamente quanto possível. As distâncias e as direções espaciais são inculcadas aos sujeitos. Por outras palavras, toda a situação é uma *realização* experimental concreta, de prováveis contextos reais.

Colocar um sujeito numa situação vital e ver como atua. As instruções são dadas pelo diretor quando a cena começa mas gradativamente — não *in toto.* Só se dá ao sujeito a instrução requerida de momento. É uma premissa do teste que os sujeitos aceitam as instruções do diretor como *declarações de fato* e como eventos que têm lugar. Quer dizer que, se o diretor diz que "um ladrão entrou na casa", o ladrão *está* ali e o sujeito tem de reagir à situação de um modo apropriado. Por outras palavras, há dois tipos de eventos que têm lugar no palco — os eventos reais (ele vê, toca e desloca uma mesa, um telefone ou uma vassoura; ele encontra egos auxiliares em papéis específicos) os eventos *ordenados* (não ocorreu um incêndio mas o indivíduo tem de atuar como se isso fosse verdade). Os sujeitos lançam-se à ação e o grau de adequação de suas respostas é classificado por um júri, que lhe atribui um determinado escore. Eles são testados individualmente ou em grupos de oito ou dez, enfrentando todos a mesma situação-tarefa de vários e crescentes níveis de dificuldade. É uma corrida com obstáculos. Se um sujeito não consegue resolver adequadamente uma emergência é "desclassificado". Uma outra premissa é que o diretor não está na situação com o sujeito mas fora dela. Atua como um ponto teatral, um narrador, um comentador, um anunciador de eventos. O público consiste em três jurados, dois registradores e vários egos auxiliares. A situação consiste em eventos que exigem uma série de prontas respostas, como se segue:

DIRETOR

Situação preliminar: O diretor aquece preparatoriamente o sujeito, estabelecendo a cena: "Você está numa casa, perto da rua principal de uma pequena cidade."

"Você está na sala; junto à parede do lado direito a uma escrivaninha. Estantes carregadas de livros estão de ambos os lados da escrivaninha. Sobre uma prateleira há um telefone. Junto à parede da esquerda há um divã e um rádio."

"Siga-me, mostrar-lhe-ei o arranjo da casa. Esta porta dá para a sala de jantar. Ao lado da sala de jantar está a cozinha. Da sala de jantar há uma porta que leva ao quarto das crianças."

"Voltemos à sala de estar."

Eles voltam.

"Veja a escrivaninha. Precisa que lhe limpem o pó."

"Olhe o chão. Está sujo. Vá limpá-lo. A vassoura está na cozinha."

SUJEITO

O sujeito aquece-se preparatoriamente, repetindo as instruções e gestos do diretor, e acrescentando alguns detalhes por conta própria.

O sujeito vai limpar o pó da escrivaninha, varre o chão, arranja os livros etc.

DIREÇÃO

1. Primeira emergência
Subitamente, o diretor interrompe:

"Deflagrou um incêndio na sala de jantar, no degrau que

RESPOSTAS

(a) Não aceita a situação e, portanto, não lhe reage, ainda que pudesse fazê-lo.

(b) Desempenha-se bem da tarefa, limpando a casa e pondá para o quarto onde os dois bebês estão dormindo."

"Você não pode ver o fogo, porque a porta entre a sala de estar e a sala de jantar encontra-se fechada. Não lhe cheira a fumaça do incêndio?"

do-a em ordem, mas assim que ouve que há fogo na casa, ri e detém-se. Explica que pode fazer tudo o que pode perceber ou manipular, isto é, vê o telefone e usa a vassoura, mas não pode visualizar o incêndio.

(c) Entra na situação, começando a limpar calmamente a sala mas, assim que ouve que a casa está em chamas, corre para fora da casa, dizendo: "para salvar a minha vida".

(d) Abre a porta, caminha para o fogo e examina-o, corre para a cozinha, apanha um balde cheio de água e tenta extinguir o incêndio.

(e) Examina o incêndio; corre a salvar as crianças, tenta apagar o fogo, telefona para os bombeiros.

(f) Só pensa nas crianças depois que todas as outras providências foram tomadas: jogar água no fogo, telefonar para os bombeiros etc. Vai ao quarto onde estão os bebês, olha para eles e diz: "Estão bem. Dormem profundamente." Deixa-os ali. Sai e diz: "Ainda me cheira a fumaça." Fica parado sem fazer mais nada.

(g) Examina o fogo; telefona para os bombeiros e depois corre a salvar as crianças; retorna para tentar extinguir o fogo com o balde de água apanhado na cozinha.

(h) Começa lavando o chão da cozinha mas logo que escuta que a casa está em chamas corre para o quarto onde os bebês estão dormindo, toma-os em seus braços, corre para fora de casa, coloca-os em segurança, volta à casa, precipita-se para a estante de livros, apanha um maço de papel e em dois pulos sai novamente da casa, exclamando: "Isto contém as cartas do homem a quem amo! Quanto à casa, não me importa que arda ou não."

(i) Ela procura fazer várias coisas ao mesmo tempo: salvar as crianças, chamar os bombeiros e apagar o fogo. Está excitadíssima. Assim, coloca um dos bebês perto do fogo e o outro no chão. Tropeça no que está no chão quando corre para o telefone e, quando quer encher um balde de água, em vez de se dirigir à cozinha corre para a sala de jantar.

(j) Verbaliza a maioria de suas reações, antes de passar realmente à ação. Depois de ir até à escada para examinar a extensão do incêndio, diz: "Que devo fazer?" Anda de um lado para outro, contorcendo as mãos e dizendo: "Ai de mim, como cheira a queimado! Espero que não seja nada de muito grave. Como teria começado? Está vindo para este lado, santo Deus! A escada para o quarto das crianças está pegando fogo. Tenho de chamar os bombeiros." Fica parada olhando as chamas. Nada faz.
"Isto é terrível. O fogo está se espalhando... que devo fazer? Chamarei os bombeiros." Dirige-se ao telefone e diz:

O diretor nota o sujeito que encarou o incêndio levianamente. Emite logo uma nova ordem: "O incêndio não esmorece."

"A fumaça está tomando conta da parede. A cortina da parede corre o perigo de arder. Está fumegando entre as divisórias. O incêndio está difícil de ser dominado sem auxílio." Ele repete esta declaração a outros sujeitos, se necessário.

"Por favor, tenho um incêndio aqui em casa."
Volta à escada e diz: "É melhor que eu comece jogando água." Joga água sobre as chamas. Volta a dizer, angustiadamente: "Será terrível se eu não puder chegar onde estão as crianças. Tenho medo de atravessar as chamas."

(k) Precipita-se para apanhar as crianças, leva-as para fora, em segurança, precipita-se de novo para a casa, a fim de extinguir o incêndio; sai de casa, retorna para dizer que acionou o alarma na caixa de alarma que há na esquina da rua. E explica: "É a coisa mais sensata a fazer."

2. *Segunda emergência*

O sujeito começa se descontraindo, pensando que o perigo já passou. Então o diretor anuncia uma nova emergência:

"Sua mãe está chamando e entrou no porão, diretamente por baixo da escada onde começou o fogo. *Há perigo naquele local.* Pense em suas jóias de inestimável valor, no quarto contíguo ao das crianças, em seu manuscrito, fruto de muitos anos de pesquisas, em sua câmera de filmar, casaco de peles, jóias da esposa."

(a) Ele abre imediatamente a porta do porão e grita: "Saia daí, mãe. Dê a volta pelo outro lado. A casa está ardendo." Sai para ir apanhar a mangueira de regar o jardim.

(b) Ignora a mãe e corre para salvar seus tesouros.

(c) Tenta ainda extinguir o incêndio por outros meios, depois de alertar a mãe e ignorar as coisas de valor no quarto contíguo ao das crianças.

3. *Terceira emergência*

(O sujeito volta-se, pensando em ir ao quarto onde as crianças estão dormindo.) O diretor ordena uma mudança de cena:

"Seu pai está lá fora claman-

(a) Ela sai e cuida de seu pai.

(b) Ignora o pai e dirige-se para onde estão as jóias.

(c) Pede a alguém que chame um médico ou ele próprio o chama.

do por socorro. É um grito débil e desesperado. Ele parece doente. Você sabe que ele sofre do coração."

"A parede começa fumegando. Mas ainda há tempo de ir buscar as jóias com segurança."

4. *Quarta emergência*

O diretor ordena uma mudança de cena:

"A mãe das crianças está entrando em casa."

A mãe (ego auxiliar) entra e desmaia. O diretor continua:

"Você escuta a voz de uma terceira criança, o irmão mais velho, que está se aproximando da perigosa escada do porão, correndo atrás da mãe. Ainda é seguro ir buscar as jóias, se você for imediatamente."

(a) Debruça-se sobre a mãe para reanimá-la. Empurra as crianças para fora de casa; pede a um espectador ou um dos bombeiros (que já chegaram) para ficar cuidando das crianças.

(b) Ignora as crianças e a mãe, e corre para as coisas de valor.

(c) Ignora a mãe. Diz: "Ela ficará boa. Está só assustada." Continua apagando o fogo. Esquece as crianças e corre para recolher as jóias.

(d) Chama um médico para cuidar da mãe. Depois vai buscar as jóias.

(e) Chama o médico e depois tenta reanimar a mãe. Como um relâmpago, passa-lhe pela mente que não é a mãe das crianças mas a mulher que desmaiou. Corre de novo para fora, a fim de ver se as crianças estão seguras, e leva-as para a casa de vizinhos.

5. *Quinta emergência*

(O sujeito tem as jóias e o manuscrito em suas mãos, e está pronto para sair de casa.)

O diretor detém-no, ordenando uma mudança de cena:

"A parte da cena que inclui o quarto onde você está encontra-se envolta numa nuvem de

(a) Atravessa a fumaça e sai de casa.

(b) Quebra as vidraças de uma janela e chama por socorro.

(c) Quebra as vidraças de uma janela, arrasta-se para fora e salta.

fumaça. Para sair do quarto, deve quebrar a janela e saltar de três metros para o chão, ou arriscar-se e atravessar a cortina de fumaça."

(d) Quebra as vidraças da janela, arrasta-se para fora e salta, ajuda os bombeiros a extinguirem o fogo; quando tudo está terminado, fica excitado e chora em cena.

À medida que a situação se desenvolve, que o sujeito pode resolver uma emergência com que se defronta e passar à seguinte, ele é posto diante de novas e sucessivas emergências e alternativas, às quais tem de fazer continuamente novos ajustamentos e em que tem de tomar novas decisões. É óbvio que, se for dada uma série de alternativas a *um* sujeito, ela terá de ser também dada aos outros sujeitos. Assim, o teste é construído de tal modo que o sujeito ver-se-á diante de cada vez mais ações alternativas possíveis quanto maior for o número de emergências que pôde resolver nas etapas anteriores da situação. A sua espontaneidade, por assim dizer, está submetida a uma prova tanto mais severa quanto mais ele avançar no testes.

Quadros de Referência para a Análise Sistemática das Respostas. A oportunidade de uma resposta, perante uma nova situação, apresentou-se como um fator importante na adequação. Teve de ser estabelecida a amplitude máxima e mínima de duração permissível de cada processo individual de aquecimento preparatório de um ato e da situação total. A observação de indivíduos em situações reais, quase réplicas das situações testadas, forneceu-nos um diagrama de durações permissíveis. Se um sujeito atuava dentro da faixa de tempo fixada, recebia um escore positivo; era atribuído um escore negativo se a duração de um ato específico estivesse abaixo do mínimo ou acima do máximo. Se o processo de aquecimento preparatório da idéia de que os bebês estão em perigo era demasiado lento, a ação emergente — carregá-los para um local seguro — podia ocorrer tarde demais. Por outro lado, se o processo de aquecimento é excessivamente rápido, cada ato não pode ser totalmente executado e o resultado será uma série confusa de ações incoerentes.

Foi estabelecido um diagrama espacial, na base de observações feitas em situações reais, das posições assumidas pelos indivíduos e dos movimentos por eles executados em relação às várias metas. O diagrama espacial plotou a casa e suas cercanias, a posição de um sujeito no início do teste, as posições de todos os outros sujeitos que intervêm na situação, a localização de todos os objetos requeridos e os trajetos mais curtos para os objetivos, a pia da cozinha, o quarto dos bebês, vizinhos etc. Foi estabelecido para cada ato uma faixa de desvios toleráveis dos trajetos mais curtos. Foi dado um escore positivo a um sujeito se os seus movimentos estavam dentro da faixa de tolerância; e um escore negativo se o desperdício de movimento comprometia o propósito da ação.

A grande variedade de respostas exigiu um quadro de referência para determinar quais as ações mais apropriadas num dado momento, dentro do âmbito dos sistemas de valores que dominam a nossa cultura. A resposta adequada é, em si mesma, um fragmento do papel que se ajusta a uma situação. Nas situações testadas, três papéis estavam em conflito: o de salvador, o de mãe-filha e o de proprietário de bens. Três valores estavam em conflito: a vida em jogo (das crianças); o *status* em jogo (uma mãe "tem" de salvar seus filhos e pais); e a propriedade em jogo (casa, dinheiro, livros). Parecia ser o menos tolerável salvar a própria vida e fugir; a seguir ao menos tolerável, salvar alguns bens. A ordem mais elevada parecia ser a de salvador (salvar a vida de outrem) e, logo abaixo, a de pai ou mãe (salvar a vida por causa do parentesco). Dentro de um quadro de papéis permissíveis, foram dispostas alternativas de respostas adequadas a cada papel. Embora vários sujeitos fossem instigados pelo mesmo fim — salvar primeiro as crianças, sem demora — as suas ações divergiram em adequação. Um retirou-as de casa e levou-as para a de vizinhos; outro mudou-as para o quarto contíguo, ainda na zona de perigo; o terceiro tentou saltar da janela com ambos os bebês nos braços, correndo um risco desnecessário.

Quando tratamos dos níveis superiores de adequação espontânea, a *resistência* de um sujeito para tolerar novas emergências e enfrentá-las adequadamente reveste-se de grande significado. Nesse teste, um grupo de sujeitos nunca passou da primeira emergência, porque escapavam dela para salvar a vida ou pedir ajuda. Um outro grupo de sujeitos, por ter enfrentado a primeira emergência de uma maneira mais ou menos adequada, chegou à segunda situação de emergência, a da entrada na casa incendiada da própria mãe e da mãe de seus filhos. Aí terminaram seus recursos espontâneos; "perderam a cabeça", permitindo que a mãe frenética entrasse no quarto das crianças ou correndo a chamar os bombeiros tarde demais.

Um outro grupo de sujeitos alcançou, sem dificuldade alguma, o terceiro nível de emergência; um número ainda menor o quarto nível; e apenas uns poucos, o quinto nível. Foi ficando cada vez mais claro, à medida que se acumulavam as emergências, que o número de emergências por que um indivíduo pode passar era um indicador do alcance de sua espontâneidade. O ponto de declínio e perda de espontaneidade anunciou-se pelo insidioso aparecimento de inadequada percepção do papel, medíocre senso de oportunidade e desperdício de movimentos.

Conclusões

Uma aplicação *total* das chamadas leis da natureza aos fenômenos biológicos do nosso universo é impossível em termos da teoria da espontaneidade. Um certo fator, a que chamamos espontaneidade, tal como contribuiu para a sua formação, também pode contribuir para a sua reorganização e deve operar independentemente delas, em certa medida. Portanto, a espontaneidade deve ser considerada o mais importante vitalizador da estrutura viva.

I. No decorrer do estudo da espontaneidade de indivíduos, é útil reunir os dados sob quatro títulos: a resposta dramática, a original, a criadora e a adequada. Isto não quer dizer que qualquer dessas funções seja encontrada em forma pura mas que, pelo contrário, existe um predomínio de uma sobre outras em certas respostas, o que sugeriu a sua diferenciação. Um excesso da função dramática pode permitir que estéreis conservas culturais e estereótipos sociais sobrevivam, prosperem e bloqueiem a ascensão de esforços originais e criadores. Por outro lado, um excesso da função criadora pode se apresentar, em certos indivíduos e grupos, antes de estar estabelecido o meio em que as idéias e invenções são uma resposta adequada.

II. A espontaneidade, enquanto função dramática, energiza e une o eu. A espontaneidade, como função plástica, evoca respostas adequadas a situações novas. A espontaneidade, como função criadora, esforça-se por criar o eu e um meio adequado para ele. Entretanto, quando as funções da espontaneidade são deixadas sem direção, desenvolvem-se tendências contraditórias que provocam a desunidade do eu e o desmembramento do meio cultural. Por meio dos testes de espontaneidade e do adestramento da espontaneidade,[37] pode ser facilitada a gradual fusão e coordenação de todas as funções.

III. *Colocar o sujeito numa situação vital e ver como atua.* Os sujeitos lançam-se à ação e o grau de adequação de sua res-

---

37. O treino da espontaneidade parece ser uma contradição em termos. Como pode a espontaneidade ser treinada? Consiste em duas fases: a libertação do organismo individual dos clichês, isto é, a "desconservação" dele e sua libertação para receber *e*. Na segunda fase, a maior receptividade e prontidão do organismo individual facilita novas dimensões no desenvolvimento da personalidade.

posta recebe um escore que lhe é atribuído por um júri examinador. Eles são testados individualmente ou em grupos de oito ou dez sujeitos, todos eles enfrentando a mesma situação-tarefa, de vários e crescentes níveis de dificuldade. É uma corrida de obstáculos. Se um sujeito não logra enfrentar adequadamente uma emergência, é "desclassificado".

Espontaneidade e Determinismo Psicológico

A espontaneidade é o fator que faz parecerem novos, frescos e flexíveis, todos os fenômenos psíquicos. É o fator que lhes confere a qualidade de momentaneidade. As estruturas psíquicas estereotipadas são, em última instância, construídas a partir de unidades *e*, substituindo-as e reduzindo-as. Mas o reaparecimento de *e* não pode ser sustado. Ela flui repetidamente. Uma mudança na situação exige uma adaptação plástica do indivíduo a ela. Os fatores *e* fomentam e inspiram essa reorientação. Um tipo de universo aberto sem *e* é uma *contradictio in adjecto.* Com uma perda total de *e* ocorre uma perda total da existência criadora. Essa visão da vida está em contraste com a visão defendida por Freud.

"... Nada existe de arbitrário ou indeterminado na vida psíquica." [38] "... Muitas pessoas argumentam contra a suposição de um absoluto determinismo psíquico, apoiando-se numa intensa convicção de que existe um *livre arbítrio.* Esse sentimento de convicção existe mas não é incompatível com a crença no determinismo. Como todos os sentimentos normais, deve ser justificado por algo... A partir da nossa análise, não precisamos, pois, de contestar o direito ao sentimento de convicção de que existe um livre arbítrio. Se distinguirmos a motivação consciente da motivação inconsciente, somos então informados, pelo sentimento de convicção, de que a motivação consciente não abrange todas as nossas resoluções motoras... O que, desta maneira se deixa livre por um lado recebe o seu motivo pelo outro — o do inconsciente. O determinismo nos domínios psíquicos é, assim, realizado sem interrupção." [39]

Freud trabalhou com dois "recipientes": o consciente e o inconsciente. Se não podia extrair determinantes de uma fonte, podia extraí-los da outra. Mas o princípio do determinismo psíquico não pode ser levado longe demais quando é considerado ininterrupto e absoluto, como Freud sugeriu em sua *Psicopato-*

---

38. Ver, de Freud, *Psychopathology of Everyday Life*, em *The Basic Writings of Sigmund Freud*, Random House, Inc., Nova Iorque, 1938, pág. 152.
39. *Ibid.*, págs. 161, 162.

logia da Vida Cotidiana. Converte-se então num fetiche. O desejo de encontrar determinantes para toda e qualquer experiência, e para esses determinantes outros determinantes, e para estes outros ainda mais remotos, e assim por diante, leva a uma perseguição interminável de causas. Retiram ao momento presente, no qual a experiência tem lugar, toda a realidade como fator contribuinte, e tanto mais quanto mais longa se fizer a cadeia de determinantes. A idéia do determinismo psíquico absoluto, na medida em que é uma idéia fixa, é largamente responsável pelas numerosas interpretações forçadas e artificiais que Freud deu aos problemas psicológicos.

Bergson, ao converter em fetiche o *élan vital,* situou-se no outro extremo. A negação total do determinismo é tão estéril quanto a sua aceitação total. Enquanto que o determinismo psíquico de Freud não deixa lugar algum para o fator *e,* Bergson deixou, por assim dizer, tanto espaço para o criativo que tudo o que ficasse fora disso era convertido em distorção demoníaca. Freud fez com que o "aqui e agora" fosse irreal e estéril, estando totalmente determinado por uma cadeia ilimitada de passados, enquanto que Bergson fez do seu *élan vital* algo tão criador, sendo um instante tão criador como o outro, que todos os instantes se resolveram numa *durée* absoluta de criatividade, com o resultado de que uma categoria do momento não pôde desenvolver significação própria.

Contudo, na minha teoria da espontaneidade existe lugar para um "determinismo operacional, funcional". De acordo com essa teoria, pode haver, no desenvolvimento de uma pessoa, momentos originais, começos verdadeiramente criadores e decisivos, sem qualquer *horror vacui,* isto é, um temor de que não exista atrás dele um confortável passado donde promana. Não é necessário e, na verdade, é indesejável conferir a todos os momentos no desenvolvimento de uma pessoa o crédito de espontaneidade. De tempos em tempos, surgem momentos que se convertem em *locii nascendi,* os quais lançam essa pessoa numa nova trilha de experiência ou, como digo freqüentemente, num novo "papel".

O Lugar do Momento Numa Teoria da Espontaneidade

A diferença entre um universo aberto ou fechado à novidade pode expressar-se pelas seguintes fórmulas: (1) O universo no Momento A é diferente do universo no momento B; (2) o universo no momento A é o mesmo que no momento B. Num universo fechado à novidade, a categoria do momento carece de significado, é apenas uma palavra, um "logóide".[40] A categoria de momento só tem significado num universo aberto, isto é, num universo em que têm lugar a mudança e a novidade. Num universo fechado, pelo contrário, não existe momento e, com sua ausência, não há crescimento, espontaneidade ou criatividade.

É quando tem lugar alguma novidade e a percepção de uma mudança é estimulada no sujeito, um sujeito que é capaz de "responder"[41] à mudança, que se pode destacar suficientemente um acontecimento para ser focalizado em sua mente como um "momento", separado de momentos passados e futuros como um momento particular. Entretanto, para captar verdadeiramente um momento, necessitamos de algum meio suscetível de determinar o seu surgimento, por exemplo, contrastando-o com o instante ou instantes que o precederam, avaliando o grau de mudança e a experiência de novidade que provoca. Comparando eventos desprovidos de toda a novidade, de um grau muito baixo de novidade, com eventos de um alto grau de novidade ou saturados de novidade, desenvolve-se uma escala que terá, numa extremidade, os fenômenos que se apresentam com um mínimo de novidade, por exemplo, a conserva tecnológica, a conserva cultural, o estereótipo social; e, no outro extremo, as atuações de gênios criadores dotados de um máximo de novidade.

Para que o momento seja experimentado como um momento *sui generis*, são requeridas as seguintes circunstâncias: (a) deve ocorrer uma mudança na situação; (b) a mudança deve ser suficiente para que o indivíduo perceba a experiência de novidade; (c) essa percepção implica *atividade* por parte do indivíduo, um ato de aquecimento preparatório de um estado espontâneo. Por outras palavras, *é devido à operação de um fator e que pode ter lugar uma mudança na situação e que uma novidade é percebida pelo sujeito. Uma teoria do momento é inseparável de uma teoria da espontaneidade. Numa teoria do comportamento e da motivação humanos, o lugar central deve ser dado à espontaneidade.*

A Categoria do Momento

Um dos conceitos mais importantes em todo o pensamento humano, a categoria do momento — o momento de ser, viver

40. "Logóide" é um termo criado por Adolf Stöhr, o falecido professor de Filosofia na Universidade de Viena e, provavelmente, o pai da Semântica; ver sua *Psychology* (capítulo intitulado "Sprach logik"), Deutiche, Leipzig, 1912.

41. Responder, resposta, responsabilidade, têm a mesma raiz que espontaneidade: *spons* (ver a referência a Adolf Meyer na Bibliografia).

e criar — tem sido o enteado de todos os sistemas filosóficos universalmente conhecidos. As razões disso são que o momento é difícil de definir; que, à maioria dos filósofos, pareceu nada mais ser do que uma fugaz transição entre passado e futuro, sem substância real; que é intangível e instável, e constitui, portanto, uma base insatisfatória para um sistema de filosofia teórica e prática. Algum fenômeno, num plano diferente do apresentado pelo próprio momento, tinha de ser encontrado, o qual fosse tangível e capaz de uma clara definição mas em que o momento estivesse integralmente relacionado. Encontrou-se na conserva cultural um conceito a cuja luz o significado dinâmico do momento pôde ser refletido e avaliado, convertendo-se, pois, num quadro de referência. Até agora, o momento tinha sido formulado como uma partícula de tempo e espaço, ou como uma abstração matemática; portanto, tinha sido pragmaticamente inútil e teoricamente estéril. Se a categoria do momento pudesse ser construída contra esse fundo mais adequado, a conserva cultural, o caminho ficaria aberto para uma teoria moderna do momento, assim como para uma teoria da espontaneidade e criatividade.

O valor supremo de espontaneidade e criatividade, o valor máximo de qualquer escala axiológica, é o ser totalmente espontâneo-criador, a Divindade. A questão da existência ou inexistência de Deus não interessa aqui; como um valor ideal postulado reveste-se de significado axiológico, comparável ao das noções de "infinito" e "zero" em matemática. Estabelece um quadro de referência para todo e qualquer tipo possível de ser vivo — animal, homem ou super-homem — todo e qualquer tipo de ação, trabalho ou desempenho, todo e qualquer tipo possível de conserva cultural — material decorado, livro ou filme. A escala tem dois pólos opostos: o máximo de espontaneidade num pólo e espontaneidade zero no outro, com numerosos graus de espontaneidade entre ambos, representando cada grau um diferente quociente de espontaneidade. Esta é uma escala axiológica: o expoente ideal de um pólo é um criador totalmente espontâneo e o expoente ideal do outro pólo é a conserva cultural total.

A espontaneidade e a conserva cultural não existem em forma pura: uma é função, é parasita da outra.[42]

A falta de um conceito adequado de momento prejudicou toda a tentativa de elaboração de uma teoria da espontaneidade e criatividade. Isto é manifesto na confusão das obras de

42. São conceitos polares. A espontaneidade só pode ser definida contra aquilo que é comum.

Nietzsche e Bergson, por exemplo, cada vez que tiveram de lidar com problemas relacionados com isto.

Os deuses e heróis que foram a base da teoria de valores de Nietzsche eram pessoas que viveram ao serviço da conserva cultural, como Beethoven, Bach, Wagner e outros. Dado que suas realizações eram "obras", isto é, conservas culturais de alto nível, estas converteram-se no quadro de referência das avaliações de Nietzsche. Contudo, do ponto de vista da matriz criadora, todas as conservas, sejam elas de alto ou de baixo nível, estavam no mesmo plano. Apesar de suas recomendações, portanto, a respeito do ser "criador", do ser "criativo", a sua avaliação assentava, basicamente, em "obras" ou produtos acabados. Do mesmo modo, a sua valorização superior do "super-homem" — Napoleão, Júlio César, Bórgia etc. — em relação ao "homem santo" — Cristo, S. Francisco etc. — era, simplesmente, um deslocamento de um rígido conjunto de preceitos para outro. Nietzsche não se apercebeu de que, enquanto a dureza e o egoísmo podem ser, numa ocasião, as respostas mais fortes a uma situação, em outra ocasião as respostas exigidas podem ser os seus opostos diretos, amor e caridade. O velho preceito: "Ama o teu próximo" converte-se no seu oposto: "Sê duro... ama-te a ti mesmo!" e Nietzsche afirmou que este era um valor superior. Mas, na medida em que a tese e a antítese levaram a rígidas normas de conduta, sabemos que não houve ganho algum, pois ambas estavam vinculadas a conservas culturais. A troca de antigas conservas culturais por novas não altera a posição do homem em sua luta com as realidades do mundo que o cerca e não pode ajudar ao desenvolvimento de uma sociedade humana de que o homem tem que ser o verdadeiro senhor. A conserva cultural presta ao indivíduo um serviço semelhante ao que, como categoria histórica, presta à cultura em geral — continuidade de herança — assegurando para ele a preservação e continuidade do seu ego. Esta provisão é de ajuda sempre que o indivíduo viva num mundo comparativamente estável; mas que deverá fazer quando o mundo à sua volta se encontra em mudanças revolucionárias e quando a qualidade das transformações se converte, cada vez mais, numa característica permanente do mundo em que ele participa?

Bergson aproximou-se mais do problema do que qualquer dos filósofos modernos. Foi suficientemente sensível à dinâmica da criatividade para postular que o tempo é, em si mesmo, uma incessante mudança, algo totalmente criador. Mas, nesse esquema, não havia lugar para o momento como categoria revolucionária, uma vez que cada partícula do tempo — "duração", como ele lhe chamou — era criadora em cada um de seus instantes, em qualquer dos casos. Bastava mergulhar na experiência imediata para participar na corrente de criatividade, no *élan vital* e na *durée*. Mas Bergson não construiu uma ponte entre esse absoluto criador, de um lado, o tempo e o espaço feitos pelo homem, de outro lado, que são aqueles em que vivemos. Assim, o resultado é que, mesmo se essas experiências imediatas tivessem a qualidade de realidade final que Bergson lhes atribuiu, elas possuem um *status* irracional e, portanto, são inúteis para a metodologia e o progresso científicos.

Nas últimas décadas, cada vez mais se utiliza a espontaneidade e seus termos colaterais: *spontaneous* e *extemporaneous*, em inglês, *spontaneité* e *immédiat*, em francês, *stegreif, spontan* e *unmittelbar*, em alemão. Isto ocasionou uma crescente elucidação do significado real do conceito. Observamos que vários termos têm suas origens, suas ascendências e suas decadências, saindo de uso, e sabemos que, amiúde, passam por muitas mudanças no decurso de suas carreiras. Finalmente, seus significados puderam cristalizar-se e converter-se em partes permanentes da linhagem científica, e até da cotidiana. A espontaneidade e seus colaterais atingiram seu clímax em nossa época; e, no decorrer do seu estudo, tornou-se claro qual é o seu significado e que complexos de idéias representam. "Espontaneidade" e "espontâneo" acabaram, enfim, por significar um valor humano. A espontaneidade converteu-se num valor tanto biológico como social. Hoje, constitui um quadro de referência tanto para o cientista como para o político, o artista e o educador. Se isto é verdade, também deve ser um quadro de referência para o teólogo. Uma teologia da Divindade não pode começar sem esse conceito de espontaneidade como primeiro princípio.

Estes progressos podem encontrar uma resposta parcial na análise das conservas culturais, na medida em que se converteram numa parte integrante da cultura humana.

A Conserva Cultural

O livro é o arquétipo de todas as conservas culturais — a conserva cultural por excelência. Em essência, existiu muito antes da invenção da imprensa, nos volumes manuscritos dos mosteiros e nas conservas mnemotécnicas dos monges budistas. O livro talvez tenha sido o mais importante fator, individualmente considerado, na formação de nossa cultura. A conserva cultural propõe-se ser o produto acabado e, como tal, adquiriu uma qualidade quase sagrada. Este é o resultado de uma teoria de valores geralmente aceita. Os processos levados a seu termo, os atos finalizados e as obras perfeitas parecem ter satisfeito mais a nossa teoria de valores que os processos e coisas que permanecem inacabadas ou em estado imperfeito. Essas idéias de perfeição foram associadas à própria idéia de Deus. É significativo assinalar, a este respeito, que muitas qualidades de quase-conserva de Deus foram, provavelmente, enfatizadas em excesso — suas "obras", seu "universo", sua "onipotência", sua "justiça" e sua "sabedoria" — ao passo que a sua função como criador espontâneo — o mais revolucionário conceito da função de um deus — é quase sempre negligenciada. A conserva cultural passou a ser o mais alto valor que era possível produzir — os livros da Bíblia, as obras de Shakespeare ou as sinfonias de Beethoven. É uma mistura bem sucedida de material espontâneo e criador, moldado numa forma permanente. Como tal, converte-se em propriedade do grande público, algo de que todos podem compartilhar. Devido à sua forma permanente, é um ponto de convergência a que podemos regressar a bel-prazer e sobre o qual pode ser assente a tradição cultural. Assim, a conserva cultural é uma categoria tranqüilizadora. Não surpreende, pois, que a categoria do momento tenha gozado de escassa oportunidade de se desenvolver numa cultura como a nossa, saturada como está de conservas e relativamente satisfeita com elas.

Podemos perfeitamente supor que deve ter sido difícil para as mentalidades primitivas de uma cultura primitiva, inferior — ou para os primeiros estágios da nossa cultura — desenvolver a idéia do momento e mantê-la, antes de existirem as conservas culturais ou quando, na melhor das hipóteses, ainda estavam pouco evoluídas e sofrivelmente distribuídas. Aos nossos ancestrais deve ter parecido muito mais útil e valioso empregarem todas as suas energias na promoção das conservas culturais e não confiar nas improvisações momentâneas, no caso de emergências individuais e sociais. As conservas culturais serviram para dois fins: eram prestimosas em situações ameaçadoras e asseguravam a continuidade de uma herança cultural. Mas quanto mais se desenvolveram as conservas culturais — quanto mais amplamente se distribuíram, quanto maior se tornou a sua influência e quanto maior atenção se dedicou ao seu acabamento e aperfeiçoamento, mais raramente as pessoas sentiam a necessidade da inspiração momentânea. Assim, os componentes espontâneos das próprias conservas culturais enfraqueceram e o desenvolvimento da conserva cultural — embora ela devesse o seu próprio nascimento à ação de processos espontâneos — começou a ameaçar e extinguir a centelha que estava em sua origem. Essa situação exigiu, como que em seu auxílio, o diametralmente oposto à conserva cultural: a categoria de momento. Este evento só podia ter ocorrido em nossa época, quando as conservas culturais alcançaram um tal ponto de desenvolvimento e distribuição magistral em massa que se converteram num desafio e numa ameaça contra a sensibilidade das normas criadoras do homem.

Assim como o evidente declínio da função criadora do homem, ao enfrentar os problemas de nosso tempo, nos obrigou a proceder a uma análise e reavaliação da conserva cultural, também nos vimos forçados a dirigir a nossa atenção para os fatores de espontaneidade e criatividade, desde um novo ponto de vista. O problema consistia em substituir um sistema de valores desgastado e obsoleto, a conserva cultural, por um novo sistema de valores mais consentâneo com as circunstâncias de nossa época: o complexo espontaneidade-criatividade.

Teoria da Espontaneidade e da Criatividade

É evidente que um processo criador espontâneo é a matriz e a fase inicial de qualquer conserva cultural — quer se trate de uma forma de religião, uma obra de arte ou uma invenção tecnológica. Coloca simplesmente em primeiro plano a relação entre o momento, a ação imediata, a espontaneidade e a criatividade, em contraste com a costumeira associação de espontaneidade e reação automática.

Uma vez isto aceito, um novo pensamento se apresenta: a idéia de que se pode fazer da matriz criadora espontânea o foco central do mundo humano, não só como fonte subjacente mas também na própria superfície da sua vida real; que o fluxo da matriz para a conserva cultural — por indispensável que pareça ser — é apenas uma das muitas vias abertas à evolução histórica da criatividade; e que, enfim, uma diferente via talvez seja mais desejável, uma via que levará a matriz criadora espontânea à periferia da realidade humana, à vida cotidiana.

Esta idéia provoca a seguinte interrogação: O destino da matriz criadora espontânea será sempre terminar numa conserva cultural, por causa da falibilidade da natureza humana? Para esta e outras perguntas só há uma resposta possível: experimentos sistemáticos que apresentam uma cultura espontânea, surgindo da ação controlada, face a face com a cultura de conserva que nos foi transmitida, e igualmente plausível.

Uma teoria adequada da espontaneidade deve eliminar outras hipóteses dogmáticas, por exemplo, a consideração da espontaneidade como uma espécie de energia psíquica — uma quantidade que se distribui num campo — que, se não puder encontrar realização numa direção, fluirá em alguma outra direção para manter o equilíbrio. Tomemos por exemplo, uma vez mais, o conceito de libido da teoria psicanalítica. Segundo essa teoria, Freud pensou que, se o impulso sexual não consegue satisfação em seu objetivo direto, deve deslocar para outra parte a sua energia inaplicada. Deverá ligar-se a uma localização patológica ou encontrar uma saída na sublimação. Não pôde conceber, nem por um instante, que essa emoção inaplicada se dissiparia, pois estava influenciado pela idéia física da conservação de energia. Uma ilustração genuína do fato de que conceitos físicos tais como o de energia não podem se transferir para um plano social ou psicológico é o processo de "catarse", o qual provoca mudanças fundamentais numa situação sem acarretar alteração alguma no padrão de energia dessa situação. No plano religioso, um homem pode sofrer a mais profunda transformação interna, desde o caos e o pânico totais até ao equilíbrio de um santo. Mas tudo isso pode ter lugar sem a mais ligeira mudança manifesta em seu comportamento. Tudo continua igual: o seu aspecto físico e mental, e o seu *status* em todas as relações sociais. Não se moveu do seu *locus*. Não obstante, as suas avaliações das coisas, em si mesmo e à sua volta, mudaram imperceptivelmente.

Se nós também seguíssemos esse preceito do padrão de energia, quando consideramos a espontaneidade, teríamos de acreditar que uma pessoa está dotada de um certo montante de espontaneidade armazenada, que ela aumenta à medida que transcorre sua vida — mas em quantidade cada vez menores, quanto mais for dominada pelas conservas culturais. Quando desempenha ações, retira desse reservatório; se não tiver cuidado, poderá usá-lo por completo ou até exceder-se. A seguinte alternativa pareceu-nos tão plausível quanto a precedente. Essa pessoa está educada para não confiar em qualquer reservatório de espontaneidade; não tem outra alternativa senão produzir a quantidade de emoção, pensamento e ação que uma nova situação lhe exige. Por vezes, pode ter que produzir, digamos, mais dessa espontaneidade e outras vezes menos, de acordo com o exigido pela situação ou tarefa. Se estiver bem adestrada, não produzirá menos que o montante exato requerido — pois se fizesse o contrário necessitaria de uma reserva em que se apoiar — e, do mesmo modo, não produzirá mais que o exigido pela situação, pois o excedente poderia induzi-la a armazenar, completando assim um círculo vicioso que termina numa conserva cultural.

Outro dogma é que o clímax de intensidade de experiência está no momento de nascimento e que a intensidade é dessensibilizada no transcurso da vida, reduzindo-se ao mínimo em seus últimos anos. Este ponto de vista poderá parecer plausível a uma pessoa comparativamente passiva; mas, para uma pessoa que atue segundo a instigação do momento e não possua reservas donde extrair energia — pelo menos, não conscientemente, e que, ao mesmo tempo, veja-se colocada perante uma situação nova, esta situação será muito semelhante à do nascimento. A pessoa foi treinada para, mediante o processo de aquecimento preparatório, pôr-se em movimento, a fim de conseguir mobilizar tanta espontaneidade quanto a requerida pela emergência que enfrenta. Todo esse processo é repetido várias vezes, não importa a rapidez com que uma nova situação se segue a uma outra. Em cada um desses momentos, o seu adestramento permite-lhe responder a uma situação com a espontaneidade apropriada.

Num experimento, um sujeito lança-se num estado — uma emoção, um papel ou uma relação com outro sujeito, operando qualquer destas coisas como estímulo — ou, como dizemos, procede a um aquecimento preparatório desse estado, de um modo tão livre quanto possível de modelos anteriores. Isto não significa que se espera que as unidade que compreendem o estado sejam absolutamente novas e sem precedentes para o sujeito; quer dizer que o experimento é planejado de modo que o sujeito, como uma totalidade, domine o seu ato, para aumentar o número de combinações e variações possíveis, e — por último mas não de menos importância — para ocasionar no sujeito uma flexibilidade tal que possa dispor do montante necessário de espontaneidade para qualquer situação que tenha de enfrentar. Portanto, é claro que o fator de espontaneidade que permite ao sujeito realizar o aquecimento preparatório desses estados não é, em si mesmo, um sentimento ou emoção, um pensamento ou um ato, que se associa a uma cadeia de improvisações à medida que o processo de aquecimento se desenrola. A espontaneidade é uma disposição do sujeito para responder como requerido. É uma condição — um condicionamento — do sujeito; uma preparação do sujeito para a livre ação. Assim, a liberdade de um sujeito não pode ser alcançada por um ato volitivo. Aumenta gradualmente em resultado do treino de espontaneidade. Por conseguinte, parece certo que, através do treino da espontaneidade, um sujeito torna-se relativamente mais livre das conservas — passadas ou futuras — do que antes dele, o que demonstra tanto o valor biológico da espontaneidade como o seu valor social.

Um outro procedimento experimental deriva do fato do sujeito em ação poder ser freqüentemente controlado por remanescentes de papéis que ele assumiu no passado, numa ocasião ou outra, e essas conservas interferirem ou distorcerem o fluxo espontâneo de sua ação; se o sujeito, após ter-se libertado de antigos clichês no decurso do adestramento da espontaneidade, mostra uma propensão para conservar o melhor dos pensamentos, atos e outras expressões que improvisou e, assim, para repetir-se. A fim de superar tais obstáculos a uma espontaneidade sem estorvos e mantê-lo tão livre quanto possível da influência das conservas, o sujeito deve ser "desconservado" periodicamente. Esse e muitos outros passos devem ser dados antes de podermos estar certos de que os nossos sujeitos atingiram o ponto em que podem começar a agir de um modo verdadeiramente espontâneo.

Usa-se com freqüência o termo "espontâneo" para descrever indivíduos cujo controle sobre suas ações está diminuído. Mas isso é um emprego do termo "espontâneo" que não está de acordo com a etimologia da palavra derivada do latim *sponte*, "de livre vontade". Como demonstramos antes a relação existente entre os estados espontâneos e as funções criadoras, é claro que o aquecimento preparatório de um estado espontâneo leva a — e tem por finalidade — padrões de comportamento mais ou menos altamente organizados. O comportamento desordenado e os emocionalismos resultantes da ação impulsiva estão longe de constituir desideratos do trabalho de espontaneidade. Pertencem, pelo contrário, ao domínio da patologia da espontaneidade.

A espontaneidade é erroneamente considerada, com freqüência, algo que está mais vinculado à emoção e à ação do que ao pensamento e ao repouso. Esse pendor talvez seja uma decorrência do pressuposto de que uma pessoa não pode, realmente, sentir alguma coisa sem ser ao mesmo tempo espontânea, e de que uma pessoa que está pensando pode ter uma experiência genuína sem espontaneidade, mas não é esse o caso. Parece existir um equívoco semelhante na concepção de que uma pessoa em ação necessita de espontaneidade contínua para se manter em movimento mas uma pessoa em repouso não precisa dela. Como já sabemos, tudo isso são falácias. A espontaneidade pode estar presente numa pessoa tanto quando pensa como quando sente, ao descansar tanto quanto ao dedicar-se a uma determinada ação.

Deveríamos esclarecer uma outra confusão: a diferença entre uma conserva cultural e a matriz criadora dessa conserva, no momento em que surge para a existência. Um exemplo poderá ajudar a elucidar essa diferença. Imaginemos a música da Nona Sinfonia de Beethoven no momento de ser criada pelo seu autor e imaginemos também a mesma música como obra de arte — produto acabado — já separada do próprio compositor. Superficialmente, poderá parecer que as "unidades criadoras" que intervieram na Nona Sinfonia — os seus temas musicais, o seu clímax e suas harmonias — também devem ter estado presentes em sua matriz original e que não há diferença alguma entre a sinfonia tal como existia na mente de Beethoven e em seu estado de conserva cultural, excetuando apenas o seu *locus*. Poderia parecer que se trata meramente de uma transposição do mesmo material — a mesma soma total de "unidades criadoras" — de um lugar no tempo — a mente de Beethoven — para outro — a partitura musical. Entretanto, uma observação mais atenta mostrará que isso não é assim. Quando Beethoven caminhava por seu jardim procurando intensamente realizar o aquecimento preparatório de suas idéias musicais, toda a sua personalidade estava em tumulto. Ele fazia uso de todos os possíveis recursos de arranque físico e mental para avançar na direção certa. Essas visões, imagens, pensamento e padrões de ação — inspirações tanto musicais como não-musicais — constituíram o fundo indispensável donde surgiu a música da Nona Sinfonia. Mas todos esses antecedentes, que não podem ser legitimamente divorciados do estado em que Beethoven se encontrava quando foi, de fato, um criador, não se encontrarão no produto acabado, a partitura ou sua execução por uma orquestra famosa. Neste último caso, só está presente o resultado. O fato desses antecedentes terem sido suprimidos em nossa idéia atual de Beethoven é o resultado de um ardil intelectual em que séculos de doutrinação pelas conservas culturais nos fazem cair. Se considerarmos a fase inicial, espontânea e criadora, da composição da Nona Sinfonia por Beethoven como uma fase positiva e não como uma transição rumo ao produto acabado, poderemos ver nas suas composições musicais, em seus conceitos de Deus, do universo e do destino da humanidade, nos amores, alegrias e tristezas de sua vida particular e nos gestos e movimentos do seu corpo, uma estrutura unitária da qual podemos levantar uma camada superficial — a conserva cultural — para satisfazer certas exigências culturais.

No momento da composição, a mente de Beethoven experimentou esses conceitos, visões e imagens em conjunção com a sinfonia em gestação. Eram parcelas integrantes de um ato criador — de uma série de atos criadores. Ele realizou um corte transversal de todas aquelas, de tal modo que só foi incluído o material que pudesse ajustar-se à conserva em perspectiva; a direção do corte transversal foi determinada pela sua moldura. Neste caso particular, a moldura foi a notação musical; num outro caso, poderia ter sido a notação lingüística e, em outro, uma invenção mecânica.

É exatamente neste ponto que a nossa teoria da criatividade pode assumir uma posição contrária ao que o próprio Beethoven fez e, provavelmente, estava tentando fazer. Se imaginarmos um Beethoven que permanecesse nesse estado criador inicial e não permitisse o enfraquecimento desse estado, recusando-se a produzir conservas culturais, um Beethoven que, no entanto, estivesse tão decidido como sempre em seus esforços de criação de novos mundos musicais, poderíamos então apreender o verdadeiro significado da pura criatividade espontânea em outras esferas — dramáticas, culturais e religiosas.

O homem criou um mundo de coisas, as conservas culturais, a fim de produzir para si mesmo uma semelhança de Deus. Quando o homem se deu conta de que fracassara em seu esforço para a criatividade máxima, separou da sua *vontade de criar* uma *vontade de poder*, usando esta última como um meio indireto pelo qual realizaria as finalidades de um deus. Com a desesperada ânsia de uma águia ferida que não pode alçar vôo com suas próprias asas, o homem apegou-se à oportunidade que lhe era oferecida pelas conservas culturais e as máquinas, com a deificação das muletas como conseqüência. Portanto, a conserva cultural tornou-se a expressão de um ser que tem apenas um montante limitado de espontaneidade sob seu controle. Para corrigir essa fraqueza essencial, o indivíduo teria que estar em muitos lugares ao mesmo tempo e incluir muitos outros indivíduos — se possível, todos os atos criadores do universo inteiro. Teria que possuir uma criatividade inicial que surgisse a cada novo momento mas não tem a verdadeira universalidade de um deus, pelo que se vê forçado a substituir a onipresença no espaço pelo poder no espaço, derivado das máquinas, e a onipresença em todos os momentos do tempo pelo poder no tempo, decorrente das conservas culturais.

Primeira Sessão Pública na Cidade de Nova Iorque (1928)

O aspecto técnico do foco individual durante o processo de criação nunca foi estudado e aplicado cientificamente. Mas foi e é aplicado, em estranhos aspectos populares, por gente que não pretende ter conhecimentos de psicologia; por exemplo, os ladrões e assaltantes. A técnica deles é a seguinte. Se há a intenção de roubar a um homem o dinheiro escondido em seu paletó, o ladrão sabe muito bem que esse homem focalizará a sua atenção no dinheiro, desde que não seja distraído. A idéia é a criação pelo ladrão de um outro foco de atenção para a sua vítima; esse novo foco deve ser mais forte que aquele que controla a sua mente. Assim, com isso em vista, o ladrão pode fazer-se acompanhar de uma moça que flertará com a vítima em perspectiva e, se possível, o fará falar. Distraí-lo-á do dinheiro. Durante o processo de troca do foco individual, o ladrão arrebata o dinheiro.

Isto é um exemplo da técnica popular de improvisação. Analisemos a nossa vítima. Antes do novo foco penetrar em sua mente, todos os seus processos de comportamento são determinados pelo primeiro foco. Assim que o foco número dois (a moça) entra na "trama", desenvolve-se uma situação inesperada e provisória que é estimulada pelo novo foco. Todos os processos controlados pelo foco número um estão agora parcial ou totalmente descontrolados; portanto, ele é um bom objeto para um ladrão... ou um psicólogo. Será possível aplicar essa técnica popular, sistemática e metodicamente, aos propósitos de análise da personalidade? Uma pequena mudança é necessária.

Um ladrão introduz um novo foco para enfraquecer o antigo foco, com o propósito de agir sobre o indivíduo; o psicólogo deve introduzir um novo foco com a finalidade de estudar o indivíduo.

Põe-se a seguinte questão: Como poderemos colocar essa experiência popular numa base científica, controlável? Isso é feito, exatamente, através da Análise de Improvisação *(Impromptu Analysis)*. Um indivíduo é colocado num papel inesperado. Favoravelmente, esse papel deve ser tão diferente quanto possível do papel que o ocupa cotidiana e ordinariamente. *Um aparelho de filmar com banda sonora deve fotografar o processo.*

Ao foco a que estava ligada a sua mente imediatamente antes do teste chamamos o Foco I. E ao centro a que se dirige a mente do indivíduo durante o teste chamamos Foco II. Pode ser dito que, quanto maior for a tensão entre o Foco I e o Foco II, mais material analítico será exibido pelo indivíduo testado. Se este não faz tentativa alguma para desligar-se do Foco I e ligar-se ao Foco II, então a tensão entre os dois focos é nula.

Mas se o indivíduo testado se desliga fácil e rapidamente do Foco I, logo depois de ser feita a sugestão, e se liga ao Foco II com tanta atenção e concentração como a que dedicaria à sua própria pessoa, e se pode persistir nesse papel por tempo indefinido, então é possível considerar que a defasagem entre o Foco I e o Foco II é grande. Mas se o indivíduo testado está profundamente vinculado ao Foco I (excessivamente enamorado dele, por assim dizer) e se, ao mesmo tempo, o desejo de permanecer no Foco I e o desejo de ligar-se ao Foco II são da mesma intensidade, pode ocorrer uma crise dramática e material mais instrutivo e oculto do indivíduo testado poderá ser exposto do que no caso antes mencionado.

Enquanto um indivíduo testado se encontra na situação do Foco I e nenhum outro foco está desviando a sua atenção, o ego está organizado ou sob o controle do Foco I — ou, pelo menos, assim parece. Logo que o Foco II se aproxima do indivíduo testado, se certas partes do ego estiverem desorganizadas, por serem as que menos estão ligadas ao Foco I, elas serão as primeiras a ser atraídas e a ligar-se ao Foco II. É lógico concluir que quanto mais partes do ego estiverem desorganizadas, maior será a oportunidade de análise.

O Caso da Senhorita X

Introdução

O analista apresentou a "Senhora X" ao público. Ela interrompeu-o vivamente:

— Senhorita, por favor, não senhora.

— Lamento ter dito Senhora mas você parece uma senhora. Como é a Senhorita X, apresentá-la-ei de novo aos nossos estudantes. Apresento-lhes a Senhorita X.

O analista queria iniciar o teste. Contudo, a Senhorita X falou de novo:

— Espero que não me hipnotize.

— Não, — disse ele.

— Oh, eu não tenho medo, — respondeu ela. E continuou falando em tom espirituoso.

— Sabe o que é um teste de improvisação? — perguntou o analista.

— Não exatamente.

— Foi alguma vez submetida a um teste de inteligência?

— Que quer dizer? — perguntou ela rindo. — Espero não precisar dele e, mesmo que precisasse, não o faria. É claro que sei tudo a respeito, Binet etc. Acha que não sou inteligente?

— Por favor, não fale agora, — interrompeu o analista, — e dir-lhe-ei o que é um teste de improvisação. Sugerirei que assuma um papel diferente daquele que desempenha agora. Por muito inesperadas e surpreendentes que as condições da nova situação possam parecer-lhe, terá de desempenhar o seu papel imediatamente depois de receber a minha sugestão.

— Tenho de representar?

— Sim, exatamente como representou até agora, só que em outro papel.

Tema

— Você é a proprietária de um hotel no Alabama. Os nossos estudantes são seus hóspedes durante o fim-de-semana. É noite e eles retiraram-se para seus quartos. Você está sozinha. Dirige-se para os seus aposentos, abre a porta, acende a luz. Senhorita X, eu quero chamar a sua atenção para o fato de que deve começar representando a partir do momento em que acende a luz. Vê que está alguém na sua cama. É a Senhorita X, o seu duplo, o seu eu. Represente agora!

Apresentação

Situação I: Relação com o analista:

Sensível, loquaz, cordial, antes de começar o teste. Francamente agressiva. Quando a situação de teste lhe foi dada, tornou-se cada vez mais reservada, falando pouco e mostrando-se ressentida com o analista. No final, tornou-se briguenta, questionadora e na defensiva.

Situação II: Relação com o público:

No princípio, delicia-se com a sua presença; depois, mostra-se também renitente em relação a ele, à medida que mudou a sua atitude para com o analista e o teste.

Situação III: Comportamento desde a subida ao tablado até ao momento de começar:

Tremendamente espontânea e livre. Grande verbosidade.

Situação IV: Comportamento desde o momento de começar até à verdadeira representação:

Parecia embaraçada, dizendo: "Não posso fazer isso; é impossível. Não posso representar. Posso cantar." A sua resistência tornou-se cada vez maior. Assumiu uma atitude defensiva.

Situação V: Comportamento e conteúdo verbal durante a representação:

Plantou-se no tablado, decidida a não atuar e a ir-se embora dali. Como o analista voltasse a insistir em que devia tentar, ela procurou relatar em movimentos a cena sugerida. E disse: "Eu abriria a porta; acenderia a luz." Fez um movimento com a mão direita ao falar. "Isso é tudo."

Análise

Antes de começar a análise, quero chamar a atenção para o fato de que um teste é muito insuficiente como base para uma análise de improvisação. Antes de qualquer tentativa poder ser realizada, toda uma série de testes tem de ser levada a cabo. Portanto, este teste não constitui uma análise mas, tão-somente, uma introdução ao seu método. Embora a tentativa do sujeito para representar o papel sugerido fosse quase nula, ele ofereceu interessante material para análise. Dividimos as reações em três fases: o comportamento do sujeito antes de eu lhe dar o teste; a segunda fase, o seu comportamento durante a transmissão do teste; e a terceira fase, o seu comportamento depois que o teste foi dado.

Durante a primeira fase, a pré-analítica, vemos uma pessoa de notável espontaneidade e ímpeto. Por vezes, pareceu que era ela a analista e eu a pessoa que ia ser submetida ao teste. A sua atividade mental e argúcia eram surpreendentes, tanto mais que nunca tinha visto antes um teste de improvisação. Tanto corporal como mentalmente, agiu com rapidez a cada tonalidade da situação. Ocasionalmente, ela foi até o líder. Parecia ser uma boa candidata a um desempenho eficiente.

Na fase de transmissão, ela alterou o seu comportamento; desapareceu a sua agressividade. Imobilizou-se e, no final, olhou à sua volta completamente perdida.

Na terceira fase, a criativa, assumiu uma atitude de defesa e também de agressão. Foi improdutiva, até negativista.

Comparemos o seu comportamento durante as três fases com a sua pessoa total. Não nos causa surpresa que uma pessoa emane grande espontaneidade e vigor no processo vital natural e automático mas falhe quase completamente na situação exteriormente sugerida. Os homens primitivos e as crianças comportam-se de modo semelhante. São excelentes quando seguem a sua própria corrente de pensamentos, em situações reais, nas quais os seus impulsos próprios são espontaneamente mobilizados, mas têm dificuldade em adaptar-se a momentos insólitos, desconhecidos e surpreendentes. A imaginação deles não é elástica, não está suficientemente adestrada para condições que estão além das necessidades da própria pessoa. O mesmo indivíduo que se abandonava, extremamente confiante, à sua atitude de agressão, foi o oposto na última fase: improdutivo e inativo, inferior em sua atitude de defesa, negativista. Esta é a reação típica do primitivo.

Vemos a espontaneidade em dois níveis: a espontaneidade rudimentar, durante o curso de qualquer processo vital; e, depois, a espontaneidade em um nível superior, ocorrendo em situações que não se ajustam aos padrões da pessoa, que são surpreendentes e inesperadas. É útil distinguir entre espontaneidade instintiva e espontaneidade criativa.

Testes de Espontaneidade e de Inteligência

Os testes de inteligência foram feitos de acordo com o padrão da entrevista formal. Mas responder a perguntas estabelecidas e enfrentar a realidade são duas coisas diferentes. Além do que possuímos, necessitamos de um método de teste que seja padronizado de acordo com uma situação vital. É isso o que o Teste de Espontaneidade tenta ser.

O modo de aperfeiçoar os nossos meios atuais de classificação torna-se claro se o compararmos com os experimentos que efetuamos desde 1911; só que os sujeitos não eram prisioneiros mas adultos e crianças na comunidade. Fizemos com que participassem de uma peça — uma representação lúdica de um gênero especial — em que tinham de improvisar certas atitudes para situações típicas. Além disso, foram classificados de acordo com suas qualificações. E também eles cometeram, nas várias situações que lhes indicamos, os atos mais surpreendentes, embora no reino da ficção, os quais pareciam não ter relação alguma com seus eus individuais, quando os víamos na vida cotidiana. Foi então que observamos dois tipos de comportamento que reapareciam continuamente e nos levaram a diferençar, para uso clínico, dois grupos de pessoas.

Descobriu-se que os componentes do primeiro grupo tinham maior satisfação em encontrar situações pela primeira vez. Importunava-os repetir a mesma situação no mesmo papel e se eram obrigados a fazê-lo a sua atuação era menos adequada que a primeira. O prazer de ter dado largas a emoções e pensamentos era melhor recordado do que as palavras, gestos, seqüências de situações etc. que os acompanhavam. O segundo grupo tinha uma boa memória para o texto. Os seus componentes gostavam de repetir a mesma situação na mesma sessão, corrigi-la e poli-la, remodelá-la, aperfeiçoá-la. Ficaram perturbados por mostrar algo de um modo inadequado. A sua tentativa inicial de aquecimento preparatório estava toldada em sua memória e, ao enfrentarem uma situação pela primeira vez, experimentavam tendências conflitantes, resistências.

Parece haver, claramente, dois tipos de reações: um tipo nas pessoas que estão principalmente interessadas na *fase inicial* de um processo. Têm melhor memória para a iniciação de estados do que para o texto que a acompanha. Isto é uma razão que os impele a retornar ao estado inicial, espontâneo, quando querem chegar às formas que surgiram dele. O segundo tipo de reação foi observado em pessoas mais atraídas para a *fase terminal* e organizada de um processo. Têm melhor memória para o texto que emerge dos estados iniciais do que esses mesmos estados. É por isso que reúnem e conservam textos e formas, e focalizam seus esforços nos produtos finais. Os impulsos no sentido da fase inicial e terminal de um processo, respectivamente, determinam em cada caso um diferente conjunto de atitudes.

A classificação individual de um criminoso, tal como é baseada nos testes mentais existentes, não sugere ao estudioso aquela totalidade e unidade do indivíduo que é transferida para o observador através do contato imediato.

Entretanto, é evidente para todos os que tiveram ocasião de encontrar o transgressor em tribunal ou na prisão, que há momentos, assomos espontâneos em seu comportamento, que revelam infinitamente mais sua relação com o crime cometido, seu caráter e educabilidade, que todos os testes combinados de que temos hoje conhecimento. De fato, todo o examinador é mais impressionado por esse fator irracional do que talvez reconheça. Mas, como é um verdadeiro elemento "improvisado", não pode ser suscitado a bel-prazer, não está à disposição do psicólogo, por assim dizer, como qualquer outro desempenho mental. Assim, escapa ao registro. Com isso, perde-se a possibilidade de fazê-lo figurar numa classificação racional.

As reações testemunhadas pelo psicólogo e as revelações feitas por qualquer indivíduo no decurso de uma entrevista, casual ou planejada, são de escasso valor, pelo menos do ponto de vista da pesquisa cooperativa controlável, uma vez que, após o evento, são meramente impressões mnemônicas do observador. As interpretações multiformes oferecidas pelos subjetivistas em psicologia carecem de uma demonstração e reconsideração adequadas, na medida em que não conservam o momento. Portanto, sugeri freqüentemente que uma "máquina de filmar com banda sonora deveria fotografar o processo" [43] e que fizéssemos um uso sistemático desses equipamentos de registro da personalidade.

As ocasiões de estudar o uso do registro elétrico levaram o autor e seus colaboradores a enfatizar o registro do comportamento espontâneo em situações especialmente indicadas, não preparadas e inesperadas para a pessoa a ser testada. Deve-se atribuir um valor diferente para a análise psicológica ao material resultante de cada um dos seguintes itens:

(a) Reações preparadas — comportamento em situações conhecidas de antemão e para as quais uma resposta é preparada.

---

43. *Impromptu Journal*, janeiro de 1931, pág. 26.

(b) Reações espontâneas — comportamento em situações casuais, não determinadas pelo sujeito ou por qualquer outra pessoa.

(c) Reações em situações improvisadas — comportamento em situações definidamente atribuídas à pessoa que será testada. Cada situação é uma situação insólita, "improvisada". Nessa situação, a pessoa produz o estado de comportamento também atribuído a ela, o estado inesperado, "improvisado". Uma situação poderá ser, por exemplo, um homem que regressa a casa após uma longa ausência. Pode-se deixar-lhe ou atribuir-lhe, por exemplo, o estado de "júbilo".

Embora as reações espontâneas (b) forneçam ao psicólogo material importante, elas assentam excessivamente nas interpretações do observador. Reside na natureza do comportamento espontâneo que os desempenhos sejam inteiramente dirigidos pela própria pessoa, que qualquer foco seja por ela escolhido espontaneamente ou não. Durante o experimento "improvisado",[44] pelo contrário, o foco é atribuído à pessoa. É alternado e variado de acordo com as finalidades do teste.

Este método proporciona um meio de aperfeiçoar e tornar mais precisas e adequadas as nossas pontuações na classificação. Já durante o próprio decurso do teste mental tem de ser avaliado o elemento espontâneo. O elemento de aquecimento preparatório para um estado tem, em diferentes pessoas, uma influência diferente sobre o resultado. A personalidade do examinador constitui um fator adicional. O sujeito e o examinador podem não estabelecer um *rapport* mútuo no caso do contraste pessoal e social ser muito grande entre os dois. O trabalho de classificação, tal como é efetuado hoje em dia nas prisões, pode ganhar em precisão e ser mais completo se o comportamento espontâneo do homem, durante as suas entrevistas com os diversos membros de uma junta examinadora, for classificado por cada um deles e considerado conjuntamente, na avaliação de sua inteligência, com os resultados dos testes mentais a que tiver sido submetido. Além do próprio Teste de Espontaneidade, a colocação do sujeito em situações que o levem a apresentar diversos estados de comportamento fornece-nos uma visão da sua personalidade como um todo. O indivíduo sem educação que se eleva a um nível de maior eficiência em crises situacionais, deixa muito para trás, freqüentemente, a classificação que se fez dele na fria e abstrata sala de aula. Há uma considerável inteligência que somente se desenvolve e manifesta na experiência imediata, espontânea. O traficante ou *gangster*, por

---

44. A "improvisação" denota a fase de um Teste de Espontaneidade durante a qual se atribuem ao sujeito situações e estados.

exemplo, a quem se classifica como débil mental em virtude, somente, dos testes mentais do laboratório atual, poderá espantar o examinador com sua eficiência extraordinariamente alta em situações vitais críticas.

O valor do Teste de Espontaneidade pode ser consideravelmente incrementado em exatidão e perfeição se o departamento de classificação de nossas prisões dispuser de elementos para o cadastro da personalidade. As conservas do teste podem ser repetidas e não só determinados sintomas impressionantes são armazenados para duplicação à vontade mas também a escala de expressões mímicas que de outro modo não seriam registráveis. São acessíveis ao estudo as reações que possam ter sido subestimadas na pressa da apresentação. Os sinais preferidos pelo psicólogo e que, por conseguinte, são por ele sublinhados, estão presente em conjunto com aqueles sinais que podem ter passado por alto. Um nível de "inteligência que é indicado por uma rica aptidão para a expressão mímica, pode ser então simultaneamente observado com uma aptidão comparativamente medíocre para a expressão verbal e vice-versa, e ser adequadamente considerado na classificação. Essas incongruências das expressões verbais com outras formas de expressão do sujeito implicam que a livre associação de palavras, por si só, é com freqüência uma enganadora base de estudo. Muitos gestos e movimentos, intencionais ou não, passam despercebidos aos olhos dos examinadores durante o teste, devido ao fato da atenção deles estar absorvida no processo. Essas ações têm, amiúde, uma influência significativa no sujeito. Durante a recapitulação subseqüente do filme, quaisquer desvios no comportamento, por muito sutis que sejam, tornam-se proeminentes, a par dos indícios de tendências conflitantes no íntimo das pessoas atuantes.

Os métodos existentes para testar a inteligência, aumentados pelo método do Teste de Espontaneidade, ganharão em praticabilidade se um equipamento de registro for utilizado para checar e verificar as classificações dadas. O departamento de classificação de toda e qualquer instituição penal e correcional deveria ter, para fins de classificação, além dos testes e levantamentos mentais, um ou mais filmes de cada recluso.

Teste de Espontaneidade

"O teste de espontaneidade pode desvendar sentimentos em seu estado nascente, inicial. Por seu intermédio, obtemos um melhor conhecimento das atitudes genuínas que um indivíduo pode desenvolver no decurso de seu comportamento e captamos atos no momento de seu desempenho. Este é o ponto em que as várias formas de testes, particularmente o Binet, o de Livre Associação de Palavras e os gestaltistas, não lograram êxito. Imaginemos que três representantes dessas doutrinas sugeriram a um sujeito que está sob o seu respectivo estudo para que dê livre curso às suas idéias e emoções, quer escrevendo ou bosquejando espontaneamente quaisquer configurações que as expressem. O examinador que usar o teste Binet pode tentar avaliar aproximadamente a idade mental do sujeito, tal como indicada pelo conteúdo da produção. O psicanalista poderá tentar dar uma interpretação dos conflitos a que o sujeito se referiu em suas palavras e identificar os símbolos característicos que possa descobrir num teste subseqüente de livre associação verbal. O gestaltista pode estudar as configurações do material apresentado. Em vez de nos contentarmos com o *frio* material que o sujeito deixa atrás de si, após ter passado a sua excitação no estado de produção, precisamos vê-lo quando procede ao "aquecimento" preparatório da expressão. Poder-se-á argumentar que o sujeito está presente durante o teste de inteligência, assim como na situação psicanalítica. Mas queremos dizer que, em ambos os casos, a ênfase recai sobre o material produzido pelo sujeito e não no ato. Atuar significa efetuar um aquecimento preparatório de um estado emocional, um estado de espontaneidade." [45]

O sujeito lança-se num estado — uma emoção, um papel ou uma relação com outro sujeito, funcionando qualquer destes como estímulo. Realiza um aquecimento preparatório desse estado, de um modo tão livre quanto possível de padrões anteriores. Isto não quer dizer que se espere que as unidades que abrangem o estado sejam inteiramente novas e não tenham qualquer precedente para o sujeito. Significa, isso sim, que o experimento tem a intenção de levar o sujeito, como um todo, a influir em seu ato, a aumentar o número de possíveis combinações e variações e — por último, mas não o menos importante — a provocar uma tal flexibilidade do sujeito que ele possa dispor do montante de espontaneidade necessário em qualquer situação com que ele possa se defrontar. É claro, pois, que o fator (espontaneidade) que habilita o sujeito a realizar seu aquecimento preparatório de tais estados não é, em si mesmo, um sentimento ou uma emoção, um pensamento ou um ato que se liga a uma cadeia de improvisações, à medida que transcorre o processo de aquecimento. É, outrossim, uma condição — um condicionamento — do sujeito, uma preparação deste para a livre ação.

---

45. Citação de *Who Shall Survive?*, págs. 193-194.

O Teste de Espontaneidade em Situações Correntes da Vida

DEFINIÇÕES

O termo "espontâneo" é freqüentemente usado para descrever indivíduos cujo controle de suas ações está diminuído. Entretanto, esse emprego do termo "espontâneo" não está de acordo com a etimologia da palavra que, como já assinalamos, deriva do latim *sponte*, "de livre vontade". Como já descrevi a relação entre estados espontâneos e funções criativas, tornou-se claro que o aquecimento preparatório de um estado espontâneo tem em mira padrões de conduta mais ou menos altamente organizados. A conduta desordenada e os acessos emocionais que decorrem de ações impulsivas estão longe de constituir desideratos do trabalho da espontaneidade. Pertencem ao domínio da patologia da espontaneidade.

"Conservar", diz Webster, "significa manter num estado bom ou seguro; preservar". Deriva do latim *con-servare*, que quer dizer *guardar*. Eu uso a palavra "conserva" como substantivo, seguido do adjetivo "cultural". Assim, uma "conserva cultural" é a matriz, tecnológica ou não, em que uma idéia criadora é guardada para sua preservação e repetição. Duas formas de conserva cultural têm sido mencionadas em meus escritos: a conserva tecnológica, como livros, filmes, robôs; e a conserva humana, aquela que utiliza o organismo humano como veículo. Mas a idéia criadora é intrinsecamente "espontânea" e à qualidade correspondente à concepção e materialização dessa idéia dá-se o nome de "espontaneidade". A espontaneidade deve ocorrer sempre como o primeiro passo no sentido da formação de uma conserva cultural.

Preparação do Examinador

O examinador escolhido é cuidadosamente preparado para administrar os testes. Ele conhece bem de antemão a espécie de situações vitais típicas em que irá funcionar, e também conhece o gênero de papéis que terá de representar — por exemplo, o de pai, juiz, policial, marido etc. — pois foi testado e a sua gama de papéis determinada de antemão; já ficou provado que ele é adequado para qualquer desses papéis. É adestrado no papel específico que assumirá neste teste, a fim de que possa apresentar a todos os sujeitos — tanto quanto possível — o *mesmo* estímulo psicodramático. É importante que ele apresente um desempenho estereotipado — no que se refere ao tempo, à gama de idéias e ao diálogo, e na apresentação do motivo dramático crucial com que irá colher de surpresa o sujeito.

Ao examinador não é permitido mudar o curso de ação durante a representação. Mas deverá manter sua mente aberta às reações espontâneas do sujeito, diante da situação e do motivo. Por outras palavras, o examinador deve manter-se espontâneo e flexível, disposto a mover-se com o sujeito na direção de sua resposta, e evitando a todo o custo a rigidez, pois trata-se de um teste da iniciativa, da espontaneidade do sujeito, e não só da sua capacidade de reagir às sugestões provenientes do examinador.

Desde o momento de revelação do principal motivo dramático, há muitos cursos de ação possíveis à disposição do sujeito e o desfecho ou solução dependerá inteiramente da inventiva e dos desejos espontâneos do sujeito. O examinador deve estar preparado para enfrentá-los.

O grau de flexibilidade que o examinador deve exibir não altera o fato de que deve estar preparado e adestrado para tantos cursos de ação quantos sejam possíveis, que o sujeito poderá resolver seguir. Só depois de familiarizar-se com cada um desses cursos de ação, ele estará apto a oferecer a todos os sujeitos — por muito diferentes que sejam as suas respostas e reações — um igual estímulo. O conteúdo de suas perguntas e respostas poderá diferir de um caso a outro mas o peso do estímulo deve ser sempre o mesmo. Quando o examinador foi preparado para todos os muitos cursos possíveis de ação do sujeito, em qualquer situação particular, é natural que a sua atitude dependa apenas da sua própria experiência e da do diretor, e que esteja limitada por essas experiências. Mas tornar-se-á mais experimentado e mais versátil à medida que continuar experimentando com vários sujeitos.

No exemplo seguinte, os sujeitos são todos mulheres. Portanto, é escolhida uma situação vital típica mas crucial que exige mulheres como sujeitos. (Há outras situações vitais típicas em que os sujeitos são todos homens e ainda há outras em que o sexo dos sujeitos não faz diferença alguma.) A situação é a seguinte: um marido (representado pelo examinador) chega a casa, onde está sua esposa (o sujeito) e diz-lhe estar apaixonado por outra mulher e que quer o divórcio. De começo, poderemos considerar numerosas reações possíveis por parte dos sujeitos, para as quais o examinador deve estar preparado.

Por exemplo, o sujeito pode reagir à situação de uma das maneiras seguintes:

(A) ela pode receber a notícia com um sorriso e concordar em que a vida de seu marido é coisa dele e, portanto, é também a ele que compete fazer uma opção; ou

(B) ela pode aceitar a situação incondicionalmente, como uma questão de princípio, ou

(C) ela pode aceitar a situação e dizer que, por sua parte, também está apaixonada por outro homem e já vinha querendo o divórcio há algum tempo; ou

(D) ela pode aceitar a situação, na condição de que o marido continue a sustentá-la, ou

(E) ela pode aceitar a situação com a reserva de que lhe seja dada a oportunidade de ver a outra mulher e falar com ela; ou

(F) embora aceitando-a, poderá pedir ao marido que lhe dê tempo para ajustar-se à situação, ou

(G) embora aceite a decisão do marido, poderá dizer-lhe que sempre o amará e lhe será fiel enquanto viver, ou

(H) aceita a situação e oferece ao marido ajuda financeira para que a sua posição seja suficientemente segura para casar com a outra mulher, ou

(I) ela pode exigir a custódia exclusiva dos filhos, ou

(J) pode estipular a condição de conservar a casa para si, ou

(K) pode estipular a condição de ser a beneficiária do seguro de vida do marido, ou

((L) pode aceitar a situação mas suicidar-se imediatamente depois.

Por outra parte, ela poderá negar-se a aceitar a situação nas seguintes bases:

(1) estar esperando um filho, ou

(2) ama o marido e só poderão tirar-lho à força, ou

(3) não tem para onde ir e está sem dinheiro; sem o marido fica desprotegida, ou

(4) a vida conjugal provocou-lhe uma doença de que ele foi o responsável, ou

(5) lutará contra essa outra mulher pela posse do seu homem.

Ela poderá ameaçar o marido com uma ação direta, como matá-lo ou à outra mulher, ou poderá implorar-lhe uma nova oportunidade para recuperar o seu amor.

Ainda uma outra reação pode ser a de recusar-se a acreditar que a situação seja verdadeira; isto é, negar-se-á a levar a sério a declaração do marido.

Estas são apenas algumas das possíveis respostas e reações que podem surgir no decorrer do teste com um certo número de sujeitos nessa situação-amostra. Naturalmente, é impossível prever todas as reações possíveis e, por conseguinte, serão apresentadas muitas soluções para as quais o examinador deverá usar a sua própria iniciativa. Contudo, as vinte variações acima indicadas constituem uma parcela da massa de reações que serão encontradas nessa situação vital e, como tal, fazem parte do total registrado de padrões de comportamento.

Instruções para os Sujeitos

Os sujeitos são admitidos *separadamente* à cena do teste. Cada um deles, é claro, ignora o que ocorreu com os seus predecessores. Quando um sujeito é admitido, o diretor diz-lhe brevemente que o examinador representará o papel de seu marido na situação que vai seguir-se e que ela (o sujeito) deverá agir e reagir como se ele fosse realmente o seu marido. O tempo e o lugar da cena (talvez à tarde, um pouco antes do jantar) são indicados e a cena pode começar.

As instruções devem ser idênticas para todos os sujeitos e é importante que cada um deles seja colhido de surpresa pelo motivo dramático da situação. A partir do momento em que isso é revelado, o papel principal é deixado ao sujeito, no desenvolvimento da ação, com o examinador ajustando suas ações e respostas às dele. Faz tudo o que puder para promover a reação mais espontânea possível no sujeito, a fim de que toda a gama de reações do sujeito possa ser registrada.

Instruções para os Registradores

Deverá haver dois registradores. Ambos cronometrarão a duração do período de permanência de cada sujeito no palco, a fim de procederem a uma checagem mútua. Além disso, um deles anotará cuidadosamente todas as palavras proferidas, enquanto que o outro anotará todos os gestos e movimentos por parte do sujeito, com os tempo de cada um. Isto proporcionará um registro exato do seguinte:

(1) a duração da instrução do sujeito, pois embora a instrução seja padronizada, as peculiaridades individuais dos diferentes sujeitos podem causar repetições, explicações mais completas etc.;

(2) a duração do "intervalo de arranque", que é o comprimento do intervalo que vai desde o fim das instruções até ao começo real da ação do sujeito ou da adoção do papel que é requerido dele ou dela, ao assumir a situação;

(3) a duração daquela porção padronizada do teste que começa no final do intervalo de arranque e continua até ao momento em que se revela ao sujeito o motivo dramático; e

(4) a duração desde o momento da revelação do motivo dramático até ao fim da ação. Esta fase é a parte decisiva do teste.

A duração das pausas entre os fragmentos verbalizados de ação não é medida, necessariamente, de um modo individual mas pode ser estimada como o tempo total gasto nas pausas. Uma comparação entre esse tempo total e o tempo total gasto na fala é, com freqüência, muito esclarecedora.

Podemos obter, desta maneira, um registro do número total aproximado de palavras proferidas pelo sujeito durante o teste, o número total de falas, o número de gestos, a extensão dos movimentos no palco, assim como as durações acima mencionadas. Todos esses registros podem ser comparados de sujeito a sujeito e anotados os desvios da "norma".

É importante que essas situações típicas sejam verdadeiramente representadas como fragmentos da vida real. Tomemos, por exemplo, uma outra situação-amostra que se verificou ser produtiva: o sujeito é informado pelo médico da família de que o seu pai acaba de ser morto ao atravessar a rua. O examinador, no papel do médico, não se dirige ao sujeito e simplesmente lhe pergunta: "Como agiria você se recebesse, de súbito, a notícia de que seu pai foi morto num acidente de rua?" ficando então à espera da resposta. Esse procedimento reduziria o teste a um nível de questionário. O sujeito e o examinador devem realmente funcionar nos papéis de filho (ou filha) e de médico da família, dando pleno valor à situação dramática. É uma abordagem direta e frontal, como poderia ter ocorrido na própria vida. O examinador desenvolve o tema passo a passo e não explode com a notícia da morte do pai, como certamente não o faria na vida real. A representação deve retratar uma situação da vida real mas, além disso, deve tratar-se de uma situação em que esse particular sujeito poderia concebivelmente encontrar-se. Não é um padrão de comportamento generalizado mas uma situação colorida por sua personalidade e sentimentos. Por meio deste teste, obtemos um vislumbre da relação pai-filho, numa situação crucial para o sujeito, e de sua atitude perante o fato da morte. O sujeito, agitado pelos padrões de ação, está particularmente preparado para uma rápida entrevista depois do teste. A intensidade da entrevista é aumentada pelo trabalho psicodramático.

Numa outra situação típica que tem sido empregada em testes deste gênero, o sujeito está conduzindo o seu automóvel além do limite de velocidade permitido e é detido por um patrulheiro da polícia rodoviária. É interessante ver como varia de sujeito para sujeito a relação com a lei e a autoridade. Ver-se-á que a gama de variação vai desde a subordinação e a docilidade, até à agressividade e, inclusive, ao ataque físico; e desde o aberto reconhecimento da delinqüência até à fraude, à mentira e, finalmente, às tentativas de suborno.

Uma outra situação mostra o sujeito quando é convocado ao gabinete do seu patrão; aí, é informado de que a sua folha de serviço é insatisfatória e de que está despedido. Este teste é variado para ajustá-lo, tanto quanto possível, à situação vital concreta do sujeito. Também neste caso é interessante a variedade de reações. Alguns sujeitos aceitarão a sua demissão silenciosamente e deixam logo o palco, enquanto que outros perguntam a causa da demissão e, em alguns casos, iniciam uma longa discussão que pode exigir a intervenção do diretor, antes da cena poder chegar ao seu desfecho final.

Existe ainda uma outra situação típica em que o examinador se apresenta como um pai (ou mãe) com um presente em dinheiro para o filho ou filha. Essa quantia foi economizada secretamente, como uma surpresa. Diz-se aos sujeitos que reajam a essa situação da maneira mais pessoal possível. Alguns reagem negativamente, com o seguinte comentário: "Isso não poderia acontecer na minha família"; alguns aceitam o dinheiro rapidamente; outros rejeitam-no com violência, insistindo em que os pais façam uso dele; e vemos ainda alguns que não fazem idéia do destino a dar ao dinheiro, enquanto outros têm um plano claro e preciso.

Estas poucas situações-amostras, em conjunto com o exemplo dado antes, podem servir para mostrar o padrão que deveria ser seguido, de um modo geral, para construir situações típicas de teste. Há certas especificações que devem ser satisfeitas em todos eles: deve ser uma situação que possa acontecer a *qualquer* dos sujeitos; deve ser o mais simples possível e, no entanto, apresentar ao sujeito alguma crise súbita que dele exija uma reação espontânea e imediata, e quanto mais fundamental o problema for, mais elucidativa será a reação.

Algumas vantagens definidas podem ser ganhas colocando este procedimento no contexto psicodramático. Em primeiro lugar, é possível construir uma quantidade indefinidamente vasta de situações típicas e utilizá-las para determinar o seu valor em todas as circunstâncias. Aquelas que suscitam reações no maior número de sujeitos são retidas e as outras são postas de lado. Destarte, as situações, em conjunto com seus papéis, sofrem um contínuo processo de teste e objetivação. Por constantes ensaios-e-erros, podemos obter um quadro de referência para todas as situações e todos os papéis possíveis, tanto para indivíduos normais e anormais, em relação ao qual podem ser aferidos, testados e comparados os papéis e as situações vitais da comunidade aberta e concreta. A abordagem psicodramática permite um controle total, no sentido da simultaneidade, de todos os indivíduos que se apresentam no palco, tornando-se possível um registro permanente de seu comportamento e de suas intenções. Os padrões de comportamento dos examinadores podem ser continuamente checados e rechecados nos registros, e as suas variações, se houver, podem ser avaliadas. O quadro de examinadores é permanente e contra eles, como norma, qualquer quantidade de indivíduos pode ser comparada com o correr do tempo; e pode ser medida cada variedade de indivíduo, diferindo no tocante à raça, cultura, idade e sexo. Podem ser construídas escalas de espontaneidade — por um lado, para determinar o quociente de espontaneidade dos sujeitos testados e, por outro lado, para comparar as comunidades donde provêm. Os nossos estudos, até à data, indicam que podem ser construídas escalas de espontaneidade com uma grande dose de precisão, mostrando o grau em que um indivíduo se desvia da norma correspondente. Devido ao fato dos sujeitos serem tomados de surpresa quando se lhes revela o motivo dramático de cada teste, a sua disposição para atuar numa emergência — a sua espontaneidade — é suscitada e a sua suficiência perante aquela pode ser medida e comparada com a de outros sujeitos. Uma comparação entre os papéis típicos nas comunidades em que os sujeitos vivem e a adequação com que eles podem desempenhar esses papéis no palco pode indicar o grau em que os sujeitos são parte integrante de sua cultura.

Adestramento da Espontaneidade

Foi no ano de 1923 que postulei o seguinte: "O adestramento da espontaneidade será o principal objeto de estudo na escola do futuro."[46] Mas raramente é compreendido todo o significado próprio dessa afirmação. Ela é ameaçada pela possibilidade de ser refutada juntamente com o que o rótulo de "Educação Progressista" abrange.

Pode ser esclarecedor voltar a enunciar o significado original da obra de nossa escola vienense. Isso é indicado da melhor maneira pela combinação dos termos *Espontaneidade* e *Adestramento*, e pelos termos *Espontaneidade* e *Técnica*, termos que

46. Ver *Das Stegreiftheater*, Berlim, 1923, pág. 69.

parecem descrever princípios contraditórios. Como pode haver um adestramento da espontaneidade? E ainda mais: Como pode alguém empregar técnicas, deliberadamente, para estimular um desempenho espontâneo? Desde os tempos de Rousseau, a espontaneidade tem sido entendida como algo exclusivamente instintivo, que tem de ser deixado intato e adormecido, sem interferência alguma das técnicas racionais. A grande eloqüência de Rousseau conferiu a esse ponto de vista o poder de um axioma. Parecia tão plausível que ninguém se atreveu a pôr em dúvida a sua validade. Durante todo o século XIX, vemos que os líderes da Escola Romântica, sem excluir a Nietzsche, consideraram a espontaneidade nas artes com um respeito místico, como uma herança que é conferida a alguns e negada a outros.

Entretanto, como é possível chegar a um ponto de vista sistemático para o adestramento de um organismo na espontaneidade? O "aprender a ser espontâneo" pressupõe um organismo apto a manter um estado flexível, de um modo mais ou menos permanente, e isto está, aparentemente, em discordância com muitas teorias psicológicas. Entretanto, recorremos ao ponto de vista sugerido por ingenuidade pura. O que defrontamos foi o surgimento do momento criador. Temporariamente, pelo menos, pudemos deixar de lado a sombra de um passado e a estrutura de um organismo que tinha existido antes desse momento. Pensamos que poderíamos adiar para uma data posterior a interpretação do passado. Decidimos deixar o sujeito atuar como se não tivesse passado nem estivesse determinado por uma estrutura orgânica; descrever o que ocorre com o sujeito nesses momentos em termos de ação; confiar nas provas, tal como se evidenciam a nossos olhos, e derivar exclusivamente delas as nossas hipóteses operacionais.

O ponto de partida foi o estado em que o sujeito se lança para fins de expressão. Ele lançou-se à sua vontade. Não havia imagens do passado para guiá-lo, pelo menos conscientemente. Não havia nele impulso algum para repetir ou suplantar um desempenho passado. Procedeu ao seu aquecimento preparatório de um estado emocional de um modo freqüentemente brusco e inadequado. Revelou um sentido de relação com as pessoas e coisas à sua volta. Após alguns momentos de tensão, veio a descontração e a pausa. Chamamos a esse processo o *Estado de Espontaneidade*. E quando reunimos o nosso material a seu respeito, apercebemo-nos de que havíamos obtido algum conhecimento sobre o modo como os atos são criados por um sujeito em situações, tal como elas surgem; que fatores impedem e que fatores facilitam a produção.

Isto levou à questão da técnica. Como era nosso propósito ensinar ao sujeito como ser espontâneo, ajudá-lo a manter e aumentar sua espontaneidade permanentemente, observamos o seu desempenho de sessão em sessão; e quando o vimos cair vítima da lei do exercício e da lei do efeito inventamos técnicas que lhe permitissem escapar delas. A maior "traição" é a recordação do que aconteceu em prévios estados espontâneos e o uso desses elementos já criados, como se fossem ressurgindo espontaneamente no sujeito. Isto foi associado com freqüência ao impulso para aperfeiçoar um ato espontâneo através da repetição, a fim de tornar o ato menos espontâneo mas mais perfeito, o impulso para um estágio final de perfeição última. Descobrimos que, quando maior é o esforço para levar um motivo inicial a um estágio de perfeição última, maiores são os obstáculos contra a obtenção de uma livre espontaneidade. Com efeito, o ator de suprema perfeição, em cujo ser e desempenho cada polegada já foi pré-estabelecida, situa-se em oposição extrema à personificação momentânea. De um ponto de vista da espontaneidade, o velho perfeccionismo precisa ser sacrificado e ser preparado o caminho para um ingênuo *imperfeccionismo da pessoa;* contudo, esse estado de imperfeição é, em sua simplicidade e despojamento, uma vivência mais plena do tempo atribuído.[47]

O perfeito ator do nosso teatro convencional e a pessoa perfeita da nossa moralidade convencional são os protótipos pelos quais foram modelados os nossos ideais educacionais e os paradigmas segundo os quais se instruem os nossos filhos. Portanto, não é acidental que, se quisermos fazer juz ao trabalho de espontaneidade, tenhamos de retroceder às primeiras fases da infância e cuidar de que as velhas técnicas educacionais, que levam automaticamente ao instruído mas não inspirado aluno de hoje, sejam substituídas por técnicas de espontaneidade.

Talvez a necessidade do Adestramento da Espontaneidade seja melhor elucidado se considerarmos o ambiente em que o sujeito tem de passar ao ato os seus desejos. Os tipos de situação com que se depara são em número limitado. Mas o matiz que cada situação recebe das coisas que são uma parte

---

47. "Foi comprovado amiúde que o sujeito em ação estava controlado por remanescentes de papéis que assumira numa ou outra ocasião pretérita, e essas conservas interferiam ou distorciam o fluxo espontâneo de sua ação; ou o sujeito, depois de liberto dos velhos clichês, no decurso do trabalho de espontaneidade, pode ter mostrado uma inclinação para conservar o melhor dos pensamentos e falas que tinha improvisado e, assim, repetir-se a si mesmo. Para superar essas desvantagens que impedem uma desenvolta espontaneidade e para manter o sujeito tão imune quanto possível à influência das conservas, ele tinha de ser "desconservado" de tempos em tempos. Estes e muitos outros passos foram dados antes de podermos estar certos de que os nossos sujeitos haviam atingido o ponto em que poderiam começar a atuar de um modo verdadeiramente espontâneo", J. L. Moreno, "Mental Catharsis and the Psychodrama", *Sociometry*, Vol. 3, N.º 3, pág. 218, 1940, Beacon House, Inc., Nova Iorque.

dela e dos indivíduos que nela participam faz com que o número de situações seja praticamente infinito. Considere-se as limitações de um aluno, por exemplo, que talvez tenha aprendido como tratar as três ou quatro pessoas de sua família imediata. Poderá então ser propenso a tratar todas as pessoas da mesma maneira, a ver toda a gente nos papéis que ele experimentou e a desenvolver uma resposta pronta a respeito delas.

Um aspecto da nossa educação está modelado como se houvesse na vida, assim como no palco, um determinado número de papéis e símbolos, marido e mulher, mãe e pai, filhos e pais, médico, advogado, juiz etc., num circunscrito número de padrões situacionais, os quais, com pequenas modificações, continuam se repetindo. Mas os papéis no teatro são escritos; a espontaneidade, no momento do seu desempenho, está-lhes vedada. Os mesmos papéis, na vida real, podem ter muitas lacunas que serão preenchidas, a qualquer momento, pela espontaneidade dos indivíduos que os encarnam. A vida é fluida e, assim, as técnicas da vida têm que ser técnicas de espontaneidade. Basta uma pequena diferença de matiz para fazer toda a diferença na atitude que se assume em relação a dois indivíduos em tudo o mais semelhantes. Como a nossa educação está rigidamente delineada, ela tolheu o desenvolvimento de nossas personalidades, de modo a torná-las incompletas, as nossas existências cegas para a vida, os nossos momentos escassos de verdadeira espontaneidade, senão inteiramente vazios dela.

Mas por que é necessário o Adestramento da Espontaneidade? Ou, para citar um comentário sarcástico de um crítico amigo: "Que diferença faz se uma criança idiota se converte num idiota espontâneo ou não-espontâneo? Ela continua sendo idiota." E nós respondemos: Sim, mas é verdade tanto a respeito dos nossos idiotas como dos nossos gênios que suas vidas talvez nunca atinjam a plena realidade social que poderiam alcançar e talvez permaneçam, pelo contrário, encerrados num estreito espaço que limita sua conduta. Poderemos não mudar o nível de inteligência de uma criança idiota mas certamente poderemos dar-lhe, através do Adestramento da Espontaneidade, uma vida mais cheia ao nível de sua capacidade e orientá-la para isso. Os grupos de educadores que vieram observar o adestramento da espontaneidade em curso na *New York State Training School for Girls* ficaram surpreendidos quando informados sobre os QI's das alunas, pois as moças, durante o adestramento, parecem muito mais inteligentes do que seria de esperar que parecessem, do ponto de vista de suas medições técnicas da inteligência. O que o adestramento da espontaneidade faz por elas, uma vez que não altera a sua inteligência formal, é levá-las, pelo menos, a atuar e a parecer melhor orientadas para a vida, mais inspiradas, mais reais, mais esclarecidas e, ainda que menos instruídas, certamente mais inteligentes do que algumas alunas, na escola formal, que têm QI's semelhantes.

Para esclarecer o que é característico do Adestramento da Espontaneidade, examinemos as várias organizações para aprendizagem. Na escola formal, o processo de aprendizagem e a técnica de ensino não têm relação com as coisas e pessoas com quem as crianças vivem realmente, em seus grupos extra-escolares. E também são profundamente fantásticas as suposições sobre os motivos das crianças para se submeterem à prova de aprendizagem de uma dúzia de matérias. Os seus estudos só de um modo muito indireto estão relacionados com os papéis que terão de desempenhar na vida quando crescerem. Durante os importantes anos da infância e da adolescência, o indivíduo move-se em dois mundos, os quais estão de tal modo apartados e são de estruturas tão diferentes que nunca se coadunam. Muitos distúrbios emocionais da personalidade em desenvolvimento são um resultado imediato das perplexidades e incongruências do nosso sistema educacional.

Temos depois a outra organização de aprendizagem que, à primeira vista, parece muito adequada para corrigir as deficiências acima descritas. Trata-se da aprendizagem fazendo. Ou, como também é denominada, a aprendizagem através de "atividades". Nesta organização, vemos as crianças desenvolvendo projetos de todas as espécies, no jardim, na oficina, no *playground* etc. É um notável progresso. Mas a dificuldade com o método de atividades consiste em que, na aprendizagem fazendo, se avançar às cegas, os alunos dão forma e estabelecem firmemente tanto os seus defeitos como as suas habilidades.

A atitude irrefletida para com a espontaneidade explica uma boa parte das atividades espontâneas nada saudáveis que estão sendo realizadas em muitas escolas progressistas de hoje. Deixar as crianças entregues ao que desejam, nos jogos ou no trabalho, pode ocasionalmente ser uma valiosa saída mas deve ser reconhecido que tal procedimento não tem relação alguma com o adestramento da espontaneidade. Devido ao seu caráter subjetivo, anárquico, é incontrolável e, através dele, é impossível avaliar o progresso ou a regressão de um aluno. É perfeitamente verdade que existe espontaneidade quando se permite que surja uma "criação" durante o trabalho cotidiano, parcela por parcela, corrigindo e remodelando as partes anteriormente criadas e adicionando-lhes algo novo quando chega a inspiração — à maneira do artista, do pintor, do autor e do dramaturgo que constrói sua obra em colaboração com os seus atores. Toda a produção desse gênero conterá, é claro, muitos elementos quer espontâneos, quer não-espontâneos; será um misto de experiências contraditórias no educando; mas, no motivo e no efeito sobre o aluno, diferirá nitidamente do motivo e do efeito do verdadeiro Adestramento da Espontaneidade.

Tanto teórica como metodicamente, essas tentativas não constituem qualquer progresso em relação ao ponto de vista de Rousseau. Entretanto, através desse tipo de procedimento, o trabalho de espontaneidade fica exposto às críticas dos educadores conservadores, na medida em que promove o emocionalismo e dissolve a disciplina. Por vezes, parece como se fosse impossível haver um compromisso entre a espontaneidade desenfreada e a aprendizagem disciplinada. Contudo, no Adestramento da Espontaneidade, sistemático e organizado, existe uma abordagem intermédia entre esses extremos.

O contexto em que o trabalho de espontaneidade tem lugar está em flagrante contraste com outras organizações de aprendizagem. Constrói-se uma série de situações como as que poderiam ocorrer na vida comunitária — na vida de família, na vida doméstica, nos negócios etc. Dependendo das necessidades do estudante, as situações são escolhidas por ele ou sugeridas pelo instrutor. As situações vitais construídas são, no início, as mais simples possíveis e o estudante representa nelas uma função específica. Quando estas são bem desempenhadas, os estudantes são gradualmente colocados (ou eles próprios se colocam) em situações cada vez mais complexas. Nenhum novo passo é dado enquanto o anterior não tiver sido satisfatoriamente dominado. Diz-se aos estudantes que se lancem nas situações, que as vivam e que representem cada detalhe necessário delas, como se fosse a sério. A ênfase recai no grau de fidelidade à vida real de cada procedimento. É freqüentemente essencial a apresentação pormenorizada de coisas e relações que usualmente são omitidas no teatro convencional. Nenhuma situação é repetida. Toda e qualquer situação é variada nos motivos, nos materiais, nas pessoas que atuam juntas ou em alguma outra fase essencial. Durante o adestramento, um estudante registra cuidadosamente cada desempenho. Uma cópia do registro é entregue a cada estudante. Ele pode ter passado por alto os pontos fortes ou fracos nas apresentações próprias ou de outros estudantes. Após cada representação, faz-se uma análise e enceta-se um debate em torno dela, no qual tomam parte os estudantes e o instrutor. As críticas vão desde considerações sobre a sinceridade das emoções expostas nas situações, até aos maneirismos, ao conhecimento da natureza material da situação, às relações com as outras pessoas que atuam, as características de postura, fala e expressão fisionômica. Passam ao primeiro plano e são avaliados os efeitos sociais e estéticos do desempenho individual. São revelados muitos traços que indicam dificuldades da personalidade: ansiedades, medo ao palco, gagueira, atitudes fantásticas e irracionais etc. O estudante supera espontaneamente esses defeitos. No decurso de tais exercícios, os sujeitos passam por um processo de aquecimento preparatório que facilita a sua produção, pelo que esta é caracterizada por uma exuberante plenitude que, ordinariamente, não é por eles atingida. A forma e riqueza de sua produção surpreende-os, assim como a vivacidade física e mental que experimentam.

Um exemplo ilustrativo é uma moça que está-se adestrando em técnica de vendas. Se ela fosse imediatamente lançada numa loja, para aprender pela experiência de vender, com todas as diferenças de comercialização, de preços, de abordagem da clientela etc., poderia aprender muitas coisas rapidamente; mas, no negócio concreto, ela também pode adquirir e cristalizar muitos hábitos desagradáveis que não poderá eliminar tão facilmente mais tarde e para os quais não há correção no período em que o hábito se encontra em processo de formação. Uma loja é uma loja e o vendedor não pode ser considerado pelo patrão como um empregado e um aluno, ao mesmo tempo. As ansiedades que enchem a vendedora, as quais poderá sentir-se ineficaz neste ou naquele momento de pressão social, podem gerar nela dificuldades de que talvez não esteja cônscia, ou que só revelará a outras pessoas quando já for demasiado tarde. Por outro lado, na sala em que o Adestramento da Espontaneidade tem lugar, a situação da loja não é inteiramente real mas acerca-se o mais possível da vida. Aí, ela aprende primeiro a enfrentar uma situação simples, antes de ser lançada em outras mais complexas.

Exemplos de Adestramento

Foram realizados filmes de várias fases no curso de adestramento da espontaneidade com um grupo de alunos. Escolhemos e descrevemos aqui um certo número de cenas.

Adestramento para Estados Simples

Jean tenta alcançar um estado de júbilo. Começa mas pára a meio caminho e diz: "Não posso fazê-lo."

Comentário: Ela não vai além do estágio rudimentar do estado esperado.

Virginia e Helen procedem ao aquecimento preparatório para um estado interpessoal, uma relação mãe-filha. A filha, que está num colégio interno, quer ir a casa e a mãe não pode aceder a esse desejo.

Comentário: As parceiras estão sumamente excitadas. O estado é de grande veemência.

Adestramento na Comunicação de Estados e Papéis

A Comunicação Espontânea visa à transferência de estados de espontaneidade de uma pessoa a uma outra.

No processo de adestramento gradual, um dos mais importantes problemas técnicos é como fazer o sujeito começar. O instrutor pode ter chegado a certas conclusões a respeito daquilo em que o sujeito é deficiente. Na mente do instrutor, o padrão da situação de que o sujeito necessita adquire uma forma definida. O instrutor, ele mesmo aquecido preparatoriamente para esse estado e papel, revela ao sujeito o papel a ser por ele representado. Este procedimento, pelo qual o instrutor transfere para o sujeito o papel e a possível forma que pode tomar, tem o nome de Ato de Comunicação. O próprio Ato de Comunicação tem somente o significado de proporcionar um "arranque". O resto do procedimento continua sendo a livre expressão do sujeito. Os estudantes são treinados na aprendizagem do modo de comunicar estados espontâneos.

Olga atua no papel de um executivo empresarial que se defronta com um grupo de empregados. O efeito de sua emoção é facilmente visto nos rostos dos seus empregados.

Comentário: Ela parece sentir intensamente o tema que procura transferir para eles. Entretanto, a sua comunicação é inarticulada.

Norma atua no papel de enfermeira-chefe de um hospital, numa situação de emergência. Segue-se uma reação tensa e espontânea.

Comentario: Este é um exemplo de comunicação positiva e ativa.

Adestramento para um Objeto de Estudo; Por Exemplo, uma Língua Estrangeira

A aluna Edith é colocada em várias situações; primeiro, em situações simples, depois em mais complexas. Aprende a língua estrangeira atuando nessas situações.

Análise: O adestramento lingüístico, através de técnicas de espontaneidade, requer que as frases a aprender entrem na mente do aluno quando este se encontra no curso de atuação, isto é, num estado espontâneo. Por conseqüência, quando o aluno, numa ocasião posterior, está novamente num processo de ação, por exemplo, em situações sociais, essas frases reaparecerão espontaneamente. Como o seu uso começou durante uma atividade espontânea, ele está apto a usá-las de novo, na forma de uma expressão espontânea. Este modo de aprendizagem não só aumenta o seu conhecimento da língua mas também modela e unifica a sua personalidade. A língua estrangeira não se mantém em seu aparelho mental como um corpo estranho, mas está essencialmente ligada aos seus atos vivenciais.

Adestramento para um Ofício; Por Exemplo, Garçonete

Dora é uma principiante no trabalho de servir à mesa. Entram duas freguesas e são servidas por ela. Uma das freguesas reclama: "Eu pedi café e você me serviu chá." Dora começa uma acalorada discussão com ela.

Comentário: Por vezes, Dora anda depressa demais, outras excessivamente devagar. Hesita antes de servir e fá-lo do lado errado. Não transmite às suas freguesas a impressão de ser uma empregada solícita e competente. Quando tem de falar com os fregueses, o seu serviço é desajeitado. Quando lhe é feita uma reclamação, excita-se, discute e usa calão. A sua atenção é dividida entre as manipulações do próprio serviço, ter de servir às pessoas e falar com estas. Deveria dominar primeiro as manipulações do serviço. Deveria ser adestrada sem a presença de clientes. Então poderia prestar atenção integral ao serviço, até estar apta a dominá-lo sem pensar nele. Servir atentamente a certas pessoas e falar com elas é, no seu caso, um assunto muito sério. Cluna e Lorraine, como freguesas, não são muito fáceis de tratar para Dora, que deveria começar com freguesas que não fossem pessoas suas conhecidas ou em cuja presença se sinta à vontade e autoconfiante. Depois, ela tornar-se-á também apta a manipular gente de trato mais difícil para ela.

O registro do desempenho e dos comentários feitos a seu respeito é datilografado e cópias carbono são entregues a cada membro da classe. Um dos estudantes faz o registro. Isto confere a cada estudante uma oportunidade para reformular o seu trabalho quando está sozinho e para entrosar ainda mais o trabalho com a vida real do estudante.

É importante compreender que o aluno, no Adestramento da Espontaneidade, enquanto está aprendendo uma língua estrangeira ou sendo preparado para uma profissão ou ofício, é tratado, ao mesmo tempo, de um ponto de vista de higiene mental. É da essência desse adestramento que os objetivos da aprendizagem e do tratamento dos problemas da personalidade se conjuguem no mesmo procedimento.

O adestramento provou ser um valioso auxiliar no tratamento dos sentimentos de excitação e dos sentimentos de insuficiência. Apuramos que os estudantes que sofrem de "aquecimento rudimentar" ou de "aquecimento excessivo" podem aprender mais adequadamente como realizar o aquecimento preparatório. O mais impressionante efeito terapêutico é o incremento geral na flexibilidade e facilidade para enfrentar situações vitais, dentro dos limites orgânicos do indivíduo. Um estudante pode realizar o aquecimento preparatório para alguns estados, por exemplo, a cólera e a dominação, mas ser insuficientemente apto para chegar a outros estados, como a simpatia. O tratamento tem de ser modificado em conformidade. Essa reação unilateral é, com freqüência, o resultado do comportamento correspondente na vida real. Dificilmente pode ser remediado através da própria vida, uma vez que, na vida, as tendências perseverantes impelem o indivíduo à repetição. Na situação de adestramento, o indivíduo está livre do contexto de realidade e mais disposto a produzir novas improvisações e a aceitar um papel diferente. Lembramo-nos de uma moça débil mental cujo desejo de ser enfermeira assumiu formas fantásticas. Embora soubéssemos que ela nunca seria capaz de sê-lo, encorajamo-la a exteriorizar sua ambição em situações de adestramento. Finalmente, ela própria descobriu que a profissão de enfermeira não seria adequada para ela e pediu para ser adestrada como camareira.

A capacidade de transferir pode ser desenvolvida através do Adestramento da Espontaneidade. Com freqüência, um indivíduo necessita de transferir com maior facilidade as suas emoções para pessoas por quem se sente atraído. Então, o adestramento encoraja os seus sentimentos de auto-afirmação e prepara-o gradualmente para abordar pessoas na realidade com maior desenvoltura.

Numerosos indivíduos foram adestrados para problemas interpessoais, irritabilidade e extrema sensibilidade no convívio com outras pessoas. O adestramento começa com os encargos interpessoais mais simples, junto de pessoas que são definitivamente neutras ou que simpatizam com o sujeito. Depois, gradualmente, colocamo-los frente a frente com indivíduos com quem têm relações difíceis. A influência de uma tarefa inadequada de um indivíduo a outro é, com freqüência, tão pertinente que a tarefa terapêutica nas situações de adestramento, e quando necessário no lar real e em grupos de trabalho dos estudantes, converteu-se no mais importante procedimento no tratamento de dificuldades da personalidade e hábitos de delinqüência. Um certo psiquiatra, uma certa mãe de família ou um certo professor podem ser inadequados e improdutivos para um determinado aluno. Por outro lado, um outro aluno pode ser um melhor encargo pela simples razão de que se desenvolve mais facilmente entre eles um complexo de atração terapêutica.

Para concluir, podemos voltar a um ponto deste capítulo que deixamos intencionalmente por discutir: Que efeito tem o momento de atuar sobre a estrutura do organismo que é alvo dessa atuação, e que efeito tem a estrutura do organismo sobre o momento de atuar? O adestramento da Espontaneidade leva a uma forma de aprendizagem que visa à maior unidade e energia da personalidade do que as obtidas até agora por outros métodos educacionais. O objetivo primordial é o adestramento em estados espontâneos e não a aprendizagem de conteúdos. A ênfase sobre os conteúdos resulta na divisão do indivíduo entre uma personalidade de *ato* e uma personalidade de *conteúdo*. Apuramos que é uma hipótese valiosa supor que se desenvolvem dois diferentes centros mnemônicos, um para atos e outro para conteúdos, os quais, de um modo geral, permanecem como estruturas separadas, sem relação entre si. Um conteúdo não é recebido ao mesmo tempo em que surge um ato mas o primeiro, com freqüência, é recebido num estado obscuro, sem lustro, e o segundo num estado de grande excitação; podem seguir caminhos diferentes no sistema nervoso. Por conseqüência, não reaparecem simultaneamente, enchendo um momento, unindo a personalidade toda numa única ação, mas em diferentes ocasiões, separados um do outro. O material aprendido não chega ao centro de atos da personalidade. Desenvolve-se uma memória fechada e impede a integração do conhecimento fatual na personalidade ativa do indivíduo. O conhecimento não é digerido, absorvido pela personalidade, e dificulta a sua influência total sobre a sua atividade e discernimento. Mas nas situações da vida real o desiderato supremo é, precisamente, essa facilidade de integração. Se quisermos desenvolver e manter uma estrutura flexível e espontânea da personalidade, uma técnica de Adestramento da Espontaneidade como a descrita deverá vir em auxílio para compensar a resignação e a inércia do indivíduo.

Adestramento da Espontaneidade em Crianças

Tem sido negligenciada a educação pela ação e para a ação. A Teoria e Método da Espontaneidade é uma resposta a essa exigência. Fundamentada em fatos conhecidos da fisiologia e da psicologia, oferece um método prático e simples para a direção daquelas forças que determinam o desenvolvimento da personalidade.

Noções Elementares do Adestramento da Espontaneidade

A criança pequena aprende através da iniciativa espontânea para apanhar as coisas de que necessita. Sua aprendizagem está intimamente vinculada aos atos, e seus atos baseiam-se em necessidades. Há, digamos, fome (uma *necessidade* de alimento), há *ação* para obter alimento, há *aprendizagens* sobre alimentos.

Assim, até uma certa idade, todos os conhecimentos da criança são espontaneamente adquiridos e aprendidos. Entretanto, o adulto não tarda em intrometer-se no mundo infantil com "conteúdos" que não estão relacionados com as necessidades da criança. Daí em diante, a pequena vítima é pressionada por muitas sofisticações adultas para aprender poemas, lições, fatos, canções etc. que se mantêm como substâncias estranhas num organismo. Começa a diferençar entre o seu eu imediato, vida, a multidão de atos e sonhos que promanam de suas necessidades biológicas, por uma parte, e a massa de conteúdos que a autoridade lhe impôs, por outra parte. Começa aceitando esses conteúdos como superiores e passa a desconfiar de sua própria vida criativa. Deve ser assinalado que essa vida genuinamente criativa não pode ser confundida com as fantasiosas divagações diurnas que, com freqüência, são um sintoma patológico; nem com os acessos turbulentos que marcam o período pós-escolar. A vida criativa, tal como usamos a expressão, é vida que cria a energia vital que opera no organismo corporal e pessoal, e através dele.

Desde muito cedo, na vida do ser humano civilizado, se manifesta uma tendência para desfigurar e desviar o crescimento natural. O erro perpetua-se ao longo da vida; o indivíduo vive cada vez menos interiormente, cada vez menos cônscio do seu eu como um centro ativo, enquanto que mecanismos de todas as espécies, filmes, fonógrafos, livros e todas as culturas herdadas impõem seus padrões e exigências. De um modo geral, os pais (e, em particular, a mãe) perdem a oportunidade suprema de estimular a função criadora.

É aqui que o método da Espontaneidade acode em auxílio. Ele oferece uma escola de adestramento que pode ser praticada na sala de aula ou dentro do próprio círculo familiar.

Processo de Adestramento

O método da Espontaneidade interessa-se por estados. Fazemos coisas e aprendemos coisas porque estamos em certos estados — de medo, de amor, excitação, aspiração, saúde. Esses estados são determinados por muitos fatores: podem ser diretamente afetados através da estimulação e mediante o controle da imaginação e da emoção. Quando o instrutor de Espontaneidade reconhece que o aluno tem carências em certos estados, por exemplo, coragem, alegria etc., coloca-o numa situação específica em que esses estados são inadequados ou aconselháveis. O aluno "representa" essa situação, teatraliza de improviso o estado. Ele é disciplinado em muitas situações cujo conteúdo varia mas que se concentram na realização da condição requerida. Assim, ele constrói desde o seu íntimo, mediante o processo da imaginação ou, se preferirem, através do impulso criativo, justamente aquela condição de que carece a sua personalidade. Por outras palavras, se é coragem o que lhe falta, ele "representa" coragem até que aprenda *a ser corajoso.*

Poder-se-á dizer que isso é um velho recurso, há muito preferido pelos defensores do teatro educativo. Durante muito tempo, tentamos fazer com que garotos "durões" atuassem como cavaleiros do rei Arthur, na esperança de que os ideais e a conduta de cavaleiro fossem transferidos para a vida cotidiana.

Os resultados conseguidos até agora não são convincentes. O fato é que nunca tivemos uma psicologia desse processo e trabalhamos sem qualquer plano. Na Técnica da Espontaneidade possuímos tanto uma psicologia descritiva como um processo de aprendizagem através da criatividade; dispomos de métodos específicos para obter a libertação de energias criadoras e aumentar os seus controles.

A espontaneidade ganha ascendência sobre a habilidade dramática ou criadora. Reconhece que todas as crianças crescem "representando" as fases ulteriores da vida, as quais são concebidas inicialmente como sonhos e ideais. Nesse processo espontâneo, a personalidade atinge a maturidade. O diretor de Espontaneidade, estudando cuidadosamente o comportamento do indivíduo, escolhe os "papéis" apropriados à produção daquelas características de que o aluno necessita.

O Estado de Espontaneidade

O nosso primeiro objetivo nesse adestramento é a realização do Estado de Espontaneidade. Esse estado é uma distinta condição psicofisiológica; pode ser descrito, por exemplo, como a condição de um poeta quando sente o impulso para escrever ou a de um homem de negócios quando sente que uma grande Idéia o dominou; é o *momento* de Amor, de Invenção, de Imaginação, de Adoração, de Criação.

Esse estado pode ser desenvolvido de duas maneiras: (a) desde dentro, (b) desde o exterior.

Falamos de (a) adestramento do corpo-à-mente e (b) adestramento da mente-ao-corpo.

Adestramento do Corpo-à-Mente

Quando se pede ao aluno que cosa um botão num pedaço de pano, que console uma criança aflita, que limpe um quadro-negro, vários grupos de músculos são postos em ação e a mente é indiretamente estimulada na direção de certos estados emocionais. Na atividade ordinária da vida, os esforços musculares estão constantemente induzindo estados de ânimo; os músculos e as maneiras têm um estreito parentesco.

Por conseguinte, a Espontaneidade, seguindo a orientação da natureza, começa a induzir conscientemente estados selecionados e a estabelecer condições desejáveis na personalidade social.

Adestramento da Mente-ao-Corpo

Neste caso, a tarefa consiste em tornar corporal o comportamento mental; é a "encarnação" da mente. Quando um homem escreve um conto, a sua ação é abstrata, alheada do seu corpo. Mas um contador de histórias, improvisando a sua narração, transmite o efeito através do seu comportamento corporal. A espontaneidade coordena esses elementos, freqüentemente desunidos.

A Escola de Espontaneidade

Existem dois graus na Escola da Espontaneidade, o Grau A e o Grau B. Na *Escola Elementar de Adestramento* há três etapas distintas. Primeiro, um *adestramento para a realidade;* o aluno executa certos atos da vida normal, por exemplo, comer pão, beber água, vestir uma capa, enfrentar situações sociais etc. O instrutor toma cuidadosamente nota do comportamento do estudante. O aluno esforça-se, dissipa energias em esforços rudimentares, ou é desmazelado? Existe uma consideração aparentemente social?

A segunda etapa é o período de *readestramento*. O aluno empreende os mesmos atos que na primeira etapa mas, gradualmente, são eliminadas as propriedades objetivas. Ele come um bife imaginário, bebe de um copo imaginário e veste uma capa imaginária. Durante este processo, os modelos da vida real estão, por assim dizer, em reparação, estão sendo remodelados por imagens. Deste modo, são "reparados" os modos, constrói-se uma capacidade de julgamento rápido, adquire-se uma conduta social.

Terceiro, o aluno *retorna* à tarefa do primeiro período. É um processo de restauração da plena realidade. Os modelos de comportamento foram refinados e remodelados no período criativo transitório. Enquanto que a localização da primeira e segunda etapas é a escola, a da terceira é a vida cotidiana.

No Grau B, a *Escola Superior de Adestramento*, o objetivo é o adestramento mental. O esforço no Grau A consistiu em tornar o comportamento corporal eficiente, sensível, controlado, expressivo das intenções mentais. O esforço no Grau B propõe-se tornar corporal o comportamento mental, ou converter a aprendizagem e os conteúdos abstratos da mente em estados criativos ativos.

Isto pareceria ser o problema de toda a educação superior e é aqui que os nossos sistemas atuais fracassam. Por consenso comum, esquecemos a maior parte do que aprendemos na escola e mesmo aqueles que retêm fatos em sua memória raramente encontram nesses fatos as soluções dos problemas do momento.

Métodos para a Formação de uma Classe de Espontaneidade

Formamos um grupo de rapazes e moças de idades que não variem muito. Tão rapidamente quanto possível, criamos um amistoso espírito de grupo através de jogos, histórias, etc. De um modo geral, a idéia de um teste (ensaio) é atraente; pode ser útil alguma discussão preliminar em torno da questão da imaginação. É dada então a cada criança uma situação dramática para representar. "Johnny, você vai pescar; faz um belo dia, no começo. Prepare os seus apetrechos; entre na água... pesque um peixe... desencadeia-se uma tempestade... o que é que você fará?"

Não deve transcorrer tempo algum entre a sugestão e a criação; o aluno deverá iniciá-la antes que os estados autoconscientes tenham tido uma oportunidade de interferir. O assunto do teste deve ser cuidadosamente escolhido, levando em conta os antecedentes da criança, e o instrutor deve anotar discretamente o que acontece. Os instrutores experimentados poderão fazer uma avaliação mental, emocional, imaginativa, do aluno; distinguirão os pontos de coordenação mental e corporal, as condições de discernimento, conteúdos mentais, hábitos, a intensidade e a forma da aptidão criadora, e essas observações servirão de guia na seleção de testes ulteriores.

Em todo e qualquer grupo serão encontrados alguns líderes, aqueles que possuem tendências criadoras dominantes. Haverá também contralíderes, que não só são renitentes a criar mas oferecem resistência ao movimento. Ver-se-á nestes, com freqüência, que o impulso possessivo é o dominante. Haverá também muitos neutros.

À medida que o adestramento transcorre, haverá inversões: alguns dos mais criadores ficarão para trás e alguns "contras" destacar-se-ão como criadores.

O desenvolvimento do espírito de grupo é um importante elemento no adestramento. No começo, o Instrutor terá completa autoridade. Deve ser uma pessoa de disposição cordial e amistosa, não necessariamente um professor (ou professora) profissional: uma mente criadora mas controlada e calma. Deve ser capaz de impressionar o grupo com a dignidade e a importância do trabalho. É sumamente importante que se prepare para cada sessão com o maior cuidado, tendo bem presente em sua mente as linhas gerais das situações. A seleção dessas situações constitui uma grande parte do problema de adestramento.

Revertendo ao governo do grupo, a autoridade na direção transferir-se-á gradualmente para os líderes; ver-se-á que os alunos são competentes para inventar e executar os Testes de Espontaneidade e conseguirão uma notável e compreensiva introvisão do caráter dos demais.

A nossa experiência diz-nos que as crianças libertadas da disciplina das salas de aula são inteiramente incapazes de *escutar.* Há uma falta de controle interno e uma exuberância de impulso criador quase devastadora. Portanto, as primeiras sessões de um grupo de improvisação são anárquicas e a expressão é marcada por um "imediatismo rudimentar". De momento, a criança é anti-social, só se interessa pela realização do seu próprio projeto. Após um breve período de adestramento, esse estado dá lugar a uma atitude social e a criança aprende a escutar, pois é nesse ato que ela obtém a chave para a aventura da "situação". Além disso, adquire um grande interesse pelo trabalho dos outros, assim como um jogador brilhante gosta de observar um outro. Mesmo enquanto observa, está criando, pois está sempre comentando: "Eu teria feito isso assim e assim."

O Psicodrama na Educação

O psicodrama deve começar com a criança. O único ambiente educacional que pode ser considerado uma clínica psicodramática, numa forma embrionária, é o jardim de infância. Digo "embrionária" porque até as professoras de jardim de infância e da escola maternal estão apenas começando a apreciar o significado dos conceitos sociométricos e psicodramáticos, como o exercício de papéis, o ego auxiliar, o *status* sociométrico de uma criança num jardim de infância, as técnicas de atribuição de papéis, a espontaneidade guiada e o adestramento da espontaneidade. Quando tais conceitos forem bem compreendidos e aplicados, os procedimentos atuais nos jardins de infância serão revolucionados. Entretanto, é sumamente deplorável que até esses rudimentos de educação psicodramática sejam separados de suas raízes no instante em que a criança ingressa na escola primária e no ginásio, o jovem no colégio e na universidade, e pode ser observado que as implicações psicodramáticas do processo educacional se dissipam à medida que o aluno vai avançando em seus estudos acadêmicos. O resultado é um adolescente confuso em sua espontaneidade e um adulto privado dela. A continuidade do princípio do jardim de infância através de todo o nosso sistema educacional, desde a primeira série primária até à universidade, pode ser assegurada pela abordagem psicodramática dos problemas educativos e sociais. Toda a escola primária, secundária e superior deve possuir um palco de psicodrama como laboratório de orientação que trace diretrizes para os seus problemas cotidianos. Muitos problemas que não podem ser resolvidos na sala de aula podem ser apresentados e ajustados ante o *forum* psicodramático, especialmente concebido para essas tarefas.

O trabalho psicodramático tem que ser graduado de acordo com o nível de maturidade dos participantes. As situações correntes da vida e as situações imaginárias que são adequadas para um aluno da segunda série primária podem ser deslocadas para alunos do terceiro ano de uma faculdade.

O estabelecimento de unidades psicodramáticas nas instituições de ensino não é apenas exeqüível mas imperioso neste momento. A crise mundial em que a nação inteira está enredada afeta a geração mais jovem de uma forma muito mais grave do que qualquer outro segmento da nação. Os métodos de entrevista, com efeito, de toda a semântica verbal, só raras vezes são totalmente eficientes na resolução dos problemas da infância e da adolescência. O alívio decorrente da entrevista tem de ser substituído pela *catarse de ação*, resolvendo os jovens os seus problemas como seus próprios atores no palco, ou pela catarse do espectador, com uma equipe de egos auxiliares que reflitam os problemas que os alunos têm mediante uma representação teatral. A análise e o debate precedem e seguem-se a todas as sessões psicodramáticas. A situação vital em que são submetidos a prova os resultados do tratamento nada mais é que um passo numa série de situações, um processo psicodramático circular.

Uma outra fase no trabalho psicodramático é o processo de adestramento da espontaneidade, de objeto de estudo educacional, assim como um método para desenvolvimento da personalidade. Os vários procedimentos usados no teatro para o psicodrama culminam em sua abordagem de grupo, o fato dos alunos serem tratados como indivíduos no seio de um grupo, numa situação semelhante à que encontrarão no mundo em geral.

Para um Currículo da Escola de Jogo Espontâneo

Até hoje, o currículo da maioria dos nossos jardins de infância progressistas, para crianças em idade pré-escolar, limitou-se às atividades lúdicas, dança, música, canto etc.

É necessária uma crítica a esse sistema.

O nome de Rousseau está comumente vinculado à mudança na teoria educacional, durante o século passado. O seu apelo para o retorno à natureza foi, certamente, um estimulante no sentido de uma reavaliação dos instintos humanos mas, apesar disso, a sua fé na orientação do desenvolvimento infantil pela natureza foi mais reacionária que progressista. Se os instintos humanos forem abandonados à sua espontaneidade "crua", o resultado dos processos não será a espontaneidade mas, pelo contrário, o produto acabado, organizado. A lei da inércia subjugará o começo espontâneo da natureza e tentará aliviá-la de contínuos esforços para o estabelecimento e conservação de padrões.

Como os nossos estudos provaram, é destituída de valor uma profunda confiança na sábia orientação da natureza, sem a invenção de uma técnica especial do momento para conservar permanentemente a espontaneidade. Esse equívoco de Rousseau também enganou os seus seguidores, Froebel, Montessori e outros que, influenciados pelas suas doutrinas, defenderam os direitos particulares da criança e propuseram-se fomentar e pregar a espontaneidade. Mas a idéia que eles tinham do jogo espontâneo limitava-se à sua forma intuitiva, mística, tal como ainda está limitada nas mentes dos educadores progressistas do nosso tempo.

A psicologia do ato criador e do processo de criação torna claro por que o trabalho de reforma educacional, a partir de Rousseau, só transformou a superfície de nossa civilização ocidental. Uma pedagogia adequada aos nossos ideais tem que basear-se completamente e sem compromissos de qualquer sorte no ato criativo. Uma técnica do ato criativo, uma arte da espontaneidade, tem que ser desenvolvida de modo a habilitar o homem a criar continuamente.

O problema de um currículo para as escolas lúdicas tem de reconsiderar três elementos. Primeiro: o antigo hábito de cercar a criança com brinquedos acabados ou com materiais para a montagem de brinquedos encoraja na criança a concepção de um universo mecânico, do qual ela é o único e desinibido senhor; a crueldade e a falta de simpatia que as crianças manifestam amiúde em relação aos seres vivos devem-se a uma prolongada ocupação com objetos inanimados. Segundo: o currículo deve ser parcialmente ampliado mediante a adição de todas as matérias que são oferecidas ao aluno da escola primária e secundária mas apresentadas e experimentadas num nível correspondentemente baixo. Terceiro: têm de ser inventadas técnicas de ensino dessas matérias de acordo com os princípios de espontaneidade.

Ilustração

Depois do horário regulamentar na escola primária, as crianças reuniram-se diariamente nos jardins de Viena — que já é, em si, uma cidade de jardins. Aí eram formadas as classes. Consistiam em pequenos grupos de quinze a vinte crianças, cada um com um líder escolhido pelas próprias crianças. O princípio formativo da classe era um Teste de Improvisação que definia o denominador criativo da criança; as diferenças de idade eram minimizadas; crianças de quatro e dez anos eram freqüentemente encontradas no mesmo grupo. A finalidade geral das classes era, por um lado, adestrar todo o organismo da criança e não meramente uma de suas funções; por outro lado, levá-las à experiência de "totalidades". Por exemplo (neste segundo elemento), na classe de botânica, a criança era levada a um contato ativo com a coisa-em-si, e uma resposta direta a um contato direto era desejada. A criança experimentava a *Árvore*. Essa árvore convertia-se num centro de atenção; em torno dela se libertavam a imaginação e a fantasia da criança. Esta aprendia a amar a árvore, antes de analisá-la. As nossas escolas invertem essa ordem. A fase seguinte envolvia uma descrição íntima e dar nome ou nomes às coisas. O mesmo princípio era aplicado a todos os objetos de estudo, incluindo o próprio aluno. À atribuição de nomes prendia-se um novo significado; as pessoas primeiro, os nomes depois.

Enquanto que em nossa sociedade a criança vê-se diante de um nome definido cuja realidade foi abandonada, ela encontra-se, em compensação, rodeada por um mundo de mitos e robôs. O nosso intento foi rever esse processo.

Em *Der Königsroman*, o autor descreve o processo de dar nomes (págs. 105-8).

Por exemplo: o professor perguntou: "Qual é o teu nome?" "E o teu?" Eles responderam num alvoroço, em que todos os nomes se misturaram: "Quem lhes deu esses nomes?"... "Minha mãe, meu pai... avô..."

— Entre vocês há dois rapazes que têm o mesmo nome, Christian: como distinguem um dos outro?

— Um é gordo e o outro magro, — respondeu Helen.

— Mas que tem isso a ver com o nome Christian? Já ouviram falar do que fazem os índios americanos? Quando nasce uma criança índia, não tem nome nenhum nem se lhe dá nenhum, embora tenha mãe e pai, avó e avô, tios e tias, como vocês. Quando cresce, chama-se-lhe o "Filho" ou a "Filha" do "Lobo Resmungão", até que, por seus méritos, ganhe o direito a um nome próprio. Vai caçar ou guerrear, ou visitar uma tribo vizinha — e se se distingue por sua sabedoria, bondade, cordura, coragem, vigor, agudeza de visão ou olfato, agilidade, rapidez ou outras qualidades, recebe um nome... Que lhes parece a idéia?

É claro que a idéia agradou às crianças.

— Preferem ser chamados pelos nomes de pessoas mortas?

— Não... preferimos o que fazem os índios.

Um rapaz aproxima-se do professor e diz:

— Billy manda comunicar-lhe que a sua escola se reunirá amanhã no Jardim Botânico...

— Quem é Billy? — perguntou o professor, como se não se lembrasse do rapaz em questão. — Por certo o vi muitas vezes, mas esqueci quem ele é... Todos vocês o conhecem; se querem que eu o recorde, descrevam-no para que eu possa vê-lo nitidamente diante dos olhos; descubram o nome que lhe quadra bem. Então saberei de quem estão falando.

As crianças passam então a caracterizar Billy... Gordo, como um pote de marmelada; tem um nariz de crocodilo; dentes como os de um coelho; voz de menina; tem balas nos bolsos; chocolates, frutas cristalizadas, rosquinhas; está sempre visitando a loja de doces; diz que quer ser fabricante de guloseimas... sim... fabricante de guloseimas, esse é o seu nome.

Houve a concordância de todos.

— Sim, agora me lembro... esse nome fica-lhe bem, — disse o professor.

Assim se dá um nome que pertence ao indivíduo e que ao mesmo tempo o revela.

Ver-se-á que este processo em consideração é um método criativo, pois a criança não aceitou a forma existente mas desenvolveu uma nova compreensão e atitude. É uma abordagem para uma "criatocracia".

Nessas classes foi apresentado o conteúdo de todas as matérias escolares normais mas a sua introdução fez-se através de uma nova técnica, de modo que a aprendizagem não se torna, meramente, uma parte do conhecimento mas um fator na experiência viva. Árvores, plantas, animais, até as fórmulas químicas e matemáticas, deixam de ser itens de conhecimento mas amigos pessoais.

Depois que as crianças de um certo grupo tinham aprendido a conhecer cada árvore, flor e animal do jardim como indivíduos e amigos, tinham passado a conhecer suas aventuras, história e modo de vida, e desenvolvido uma percepção pessoal deles; quando passaram a considerá-los não meramente objetos para aulas mas como membros de uma grande família de seres humanos, ficaram então preparados para a fase seguinte de aprendizagem de elementos de botânica e zoologia. Começaram agora a construir seus próprios jardins, a plantar e a cuidar das sementes etc. Quer dizer, tornaram-se não apenas amigos mas pais e mães, criadores de coisas vivas. Como jardineiros, eram compelidos a aprender; tinham de estudar as condições perigosas ou propícias à vida de suas pequenas plantas. Assim, o que eles aprenderam tornou-se parte integrante de suas vidas, profundamente vinculado a seus desejos e sonhos pessoais. Após dois períodos assim passados, as crianças dessas escolas-jardins não estavam inteiramente informadas de todos os conhecimentos detalhados, acumulados pelos cientistas através dos séculos, de fato, o que um brilhante aluno de colégio pode aprender vinte minutos antes de seu exame; mas tinham aprendido algo muito mais valioso: um conhecimento íntimo e ativo das coisas e um forte pendor para o crescimento. Terminaram preparados para receber mais.

Notas Sobre a Patologia da Criação Imediata

O comportamento freqüentemente absurdo de pessoas inteligentes em situações surpreendentes levou-me a estudar a relação entre foco "ausente" e foco "presente". Se, por exemplo, um estudante tem de recitar um poema, ou se um autor faz um discurso que foi previamente redigido e cuidadosamente decorado, poderá experimentar um penoso dilema na situação "terminal", durante a sua fala, como resultado disso. Durante um certo tempo, a sua memória funciona de modo excelente; diz fluentemente o seu poema ou o seu discurso até uma determinada frase; de súbito, ocorre um hiato... não se lembra mais.

A par da *tendência para localizar as frases decoradas surge a tendência para produzir outras novas.* Os dois impulsos limitam-se mutuamente. Quanto mais durar a perturbação, mais difícil se torna para o declamador ou o orador recordar as frases decoradas ou formar outras novas. Por maior que fosse a segurança com que conhecia as palavras um pouco antes, ele falha durante o ato.

A primeira representação espontânea de um tema é a mais eficaz. Quanto mais vezes o mesmo tema for improvisado, mais medíocre e vazio será o desempenho, apesar da rotina gradualmente desenvolvida. E quanto mais assiduamente for repetido o mesmo tema, tanto mais a memória do ator reverterá a anteriores condições paralelas; e quanto mais forte essa memória for, mais violenta será a busca de palavras já proferidas e de gestos já efetuados, em conseqüência da inércia psíquica. Referir-se à "inibição", tal como o termo psicanalítico a entende, não é uma descrição do que realmente sucede. Processam-se duas tendências simultâneas e opostas, e quanto mais enérgicas elas são, mais desesperada é a crise. Uma tendência concentra-se no mesmo estado pela memória traidora. (A memória do ator corresponde às anotações do discurso preparado no caso do orador, em seu inútil esforço para recordar o que foi esquecido.) A segunda tendência dirige-se ao material desconhecido, a fim de encontrar um expediente nas profundidades ou, se necessário, para descobrir uma deixa adequada, flutuando perto da superfície, no vão esforço de criar algo novo. A essa colisão pode ser dado o nome de *crise ambicêntrica.*

A regra da mecânica da produção é a seguinte: A representação espontânea de um mesmo tema será menos impressionante quanto mais freqüentemente for repetida.

A regra da mecânica da reprodução pode ser assim enunciada: Quanto mais amiúde se repete um poema, um discurso ou um papel decorado, mais forte se torna o desempenho.

Esta regra é válida para a verdadeira reprodução. Não é contraditada pelo fato de que, muitas vezes, o aluno é bem sucedido na primeira comunicação de uma impressão; de que, com freqüência, um ator declama melhor um papel da primeira vez do que nas vezes seguintes, pois estes casos são, por sua própria natureza, realizações espontâneas ou improvisadas. Só podemos falar de um processo reprodutivo quando o aluno incorpora completamente o poema, o ator o seu papel, com a palavra e o gesto. Só então pode a palavra incorporar-se mais profundamente no indivíduo, quanto mais vezes for repetida.

Mas ainda que ele tenha esquecido trechos do discurso decorado, ou esquecido completamente o tema, "em" o estado, podem ocorrer-lhe fragmentos e aparecer pontos fracos, aos quais podemos chamar *os sintomas da degeneração do ato criador:* ausência de emoção ou sentimento; confusão de fragmentos decorados e surgimento espontâneo de idéias fracas e inadequadas; falta de coordenação entre a palavra e a ação; perda de sensibilidade para a correta duração de um determinado estado.

Aprendizagem por Adestramento da Espontaneidade vs. Aprendizagem Pela Ação

O profundo analista do processo educacional que foi John Dewey escreveu certa vez: "Como a aprendizagem é algo que o próprio aluno tem de fazer por si e para si mesmo, a iniciativa compete ao aprendiz. O professor é um guia e diretor; ele dá rumo ao barco mas a energia que o impulsiona deve provir daqueles que estão aprendendo." [48] Isto é até onde o filósofo pode ir na descrição da situação do aprendiz. Coube à pesquisa da ação e da espontaneidade elucidar mais cabalmente o problema.

No processo de fazer, o envolvimento do aluno no ato é tão intenso que muitas experiências e expressões, físicas e mentais, passam despercebidas ao indivíduo. Podem ser notadas, por vezes, por um co-ator ou observador que participe na ação. Então, aquele poderá levar a efeito certas atividades com maior

---

48. John Dewey, *How We Think*, pág. 35, D. C. Heath & Co., 1933.

intensidade de experiência e notá-las mas sem conseguir recordá-las numa ocasião ulterior. Se essas atividades estão repletas de erros, ele não poderá corrigi-los, porquanto não se lembra dos próprios incidentes ou só os recorda de um modo fragmentário. Portanto, a aprendizagem fazendo é seriamente prejudicada pelo considerável grau de relativa amnésia que acompanha as ações. O problema que surgiu desses estudos foi, assim, o de como desenvolver "controles" que possam ser aplicados eficazmente quando um ato está em curso de realização, sob o estímulo do momento, antes dos erros se organizarem e conservarem no comportamento estereotipado, o qual será tanto mais difícil de corrigir quanto mais tempo tiver existido e quanto mais satisfatório se tornar para certos apetites do indivíduo.

Uma outra observação que se fez é que o aprendiz resiste, com freqüência, a tais controles, mesmo quando estão disponíveis, e desenvolve recursos mnemotécnicos e estratégias enganadoras para reter certos ganhos emocionais e intelectuais; transfere-os de uma ação pretérita para uma ação no presente ou no futuro. O problema suscitado por essa observação foi o de como "desconservar" o aprendiz de tempos em tempos, depurá-lo, por assim dizer, dos clichês emocionais e sociais e repô-lo numa condição que o torne livre para participar nas realidades do momento com a maior perspicácia possível.

No decurso de um experimento para introduzir controles dos erros no momento em que estes ocorreram, correções na própria situação da vida real, uma outra observação foi feita. Tais controles só são aceitáveis e eficazes se o aprendiz individual estiver cercado de agentes terapêuticos, egos auxiliares, se um aprendiz for o agente terapêutico do outro, por outras palavras, se a sociedade a que eles pertencem for uma sociedade terapêutica. Mas a sociedade a que pertencemos neste período histórico está longe de ser uma sociedade terapêutica. Na maioria dos casos, reduziria o *status* do indivíduo, se o menor erro fosse corrigido em sua tarefa ou função; por exemplo, no lar, quando a mãe ralha com o filho, e o agente terapêutico, como um anjo da guarda, entra na sala e tenta corrigi-la *in loco;* ou se um agente de seguros foi detido pelo agente terapêutico justamente no momento em que descreve ao seu cliente as probabilidades de uma morte prematura; ou se o agente terapêutico der uma indicação a um homem numa linha de montagem, quando discutia com um outro homem enquanto estava empenhado, simultaneamente, numa difícil tarefa mecânica. A conclusão é que a compulsão das situações reais da vida é tão grande que a terapêutica, por muito desejável que seja, é um preço demasiado alto a pagar, considerando a perda de prestígio e a possível perda de emprego. O problema que surgiu foi o de como construir uma situação de tratamento que seja tão parecida com a vida como a própria vida mas muito mais abundante em possibilidades, mais flexível e mais suscetível de sujeitar-se a controles imediatos. Foi encontrada uma resposta a essa questão. A aprendizagem fazendo foi substituída ou, talvez seja preferível dizer, foi remodelada pela aprendizagem mediante o adestramento da espontaneidade e o procedimento psicodramático, em que se conjugam a terapia e a ação, sendo uma delas parte intrínseca da outra.

Seção V. TEORIA E PRÁTICA DOS PAPÉIS

Definição de Papéis

O papel pode ser definido como uma pessoa imaginária criada por um autor dramático, por exemplo, um Hamlet, um Otelo ou um Fausto; esse papel imaginário pode nunca ter existido, como um Pinóquio ou um Bambi. Pode ser um modelo para a existência, como um Fausto; ou uma imitação dela, como um Otelo. O papel também pode ser definido como uma parte ou um caráter assumido por um ator, por exemplo, uma pessoa imaginária como Hamlet animada por um ator para a realidade. O papel ainda pode ser definido como uma personagem ou função assumida na realidade social, por exemplo, um policial, um juiz, um médico, um deputado. Finalmente, o papel pode ser definido como as formas reais e tangíveis que o eu adota. Eu, ego, personalidade, personagem etc. são efeitos acumulados, hipóteses heurísticas, postulados metapsicológicos, "logóides". O papel é uma cristalização final de todas as situações numa área *especial* de operações por que o indivíduo passou (por exemplo, o comedor, o pai, o piloto de avião).

Estudo de Papéis Dinâmicos

A minha primeira observação clínica da dinâmica do papel foi provocada pelo conflito em que um ator legítimo se encontra quando assume uma parte no palco. Um ator, quando faz a parte de Hamlet, tem de suprimir-se, de reduzir-se como pessoa privada de existência oficial; mas o grau em que um dado papel pode substituir ou preencher o espaço da pessoa privada do ator é cronicamente incompleto. Por detrás da máscara de Hamlet espreita a personalidade privada do ator. Chamei freqüentemente a isso o *conflito primário papel-pessoa*. O conflito entre Hamlet e o ator (X_1) encontra, no decurso da produção do *Hamlet*, paralelos entre a pessoa privada de X_2 e o papel de

Ofélia; a pessoa privada de X_3 e o papel do padrasto de Hamlet, o Rei; a pessoa privada de X_4 e o papel da mãe de Hamlet, a Rainha, e assim por diante (ver o Diagrama I). A interação Hamlet-Ofélia, Rei-Rainha, é invisivelmente secundada pela interação de suas correspondentes pessoas privadas, X_1, X_2, X_3 e X_4. Esse conflito gera, com freqüência, sérias perturbações na pessoa privada do ator, na produção do papel e no relacionamento entre os dois. Recordo que a Duse costumava confiar substancialmente num ponto para recitar o seu papel. Seus amigos disseram-me, a modo de desculpa, que ela tinha muito má memória, mas essa confiança no ponto não ocorria na estréia nem quando desempenhava um papel em que estivesse desinteressada. Isso acontecia em papéis que tivesse representado em numerosas ocasiões e naqueles a que se sentisse pessoalmente vinculada, de um modo profundo, como — por exemplo — o de Elida, em *A Dama do Mar*, de Ibsen. A minha teoria da dinâmica do papel explica esse fenômeno da seguinte maneira: para a Duse, o papel de Elida era uma coisa tão sagrada e pessoal que a afetava profundamente, como criadora, a perda de espontaneidade, de presença atual de sentimento e expressão a que parecia obrigá-la a rígida memorização de um papel, palavra por palavra. Em busca de uma estratégia para salvar a sua própria integridade de artista, assim como a da soberba criação da personagem de Ibsen, Duse esforçava-se por *não* recordar as suas falas, depois de tê-las dito. Depois de cada ocasião em que representou o papel de Elida, o diálogo era esvaziado de sua mente. E nada restava nela, exceto o ritmo do papel, a seqüência de sugestões emocionais e o padrão de gestos. O ponto era como um ego auxiliar que lhe fornecia as palavras quando necessário e as quais ela podia incorporar facilmente em sua voz musical e vibrantes emoções.

O ator sofre um triplo conflito: o conflito com o autor teatral, o conflito com os seus co-atores e o conflito com o público. O conflito com o autor teatral é devido ao fato deste colocar o ator em segundo plano, ao fazer da produção do papel a tarefa primária, criadora. Além disso, ele está colhendo os frutos de toda a catarse que o papel pode conter e pouco sobra para o ator, exceto nas primeiras leituras. O segundo conflito, o conflito com os co-atores, resulta freqüentemente em profundas complicações pessoais. Uma famosa atriz que tinha a sua companhia sob o seu controle diretivo, nunca ensaiava com o elenco. Os seus parceiros só a ouviam no papel que ela desempenhava na própria noite da primeira representação pública. Eram forçados a aprender os seus próprios papéis de um modo tal que pudessem ajustar-se rapidamente a qualquer das maneiras imprevistas de atuar da *prima donna*. A atriz-estrela fazia isso porque queria apresentar-se diante de seus co-atores como Palas Atenéia

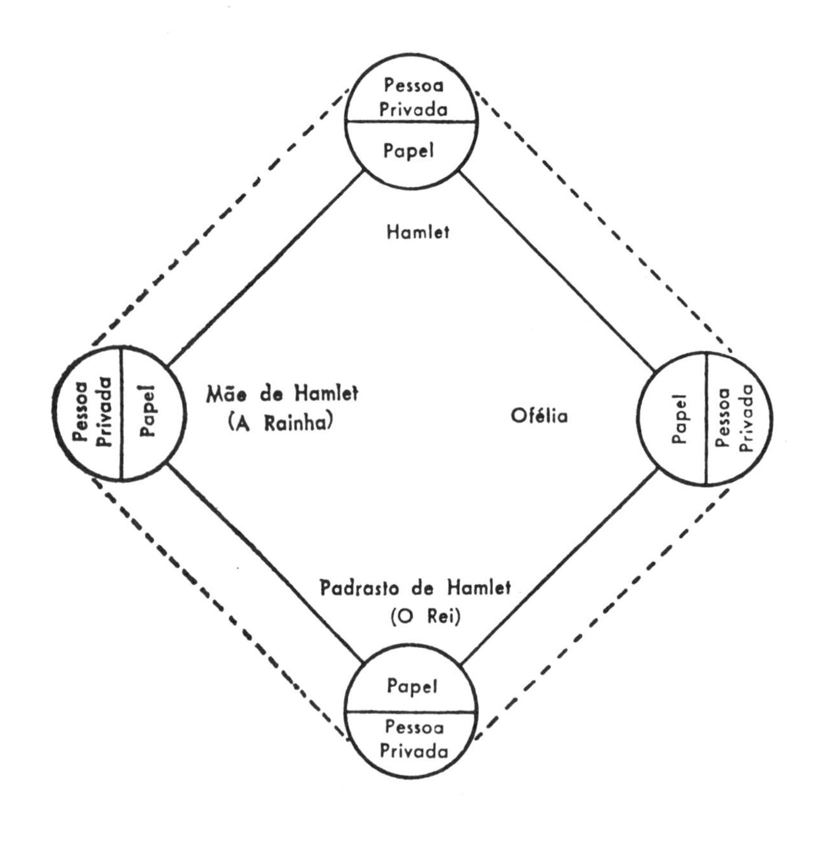

DIAGRAMA DE PAPÉIS I

A pessoa total do ator está decomposta em sua pessoa privada e no papel que está assumindo, conforme indicado em cada círculo. As linhas retas representam as relações entre os atores, em seus papéis dramáticos; as linhas tracejadas, as suas relações como pessoas privadas.

surgiu da cabeça de Zeus, completa e perfeita. Eles não deviam conhecer qualquer das falhas de aprendizagem e o processo de gradual aperfeiçoamento do papel. O desejo de ser uma criadora sem mácula, espontânea e em sua forma final produziu uma versão peculiar do medo ao palco, medo dos seus próprios colegas, de seus comentários e ciúmes. Também o conflito com o público assume com freqüência formas patológicas. Conheci uma atriz que sempre temia apresentar-se ao público no mesmo papel. Cada repetição fazia com que se sentisse desprezível e insignificante. Para se apresentar como um gênio, ela obrigava-se a elaborar continuamente o seu papel, a aperfeiçoá-lo cada vez que o representava de novo, refinando-o aqui e ali, realçando de cada vez algum novo ângulo. Portanto, representar o mesmo papel todas as noites era uma tarefa extenuante para ela, não só porque achava a repetição vulgar mas também porque, em virtude do sentimento de culpa daí decorrente, considerava-se na obrigação de aperfeiçoar constantemente o papel, a fim de manter o seu prestígio de criadora.

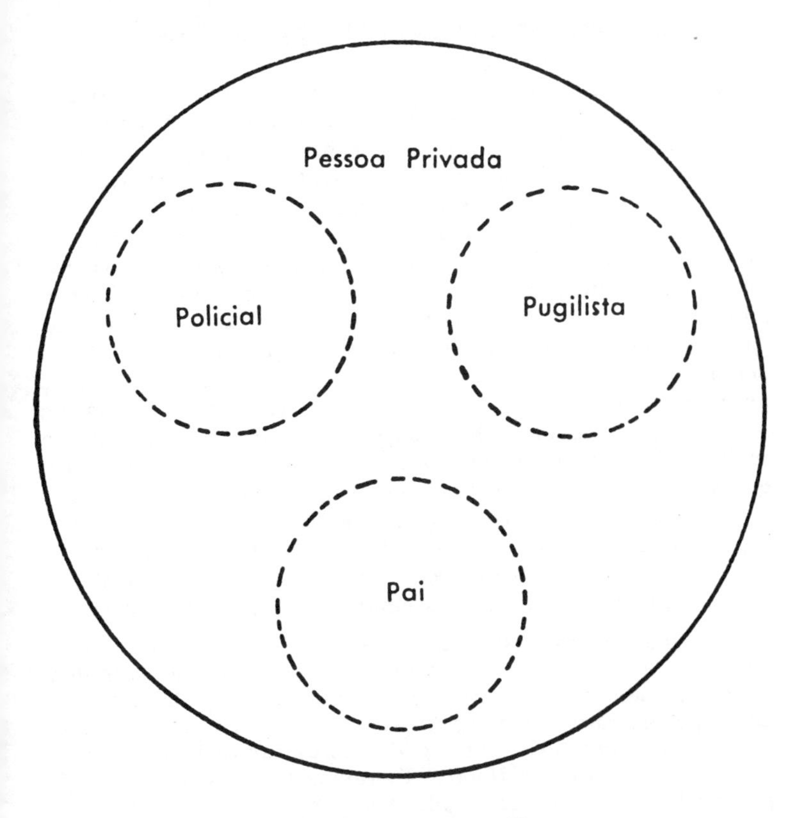

Diagrama de Papéis II

O círculo grande representa a pessoa privada total. Os três círculos pequenos representam os três papéis sociais em que ela atua.

Usualmente, ela parava de representar um papel quando chegava ao fim de sua espontaneidade e capacidade inventiva.

O grau em que a personalidade privada de um ator, os seus papéis privados, se deterioram depende, pois, em grande parte, dos três conflitos acima descritos; mas também do grau em que os seus papéis profissionais são compatíveis ou incompatíveis com os seus papéis privados, ampliando-os (catarse do papel) ou tolhendo-os. O teste periódico e sistemático de papéis pode proporcionar aos nossos artistas prematuramente envelhecidos uma necessária profilaxia mental.

Base Psicossomática e Medição de Papéis

O desempenho de papéis é anterior ao surgimento do ego. Os papéis não decorrem do eu mas o eu pode emergir dos papéis. O fator *e* pode animar um gesto, mesmo que nenhum "eu" nem o "outro" social estejam ainda envolvidos, se não houver linguagem nem maquinaria social disponível para a sua comunicação. É possível, como vemos nas crianças pequenas e psicóticos, que o indivíduo opere com vários *alter egos*. Um sistema do "eu" e do "outro" não requer, necessariamente, uma linguagem e um mundo social. Para Herbert G. Mead, o eu — e uma sociedade de eus — estão *dominados pela linguagem*. Também a perspectiva exploratória de Freud foi dominada pela linguagem. Freud pensou, por razões diferentes de Mead, que a linguagem é a principal raiz da análise psicológica, que ela pode captar a essência do crescimento psíquico. Ele supôs, inconscientemente, que a linguagem é um importante recipiente da evolução psicológica; Mead atribuiu-lhe uma importância semelhante na evolução social e pensou que, por inferência, toda a informação essencial pode ser derivada dela. Ambos negligenciaram o desenvolvimento pré-semântico e assemântico da psique e do grupo.

Um método simples de medir os papéis é usar como norma permanentemente estabelecida os processos que não permitem qualquer mudança, conservas de papéis como o Hamlet ou o Otelo de Shakespeare, o Fausto de Goethe ou o Don Juan de Byron. Se a um certo número de atores for dada a instrução para usar o texto do *Hamlet* literalmente, tal como foi dado por Shakespeare, ou para mudá-lo livremente no curso da representação, alguns preferirão o texto original, outros poderão introduzir nele mudanças maiores ou menores. Esses desvios representam os graus de liberdade de cada ator, podendo ser atribuídos à operação de um fator *e*. Suas adições ou substituições podem estar dentro ou muito abaixo do nível de expressão de Shakespeare. Resultaria uma escala de versões do *Hamlet*, estando a versão original de Shakespeare numa extremidade da escala e na outra um texto personalizado e inteiramente transformado.

Um outro método de medição usa como normas papéis sociais que são rigidamente prescritos por costumes e formas sociais e legais. São exemplos ilustrativos disso os papéis sociais do policial, do juiz, do médico etc. São papéis ou estereótipos sociais e diferem das conservas de papéis na medida em que a seqüência das situações, o texto de suas falas, não estão rigidamente delineados. Nenhum Shakespeare escreveu de antemão as falas e ações "deles". Um variável grau de espontaneidade é permitido e, de fato, é o que se espera deles. Por exemplo, um policial pode ser requerido a representar a autoridade da lei em toda e qualquer situação em que participe mas, em situações diversas, pode exigir-se-lhe que atue de um modo diverso. De fato, sem um certo grau de espontaneidade, as suas palavras e ações podem ter conseqüências fatais para ele e seus concidadãos. Portanto, colocar um certo número de policiais em várias situações vitais típicas que requeiram a sua intervenção

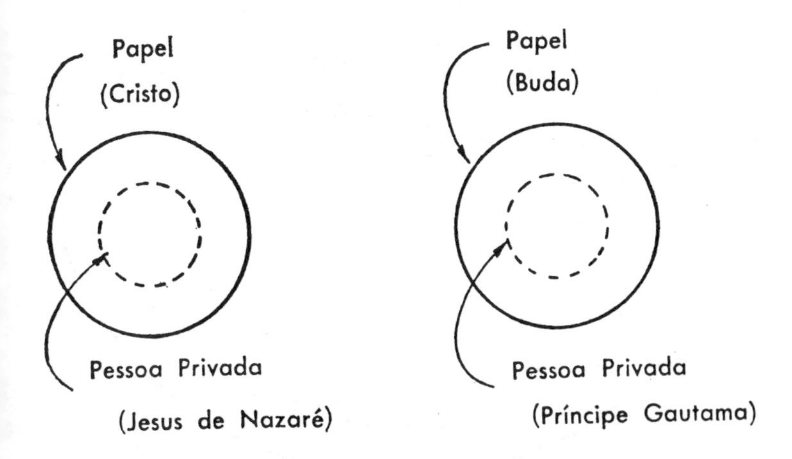

Diagrama de Papéis III

Exemplos ilustrativos do papel que substitui e engloba a pessoa privada em tal grau que esta se converte numa parte daquele. Isto contrasta com os Diagramas I e II, em que o papel se apresenta como parte ou divisão da pessoa privada.

resultaria numa escala. Numa extremidade da escala estará o mais adequado desempenho de policial numa situação particular e, no outro extremo, estaria o desempenho mais inadequado no mesmo gênero de situação.

Um outro método de medição é deixar que o sujeito desenvolva um papel em *status nascendi,* colocando-o numa situação pouco estruturada e depois, em situações cada vez mais altamente organizadas. As produções de diferentes sujeitos diferirão imenso e nos fornecerão um padrão para medir o papel.

Outro método de medição consiste em colocar diversos sujeitos que não se conhecem uns aos outros numa situação que

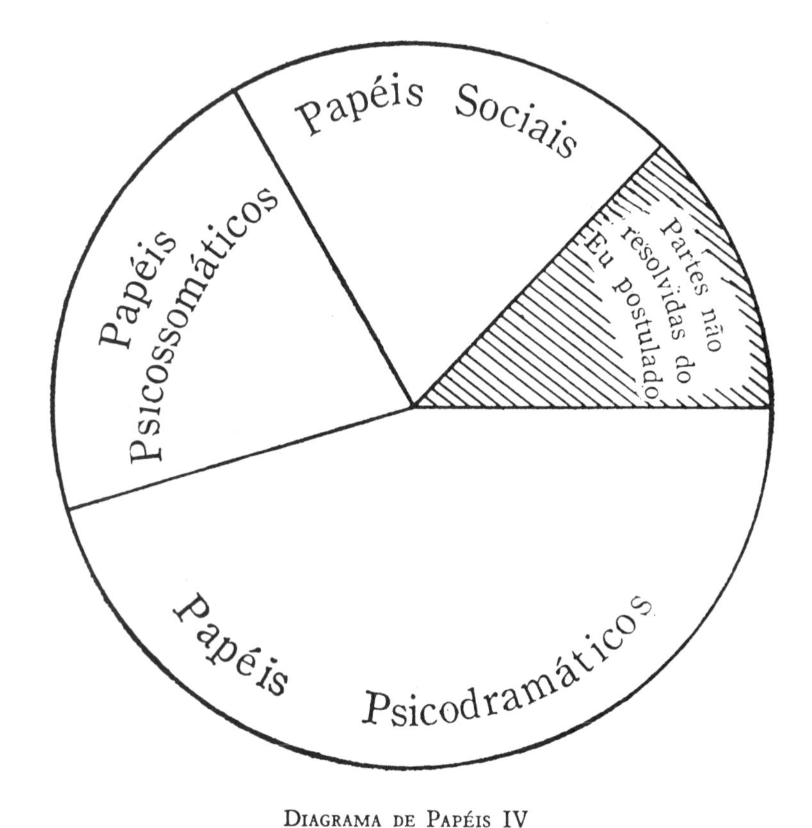

DIAGRAMA DE PAPÉIS IV

Ilustra a gama de papéis de uma pessoa; a existência de partes não resolvidas e não integradas sugere o caráter logóide do eu.

têm de enfrentar em comum. Exemplo: Seis homens de igual graduação militar estão num acampamento. De súbito, vêem um pára-quedista inimigo aterrissando num bosque próximo. Têm de atuar segundo o impulso do momento. Um júri observa como se desenvolve o grupo em *status nascendi;* poderá discernir (a) que relações se estabelecem entre os seis homens; quem está tomando a iniciativa na primeira fase, nas fases intermédias e na fase final de sua interação. Quem se destaca como "líder"? (b) Que ação empreendem em relação ao inimigo? (c) Como termina a ação e quem lhe põe fim?

Um outro método é colocar vários sujeitos num papel específico, independentemente e em períodos diferentes, em oposição ao *mesmo* ego auxiliar, cujo desempenho foi cuidadosamente preparado e altamente objetivado. O ego pode ser, neste caso, um instrumento que mede as variações de resposta provenientes dos sujeitos testados.

Ainda um outro método é o estudo do mesmo papel, por exemplo, o papel de um estrangeiro num certo número de situações diferentes. Um sujeito nesse papel é, por exemplo, colocado defronte de uma moça que é sua companheira de viagem num trem; mais tarde, é colocado abordando-a numa rua. Numa etapa ainda mais ulterior, propõe casamento a uma moça de diferentes origens étnicas e, finalmente, é despedido do seu emprego após vários anos de fiel serviço, por causa de sua raça. Esta série permitiria o desenvolvimento de uma escala, em referência ao mesmo papel, por exemplo, o de estrangeiro, filho, trabalhador etc.

Nota Sobre o "Desempenho de Papéis" do Psicanalista e do Hipnotizador

O psicanalista sugere-se a si mesmo como assumindo o papel do pai (confessor e intérprete) diante do paciente. Portanto, é o psicanalista quem define a situação, transferindo uma atitude ao paciente. Será motivo de surpresa, então, que o paciente inverta o processo (aceite a recomendação) e produza, obsequiosamente, uma transferência para o analista?

O hipnotizador sugere ao sujeito, durante o sono hipnótico, o papel que o segundo representa espontaneamente assim que desperta; ou insta com o sujeito, no estado pós-hipnótico, para que represente um papel que está latente nele. O procedimento hipnótico apresenta-se, a esta luz, como um passo preparatório para uma sessão psicodramática mal preparada, um "hipnodrama". É provável que os hipnoterapeutas tivessem maior êxito se eles integrassem os princípios psicodramáticos, consciente e sistematicamente, em seu método de tratamento, em vez de os empregarem inconscientemente.

Testes e Diagramas de Papéis para Crianças

Uma Abordagem Psicodramática de um Problema Antropológico

Introdução

No decurso da pesquisa psicodramática, tem sido freqüentemente postulado que o papel é o mais importante fator individual na determinação da atmosfera cultural da personalidade. "Os aspectos tangíveis do que é conhecido como 'ego' são os papéis em que este opera... Consideramos os papéis e as relações entre os papéis como o mais importante produto dentro de qualquer cultura específica." [49]

No teatro, são pontos naturais de referência a adoção e representação de papéis. Não nos referimos à pessoa privada X que desempenha o papel mas ao papel que ela desempenha. Para começar, as atitudes que tem enquanto Sr. X pouco ou nada interessam. O que interessa são as atitudes que manifesta no papel. As atitudes que podem ser características de um ator, como pessoa privada, de John Barrymore, por exemplo, não têm importância aqui; o que importa são as atitudes que se supõe serem características de um papel específico, Hamlet.

Os recentes estudos de atitudes, tais como as de dominação e submissão etc., não parecem aos autores tão férteis quanto o trabalho com "papéis" como pontos de referência. Parece ser um caminho mais curto e uma vantagem metodológica em comparação com o ego ou a personalidade como pontos de referência. Os últimos são menos concretos e estão envoltos em mistério metapsicológico.

Os autores procuraram examinar essa hipótese estabelecendo um programa específico para a pesquisa do papel. Desde que Binet introduziu um teste para medir a inteligência, desenvolveram-se freqüentes esforços para construir testes que meçam

---

49. Moreno, J. L., "Psychodramatic Treatment of Marriage Problems", *Sociometry*, Vol. 3, N.º 1, 1940. Os autores não tentam, deliberadamente, definir o que é "cultura". Preferem deixar que uma definição decorra de experimentos como estes.

a "personalidade". Talvez nenhum outro teste para investigar a personalidade seja mais promissor que o teste de "papéis", devido à íntima relação entre o processo do papel e a formação da personalidade, por um lado, e o contexto cultural das situações, por outro. Como, de acordo com a nossa premissa, a gama de papéis de um indivíduo representa a inflexão de uma cultura nas personalidades que lhe são pertencentes, o "teste de papéis" medirá o comportamento de um indivíduo em papéis e revelará desse modo o *grau* de diferenciação que uma cultura específica alcançou dentro de um indivíduo e a sua interpretação dessa cultura. Assim como um teste de inteligência mede a idade mental de um indivíduo, o teste de papéis pode medir a sua *idade cultural.* A relação entre a idade cronológica e a idade cultural de um indivíduo pode ser denominada o seu quociente cultural.

Procedimento

O projeto foi posto em prática em dois lugares: numa pequena cidade — projeto A — e numa zona subprivilegiada da cidade de Nova Iorque — projeto B.

No *projeto A,* formou-se um júri de cinco pessoas na comunidade onde vivem as crianças, a fim de determinar os papéis característicos da comunidade, que são, presumivelmente, os papéis em que aquelas terão que atuar ou terão de perceber no futuro. O júri citou um total de 55 papéis, como segue:

> mãe-pai, irmão-irmã, médico, enfermeira, professor, jardineiro, criada, policial, carteiro, ministro de uma igreja, chofer de táxi, eletricista, carpinteiro, bombeiro, telefonista, pintor, cozinheiro, presidente, prefeito, cidadão, funcionário dos Correios, cobrador de trem, entregador de encomendas, bibliotecário, cabeleireiro, barbeiro, criado de mesa, mordomo, agente funerário, piloto, soldado, marinheiro, general, mecânico de automóveis, operário, capataz, motorista de ônibus, chefe de correios, carvoeiro, animador de programas radiofônicos, sorveteiro, arquiteto (mestre-de-obras), advogado, maquinista, engenheiro, lojista, juiz, banqueiro, gasista, açougueiro, padeiro, farmacêutico, leiteiro, psiquiatra, empregado de posto de gasolina.

Os quinze papéis seguintes receberam os seus mais elevados escores de preferência:

> mãe-pai, irmão-irmã, policial, professor, médico, chofer de táxi, carteiro, ministro de uma igreja, bombeiro, banqueiro, advogado, maquinista de trem, condutor, lojista, juiz.

Concordou-se em que o conjunto de papéis usados para o teste pode variar de uma comunidade para outra e, mais drasticamente, de uma cultura para outra. A seleção dos papéis a testar é de crucial importância porque, se os papéis que constituem esse conjunto forem tão-somente acidentais na vida dessa particular comunidade, não pode ser obtida uma verdadeira imagem do comportamento e das potencialidades do papel da criança. Por conseguinte, o problema consistia em selecionar papéis que fossem verdadeiramente representativos e atuantes na comunidade em que viviam as crianças submetidas ao teste.

Em estudos de antropologia diferencial, comparando duas culturas, a tarefa consistiria em determinar idênticos padrões de papéis (como soldado ou sacerdote) e os padrões de papéis *não*-idênticos, isto é, aqueles papéis de uma cultura que não têm correspondentes na outra (como os de cientista e piloto de avião, para os quais não existe paralelo nas culturas pré-históricas).

No *projeto B* foi estabelecido um procedimento paralelo. Foi escolhido um júri de cinco pessoas que viviam no bairro do qual as crianças foram selecionadas. Também se lhes solicitou que selecionassem aqueles papéis que consideravam característicos da comunidade onde viviam. Não foi fixado um limite ao número de papéis que figurariam na lista. Enumeraram 105 papéis, quase o dobro dos indicados pelo júri da cidade pequena (projeto A). Passaram então a escolher dessa lista os quinze papéis que, em seu entender, eram mais pertinentes para a compreensão e representação das crianças a ser testadas. Comparou-se a lista final com a apresentada no projeto A e verificou-se uma discrepância entre as duas listas de papéis. Dez papéis eram os mesmos; os cinco seguintes não foram indicados: carteiro, bombeiro, ministro protestante (que foi substituído por sacerdote), banqueiro e maquinista de trem.

No projeto A,[50] o teste de papéis, tal como foi aplicado a cada sujeito, individualmente, dividiu-se em dois procedimentos: (a) representação do papel e (b) percepção do papel. Essa divisão foi efetuada por razões analíticas, se bem que, na realidade, a representação não possa ser completamente separada da percepção.

O teste foi administrado a um grande número de crianças. Apresentamos aqui os resultados obtidos com seis crianças (Ver o Quadro I para os detalhes).

---

50. Os resultados dos testes realizados no Projeto A serão apresentados num estudo subseqüente.

Descrição do Teste: (a) Representação do Papel

Pediu-se a uma criança que representasse, um após outro, os quinze papéis selecionados. Para reduzir a um mínimo a inibição ou embaraço da criança, e para ajudá-la em seu aquecimento preparatório da representação, o procedimento foi todo apresentado como um jogo. Uma criança mais velha, adestrada como ego auxiliar, serviu de público para adivinhar qual era o papel, depois de ter sido representado pelo sujeito. Para que este não tivesse a sensação de que as atenções estavam especialmente concentradas nele, ou no caso de se recusar a representar os papéis, o ego auxiliar desempenhava um papel, não incluído na lista dos quinze selecionados, e o sujeito adivinhava qual era. Essa interação servia, habitualmente, como um "arranque" para a criança testada.

As instruções foram: (1) *Mostra-nos* o que ele (um policial, um professor etc.) faz. (2) Se o sujeito hesitava por alguns momentos, ou indicava ter terminado a representação do papel, perguntava-se-lhe: "Que *mais* ele (o policial, o professor etc.) faz?" (3) Se o sujeito se mostrava inteiramente incapaz de realizar o aquecimento preparatório da representação de um papel, era instruído: "Se não pode representar, então *diga-nos* o que ele (policial, professor etc.) faz." (4) Se o sujeito descrevia o papel corretamente, era instado de novo para tentar representá-lo.

(b) Percepção do Papel

Uma vez estabelecidos os papéis que o sujeito era *incapaz* de desempenhar, fazia-se um esforço no sentido de determinar se era capaz de *reconhecê-los.* Eles eram então representados pelo mesmo adulto de uma forma teatral padronizada, cada fase do papel ocorrendo numa seqüência padronizada. Cada papel era dividido numa série de atos significativos que o compunham. Uma criança poderia *reconhecer* um papel depois de ver um ou outro de seus atos característicos, por exemplo, uma atitude do corpo ou um gesto. Uma outra criança poderia ter que ver duas ou mais fases para reconhecer um papel. Contudo, mesmo entre os papéis que uma criança era capaz de *representar*, podia haver um grau variável de inadequação; por exemplo, uma criança poderia representar somente uma ou duas fases do papel, considerando-as suficientes, quer porque não se aquecia preparatoriamente para mais do que isso (embora pudesse estar *cônscia* de mais), quer porque a sua percepção era limitada.

Resultados

Apresentamos a seguir amostras dos resultados dos testes de papéis administrados a duas crianças que vivem na mesma comunidade, são vizinhas e amigas desde os dois anos e meio de idade, são da mesma idade cronológica (6 anos) e acima da média em inteligência (118 e 140). Cada representação está decomposta (1, 2, 3 etc.) em suas fases significativas.

	Rita	Kay
Policial	1. Mantém-se quieta, agitando as mãos como se dirigisse o trânsito; diz: "Muito bem, sigam por aí." Movimentos com as mãos. 2. Muda de posição, indicando assim estar numa outra parte da cidade, e diz (como se falasse a alguém): "Está preso porque roubou alguma coisa." 3. "Se você atirar, eu o matarei."	1. "Que devo fazer?" (Ego auxiliar representa um outro papel; apesar disso, não inicia o aquecimento preparatório.) Percepção: Quando o examinador desempenha o papel em todas as suas fases, ela reconhece o papel.
Professor	1. Dirige a conversa como se falasse a um grupo, numa atitude séria e condescendente: "Agora, crianças, podem pintar e colorir, ou fazer o que quiserem." 2. "Depois, sairemos para brincar."	1. "Não sei." Percepção: Reconheceu o papel depois da representação de uma fase.
Gari	1. "Agora temos de varrer as ruas." 2. "Aqui está a vassoura para limpar a rua." Faz movimentos de varredura, como se usasse a vassoura de cabo comprido dos garis.	1. "Eu limpo as ruas." Voltando-se para o examinador "Não sei o que fazer."
Lojista	1. "Pode-me vender bananas? Quanto custam? (assumindo o papel de freguesa). 2. Movimenta-se de um lado para outro, como se estivesse atrás do balcão, diante do freguês: "$25". 3. Voltando à posição do freguês: "Está bem, fico com elas."	1. "Não sei." Percepção: Reconhece o papel depois de representada a primeira fase.
Juiz	1. "Saia daqui. O que foi que você fez àquela senhora?" 2. "Escreva o nome dela. É uma mulher má." 3. Aparte para o adulto: "Ele está no tribunal."	1. "Não sei." Percepção: Não reconheceu o papel depois da representação completa.
Médico	1. "Bem, crianças, deixem-me examiná-las." Gestos e movimentos para segurar a cabeça de uma criança. Usa uma boneca. Apanha uma vareta (como se fosse uma colher para abaixar a língua) e tenta	1. Com voz débil: "Eu cuido das pessoas quando estão doentes."

	Rita	Kai
	enfiá-la na boca da boneca. "Vamos ver o que se passa com esta menina. Ela quebrou o pescoço. Tenho de pôr alguma coisa nele." Apanha a tesoura e corta tiras de papel. 2. "Bem, aqui estão algumas pílulas para ela." 3. Coloca tiras de papel na criança como atadura e faz o gesto de dar as pílulas. 4. "Quanto custa isso?" 5. "São $50."	
Carteiro	1. Pede o que sirva para representar as cartas. Dão-lhe envelopes vazios. Caminha até vários pontos da sala, deixando-os cair atrás das cadeiras, e disse: "Esta é para a Senhorita Tara. Onde é a sua caixa postal?" 2. Joga uma carta atrás de uma cadeira. 3. Apanha outra e diz: "Isto é um postal para a Sra. Jones. Aqui está sua caixa postal." Joga igualmente a carta no espaço atrás de uma outra cadeira. 4. "Esta pertence à Sra. Sweet", e assim por diante, colocando-as todas em diferentes lugares. 5. "Ele regressa agora à estação de Correio."	1. "Que estou eu fazendo? Estou entregando cartas." Fica quieta. Faz gestos com as mãos, como se distribuísse cartas.
Ministro	1. "Não gosto desse papel." 2. Põe-se de pé, empertigada, como se diante de um público: "Está bem, digam vossas orações." 3. Está bem, estamos prontos para cantar." "O.K." 4. Faz o movimento de puxar a corda do sino, dizendo: "Ding, ding, ding." 5. "Muito bem, saia todo o mundo. 6. Faz o gesto de abrir as portas. 7. "Agora fica parado ali e fala com as pessoas." 8. "Eles rezam e cantam."	1. "Não sei." ——— Percepção: Após a representação completa, diz: "Pessoa na igreja; padre?" (Ela é protestante.)
Chofer de táxi	1. "Quer parar aqui, senhora?" 2. "Onde querem ir as senhoras? Ao parque de divisões?" 3. "Onde desejam ir as senhoras?" 4. Tem as mãos rodeando o volante, faz o movimento de manobrar o carro, dizendo: "honk, honk." 5. "Muito bem, eis a vossa parada." 6. "Toot-toot."	1. Levanta as mãos, como se estivesse segurando um volante; dirige o carro: "Chog-a-chog." 2. "Tenho de parar e deixar as pessoas entrar." 3. "Agora vou frear." Faz o movimento como se acionasse o freio.

	Rita	Kai
	7. "Para a piscina? Muito bem." 8. "Quer parar aqui? Quanto custa?	
Advogado	"Oh, isso é muito difícil. Não sei." Percepção: "Não sei."	1. "Não sei." Percepção: "Não sei."
Bombeiro	1. Deita-se de barriga para baixo, dizendo: "Tenho de examinar esta pia. Tenho de tirar daqui este anel. Hei, garota, aqui está o teu anel! Tirei-o do cano." (a) "Mais alguma coisa? O cano está quebrado? Bem, tenho de ir buscar as ferramentas." 2. Sai do quarto e volta com alguns paus. Resmunga: "Oh!" enquanto se agacha. "Tenho de cravar este prego aqui." Trabalha durante algum tempo. 3. "Oh, diabo. Agora, aqui está." Movimentos de polir. 4. "Agora tenho de levar as ferramentas e tudo." Recolhe objetos e sai do quarto.	1. "Não sei; não sei." Percepção: "Não sei."
Maquinista de trem	1. Levanta a mão, como se estivesse pendurado em algo: é o volante. Estou manobrando-o." Ao adulto: "Não grita o nome das estações. Ele é quem leva a máquina."	1. "Não sei como representar isso." Percepção: "Maquinista de trem." Após uma pausa: "Mecânico."
Condutor	1. "Os seus bilhetes, por favor." 2. "Hornell, Hornell, é a próxima estação." 3. Caminha aos solavancos, como no corredor de um trem, e olha para um lado e outro, como se recolhesse os bilhetes dos passageiros. 4. Aparte para o adulto: "Ele diz: "Suba para o trem. Vá, depressa."	1. "Eu recebo os bilhetes." "Que devo fazer? Não sei."
Mãe-Pai	1. "Lavarei os pratos e arrumarei a casa." Movimenta-se como se estivesse varrendo. 2. Muda de voz, adotando um tom baixo: "Vou trabalhar duro numa fábrica... ganharei algum dinheiro e ouro. Saio para cortar madeira e serrá-la." 3. Muda novamente de posição e de voz: "Esfrego o chão; cozinho para as crianças. Irei lá fora varrer o chão."	1. "Não sei." Percepção: "Mãe e Pai." Reconheceu o papel depois de uma representação completa.
Banqueiro	1. "Quanto dinheiro ganha? Eu tenho." 2. "Agora posso sacar cheques. Este é o meu escritório, a minha escrivaninha. Darei dinheiro às pessoas." 3. Pega no telefone e diz: "Você também vem ao banco?"	1. "Não sei." Percepção: "Não sei."

A amostra acima de respostas mostra-nos duas reações extremas de crianças, ambas acima da média em inteligência; uma, Kay, a de inteligência superior, foi incapaz de proceder a um aquecimento preparatório que lhe possibilitasse representar a maioria dos papéis, além de ter um nível surpreendentemente baixo de percepção de papéis. Essa mesma criança mostrou também um fator *e* comparativamente baixo nos testes de espontaneidade. É uma criança sensível, intuitiva, dotada de superior aptidão musical. Desde tenra idade, teve medo das outras crianças e, até aos quatro anos, chorava continuamente quando abordada por outras crianças num grupo. Tinha sido realizado antes um estudo sociométrico [51] na escola maternal que ela freqüentava e a sua posição era a de uma criança extremamente isolada. Nos dois últimos anos, o seu desenvolvimento mudara de maneira considerável. Ela convertera-se em agressora, nada inibida em suas relações sociais e, numa observação superficial, poderia ser considerada "muito mais espontânea". Contudo, quando colocada, recentemente, em testes específicos de espontaneidade, a sua espontaneidade *social* ainda parecia atrasada. Nos testes de papéis, ela reagiu com entusiasmo à idéia de "jogo" e, embora visse uma amostra de um desempenho e pudesse *descrever* em que consistiam alguns dos vários papéis, foi incapaz de fazer o aquecimento preparatório para a sua representação. Rita, em contraste, não é tão forte quanto Kay em aptidão musical, não tão meticulosa em caligrafia e destreza manual, mas revelou um elevado fator *e* nos outros testes de espontaneidade. A sua posição sociométrica na mesma escola maternal não era a de isolamento nem de popularidade extrema. Contudo, tinha um número muito maior de opções possíveis, embora só retribuísse a de uma criança, com quem parecia brincar a maior parte do tempo, durante o estudo. Em resumo, Kay dispõe de muito menos recursos para fazer face a situações emergentes, sobretudo as de natureza social, está muito mais presa a estereótipos, como se evidencia em sua expressão musical e provas de desenho. Levando em conta o baixo escore de Kay em testes de papéis e os fatores acima, há indicações de que um baixo escore *e* se faz acompanhar de baixos escores sociométricos e em representação de papéis.

51. No artigo "Sociometric Status of a Children in a Nursery School Group", *Sociometry*, Vol. 5, N.º 4, novembro de 1942, Kay figura sob o nome de Mildred, e Rita sob o nome de Florence.

QUADRO 1

Escores de Papéis

(Número de Papéis Classificados: 15)

	Número de representação de papéis	Número de percepções	Representação abaixo do nível de reconhecimento	Representações parciais	Representação distorcida	Representação adequada
Rita (6 anos, 4 meses) Q.I 118	14 + 1 —	13 + 2 —	1	7		5
Ella (6 anos, 9 meses) Q.I. 135	13 + 2 —	13 + 2 —		9½	½	2
Jerry (6 anos, 2 meses) Q.I. 108	9 + 6 —	9 + 6 —	1	7	1	
Freddie (8 anos, 6 meses) Q.I. 85	7 + 8 —	5 + 8 —	3	3		1
Kay (6 anos, 2 meses) Q.I. 140	2 + 13 —	7 + 8 —	1	1		
Jean (4 anos, 10 meses) Q.I. 120	0	7 + 8 —				

Chave: 9 + significa que foram representados 9 dos 15 papéis.
Exemplo: 6 — significa que seis dos 15 papéis não foram representados.

QUADRO 2

Papéis Representados

(NÚMERO TOTAL DE PAPÉIS: 15)

	Jerry	Jean	Freddie	Kay	Ella	Rita
Policial	x		xx		xx	xxx
Professor	x				xx	xx
Advogado			x			
Maquinista de trem			x		xx+	xx
Condutor			x		xx+	xxx+
Lojista	xx		xxx+		xxx+	xx+
Juiz						x
Mãe-pai	xx				xx	xxx
Irmão-irmã	xx				xx+	xx
Médico	x				xx	xx+
Banqueiro					xx	xx
Chofer de táxi	xx		xxx	xx+	xxx+	xx+
Carteiro	xx		xx	xx	xx+	xxx+
Ministro religioso	xx+				xx+	xx
Bombeiro					xxx+	xxx+

Chave:

x significa representação *abaixo* do nível de reconhecimento.

xx significa representação *parcial*.

xxx significa representação *completa*.

+ significa que este papel particular foi representado com o maior grau de qualidade dramática, isto é, a intensidade do aquecimento preparatório do papel, a maior duração da representação ou a maior soma de detalhes no que se refere a gestos e verbalizações.

ANÁLISE

Para fins de refinamento dos escores e para dar tanto crédito quanto possível a todas as tentativas de representação, os escores foram divididos em vários níveis de desempenho, da seguinte maneira:

(a) *Representação abaixo do nível de reconhecimento* significa a inclusão de elementos remotamente relacionados com o papel mas não suficientes para o seu reconhecimento.

(b) *Representação parcial* significa a inclusão de uma ou duas fases reconhecíveis do papel.

(c) *Representação distorcida* significa a representação de características em grande parte não relacionadas com o papel indicado. A criança pode incluir formações bizarras do papel.

(d) *Representação adequada* significa a inclusão de todas as fases significativas do papel, tal como avaliadas pelo júri.

Analogamente, distinguimos entre a percepção do papel adequada, distorcida, parcial e perda de percepção.

Estabilidade do Papel

Ella e Rita apresentaram a maior gama de papéis, 14:1 e 13:2. Ambas estão acima da média em inteligência, com uma vantagem de cerca de dez pontos para Ella. Embora Ella seja alguns meses mais velha do que Rita e de inteligência superior, Rita está praticamente em igualdade com Ella no desempenho de papéis. Esses números, porém, não revelam as grandes diferenças qualitativas em seus respectivos desempenhos. Por exemplo, em certos papéis, Ella foi muito mais teatral do que Rita, no sentido de que preferiu elaborar uma ou duas fases de um papel com amplos gestos, movimentos e verbalizações, em vez de incluir todas as fases do papel, como fez Rita. Essa excessiva dramatização, por parte de Ella, levou à instabilidade do papel; o fato de que foi incapaz de conter-se dentro dos papéis representados mostra que os limiares entre os seus papéis eram tênues. Deixava-se arrebatar de tal modo pelo aspecto teatral da sua espontaneidade que não visualizava um completo padrão do papel com seus desfechos; isto é, a sua espontaneidade indisciplinada transportava-a, após a sugestão de um papel, de um papel a outro. Isto produzia, além disso, uma irregular *acumulação de papéis*. O seguinte é apenas uma amostra que exemplifica este ponto, em seu papel de "professora":

> "Crianças, hoje têm que ler. Devem aprender bem as vossas lições e tudo o mais. Se fizerem bem os vossos deveres, iremos ao museu. Teremos de pedir licença à nossa diretora, a Sra. Brown." Ela tornou-se então ligeiramente grotesca, balançando o corpo para um lado e para outro com os braços levantados mas de frente ainda para o público, e disse: "Eu sou a mulher mais gorda do mundo no circo." E então converteu-se no mestre-de-cerimônias do circo e gritou: "Venham ver os elefantes e os palhaços, por aqui etc."

Rita, por outro lado, em certos papéis, incluiu todas as fases significativas brevemente e acabou em metade do tempo de que Ella precisava para desempenhar um ou dois aspectos de um papel. Entretanto, em outros papéis, Rita foi altamente teatral e entusiástica mas nunca num nível espontâneo *incontrolado*.

Relação da Inteligência com os Escores de Papéis

Os resultados não são suficientemente completos para extrair quaisquer conclusões definidas sobre a relação entre a inteligência e a maturidade cultural. Contudo, o Quadro I indica que uma inteligência elevada *pode* causar um escore mais elevado no desempenho de papéis mas não necessariamente, como foi evidenciado na situação de Kay que, embora seja apenas sete meses mais nova que Ella, é-lhe desproporcionadamente inferior no desempenho de papéis. Isto corrobora, aliás, as nossas prévias asserções de que o teste de inteligência de Binet é limitado, na medida em que não pode medir o comportamento em papéis. À medida que o estudo se desenrolar e for ampliado a um maior número de crianças, serão derivados escores mais refinados e, finalmente, quocientes de papéis que possam ser correlacionados com os quocientes de inteligência.

Respostas Individuais do Mesmo Papel

Estamos aptos a estudar o grau de diferenciação cultural, em grande medida, com base nos Quadros 1 e 2. Também é sumamente importante a diferenciação cultural no que se refere à interpretação. No papel do policial, por exemplo, ele foi considerado por duas das crianças uma espécie de robô diretor do trânsito. Rita apresentou-o como um agente de trânsito (com mais flexibilidade que um robô), como alguém que tem poderes para prender pessoas e que lida com *gangsters*, envolvendo tiroteios e mortes. Freddie enfatizou apenas as prisões e a ida para a cadeia. Nos papéis de mãe e pai, Ella, Rita e Jerrie, respectivamente, destacaram a relação maternal-paternal-filial, sugerindo os conflitos envolvidos; os deveres específicos do pai e da mãe, como as tarefas domésticas e o sustento da família; e só a mãe, particularmente, os aspectos maternais e domésticos. Os seguintes exemplos confirmam isso:

(a) ELLA

Em voz alta: "Agora, querida, tens que sentar-te e tomar o desjejum. Susan, *faça* o que lhe digo. Papai disse que *fizesses* isso. Vou deitar-te nos meus joelhos e dar-te um bom par de palmadas. Vais agora mesmo para a cama." Muda para uma voz normal e diz: "Agora sou papai." Muda para um tom de voz mais baixo: "Mamãe, que vamos fazer com esta menina? Ela não é boa. Vá agora para a cama; diga as suas orações..." (usa o urso de pelúcia) Finge que o mete na cama. Muda o tom de voz: "Agora sou mamãe", "Tenho de fritar um ovo. Querido, levante o seu prato. Levei muito tempo com isto."

(b) RITA

"Eu lavarei os pratos e arrumarei bem a casa." Anda de um lado para o outro, como se varresse. Baixa o tom de voz e diz: "Vou trabalhar e trabalharei duro em fábricas... vou ganhar algum dinheiro e ouro. Saio para cortar madeira e serrá-la." Muda de posição e de voz: "Esfrego o assoalho; cozinho para as crianças; sairei a varrer o chão."

(c) JERRY

"Vamos, nenén, tens de ir agora dormir. Descansa as pernas." Movimenta-se como se deitasse um bebê na cama. "Acho que vou ter de arrumar a casa." Começa apanhando coisas no quarto, absorvendo-se completamente no papel, enquanto limpa e arruma sistematicamente o quarto em que se encontra. Emprega nisso um tempo considerável e continuaria fazendo-o se não fosse interrompida pelo examinador, que lhe sugeriu: "E que passa com o pai?" Ela respondeu: "Oh, ele trabalha com coisas. Vem a casa, almoça e depois come de novo. Volta para a oficina a consertar coisas." O examinador diz: "Mostra-nos." Parece incapaz de aquecimento preparatório para atuar no papel de pai.

Domínio do Papel como Fator Influente nas Relações Interpessoais

Vemos no Quadro 2 que todas as crianças, com exceção de Jean, representaram os papéis de chofer de táxi e de carteiro. No papel do chofer de táxi, três das crianças estiveram particularmente bem. O lojista foi representado por quatro das crianças. O advogado e o juiz estavam além do âmbito cultural presente de todas as crianças. O Diagrama 1 mostra a inter-relação dos papéis, sublinhando os choques dos papéis dominantes, o que é uma explicação importante para as atrações e repulsas de Rita, Ella e Kay. Podemos ver aqui que Rita e Ella são mutuamente fortes em certos papéis. Assim, não é surpreendente que, quando as três meninas estão juntas, haja um áspero conflito entre Ella e Rita para um papel de domínio sobre Kay, que só tem dois papéis que são importantes para ela e, ao mesmo tempo, para as suas duas companheiras. Quando Kay está só com *uma* das outras duas meninas, seus papéis fortes encontram plena satisfação nas respostas passivas de Kay àqueles. Quando as três estão juntas, Rita e Ella lutam por superar a contra-espontaneidade e o contradomínio de papel de cada uma, competindo por exercer seus poderes sobre Kay, a mais fraca. Os conflitos entre as outras crianças são menos perceptíveis, possivelmente por causa de seus fracos âmbitos de papéis e sua debilidade no aquecimento preparatório da representação dos mesmos. Jerry e Rita parecem ser muito compatíveis em sua brincadeira; isto pode ser atribuído a que o forte papel materno de Jerry foi complementado pelo débil papel materno de Rita e o forte papel de ministro de Jerry ter sido, de algum modo, equilibrado pela rejeição verbal do papel por Rita, embora tentasse representá-lo. Assim, podemos ver que, graças às descobertas do teste de papéis, o levantamento de atrações e repulsas é suscetível de ser mapeado e descrito em maior detalhe mediante diagramas de papéis. Revela uma estrutura interpessoal mais profunda, decompondo o indivíduo, por um lado, nos papéis em que se manifesta; e, por outro lado, dando aos fenômenos de atração e repulsa uma realidade socialmente tangível.

Discussão Geral

Uma das características notáveis deste estudo é o problema dos *papéis representáveis* e *não-representáveis*. Por que é, por exemplo, que em alguns casos os papéis mais facilmente representados provêm de experiências sociais mais remotas, em vez das experiências primárias imediatas, como as do lar e (ou) da escola? Por que é que algumas crianças parecem derivar certa excitação da experiência dos papéis de chofer de táxi, carteiro ou condutor de trem, em vez de derivá-la dos papéis de mãe-pai? Por que algumas crianças necessitam objetivar os papéis e defini-los dentro de si mesmas, talvez pictórica ou verbalmente, antes de estarem aptas a representá-los, enquanto que outras crianças procedem imediatamente a um aquecimento preparatório de certas porções do papel, sem um plano de ação aparente?

Recordamos que para as mesmas crianças — quando tinham três ou quatro anos de idade — o excitante era brincar de mãe, de pai, de irmão e irmã. Agora, pouco mais de dois anos mais tarde, esses papéis são, ao que parece, tomados por coisa assente. Em seu mundo em expansão, outros papéis, como o de policial e de carteiro, parecem muito mais aventurosos. Mas estas observações têm uma explicação ainda mais profunda e fundamental, que se baseia na teoria da matriz de identidade.[52]

Antes de desenvolvermos uma explicação, talvez seja apropriado resumirmos as conclusões a que chegamos num estudo anterior. De acordo com a teoria da espontaneidade, o bebê não é lançado ao mundo sem a sua participação. Ele desempenha um papel fundamental no ato de nascer. O fato por meio do qual o bebê é auto-impelido para a vida chama-se espontaneidade. Este fator ajuda o bebê durante os primeiros dias a manter-se num mundo novo e estranho, contra grandes perigos. Numa altura em que a memória, inteligência e outras funções cerebrais ainda estão pouco desenvolvidas ou são inexistentes, o fator *e* constitui o principal esteio dos recursos da criança. Em seu auxílio acodem os egos auxiliares e os objetos com quem ele forma o seu primeiro ambiente, a matriz de identidade. Nós diferençamos entre (a) um período da infância para muitas fases do qual a criança contrai, mais tarde, uma verdadeira amnésia, e (b) um período da infância em que a função onírica se desenvolve e as funções da memória e inteligência ganham vigor. É provável que, para certas crianças, a

52. Moreno, J. L. e Moreno, F. B., "Spontaneity Theory of Child Development", *Sociometry*, Vol. 7, N.º 2, 1944.

matriz de identidade se estenda além do seu usual ponto final no tempo. Elas, segundo parece, necessitam de um período prolongado de incubação psicológica (sendo a mãe, o pai e outros egos auiliares os seus assistentes).

Em virtude da co-experiência dos papéis materno e paterno, os papéis convertem-se numa parte tão integrante do eu da criança que é mais fácil para ela "ser" a mãe e o pai numa atividade casual espontânea do que representar os seus papéis, sob o estímulo do momento, quando se lhe apresenta o incentivo verbal "represente a mãe". Quanto mais os papéis se convertem numa parte do eu, mais difícil será para a criança, em anos ulteriores, representá-los, sobretudo quando ela tenta colocá-los em nível de aprendizagem conceptual, pois é no mais antigo estágio da assimilação de papéis (matriz de identidade) que a criança está experimentando uma forma de existência que é tanto pré-inconsciente como pré-consciente; é, estritamente, uma vida em ato. A maneira posterior de assimilação de um papel é através do condicionamento, da percepção e da objetivação. Como uma das primeiras experiências de papel é o papel da mãe, pode ver-se até que ponto será difícil a uma criança reproduzi-lo quando tenta colocá-lo em nível de objetivação e percepção. É difícil dar vida a um papel quando este se encontra totalmente integrado no eu. É com as partes *não* integradas que a criança está apta a representar um papel, levando com elas as partes da parte que foram manifestamente dissolvidas no eu. Os papéis sociais, como os de policial, médico etc., não estão, obviamente, integrados na criança, desde o início. Por isso a dificuldade de representação, em princípio, pelo menos, é muito menor. As crianças estão muito mais dependentes, neste caso, de sua capacidade para perceber o significado social desses papéis. Contudo, a espontaneidade com que se aquecem previamente para eles é extraída, ao que parece, de ligações mais antigas de papel (papéis de mãe e de pai) que estão profundamente integradas no eu infantil. Além disso, para a criança que tenta colocar em nível conceptual papéis tais como os de mãe e pai, a acumulação de papéis, dentro dos papéis de mãe e pai, só complica o aquecimento preparatório de seu desempenho. Contudo, embora irrepresentáveis, parece haver uma transferência de espontaneidade desses congestionamentos de papéis para outros papéis, por exemplo, de pai para policial etc.

Portanto, as crianças que representam facilmente, sem preparação alguma, os papéis materno e paterno, por exemplo, são aquelas que foram grandemente impressionadas pelos aspectos sociais e mais imediatos do papel, e que estão aptas a mantê-los bem separados das experiências mais antigas e mais profundas desse papel. Como "a mãe" não é um papel mas um aglomerado de papéis,[53] algumas de suas manifestações mais antigas podem ser profundamente perturbadoras para uma criança e tão enigmáticas que não será capaz de representá-los; para outras partes, poderá ter uma verdadeira amnésia (não meramente um "esquecimento" causado pela repressão, no sentido psicanalítico). Isto resume-se no seguinte: Certas crianças são capazes de confinar a experiência da mãe às suas manifestações sociais e superficiais, e assim podem objetivar e representar o papel. Outras crianças não podem confinar o papel em seu contexto social imediato. Elas dependem mais, pelo menos em seu íntimo, quando não exteriormente também, da co-atuação com a mãe numa matriz de identidade mutuamente desenvolvida, pelo que essas crianças talvez sejam menos maduras e, por essa razão, mais espontâneas. Em virtude desse expediente mental, elas podem também beber na espontaneidade da mãe como se fosse a própria.

Para certas crianças, parece difícil representarem até papéis socialmente fáceis, como os de bombeiro, lojista etc. Parece que a sua capacidade de transferir o fator *e* de configurações anteriores é fraca. Por outro lado, a sua dependência da percepção, através da memória e da inteligência, é um ímpeto insuficiente para a representação. Elas terão de ficar muito mais velhas e maduras para que a sua frágil espontaneidade seja amplamente compensada por uma compreensão e assimilação mais completas dos estereótipos e conservas de papéis. Quanto ao que se refere a todas as crianças deste estudo, resta mencionar que certos papéis foram irrepresentáveis, como os de advogado e juiz, porque ainda não tinham ingressado em sua órbita de experiência.

Conclusões

1. O teste de papéis baseia-se na premissa de que, individualmente considerados, os papéis são os mais importantes fatores determinantes do caráter cultural das pessoas.

Trabalhar com o "papel" como ponto de referência parece ser uma vantagem metodológica, em comparação com a "personalidade" ou o "ego". Estes são menos concretos e estão envoltos em mistério metapsicológico.

2. Nos dois processos examinados, representação de papéis e percepção de papéis em crianças, verificou-se que a percepção

53. O papel de mãe pode incluir um aglomerado de papéis tais como os de esposa e companheira do pai, dona de casa, ama dos filhos etc.

de um papel não significa, automaticamente, a capacidade de representá-lo. Por outro lado, há crianças que são espontaneamente capazes de representar um papel mais além do grau de percepção; neste caso, está operando o fator *e* (espontaneidade).

3. Os papéis não estão isolados; tendem a formar conglomerados. Dá-se uma transferência de *e* dos papéis não representados para os que serão representados. A esta influência dá-se o nome de *efeito de cacho.*

4. Houve papéis com os quais os sujeitos estavam intimamente familiarizados mas, apesar disso, quando foram submetidos ao teste, foram incapazes de representá-los.

5. O conjunto de papéis considerados pertinentes varia nos dois projetos estudados, A e B. Os resultados indicam que os estudos antropológicos lucrarão com uma comparação das descobertas realizadas mediante os testes de papéis administrados a sociedades primitivas, minorias étnicas e grupos dominantes em nosso próprio país.

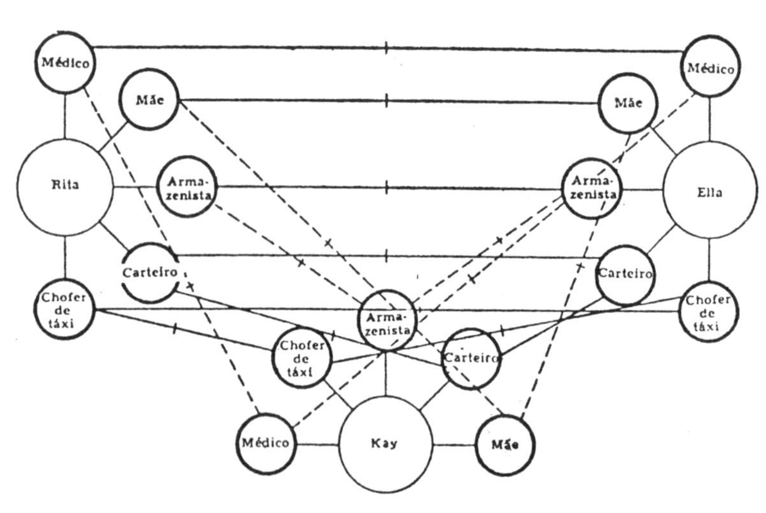

Diagrama de Papéis

Chave:

—+—: Mutuamente antagônicos
—-ı—-: Mutuamente compatíveis

Seção VI. PSICODRAMA

O Psicodrama e a Psicopatologia das Relações Interpessoais

Introdução

Esta seção apresenta uma nova forma de psicoterapia que pode ser largamente aplicada: o psicodrama. O psicodrama coloca o paciente num palco onde ele pode exteriorizar os seus problemas com a ajuda de alguns atores terapêuticos. É um método de diagnóstico, assim como de tratamento. Um de seus traços característicos é que a representação de papéis inclui-se organicamente no processo de tratamento. Pode ser adaptado a todo e qualquer tipo de problema, pessoal ou de grupo, de crianças ou adultos. É aplicável a todos os níveis de idade. Mediante o seu uso, é possível chegar perto da solução de problemas da infância, assim como dos mais profundos conflitos psíquicos. O psicodrama é a sociedade humana em miniatura, o ambiente mais simples possível para um estudo metódico da sua estrutura psicológica. Através de técnicas como as do ego auxiliar, da improvisação espontânea, da auto-apresentação, do solilóquio, da interpolação de resistência, revelam-se novas dimensões da mente e, o que é mais importante, elas podem ser exploradas em condições *experimentais.*

Terapia Interpessoal

Um dos grandes problemas na terapêutica mental é o de como induzir um paciente a começar. Fazer com que o paciente comece se expressando é um problema crucial, mesmo quando ele se apresenta com uma doença *física.* Ele tem de descrever suas dores e outras experiências relacionadas com aquela. Pode hesitar ou dar ênfase especial a detalhes que são insignificantes.

Faz parte da habilidade do médico encaminhar o paciente na direção adequada, de modo que ele possa fazer uma descrição tão precisa e objetiva do seu estado quanto possível. Essa tarefa torna-se imperativa no caso de pacientes psiquiátricos. O paciente com um comportamento catatônico talvez não possa começar, de forma nenhuma, sem ajuda exterior, e o paciente portador de excitação maníaca pode começar por uma tangente que não é passível de sugestão e orientação.

Em todas as situações psicoterapêuticas praticadas até à data, o paciente é tratado em isolamento. Descreve com palavras como se sente a respeito dos seus próprios problemas. Mas, na terapia interpessoal, especialmente na forma de *psicodrama,* a tarefa é ainda mais complicada. Neste caso, tem de se levar o paciente a expressar como se sente aqui e agora, não só através de palavras mas também por gestos e movimentos. Ele tem de atuar não só no papel de suas situações imediatas mas também em papéis que contrastam com suas aspirações reais. Tem de vivenciar situações que são penosas e indesejáveis, representar papéis que lhe são odiosos. Tem de atuar com pessoas a quem ama e admira, ou a quem teme e rejeita. Essas condições do psicodrama forçaram-me a reconsiderar a função do psiquiatra, assim como a função do paciente.

A função do psiquiatra começou a preocupar-me há alguns anos, quando principiei a usar o teatro terapêutico com pacientes. Em sua qualidade profissional, o psiquiatra tem de se conter e disciplinar para aparecer sempre no papel em que se espera que atue e para o qual é empregado — o papel de médico e curador de enfermos. Não pode abandonar o papel de médico e atuar como advogado ou homem de negócios. Quanto mais inflexível, rígida e obedientemente se ativer ao seu papel, mais a sua conduta será elogiada. Além disso, mesmo dentro do papel, nas situações em que o médico vê o paciente, estão envolvidas muitas formalidades que mantêm a rigidez da situação e colocam o médico a uma certa distância do paciente. Esse padrão de conduta tem que ser cuidadosamente ponderado antes de alterado, mesmo que sugerido por uma razão imperativa.

Segundo me parece, essa razão imperativa é dada no tratamento de um certo grupo de pacientes mentais. Eles são inadequados, ao mesmo tempo, em muitos dos papéis em que atuam na vida, como os de parceiros sexuais, colegas de trabalho, companheiros sociais, e estão sozinhos em seu estudo isolado. Até à data, o psiquiatra com o paciente em seu consultório pode tocar e desvendar todos esses papéis no decurso de seu tratamento. Mas, por mais extensamente considerados que sejam, todos os papéis e situações permanecem "na" mente do paciente.

Na situação do consultório, o parceiro sexual continua sendo fictício (isto é, algo a ser imaginado), tal como o papel social que o paciente experimenta em si mesmo. Analogamente, os companheiros de trabalho permanecem fictícios, tanto quanto ele próprio como um ego que trabalha. Tampouco são representados outros papéis e situações que o paciente possa experimentar, e suas inter-relações com outras pessoas em vários papéis. O paciente não sai de si mesmo para incorporar os papéis e situações em que fracassou; assim, ele nunca enfrenta os verdadeiros testes de realidade no decorrer do tratamento e como *parte* deste. O paciente pode enfurecer-se com o seu psiquiatra; pode sentir-se atraído para ele como pessoa. Mas não lutará com ele nem expressará seu intenso amor por ele. Tudo isto permanece nos sentimentos do paciente. O drama silencioso não se converte em realidade. Não se trata apenas do paciente ser incapaz de vivenciar os papéis e situações perante o médico; o próprio psiquiatra está limitado pela situação em que se colocou. Ele não pode aproximar-se do paciente, encolerizar-se ou fazer amor. Está proibido por um padrão de conduta auto-imposto. Não pode transcender a sua própria situação e representar um papel, mesmo que o paciente precise terrivelmente disso. Não pode tornar-se um "ator espontâneo". Para isso, teria de abandonar as teorias e técnicas aceitas e laboriosamente adquiridas de tratamento analítico, e recorrer a *técnicas espontâneas no tratamento de distúrbios mentais.* É este ponto de vista mais amplo que vamos discutir nesta seção, suas maiores dificuldades e suas maiores responsabilidades para o psiquiatra.

Catarse Mental

A palavra grega *therapeutes* significa assistente, criado. A mais antiga medida terapêutica foi dedicada à expulsão de demônios dos corpos das vítimas. O método consistia, usualmente, em recitar encantamentos ou exconjuros mágicos sobre as partes padecentes ou sobre a pessoa enferma, como um todo. Como o paciente não era capaz de expulsar o demônio por si mesmo, precisava de um assistente ou criado, um *therapeutes.* Quem recitava as palavras mágicas ou encantamentos sobre a pessoa doente era um homem de virtudes, um sacerdote, réplica primitiva do principal ator terapêutico, o ego auxiliar, no teatro para o psicodrama. O teatro, muito antes de ser um local para representações de arte e diversões, foi um lugar para a terapêutica, procurado pelos doentes para a catarse.

Aristóteles define a catarse em sua *Poética* da seguinte maneira: "A missão da tragédia consiste em produzir, através do exercício do medo e da piedade, a libertação de tais emoções." Aristóteles esperava que a catarse tivesse lugar no espectador. O ponto de vista moderno, tal como foi por mim explorado, contrasta com o de Aristóteles. A catarse mental que esperamos terá lugar no ator, na mente da pessoa que está sofrendo a tragédia. O local da catarse transferiu-se dos espectadores para o palco. Os atores são os pacientes; eles necessitam de catarse, a libertação dos conflitos trágicos, das emoções em que estão presos. Mas se os atores são os sujeitos da catarse, então todo o processo que se desenrola no palco tem de ser reconsiderado. A tragédia de Aristóteles era uma obra *acabada*, terminada por um autor, uma pessoa de fora, muito antes de ser representada e sem relação alguma com a constituição pessoal dos atores. É claro que a tragédia, para ser material verdadeiramente catártico, deve ser criada pelos próprios atores-pacientes, a partir de sua própria substância psíquica, e não por um autor teatral. Os atores-pacientes podem, é claro, tornar-se autores de seu próprio teatro, e ensaiá-lo antecipadamente em colaboração. Isso poderá proporcionar-nos uma melhor introvisão dos problemas pessoais mas a sua apresentação concreta no palco, após semanas ou meses de trabalho, censura e eliminação de material, pouco ou nada acrescentaria à catarse mental já alcançada ao ser escrita a peça.

Temos que avançar mais um passo. Não só o autor tem de ser descartado mas também a tragédia acabada de Aristóteles. Os atores-pacientes não devem ter um dado produto para começar com ele. Devem desenvolver o seu próprio drama, seguindo a instigação do momento. Os problemas retratados, sejam os seus problemas pessoais ou problemas fictícios, têm que ser modelados à medida que surgem espontaneamente. As possibilidades de introvisão e de catarse mental dos pacientes serão, então, praticamente ilimitadas. O lugar da tragédia de Aristóteles é ocupado pelo *psicodrama*.

Por conseguinte, o problema da catarse mental passou por uma transformação básica. Tal como na tragédia, os participantes do psicodrama podem ser numerosos. A catarse de uma pessoa depende da catarse de uma outra pessoa. *A catarse tem de ser interpessoal.* Como o curso da interação entre as pessoas é puramente espontâneo, o montante de desajustamento entre elas tornar-se-á evidente, assim como o grau de catarse mental obtido.

Regressemos ao primeiro dispositivo experimental que construímos, nos primeiros dias do trabalho *stegreif*,[54] e consideremo-lo do ângulo exclusivamente terapêutico. O que nos preocupou, primordialmente, na fase pré-terapêutica e puramente teatral do nosso método, foi a estrutura momentânea de uma situação e como induzir o indivíduo a começar, de modo que ele pudesse lançar-se nesse estado momentâneo. A estrutura momentânea de uma situação para fins de dramatização espontânea, quer sugerida pelo diretor ou o próprio ator, consistia numa situação imaginada e cuidadosamente especificada, num papel para o ator e um certo número de papéis personificados por outros atores necessários para fazer da estrutura momentânea uma experiência tão clara e dramática quanto possível — tudo isto para ser passado à ação sob o estímulo do momento. A situação momentânea da vida privada do ator, sua personalidade privada, e os impulsos e conflitos reais que estavam para ele apenas em processo de desenvolvimento, eram menos sublinhados em nossas classes dramáticas, embora se tornassem de particular interesse no caso da terapêutica mental. Então, a informação necessária ao diagnóstico era a estrutura momentânea da vida privada do paciente, o caráter físico e psíquico da sua personalidade e, sobretudo, o modo como atuava, nesse momento, com os membros de sua família e com os vários membros da sua "rede" de relações sociais. Mais exatamente, essa informação era necessária ao paciente e ao seu ego auxiliar, o psiquiatra, para criar algum veículo de tratamento autônomo e cura. Apercebemo-nos de que o paciente devia ter afetado a todas as pessoas e objetos do seu meio imediato com algum

54. *Stegreif* é uma palavra alemã difícil de traduzir. Uma tradução é "incitar" ou "aquecer rapidamente"; uma outra é "pôr em marcha" e ainda uma outra é "agir sob o estímulo do momento" ou "improvisar". Portanto, a expressão *stegreiftheater* significa um teatro que é dedicado ao teatro espontâneo. Escolhi este nome para o palco experimental a que dei início em Viena, durante 1922. O palco, entre 1922 e 1924, tinha duas linhas de desenvolvimento. Uma linha foi puramente estético-dramática, uma arte do teatro do momento. Criou uma nova forma de teatro, o "jornal vivo". A outra linha de desenvolvimento foi psiquiátrica e terapêutica, o estudo e tratamento de problemas mentais, por meio do teatro espontâneo. Demonstrações semelhantes foram realizadas mais tarde, sob a minha direção, em Munique e Berlim. O trabalho foi continuado em Nova Iorque, em conformidade com as duas linhas acima citadas: na *Plymouth Church*, Brooklyn, e no *Mount Sinai Hospital*, em 1928, na *Grosvenor Settlement House*, Nova Iorque, e no *Hunter College*, em 1929. Em 1930, foi inaugurado um teatro "impromptu" no Carnegie Hall, que deu uma demonstração especial de sua técnica no *Theatre Guild*, em 1931, sob a forma de um jornal vivo, dramatizado. Daí em diante, muitas outras instituições utilizaram a minha técnica. Um desenvolvimento especial foi a sua aplicação na *New York State Training School for Girls*, de Hudson, Nova Iorque, a problemas de desajustamento social, treino vocacional e educação. O teatro terapêutico de Beacon Hill, Nova Iorque, é uma expressão moderna da idéia.

aspecto de si mesmo e que isso devia ser perceptível no desempenho de suas funções corporais e mentais, em suas tensões internas preliminares desses desempenhos, em seus gestos e expressões, nas palavras associadas, nos sentimentos e movimentos em relação às pessoas e coisas com que vivia. Considerando as formas mais complexas de neurose social, quando duas, três ou mais pessoas deviam ser tratadas simultaneamente, as cenas representadas entre elas converteram-se num formidável padrão para o tratamento. Finalmente, todas as cenas do seu passado remoto e todas as redes de relações mais longínquas tornaram-se importantes do ponto de vista de uma catarse geral de todas as pessoas envolvidas. A solução foi, assim, a ressurreição de todo o drama psicológico, ou pelo menos de suas cenas cruciais, representado pelas mesmas pessoas nas mesmas situações em que a sua associação tinha começado. A nova técnica, se apropriadamente aplicada, ajudava o paciente a realizar, durante o tratamento, aquilo por que precisava passar, mediante um procedimento que era tão próximo quanto possível da sua própria vida. Ele tinha que enfrentar as situações em que atuou na vida, dramatizá-las, enfrentar situações com que jamais se defrontara, a que se furtava e de que tinha medo, mas que poderia ter de encarar frontalmente algum dia, no futuro. Era freqüentemente necessário ampliar e elaborar certas situações que ele estava vivendo esquematicamente no momento ou de que apenas tinha uma vaga lembrança. O ponto principal da técnica era conseguir que o paciente "arrancasse", levá-lo a fazer um aquecimento que fosse capaz de acionar a sua psique e desenvolver o psicodrama.

Foi desenvolvida uma técnica de aquecimento espontâneo para os estados mentais e as situações desejadas. Os estados mentais alcançados através dessa técnica de aquecimento preparatório eram complexos de sentimentos e, como tal, constituíam úteis guias para a personificação gradual de papéis. A técnica exigia, habitualmente, mais de um auxiliar terapêutico para o paciente, isto é, auxiliares que induzissem o próprio paciente a "arrancar" e representantes dos principais papéis que a situação e o paciente pudessem requerer. Em vez de um ego auxiliar, foram necessários numerosos egos auxiliares. Por conseguinte, chegou-se a isto: o ego auxiliar original, o psiquiatra, manteve-se a uma certa distância mas cercou-se de uma equipe de egos auxiliares a quem ele coordenava e dirigia, e para quem esboçava, em suas linhas gerais, o rumo e o objetivo do tratamento psicodramático.

Os procedimentos terapêuticos podem ser *abertos* ou *fechados*. O tratamento aberto é realizado no seio da comunidade, mais ou menos com o pleno conhecimento e, eventualmente, com a participação do grupo. O tratamento para designação sociométrica é um exemplo ilustrativo de tratamento aberto. É tratamento *in situ*. A cena de tratamento é a mesma para o paciente que a cena em que ele vive. A essência do tratamento sociométrico é que a situação social e a situação terapêutica do paciente sejam uma só. A operação cirúrgica é um exemplo de tratamento fechado. O paciente é removido para o hospital e somente o cirurgião e seus assistentes participam na operação. Analogamente, o tratamento psicodramático é, por vezes, fechado. O paciente é retirado de seu meio imediato e colocado numa situação especialmente construída para as suas necessidades. O teatro terapêutico é uma situação dessas. É um mundo miniaturizado. É um lugar em que, por meios psicodramáticos, são representadas todas as situações e papéis que o mundo produz ou pode produzir. A situação é fechada porque não há lugar para outros espectadores além da comunidade de egos auxiliares. Só estão no teatro o psiquiatra e um certo número de assistentes a quem, no decurso do tratamento, se distribui papéis principais. Existem formas de psicodrama que são francamente abertas, por exemplo, quando o público é constituído por numerosos sujeitos que compartilham do mesmo síndrome mental ou cultural. Assim, por muito vasto que seja, o público é como um paciente coletivo, consistindo em componentes individuais.

Por vezes, o próprio psiquiatra deverá ser um sujeito na análise psicodramática. Uma equipe de egos auxiliares é informada das situações específicas em que o paciente poderia atuar. A equipe de assistentes terapêuticos deve ser tão numerosa quanto possível. Deve conter membros de ambos os sexos e variar amplamente em tipos de personalidade. O paciente, no começo, mistura-se livremente com todos os membros da equipe. Ele tem uma oportunidade de familiarizar-se com todos eles. Pode ser atraído para alguns e repelido por outros. Concede-se ao paciente a escolha do papel e a escolha do assistente com quem gostaria de representar a situação. Assim, as relações tele do paciente são o nosso primeiro guia. Permite-se ao paciente levar ao extremo seus anseios e objetivos pessoais. Cada situação e cada desempenho são analisados imediatamente após o desempenho, na presença e com a colaboração do paciente. Após a representação de um certo número de situações escolhidas pelo paciente, poder-se-á tornar evidente que ele tenta evitar cenas e papéis que lhe são penosos e desagradáveis. Chega então o momento em que é necessário dizer-lhe em que situações e papéis deverá atuar.

A abordagem terapêutica difere, pois, da abordagem artística num fator essencial. Interessa-se pela personalidade privada do paciente e sua catarse e não pelo papel representado e seu valor estético. Contudo, veremos mais adiante que os domínios terapêutico e estético não podem estar separados para sempre, que têm uma inter-relação definida.

Quando aplicamos os princípios psicodramáticos à arte, especialmente no teatro, verifica-se que a apresentação do papel é interrompida amiúde por elementos estranhos, traindo a personalidade privada do ator e muitos de seus traços e desejos. O caráter espontâneo do psicodrama torna difícil, quase impossível, ao ator manter o seu ego privado fora do papel e talvez seja continuamente forçado a misturar elementos do papel privado com elementos do papel coletivo, de modo tão hábil que ninguém poderá estabelecer a diferença. Quando um papel é ensaiado, como no teatro, esses ajustamentos podem ser feitos com maior apuro, e pode ter lugar uma gradual eliminação de todos os elementos penosos e desagradáveis, incompatíveis com o papel. É justamente a imperfeição do indivíduo que torna o psicodrama um recurso inestimável para a análise da personalidade.

Teoria dos Papéis

O papel pode ser definido como uma unidade de experiência sintética em que se fundiram elementos privados, sociais e culturais. Desde tempos imemoriais, o teatro tem sido o meio mais extraordinário para a representação de papéis. No teatro foi cultivada, em sua forma pura, a idéia platônica do papel, não adulterada pelo fragmentarismo e as complexidades da vida real. Era plausível, portanto, que a teoria psicodramática redescobrisse o fenômeno do papel e o psicodramaturgo teve a boa sorte de abrir para o processo do papel as portas da fundamentação experimental e clínica. Pudemos, assim, prestar um serviço ao sociólogo e ao psicólogo social, que estavam tentando em vão dar uma base tangível e cientificamente verificável ao processo de adoção de papéis. Toda e qualquer sessão psicodramática demonstra que *um papel é uma experiência interpessoal* e necessita, usualmente, de dois ou mais indivíduos para ser realizado.

A Técnica de Auto-Apresentação

A técnica psicodramática mais simples consiste em deixar que o paciente comece consigo mesmo, isto é, que reviva, na presença do psiquiatra, situações que fazem parte da sua vida cotidiana e, especialmente, os conflitos cruciais em que está envolvido. Também deve representar, de um modo tão concreto e consciencioso quanto possível, todas as pessoas próximas dele, dos seus problemas, seu pai, sua mãe, sua esposa ou qualquer outra pessoa de seu "átomo" social.[55] O paciente não apresenta "papéis" nessa fase do tratamento. Não é *o* pai, *a* mãe, *a* esposa ou *o* patrão; é *seu* pai, *sua* mãe, *sua* esposa, *seu* patrão. O paciente é ajudado por um membro da equipe para o seu arranque mas o ego auxiliar permanece fora da situação. O ego auxiliar pode estar fora da situação representada mas não está fora da própria situação total. Ele está no teatro e é uma pessoa diante da qual o paciente atua. A tele-relação do paciente com o seu ego auxiliar tem uma influência definida sobre a estrutura da apresentação psicodramática. O ego auxiliar observa o paciente enquanto este atua, encoraja-o e faz comentários. Por vezes, o paciente detém-se e explica-lhe os seus atos. O paciente pode representar a mesma situação de um modo diferente diante de um homem e diante de uma mulher, de uma pessoa que o atraiu e de uma pessoa que lhe é indiferente.

A apresentação pode relacionar-se com situações passadas, presentes ou futuras. O paciente é solicitado a retratar não só situações que viveu mas também que as duplique completamente. Pede-se-lhe também que retrate essas situações com tantos detalhes quanto possível, em colaboração com um parceiro, se necessário. Se, nessas situações, for um personagem solitário, poderá psicodramatizá-las sozinho. Mas se o paciente tem em mente certos parceiros concretos — sua esposa, seu amigo ou alguma outra pessoa — então é desejável que esses imaginados parceiros concretos estejam presentes e representem com ele a situação no palco. Se a pessoa concreta que ele imagina não for acessível, pede-se-lhe que escolha entre as pessoas presentes alguma que se pareça com ela. Se o paciente tem sonhos, é

55. O átomo social é o núcleo de todos os indivíduos com quem uma pessoa está relacionada emocionalmente ou que, ao mesmo tempo, estão relacionados com ela. É o núcleo mínimo de um padrão interpessoal emocionalmente acentuado no universo social. O átomo social alcança tão longe quanto a própria tele chega a outras pessoas. Portanto, também se lhe chama o alcance tele de um indivíduo. Tem uma importante função operacional na formação de uma sociedade.

solicitado a psicodramatizar o sonho tão exatamente quanto possível. É desejável que o paciente seja preparado pelo psiquiatra ou por outro ego auxiliar para essas situações projetadas.

Um Caso de Neurose de Ansiedade, Complicado por um Conflito Matrimonial

Robert é um paciente que ilustra esse tipo de tratamento. Depois de algumas entrevistas no consultório, foi convidado ao teatro. Representa-se a si mesmo e a todos os membros do seu meio imediato, do seu átomo social. Procura mostrar como atua em situações decisivas diante deles e como eles atuam nessas situações em relação a ele. Então, tenta mostrar como atuam mutuamente em situações-chaves. Procura reviver essas situações tão fielmente quanto possível. Nesta técnica, o paciente não é apenas ele mesmo mas também o seu próprio assistente. O próprio paciente converte-se em ego auxiliar. Apresenta-se a si mesmo de uma forma unilateral e subjetiva, e apresenta as diversas pessoas de seu meio unilateral e subjetivamente, não como *elas são*. Representa seu pai, sua mãe, sua irmã, sua esposa e qualquer outro membro do seu átomo social, com todo o tendencionismo subjetivo. Representa e revive as correntes emocionais que enchem o átomo social. Os equilíbrios e desequilíbrios, dentro do átomo social, podem encontrar, assim, uma catarse no seu psicodrama.

Situação:[56] Robert representa-se a si mesmo.

O paciente é preparado por um membro da equipe. Diz-se-lhe: "Retrate-se a você mesmo como atuou em qualquer situação recente que lhe pareça significativa." Ele opta por representar como atuou em relação a seu pai três dias antes.

O diálogo foi registrado num gravador. Os gestos e movimentos que acompanharam o diálogo foram anotados por um membro da equipe, no decurso do procedimento.

Gestos e movimentos	*Diálogo*
Caminha agitadamente de um lado para outro, do plano superior para o inferior do palco. Murmura algumas palavras desconexas. Em vez de começar representando, fala ao psiquiatra.	
	Não me recordo de coisa alguma. Não posso fazer isso.
Novamente instado a representar, procede a um aquecimento rudimen-	

56. O material usado neste estudo é apenas uma pequena parcela do material total que cada caso produz.

Gestos e movimentos	*Diálogo*
tar, caminha com veemência até uma das colunas do palco mas não pronuncia uma só palavra. Depois de uma pausa, começa a falar. Fá-lo em forma de monólogo, apático.	
	Pai, não deveria precipitar-se, está correndo para a morte. Deveria esforçar-se por obter melhores relações com mamãe, etc.
Pára subitamente. Sai do palco com um gesto de embaraço.	

Imediatamente depois, ele tenta mostrar como atuou recentemente em relação a sua mãe; exibe um comportamento semelhante ao acima descrito.

Análise

A cena psicodramática foi, em si, pouco produtiva mas "aqueceu" o sujeito para uma resposta valiosa, logo que ela terminou.

O paciente explicou que tinha sua mente em branco, que tudo o que fez estava inteiramente errado. Sempre que começava a pensar, a idéia de uma outra situação entrava em sua mente e interferia. Era uma cena que tivera com sua esposa essa manhã, antes de vir a Beacon Hill. Sentia-se incômodo quando tentava representar-se como se defrontasse seu pai e sua mãe. Sentia dores na região do coração, dores de cabeça e uma leve transpiração.

O paciente tinha dificuldade em arrancar. Isto era surpreendente porque, na entrevista no consultório, ele falara com desenvoltura sobre o pai e a mãe e dera, voluntariamente, informações sobre as suas relações com eles. Parecia que, no seu caso, era mais fácil a associação indireta de palavras e idéias do que a sua representação psicodramática direta e tridimensional. A presença fictícia do pai e da mãe era muito mais real quando tinha de retratar seus sentimentos para com eles numa ação física e mental completa. O temor de fazê-lo tornou-se tão grande que impediu o seu processo de aquecimento preparatório. Além do temor do psicodrama, no qual tinha de atuar como se estivesse frente a frente com seus pais, um outro fator foi significativo: a preparação para a situação. Eu preparei-o para a situação com seu pai. Robert poderia ter-se desempenhado melhor se tivesse sido preparado por outra pessoa, talvez por alguma cuja autoridade ele sentisse menos. Tem influência neste caso a associação interpessoal. Além disso, a preparação do paciente foi feita casual e rapidamente. Poderia ter sido melhor depois de um preparação mais completa. Em alguns casos em que um complexo está pronto e maduro para a psicodramatização, o paciente pode começar sozinho. A preparação por um ego auxiliar é desnecessária. Mas o mesmo paciente pode ter dificuldades para começar com um outro complexo, referente a uma parte de sua psique que não lhe agrada exibir. Em geral, quanto maior é o temor do paciente sobre a psicodramatização de alguma função da sua psique, maior é a sua necessidade de um ego auxiliar que o ajude a "arrancar". Algumas pessoas não gostam de expor seu corpo, talvez algumas partes dele mas não outras; alguns pacientes não gostam de exibir certas partes de sua psique. Podem achar que essas partes são feias e repulsivas. O psicodrama é, nesse aspecto, uma réplica do nudismo. O temor ao aquecimento preparatório pode manifestar-se nas tarefas mais simples, tarefas essas que o paciente desempenha na vida espontaneamente e com grande desenvoltura. Pode plantar-se num determinado ponto do tablado, como se estivesse pregado nele, incapaz de mover-se e inexpressivo. O trabalho do ego auxiliar de estimular o paciente deve mudar com o tipo de tarefa e com o tipo de distúrbio mental em questão.

O paciente, que havia começado sofrivelmente, terminou prematuramente. De fato, foi um pseudofinal. Ele não foi capaz de desenvolver um estado espontâneo acabado e, sem um estado espontâneo, um verdadeiro final é impossível. As palavras brotaram umas atrás de outras, sem que qualquer sentimento as acompanhasse. Houve um excesso e desperdício de gestos evidentes e os movimentos de uma posição a outra no espaço não eram motivados.

Situação: Robert representa seu pai.

O paciente é preparado por um membro da equipe. Diz-se-lhe: "Retrate o seu pai. Sinta-se na pele dele e mostre-nos como é o seu pai. Retrate-o em qualquer situação que lhe pareça ser crucial e característica dele. Escolha uma situação que tenha realmente acontecido o mais recentemente possível. Mostre-o como ele atua em relação à sua mãe, sua irmã, sua esposa, você mesmo ou qualquer outra pessoa significativa." Robert começa mostrando como seu pai atua em relação à sua mãe.

PROCESSO

Gestos e Movimentos	*Diálogo*
Aquecimento fácil. Atua prontamente. Os atos são curtos, cerca de meio minuto a um minuto de duração. As cenas estão repletas de frases	

Gestos e movimentos | *Diálogo*

curtas. Às vezes, interrompe uma cena bruscamente e esboça uma nova que acabou de acudir-lhe à mente e que lhe parece mais característica. Quando termina o esboço não relaxa mas, pelo contrário, movimenta-se incansavelmente e, assim que tem uma idéia, toma posição. Às vezes, pára e diz:

"Não era assim. Vou fazê-lo de novo. Agora tenho algo que é característico dele."

"O jantar está pronto? Não? Se chego a casa às sete, não está pronto, se venho à meia-noite tampouco está; nesta casa nunca está preparada uma refeição. (É servida a refeição.) Não posso comer. *Tenho de dar um telefonema.* Alô! É o Sr. S? Espere por mim no saguão. Estarei aí dentro de poucos minutos." (Começa a comer e interrompe-se. Faz outro telefonema.) "Vou já para aí. Trata-se de negócios. Terei de ir correndo." (Deixa a comida e sai às pressas.)

Depois das palavras (representando o papel do pai): "Tenho de dar um telefonema", Robert deixa de representar o pai e diz para fora da cena: "Esse não é o meu pai, sou eu."

Começa então de novo.

Robert volta ao palco e representa a seguinte cena:

"Que corrente de ar há nesta sala. Mas que casa! *Feche as janelas.* Sinto o vento nas minhas costas. Eu também vivo aqui, não só você." (Apanha o chapéu e sai precipitadamente.)

Depois da frase, "Feche as janelas", deixa de representar seu pai e diz: "Sou eu outra vez, não o meu pai."

"De quanto dinheiro precisas? Sempre dinheiro. Não há dúvida que sabes gastá-lo. Não posso dar-te $75. Isso não ganho eu por semana. Não me grites. Não vou dar-te nem um cêntimo. Vou-me embora e não voltarei. O quê? Muito bem. O mais que posso dar-te é $25; onde está o meu talão de cheques?" (Robert mostra como seu pai anda de uma sala para outra, procurando o seu talão de cheques, até encontrá-lo.) Começa a preencher um cheque. Comete um erro na data. Rasga o cheque. Apanha outro cheque mas comete um erro na quantia. Preenche um terceiro cheque. Erra na assinatura. Rasga-o. "Oh, não consigo escrevê-lo. Robert! Onde está você? Preenche um cheque para mim. Eu tenho de sair." (Sai apressado.)

Situação: Robert representa sua mãe.

O paciente é preparado por um membro da equipe. Robert mostra como sua mãe atua em relação a seu pai.

Processo

Gestos e Movimentos | *Diálogo*

Aquecimento eficaz. Não com tanta facilidade como no papel do pai nem

Gestos e movimentos	*Diálogo*
tão fluentemente na escolha de situações.	
	"Quem levou a cadeira para a janela? O lugar certo é naquele canto? Quem tirou o cinzeiro do seu lugar? Acabei de pô-lo aqui. Sabes que não posso suportar isso."
Robert detém-se e não continua. Diz para fora de cena: "Oh, isso sou eu, não a minha mãe. Ela atua do mesmo modo que eu... Agora estou me misturando com ela."	

Análise

Robert estava ansioso por mostrar como atuam o pai e a mãe. Gostou de representar, segundo disse, e depois sentiu-se aliviado. Foi fácil para ele representar o pai porque este tinha em comum com ele a precipitação para respeitar um encontro marcado. Sentia-se tão identificado com seu pai nessa peculiaridade que duas vezes, durante o procedimento, resvalou para a posição do pai sem se aperceber disso. Era-lhe fácil mostrar como atuava a mãe porque tinha com ela uma peculiaridade em comum, o desejo de que todas as coisas da casa estivessem na sua respectiva posição esperada. Uma vez, durante o procedimento, resvalou para a posição da mãe sem dar-se conta. Concordou que talvez tivesse escolhido situações em que os pais revelavam traços que tinham em comum com ele. Conhece o comportamento e pode representá-lo mais facilmente. Explicou que o pai e a mãe estavam incompatibilizados desde que se lembrava. Detestavam-se mutuamente. Não podiam suportar as peculiaridades um do outro mas acontecia que ele tinha as peculiaridades de ambos. Assim, compreendia os dois. Mas entende melhor o pai. Toma o partido do pai e não o da mãe. Provavelmente, era essa uma das razões pelas quais lhe era mais fácil retratar o pai do que a mãe. Certa vez, haviam se separado e assim tinham vivido durante muitos meses. Ele, o primogênito, tentou harmonizá-los. Compreendia os sentimentos de ambos e conseguiu fazer com que o pai voltasse para casa mas isso de nada adiantou. Viviam juntos mas como dois inimigos na mesma casa, uma fonte contínua de irritação mútua.

Quando representou o pai, descobriu que sentia o mesmo que ele a respeito de sua mãe e quando representou a mãe descobriu que, em alguns aspectos, sentia o mesmo que ela. Quando tratou seu pai, usou as frases que seu pai usava; mas isso foi o mais longe que ele chegou no retrato. Era a sua própria voz falando. A maioria dos sentimentos e gestos eram seus. Os papéis de seu pai e dele mesmo estavam misturados.

Era incapaz de representar-se num papel, numa situação com seu pai, mas foi capaz de fazê-lo com seu falecido tio John, o irmão mais velho de seu pai, censurando-o: "Por que não descansa um pouco? Você está correndo para a sua própria morte. Sente-se e escute. Um novo cliente? Chame-o e diga-lhe que irá vê-lo amanhã."

A Técnica do Solilóquio

Mostrei num outro estudo que o ego auxiliar pode contribuir com um novo elemento para a terapia interpessoal. Determina os sentimentos e pensamentos não expressados que duas pessoas ligadas numa situação vital íntima têm entre si e completa a imagem do outro em ambas as mentes. O problema da técnica consiste em permitir ao ego auxiliar superar a tragédia inerente ao nosso mundo interpessoal. Entretanto, a introvisão que uma pessoa tem sobre o que se passa na mente da outra pessoa é, na melhor das hipóteses, esquemática. Vivemos simultaneamente em mundos distintos que só por vezes se comunicam e mesmo assim de um modo incompleto. A psique não é transparente. *O psicodrama total de nossas inter-relações não emerge; está enterrado em e entre nós.*

O psicodrama teve que desenvolver numerosas técnicas para dar expressão aos níveis mais profundos do nosso mundo interpessoal. Uma dessas técnicas é o solilóquio. Tem sido freqüentemente usado pelos dramaturgos para fins artísticos, como foi o caso de Eugene O'Neil. Mas o solilóquio psicodramático tem um novo sentido. É usado pelo paciente para duplicar sentimentos e pensamentos ocultos que ele teve, *realmente,* numa situação com um parceiro em sua vida, o que tem *aqui e agora,* no momento do desempenho. O seu valor reside em sua veracidade. O seu propósito é a catarse.

Tanto o marido como a esposa estão no teatro. O psiquiatra e dois egos auxiliares estão presentes. No seguinte psicodrama, vemos o homem e a mulher passando ao ato, lado a lado, alguns sentimentos e pensamentos que tiveram, em algumas situações, a respeito um do outro. Eles próprios ficaram surpreendidos ao ver e ouvir o que a outra parte havia até aí sentido de um modo inteiramente inadvertido e sem a menor sombra de exteriorização.

Situação: Robert representa-se a si mesmo numa situação com sua esposa, Mary, atuando como sua parceira.

O paciente e sua esposa são preparados por um membro da equipe. Robert escolhe a situação que estivera em sua mente na primeira sessão e que então o embaraçara: uma cena com sua esposa na manhã em que veio a Beacon Hill. Foi dito a ambos: "Retratem a cena exatamente como aconteceu mas acrescentem também os sentimentos e pensamentos que tiveram nessa ocasião mas não expressaram. Expressem-nos agora com gestos e movimentos. Falem agora num tom de voz mais baixo... em solilóquio.

Processo

Gestos e Movimentos	*Diálogo*	*Solilóquio*
Robert e Mary, tentando reconstruir a situação, discordam em alguns detalhes. Ele pensa que ela esteve com ele na sala de estar, não fazendo nada. Finalmente, concordam em que ele estivera ocupado trabalhando na cozinha, enquanto ela arrumava uma mala. Dividem o palco em várias partes para reproduzir a disposição espacial de seu apartamento em H, a sala de estar no centro, a cozinha à direita, o dormitório ao fundo. Ambos procedem a um fácil aquecimento preparatório.		
	MARY: — (desde o dormitório) Que está fazendo, Robert?	
	ROBERT: — Limpando a mesa. Lavarei os pratos.	
	MARY: — Deixa que eu faço isso.	
	ROBERT: — Não, eu faço. Por certo, estamos com muito tempo para chegar na hora ao Dr. Moreno. Ainda não é meio-dia. Temos três horas inteiras.	
		ROBERT: — Temos de nos apressar. Temos de nos apressar. Espero que ninguém me chame agora. Considerando o que poderia acontecer sobra pouco tempo. Preciso engraxar os sapatos. Necessito de uma gravata. Isso é necessário para ter um bom aspecto. Se for ao centro arranjá-la sobrará pouco tempo. Receio que cheguemos tarde ao Dr. Moreno. Ela nunca põe as coisas em seus lugares. Deixou aqui um copo que deve estar na prateleira de cima. Aqui deixa os

Gestos e Movimentos	*Diálogo*	*Solilóquio*
		pratos. Tenho de lavá-los para ela. Caso contrário, nunca lá chegaremos. Vamos, depressa! Ela está perdendo tempo.
ROBERT: — Às duas por três, tira o relógio do bolso do colete e olha-o. Robert lava as mãos, o rosto e põe talco, outra vez tenso. Arruma a sua maleta. Mary arruma a dela.		
	MARY: — Onde está a mala?	
		MARY: — Ele é tão irrequieto. Por que não me deixou lavar os pratos?
	ROBERT: — Oh, já empacotei tudo. Não se preocupe. Temos tempo de sobra.	
Mary tenta meter o seu vestido na maleta de Robert.		ROBERT: — Ela será a culpada se chegarmos tarde demais.
	ROBERT: — Tenho a mala pronta.	
	MARY: — Não faz mal. Vejo que fez todo o meu trabalho.	
	ROBERT: — Oh, eu pus o copo na geladeira. Levei as garrafas de leite para baixo. E coloquei o sabão no lugar dele.	
		ROBERT: — Não quis deixar a lata das cinzas ali por todo o fim-de-semana. Não devia ficar ali. Devia ter sido esvaziada. Por isso a levei para baixo.
Robert lava o rosto, põe talco e penteia-se pela segunda vez. Toca o telefone, Robert atende.		
		ROBERT: — Espero que ninguém me chame.
	ROBERT: — Quem fala? Quatro pessoas? Vou já. (para Mary) Tenho de ir ao escritório. Volto em seguida.	
Apanha o chapéu e o sobretudo; caminha pelo palco, a caminho do escritório.		
		ROBERT: — Tenho de estar no escritório às doze. Às doze e trinta no dentista. Como vou ocupar-me de quatro pessoas em meia hora? Às 12:45 devo estar em casa para o almoço. O dentista certamente me prenderá por mais de 15 minutos. À 1:15 devo estar no banco para retirar dinheiro. Às 2 horas, encontrar-me com o novo advogado. Depois devo ir engraxar os sapatos e comprar uma gravata nova. Devo parar no posto de ga-

Gestos e movimentos	*Diálogo*	*Solilóquio*
Transpira. Usa freqüentemente o lenço.		solina. O carro está precisando de revisão. Talvez necessite de um pneu novo. Não quero ter um acidente. Devo sair às 2:20 para chegar a tempo no consultório do Dr. Moreno. O último trem sai às 2:45, às terças-feiras. Se o perder, o próximo é o das três horas, mas só chegarei ao Dr. Moreno às 5:15, quando deveria ali estar às 5 em ponto. Não vejo como poderei chegar a tempo se fizer todas as coisas que tinha de fazer.
No seu escritório.	ROBERT: — Que se passa? Deixe entrar essas duas pessoas. Bem, terão de pagar $120. Está ao vosso alcance $20 por semana?	
		ROBERT: — Oh! Esta gente nunca me deixa em paz. Chegam sempre no momento errado. É terrível. Temos que vê-los. Chegarei atrasado ao Dr. Moreno. Não poderei ir a tempo. Algo terei de fazer. É terrível. Esta gente terá de ir embora. Preciso ver o doutor. Devemos apressar-nos.
	ROBERT: — Muito bem. Está resolvido. Bem, na terça-feira da próxima semana, às 10 horas, está bem. Quem mais está aí? Entre. Oh, excelente. Prazer em vê-lo. Bom, a conferência é segunda-feira, às 11 da manhã. Estarei lá. Adeus.	
		Representa outras cenas não apresentadas aqui. Depois... corre de volta para casa.
	ROBERT (a Mary): — Temos de nos dar pressa. Bem, é verdade que ainda temos meia hora. É tempo de sobra, não é? Vamos, Mary, vamos.	

ANÁLISE

Houve uma ligeira dificuldade no princípio. Um tentava recordar ao outro algo que o parceiro havia esquecido e corrigiram facilmente suas recordações mútuas. A situação concreta tivera lugar cerca de 28 horas antes do solilóquio. Parecia que quanto mais próximas as situações se encontram do presente mais exatamente são recordadas e mais corretamente podem ser representadas.

O paciente, Robert, e sua esposa Mary, estavam embos ansiosos por dramatizar essa situação. Isso causou-lhes alívio, particularmente o solilóquio. No começo, o paciente sentira-se inquieto sobre o uso do solilóquio. Pensava que diria alguma coisa suscetível de magoar sua esposa. Sentiu-se melhor quando soube que ela faria sua parte no solilóquio. Aparentemente, Mary queria que o marido soubesse como ela se sentia quando Robert se mostrava desagradável.

No caso da família A, as tensões e desajustamentos entre marido e mulher foram remediados pelo psiquiatra, atuando entre eles como um agente *intermediário*. No caso de Robert e Mary, um atua como ego auxiliar do outro. O psiquiatra está fora da situação, atuando como um agente preparatório antes do solilóquio e como um agente analístico depois dele.

É significativa a insistência na *duplicação* não só temporal mas também espacial da cena do lar. Numa outra ocasião, Robert disse: "Não, não poderia ir para a cama aqui porque o nosso dormitório está localizado no outro lado do palco." O afastamento da sua imagem da estrutura da localização original quebraria a ilusão de estar fazendo isso pela segunda vez.

Através da técnica do solilóquio, a experiência de toda a situação foi muito mais clara do que no momento de sua ocorrência. Aqui, marido e mulher tornaram-se familiarizados com os seus eus interiores de um modo mais íntimo. O solilóquio proporcionou-lhes uma nova dimensão psicológica.

Muitas vezes, durante o psicodrama, vimo-los pararem — "Não, não foi assim" — corrigindo-se mutuamente para depois continuarem. Diferentes percepções da mesma experiência ou distorção de memória interferem freqüentemente com o esforço de duplicação da realidade. O segundo parceiro cria a possibilidade de corrigir a exatidão do primeiro e de se determinar até que ponto o seu material é fictício. Raramente acontece que ambos tenham espontaneamente o desejo de fazer a mesma distorção dos fatos mas essa possibilidade tem de ser considerada. O desejo de uma substituição fictícia pode ser suscitado pelos membros da equipe presente durante o psicodrama. O paciente pode ter o desejo de retratar-se numa certa situação, numa luz melhor ou pior do que a realidade justifica. Pode querer compaixão ou admiração, ou poderá querer ajudar o psiquiatra, atuando de um modo que satisfaça às suas teorias. Eis um ponto em que a cooperação de uma pessoa associada à vida do paciente — sua esposa — é valiosa para checar tendências imaginadas.

As principais dificuldades de Robert estão bem retratadas neste psicodrama. Vive num estado de permanente ansiedade, no temor de chegar atrasado a um encontro. Retrata a ansiedade que o dominou uma manhã antes de vir a Beacon Hill. O medo de estar atrasado fá-lo precipitar-se. Apressa-se mais do que o necessário, com o resultado de que, na maioria das vezes, chega cedo demais. A primeira vez que veio a Beacon Hill, chegou duas horas adiantado. Numa outra sessão descreveu como examinou quinze vezes o despertador para verificar se estava regulado para a hora apropriada. Primeiro, pô-lo para as sete e meia; depois, passou-o para as sete, seis e meia, seis, preocupado com o tempo de que necessitaria para poder chegar pontualmente a Beacon Hill no dia seguinte.

O solilóquio revelou que ele temia os chamados telefônicos que poderiam gorar seus planos mas, quando ninguém o interrompia de fora, ele próprio começava a interferir neles. Pensou que tinha de ir engraxar os sapatos, comprar uma gravata e mandar fazer uma revisão em seu carro. O seu problema é uma ansiedade em torno do "tempo". Em sua ansiedade, inflige danos a si mesmo e, se necessário, aos outros. Como quer utilizar o tempo do modo mais eficiente possível, acaba perdendo tempo. Um momento previsto do futuro — estar em Beacon Hill às 5 horas da tarde — anula todos os momentos intermédios. Não os desfruta. Na realidade, eles o torturam. Mas, durante a discussão analítica, disse: "Assim que cheguei a Beacon Hill, senti-me aliviado e relaxado." Acrescentou que essas ansiedades de tempo — ou neurose de tempo — interferia com todas as suas funções.

Robert suava ligeiramente durante o psicodrama. Na situação original que ele duplicou, a transpiração foi mais intensa, teve dores de cabeça e tensão física, experimentou contrações dos músculos faciais, dores em torno do coração e necessidade de urinação freqüente.

Representou as cenas de forma precipitada, num tempo comparativamente curto. Sua esposa só a custo poderia acompanhá-lo. Durante o mesmo período, falava muito mais e fazia mais coisas do que ela. O seu comportamento evidenciou que, na situação correspondente da vida, ele vira-se saturado, ao mesmo tempo, por numerosas intenções de atuar. Logo que a sua ansiedade de que talvez não fosse capaz de cumprir tudo o que planejara começou agindo em sua mente, a precipitação no tempo fê-lo deter-se ou mesmo regredir, daí resultando que ele estava continuamente assoberbado de atos inacabados. Temia começar algo novo. Por vezes, uma tarefa que levaria apenas um minuto ficava por fazer. É significativo notar que, no solilóquio, ele enumerou diferentes atos que pretendia executar, em sua ordem de sucessão. Cada ato tinha sua posição prevista na seqüência temporal e ai dele se não a cumprisse. O seu sentido de duração do desempenho de uma certa tarefa imediata torna-se neurótico e isso compele-o a fazer-se neurótico no referente a um extremo distante da sua escala de tempo; por exemplo, que terá de estar em Beacon Hill, às 5 horas da tarde, três dias depois. Isso reduz para ele o fluxo espontâneo de atos de duração a uma linha extremamente rígida, a uma ordem inflexível e preestabelecida de atos sucessivos. A psicopatologia da sua função temporal explica também como os estados espontâneos se tornaram hiperexcitados. Um estado espontâneo, para obter plena expressão, tem de estar livre da aglomeração de novos atos que confluem simultaneamente no ato já em curso. Na discussão, o paciente disse sentir-se compelido a chegar na hora certa, independentemente de quem seja a pessoa com que vai ter o encontro. Afirmou fazer pouca diferença se a outra pessoa era pontual ou não. Não se tratava do resultado de uma pressão externa mas de uma norma interior que ele próprio se impunha, uma norma moral. Mas, de fato, essa condição reflete-se nas suas relações interpessoais. Pouco depois da situação acima ter sido psicodramatizada, três das outras visitas tiveram que sair para pegar um trem. Ele estava tenso e transpirava. Reconheceu que se encontrava num estado de ansiedade, temia que os outros "não chegassem a tempo de pegar o trem". Era propenso a querer que esse complexo de tempo não fosse apenas seu mas uma norma universal. Como ele está adiantado, tortura os outros que vivem em sua intimidade (sua esposa) se não mantiverem o mesmo ritmo e tortura-se a si mesmo se não andar de acordo com o relógio.

No psicodrama, Robert expôs uma outra peculiaridade: o desejo de que as coisas estejam todas "em seus devidos lugares". Censurava a esposa a esse respeito. Certa vez, confessou que, quando veio ver-me pela primeira vez, sentiu-se incomodado porque um canto do tapete estava dobrado. Um papel, um prego que parecesse fora do lugar, era o bastante para irritá-lo. A rigidez da linha temporal tinha uma réplica na rigidez do arranjo espacial. Neste caso, a neurose do tempo e a neurose do espaço andavam juntas. Talvez seja a regra geral. Entretanto, o paciente afirmou na discussão que "lhe interessava mais que as coisas fossem feitas no devido tempo do que estivessem em seus lugares". Queria uma ordem preestabelecida no tempo e no espaço. Não desejava ser apanhado de surpresa. A ordem ideal permitia-lhe levar a vida com um mínimo de resistência.

Durante uma análise combinada dos retratos que apresentou de seu pai e sua mãe, e do seu solilóquio, ele disse: "Meu pai está sempre com pressa, como eu, e também me pareço muito com minha mãe." Depois acrescentou, bruscamente: "Que acho estarem as coisas fora do seu lugar, isso eu herdei de minha mãe.

Que estou sempre com pressa e sinto-me atrasado, nisso saí a meu pai." Obviamente, ele tentou ajustar seu pai e sua mãe de um modo original, fazendo da peculiaridade mais destacada de cada um deles uma parte do seu próprio ego, para provar assim que eles não tinham que separar-se, que podiam viver em harmonia dentro dele. Mas Robert, por sua vez, tornou-se neurótico.

Psicodrama "In Loco" Como Autoterapia

Uma importante questão foi suscitada pela esposa do paciente. Como deveria ela atuar em situações como a acima descrita? Por vezes, o paciente encontrava alívio na psicodramatização de um processo de ação na própria vida, processo esse que ele não poderia ter levado a efeito sem o adestramento que recebera em Beacon Hill. De um modo geral, é indesejável que o paciente psicodramatize e recorra ao solilóquio indiscriminadamente, para expressar todos os seus pensamentos e sentimentos no seio de uma situação da própria vida. O psicodrama e o solilóquio deveriam restringir-se, tanto quanto possível, ao teatro terapêutico. O teatro é um contexto *objetivo,* onde esse processo extremamente delicado pode ser levado a efeito sob orientação apropriada. Contudo, talvez possa ser permitida a técnica psicodramática ao paciente, de um modo gradual, na própria vida, desde que se trate de *situações-chaves;* poderá ser aplicada pelo próprio paciente ou por um de seus parceiros vitais (a esposa, por exemplo). Isto converte-se, em última instância, numa extensão terapêutica muito importante do trabalho psicodramático.

Certo dia, Robert estava mergulhado num estado de profunda ansiedade. Foi perturbado por um chamado da loja do outro lado da rua, defronte de sua casa. Já tinha programado todas as tarefas que deveria terminar durante o dia e não via como pudesse também cuidar do negócio da loja. Por outro lado, não queria desapontar um novo e importante cliente. Deu tratos à imaginação sobre como poderia meter isso entre as outras coisas. Mas durante duas horas ficou sem fazer coisa alguma. Ao tentar encontrar um meio de poder fazer esse trabalho, tampouco fez as outras coisas que havia programado. Em circunstâncias ordinárias, teria desperdiçado o dia todo. Mas, lembrando-se do trabalho conosco, procurou efetuar um aquecimento preparatório e enfrentar diretamente a situação. Correu à loja em frente, falou com o encarregado. Foi-lhe dito que não tinha importância alguma se fizesse o serviço num outro dia, porquanto não era um caso tão urgente assim. Quando ouviu isso, Robert sentiu-se aliviado e pôde voltar ao seu escritório.

Alguns dias depois, teve uma cena desagradável com sua esposa. Sugeri que mostrassem no palco o que lhes acontecera.

Situação: Robert e Mary, de regresso a casa depois de uma festa, sentaram-se no carro em silêncio hostil. Na festa, ele criticara violentamente tudo o que sua esposa dissera durante uma discussão entre amigos.

Processo

Gestos e movimentos	*Diálogo*
	Robert explica ao diretor: Foi a primeira vez que tomei a iniciativa de aplicar os princípios psicodramáticos fora do teatro terapêutico. Se me tivesse comportado da minha usual maneira tímida, as nossas relações teriam sido tensas e desagradáveis durante vários dias e a minha mulher nunca teria sabido por quê. Mas eu ganhei ânimo e disse:
Robert e Mary sentam-se num automóvel improvisado no palco.	ROBERT: — Sabes por que me enfureci durante o debate e por que estou zangado até agora?
	MARY (colérica): — Não, não sei por quê.
	ROBERT: — Porque, durante a discussão, quando te falava, nunca olhavas para mim nem me ouvias, mas olhavas, ouvias e respondias a qualquer outra pessoa presente. Mas já não estou zangado. Dou-me conta de que falas comigo todos os dias. Muitas vezes, é um prazer trocar opiniões com pessoas diferentes.
	MARY: — Mas eu ainda estou zangada, não por mim, apenas, mas o que irão pensar de ti as outras pessoas?

Em circunstâncias ordinárias, se Mary estivesse zangada, Robert voltaria rapidamente a ficar zangado também mas, desta vez, continuaram representando as experiências que haviam tido durante a discussão, até que ambos se sentiram aliviados e sua zanga se dissipou.

Numa outra ocasião, a ação terapêutica partiu de Mary.

Situação: Quando Robert se levantou, pela manhã, embora parecesse calmo e sereno, estava cheio de ansiedade a respeito de certas coisas que teria de fazer a tempo. Nas circunstâncias usuais, Mary não teria deixado transparecer ao marido que ela sabia o que estava acontecendo sob a aparência serena dele.

Processo

Gestos e movimentos	*Diálogo*
	MARY (tranqüilamente): — Quando tens o teu primeiro compromisso?
	ROBERT: — À uma hora em ponto.

Gestos e movimentos	*Diálogo*
	MARY: — Então tens ainda quatro horas para descansar. Não poderias chamar a tua secretária? Ela poderá avisar-te se ocorrer alguma emergência.
Robert telefona para o escritório e fala com a secretária.	ROBERT: — É uma excelente idéia.
	Mary explica ao diretor que essa cena foi o ponto de partida de um intercâmbio de experiências a respeito do que tinha acontecido a Robert, quando acordou. Finalmente, ela acalmou-se.

Técnica Psicodramática de Representação de Sonhos

Robert e Mary tinham freqüentemente sonhos a respeito um do outro. Eram um novo desafio à imaginação do psicodramaturgo.

A dramatização de um sonho coloca o sujeito na posição da pessoa que dorme, de modo que ele possa realizar o seu aquecimento preparatório do estado onírico no palco. O ator-sonhador retrata o seu sonho no palco, fazendo um aquecimento para o ato de sonhar, em vez de relatar o sonho. A situação psicodramática total do sonhador é retratada de tal modo que toda e qualquer ação física do sujeito, as relações com os objetos, pessoas e o meio total passam a ser visuais. Os personagens do sonho são como figuras de cera no palco, movimentam-se, atuam ou brotam para a vida conforme as instruções dadas pelo sujeito.

Situação: Robert representa um sonho que tivera a noite anterior em Beacon Hill. O paciente é preparado por um membro da equipe. Diz-se-lhe que reproduza o sonho em solilóquio, com movimentos e palavras.

Processo

Gestos e movimentos	*Solilóquio*
O paciente está no balcão do teatro.	Isto é um quarto. Estou sozinho. *Há nele uma cama de dossel.* Alguém me chamou do andar térreo.
Desce do balcão para o palco.	Desci um lanço de escada. *Era um lanço reto.* Quando cheguei em baixo, entrei num restaurante.
Caminha descrevendo círculos.	Saí para a rua pela porta da frente. Não levava a minha capa nem o chapéu. Caminhei até uma loja profusamente iluminada. Era uma loja de "souvenirs".
Um ego auxiliar representa Paul. Um outro, o irmão mais velho de Paul.	Vi três pessoas que tinham vivido comigo na mesma casa de apartamentos em Nova Iorque, há uns dezesseis ou dezessete anos. Notei Paul, sentado num banco alto sem espaldar, dirigi-me a ele e disse: "Olá, você deve ser Paul." Vi um de seus irmãos mais velhos. Ouvi-o tossir.
O paciente desce os degraus do palco.	Disse para mim mesmo: "Puxa vida, este deve ser o irmão de Paul que tinha tuberculose da laringe." E então o sonho terminou.
	O Dr. Moreno dissera-me no domingo anterior que, no caso de eu sonhar, deveria tentar

recordar os sonhos e registrá-los por escrito. Então, enquanto sonhava, disse para mim mesmo: "O Dr. Moreno disse que eu devia anotar os meus sonhos." Comecei a registrá-lo e disse: *"Vejamos; primeiro estava no quarto e depois desci a escada, e então acordei."* E foi assim que terminou o sonho.

Análise

As ações do paciente no palco recordaram-me a dramatização poética de sonhos, como na peça de Calderón de la Barca, *La vida es sueño.* Mas, no psicodrama de sonhos, o sonhador é o seu próprio dramaturgo e o seu próprio ator. Por meio da auto-sugestão, ele tem de atingir um estado quase onírico, uma postura do corpo e um nível de emocional de tal ordem que o ajudem a reproduzir as alucinações do sonho. Para essa fase preparatória, antes que a ação se inicie, pode ser usado um divã no palco. O paciente tinha registrado o sonho logo que despertou e apresentou-me verbalmente o seu conteúdo diversas vezes. Contudo, algumas partes dele acudiram-lhe espontaneamente à memória enquanto atuava no palco. A primeira coisa que acrescentou durante a descrição foi a *cama de dossel.* Depois, ao descer da galeria para o palco, deu-se conta de que a do sonho era uma escada reta e não de vários lanços, como a do nosso palco. Parece que o processo de aquecimento preparatório do seu papel de sujeito do sonho e a projeção de seus movimentos no palco podem, às vezes, libertar tensões emocionais que não são facilmente recordadas na repetição narrativa ou na simples associação de palavras. Finalmente, ao descer a escada do palco, descreveu em solilóquio o *verdadeiro* final do sonho. Ele recapitulou para si mesmo o curso do sonho: "Vejamos; primeiro estava no quarto e depois desci a escada."

O sonho tem duas partes: um sonho verdadeiro e uma porção interpessoal. Acordou durante o sonho, o que marcou o final do sonho verdadeiro. A parte adicional é como um solilóquio no psicodrama. O paciente suspende o ato por um momento, olha-se a si mesmo, olha para mim, e explica de que modo a ansiedade causada pela possibilidade de esquecer o sonho o induziu a *ensaiá-lo,* como se estivesse ainda sonhando.

O processo de começar, especialmente o uso de recursos corporais de arranque, no processo de aquecimento preparatório, suscita a questão de saber em que medida a livre associação de palavras é um guia fidedigno para os níveis mais profundos da psique. Vimos que a posição e o papel em que o paciente está quando surgem as palavras determinam amplamente a *espécie* de associações que ele produzirá. As palavras e frases que ele profere, enquanto deitado num divã em estado passivo, e as palavras e frases que proferiu enquanto seu corpo andava de um lado para outro não são as mesmas. E se há outra pessoa presente, por exemplo, um médico de quem ele gosta ou com quem antipatiza, enquanto o paciente associa palavras e frases, é muito provável que estas mudem uma vez mais. Se a outra pessoa presente está no papel de sua namorada, seu pai, seu patrão ou um grupo de pessoas, o padrão de associações volta a ser diferente. Ocorrem mudanças ainda mais radicais se ele não está no papel de um paciente mas no papel de um irmão, um amante ou um amigo.

Técnica da Improvisação Espontânea

A improvisação espontânea é uma técnica em que o paciente não representa eventos de sua própria vida mas atua em papéis fictícios, imaginados. Neste caso, um ego auxiliar tem uma dupla função. Por um lado, é um "arranque" que faz o paciente atuar num determinado papel; por outro lado, é um ator participante num papel que a situação exige. O paciente faz seu aquecimento preparatório para vários papéis que talvez desejasse representar na vida mas que foram frustrados. Atua diante de várias pessoas em símbolos e papéis que lhe são agradáveis ou penosos. Essas pessoas, em diferentes papéis, projetam nele a sua própria personalidade. O procedimento converte-se num teste significativo do comportamento do paciente em suas várias relações interpessoais, por muito que ele tente evitá-lo. Muitos elementos de sua personalidade privada entram continuamente em seus papéis fictícios. Eles oferecem um bom alvo para análise.

Situação: Robert e Mary, sua esposa, são os protagonistas. O paciente e sua parceira são preparados por um membro da equipe. É-lhes dito que não se auto-retratem mas que improvisem espontaneamente papéis que lhes são sugeridos. O papel sugerido ao paciente foi o de um xerife. O papel sugerido a sua esposa é o de uma ladra de lojas que acaba de ser levada à sua presença.

Processo

Gestos e movimentos	*Diálogo*
Fora do palco.	Robert: — Vamos, comecemos. Mary: — Está bem.
O paciente levanta-se e volta-se em parte para a esposa, em parte para o psiquiatra, aparentemente indeciso.	

Gestos e movimentos	*Diálogo*
Sua esposa mantém-se sentada, igualmente indecisa. Ambos são incapazes de realizar o aquecimento preparatório dos personagens a representar. Um membro da equipe, apercebendo-se de suas hesitações, entra no palco.	Creio que seria melhor se Ann representasse o papel de ladra de lojas, em vez de Mary.

Robert e Ann, outra conviva em Beacon Hill, sobem ao palco e oferecem uma animada caracterização de um xerife e de uma ladra de lojas. Ambos se aquecem facilmente para os papéis e se harmonizam de imediato. O diálogo flui num ritmo fácil.

Numa sessão posterior, no dia seguinte, o paciente e sua esposa são novamente solicitados a retratar juntos a situação do xerife e da ladra. Ela instiga-o e, desta vez, eles tentam realmente fazê-lo. A essência do retrato, porém, é que eles não fazem bem o aquecimento preparatório. O diálogo não é convincente. Ela não atua como uma ladra de lojas mas como ela mesma e Robert não atua como um xerife mas como o esposo de Mary.

Situação: "Terceiro grau." Robert, o promotor do distrito. Ann, uma marginal. Ele submete-a a um severo interrogatório de "terceiro grau". Ambos fazem um aquecimento preparatório dos papéis com muita facilidade e oferecem uma representação convincente.

Situação: Robert como Mefistófeles no inferno. Várias pessoas solicitam admissão. O paciente desfruta atuar nesse papel.

Análise

Na improvisação espontânea, a tarefa é, num aspecto, o inverso da auto-representação. Neste caso, o sujeito tenta *impedir* que o seu caráter privado interfira e se misture com o personagem fictício. A luta, competição e eventual colaboração de ambos, o personagem real e o fictício, é visível em toda a representação. A ambigüidade da representação está repleta de indícios para o estudo de uma pessoa. Dois dos fatores que produzem a ambigüidade de um papel são os sentimentos pessoais de um paciente em relação ao seu parceiro e o desejo de dominar a situação e desenvolver não só o seu papel mas também o papel do seu parceiro. Este último mecanismo produz, às vezes, uma luta particular entre os dois parceiros, uma ambigüidade em suas relações que interfere nos papéis a serem representados e que, por vezes, modela-os num padrão que contraste grandemente com a intenção original. Um outro fator são os sentimentos íntimos do sujeito para com as pessoas que estão observando o desempenho no público. A mais importante tarefa analítica, neste procedimento, consiste em separar cuidadosamente, tanto quanto possível, o material do ego privado que foi projetado no personagem do papel e o conteúdo fictício do próprio papel.

O paciente revela uma afinidade seletiva no tocante a papéis que o colocam na posição de torturar outras pessoas. O xerife, o promotor distrital e Satã são sádicos profissionais. O teatro terapêutico oferece-lhe uma desculpa artística para se desafogar e talvez o prazer que tem em representá-los e a abundância de pormenores com que os representa, através de gestos e palavras, indiquem o papel que gostaria de desempenhar na vida, se a pressão externa e interna não o compelissem a reduzir a sua tendência sádica a um esboço neurótico. Foi duas vezes negativo no desempenho do papel de xerife quando sua esposa atuou como ladra de lojas mas extremamente positivo quando Ann desempenhou esse mesmo papel. Ele escolheu Ann como sua parceira para o papel de ladra. Como a análise revelou, não a escolheu por imaginar que ela fosse esse tipo de mulher mas porque sentiu que Ann era capaz de encarnar eficazmente esse papel. *Um papel de uma pessoa pode ter uma tele-relação com um certo papel de outra, embora ambas possam ser mutuamente indiferentes como indivíduos privados.* Isto pode indicar que o paciente não queria que sua mulher retratasse uma personagem vulgar e desonrosa, talvez por temer que ela pudesse trair algo do seu ego material privado diante dele e das pessoas presentes. Talvez não tenha querido atuar com sua esposa num papel que exigia crueldade e brutalidade, possivelmente em virtude do seu medo instintivo de exceder-se no desempenho desse papel. Por outro lado, tudo isto revela a importância da escolha de parceiro no processo de aquecimento preparatório para as relações de papéis entre duas pessoas. Robert e Ann mostraram-se convincentes nas cenas do xerife, do promotor distrital e do inferno mas fracassaram numa cena de amor. A harmonia interpessoal a respeito de certos papéis não implica que essa harmonia será igualmente fácil em outros papéis ou como pessoas privadas. O fato de indivíduos se conjugarem bem em alguns papéis, menos bem em outros e que em alguns sejam antagônicos explica a complexidade das tele-relações. Isto é evidenciado quanto mais íntimo e completo for o contacto entre duas pessoas, como entre marido e mulher, pai ou mãe e filho. A tele entre as mesmas duas pessoas pode, em numerosos aspectos, ser positiva, em outros tantos aspectos negativa e, em muitos aspectos, revelar diversos graus de positividade. A tele-relação tem de ser visualizada desde o ponto de vista de ambas as pessoas, simultaneamente. A tele-relação não é positiva se uma pessoa for capaz de efetuar seu aquecimento preparatório mas a outra responder negativamente. A complexidade de configuração das tele-relações aumenta quanto maior for o número de pessoas que participam numa situação e mais variados os papéis em que os indivíduos atuam ou desejam atuar e, finalmente, quanto mais variados forem os critérios dos grupos em que eles participam. Este é um dos pontos que impôs, desde cedo, o trabalho da espontaneidade ao estudo sociométrico. Quando numerosas pessoas atuavam no desenvolvimento de um psicodrama, uma certa pessoa, A, não era somente influenciada por seu parceiro face a face, B, mas também por C, D e F, com quem não tinha de atuar face a face. Contudo, eles tinham atuado face a face e influenciado B que, por seu turno, influenciava o papel de A. Portanto, temos que distinguir entre a tele que funciona na presença de dois parceiros e a tele que trabalha de modo indireto, um distante efeito tele. Esta observação preparou o caminho para os meus estudos sociométricos.[57]

O interrogatório de "terceiro grau", uma situação em que o paciente e Ann atuaram como promotor distrital e mulher-bandido, revelou muitos pontos. Durante alguns minutos, Robert esteve completamente absorvido em seu papel e Ann no dela. Ele tentou fazê-la confessar um assalto à mão armada e ela usou de toda a sua esperteza para não se trair. De um certo ponto em diante, um elemento privado entrou, por ambos os lados, no quadro geral. Era não só uma luta entre um promotor e uma criminosa mas, além disso, um duelo entre duas vontades. Cada um persistiu obstinadamente numa posição tomada, mais interessado em si mesmo do que na forma e valor do enredo. Esse sentimento coloriu todos os seus gestos, argumentos e palavras. Influenciou o próprio processo criativo Estiveram "em" seus papéis durante uns dez minutos. Nos dez ou quinze minutos seguintes estiveram meramente "atuando" em seus papéis. Cada um tentava dominar o outro. O conflito entre os quatro papéis representados, dois por cada pessoa, pode ser explicado da seguinte maneira: uma pessoa lança-se

57. Citarei, entre esses estudos: *Study of a Resettlement Community Near Vienna, 1915-17*; *Sing Sing Prison*, Ossining, Nova Iorque, 1931; *Brooklyn Public School 181*, Brooklyn, Nova Iorque, 1932; *New York State Training School for Girls*, Hudson, Nova Iorque, 1932-1937; *Riverdale Country School*, Riverdale, Nova Iorque, 1932, 1933.

num papel e aquece-se adequadamente para o estado espontâneo por ele requerido. Está inteiramente absorvida pelo papel que representa. É típico que, depois, quase nada recorda das frases que realmente disse e dos gestos que fez, a menos que no esforço de reproduzi-los recaiam no mesmo estado espontâneo. Esse gênero de coisa aconteceu a Robert e Ann em seus papéis de promotor e de criminosa, respectivamente: até um certo ponto, estimularam-se um ao outro — até cada um ter desenvolvido uma idéia diferente sobre o modo de dar continuidade à situação. Como nenhum tinha a espontaneidade suficiente para levar o outro, a situação atingiu um beco sem saída. Nesse momento de mútua calamidade, cada um chamou em seu auxílio o seu respectivo papel privado. Robert apresentou-se como Robert e Ann como Ann. O promotor e a criminosa foram, por um momento, envolvidos e distorcidos pelo modo como Robert sentia a respeito de Ann e esta a respeito daquele. Subitamente, tiveram oportunidade de expressar-se latentes ciúmes pessoais. O dilema foi aumentado para uma tensão exacerbada e o diretor teve de interferir.

Quando uma pessoa está inteiramente absorvida por um papel, nenhuma parte do seu ego está livre para observá-lo e gravá-lo em sua memória. Ela está como que num sonho. Até o funcionamento da memória fica envolvido na tarefa de desenvolver o papel. Sugeri muitas vezes aos indivíduos que tinham uma grande afinidade seletiva para um certo papel e também para aqueles com quem atuavam, que registrassem tudo o que fosse possível dos eventos internos e externos, à medida que atuavam. O experimento teve os seguintes resultados: Quanto mais tentavam atuar e observar-se, ao mesmo tempo, mais perigo corriam de fracassar no desempenho de seus papéis. Os seus esforços decompunham-se em duas partes: uma parte que me era dedicada, a de recordar, e uma parte que era a da atuação no enredo. Isto também pode explicar a configuração do sonho de Robert como um esforço espontâneo. Não é *um* sonho, pois consiste de duas partes, cada uma com significado diferente. O indivíduo raramente recorda os pormenores de seus atos. Mas, obedecendo à minha sugestão, tentou recordar o sonho. Essa tentativa de recordação é um processo interpessoal, um jogo entre eu mesmo e o paciente ou, melhor dito, entre o meu eu e a *parte* do ego do paciente que ele reservou para observar os sonhos.

Retornemos agora ao mesmo mecanismo na improvisação espontânea. *Quanto menos absorvido está um indivíduo em seu papel, mais débil é o estado espontâneo, mais aquela parte do seu ego que observa o desempenho é suscetível de perturbar e desintegrar o procedimento.* O ator individual tem, pois, de cuidar para que o desejo de recordar não interfira demais com a realização do ato.

Entretanto, o método de adestrar o ego para uma dupla tarefa, para pensar e atuar simultaneamente, está dentro das possibilidades práticas. Vi numerosos casos em que um sujeito tinha aprendido a atuar num papel e a registrar o seu conteúdo ao mesmo tempo. Contudo, essa parte privada do seu ego, quando se torna excessivamente ativa na improvisação espontânea, é responsável por numerosas perturbações interpessoais. Se o estado espontâneo em que o sujeito se lança é completo e forte, é algo que pouco importa. Mesmo nesse caso, o indivíduo poderá desenvolver um estado de ansiedade, a angústia de perder a sua presença no papel e em relação ao seu parceiro ou co-ator. O seu estado de ansiedade aumenta de gravidade se o ator teve desde o começo um débil estado de espontaneidade, e se o seu *élan* para mantê-lo durante um suficiente período de tempo é limitado. A sensação de que o próprio estado de espontaneidade é débil pode desencorajar o sujeito desde o início e forçá-lo a parar depois de um curto período de tempo.

O sentimento de que a duração de um estado é limitada pode produzir um conflito que já descrevemos como o criado entre Robert e Ann, no caso do "Interrogatório de Terceiro Grau". Ambos começaram com um estado forte e cheio mas, à medida que se acercaram do tempo que lhes foi permitido, passaram a mostrar-se irritadiços. Logo que o estado de espontaneidade começou enfraquecendo, a dissipar-se, por assim dizer, o ego privado de cada um entrou em cena: as *vontades de seguir adiante* intervieram na representação. Esta converteu-se num duelo de personalidade. A dissipação do estado de espontaneidade tornou-se evidente em ambos, através da repetição de frases, movimentos e apartes; o estado espontâneo foi artificialmente prolongado, muito além de sua duração natural.

O Processo de Aquecimento Preparatório no Ato Sexual

Foram realizadas valiosas observações em todos os estados emocionais em que duas pessoas se inter-relacionam numa atividade comum. No ato sexual, por exemplo, os mecanismos de iniciar e concluir as fases preparatórias revelam uma dinâmica interpessoal típica. A atitude sexual pode se desenvolver de um modo demasiado fraco num parceiro ou outro. Pode ter uma duração mais limitada num do que no outro. Pode se dissipar num dos dois antes do momento psicológico. Se, pelas razões acima, os momentos psicológicos em ambas as pessoas não se harmonizam, o resultado são várias formas de estados de ansiedade. Estes refletem-se na estrutura momentânea da situação interpessoal. Essas configurações, o modo como um ponto no aquecimento preparatório de uma pessoa corresponde ao aquecimento preparatório de uma outra, podem ser estudadas objetivamente e com grande exatidão no trabalho de espontaneidade.

Ocasionalmente, parceiros amorosos retrataram o desenvolvimento de suas relações sexuais no palco. É vantajoso encarar o ato sexual como uma situação psicodramática em que dois atores estão empenhados. Os dois atores podem diferir na rapidez do aquecimento preparatório, antes e durante o ato. Podem ser guiados por percepções conflitantes do que é um comportamento apropriado ou inapropriado. O processo de aquecimento preparatório no ato sexual é acompanhado de imagens auxiliares, especialmente visuais, auditivas e motoras. As imagens conformam-se, por vezes, ao estado do desempenho sexual: um aumento das imagens visuais agradáveis quando o ato sexual transcorre rítmica e suavemente, um aumento das imagens motoras quando o aspecto motórico do ato sexual aumenta de intensidade. Porém, quando o desempenho não é adequado e o processo de aquecimento preparatório é deficitário, emergem então imagens auxiliares de todas as categorias no ator sexual, como se tentasse acudir em sua ajuda. As imagens expressam, com freqüência, pânico, dor, padrões visuais e táteis de experiências latentes. A sua incongruência com a situação real pode produzir o efeito oposto, um ato sexual dividido, uma separação dos dois amantes a respeito do propósito comum e um desfecho insatisfatório. Muitos casos de impotência sexual são devidos ao surgimento prematuro de imagens auxiliares de tipo inadequado, à ausência de imagens fortes e adequadas no momento oportuno ou à abundância de imagens inconfortáveis numa crise. Um método valioso de readestramento dos atores sexuais foi encontrado numa técnica de imagens terapêuticas. Uma técnica semelhante foi discutida em outra parte, como um auxiliar no treino de espontaneidade de artistas criativos.[58]

Técnica do Solilóquio — Segundo Tipo

No primeiro tipo de solilóquio, os apartes e o diálogo operam dentro do mundo privado do sujeito. Estão em di-

58. Ver págs. 361-363 deste volume

mensões diferentes mas pertencem à mesma pessoa. Pertencem à mesma cena que ambas as dimensões retratam. A parte "aberta" reproduz os processos físicos e mentais que tinham ocorrido, realmente, na situação original. A parte de solilóquio representa os processos corporais e mentais da pessoa naquele tempo que não revelou ao seu parceiro. É uma ampliação do eu através de uma técnica psicodramática e esses processos mentais secretos fluem para a pessoa a quem deveriam ter sido originalmente comunicados. É aqui que intervém o efeito terapêutico.

Um segundo tipo de solilóquio foi inventado em que o ato oficial e o solilóquio se situam em níveis diferentes. O ato oficial retrata um papel fictício e uma situação fictícia, por exemplo, Deus no Céu ou Mefistófeles no Inferno. O solilóquio no psicodrama diferirá dos apartes privados no teatro legítimo. No psicodrama, ambos os processos de aquecimento preparatório são *espontâneos* — os papéis assumidos e as insinuações privadas. No teatro legítimo, os papéis assumidos são ensaiados, somente os apartes privados são espontâneos. No psicodrama, o solilóquio é uma reação particular do paciente e seu parceiro. Eles retratam os sentimentos privados e mudos que podem alimentar sobre si mesmos, sobre o outro parceiro em seu papel, sobre a tarefa que estão ambos tentando produzir ou sobre as pessoas do público. Imagine-se John Barrymore e Eva la Gallienne interpretando no palco legítimo os papéis de Romeu e Julieta, de Shakespeare, e imaginemos também que se permite a Barrymore e la Gallienne dizerem apartes sobre o que privadamente sentem a respeito um do outro. *Esses solilóquios não são ampliações mas resistências a um pleno desenvolvimento do papel.* É aqui, portanto, que surge uma abordagem terapêutica.

Situação: A cena é num escritório de um serviço de assistência social. O funcionário que atende é Robert. O cliente é Mary, no papel de uma viúva que requereu assistência.

Processo

Gestos e movimentos	*Diálogo*	*Solilóquio*
Mary entra na sala, com movimentos precisos e rápidos, absorvida em seu papel. Conserva esse estado até ao fim, exceto num ponto em que realiza um solilóquio, um comentário a respeito do seu marido. Robert mostra-se hesitante desde o começo. A sua expressão corporal é indecisa.		

Gestos e movimentos *Diálogo* *Solilóquio*

Ele mostra-se tolhido em seu diálogo. Tem bruscos assomos mas nenhuma continuidade. Todas as deixas provêm de Mary.

MARY: — Que quer dizer com isso, que não é permitida a entrada de mais gente? Eu vou entrar. Oh, você é o Sr. Newman, não é?

ROBERT: — Sim, eu sou o Sr. Newman. Como entrou aqui hoje? Não estava previsto que fossem hoje permitidas as entradas de gente, estamos demasiado ocupados.

MARY: — Demasiado ocupados! Que lhes importa. Estamos sem comida e vamos ser hoje despejados de nossa casa. Há duas semanas que vêm fazendo promessas. Iam mandar um investigador. Mas ainda ninguém apareceu.

ROBERT: — Lamento muito mas terá que esperar até que o investigador apareça. Isto é tudo. Não podemos nos ocupar de cada caso individual, assim que bate aqui.

ROBERT: — Querida, isto está indo realmente mal. Não consigo me aquecer para este papel. Não sei por quê.

MARY: — Já tive bastante paciência. Não tenho feito outra coisa senão esperar. Estou sem comida. Os vizinhos é que têm estado me sustentando. Eles não podem ajudar-me. Também são gente pobre.

ROBERT: — Sinto muito mas não posso cuidar de cada caso que se me apresenta agora. Tenho uma porção de coisas a fazer e não posso continuar a ouvi-la. Isto é tudo. Pode retirar-se daqui. É tudo o que posso dizer-lhe hoje.

MARY: — Nunca falaria dessa maneira a um cliente. Nunca o despacharia desse jeito. O que você está precisando é trabalhar um ano numa repartição de assistência social. Faria de você um melhor homem de negócios.

ROBERT: — Não me acode idéia alguma. Caramba, ela é melhor do que eu.

MARY: — Não vou sair daqui enquanto não me der um bônus para alimentação.

Gestos e movimentos	*Diálogo*	*Solilóquio*
	Meus filhos têm fome. Tenho de arranjar-lhes comida. Já lhe mostrei a minha ordem de despejo. O que foi que você fez a esse respeito? Nada!... Mandou-me ao tribunal. E o que foi que eles fizeram? Deram-me cinco dias mais e o prazo de mora vence amanhã. Ficarei na rua. Quero um bônus para alimentos e que o investigador vá amanhã falar com o meu senhorio.	
	ROBERT: — Está muito certo que a ponham na rua. Por que não vai procurar trabalho, em vez de vir todo o dia para aqui a pedir assistência?	
		ROBERT: — O doutor está me observando. Ele pensa que Mary está melhor que eu.
	Não me importa que a despejem. Pela parte que me toca, isso não me interessa nada. Isto é tudo. E agora vá embora. Vá embora.	
	MARY: — Arranjar trabalho? E quem cuidará dos meus três filhos? Não têm um pai que cuide deles. Por isso estou aqui. Durante um ano inteiro me arranjei com o dinheiro do seguro de vida que ele deixou. Esperei até ao último minuto. Isto é o que eu ganho por esperar e ser honesta.	
		ROBERT: — Ela preparou-se muito bem para o papel. Eu não acreditava que estivéssemos tão bem preparados.
	ROBERT: — Não me interessa quem se ocupará de seus três filhos. Eles podem cuidar de si mesmos e você também. Por que não vai ver se arranja um emprego?	

ANÁLISE

Robert recorreu várias vezes ao solilóquio. Mary uma só vez. Mary estava melhor preparada para o papel. Robert saiu dele repetidamente. Era nessas pausas que ele usava o solilóquio. *Um sujeito espontâneo, que esteja inteiramente absorvido no seu papel, não pode recorrer ao solilóquio, a respeito de si mesmo ou a respeito do papel. É com aquela parte do seu ego que não é arrastada para o papel, hipnotizada por ele, que o sujeito pode usar o solilóquio.* Quanto mais fraca for a absorção do papel pelo ego, mais freqüentemente poderá o ego usar o solilóquio. Se o ego não for capaz de realizar um aquecimento preparatório, veremos então que o sujeito no palco recorre ao solilóquio, desculpando-se por não poder começar ou sugerindo papéis diferentes para si mesmo. Robert e Mary usaram o solilóquio de muitas maneiras. Fizeram-no a respeito dos papéis em que estavam, das reações que lhes acudiram à mente a respeito de suas pessoas privadas e das reações a respeito um do outro. Ela conduzia e tomava a iniciativa, ele estava fraco, repetindo amiúde as mesmas frases.

A freqüência do solilóquio é, aqui, uma prova da intensidade do papel. Quanto mais amiúde o papel for interrompido, mais frágil será a sua unidade. Vemos o paciente interromper muitas vezes o fluxo de associações. Então, a fisionomia e o corpo afastam-se da expressão que o papel exige. Isto observa-se quer o sujeito utilize ou não o solilóquio. Vemos pelos testes que, quanto mais essas interrupções estiverem perto do final do estado, mais difícil se torna para o paciente retornar a ele. Um começo suficientemente intenso do estado protege o paciente contra o efeito que as interrupções podem exercer sobre o seu desempenho. As interrupções podem provir dele mesmo ou de seu parceiro no ato. A essas interrupções chamamos *resistências.*[59] Elas podem ser introduzidas a bel-prazer pelo psiquiatra no decurso da ação, a fim de treinar o paciente a não sair do estado enquanto atua, sempre que as resistências emergem espontaneamente dele mesmo ou de um parceiro.

O problema da terapia não é tanto, aqui, a análise de um ou outro, independentemente, mas uma cuidadosa análise de suas inter-relações com um estudo especial de todos os "papéis" fundamentais em que elas atuam como parceiros. Paralelamente à análise interpessoal dos papéis em que atuam deve se proceder a uma preparação metódica dos papéis em que precisam atuar no decurso de seu "adestramento". Com efeito, não se pode fazer de outro modo, dado que a análise só é proveitosa à medida que o adestramento se desenrola. *A técnica de improvisação é a estrada real para o treino da espontaneidade, à medida que lança o paciente em papéis, situações e mundos em que ele nunca viveu antes e em que tem de produzir instantaneamente um novo papel, a fim de enfrentar um novo meio.* É proporcionado mais do que terapia. É adestramento e desenvolvimento de uma nova personalidade que poderá diferir imenso daquela que foi trazida a tratamento.

---

59. Não confundir com o uso psicanalítico da palavra.

O Processo Terapêutico

A técnica intermediária do ego auxiliar em situações vitais é substituída pelo psicodrama. Os parceiros num conflito encontram neste procedimento um contexto mais objetivo para tratamento. A terapêutica tele fluiu através de uma cadeia de cinco pessoas, o homem, a esposa, o psiquiatra e dois assistentes. A neurose de tempo e de espaço estava plenamente desenvolvida antes dele encontrar sua esposa mas afetou e deu forma às suas relações e produziu uma condição secundária, uma neurose interpessoal que se sobrepôs à primeira. O tratamento da segunda condição foi usada como guia para o tratamento da primeira. A esposa foi usada como agente terapêutico, tomando por vezes o lugar do psiquiatra em relação ao paciente. O próprio paciente foi usado como agente terapêutico, ocupando às vezes o lugar do psiquiatra a respeito da esposa. A situação terapêutica é o processo que ocorre no palco. A relação com o psiquiatra é auxiliar. No tratamento da família A, o psiquiatra estava numa posição chave, como ego auxiliar para cada um dos três parceiros, independentemente e, por vezes, simultaneamente. No caso de Robert e Mary, os parceiros estão atuando face a face.

A função do ego auxiliar é ainda mais modificada. Em vez de ser o portador de notícias mentais de um para outro, está agora preparando silenciosamente o terreno para o evento decisivo — a interação psicodramática entre os parceiros. Os próprios atores realizam o confronto e a análise um do outro. As pessoas que fomentaram e deram forma à doença mental converteram-se nos principais agentes de sua cura. Mas a operação psicodramática tem lugar na presença do psiquiatra e sua equipe; isto determina a sua função como ego auxiliar. Por uma parte, o psiquiatra estimula-os e fá-los arrancar, preparando-os para as situações-chaves a serem retratadas; por outro lado, conduz a análise depois da cena e procura incitá-los para as reações espontâneas, durante a análise. Numa cena, Robert atuou e sua esposa observou-o, simpatizando ou discordando violentamente dele, com freqüência. Outras vezes, ela atuou e ele observou-a. Depois de terminado um psicodrama, eles revelaram importantes informações no decurso da análise interpessoal. Adicionaram partes que um ou outro tinham omitido numa cena. Talvez a mais importante dessas revelações posteriores tenha sido a crítica feita pela esposa, no sentido de que o paciente omitia persistentemente das cenas o que tinha acontecido durante a semana. Ele sentia prazer em apresentar o seu complexo de espaço e tempo. *Exibia-o* repetidamente e com

QUADRO I

Papéis desempenhados por:

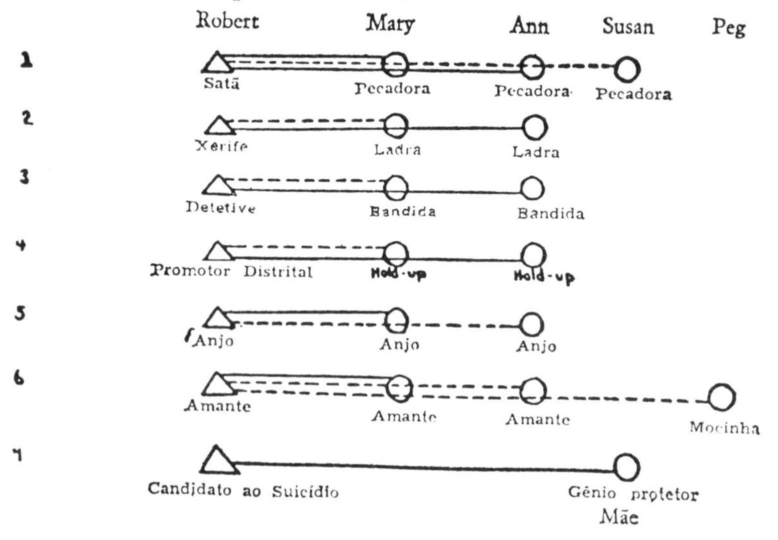

Diagrama da inter-relação de pessoas e papéis no caso de Robert e Mary. Nas sete situações diferentes representadas, Robert aparece de modos diversos com Mary, Ann, Susan e Peg. Os papéis desempenhados por cada um dos cinco estão representados na coluna diretamente por baixo de seus nomes. As linhas entre os personagens representam as diferenças nos graus de adequação com que as situações se desenrolaram: a linha contínua representa uma resposta positiva, um bom desenvolvimento dos papéis; a linha tracejada indica uma resposta negativa, um desenvolvimento insatisfatório dos papéis. Na situação 1, Robert como Satã desempenhou positivamente o papel quando a pecadora foi retratada por Mary ou Ann mas seu desempenho foi negativo com Susan como pecadora; na situação 4, Robert teve um desempenho positivo no papel de Promotor Distrital com Ann como ladra mas desempenhou-se negativamente com Mary nesse papel. Estes diagramas deixam claro o modo como um indivíduo pode reagir de maneira diferente a diferentes indivíduos, e como a resposta de uma pessoa a uma outra pessoa pode mudar quando as situações são alteradas.

tanta ênfase que outras partes de sua conduta, por exemplo, a sua situação sexual, que deveria ter merecido, pelo menos, igual atenção e representação, eram negligenciadas. Por vezes, o que parecia importante para ele não parecia importante para ela. Por conseguinte, enfatizavam pontos diferentes. A urgência terapêutica da esposa parecia, por vezes, mais imperiosa e forte que a do marido. Isso converteu-se num estímulo extremamente importante no tratamento, por exemplo, partiu da esposa a insistência em que fossem retratadas situações sexuais; não partiu de um estranho (o psiquiatra) mas de alguém que participava no conflito do lado de dentro. Essa experiência provocou uma mudança na técnica de preparação. Em vez de pedir-se unicamente a ele um depoimento sobre as situações mais cruciais durante a semana, começamos também a solicitar dela esse relato. As indicações dadas por ambas as fontes passaram então a ser usadas na construção de situações de tratamento.

No caso de Robert, foi estudada a tele para numerosas pessoas, a fim de determinar aquela que prometia ter a maior potencialidade terapêutica. A sua esposa, não obstante as suas dificuldades interpessoais, revelou-se um bom agente. Isto não surpreende, uma vez que a atração entre ambos era mútua e espontânea. Entretanto, havia também antipatia. Tinham precisado de sete anos de noivado para chegar à conclusão do casamento. Com efeito, as suas mútuas teles negativas, a respeito desta ou daquela fase de seu comportamento, revelaram valiosas informações sobre a sua dinâmica interpessoal, informações que nem um nem outro poderiam ter comunicado se tivessem sido tratados independentemente.

Alguns pacientes são propensos a falar excessivamente sobre o que lhes aconteceu durante o tratamento e a aplicar indiscriminadamente o que aprenderam a outras pessoas. Se dois pacientes são tratados em conjunto, como no caso de Robert e Mary, levanta-se uma dificuldade adicional. Eles podem continuar psicodramatizando suas relações e a recorrer perpetuamente ao solilóquio, no lar ou em qualquer outro lugar em que estiverem. Para evitar a excitação e irritação mútuas, os pacientes são aconselhados a considerarem o tratamento no teatro como o contexto objetivo em que a sua crise interpessoal é manipulada. Durante as primeiras semanas, são advertidos para discutir o menos possível as suas experiências no teatro e, em segundo lugar, para só aplicarem as técnicas psicodramáticas fora do contexto do teatro sob uma adequada orientação. Desde que disponham de uma orientação adequada, isso pode produzir um excelente efeito terapêutico.

Um outro aspecto do processo terapêutico, no caso de Robert, é *a relação entre o fim de um ato e o relaxamento.* Robert, por muito apressado que estivesse, sente-se descontraído logo que chega ao seu ponto de destino, assim que entra em seu escritório, logo que fala com a pessoa com quem tentava comunicar-se por telefone, assim que termina uma cena no teatro terapêutico. Comum a todas essas situações é um aquecimento preparatório de um estado espontâneo que, tão depressa termina, se converte num anticlímax, relaxamento e pausa. É um estado

QUADRO II

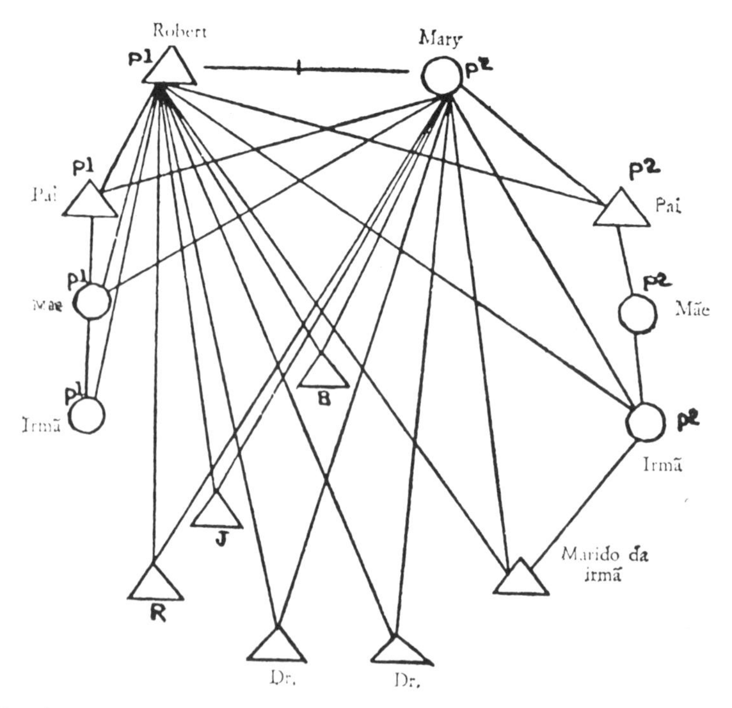

A tele-estrutura (inter-relações) pode ter um vasto alcance. As doze pessoas incluídas neste quadro com Robert e Mary apareceram, num momento ou outro, em suas cenas psicodramáticas ou nas análises que se lhes seguiram imediatamente. Essas pessoas compõem a parte principal dos átomos sociais dos pacientes. O quadro é incompleto, na medida em que não está indicada a qualidade da tele.

espontâneo em que a pessoa deseja ser interrompida o menos possível e que se desenrola rapidamente para um fim.

Em situações sociais, numerosas pessoas ou numerosos eventos podem interferir na conclusão de uma tarefa. O indivíduo tem de aprender a ser suficientemente flexível para manter o estado de espontaneidade em suspenso até que o fator interferente tenha desaparecido, ou deve ser capaz de voltar a lançar-se na situação. No psicodrama, Robert encontrou um campo de ação que é — de um ponto de vista, pelo menos — preferível à resolução dos problemas na vida corrente; notadamente, que o número de interferências e resistências no tempo e no espaço é tão reduzido que elas podem quase ser ignoradas. É um país de sonho em que as tarefas penosas da vida podem ser realizadas com um simples gesto de mão ou um sorriso. Cenas que na vida duram dias são aí reduzidas a um minuto. É possível avançar para o final de uma cena com relativa desenvoltura.

Essa é uma das razões pelas quais o indivíduo se sente tão descontraído depois do trabalho psicodramático. Evidentemente, o relaxamento e o prazer que o paciente deriva dos atos ocorrem-lhe mais fácil e rapidamente que nos atos da vida. Isso também explica por que razão ele sente-se mais descontraído após situações em que atuou num papel dominante, no qual tem uma oportunidade, no decurso do psicodrama, de ser o único padrão no tocante ao tempo, espaço, direção, diálogo e momento de terminar. Os outros têm de ajustar-se-lhe: à duração do *seu* estado, à mudança de um estado para outro conforme seja de *seu* agrado, ao *seu* movimento no espaço, à *sua* mudança de posição, aos *seus* câmbios no diálogo e ao momento em que *ele* achar desejável terminar, que só ele escolhe para seu auto-engrandecimento.

A resistência que descrevemos aqui não é a interna do paciente. Ela está *entre* o paciente e o parceiro ou parceiros, é uma *resistência interpessoal.* Portanto, no caso de Robert, uma medida terapêutica foi a *interpolação* de resistências. Objetos, eventos, pessoas, foram colocados no caminho de sua ilimitada auto-expressão e auto-exibição. Vimos que ele era melhor do que a média nas tentativas de auto-expressão interrompida mas que, com freqüência, teve um desempenho comparativamente medíocre em confrontações, quando um outro ego agressivo era colocado, como resistência, no curso de sua ação. A resistência tinha de ser *cuidadosamente graduada.* Nessa forma de simples trabalho espontâneo, muitas variedades de resistência podem ser inventadas para satisfazer as necessidades do paciente.

No caso de Robert e Mary, a distribuição dinâmica da tele terapêutica teve a sua maior intensidade entre os próprios parceiros. Em segundo lugar, em intensidade, estava, evidentemente, a distribuição dinâmica entre o psiquiatra e os dois parceiros. A terceira intensidade foi registrada entre os dois parceiros e os meus colaboradores. A finalidade do tratamento é desenvolver a tele terapêutica em relação a tantos indivíduos pertencentes ao átomo social do paciente quanto possível; por outras palavras, desenvolver todos os indivíduos que estão em contato com o paciente e que estão em tele-relação natural com ele, por atração ou rejeição, convertendo-os em agentes da tera-

QUADRO III

ESTRUTURA DA TELE TERAPÊUTICA

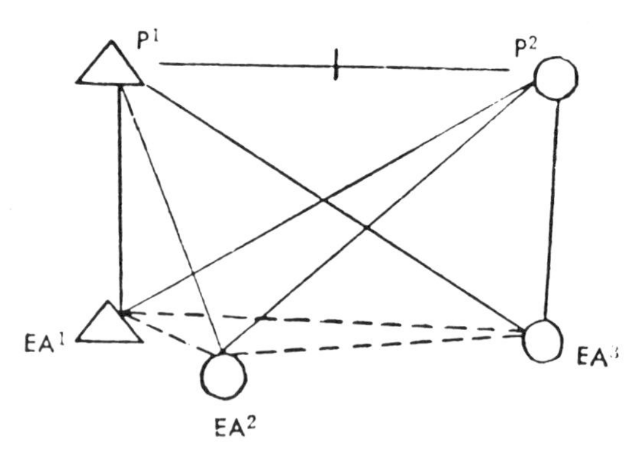

P1 — Marido
P2 — Esposa

EA1 — Ego auxiliar
EA2 — Ego auxiliar
EA3 — Ego auxiliar

As linhas contínuas indicam a direção em que flui a tele terapêutica. A corrente principal flui entre P1, P2 e EA1. As linhas tracejadas indicam as relações entre os membros da equipe que estão atuando no tratamento. Essas relações têm significado terapêutico.

pêutica tele. No caso de Robert, somente um membro do seu átomo social normal, a esposa, foi incluída no tratamento. Não estão incluídas outras pessoas que vivem separadas de seu atual cenário vital, seus pais, mães, parentes e amigos. Membros da equipe auxiliar participaram em tantos papéis quantos os necessários para o desenvolvimento do tratamento (comparar o quadro terapêutico III com o quadro tele II). O papel do psiquiatra é mais complexo que em outras formas de psicoterapia. Ele e seus assistentes têm de organizar no palco terapêutico uma sociedade em miniatura, em torno do paciente. O paciente é o poeta. As suas ações e estados de ânimo sugerem as deixas.

Psicodrama Sem Palavras

A DANÇA E A PSICOMÚSICA [60]

Abordamos agora novos domínios do psicodrama: os domínios da pantomima, do ritmo, dança e música, e o domínio do

60. Ver pág. 333 deste volume.

(aparentemente) absurdo. São necessários métodos para a exploração e desenvolvimento de uma psicopatologia sem linguaguem, não-semântica. Um exemplo ilustrativo de tal método é a experimentação com os estados de espontaneidade, com o processo de aquecimento preparatório *(warming-up)* e com o movimento do corpo no espaço. Não lidamos, principalmente, com a associação de palavras. Nenhum processo verbal era esperado. O corpo fez seu aquecimento preparatório para uma dança e, eventualmente, surgiu um diálogo. Portanto, sugerimos sinais não-semânticos análogos às notas musicais para representar um curso de ação intermédio, um entrelaçamento de complexos emotivos. O terapeuta da dança foi diferençado em duas categorias: o ator-dançarino que dança para curar-se — autocatarse — e o ator-dançarino que dança para representar um grupo de espectadores, os quais co-experimentam com ele o desempenho da dança — catarse coletiva.

Abordagem Psicodramática da Gaguez

No curso de tratamento, reconhecemos que os complexos emotivos não-semânticos podem ser adestrados e que o exercício tinha um excelente efeito terapêutico. Não era analítico, no sentido usual da palavra; era uma ação guiada. Mais do que psicoterapia era *somaterapia.* Também começamos a entender que a influência da estrutura lingüística sobre os processos mentais tem sido exagerada, que não invadiu a psique sem encontrar considerável resistência, que há processos mentais que atingem a maturidade de um modo mais ou menos independente da interação psicossemântica.

Livre Associação de Consoantes e Vogais. Uma ajuda no reconhecimento desses fatores é a técnica da expressão sem nexo. Diz-se ao paciente que resista ao aparecimento de expressões verbais e que produza sons e palavras carentes de sentido. As vogais e consoantes devem ser reunidas em qualquer combinação possível e imaginável, à medida que se apresentam espontaneamente. Este exercício é útil no adestramento de pessoas que sofrem de gaguez. Nenhum dos gagos que tratei gaguejou uma só vez durante este teste. Um exemplo ilustrativo é o caso de Joe, de vinte anos de idade, QI 129, dotado em matemática e física. Gaguejava desde que a memória de seus pais alcança, ao que parece desde que começou a falar. Após uma curta entrevista, comecei a trabalhar com ele no palco. Foi preparado da seguinte meneira: "Isto é uma rua. Ande de um lado para o outro. Pare. Olhe para mim. Caminho para você, vindo de uma outra direção."

Processo

Ações	*Instruções*
Joe e eu estamos no palco.	Diretor: — Você me reconhece. Não fale. Elimine de sua mente, tão bem quanto puder, a idéia de que aprendeu uma língua. A língua é como qualquer outra invenção. Não tem que usá-la se não quiser. Se não lhe agrada ou se não sabe como dominá-la bem, desligue-a, como se fosse o rádio. Talvez inventemos algum dia um meio de comunicação interpessoal que seja mais simples e talvez mais prático de usar. Você pode pronunciar todas as consoantes e vogais, independentemente umas das outras, sem gaguejar. Só quando as combina em palavras significativas da língua inglesa é que se mostra propenso a gaguejar. Portanto, procure combiná-las livremente, quer os sons façam ou não combinações verbais significativas. (A esse tipo de linguagem espontaneamente criada dei o nome de "idioma de Joe".)
Joe (Sem "arranque": 30 segundos): — Ope ra chus to chush, thro tra a cha to pe ca, chos new re ber mec tra co tu na crois tra tu tu, nuoir cris na ta cris, la cus cu. (Com "arranque": Simpatia — 25 segundos): — Oh ma cour ta ti per pa ta, lou tu ca, la ma, ma dar, tu tu, who cro ma, to jou, to jou, ho, ah, oh, ah, ohh.	
(Com "arranque": Ansiedade — 20 segundos): — Ho cru ho ho, ho, no no no, you, no car, car ca ter tutu, tu tu cum tu oh no na no, oh, ah, ahaa, no no no mi pa ne croi, oh long, oh long, good bi, gu ib, ohhh.	Numa outra versão, um ego auxiliar atuou defronte de Joe, como sua namorada, usando ambos o "idioma de Joe".
(Com arranque: Cólera — 25 segundos): — Ta pugh pugh pugh pers frual, fer, me sta pu a tu a tu a pugh tu a, poir, ti, tu ah, cou, couc, ta la mi, cou ptugh ah.	

Análise

As combinações acima transcritas de vogais e consoantes foram produzidas espontaneamente. O paciente apresentou-se, no primeiro caso, sem qualquer acompanhamento intencional de emoções ou sentimentos. Nos exemplos seguintes, o paciente foi levado a um aquecimento preparatório de um estado espontâneo de simpatia, ansiedade e cólera, os quais foram usados como guia na apresentação de expressões sem nexo. Uma análise dos dois casos mostra que em ambos os testes, com e sem sentimento, a duração varia entre vinte e trinta segundos. Passado esse tempo, o sujeito experimenta dificuldades para achar novas combinações de vogais e consoantes. A duração varia de indivíduo para indivíduo mas, segundo parece, dentro de certos limites, o que recorda o estudo da duração dos estados espontâneos. É interessante uma análise do material deste teste, embora os resultados aqui apresentados possam ser inteiramente acidentais. No estado de simpatia, a vogal dominante foi o "a" e registrou-se o menor número de consoantes. No estado de ansiedade, a vogal dominante foi o "o" e teve o número mais elevado de consoantes, mais do dobro do caso anterior. No estado de cólera, a vogal dominante foi "u" e ficou em segundo lugar quanto ao número de consoantes. Houve preferência por determinadas consoantes: no estado de simpatia, a preferida foi o "t", no de ansiedade foi o "n" e no de cólera foram o "t" e o "p". Uma combinação freqüente foi "ma", "ta", "ah", "sa", nos três estados.

A livre combinação de vogais e consoantes parece mudar de indivíduo para indivíduo. Talvez seja valioso acompanhar o grau em que essas combinações são influenciadas pela *língua materna* dos pacientes, pelo seu linguajar infantil ("fala de bebê"), por diferenças mentais e culturais. O valor relativo dos procedimentos psicoterapêuticos pode ser melhor entendido se distinguirmos os fatores não-semânticos dos fatores semânticos de influência.

O Processo Terapêutico

Tivemos em Robert um tipo de paciente que arranca facilmente mas tira proveito da interpolação de resistências no processo de aquecimento preparatório. Assim, aprendeu a tornar esse processo mais flexível e a prolongar a sua duração, se necessário. Há outros tipos de pacientes que não têm facilidade no aquecimento preparatório de uma tarefa a realizar ou que, por vezes, são incapazes de realizar esse aquecimento. Em lugar da interpolação de resistências, eles precisam da *intervenção de dispositivos adequados de arranque.* Os gagos, como Joe, são um exemplo desse tipo de pacientes. Têm de ser constantemente aplicados os dispositivos de arranque, segundo as necessidades do paciente, *num nível de sentimento ou emoção em que ele se expresse espontaneamente.*

Abordagem Psicodramática dos Problemas Infantis

Lembro-me do caso de um rapaz a quem tratei há muitos anos, usando uma técnica psicodramática. John costumava agredir sua mãe antes de ir para a cama e na presença de visitas. Vários métodos de tratamento não conseguiram ajudar o rapaz a superar esses acessos. O primeiro papel que ele representou foi o de príncipe. Um membro da minha equipe com quem ele mostrou afinidade foi vestida como rainha. Ela atuou diante dele como sua mãe. Quanto ao mais, todos os detalhes foram retratados como nas situações reais: uma mãe levando seu filho para a cama ou uma mãe dando uma festa e seu filho entrando na sala para cumprimentar as visitas. As questões em minha mente eram estas: Se o rapaz, como príncipe, agrediria a mãe, sendo ela uma rainha — se os seus acessos contra ela enfraqueceriam, seriam modificados ou estariam ausentes — e se ele não teria qualquer acesso por pensar que se tratava "apenas de uma brincadeira".

O Processo Terapêutico

Na primeira sessão, *removi* toda e qualquer resistência possível que pudesse derivar do papel, das pessoas que atuavam com ele e das cenas; era uma cuidadosa eliminação das resistências interpessoais no nível simbólico. Em sessões subseqüentes, começamos interpolando resistências; a rainha-mãe foi instruída para tornar-se mais agressiva. Quando da preparação para o papel, a criança foi influenciada no sentido de restringir suas palavras ou suas ações. O rapaz reagiu favoravelmente ao tratamento, após as primeiras semanas. O nível simbólico de príncipes e rainhas, de famílias reais e heróis, era aparentemente o nível psicológico em que ele se mostrava mais espontâneo e, portanto, atingimo-lo em cheio no ponto em que era acessível à influência. Gradualmente, interpolamos novas resistências; deslocamo-lo do mais extremo nível autocrático para aproximá-lo mais das realidades em que ele vivia. Na vez seguinte, sua mãe era apenas uma professora de colégio; depois, a esposa de um prefeito, uma enfermeira etc., até chegar o momento em que fizemos o lance final; sua própria mãe começou atuando com ele nesses papéis, até uma duplicação completa das cenas familiares ser representada por ambos. Os acessos desapareceram.

Abordagem Psicodramática de um Caso de Demência Precoce

O Mundo Auxiliar

Vamos considerar agora o tipo de paciente com quem a comunicação de qualquer espécie está reduzida a um mínimo.

Quanto mais rudimentar e incompleto for o ego, mais articulado e completo deverá ser o auxílio proporcionado desde fora por um ego auxiliar. Quanto mais perturbada parece estar a organização mental do paciente, maior é a ajuda que o ego auxiliar deve oferecer e maior a necessidade de sua iniciativa. Podem ser necessários numerosos egos auxiliares e, no caso da psicose grave e estabelecida, a tarefa com que o ego auxiliar se defronta está além da possibilidade de tratamento eficaz. O paciente mais benigno, por muitas que sejam as ajudas de que possa precisar para chegar a uma realização mais satisfatória, ainda vive no mesmo mundo que nós. No caso do paciente mais grave, a realidade, tal como é usualmente experimentada, é substituída por elementos delirantes e alucinatórios. O paciente necessita de mais que um ego auxiliar; ele precisa de um *mundo auxiliar*.

Um exemplo é um paciente, William, que tinha sido classificado como portador de demência precoce. Muitas funções da realidade estavam pervertidas. Ele não parecia perceber a presença de outras pessoas na casa e era incapaz de fazer alguma coisa com elas. Mostrava repetidamente o desejo de expulsar as visitas da casa, incluindo seu pai, mãe e irmãos. Masturbava-se com freqüência e brincava com seus excrementos. Comia irregularmente e destruía certas espécies de alimentos. Exibia uma característica importante que dominava o quadro. Escreveu uma proclamação ao mundo, que ele queria salvar. Chamava-se a si mesmo Cristo. Tomamos isso como uma "deixa" para o tratamento.

Estamos considerando, neste caso, um tipo de paciente que não pode ser induzido pelo psiquiatra nem por qualquer outra pessoa a participar em alguma ocupação útil. Não dá sinais de interesse emocional por qualquer pessoa de seu meio. É ensimesmado e renitente a qualquer espécie de cooperação. O máximo que a psiquiatria e a psicanálise tentaram realizar foi compreender esses pacientes, descobrir algumas pistas para explicar suas experiências mentais na psicopatologia dos sonhos e na mente inconsciente. Mas, do ponto de vista do tratamento, tínhamos de dar um passo mais em frente. Traduzimos cuidadosamente as expressões verbais, gestos, delírios e alucinações do paciente para uma linguagem poética, como base para construir uma realidade poética, um mundo auxiliar. Por outras palavras, assumimos a atitude do poeta, ainda mais, talvez, a do dramaturgo. Os egos auxiliares, uma vez familiarizados com essa linguagem poética e com a estrutura do seu mundo auxiliar, poderiam atuar nesse mundo, assumir papéis adequados às necessidades do paciente, falar e viver com ele em sua própria linguagem e em seu próprio universo. Por assim dizer, consideramo-lo um poeta que estivesse possuído, no momento, pelas criações de sua própria fantasia, a criação de um louco, um Rei Lear ou um Otelo; e, como queríamos penetrar no drama de sua confusão mental, tínhamos de aprender a gramática de sua lógica e assumir um papel que se ajustasse exatamente ao seu universo. A função do ego auxiliar consiste em transformar-se num estado mental que o habilite a produzir à vontade um papel, *se necessário analogamente confuso* na aparência aos que o paciente experimenta por compulsão.

Modelamos um psicodrama auxiliar em torno do paciente, o qual substituiu e reformou todas as fases do meio natural. A única pessoa que tinha seu papel natural e vivia a sua própria vida no drama era o paciente. As pessoas à sua volta assumiram papéis ajustados a ele. Depois de mais de seis meses com ele, o paciente não mostrou sinal algum de transferência, quer em relação ao psiquiatra, quer aos assistentes, mas mostrou numerosas e bem desenvolvidas tele-relações. Era indiferente a certas cores, como o vermelho e o amarelo. A sua tele era positiva para o azul e o branco. Isto determinou a cor das roupas que usávamos e do arranjo geral da casa. A sua tele para certos alimentos, como os ovos e a carne, era negativa. Era positiva para a maioria das frutas e dos legumes verdes. O menu foi cuidadosamente preparado em torno de suas afinidades, por extravagantes que fossem e por muito que o seu padrão mudasse. Tinha uma tele para algumas pessoas mas, com freqüência, somente num papel específico e por razões estéticas, e ainda mais amiúde para o papel numa cena e posição específica. Por exemplo, gostava que um jovem assistente se ajoelhasse no canto de uma sala, com a cabeça inclinada. Mas não gostava que ele se ajoelhasse em qualquer outra sala ou em qualquer outro canto. Fora desse lugar e dessa posição, não mostrava qualquer sinal de interesse no jovem assistente.

Foi o complexo tele do paciente que, de momento a momento, serviu de guia ao desenvolvimento do seu psicodrama. Ele tinha sido diagnosticado como uma personalidade fechada mas evidenciou-se que o "ensimesmamento" é uma categoria mais clínica do que científica de conduta desse gênero. Implica que o paciente está retirado da realidade. Mas assim que mudamos a realidade para ele e a preenchemos com o *seu* psicodrama, vimos que as sensações e eventos, dentro dela, eram extremamente significativos para o paciente. O mapa de sua rede psicológica pode ser traçado. O que chamamos suas idéias delirantes e alucinações são, provavelmente, reações aos sinais que recebe dessas redes privadas.

O Processo Terapêutico

O nível em que o paciente é espontâneo é o nível operacional do tratamento. Esse nível pode estar tão distanciado da realidade que talvez não inclua as pessoas e objetos físicos que cercam o paciente. Para proporcionar a William o seu arranque, tivemos de criar um mundo que correspondesse ao nível em que ele vivia. O mundo que construímos para ele foi um mundo poético, um mundo auxiliar. Estava repleto de papéis e máscaras, de objetos fictícios. À medida que o paciente melhora, os papéis e máscaras podem se avizinhar cada vez mais das pessoas reais, e as coisas fictícias podem se converter cada vez mais em coisas reais e concretas.

A Análise Geral

O Papel do Adestramento da Espontaneidade em Psicoterapia

Analisar um paciente e, quando a análise está terminada, abandoná-lo aos seus próprios recursos, não é suficiente, na maioria das vezes, para o ajustamento e a cura. Foram inventados métodos de adestramento que desenvolvem as personalidades incompletas e as impelem a um funcionamento mais completo e satisfatório. A facilidade está em descobrir o ponto arquimédico em que essa técnica poderá ser aplicada de um modo eficaz. Apuramos que *o ponto arquimédico de tratamento é o nível psicológico de um indivíduo em que este é verdadeiramente espontâneo.*

O nível em que o paciente é espontâneo pode diferir consideravelmente de uma função a outra. Pode ser, por exemplo, um nível imaturo para um papel e um nível maduro para um outro papel. Seria desnecessário acrescentar que, para descobrir esses níveis, tem de ser cuidadosamente analisada a estrutura momentânea de cada situação fundamental em que o paciente funciona. Uma técnica de adestramento não cai do céu; ela surge em estreito contato com essas estruturas momentâneas e a partir delas. O nível em que o paciente é suscetível de ser influenciado e adestrado muda de indivíduo para indivíduo e, com freqüência, de situação para situação. Tem de ser modificada uma técnica de modo a satisfazer as necessidades de um indivíduo particular. A responsabilidade é grande porque uma técnica de adestramento aplicada a um nível *errado* pode ser um esforço desperdiçado ou prejudicial.

O processo de exploração durante o trabalho psicodramático já é uma fase incipiente de adestramento. Gradualmente, de acordo com a necessidade do paciente, os papéis são construídos de modo que ele aprenda a personificar e as situações são criadas para que ele aprenda a ajustar-se-lhes. Para todos os pacientes que sofrem de dificuldades interpessoais, como no caso de Robert, é eficaz a gradual e apropriada interpolação de resistências.

Um outro método de adestramento é o uso de adequados dispositivos de arranque. São importantes para pacientes que não podem realizar facilmente um aquecimento preparatório de uma tarefa ou cujo processo de aquecimento preparatório leva a um padrão distorcido. O paciente catatônico é um exemplo do indivíduo que não é capaz de um aquecimento preparatório de uma tarefa. O gago ilustra o indivíduo que faz um aquecimento preparatório mas para um padrão distorcido.

A Técnica de Aquecimento Preparatório

Os estados espontâneos são gerados por vários dispositivos de arranque. O sujeito coloca o seu corpo e mente em movimento, usando atitudes corporais e imagens mentais que o levam a alcançar esse estado. Dá-se a isto o nome de *processo de aquecimento preparatório (warming up process)*. O processo de aquecimento preparatório pode ser estimulado por agentes corporais de arranque (um complexo processo físico em que as contrações musculares desempenham um papel preponderante), por agentes mentais de arranque (sentimentos e imagens no sujeito que são freqüentemente sugeridos por uma outra pessoa) e por agentes psicoquímicos de arranque (por exemplo, a estimulação artificial pelo álcool).

O processo terapêutico no psicodrama não pode ser entendido sem uma completa consideração das técnicas de aquecimento. Como é sobejamente conhecido em exercícios simples, como correr, nadar ou boxear, a aptidão do atleta para fazer um aquecimento fácil e tranqüilo, em preparação da tarefa desejada, tem muita importância para a sua forma e eficiência. Eu estudei o "fisiodrama" de atletas profissionais, seu comportamento espontâneo durante situações de desempenho, e apuramos que as características psicopatológicas do processo de aquecimento preparatório descrito neste capítulo e em outros estudos (condição de "superaquecimento", condição subdesenvolvida ou rudimentar etc.) também são importantes na cultura física.

No trabalho da espontaneidade e no psicodrama, a psicopatologia do proceso de aquecimento preparatório tem, se possível, uma importância ainda maior do que na cultura física. Todo e qualquer papel, para que seja apropriadamente desempenhado, tem de focalizar e partir de um diferente conjunto de músculos que envolve, durante o exercício, muitos sistemas auxiliares. Toda a vez que é representado um diferente papel, por exemplo, o papel de agressor, o de tímido, o de cauteloso, o de observador, o de ouvinte, o de amante etc., um diferente conjunto de músculos é especialmente acentuado e posto em ação. Muitos papéis, para serem representados, necessitam de dois ou mais indivíduos *complementares*, por exemplo, esposo--esposa ou pai (mãe)-filho.

Através do processo de aquecimento preparatório expressam--se muitos papéis que o indivíduo raramente ou nunca vive em sua rotina cotidiana e que até em seus sonhos e divagações só rara e ligeiramente são aflorados. Um indivíduo, em sua rotina diária, pode estar limitado a um pequeno número de papéis e situações mas as potencialidades de sua personalidade para papéis são praticamente infinitas. Vivemos com apenas uma pequena parcela da extensão de nossa personalidade, cuja maior parte se mantém sem uso nem desenvolvimento. No decurso do tratamento, um paciente pode viver em centenas de papéis e situações.

Eu descobri, quando experimentava com numerosos sujeitos, que *todo o processo de aquecimento preparatório que cobre uma pequena gama da personalidade pode ser absorvido e momentaneamente desfeito por qualquer processo de aquecimento preparatório que tenha uma extensão maior e que inclua, ao mesmo tempo, aquela parte menor.* Vi este princípio em ação com tanta freqüência que me sinto justificado ao considerá-lo uma regra prática. É na base dessa observação que uma significativa técnica terapêutica se desenvolveu.

Pedi a um tímido gago que se lançasse no estado de um agressor mas produzindo, em vez de palavras e frases, combinações livres e sem nexo de vogais e consoantes ("idioma de Joe"). Ele não gaguejou durante esses estados, segundo parece porque no *processo de aquecimento terapêutico foi mobilizada uma extensão da sua personalidade muito maior que no aquecimento patológico para o sintoma.* O ato terapêutico incluiu o aparelho motor da fonação, dominado pelo sintoma. O paciente lançou-se numa discussão com o seu patrão. Na situação real gaguejava imenso na presença de seu superior, reduzindo a gama de suas ações corporais. No palco, gritou a plenos pulmões com o ego auxiliar que representava o seu patrão, sacudindo os punhos fechados diante do rosto dele. Quase não gaguejou e foi extremamente eficaz na representação do papel. No final dessa sessão, parecia estar muito aliviado. Uma análise meticulosa do que acontece ao paciente imediatamente antes e durante a produção de seus sintomas — a gaguez — revelou a participação de muitos elementos na formação do sintoma e no comportamento do paciente, os quais são ditados pela estrutura momentaneamente do papel que ele aceita vagamente, que ele pensa dever representar e que identifica consigo mesmo — o papel de gago em que se lança e afunda cada vez mais, adicionando-lhe sentimentos de ansidade e tensões de toda a sorte. Atua de modo análogo a uma pessoa a quem o psiquiatra diz que se lance à vontade num papel, só que ele "auto-sugere" esse papel a si mesmo.

Um outro paciente, uma mulher de 29 anos, tinha perdido sua voz natural desde os 10 anos. Podia falar com fluência mas o som de sua voz era distorcido. Além disso, por vezes, só conseguia "balbuciar". Quando era criança, todo o mundo costumava elogiar sua bela e cristalina voz. Certo dia, na escola, pediram-lhe que recitasse uma poesia mas ela não conseguiu falar. Tinha perdido a voz. Entretanto, quando lhe pedi que se lançasse no papel de orar mas usando, em vez de palavras, combinações livres de vogais e consoantes sua voz teve uma entonação natural. Foi uma surpresa para ela. Há muitos anos que ela não era capaz de produzir sua voz natural.

Um outro paciente sofria uma sensação de estiramento no lado esquerdo de seu rosto, começando com uma sensação de tensão na área da narina esquerda mas que abrangia, gradualmente, a parte esquerda da boca e o nariz, a pálpebra inferior e o resto da face. Por vezes, mas muito raramente, tinha uma sensação semelhante em parte do lado direito. Essas sensações eram facilmente precipitadas por uma luz que iluminasse a sua face esquerda ou quando uma moça se sentasse do lado esquerdo dele. *Podia livrar-se dessas idéias compulsivas se lançasse seu corpo e sua mente em estados e papéis, especialmente nos estados em que tivesse o papel de um agressor.* Quando podia gritar e dar ordens em voz alta, como no papel de vendedor de jornais ou de chefe de empresa, uma extensão mais vasta da sua personalidade era lançada no processo de aquecimento preparatório do papel e o aparelho muscular da sua face esquerda, que ele utilizara na produção do sintoma, também era incluído e usado na representação do papel. Assim, as contrações obsessivas eram envolvidas e absorvidas por esse processo. Depois desses exercícios espontâneos, os sintomas desapareciam inteiramente por muitas horas e, às vezes, durante dias. Essa experiência teve um excelente efeito terapêutico sobre o paciente e começamos então comparando o processo espontâneo de aquecimento preparatório de um papel com o processo espontâneo de aquecimento preparatório dos sintomas. Quanto mais atentamente esse processo foi analisado, mais se evidenciou que os sintomas não "aparecem", pura e simplesmente, mas são "produzidos" pelo paciente de um modo semelhante ao de qualquer outro papel espontâneo. Ele atuava no papel de um homem que sente estar sendo criticamente observado por alguém, ou que poderia estar sendo assim observado, porque uma luz ilumina a sua face e esta parece ou pode parecer disforme e feia a essa pessoa. Essa pessoa pode ser ele mesmo ou alguma outra a quem deseja causar uma boa impressão. Gradualmente, faz um aquecimento preparatório desse estado e quanto mais penetra nele — como em qualquer outro estado espontâneo — vai adicionando muitos outros sintomas que se ajustam ao papel, sensações de ansiedade, repulsa de si mesmo ou desespero com a idéia de que nunca ficará bem. Cada novo passo no papel estimula novas associações na direção do papel neurótico, e quanto mais avança nele mais difícil lhe é voltar a sair. Logo que o paciente se apercebeu de que o papel neurótico não "vem" mas de que ele o produz e pode sustar o seu progresso a qualquer momento, mediante simples elaborações espontâneas, o seu estado começou a melhorar.

Durante o estudo da produção momentânea de sintomas, destacou-se um fator: a rapidez do aquecimento preparatório e a rápida oscilação de associações e eventos no decurso dos estados espontâneos. Isto confirma o que eu apurei há muitos anos, durante meus experimentos com estados espontâneos. Os estados espontâneos são de curta duração, extremamente ricos de eventos, por vezes saturados de inspirações. Defini-os como *bits* de tempo, as menores unidades de tempo. É a forma de tempo que realmente é *vivido* por um indivíduo, não apenas percebido ou construído. É metodologicamente útil distingui-la de outras formas, como o *tempo espontâneo.* O tempo espontâneo pode ser considerado a estrutura primária do tempo que está subjacente em todos os seus conceitos, como os de tempo astronômico, tempo biológico (e a *durée* de Bergson), tempo psicológico (por exemplo, a história de um indivíduo). A alta freqüência de eventos durante as unidades espontâneas de tempo, a saturação com atos e intenções, podem ser responsáveis por essa peculiar sensação limiar de que eles "vêm" de alguma parte, de uma fonte metapsicológica, enfim, de um "inconsciente". Teríamos alguma vez chegado ao conceito de Inconsciente se o fluxo do tempo subjetivo fosse igualmente uniforme, de igual intensidade e duração em cada um dos seus momentos? Segundo parece, foi a freqüência demasiado alta e demasiado baixa dos estados espontâneos que provocou a questão. Penso que podemos esperar de sua análise uma melhor compreensão dos problemas metapsicológicos.

Tele e Transferência

O procedimento projeta alguma luz sobre a distinção entre transferência e tele-relação. Transcrevemos a seguir o autor do conceito de transferência, o Professor Freud:

"Uma transferência de sentimentos para a personalidade do médico... estava preparada no paciente e foi transferida para o médico na ocasião do tratamento analítico. (1, pág. 475)... Na medida em que a sua transferência é positiva, investe o médico de autoridade e produz fé em sua comunicação e interpretações. (1, pág. 477)... Os seus sentimentos não se originam na situação presente e não são merecidos, realmente, pela personalidade do médico, mas repetem o que lhe aconteceu numa ocasião anterior de sua vida. (1, pág. 477)."

Este conceito de transferência desenvolveu-se gradualmente a partir do hipnotismo e sugestão. Mesmer e os hipnotizadores dos velhos tempos pensaram que algum fluido corria do psiquiatra para o paciente e o punha em estado hipnótico. Mais tarde, quando Bernheim demonstrou que um paciente pode colocar-se em transe hipnótico através da auto-sugestão, a conclusão a que se chegou então foi que tudo o que importava era a mente do próprio paciente. Ele é o hipnotizador e o hipnotizado numa só pessoa. Assim, a personalidade do hipnotizador de fora ou do psiquiatra pareceu ser coisa de somenos. A psicanálise estudou a situação ainda mais a fundo e demonstrou ser o paciente quem, ao identificar o psiquiatra com certos produtos de sua própria fantasia, *projeta* as emoções no psiquiatra. O psicanalista, conhecedor desse processo mental no paciente, faz dele a base do tratamento. A espontaneidade e o trabalho psicodramático obrigaram-nos a formular uma concepção ainda mais clara e mais ampla da relação médico-paciente. Na situação psicanalítica há só um que transfere, positiva ou negativamente: o paciente. Só existe um pólo. O psiquiatra é considerado um agente objetivo, pelo menos durante o tratamento, livre de implicações emocionais próprias, meramente presente para analisar o material que o paciente lhe expõe. Mas isto é só na aparência. Talvez porque somente o paciente é analisado. O psiquiatra e médico, equipado com um conhecimento superior, foi colocado no primeiro plano e sua personalidade privada e constituição individual, subjacentes em seu papel, foram negligenciadas.

Isto pode ser percebido em qualquer prática regular de consultório. O psiquiatra é mais atraído para um paciente que para outro e o êxito de seu tratamento é misteriosamente desigual. Tem êxito com um paciente com quem outro psiquiatra fracassou, e fracassa com um paciente com quem outro psiquiatra obtém um êxito fácil. Tais observações casuais são fortemente reforçadas no decurso do trabalho psicodramático. No psicodrama, todos os participantes são partes da análise. Observamos, durante o trabalho, que o psiquiatra, tal como o paciente, sofre ocasionalmente de transferência para o paciente. Os processos mentais de sua própria psique, relacionados com o paciente, têm um efeito definido em sua conduta, durante o trabalho psicodramático. As sugestões que ele faz ao paciente, o papel em que atua, a interpretação analítica que oferece, influenciam o resultado do tratamento. Por outras palavras, voltamos parcialmente à posição do hipnotizador e do psiquiatra pré-analítico. O psiquiatra também projeta suas próprias fantasias no paciente. A transferência desenvolve-se em ambos os pólos. *Não só a tele mas também a transferência é interpessoal.* O psiquiatra não é uma exceção à regra. A análise deveria ser efetuada a partir de ambos os extremos da linha. Os psicanalistas pressentiram esse problema e tentaram libertar o futuro praticante de psicanálise de suas próprias dificuldades pessoais, através de uma análise didática. Mas o processo acima descrito

QUADRO IV

DIAGRAMA DE DUAS CONCEPÇÕES DE TRANSFERÊNCIA

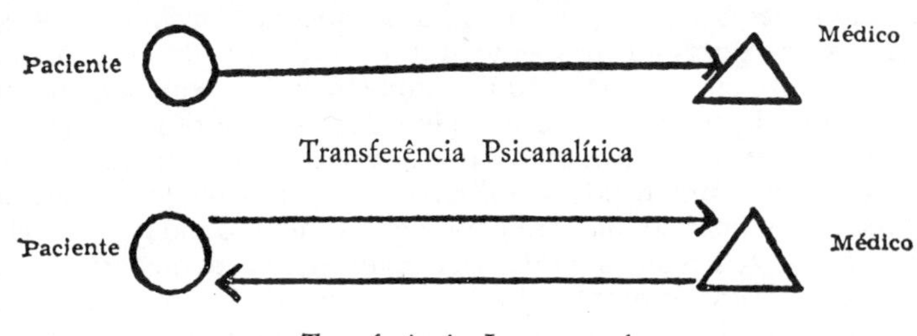

Transferência Interpessoal

PROJEÇÃO E CONTRAPROJEÇÃO DE TRANSFERÊNCIA

dificilmente pode desaparecer, mesmo depois de uma tal preparação. O futuro psicanalista poderá emancipar-se da transferência, em relação àquele psiquiatra que o analisou. Mas isso não significa que tenha se libertado da transferência, no que diz respeito a qualquer novo indivíduo que possa conhecer no futuro. Teria de estar revestido da armadura de um santo. A sua armadura poderá abrir brechas toda a vez que se lhe apresenta um novo paciente e a espécie de complexos que o paciente lhe atire ao rosto poderá causar uma grande diferença em sua conduta. Todo o novo paciente produz uma relação espontânea com o psiquiatra e nenhuma análise didática, levada a efeito num dado momento, pode prever e neutralizar todas as dificuldades emocionais que surgem de improviso. Na minha opinião, a auto-análise do psiquiatra não constitui uma suficiente garantia nesse processo. Portanto, a primeira recomendação que fizemos, nos primeiros dias do psicodrama, foi que o psiquiatra que participa no procedimento — tal como o paciente — tem de ser analisado por *outros* durante o tratamento.

Um estudo e análise subseqüente de um numeroso grupo de indivíduos normais e anormais mostrou que a transferência desempenha um papel definido mas *limitado* nas relações interpessoais. Os indivíduos normais mostram afinidades seletivas a respeito de algumas pessoas, e algumas pessoas podem, por sua vez, manifestar afinidades seletivas a respeito deles. Em cada tipo de situação social, no amor, no trabalho e nas situações lúdicas, essa preferência por um outro indivíduo ou a preferência do outro indivíduo por ele não se deve, pelo menos na grande maioria dos casos, a uma transferência simbólica, não tem motivações neuróticas, porquanto *é devida a certas realidades que essa outra pessoa consubstancia e representa.* Mesmo quando a afinidade não é mútua, se a afinidade é unilateral, na medida em que um indivíduo é atraído para uma *realidade* nessa outra pessoa, o fator que dá forma à relação interpessoal deve ser um novo fator, diferente do mecanismo de transferência, a menos que ampliemos inadequadamente o significado desse conceito para além do seu significado original. Um complexo de sentimentos que atrai uma pessoa para uma outra e que é provocado pelos atributos *reais* da outra pessoa — atributos individuais ou coletivos — tem o nome de *tele-relação.* A tele-relação pode esclarecer o que é misterioso no psiquiatra. Um psiquiatra pode estar relativamente isento de transferência mas nunca está livre do processo tele. Talvez seja naturalmente atraído ou repelido ou indiferente, em relação a certos pacientes, em virtude de seus atributos individuais reais, e o mesmo vale para os pacientes. Portanto, talvez se deva ao fator tele que ele tenha êxito com alguns pacientes e seja mal sucedido com outros. Assim, a nossa segunda recomendação é que o paciente seja cuidadosamente *referido a um* psiquiatra ou assistente, que nem todo o psiquiatra é adequado para qualquer paciente, que existem claras limitações tele. A tele-relação é um fator universal que opera em situações normais e anormais.

O átomo social de um indivíduo é visto como algo que consiste num entrelaçamento de afinidades entre ele e um certo número de indivíduos e coisas, em numerosos níveis de preferência. O meio social em que o indivíduo funciona pode estar — e na maioria das vezes está — em profunda discordância com a sua estrutura sócio-atômica. O átomo social é usado como guia para as técnicas de atribuição de pessoa-a-pessoa e de pessoa-a-coisa. Quando o indivíduo se acerca de certas pessoas e coisas e se afasta de outras pessoas e coisas, tem lugar uma profunda experiência nos sujeitos participantes. É o ponto em que a tele se converte em terapia. Quanto maior for o número de participantes, mais demonstrativa é a comoção. A experiência é essencialmente a mesma, quer 28 alunas da *Hudson School Community* encontrem à mesa, sentadas ao lado delas na hora do jantar, as moças que haviam escolhido, ou 135 colonos, ao transferir-se para uma nova comunidade, encontrem amigos comuns como seus vizinhos. "É como começar uma vida nova" — "Sou agora tão feliz" — e expressões semelhantes são ouvidas, indicando sentimentos que o símbolo verbal não pode representar adequadamente no processo. O fato de uma afinidade possuir uma estrutura extraverbal não significa, necessariamente, que se trate de remanescentes de um nível infantil de desenvolvimento. Significa, meramente, que existem numerosos complexos emocionais para os quais a linguagem é um veículo medíocre.

Quando um paciente é atraído para um psiquiatra, dois processos podem ter lugar naquele. Um processo é o desenvolvimento de fantasias (inconscientes) que o paciente projeta no psiquiatra, cercando-o de um certo fascínio. Ao mesmo tempo, um outro processo ocorre nele — aquela parte do seu ego que não é arrebatada pela auto-sugestão sente-se dentro do médico. Apodera-se do homem que está do outro lado da escrivaninha e avalia, intuitivamente, que espécie de homem ele é. Esses sentimentos e percepções das realidades desse homem, físicas, mentais ou outras, parcialmente baseados em informações, são tele-relações. Se o homem do outro lado da escrivaninha, por exemplo, é uma pessoa sensata e amável, um caráter forte e a autoridade em sua profissão que o paciente crê que ele é, então a sua apreciação a respeito dele não é transferência mas uma introvisão adquirida através do processo tele. É uma introvisão sobre a natureza real da personalidade do psiquiatra. Podemos ir ainda mais longe. Se, durante o primeiro encontro com o paciente, o psiquiatra *tem* o sentimento de sua superioridade e de uma certa divinização de seu papel, e se o paciente sente isso através dos gestos e da maneira de falar do médico, então o paciente não é atraído para um processo fictício mas para um processo psicológico real que se desenrola no médico. Portanto, o que à primeira vista poderá ter parecido uma transferência, por parte do paciente, é, na verdade, uma projeção tele. O paciente talvez possua razões subjetivas para crer que o médico tem direito a esse poderoso sentimento que ele alimenta a seu respeito. Quanto melhor for o homem, maiores as suas probabilidades de ser curado por ele.

Um processo semelhante ocorre entre dois amantes. Se a moça projeta naquele que ama a idéia de que ele é um herói ou de que é um excelente espírito, isso talvez não seja, em absoluto, uma construção fictícia mas a experiência do papel que o homem desempenha em relação a ela, o papel do grande amoroso, do homem que vai realizar grandes coisas. Ela é atraída para as realidades da estrutura momentânea dentro dele, o homem à sua frente. Mesmo que, no começo, ela tivesse imagens dele que não eram fundamentadas, quanto melhor estiver familiarizada com ele, mais a transferência se dissipará, dando lugar ao processo tele. Este não é, necessariamente, menos fantástico ou menos romântico que a transferência. O romance baseia-se em realidades interpessoais. A relação tele que ela teve desde o princípio com a configuração da mente dele, com o ritmo do seu corpo, a cor de seu cabelo e de seus olhos, a sua posição social etc., afirma-se cada vez mais e estabelece entre eles um vínculo real. A transferência é um processo estritamente subjetivo do paciente ou de qualquer outra pessoa particular, enquanto que o processo tele é um sistema *objetivo* de relações interpessoais. Além do fator *e* (espontaneidade), é o fator tele que atua na cura e não a transferência. A transferência é o fator que a estorva.

Parece existirem principalmente duas razões pelas quais o conceito de transferência é utilizado de um modo acrítico: I. Os psicanalistas não consideram suficientemente a estrutura psicológica momentânea de um indivíduo, tal como surge espontaneamente e se desenvolve no decurso do tratamento. Estão demasiado fascinados pela idéia de que o sentimento do paciente em relação ao psiquiatra é um resíduo emocional de recordações do passado (4, pp. 3-6), por exemplo, de um complexo de *Édipo*. II. A abordagem da psicanálise estava plenamente justificada quando apareceu, há cerca de quatro décadas. Desde então, a situação da psicologia como ciência mudou muito. Na medida em que a psicoterapia era realizada por uma só pessoa, era muito possível considerar a transferência, segundo as suas aparências, uma projeção não objetiva de um paciente sobre o seu médico. Mas logo que a terapia interpessoal começou a estudar as interações psíquicas de muitas pessoas, foi se tornando mais claro, pouco a pouco, que o mesmo processo de transferência era, em muitos aspectos, uma expressão da elaboração onírica, já não do paciente mas do psiquiatra.

A relação tele pode ser considerada o processo interpessoal geral de que a transferência é uma excrescência psicopatológica especial. Por conseguinte, subjacente em todo e qualquer processo de transferência projetada por um paciente há também complexas relações tele. Muitos fatores que são atribuídos, de um modo acrítico, à transferência são verdadeiras projeções tele. Enquanto a transferência for o único ponto de partida do tratamento psicoterapêutico, o caráter pessoal do psiquiatra não tem importância alguma. É suficiente que ele esteja bem analisado e seja altamente capacitado em sua especialidade. Mas como o processo terapêutico tele tem de ser reconhecido como um novo e importante ponto de partida para o tratamento, a situação forçosamente mudou. A outra personalidade tornou-se muito importante e, com ela, em grau variável, todas as outras personalidades do átomo social do paciente. A estrutura tele sugere, pois, uma atribuição adequada de uma pessoa a uma outra pessoa ou a um grupo, a fim de obter a maior vantagem terapêutica. As técnicas do ego auxiliar, as técnicas de atribuição, o psicodrama, abrem novos caminhos à psicoterapia, especialmente para o bebê, a criança, o adolescente, o débil mental, o maníaco-depressivo e o esquizofrênico.

Tratamento Intermediário (In Situ) de um Triângulo Matrimonial

Introdução

Esta subseção apresenta uma forma ativa de psicoterapia em que os problemas pessoais e interpessoais dos pacientes ou sujeitos podem ser tratados ao mesmo tempo. O conceito e as técnicas do *ego auxiliar* são aqui reafirmados. Verifica-se amiúde que o ego *primário*, o paciente ou cliente, é incapaz de resolver um conflito que se desenvolveu entre ele e *outras* pessoas, o pai ou a mãe, um cônjuge, um patrão etc. Necessita de ajuda. O ego auxiliar é um agente terapêutico que proporciona a ajuda de que ele precisa. Nesta forma de terapia, o ego auxiliar tem duas funções: (a) ser uma extensão do ego primário: identifica-se com ele e representa-o perante os outros; (b) ser um representante da outra pessoa, a *ausente*, até que os dois egos primários estejam preparados para encontrar-se. O método é exemplificado por um caso de perturbação interpessoal entre três pessoas — uma neurose triangular. A função do ego auxiliar consiste em proporcionar o arranque a cada membro da tríade. Para tanto, deve-se conhecer em que nível eles são espontâneos. O fluxo espontâneo da relação pode ser perturbado não só dentro mas também entre pessoas, e as três pessoas que formam a neurose não são capazes de exteriorizar eficazmente os seus problemas. Introduz-se então entre elas o ego auxiliar, preparando umas para as outras. Este método tem um campo de aplicação ilimitado no tratamento de problemas sociais. No tratamento de doentes mentais, rompe o isolamento do consultório psiquiátrico ou psicanalítico. O psiquiatra, com freqüência — por causa de difíceis tele-relações — é um mau agente terapêutico para o paciente à sua frente. Deveria tentar, então, o tratamento *intermediário* do paciente, através de um ego auxiliar, um parente, um amigo ou enfermeira.

Neurose Interpessoal e Triangular

Um caso simples que ilustra a nova abordagem é um problema matrimonial que tive de tratar há alguns anos. Uma mulher, casada há vinte anos, queixou-se da diminuição de afeto de seu marido, que havia iniciado relações com uma outra mulher. Ela sofria de ataques histéricos, idéias de suicídio e amnésia. Embora desejasse veementemente reconquistar o marido, perseguia-o, assim como à outra mulher. Desaparecia, por vezes, mas acabava sempre por voltar a casa.

Após a primeira consulta, evidenciou-se que a maior parte do problema ficaria resolvida se o marido renunciasse à outra mulher e se conduzisse com a esposa como fizera em anos anteriores. Apercebi-me de que era impossível fazer com que ela se resignasse e entendesse que tinha de renunciar ao seu companheiro de tantos anos, seu sustento e o pai de seus filhos. Não queria *ajustar-se* a uma situação que não podia suportar; o que queria era a *restauração* de uma situação com que se identificara e com a qual fora identificada por todos os que conhecera desde sua saída da casa paterna, quando mocinha: a situação de esposa desse homem.

Empreendi o *tratamento* dessa relação interpessoal em sessões regulares mas com uma nova perspectiva. Em vez de tratá-la a ela com exclusão dos demais, procurei tratar sistematicamente todos os indivíduos essenciais na sua situação. Encontrei-a isolada e rejeitada. O seu ego era fraco. Não queria que eu fosse objetivo, que a analisasse do ponto de vista do seu marido ou da outra mulher. Queria que eu compartilhasse do ponto de vista dela, que sentisse como ela e assumisse um papel ativo na restauração de sua situação vital anterior. Queria que me identificasse com ela. Experimentou um grande alívio e consolo quando descobriu que eu, a quem supunha dotado de uma força superior, ajudá-la-ia a conseguir o seu objetivo. Decidi-me a desempenhar o papel de que ela necessitava, sincera e fielmente. Eu, o médico, converti-me em seu ego auxiliar. Abandonara, em certa medida, pelo menos, a objetividade analítica de um psiquiatra e conselheiro. Tornei-me tão unilateral e mentalmente bitolado quanto ela, às vezes menos, outras vezes mais. A vantagem terapêutica do ego auxiliar consistia, neste caso, num íntimo intercâmbio de associações, sentimentos e idéias, vivenciando um projeto aventuroso, culminando tudo num plano para devolver-lhe o marido. Um ego auxiliar tem de estar *convencido* de que o paciente tem razão. Não basta que *desempenhe* a sua parte, tem de concordar e acreditar que o paciente está subjetivamente certo e isto é possível porque todo e qualquer ego, em sua própria perspectiva, está sempre com a razão. O médico deve estar apto a identificar-se com o paciente *sem fazer batota. Vivenciar a subjetividade do paciente e identificar-se com todas as suas expressões, na medida em que permitam as limitações orgânicas, é a primeira função do ego auxiliar.*

A paciente pediu-me, depois de algumas sessões, para ver o marido e tentar convencê-lo de que deveria abandonar a outra mulher e voltar para ela. A sugestão partiu dela. Eu não lha sugeri. Durante o tratamento, o ego auxiliar é "auxiliar" para o ego do paciente. As "deixas" terapêuticas têm que provir do paciente. O meu encontro com o marido, um banqueiro, foi a sós. Ainda estava compartilhando do apartamento com a esposa. Admitiu a sua relação amorosa e que não era feliz com sua mulher. Queixou-se de incapacidade para trabalhar e disse que, em virtude desse conflito, já tentara pôr fim à vida. Achava que sua morte seria a melhor solução. Por causa de sua desdita, sentia-se inferior em sua capacidade de trabalho e temia que, em conseqüência disso, acabasse perdendo a sua elevada posição. Atemorizava-o pensar em todas as pessoas que sofreriam se tal evento ocorresse, dado que tanta gente dependia da sua capacidade para ganhar dinheiro.

Expliquei-lhe a situação de sua esposa. A minha técnica consistiu numa apresentação tão exata quanto possível dos sentimentos e decepções que sua esposa experimentara no decorrer dos anos — subjetivamente certo e, portanto, unilateral e intransigente — alongando-me depois a respeito de certas sugestões que ela apenas indicara. Não procedi como um advogado que procura influenciar um antagonista em benefício do seu cliente, nem como um cientista de laboratório que apresenta as suas conclusões de um modo tão objetivo e abrangente quanto possível; conduzi-me, antes, como um poeta que se introduz, com seus sentimentos e sua fantasia, na *dramatis persona* do seu herói, que neste caso era uma heroína, a Sra. A. A minha apresentação causou nele uma visível impressão, por dois motivos. Por um lado, o que eu lhe disse continha muitas novidades sobre a sua esposa. Ela raramente falava com o marido e, quando o fazia, era em momentos de comum excitação e cólera. Ele tinha recordações distorcidas desses momentos ou não os recordava em absoluto. *No decurso da sessão, dediquei-me a ajudar a sua memória a recordar, peça por peça, as coisas que ele havia esquecido, as coisas que a esposa fizera por ele, palavras que ela lhe dissera e promessas que, em resposta, ele lhe fizera.* Esta técnica deveria ser de particular interesse para o psicanalista centrado no cliente, o qual chega, freqüentemente, a um ponto morto no curso do tratamento.

Impressionou-o que uma outra pessoa que não ela conhecesse e descrevesse as experiências mentais de sua mulher, na medida em que se relacionavam com ele. Após uma pausa, prguntou-me se eu pensava que ela estava mentalmente doente. Respondi-lhe que a esposa pensava o mesmo dele. Mas quer fosse esse o caso ou não, discutir isso estava fora de minha função. Dei-lhe a entender que não faria um tal diagnóstico para ele, de modo que pudesse descartar sua culpa com o gesto de "Minha mulher está mentalmente doente". A minha função, expliquei-lhe, não era analisar sua esposa e desvendar as causas de suas dificuldades mentais, de modo que ela pudesse encontrar algum ajustamento por si mesma. A minha função tampouco consistia em observá-la cuidadosamente e formular um diagnóstico de seus problemas de personalidade para transmiti-lo a ele. Pelo contrário, a minha função era, primordialmente, apresentar-lhe a ele, ou a qualquer outra pessoa que ela indicasse, a sua situação psicológica real, depois de ter alcançado a maior identificação possível com os seus sentimentos.

Quando ele apresentou vários problemas que eu não pude responder corretamente, voltei a uma nova sessão com a Sra. A. Como estava continuamente querendo saber mais sobre o que o marido pensava e sentia a respeito dela, ou sobre esta ou aquela situação, *a minha técnica consistiu em sessões alternadas com o marido e a mulher, levando sempre a cada uma das partes um relato preciso e subjetivista do que tinham a dizer a respeito um do outro.* Quanto mais avancei no trabalho, mais me apercebi de que não estava tratando uma pessoa ou outra mas uma relação "interpessoal", ou aquilo a que poderíamos chamar uma "neurose interpessoal". É errado chamar "interpessoal" à relação entre o psiquiatra ou analista e o paciente; por certo não é um *tratamento* interpessoal, dado que só *uma* pessoa é tratada — o paciente. A relação entre psicanalista e paciente consiste em projeções do paciente para o analista e de projeções deste para aquele. Estas duas projeções talvez nunca se encontrem e fundam num só fluxo de sentimento — numa relação interpessoal.

O trabalho pareceu revolucionar todos os conceitos habituais de tratamento psiquiátrico. Reconheci que numa neurose verdadeiramente interpessoal, a neurose só existe na medida em que entre duas pessoas há um fluxo de emoções antagônicas. No nosso caso, o Sr. e a Sra. A podem ser ou não indivíduos neuróticos. A sua neurose interpessoal coexiste e é um *status* adicional. É metodologicamente aconselhável estudá-la como uma unidade especial. Se o Sr. A pudesse ajustar-se às necessidades e aspirações da Sra. A, ela obteria o equilíbrio interpessoal de que gozava antes do aparecimento do conflito atual. Esse equilíbrio interpessoal entre ela e o Sr. A seria restabelecido, independentemente de quaisquer dificuldades pessoais, neuróticas ou de outro tipo, que ela continuasse tendo. O Sr. A, por seu turno, obteria o seu equilíbrio interpessoal ou os seus indícios neuróticos interpessoais dissipar-se-iam gradualmente se a Sr. A deixasse de persegui-lo com seus ciúmes, seus apelos à compaixão e a situações e obrigações do passado, se ela o libertasse da relação atual, de modo que ele pudesse manter abertamente sua ligação com a outra mulher e desposá-la. É claro que as dificuldades pessoais que ele pudesse ter continuariam se expressando, mesmo depois dessa neurose interpessoal ser resolvida.

No caso do Sr. e da Sra. A, a técnica do ego auxiliar chegou a um momento crítico. Assim como apresentei ao marido os sentimentos ocultos da Sra. A a respeito dele, e restabeleci, pouco a pouco, a sua recordação de cenas passadas que tinham vivido juntos, e a respeito da atual situação dela, também levei à Sra. A as informações que obtivera dele, as quais a ajudaram a reviver certos momentos vividos em comum, e a situação atual dele. Uma dificuldade se desenvolveu gradualmente. Por vezes, o marido tentou violentamente ganhar-me para a sua causa, converter-me, por assim dizer, em *seu* ego auxiliar exclusivo. Esperava, assim, que a esposa me perdesse nessa condição e que talvez pudesse conseguir a minha ajuda para libertá-lo dela. Por seu lado, a Sra. A contraíra o temor de perder-me, de que o marido fosse capaz de influenciar-me. "Ele sabe como fazer a gente gostar dele", disse-me ela, "e talvez o senhor aprenda a gostar mais dele do que de mim". Quis então que eu deixasse de vê-lo por algum tempo.

Antes de continuar descrevendo este caso, é necessário fazer algumas observações sobre a técnica do ego auxiliar. Primeiro, tem de se compreender que o processo de identificação ativa do ego auxiliar com o ego primário (o sujeito) nunca é completo. Tem limitações tanto orgânicas como psicológicas. A Sra. A queixava-se freqüentemente de que eu não informava com exatidão o seu marido sobre determinada cena que se repete todos os dias em sua casa, de que eu tinha desvirtuado o seu verdadeiro significado. É evidente que eu intercalava amiúde alguns elementos do meu próprio ego na informação, oriundos daquela parte do meu ego que ainda não estava apta a dissolver-se no dela. Uma ou duas vezes tive uma experiência semelhante a respeito do que dissera a ela. Além da equação pessoal que pode interferir, também entraram aí em jogo fatores tele. Nem mesmo a melhor técnica do ego auxiliar pode operar satisfatoriamente se o ego auxiliar e o ego do paciente não se harmonizam.

Um outro ponto na técnica é que tem de ser construída de modo diferente em cada relação interpessoal. Quando a neurose interpessoal não é complicada por uma terceira pessoa, o procedimento é simples. Trata-se em sessões alternadas as duas pessoas vinculadas entre si, até que se obtém o equilíbrio da relação. Mas no caso da Sra. A, o problema transcendia duas pessoas. Quando se chegou a um impasse entre o marido e a mulher, ela quis que eu entrasse em contato com a outra mulher. Talvez fosse possível persuadi-la a abandonar o seu marido.

A Sra. K, uma viúva, chorou quando veio à entrevista. Disse temer que pudessem resultar alguns danos para ela ou sua família. Durante os últimos dois anos, ela retirara-se cada vez mais e era raro ir a festas, como costumava fazer, por causa do que as pessoas poderiam dizer dela, certo ou errado — medo das "fofocas". Raramente via o Sr. A. As cartas eram quase o único contato entre eles. Receava encontrá-lo, porque seus pais se opunham firmemente a toda e qualquer relação possível entre eles. Tinha-se encontrado com a Sra. A poucas vezes. Em duas sessões, respondi às suas perguntas, ofereci-lhe uma descrição da situação da Sra. A, assim como a do Sr. A; recordei-lhe certas cenas que tivera com aquela e também com o Sr. A, e assinalei as incongruências em suas respectivas informações de cenas semelhantes, que tentei esclarecer. Quando voltei a ver a Sra. A, reproduzi os sentimentos da Sra. K em relação a ela e ao seu marido; e quando voltei a ver o Sr. A reproduzi-lhe os sentimentos de ambas em relação a ele. A Sra. A insistiu em que essa relação não era amor, que era possível interrompê-la. Essa mulher, simplesmente, tinha enfeitiçado o seu marido. O Sr. A só a queria a ela, à Sra. A, não importa o que ele e a Sra. K dissessem. O que acontecia era que o seu marido estava sob o feitiço dessa mulher.

Todo o processo de tratamento fora detido. Havia três pessoas, cada uma delas decidida a persistir em sua posição. A Sra. A amava o Sr. A; ele não gostava dela, por seu turno, mas amava a Sra. K, que lhe correspondia com seu amor. Uma análise subseqüente mostrou que a relação era ainda mais complexa. A Sra. A só amava o Sr. A em alguns papéis; detestava-o em outros. Amava-o como o único companheiro sexual que tivera em toda a sua vida. Amava-o como pai de seus filhos e chefe da família, de quem era o sustento. A posição da Sra. A na comunidade baseara-se nisso durante anos; todas as pessoas que a conheciam e conheciam seu marido consideravam-na nessa posição. Ela fixara-se rigidamente nessa posição dentro do grupo. Não queria que fosse alterada. Achava que ele lhe pertencia legitimamente, que era sua propriedade. Mas, em alguns aspectos, mostrava-se indiferente ao marido, no tocante ao trabalho dele e às suas relações profissionais. Odiava-o por amar a Sra. K. Roubava-lhe algum do tempo e dinheiro que só a ela pertencia legitimamente. Desagradava-lhe também o fato dele mostrar menos afeição por seus filhos. Isto significava, por um lado, uma "perda" de prestígio. Por outro lado, ela pensava que o marido gostava menos dos filhos pelo fato de gostar menos dela; e temia que ele desejasse ter filhos da outra mulher, a nova mulher a quem amava. Ela tinha cinco filhos; um rapaz que estava do lado do pai e outros quatro que estavam do lado da mãe. O Sr. A, por seu turno, não gostava da Sra. A como companheira sexual e tampouco como cabeça de uma família que se bandeara contra ele, como se fosse um inimigo. Isto ilustra até que ponto é complexa a relação tele[61] entre duas pessoas com o Sr. e a Sra. A. Não é positiva nem negativa. Em alguns aspectos é positiva, em alguns negativa e em alguns outros está dividida. A tele-relação do triângulo entre o Sr. A, a Sra. K e a Sra. A era analogamente complicada. O sistema total de interação produziu um quadro clínico que podemos muito bem designar como uma "neurose triangular".

Quando reatei o tratamento, tornei-me ego auxiliar de cada membro do triângulo. (Ver Quadro I.) *O efeito do tratamento foi, primeiro, que cada parceiro teve uma imagem completa dos*

---

61. Tele é definida como um processo emotivo projetado no espaço e no tempo, em que podem participar uma, duas ou mais pessoas. É uma experiência de algum fator real na outra pessoa e não uma ficção subjetiva. É, outrossim, uma experiência interpessoal e não o sentimento ou emoção de uma só pessoa. Constitui a base emocional da intuição e da introvisão. Surge dos contatos de pessoa-a-pessoa e de pessoa-a-objeto, desde o nível do nascimento em diante, e desenvolve gradualmente o sentido das relações interpessoais. O processo tele é considerado, portanto, o principal fator para determinar-se a posição de um indivíduo no grupo.

demais parceiros; segundo, uma imagem completa de sua relação interpessoal e, finalmente, a percepção da lógica orgânica das afinidades que produziram o triângulo. A dinâmica do tratamento gerou espontaneamente uma solução para a neurose triangular. O Sr. e a Sra. A separaram-se de mútuo acordo e ele casou com a Sra. K.

QUADRO I

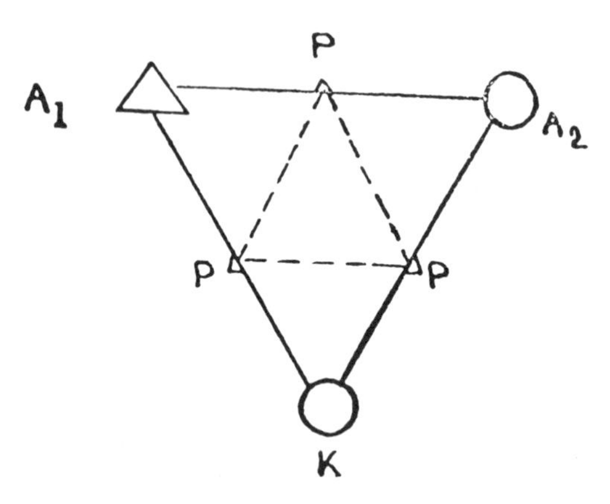

A1 — Marido
A2 — Esposa

K — A outra mulher
P — Psiquiatra

Diagrama da função do psiquiatra como ego auxiliar. A1, A2 e K são três pacientes. As linhas contínuas representam as relações interpessoais das três pessoas. P é sempre o mesmo psiquiatra, neste caso, atuando primeiro como ego auxiliar entre A2 e A1, A2 e K, A1 e A2, A1 e K, K e A1 e K e A2. No desempenho dessa função, é obtida uma catarse geral para as inter-relações.

A Função do Ego Auxiliar nas Relações Interpessoais

A situação pessoal do ego auxiliar tem de ser diferençada da sua função. Por muito que tenha se convertido em auxiliar, por mais profundamente que se aproxime do ideal de unificação, a unidade nunca é completa, em virtude de limitações orgânicas e psicológicas. O grau de limitações orgânicas e psicológicas varia. *A mãe é um ego auxiliar ideal do bebê de quem está grávida.* Ainda o é depois de nascer a criança a quem ela alimenta e de quem cuida mas o distanciamento orgânico e psicológico manifesta-se cada vez mais, depois que o bebê nasceu. A mãe é um exemplo de ego auxiliar instintivo. Ou o ego auxiliar inclui a pessoa que é ajudada — inclusão do débil ego infantil no ego materno — ou é ele mesmo incluído. Neste último caso, o ego auxiliar é débil e a pessoa ajudada é forte. Esta relação é freqüentemente forçada, como na relação entre amo e servo, e tem a marca da exploração.

O ego auxiliar pode tirar bom proveito do distanciamento entre si mesmo e a pessoa a ser ajudada. Como somente uma parte do seu ego é empenhada no processo de unificação, *uma outra parte dele está livre para atuar no interesse da outra pessoa, mais além do que pode fazer por si mesma.* No caso de um psiquiatra, se ele fosse um verdadeiro "duplo" do paciente, a sua contribuição seria de pouco valor. Com a parte descompromissada do seu ego, por exemplo, quando vai da Sra. A ao seu marido, pode apresentar a situação daquela de um modo mais integrado e completo, sem se ver alvo da ira do Sr. A, como o seria da Sra. A. Por conseguinte, a função do ego auxiliar é conseguir a unidade com uma pessoa, absorver os desejos e necessidades do paciente, e agir em seu benefício sem poder, entretanto, identificar-se com ele.

Outra forma do ego auxiliar é o caso da relação líder-grupo. A verdadeira liderança atua como um ego auxiliar. Um bom exemplo ilustrativo é o líder religioso. Concentra-se num punhado de indivíduos. Move-se de um indivíduo a outro e é auxiliar para cada um deles até ser alcançado o grau de identidade necessária — e até, por meio da sua função auxiliar, cada indivíduo do grupo ter desenvolvido a identidade com todos os demais membros. Na medida em que obteve a unidade com cada um deles separadamente e se assegurou de que eles se converteram em auxiliares uns dos outros, é um verdadeiro líder. Quanto maior for o grupo, mais difícil se torna ser um ego auxiliar de cada membro, diretamente. Judas é um exemplo de um membro que, por uma razão ou outra, permaneceu inacessível e não-assimilado por Jesus. O seu isolamento redundou em conflito.

Quanto mais vasta for a cadeia de indivíduos cujo equilíbrio de inter-relação está perturbado, mais difícil se torna a tarefa do psiquiatra a quem eles empregaram para tratamento. No caso da Sra. A, três pessoas estavam envolvidas. O fluxo polêmico era quase inteiramente entre as três pessoas. A cadeia de influência pessoal exterior que corria até cada uma delas — as redes psicológicas — tinha pouca significação. A sua catarse inter-relacional foi conseguida sem incluir essas redes no tratamento. Em alguns casos, porém, a sensibilidade do paciente para o fluxo polêmico da tele, através das pessoas das redes, é grande, e as ansiedades do paciente são devidas ao "choque" de rede. Numerosas pessoas, vivendo em diferentes partes do país, podem pertencer a essa rede. Isto significa que o trabalho do ego auxiliar tem de ser mais ampliada do que no caso do Sr. e Sra. A, embora consista, essencialmente, no mesmo procedimento — o deslocamento alternado do psiquiatra entre uma e outra pessoa da rede, com o propósito de reconstruir as relações entre os componentes da rede e o paciente. A influência curativa, uma catarse coletiva, promana, neste caso, das redes, que são a fonte do distúrbio.

Usualmente, podem ser facilmente identificadas as pessoas pertencentes a uma rede. Algumas partes desta estão extremamente nítidas na mente do paciente, outras apenas esboçadas. O paciente pode ser levado a recordar peça por peça a cadeia de pessoas que levam a um *indivíduo-chave* — o portador de uma mensagem emocional significativa — e a uma situação-chave. Quanto mais velha for uma pessoa, maior é o número de relações pessoais que estabeleceu durante a vida e o número de indivíduos-chaves que o impressionaram. As redes podem ser tão extensas que algumas partes delas não são recordadas. Pode dar-se a situação de que a classe de indivíduos inter-relacionados mostre dificuldades de tal alcance e caráter que tratar as suas redes significaria tratar a comunidade, como um todo.

A Função do Ego Auxiliar nas Relações Coletivas

O método do ego auxiliar deve ser modificado para satisfazer as exigências de uma comunidade socialmente desequilibrada. É este o caso de uma prisão, de um hospital mental ou de qualquer comunidade fechada. Em casos como esses, há muitos pacientes a tratar simultaneamente, cada paciente afligido por um problema particular e tornando-se suas inter-relações tão numerosas que o psiquiatra não pode tratá-las diretamente. Uma vez mais, a função do psiquiatra tem de ser considerada. Primeiro, achamo-lo deficiente por causa da rígida situação de consultório e de seu rígido papel de médico. Para superar essa desvantagem, desenvolvemos a função do ego auxiliar que, segundo esperávamos, ampliaria o âmbito e aumentaria a flexibilidade do seu papel. Durante todo esse processo, favorecemos a noção de que só o psiquiatra cura, de que toda a tele-terapêutica deriva dele e em nenhum outro lugar está tão concentrada e é tão eficaz. Entretanto, os estudos sociométricos [62] revelaram-me que uma grande parte da tele-

62. A sociometria é o estudo da estrutura psicológica real da sociedade humana. A estrutura raramente é visível na superfície dos processos sociais; consiste em complexos padrões interpessoais que são estudados por métodos

-terapêutica está distribuída por toda a comunidade e que a questão consistia apenas em torná-la efetiva e guiá-la para os canais apropriados. A tele-terapêutica é extremamente seletiva. Um paciente pode ser sensível a uma pessoa e insensível a uma outra. Considerando a comunidade com a ajuda de quadros sociométricos, o médico viu-a repleta de centenas de pequenos psiquiatras que não funcionavam ou que o faziam na direção errada. A tele positiva ocorre em qualquer relação entre duas ou mais pessoas que seja produzida pela afinidade entre algum fator de uma delas e algum fator de uma outra, operando realmente no momento. A tele negativa ocorre em qualquer relação entre duas ou mais pessoas, envolvendo uma repulsa baseada em algum fator de uma pessoa e algum fator de uma outra pessoa, operando realmente nesse momento. Se uma pessoa é atraída para outra, e se esta pessoa está longe daquela, num outro grupo, o movimento dessa pessoa no sentido dela produz uma experiência em ambas que é uma tele *terapêutica.* É este o caso mesmo se as pessoas *não* se conhecerem mutuamente. Se elas são verdadeiras correspondentes, capazes de satisfazer uma necessidade mútua, é possível a tele terapêutica. O psiquiatra principal tem de ser posto fora de ação, a fim de ser removido da cena; torna-se um ego auxiliar *à distância.* A sua função reduziu-se a decidir quem poderia ser o melhor agente terapêutico para quem, e a ajudar na seleção desses agentes. O psiquiatra, nesse desenvolvimento, tornou-se pequeno e insignificante como pessoa. Perdeu todas as suas insígnias de onipotência, de magnetismo pessoal, e o *status* de conselheiro. *O médico face a face converteu-se num médico à distância.* Ele ajustou a sua função à dinâmica de um mundo tele. A nova função pode ser bem comparada com a nossa idéia de Deus, o Deus face a face original em quem o homem estava incluído antes do ato da Criação e que estava perto do homem durante a criação. Mas também Ele, o primeiro e o maior ego auxiliar, foi removido de cena, ou Ele mesmo se afastou silenciosamente. Mudou-se para uma distância tal de nossas vidas, talvez, para

---

quantitativos e qualitativos. Um dos procedimentos usados é o teste sociométrico que determina as afinidades mútuas dos indivíduos nos vários grupos a que pertencem. O teste revela uma estrutura psicológica das relações interpessoais que, com freqüência, difere consideravelmente das relações que os indivíduos têm oficialmente nos grupos. Na base dessas descobertas, foi elaborada uma técnica que transfere o indivíduo de sua posição desajustada para uma posição, no mesmo grupo ou em outro, que prometa beneficiá-lo. Os indícios para essa mudança são proporcionados pelos indivíduos em relação aos quais o indivíduo se sente espontaneamente atraído ou que são por ele atraídos. Se a mudança de posição é feita na base de uma detalhada análise quantitativa e estrutural dos grupos de uma dada comunidade, o procedimento é chamado *atribuição sociométrica (sociometric assignment).*

que pudesse fazer sentir o menos possível a. Sua interferência, a *aristotele*[63] do mundo inteiro.

Resumo

Recapitulemos os principais pontos desta nova técnica. Anteriormente, no tratamento de pacientes cujo distúrbio mental parecia ser um produto da inter-relação, a outra pessoa ou pessoas que participavam no conflito ficavam fora do tratamento, pelo menos de sua dinâmica. O paciente era tratado isoladamente, e a esposa, as amantes, o patrão, o filho ou a filha, permaneciam "fictícios" no decurso do tratamento. Partia-se da suposição de que, se o paciente estivesse bem e ajustado, cuidaria ele mesmo dessas relações sem assistência de outrem. Mas, de fato, para certos pacientes que se apresentam a tratamento, isso parece impossível. Não recorrem ao psiquiatra para que possam ser ajudados na sublimação e aprenderem a aceitar uma feia realidade, mas para enfrentar um conflito em que uma outra pessoa tem um papel essencial. Essa situação forçou-nos a dar o primeiro passo na nova técnica. O psiquiatra passou a ser um ego auxiliar. Ele ainda era o principal agente no processo de cura. Vislumbrou um conflito social ou uma doença mental desenvolvendo-se através da interação de outras pessoas. Quando as inter-relações envolvidas numa neurose social se tornaram amplas demais, o psiquiatra viu-se compelido a usar outros agentes terapêuticos e a afastar-se da cena para converter-se num ego auxiliar à distância. Contudo, as novas técnicas mostraram-se insuficientes num aspecto. O ego auxiliar era sempre uma mesma pessoa e representava um mesmo papel. Alguns desses pacientes, cujo processo de aquecimento preparatório[64] era perturbado nos testes de sua realidade vital, precisavam de uma situação de tratamento em que fosse vivenciada a completa operação e função de toda a relação possível. O que eles precisavam era de dramatizar suas psiques diante

---

63. *Aristotele* é definido como um processo emocional em que numerosas pessoas participam mas que é profundamente afetado por um indivíduo que, aparentemente, não está em posição de influência especial ou popularidade. Ele é o verdadeiro foco de influência.

64. O "processo de aquecimento preparatório" é uma técnica derivada da discussão da espontaneidade. A espontaneidade é explorada através do estudo de estados espontâneos, estados ou papéis em que um indivíduo se lança subitamente. Tais estados são usualmente sentidos pelo sujeito atuante como experiências completamente novas e, de fato, com freqüência, não existe precedente concreto na biografia do sujeito para o papel representado. Um estenógrafo pode ser chamado a exprimir cólera no papel de um policial. Esses estados espontâneos são gerados por vários dispositivos de arranque (*starters*). O sujeito põe em movimento corpo e mente, usando atitudes físicas e imagens mentais que levam à consecução do estado. **Dá-se a isto**

de nossos olhos, não só singularmente mas atuando com todas as pessoas reais envolvidas nas cenas. A coisa mais próxima seria dispor, depois que a técnica do ego auxiliar preparou cada um deles suficientemente, que os parceiros no conflito se *encontrassem* de modo que eles próprios pudessem representar certos estados emocionais e cenas que ainda permaneciam sem solução e inexplicáveis. Mas permitir que o Sr. A encontrasse a Sra. A, a Sra. A a Sra. K, e Sra. K a Sra. A, na presença de um psiquiatra, está repleto de situações dinâmicas que, se forem seriamente consideradas, abrem um capítulo revolucionário na psicoterapia.

O processo terapêutico fluiu através de uma cadeia de quatro pessoas, a Sra. A, a Sra. K, o Sr. A e o psiquiatra. A posição do psiquiatra na cadeia era única. A finalidade do procedimento não era tanto produzir uma catarse através de sua relação terapêutica com a paciente quanto *ajudar a produzir uma catarse entre os parceiros reais no conflito, o homem, a esposa e a outra mulher.* A relação da paciente com o seu ego auxiliar pode ser muito bem comparada com a relação entre o poeta dramático e o ator que personifica o herói de sua peça. Quanto mais este for capaz de mergulhar em seu papel e eliminar-se a si mesmo, mais estará no espírito do poeta. Analogamente, o psiquiatra estará mais no espírito do seu paciente quanto mais puder eliminar-se e desempenhar o papel tal como aquele o vê. Só que, neste caso, o papel não é um personagem exterior ao poeta. O paciente, o poeta e o papel são um só. Num certo sentido, o ego auxiliar tem de desempenhar a parte do paciente; assim como um poeta pode ser um ator medíocre de seu próprio herói, também o paciente é um ator medíocre no papel de si mesmo. Necessita de um auxiliar para que desempenhe sua parte de um modo mais articulado, mais completo e mais sugestivo do que ele é capaz de fazer. No decurso do processo, surgiu o momento em que o psiquiatra teve de atuar da mesma maneira no interesse da segunda e da terceira partes no conflito, como ego auxiliar de cada uma em relação aos dois outros participantes no conflito. Ele está interpolado em três diferentes intervalos entre eles (ver Quadro I). Havia realmente três pacientes na situação e não um. Eles iniciaram juntos uma peça. Convertera-se numa peça ruim. O ego auxiliar foi um ator que lhes acudiu. A viragem estratégica no processo

o nome de *processo de aquecimento preparatório.* Este processo pode ser estimulado por dispositivos físicos de arranque (um complexo processo físico em que as contrações musculares têm um papel dominante), dispositivos mentais de arranque (sentimentos e imagens no sujeito que são, com freqüência, sugeridos por uma outra pessoa) e dispositivos psicoquímicos de arranque (a estimulação artificial através do álcool e do café, por exemplo).

terapêutico foi aquele momento em que o ego auxiliar começou se distanciando cada vez mais da situação, induzindo e promovendo, sistematicamente, uma relação terapêutica entre os próprios participantes no conflito. Na fase final, ele observou o desenvolvimento do processo a uma certa distância e aproximou-se, algumas vezes, como um ponto na representação de uma peça teatral; mas *eles* eram os atores, o drama era o deles, a catarse foi o resultado do fluxo de tele entre eles.

Este procedimento pode ser definido como uma forma de *tratamento situacional.* O terapeuta desloca-se de um indivíduo a outro, encontrando cada um deles em sua situação vital crucial, até que o problema total de inter-relacionamento está explorado. Passa então a reunir os próprios parceiros no conflito. *O encontro não ocorre no palco mas na própria vida.* É como uma forma de psicodrama projetada na vida, assumindo o terapeuta o papel de ego auxiliar.

Psicodrama Experimental

O Lugar do Psicodrama na Pesquisa

O meu livro sobre pesquisa da espontaneidade[66] assinalou o ponto culminante de duas principais questões, em nossos conceitos psicológicos e sociológicos, que ainda são acerbamente combatidos, embora já tenham passado vinte anos. Esse ponto culminante foi a transição de métodos verbais para métodos de ação (em que o aspecto verbal do comportamento é apenas *um* fenômeno), e dos métodos psicológicos individuais para métodos de grupo (em que o contexto do comportamento individual é colocado num mais amplo quadro de referência). No procedimento psicodramático, os métodos de ação e de grupo são, por vezes, combinados, dependendo do campo de aplicação.

É divertido pensar que a velha Melpomene tenha vindo em socorro da sociologia moderna. É claro, ela teve de sofrer uma operação radical para que o psicodrama, sua nova cria, pudesse ter um nascimento normal. Mas o investigador social dedicara-se por mais de um século a um extremo, o estado de passividade, de recepção passiva, simbolizado pelos métodos do espectador ou observador. Com o advento da sociometria, foi exigido do investigador uma co-experiência cada vez mais intensiva com os participantes de uma situação social; e ele teve de passar, por fim, ao outro extremo, ao estado de plena e ilimitada atividade, à co-experiência através da ação e da interação,

66. *Das Stegreiftheater*, 1923.

o teatro, não o teatro como uma convencional conserva cultural mas como um experimento na pesquisa da espontaneidade. O psicodrama está apto a apresentar o processo social em suas fases formativas, em mais dimensões e de um modo mais vívido que qualquer outro método conhecido. Habilmente explorado, pode chegar a ser a fonte do mais íntimo conhecimento das relações humanas e seu maior mestre. Adicionou aos instrumentos do investigador social um novo conjunto de métodos que podem ser resumidos como métodos de ação *profunda*. Os métodos dramáticos de ação profunda estão divididos em duas categorias: (a) o psicodrama, que trata das relações interpessoais e ideologias privadas, e (b) o *sociodrama*, que trata das relações intergrupo e das ideologias coletivas.

Os procedimentos sociodramáticos são capazes de exteriorizar e objetivar fenômenos culturais. Uma ordem axiológica, tal como funciona dentro de um sistema social e é usada por seus participantes na sua avaliação mútua e do sistema, pode ser retratada, *testada* e medida. Entre os fenômenos mais significativos que se repetem em praticamente todas as sessões psicodramáticas estão as conservas culturais e os estereótipos culturais. Os participantes caem irresistivelmente neles, de um modo espontâneo, como que por um entendimento tácito. A relação entre a parte de conserva e a parte de espontaneidade, dentro de cada padrão cultural, foi um dos principais problemas na pesquisa da espontaneidade.[67] Não só me apercebi da interdependência funcional da espontaneidade e das conservas culturais mas também fiz dela o foco de estudo sistemático nos últimos vinte anos. O "clichê" também é um dos grandes obstáculos no adestramento da espontaneidade. Dei crescente ênfase ao *statu nascendi* nos processos sociais, porque ele foi inteiramente negligenciado pelos sociólogos no passado.

O psicodrama — assim como o sociodrama — fornece todos os apetrechos de uma sociedade humana em miniatura, representando as pessoas no auditório a opinião pública, o mundo. As pessoas no palco representam os protagonistas. O diretor é o líder da pesquisa — atrás de sua nova máscara de diretor estão escondidas mas ainda funcionando as antigas máscaras do observador, do analista, do membro participante do grupo e o ator. Ele mesmo é um símbolo de ação equilibrada, orques-

67. Uma das minhas primeiras construções de uma escala sociométrica (ou axiométrica, se se preferir) foi uma escala que avaliava padrões sociais e culturais. Num extremo da escala havia formas com um alto grau de espontaneidade, sem porção alguma de conserva ou um baixo teor dela; no outro extremo, formas com um alto grau de conserva, sem espontaneidade alguma ou um baixo grau dela. Entre os dois extremos estão situados os padrões sociais e culturais em que os indivíduos funcionam. Ver *Das Stegreiftheater*, págs. 37-40.

trando, integrando, sintetizando e fundindo todos os participantes num grupo.

No decurso do procedimento psicodramático, é assinalável uma revisão da função da realidade, dentro do contexto social. Muitos dos valores sociais indispensáveis na comunidade parecem irreais. Eventos fortuitos e fragmentários crescem desproporcionadamente e ocupam seu lugar. A antiga função de realidade converte-se numa função de *irrealidade*. À primeira vista, parece que a função psicodramática e a função da realidade se excluem mutuamente. De fato, isso é apenas uma aparência exterior; o palco não é um palco no sentido teatral, é uma plataforma social, os atores não são atores mas pessoas reais e não "atuam" mas apresentam os seus próprios eus. Os enredos não são "peças" mas os seus problemas mais íntimos. Depois das sessões preliminares, os substitutos das pessoas, os egos auxiliares, são amiúde substituídos pelos personagens reais. Com eles, reentra em cena o contexto de realidade tangível de seu problema, em todas as suas funções. A função da realidade perde a sua autonomia, converte-se numa "parte" da função psicodramática, no mais amplo sentido da palavra.

Objetivando o Investigador Social

Os métodos sociométricos e psicodramáticos deram uma significativa contribuição para o conceito de investigador social. Eles abrangem progressivamente os procedimentos de observação, operação, participação e ação. Nos procedimentos observacionais, o investigador sociométrico é um observador ou espectador, ele tenta explorar, entre outras coisas, as relações bilaterais, a coesão e desintegração do grupo que tem à sua frente. Tenta aproximar-se cada vez mais dos indivíduos-chaves e de todos os indivíduos do grupo mas nunca se converte numa parte dele, nem se identifica com eles. Logo que se torna idêntico a eles como um participante, perde a sua função, de algum modo, como espectador e a objetividade particular que lhe é concomitante. O ganho de sua pesquisa é que ele pode participar numa experiência que ele jamais poderia conseguir como observador. Os observadores deixam de estar fora do grupo mas encontram-se, no entanto, escondidos e integrados no grupo; neste sentido, a função do observador nunca é abandonada. Os procedimentos operacionais dos sociometristas, combinados agora com procedimentos observacionais, tomam um novo rumo. O investigador pode mudar do papel de observador para o de participante, alterando a sua função conforme a situação requeira. A função do observador está escondida no núcleo do investigador participante. Eis até onde pode ir o investigador sociométrico. Mas no trabalho sociométrico o investigador pode avançar mais um passo; a sua abordagem é aprofundada, ampliada e objetivada. A função do observador, assim como a função do líder de pesquisa participante, estão agora escondidas no núcleo do ator da pesquisa (ego auxiliar) e do diretor da pesquisa. (O ego auxiliar também pode ser denominado um *ator participante*, análogo ao observador participante.)

O ego auxiliar representa, no procedimento psicodramático, uma *pessoa ausente* que está interligada ao ator-sujeito em sua situação vital real, representando, entre outros papéis, os de seu pai, sua mãe, seu marido, seu filho. No procedimento sociodramático, representa um *tipo ausente*, portador de idéias ou representantes de uma certa cultura, o qual retrata, entre outros papéis, os de um guerreiro, um sacerdote, um curandeiro. O ego auxiliar tem duas funções: na pesquisa, retratar e explorar; na terapia, retratar e guiar.

A Entrevista Objetiva

A entrevista psicodramática é total e objetiva. Como método de entrevista, é total no que se refere à extensão do território que pode cobrir. Comparadas com ela, todas as outras formas de entrevista são fragmentárias, por exemplo, a entrevista psicanalítica ou o método de entrevista de "caso". É objetiva; ela pode atingir um grau de objetividade superior ao dos outros métodos porque o investigador principal (o diretor) opera fora da situação no palco e com um grau mínimo de envolvimento pessoal, enquanto que os investigadores seus assistentes (os egos auxiliares), têm a oportunidade de operar no palco como atores participantes, com um grau máximo de envolvimento.

A situação psicodramática pode ser vista como uma situação de entrevista intensificada, na qual o entrevistador se compõe de numerosos componentes individuais: o diretor da entrevista e seus egos auxiliares. O entrevistado é composto dos papéis reais e simbólicos que ele expressa.

Três Fases de Desenvolvimento: o Encontro, a Situação Interpessoal e o Psicodrama

A sociometria separa da sua esfera imediata de atividades de pesquisa toda a psicologia do indivíduo, singularmente estudado, a psicometria, a psicanálise e as chamadas técnicas projetivas. Estes são subcampos da psicologia. Os indivíduos, com suas relações e projeções unilaterais, só são objetos de estudo sociométrico se forem vistos e analisados como fragmentos ou *partes* de uma estrutura social humana total.

Portanto, a posição do psicodrama, dentro do sistema sociométrico, está dividida. Com sua principal porção como instrumento que investiga as estruturas mais profundas das relações entre indivíduos e entre grupos, pertence à sociometria. Com uma porção menor como instrumento que estuda a personalidade enquanto unidade separada, até onde isso pode ser imaginado, relaciona-se com as técnicas projetivas e é um subcampo da psicologia.

A idéia do procedimento sociométrico ocorreu-me de um modo natural, durante a Primeira Guerra Mundial. Vi uma

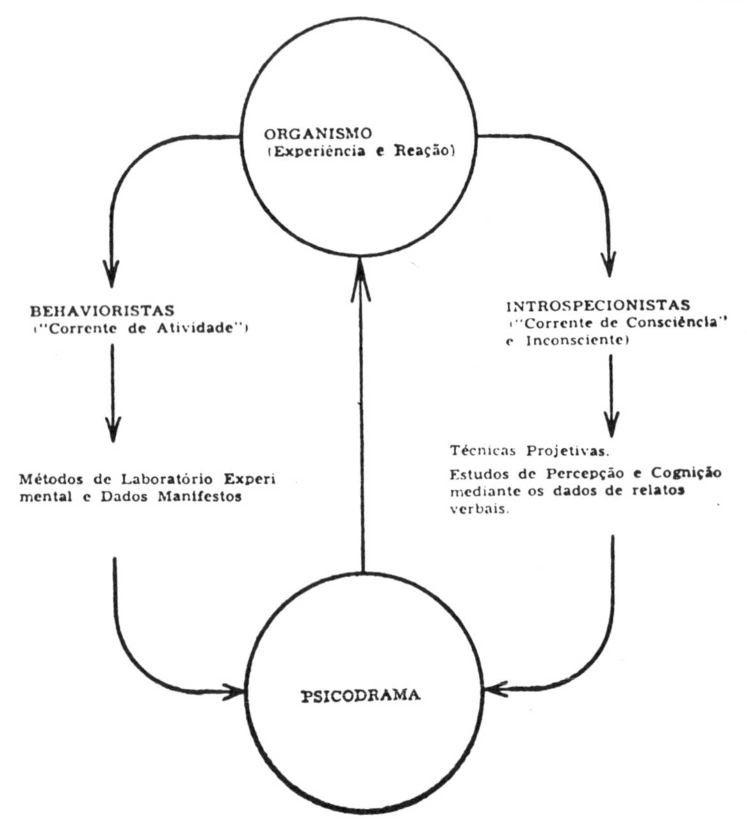

O diagrama ilustra o Psicodrama como método que integra os principais sistemas de pesquisa psicológica. (Desenhado por Paul Cornyetz.)

comunidade de pessoas individualmente bem-intencionadas converter-se num manicômio e tentei encontrar para isso um remédio médico-sociológico. Mas a idéia do psicodrama ocorreu-me por via indireta. O problema começou me inquietando quando estava prestes a publicar o meu primeiro livro. A idéia de um encontro face a face, o encontro *primário*, pareceu-me ser superior ao encontro (secundário) entre um leitor e eu, reduzido a uma conserva tecnocultural: um livro. Destruí então o livro que tinha escrito e escrevi um novo, cujo tema central foi o conceito de "encontro"; e dei à publicação um título mais apropriado: *Invitation to a Meeting* (Convite para um Encontro). Não era realmente um livro, era um convite. Convidei os meus futuros leitores para um encontro real comigo e analisei as razões pelas quais o convite para um encontro é uma atitude categórica que todos devem tomar, por assim dizer, um imperativo categórico para todos os autores. Escrever um livro é, primordialmente, culpa do autor e não do leitor. O tema do livro era o dilema de um autor (de todo e qualquer autor) para comunicar, através de um livro, com um leitor (todo e qualquer leitor) que está ausente da situação imediata. O fator perturbador era a irrealidade, a não-presença do "outro", do *socius*, do combate e comunicação ativos. O remédio para esse dilema, segundo me parecia, não era uma interminável reflexão, sob a capa de um livro, mas o "Convite para um Encontro" ou, como disse depois, para concretizar um "*zwischen-menschliche Beziehung*" [68] ou, em tradução, para consumar uma relação interpessoal. Mas o alemão "*zwischen-menschlich*" e a tradução por "interpessoal" são noções anêmicas em comparação com o conceito vivencial de "encontro". Aqueles são os produtos finais, após muitas fases de distorções e sangrias intelectuais, no interesse de um termo técnico que fosse útil na linguagem científica. Mas é perigoso para os cientistas esquecer a origem das palavras, especialmente das palavras-chaves em seu próprio vocabulário científico. O medo moderno da linguagem (semanticismo) — em vez de procurar uma compensação refugiando-se em símbolos lógicos e fórmulas algébricas, menos sensíveis e menos tangíveis — pode encontrar uma saída *mais sã* devolvendo cada palavra-chave por eles usada ao seu *statu nascendi*. Temos de andar com cuidado: ascetismo e exatidão são dignos propósitos mas poderemos pagar um preço excessivo por eles, se resultam em perda de espontaneidade e em infecundidade de idéias.

"Encontro" significa mais do que uma vaga relação interpessoal (*zwischen-menschliche Beziehung*). Significa que duas

68. *Die Gottheit als Autor* (A Divindade como Autor), pág. 6, 1918.

ou mais pessoas se encontram não só para se defrontarem entre si mas também para viver e experimentar-se mutuamente, como atores cada um por seu direito próprio, não como um encontro "profissional" (um investigador de casos, ou um médico, ou um observador participante, e seus sujeitos) mas um encontro de duas pessoas. Num encontro, as duas pessoas aí estão com todas as suas força e fraquezas, dois atores humanos fervilhando de espontaneidade, só parcialmente cônscias de seus propósitos mútuos. Ficou bem claro para mim nessa altura, tal como hoje, para muitos sociometristas, que só as pessoas que se encontram mutuamente podem formar um grupo natural e uma verdadeira sociedade de seres humanos. As pessoas que se encontram mutuamente é que são as responsáveis e genuínas fundadoras da existência social.

Do ponto de vista de um psicanalista, por exemplo, a característica fundamental da situação psicanalítica é uma relação em sentido único. Só existe uma pessoa para quem o papel foi talhado à medida: o paciente. Se este decidisse assumir o papel do analista e lutar contra ele, não tardaria em levar ao absurdo o significado da situação psicanalítica e em pôr-lhe fim. Mas, do ponto de vista do encontro, ela converter-se-ia em algo certamente mais humano e talvez mais saudável do que a situação analítica — um encontro entre duas pessoas, cada uma delas com seus diversos papéis e aspirações. Tornar-se-ia um encontro dramático, um fenômeno que, com algumas modificações, designei subseqüentemente por situação psicodramática. Olhando em retrospecto, é agora evidente que a idéia do encontro, do conflito entre autor e leitor, orador e ouvinte, marido e mulher, cada um em seu "papel", estava apenas a um passo de colocá-los num palco, onde pudessem travar relações como quem trava uma batalha, desembaraçados das ameaças e ansiedades da situação em suas vidas reais. Assim foi que nasceu a idéia do psicodrama.

Função do Diretor Psicodramático

O diretor psicodramático tem três funções: (a) é um produtor, (b) é o terapeuta principal e (c) é um analista social.

Como produtor, é um engenheiro de coordenação e produção. Ao invés do autor teatral, ele procura encontrar primeiro o seu público e os seus personagens, extraindo deles o material para um enredo ou roteiro. Com a ajuda daqueles, monta uma produção que satisfaça às necessidades pessoais e coletivas dos personagens, assim como do público à mão. Como agente terapêutico, a responsabilidade final pelo valor terapêutico da produção total cai sobre os seus ombros. É uma função de orientação geral, cujas manipulações estão, com freqüência, cuidadosamente disfarçadas. A sua tarefa consiste em fazer os sujeitos atuarem naquele nível de espontaneidade que beneficia o seu equilíbrio total; em servir de contra-regra e de ponto para os egos auxiliares; e em instigar o público a uma experiência catártica. Como analista social, usa o egos auxiliares como extensões de si mesmo, a fim de extrair informações dos sujeitos no palco para testá-los e exercer influência sobre eles.

O diretor psicodramático, em sua função de investigador social, é uma espécie de "superego auxiliar". Pode ser examinado de dois pontos de vista. Primeiro, temos o ponto de vista do padrão de conduta geral e formal que ele exibe em todas as ocasiões e em todos os casos; segundo, temos os padrões de conduta que ele exibe num caso particular. Pode haver tantas variações em seu comportamento quantos os casos existentes. O diretor pode descrever e esboçar as considerações psicológicas que determinam a sua seleção de uma abordagem ou método de tratamento. Também é necessário que ele dê alguma idéia dos motivos que o impelem a assumir uma certa gama de papéis em relação a um sujeito e a desafiar o sujeito a assumir certos contrapapéis. Também devem ser aqui incluídos todos os quadros internos de referência do diretor e suas relações com os quadros internos de referência do sujeito e dos egos auxiliares que atuam no problema. Devemos saber, por exemplo, o que é que instiga o diretor a selecionar certos egos auxiliares e a rejeitar outros, na solução de um determinado problema.

Neste capítulo, limitaremos a análise do diretor ao padrão geral e formal que, como apuramos, não está livre de preconceitos, apesar do fato de ter se convertido quase num ritual. Muito antes que o diretor possa submeter-se à análise pelo grupo de pessoas que compõem o público psicodramático em qualquer ocasião dada — de fato, independentemente dele submeter-se ou não a essa análise — ele está continuamente exposto à observação por parte desse grupo. Foi feita uma abordagem científica desse problema de análise e foram determinadas as reações de cada um dos participantes diante do procedimento do diretor. Este foi induzido a revelar os motivos subjacentes em suas ações e os participantes foram solicitados a colocar-se no lugar dele e a relatar suas próprias reações e inclinações, como se cada um deles fosse o diretor. Uma comparação dos vários pontos de vista apresentou interessantes resultados. Viu-se que três padrões principais das ações do diretor eram examinados: (a) a "posição de entrevista", isto é, a posição em que ele abre uma sessão e entrevista um sujeito, (b) e (c) a "posição de observador" e a "posição de espectador".

A Posição de Entrevista. A primeira tarefa de um diretor psicodramático é fazer com que a sessão comece. Na maioria dos casos, isso é feito mediante uma curta dissertação, seguida de uma entrevista com alguém selecionado no grupo de espectadores ou que se apresente voluntariamente. Essa pessoa pode ser um sujeito que vai ser investigado ou um paciente que vai ser tratado. Em qualquer dos casos, a posição que o diretor assume deve ser natural e implicar um conhecimento de toda a situação psicodramática: o grupo, sentado no auditório donde, a qualquer momento, qualquer pessoa pode ser convocada para atuar no palco; e a cena geral, que combina o auditório e o palco, com seus três níveis e sua galeria. A posição mais usualmente adotada pelo diretor nessa conjuntura é sentar-se no ponto central do segundo nível do palco. Conquanto essa posição seja a mais natural para ser adotada, poder-se-á indagar que motivos tem o diretor para preferi-la e verificar as reações que suscita num grupo médio de vinte pessoas no auditório. As razões essencialmente práticas para adotar uma posição sentada no segundo nível do palco, aproximadamente em seu ponto central, são as seguintes: nessa posição, o diretor está descontraído. Sentado no segundo nível, encontra na borda do nível superior um apoio conveniente para o seu cotovelo e pode colocar os pés, confortavelmente, no primeiro nível, o inferior. A indagação entre muitos espectadores suscitou o comentário de cada um deles de que também adotariam essa posição específica e de que a descontração que ela permite ao diretor exerce um efeito análogo em cada um deles. Deram a opinião de que, se o diretor ficasse de pé, eles próprios refletiriam a tensão e o formalismo dessa posição — talvez pelo fato de que, nesse momento, estariam sentados. Uma outra razão prática para escolher o segundo nível — e não o nível inferior — é que, nessa posição, o diretor é facilmente visível para todos os que estão no auditório. Do ponto de vista do diretor, essa posição de entrevista tem a vantagem de que, quando ele chama um sujeito para sentar-se ao seu lado, a fim de realizar a entrevista, ambos estão no mesmo nível: eles são "iguais". Isto é particularmente importante no tratamento de um paciente mental. No trabalho psiquiátrico, há amiúde uma sensação de frieza ou distância entre o paciente e o médico. Essa posição coloca-os face a face — homem a homem, por assim dizer — sem barreiras físicas ou simbólicas entre eles, no mesmo nível.

O palco do Teatro Terapêutico tem três níveis. O nível superior é onde decorre a maioria da ação — onde o processo psicodramático real se desenrola até seu desfecho. Por conseguinte, do ponto de vista do simbolismo, do *locus*, quaisquer entrevistas preparatórias não pertencem a esse nível e é lógico que tenham lugar em algum outro nível, no segundo, por exemplo. Esta escolha do segundo nível para a entrevista deve-se, portanto — pelo menos em parte — à construção desse particular palco psicodramático. É perfeitamente concebível que outros palcos possam ter mais ou menos níveis, em cujo caso o nível lógico — tanto por considerações teóricas como práticas — pode ser um outro nível e não o segundo. Analogamente, não deve ser estabelecido como norma inflexível que o diretor esteja sentado durante as entrevistas. Com outros diretores, ou com palcos de diferente construção, a entrevista poderia ter lugar com o diretor e o sujeito sentados a uma mesa ou escrivaninha, ou em cadeiras das primeiras filas — ou talvez considerem mais adequado ficar de pé. Entretanto, num palco de três níveis, como o do Teatro Terapêutico, tanto os diretores como os espectadores concordaram em que o processo de aquecimento preparatório de todo o processo psicodramático, assim como as várias cenas a serem representadas, são executados mais eficientemente quando o diretor se senta no centro do segundo nível (como foi acima descrito), tendo a seu lado, no mesmo nível do palco, aqueles que está entrevistando. É essa a posição a que o diretor retorna no final de cada cena, para análise ou com o propósito de realizar o aquecimento preparatório dos sujeitos para a cena seguinte. Isto tem o efeito de um padrão repetido que sublinha a sucessão de cenas representadas no palco, propriamente dito. Assim, o diretor pode ajudar diretamente no processo de elaboração, de clímax em clímax, cena após cena, até ser atingido o efeito desejado. A sua função nessa posição pode operar como uma ponte tanto para os sujeitos como para os espectadores, entre uma cena e a seguinte. Pode servir também um propósito quase igualmente valioso, como uma ponte que liga uma cena altamente emotiva ou simbólica, que foi representada no nível superior do palco, de volta à realidade.

Foi com a discussão da posição da pessoa que vai ser entrevistada — em referência a um determinado diretor psicodramático — que surgiu a questão do viés individual. Esse diretor expressou uma preferência por ter o sujeito sentado à sua *direita*. Essa preferência era tão forte que ele não funcionaria bem se o sujeito estivesse à sua *esquerda*. Declarou que ter o sujeito à sua esquerda impedia o seu processo de aquecimento preparatório desse sujeito; não era capaz de iniciar bem a entrevista nem desenvolvê-la com a coerência e o ímpeto necessários. Dezessete dos vinte espectadores concordaram em que, se tivessem de funcionar como diretores, manifestariam a mesma preferência; três deles, porém, acharam que prefeririam ter o sujeito sentado à sua esquerda. É óbvio que poderiam ser aqui suscitadas sérias questões a respeito do ponto de vista do sujeito nesta matéria. Por exemplo, um determinado sujeito poderia necessitar de estar à esquerda do diretor para fomentar o seu próprio processo de aquecimento preparatório.

Assim, podemos ver que um viés aparentemente insignificante — ficar sentado à direita ou à esquerda do diretor — pode converter-se num elemento de investigação social. Tal como as outras considerações, também esta deve ser examinada e levada na devida conta. Na situação particular que estamos aqui descrevendo, em linhas gerais, pode ser visto que estavam ativos três tipos de viés: *estéticos, éticos* e *psicológicos.* Como exemplo de pendor estético, o diretor e um certo número de participantes podem sentir que funcionam melhor num ambiente teatral, tal como o proporcionado pelo Instituto Psicodramático; outros podem sentir-se incômodos nele e exigir um ambiente de outro tipo para um desempenho satisfatório. O pendor ético pode levar alguns participantes a rejeitar a suposição de que o nível superior do palco é o local apropriado para a verdadeira ação psicodramática — de que a galeria é simbólica do desejo de atuar como herói ou messias. Uma preferência definida por ter o sujeito à direita durante a entrevista é um exemplo de viés psicológico (posição de autoridade, de governante, de homem).

A Posição de Observador. Nesta posição, o diretor está de pé ao nível do público, à direita ou à esquerda do palco, perto da parede. Isto permite-lhe uma visão detalhada do palco e uma visão panorâmica de todo o grupo de espectadores. De um modo geral, coloca o pé direito na borda do primeiro nível, o inferior, o que tem o duplo efeito de permitir-lhe descansar e voltar o corpo para a esquerda, a fim de que possa ver tanto o palco como o auditório sem mudar, aparentemente, de posição. Esta posição adapta-se particularmente à observação atenta que é requerida na técnica do espelho e no estudo da catarse do espectador. Dessa posição, o diretor pode entrar em ação e falar direta e peremptoriamente aos que participam da cena; pode deslocar-se de um para outro, como agente dinâmico, inspirando e controlando suas ações.

A Posição de Espectador. Uma terceira posição é o diretor sentado na primeira fila do auditório. Aí, ele está algo distanciado da participação ativa ou interferência no que se desenrola no palco; é o espectador, concentrado na ação. Com muita freqüência, chama um sujeito para que se sente a seu lado, a fim de assistir no processo de aquecimento preparatório desse sujeito particular mediante observações explicativas. Também neste caso o sujeito é colocado em posição de igualdade com o diretor: eles são co-espectadores da cena que se desenrola no palco. Acontece freqüentemente que um sujeito resistente pode ser levado a fazer seu aquecimento preparatório da ação, depois de terem fracassado outros métodos, mediante comentários encorajadores e tranqüilizadores do diretor, enquanto uma cena pertinente ao sujeito está ocorrendo no palco.

As três posições acima mencionadas para o diretor psicodramático foram analisadas e discutidas, com certa amplitude, no Instituto Psicodramático, como parte de uma série de investigações sobre a função do diretor como analista social. Novos aspectos do problema serão abordados em outra ocasião. Entretanto, é significativo notar que a própria essência do psicodrama se perderia se fosse recomendada uma rígida adesão a qualquer dessas posições. O diretor deve estar preparado, o tempo todo — como o ego auxiliar também deve estar — para adaptar as suas posições e movimentos às exigências das várias situações, tal como se apresentam. Não deve, por exemplo, insistir em manter a posição de entrevista quando um sujeito se mostra resistente e não quer deixar seu assento. Em tais ocasiões, o diretor levanta-se e caminha até ele, instando para que venha sentar-se ao seu lado. Se não for bem sucedido imediatamente, poderá voltar ao seu lugar no segundo nível do palco e prosseguir com a sessão, trabalhando com outros sujeitos, ou esperar até que tenha começado no palco alguma cena significativa e, então, ir sentar-se ao lado do sujeito renitente, junto do público.

Do que foi acima dito poder-se-ia deduzir que o diretor é propenso a desenvolver um padrão persistente e impô-la ao sujeito, quer agrade ou não a este. Contudo, o elemento subjetivo nessa tendência — talvez o próprio viés do diretor — deve ser cuidadosamente investigado, em cada caso individual, a fim de pesar o efeito que pode exercer sobre o começo, o curso e os resultados de todo o processo psicodramático.

Uma análise de todas essas posições revelou numerosos fatores subjetivos significativos no diretor que interferem, em parte, no padrão e distorcem o tratamento e os resultados. Representam, em sua totalidade, o que pode ser chamado o "erro psicodramático" injetado na situação pela personalidade do diretor.

Uma tal análise do diretor tem dois resultados. Primeiro, proporciona-nos uma imagem clara de suas limitações. Também o diretor pode tirar proveito desse processo, e suas limitações podem ser cuidadosamente consideradas numa apresentação objetiva da sua função. Pode até acontecer que as suas limitações formem um erro básico em seu desempenho, constituindo assim uma barreira intransponível à correção. Segundo, algumas ou todas as suas limitações podem ser corrigíveis por meio do adestramento da espontaneidade. Pode ser produzido um aumento de flexibilidade e ele talvez possa chegar a ser capaz de dar a todos os seus sujeitos uma oportunidade máxima de expressão, dirigindo sempre uma situação de tal modo que satisfaça as necessidades do sujeito, em primeiro lugar, e as suas depois.

O diretor deveria trabalhar com um gasto mínimo de energia emocional. Uma vez iniciada uma produção, ele deve deixar o seu desenvolvimento ao sujeito. Onde e quando for requerida uma orientação, deve deixá-la a cargo do ego auxiliar que co-atua nas cenas. Deve aproveitar o fato dos egos auxiliares serem extensões de seu próprio eu, permitindo-lhes envolverem-se subjetivamente mas conservando-se ele próprio à distância, objetivo e sem envolvimento algum. Isto oferece a vantagem dele ficar de fora das relações tele e de transferência que se desenvolvem entre o sujeito e os egos auxiliares no palco, no decorrer da representação. Muitas vezes presenciamos que o sujeito se apaixonou ou tornou-se dependente do ego auxiliar que trabalha com ele. Esse fenômeno, que freqüentemente se torna fatal na situação psicanalítica, pode ser facilmente corrigido no procedimento psicodramático porque o principal engenheiro da terapia se mantém fora da situação e pode adotar as seguintes medidas: modifica o papel e a tática do ego auxiliar em relação ao sujeito ou o ego auxiliar é substituído por um outro ator terapêutico. Contudo, há emergências em que o diretor tem de acudir em socorro como pessoa mas isto é considerado uma exceção. Quanto mais descontraído ele estiver, melhor poderá focalizar sua atenção no desenvolvimento da sessão total, observando especialmente as reações do público.

Imediatamente depois de uma cena ter terminado, o diretor pode aproveitar a oportunidade de entrevistar o sujeito para elucidar ainda mais o processo recém-representado. O sujeito está agora, de um modo usual, emocionalmente sintonizado, mais disposto a responder em referência aos níveis de experiência projetados do que em qualquer outra ocasião. A entrevista é curta mas decorre, com freqüência, num ritmo rápido; sujeito e diretor aproximam-se intimamente durante alguns segundos. Esta forma de entrevista merece um lugar especial entre as técnicas de entrevista; começando imediatamente após uma produção psicodramática profunda, tem uma *intensidade elevada* e gera material de grande importância. O material assim obtido pode: (a) suplementar a produção, (b) provocar no sujeito uma catarse pós-dramática, (c) fornecer ao diretor indicações para a próxima cena a ser construída. Essa forma intensificada de entrevista terapêutica tem um paralelo nas revelações súbitas, embora quase sempre não-terapêutica, de um amigo, de uma esposa a um marido, após um prolongado conflito não resolvido.

Na forma coletiva de psicodrama, o diretor abre uma discussão com os membros do público, de tempos em tempos. A discussão relaciona-se com a produção que acabou de ser representada. Os membros do público, um após outro, podem apresentar suas observações. (O sujeito pode aceitar ou rejeitar os comentários feitos.) Podem referir-se aos seus próprios problemas, na medida em que estes são idênticos à situação no palco ou dela diferem. Isso leva amiúde a que qualquer indivíduo no grupo suba ao palco e apresente a sua própria versão do mesmo conflito. Três ou mais sujeitos podem confrontar-se entre si e apresentar ao público as várias maneiras de vivenciarem seus problemas. O diretor deve, nesse caso, aproveitar a oportunidade de analisar o material obtido dos novos sujeitos e tentar instigar cada membro do público a definir o seu próprio lugar e identidade entre as categorias de comportamento dos papéis que presenciou.

Um tal procedimento de "terapia total do grupo" é freqüentemente facilitado pela escolha de um "diretor de público" por parte do grupo, especialmente quando se trata de públicos numerosos.

A Função do Ego Auxiliar

O ego auxiliar tem três funções: (a) a função de ator, representando os papéis exigidos pelo mundo do sujeito; (b) a função de guia, um agente terapêutico, (c) a função de investigador social.

O ego auxiliar é analisado como um investigador social enquanto está em operação — funcionando não como um observador mas como um agente atuante. É enviado ao palco pelo diretor, com instruções para retratar um certo papel e, ao mesmo tempo, para observar-se rigorosamente em ação; para registrar continuamente, enquanto procede ao aquecimento preparatório do papel, o que esse papel influi nele e como ele o desempenha. Enquanto suas experiências ainda estão frescas imediatamente após a cena, pode registrar as suas reações pessoais. Assim, o ego auxiliar representa um novo instrumento na investigação social. Aqui, o observador participante converte-se também em "ator participante". A sua tarefa consiste em assumir um papel — o papel de uma determinada pessoa ou qualquer papel que essa pessoa requeira como contrapapel. Foi sugerido[69] que o "método de empatia parece ser um dos princípios básicos da técnica psicodramática". Mas uma cuidadosa análise da função do ego auxiliar mostra que a empatia, por si só, não é capaz de fornecer uma pista que nos oriente para o que tem lugar na situação psicodramática. De acordo com a teoria da empatia formulada por Theodore Lipps,[70] o investigador "sente-se dentro" da atitude do sujeito mas conserva-se num papel passivo — o papel de espectador. Mediante a empatia, ele poderá interpretar "algo" do comportamento dos espectadores de um psicodrama mas a produção dos papéis que um ego auxiliar desenvolve não pode ser explicada por empatia. Conceitos como "estados de espontaneidade", "processo de aquecimento preparatório", "tele", "aglomeração de papéis", são necessários a uma interpretação apropriada. O ego auxiliar em ação não só sente como faz; ele está construindo e reconstruindo um sujeito presente ou ausente numa relação específica de papéis. Com freqüência, importa pouco se a reconstrução não é uma cópia idêntica de uma situação natural, na medida em que ele projeta a atmosfera dinâmica da situação; esta pode ser mais impressionante do que a sua cópia idêntica.

O ego auxiliar confere à função de investigador social uma qualidade que é impossível para o investigador nas ciências naturais. O investigador dos fenômenos físicos, por exemplo, pode observar as suas próprias reações no decurso do estudo de eventos astronômicos mas, digamos, nunca poderá transformar-se numa estrela ou num planeta. Não obstante, isso é exatamente o que ele teria de fazer se tentasse reproduzir a técnica do ego auxiliar no domínio da observação astronômica. O cientista natural poderá afirmar que tal proposição é inteiramente desnecessária em sua especialidade, que o campo de exploração está totalmente resolvido pelas operações que já estão em uso. Não tem por que se converter em sua própria "cobaia" quando estuda os movimentos das estrelas e dos planetas; mas, nas ciências sociais, os procedimentos do ego auxiliar estão a caminho de superar a antinomia secular entre as ciências naturais e sociais.

O viés do ego auxiliar — suas limitações sociais e culturais — só podem ser estudadas à luz do seu trabalho real. É necessário, então, a completa ilustração de um caso para que nós, assim como o ego auxiliar, possamos verificar, ponto por ponto,

---

69. Paul Horst e seus colaboradores, *The Prediction of Personal Adjustment*, Social Sciences Research Council, 1941, págs. 223 e 224.

70. Theodore Lipps, "Das Wissen von Fremden Ichen", *Psychologische Untersuchungen*, I, págs. 694 e 722, 1907.

os vários erros que se introduzem em seus papéis e contra-papéis, no decurso do procedimento psicodramático.

Assim como o diretor psicodramático deve estar permanentemente cônscio de si mesmo e de suas relações com o sujeito ou paciente, objetivando-se continuamente à medida que se desenrola o processo de investigação do sujeito, ele também deve ter uma perfeita consciência das aptidões e limitações dos membros da sua equipe que vão atuar no palco com (ou para) o sujeito, como egos auxiliares. A sua melhor abordagem desse conhecimento é ganha pelos testes de espontaneidade.[71]

Mediante esses testes, os membros da equipe podem ser classificados de duas maneiras. O diretor conhecerá a gama de papéis para cada indivíduo, incluindo ele próprio, assim como o tipo de situação em que ele demonstra a maior espontaneidade. Além disso, as variações nos padrões de comportamento podem ser observadas e levadas em conta pelo diretor quando seleciona os membros da equipe que irão trabalhar numa dada situação ou com um determinado sujeito.

Basicamente, existem três tipos de papéis e o membro da equipe psicodramática pode ser chamado a retratar qualquer deles. Poderá atuar no papel de uma pessoa real, em relação ao sujeito; poderá representar uma personagem imaginada pelo sujeito; ou pode projetar uma parte do próprio ego do sujeito.[72] Quer esse papel seja real, fictício ou simbólico, o membro da equipe deve esforçar-se o tempo todo por identificar e integrar a sua representação com os processos mentais do sujeito. A prova do seu êxito é ser aceito no papel pelo sujeito. Uma vez isso conseguido, o membro da equipe converte-se num ego auxiliar; e como ele também representa uma extensão dos propósitos do diretor psicodramático, é agora um instrumento com o qual este último pode fazer muito no campo da investigação social ou da terapia mental.

Função do Público

O público tem duas funções: (a) em relação com o sujeito e com os atos que se desenrolam no palco (função centrada na produção); (b) em relação consigo mesmo (função centrada no público).

(a) Em relação com o sujeito, o público é a representação do mundo. O sujeito viveu sempre no mundo, mais ou menos

71. As instruções para a administração desses testes, assim como alguns resultados de amostra, encontrar-se-ão em J. L. Moreno, "A Frame of Reference for Testing the Social Investigator", *Sociometry*, Vol. III, N.º 4, 1940, págs. 317-327; e *Who Shall Survive?*, págs. 176-191.

72. Uma descrição deste processo, conhecido como técnica do "duplo ego", será encontrada mais adiante.

anonimamente, mas nunca viveu "defronte" dele. Muitas ênfases de sua produção podem ser atribuídas ao fato de que um público está presente. Podem se manifestar como um recrudescimento de hostilidade ou exibicionismo, de medo de ação, gaguez ou ensimesmamento. A presença do público aumenta a gama de respostas que se pode obter do sujeito no palco, fornece ao diretor material estratégico para a análise. O seu comportamento durante a discussão do seu problema e quando outros membros do grupo discutem os deles, é muito significativo. A ausência de público impede tal investigação. Entretanto, no caso de certos sujeitos e problemas, é muitas vezes necessário eliminar o público. Muitos sujeitos começam atuando com o diretor psicodramático sozinho e é durante o desenvolvimento da ação que se adiciona um ou dois egos auxiliares.

É interessante assinalar aqui a grande importância que têm os públicos para os indivíduos emocionalmente isolados, para as pessoas que perderam seu *status* social, como prostitutas, criminosos e desclassificados, ou para quem nunca conseguiu atingir qualquer *status*, como a personalidade ou o talento não reconhecidos, ou ainda não teve uma oportunidade de atingi-lo, como os adolescentes e, por último (mas não de maior importância), as pessoas que, como os psicóticos, não perderam o seu mundo, como é o caso do criminoso, mas foram privados dele por causa do influxo de idéias delirantes e alucinações sobre um mundo novo. Para esses tipos de sujeitos, o público exerce uma função de opinião pública. Não é um público invisível e indireto; é um visível e direto, que se senta diante dele, o observa e julga as suas ações. Para o paranóico produtivo, o público é ainda mais do que opinião pública, é todo o mundo público ao seu alcance. Como aconteceu no caso de um "Hitler" patológico a quem tratei há poucos anos, o mundo está povoado de muitas pessoas que não estão presentes, produtos de sua imaginação delirante; ao público real sobrepõe-se um patológico.

(b) Numa sessão psicodramática, o público é sempre o paciente, ou, pelo menos, um educando. Pode não estar cônscio da sua situação, como ao presenciar uma peça de teatro legítimo ou um filme, ou podemos fazê-lo sistematicamente consciente da situação, como no teatro psicodramático. Um requisito prévio para tornar o público cônscio de que é um paciente e educando é o conhecimento de sua estrutura social e psicológica. Os meios pelos quais esse conhecimento pode ser adquirido por um público são variados. Questionários, entrevistas, testes de relacionamento e sociométricos, testes de espontaneidade e de papéis — deixando que cada um atue no palco diante dos demais e confrontando os resultados obtidos.

Arquitetura do Teatro Terapêutico

O palco é um instrumento essencial, indispensável, para a forma ideal e objetiva de psicodrama. É tão indispensável quanto o diretor, os sujeitos, os egos auxiliares e o público. Na arquitetura do palco podemos discernir os seguintes princípios de construção: (a) o princípio terapêutico do *círculo;* (b) a dimensão *vertical* do palco; (c) os três níveis concêntricos do palco — inferior, médio e superior — com um quarto nível, a galeria ou nível superindividual.

Modelo Vienense, 1924

Este modelo representa um teatro sem auditório. O teatro é todo ele ocupado pelo palco principal no centro, com diversos níveis que acentuam a dimensão vertical, e numerosos palcos secundários distribuídos por todo o espaço em posições estratégicas, para que os espectadores-atores sentados perto deles possam entrar na ação.

Modelo de Beacon, 1936

"O teatro[73] tem aproximadamente 70 pés de comprimento por 25 pés de largura. Tem uma altura de cerca de 40 pés. Quase metade do teatro está tomada pelo palco, o qual é composto de três plataformas dispostas em círculos concêntricos. A maior, de uns 16 pés de diâmetro, outra plataforma dois pés menor que aquela e, no topo, a plataforma principal, que tem um diâmetro de 12 pés. A galeria ou balcão, colocada 9 pés acima do palco, tem de comprimento toda a largura do teatro e, começando na parede da frente, estende-se por 3 pés até uma linha acima da borda exterior do palco. É sustentada por duas colunas que arrancam do palco médio e está guarnecida de parapeito. O centro da galeria descreve um arco correspondente ao do palco. Por baixo da galeria, exatamente atrás do palco médio, há dois bastidores de cerca de 4 pés de comprimento, servindo o da esquerda como entrada para o teatro e o da direita para armazenagem de mesas e cadeiras que possam ser necessárias para as representações.

"A primeira fila de cadeiras está apenas a dois pés do palco inferior. Há sete filas de dez cadeiras cada e podem ser acomodadas até oitenta e cinco pessoas simultaneamente. No fundo

---

73. Esta descrição foi transcrita de "Psychodrama and the Audience", por Abraham L. Umansky, *Sociometry*, Vol. VII, N.º 2, maio de 1944.

do teatro, dez pés acima do chão, há uma pequena cabine de projeção que contém todos os comandos de iluminação e um projetor. Existem dois jogos de luzes: um acima e ligeiramente antes da galeria, e um outro acima e antes do palco superior. Dispõe-se sempre de um vívido e variegado esquema de iluminação, sendo empregadas as cores branco, vermelho, azul, verde e âmbar, todas sob controle reostático.

"A disposição dos palcos e das luzes tem um valor prático e teórico que pode evidenciar-se à medida que prosseguirmos mas, por agora, bastarão uma ou duas palavras.

"Praticamente, o traçado do palco faculta uma vasta área para movimentos expressivos. Facilita os arranjos de cena e é de grande utilidade sugestiva. Teoricamente, os palcos podem representar, de um modo simbólico, esferas terrestres ou celestes de ação. Por exemplo, a galeria ou balcão, que é, na verdade, um quarto palco, pode ser usada no caso de uma pessoa que deseja representar o papel de Cristo. Atua na galeria, que representa o Céu, e o resto dos atores atua no palco (Terra). Ou, invertendo o procedimento se ele quiser representar Mefistófeles no Inferno, o palco torna-se sua moradia e o resto dos atores vai atuar na galeria (Terra). Também num caso grave de sentimentos de inadequação o palco superior poderá representar a perfeição e, assim, o ator poderá começar representando no palco inferior e alcançar gradualmente o palco superior."

Modelo St. Elizabeths, Washington D. C., 1940

"Construímos um pequeno teatro no *St. Elizabeths Hospital*,[74] obedecendo, tanto quanto possível, ao traçado do Teatro Terapêutico de Beacon Hill.

"As principais áreas de atuação estão formadas por três plataformas circulares sobrepostas, de diversos diâmetros. A superfície do nível superior está dois pés acima do chão, com degraus que medem 10, 8 e 6 polegadas, no sentido ascendente. Foi impossível construir uma galeria ou quarto nível, por causa da limitada altura da construção. Entretanto, instalamos as colunas (que no teatro do Dr. Moreno sustentam a galeria), erguendo-as até ao teto, por detrás de uma viga e fora do alcance da vista. Essas colunas ajudam a criar a ilusão de uma altura adicional e — o que é mais importante — dão uma dimensão *vertical* ao nosso palco. Também servem para quebrar

74. Esta descrição é reproduzida de *The Theatre for Psychodrama at St. Elizabeths Hospital*, por Frances Herriott e Margaret Hagan, separata de *Sociometry*, Vol. IV, N.º 2, maio de 1941.

o espaço cênico em unidades menores, quando necessário. Como fundo, construímos uma parede semicircular de madeira. Isto confere um ambiente atrativo ao palco e, como um paciente argutamente observou, "Isto não parece, por certo, um hospital". O teto e as canalizações superiores foram pintados de branco suave, a fim de torná-los o mais despercebidos possível. Os corredores que levam às entradas do palco foram disfarçados com cortinas de musselina crua e as vigas superiores com guarnições do mesmo material.

"Para a disposição particular das plataformas circulares existem razões estéticas e funcionais definidas. O efeito da ampla linha horizontal, a fluidez da base curva e as colunas verticais logram um equilíbrio e compostura de traçado que são agradáveis e repousantes. Nada distrai os olhos ou a mente — nem um arco de proscênio com ornatos rococós, nem cenários, portas ou janelas se intrometem no palco. As vastas plataformas circulares, com fundo de madeira ao natural, formam um ambiente ideal para qualquer situação, e com um pouco de sugestão e mudanças de luz, podem se avizinhar de qualquer cena real ou imaginária. A diferença nos níveis do palco pode interpretar vários níveis de vida e ajudar o paciente-ator em seus processos de aquecimento preparatório. O paciente-ator pode começar ao nível do público e, à medida que a sua espontaneidade cresce, a sua posição física em relação aos que o cercam também pode aumentar na dimensão vertical. Por vezes, um paciente mostra-se algo tímido e desconfiado ao aproximar-se do palco. Ele pode ser persuadido a vir ao primeiro nível e a falar com o psiquiatra ou diretor, e ser daí induzido a passar ao nível superior e à ação. No círculo não há princípio nem fim; por conseguinte, um paciente pode entrar em cena de qualquer ângulo. Com freqüência, é mais fácil entrar obliquamente numa situação do que introduzir-se diretamente nela, de frente ou pelo fundo. O paciente poderá sentir-se deprimido e ficar agachado no primeiro nível, ou sentir-se poderoso e desejar expressar os seus sentimentos postado num nível superior. (Seria possível empregar, como substituto da galeria, uma plataforma móvel.) O palco assim construído ajuda o paciente a produzir um mundo compatível com os seus estados mentais.

"A largura da primeira plataforma permite um passeio, indo-se de um ponto a outro. Por exemplo, uma cena tem lugar numa enfermaria (terceiro nível, ou superior) e continua num caminho para outro edifício (andando no primeiro nível, ou inferior), onde se realiza uma consulta médica ou se recebe a visita de um parente (terceiro nível, novamente). As colunas podem proporcionar divisões simbólicas do espaço do palco em três salas possíveis, como a sala de espera, uma enfermaria e o gabinete do médico. Também podem ser usadas como postes de iluminação ou cabines telefônicas. Algumas cadeiras e pequenas mesas são os únicos apetrechos cênicos usados e, com eles, produzimos quase todos os cenários que se queiram. Numa cena, numerosas cadeiras colocadas numa linha representaram a amurada do convés de um navio; numa outra cena, essas mesmas cadeiras, dispostas de um modo algo diferente, sugeriram automóveis numa sala de exposição. O paciente-ator "estabelece" o seu próprio cenário, descrevendo para o público a montagem no palco.

"Uma outra característica do traçado desse tipo de teatro é a igualdade espacial dos espectadores e atores. O palco projeta-se na direção do auditório, fazendo do público uma parte integrante da experiência de representação. As cadeiras estão dispostas numa formação curva que é um prolongamento da curva da parede de madeira do fundo do palco, a fim de enfatizar essa unidade. O público simboliza o mundo e, usualmente, contém membros reais do átomo social do paciente-ator ou aqueles que por ele foram escolhidos para atuar como substitutos.

"O equipamento de iluminação inclui uma guarnição lateral que contém quatro circuitos distintos: um vermelho, um azul e dois brancos; um "baby spot" e um pequeno projetor que foram projetados e construídos no hospital, com caixilhos para a inserção de várias placas coloridas de gelatina. O "baby spot" ilumina a ribalta, centrando-se na área do primeiro nível do palco, enquanto que o projetor e as luzes laterais cuidam das restantes porções do palco. Não temos redutores de intensidade luminosa mas podemos, com as várias chaves do painel, graduar a quantidade e a cor da luz da maneira mais propriada para estimular o sujeito em seu processo de aquecimento preparatório de estados especiais de ânimo. Numa cena a bordo de um navio, por exemplo, usamos apenas as luzes azuis laterais, produzindo uma suave luz noturna que ajudou a criar uma atmosfera para o tombadilho de um navio em pleno Pacífico central, por volta da meia-noite."

Modelo de Nova Iorque, 1942

Este modelo é uma réplica grandemente simplificada do modelo de Beacon Hill. Não tem o nível de galeria e ocupa cerca de metade do espaço total. O auditório tem uma capacidade para cem espectadores sentados. Está equipado com um sistema de alto-falantes e ligado a uma sala de gravação onde pode ser registrada a produção que está tendo lugar.

MODELO VIENENSE, 1924

FIG. 1. Exibido pela primeira vez na *Internationale Ausstellung Neuer Theatertechnik* (Exposição Internacional de Novas Técnicas Teatrais), inaugurada pela Cidade de Viena.

MODELO BEACON, 1936

FIG. 2. Palco do teatro terapêutico. Há três níveis concêntricos no palco, com um quarto nível fornecido pelo

MODELO BEACON

FIG. 3. Auditório do teatro terapêutico. Frente ao palco existe um pequeno balcão donde se projetam luzes e efeitos de cores sobre a cena, mediante um operador de luzes que observa a cena e atua de acordo com o que nela ocorrer.

Modelo Beacon
FIG. 4. Um cenário simples.

Modelo Beacon

FIG. 5. Ilustração de uma entrevista psicodramática.

MODELO BEACON

FIG. 6. Ilustra o diretor dando instruções finais a dois egos auxiliares sobre como representar um problema de que compartilham todos os membros do público.

Modelo Washington, St. Elizabeths Hospital, 1940

FIG. 7. Palco do Teatro para Psicodrama no Salão Hitchcock.

Modelo de Nova Iorque, 1942
FIG. 9.

Modelo de Nova Iorque, 1912

Seção VII. PSICOMÚSICA

Psicomúsica: Teoria Geral

Uma das realizações do psicodrama foi a remoção de toda a maquinaria da produção teatral — o autor, o ator, o equipamento cênico — e a devolução do drama ao indivíduo como agente criador. Enquanto o gênio do dramaturgo, a perícia altamente treinada do ator, o dispendioso equipamento do teatro, foram as fontes básicas e as únicas legítimas do teatro, este manteve-se, como forma de expressão, a arte de especialistas e a propriedade de uma elite profissional. As massas humanas estavam excluídas dele. Elas estavam reduzidas a espectadores, ouvintes e patrocinadores. Em sua forma pessoal universal, o teatro mantinha-se subdesenvolvido, inarticulado e sem direção. Por outras palavras, a mais importante fonte potencial de psicocatarse permanecia inexplorada ou inadequadamente usada. O advento do psicodrama devolveu o teatro ao seu simples e mais antigo princípio, à condição de propriedade da humanidade, ao alcance da capacidade de todo e qualquer homem; cada um de nós é um autor ou ator que pode produzir drama ao seu próprio estilo. O método psicodramático realizou essa revolução de duas maneiras: por uma parte, afastando-se de certas conservas culturais, as conservas teatrais, e desenvolvendo um nova fé no fator de espontaneidade — a aptidão para criar em *statu nascendi;* e, por outra parte, voltando a atenção de cada homem para o seu próprio mundo privado, seu próprio corpo e gestos, suas recordações pessoais e experiências cotidianas, em toda a sua singularidade, das quais ele é o melhor informante. Cada homem é o melhor agente para retratar-se a si mesmo e para dramatizar sua situação vital. Um grande ator, ao adicionar ou subtrair uma certa ênfase às ações do sujeito, poderia anular a sua singularidade e distorcer o seu significado.

O psicodrama estimulou-me a um esforço paralelo no campo da música e a que dei o nome de "psicomúsica". Também a música se converteu em habilidade profissional e propriedade de uma elite. Os compositores, os cantores e instrumentistas adestrados, os construtores e proprietários de instrumentos, não obstante todos os esforços de divulgação do ensino de canto e execução instrumental, reduziram a maior parte da humanidade a ouvintes ou a desiludidos e frustrados cantores e instrumentistas. Estes últimos, enquanto tentavam imitar seus pares, foram amiúde postergados por indivíduos mais hábeis na corrida de competição. Mas, assim como o teatro, na forma de psicodrama, também a música, na forma de psicomúsica, pode tornar-se uma função *ativa* para todo e qualquer homem, em sua vida cotidiana. De acordo com a minha teoria psicomusical, o primeiro passo consiste na eliminação analítica dos pretensiosos andaimes do sistema secular de produção musical e no retorno a modos mais primitivos que, provavelmente, estiveram em funcionamento nos primórdios da experiência musical. Naturalmente, assim como o psicodrama não planeja substituir o teatro profissional, tampouco a psicomúsica pretende substituir a música profissional. Ambos têm uma nova função e novos objetivos. Os instrumentos originais do homem foram seu próprio corpo, suas próprias cordas vocais, como produtores de ritmos musicais, e o seu próprio aparelho auditivo como ouvinte. A descoberta de materiais da natureza como os metais e as cordas abriram o caminho para o desenvolvimento da conserva músico-técnica. Com o desenvolvimento dos instrumentos musicais, foi sendo transmitido de mão em mão o avanço da notação musical, uma linguagem abstrata e altamente especializada que, por suas pretensões e seu efeito cultural, nem pode ser comparada à matemática. A situação primária do psicomúsico foi sendo cada vez mais substituída pela situação secundária do músico tecnológico, dependente de formas de expressão diferidas e intermédias. É verdade que a invenção dos instrumentos musicais deu à música um enorme desenvolvimento mas confundiu e desencorajou a forma primária de espontaneidade musical residente no próprio organismo do indivíduo.

Existem duas formas de psicomúsica que ainda se encontram numa fase experimental: (a) a forma orgânica — os instrumentos são eliminados, o organismo converte-se, isoladamente ou em grupos, no único agente musicodramático; (b) a forma instrumental — os instrumentos são reintroduzidos mas como funções e extensões da espontaneidade musical que o organismo humano é capaz de produzir, não como donos e conservadores dessa espontaneidade.

Psicomúsica: (a) Forma Orgânica

De modo análogo ao que ocorre no procedimento psicodramático, o drama psicomusical gravita em torno de quatro problemas: (a) a idéia de participação — como conseguir que o grupo "arranque", para que possa participar, tanto ativa como passivamente, ajudando a definir um tema social e a cristalizar um drama musical; (b) a idéia de espontaneidade — como criar a atmosfera de espontaneidade, como suscitá-la, para que o público seja propenso a abandonar todos os clichês e conservas culturais de sua vida cotidiana, e se disponha a converter-se em pequenos criadores — transformando uma democracia numa criatocracia; (c) a idéia de individualidade, liberdade de experiência — habilitando um indivíduo a ingressar na coletividade sem perder suas características individuais, sem resistir, entretanto, ao coletivo e separar-se dele até ao ponto de isolamento. Tanto a resistência passiva ao grupo como a perda de toda a resistência podem tornar-se igualmente estéreis e destrutivas; e (d) a idéia de liderança espontânea, surgindo do interior do próprio grupo.

A idéia de participação é operacionalmente conhecida como o processo de aquecimento preparatório. Todas as sessões começam, portanto, com o aquecimento preparatório do público. As técnicas pelas quais esses processos de aquecimento preparatório têm lugar varia com a finalidade da sessão e a estrutura do público. O diretor deve sentir e atuar de acordo com as ondas de aceitação e resistência que forem geradas no seio do grupo, com os altos e baixos de espontaneidade que nele ocorram, pois, caso contrário, ele poderá perder o momento estratégico e o controle do público, antes que a própria sessão tenha começado. Numa sessão psicomusical, o aquecimento preparatório do público pode ser produzido por muitos métodos. Um dos métodos mais eficazes é a forma orgânica. O público não pode apoiar-se facilmente em quaisquer instrumentos ou clichês, uma vez que a produção da música deve surgir exclusivamente do seu próprio organismo. O diretor psicomusical produz, diante do grupo, breves cantos musicais que não devem durar mais do que alguns segundos, cada um deles acompanhado de gestos dramáticos, estéticos, dos braços, mãos, cabeça e pernas, movimentos rítmicos no palco que suplementam e conferem substância à expressão vocal. É uma combinação de psicomúsica com um psicodrama mudo. Esses enxertos musicais para aquecimento preparatório do público não são elaborados pelo diretor; surgem espontaneamente dele, de tal modo que raramente está cônscio do significado intelectual ou simbólico dessas ações. O seu intuito é contagiar o público com um entusiasmo espontâneo pelo canto. O diretor tem que saber quando foi atingida a desejável saturação do público com espontaneidade, a fim de que possa então dar início à sessão, propriamente dita. A verdadeira sessão começa quando um sujeito sobe ao palco e representa situações reais ou imaginadas — tal como na rotina psicodramática, após uma breve conferência com o diretor. O diálogo é substituído por exclamações cantadas, acompanhadas de gestos e movimentos. O conteúdo semântico dessas exclamações pode ser uma combinação sem nexo de vogais e consoantes ("idioma de Joe"), a exclamação de palavras sem nexo (ho — my — hey — he — de), uma palavra ou frase de uma língua falada (oh yes — hello — come on — victory — la liberté). Estas devem ser reiteradas em seqüência rítmica, numa voz cantante em crescendo e decrescendo. Situação 1: Joe Brown despertando do sono; situação 2: Joe Brown comendo o desjejum; situação 3: Joe Brown tendo uma discussão matinal com a esposa; situação 4: Joe Brown em sua oficina; situação 5, Joe Brown sendo parado por um patrulheiro, por excesso de velocidade; situação 6, Joe Brown sendo recrutado para o exército; situação 7, Joe Brown marchando como um soldado; situação 8, Joe Brown licenciado do exército, regressando a casa. Toda a exclamação articulada pelo sujeito no palco é ecoada pelo público todo, como um coro. Com freqüência, o público imita os gestos da pantomima do sujeito. A resposta do público segue-se imediatamente a cada um dos breves atos.

À medida que um público aumenta a sua percepção psicomusical, o participante individual pode preservar a sua individualidade de duas maneiras. Por uma parte, deixando de participar no coro se o que este expressa não se coaduna com a sua resposta espontânea, por exemplo, uma oração cristã para um judeu ou uma oração muçulmana para um cristão etc. Logo, está perfeitamente de acordo com o princípio da espontaneidade que certos indivíduos se abstenham, às vezes, de participar, embora participem de novo assim que se considerem em condições de fazê-lo adequadamente. Por outra parte, a individualidade poderá ser também preservada desde que se permita a um ego individual dar sua própria versão dentro de um tom, se isso tornar o canto mais interessante sem quebrar a sua configuração harmónica. Outro método consiste em permitir gradualmente que cada indivíduo vá assumindo a liderança, de um modo espontâneo, e acabe dirigindo a melodia. O grupo total está cada vez mais ativamente empenhado numa criação comum, produzida por todos.

Estas variações individuais estão baseadas no que conhecemos da estrutura do público. É tão certo da expressão psicomusical como da psicodramática que o ator musical representa, por vezes, valores verdadeiramente coletivos que, de um modo geral, são compartilhados por todos os participantes. Outras vezes, ele cai na expressão privada, o que explica por que motivo eles são inadequados para alguns, repulsivos para outros, acarretando uma recusa espontânea de participação. A finalidade do trabalho psicomusical é a catarse psicomusical. A realização da catarse depende do grau de participação e do grau em que a espontaneidade é individual e coletivamente suscitada.

Uma parte significante desse método consiste em levar ao máximo a participação do público e as espontaneidades individuais. Para consegui-lo, deverá selecionar-se no mesmo público, além do líder psicomusical que está no palco, um certo número de líderes psicomusicais que permaneçam no seio do grupo. A liderança psicomusical pode, assim, passar do diretor em cena para um dos diretores no público, que então se converte no foco do canto por algum tempo. Será útil se a liderança musical se transferir para um diretor no público e este se deslocar para um ponto selecionado no seio do público, de modo que ele seja visível a todos.

Psicomúsica: (b) Forma Instrumental

Em Nova Iorque, durante os anos de 1930 e 1931, renovei os meus esforços do período do *Stegreiftheater* vienense para desenvolver uma orquestra dc improvisação e descobri um conjunto de músicos em Jack Rosenberg e seus colaboradores, Louis Ackerman, Joseph Gingold, Samuel Jospe, Eli Lifschei e Isaac Sear, todos membros da Orquestra Filarmônica de Nova Iorque. Todos eles manifestaram não só entusiasmo pelo trabalho mas também a necessária coragem inicial para empreender um experimento que não tinha precedentes nos anais da música. A orquestra *impromptu* teve sua primeira audição pública no *Guild Theatre* de Nova Iorque, a 5 de abril de 1931. Corriam os dias pré-swing e o evento estimulou o desenvolvimento da música "swing".

A improvisação musical sempre foi exercida pelos mestres. Mas era mais uma indicação de uma alma transbordante do que de uma conscientização clara do seu significado. Somente o produto acabado tinha "valor real". Portanto, mesmo nas épocas em que a improvisação era usada, ela acontecia de um modo algo acidental. A improvisação nunca foi um foco *per se.* O criador musical nunca tentou inventar técnicas para aperfeiçoar a capacidade de criação espontânea dos homens. As improvisações continuaram sendo improvisações, acidentes. Eram rudimentares.

Foi por isso que a improvisação nunca se desenvolveu como uma ciência ou uma arte *per se.* Em comparação com o século XIX, o impulso para improvisar está em declínio. A composição acabada, o "negócio" final de qualquer esforço criador, controla a nossa cultura mais do que nunca. Como revolta contra essa situação, tentei levar à atenção pública o valor da criação imediata, em comparação com os perigos do robô. Não me pareceu que o problema pudesse ser resolvido por teorias ou "slogans" românticos, como os princípios "dionisíacos *versus* apolíneos" de Nietzsche. Comecei, pois, realizando experimentos.

Descobri que na música, tal como no teatro de improvisação, era comparativamente simples a improvisação por um só indivíduo mas que a improvisação por um grupo apresentava novas dificuldades. Era um problema social. Estabelecemos como norma de nossos experimentos que os temas não deviam ser repetidos; um estudante devia, contudo, ser adestrado para criar com uma liberdade tão completa quanto possível de suas tentativas prévias. Foi feita ainda uma distinção entre improvisações que eram variações sobre o mesmo tema e improvisações em que o tema era novo para o estudante.

Os membros do nosso pequeno conjunto iniciaram às cegas o experimento de grupo, confiando primeiro no ouvido, sem qualquer idéia preconcebida sobre o modo como iriam cooperar. Eles tiveram de aprender, por seus fracassos passados, que métodos de cooperação eram necessários para evitá-los. Mas os ciganos não eram bons exemplos? Não se poderia aprender deles as técnicas da cooperação espontânea (não ensaiada)? Embora o cigano tenha, possivelmente, mais dotes para a música espontânea que qualquer outro grupo de pessoas, há muito pouco a aprender deles. A improvisação musical do cigano é muito eficaz mas ele só improvisa num nível rudimentar e primitivo. Raramente usa mais de uma corda e se o chefe de orquestra inicia uma melodia, os seus colegas acompanham-no cegamente. Portanto, tivemos de estudar por nossa própria conta as condições de cooperação eficaz e descobrir algumas regras práticas. Para nosso pesar, descobrimos que, no meio musical, somente os homens que dominam seus instrumentos são capazes de um trabalho espontâneo. Como sabemos, a situação é algo diferente no meio teatral. Não é necessário ser um ator experimentado e profissional para que se tenha um desempenho improvisado eficaz. Em contraste, a deficiência técnica no manejo de um instrumento musical torna a improvisação uma tarefa quase impossível. A razão desse contraste é simples. No caso do ator, o instrumento com que ele executa, o corpo, foi herdado. Começou atuando com ele muito antes de representar num palco. Com freqüência, alcança uma elevada habilidade histriônica sem ser ator profissional. Mas, no meio musical, o instrumento está fora do criador. Antes de dominar os instrumentos musicais de um modo tão completo como até uma criança controla o seu próprio corpo, precisa de um adestramento muito intenso. Além disso, redescobrimos a antiga verdade de que ser um mero técnico profissional não é bastante para improvisar adequadamente. Um bom técnico pode passar, quando se trata da produção orquestral de conservas musicais. Mas, no trabalho de improvisação, ele precisa ter, mais do que nunca, um bom ouvido musical. Presumimos que existam, em nossa época, muitos artistas, musicais ou outros, cujos centros cerebrais "espontâneos" (que supomos aqui existirem difusamente espalhados por todo o cérebro, não localizados) e, portanto, o seu sentido de espontaneidade, estão sofrivelmente desenvolvidos, encontrando-se, por assim dizer, num estado embrionário, deplorável fruto de uma época cujos métodos de produção desencorajaram a espontaneidade. Entretanto, nunca encontrei indivíduos em que o sentido de espontaneidade não se fizesse presente, em menor ou maior grau.

Tivemos de esquecer, por momentos, o argumento do cético quando afirma que a música é uma "ciência exata" e que, mesmo se a improvisação de grupo é possível, a produção é carente de valor, sob um ponto de vista artístico. Tivemos de esquecer as guerras teóricas travadas entre os compositores clássicos e modernos. O mesmo fizemos a respeito da música "abstrata" e dos protestos contra o drama musical de Wagner. Tivemos de encontrar o nosso próprio caminho. Tivemos de alcançar diferentes técnicas de criação e desenvolver uma diferente estética dos valores musicais. A música já existia antes de ser uma ciência exata.

Descobrimos ainda o que poderia ser designado como "Transferência Musical". O maestro ou o executante do primeiro instrumento sugere o tempo comum, por exemplo, os movimentos ternário ou quaternário. Então, a liderança, durante a produção, pode ser transferida a intervalos de um instrumento para outro. Nenhum sinal especial se faz necessário. A mudança de liderança é reconhecida e obedecida.

Um elemento parece ser de grande importância para o desenvolvimento da improvisação orquestral. Trata-se de encontrar um método que permita influenciar a imaginação, aumentar a inspiração. Não é suficiente que um certo número de homens toquem juntos e satisfaçam as regras da ciência exata. Eles têm de criar algo. Ora, o produto musical como tal é, sem dúvida, uma unidade indissolúvel, e algo intraduzível para um outro vocabulário. Mas, por mais que possa constituir um mundo separado, logo que se transforma num produto acabado, e mesmo durante o ato de sua própria criação, está certamente determinado por outras influências que não são puramente musicais mas religiosas, éticas, sociais e psicológicas. Embora tais influências dificilmente sejam encontradas nas realizações musicais, elas tiveram por certo um papel no que se refere a preparar e inspirar a mente dos compositores e suas concepções. Este problema foi de escasso interesse para o intérprete filosófico da música. O seu objetivo era a composição acabada. E nesta só descobriu e derivou as maravilhosas regras da ciência musical. Mas, do ponto de vista da improvisação, as coisas são diferentes. Aqui não existe produto acabado. A ciência, mesmo que seja conhecida, é posta entre parênteses. O compositor e o executante são aqui um só. As influências que possam ter atingido um Beethoven ou um Bach como pessoas privadas, no ato de produção musical, também interessam àquele. Que influência tiveram sobre Beethoven seu pai e sua mãe, seus professores? Que influência teve o *Fausto* de Goethe sobre Beethovem? Por outras palavras, as associações musicais que Beethoven produziu, passo a passo, durante toda a sua vida, não estavam somente condicionadas por uma pura transferência musical mas também pela soma total de suas experiências. Portanto, é admissível, pelo menos ao nível em que hoje se encontra a produção musical improvisada, inspirar os músicos através de procedimentos e recursos psicológicos, mediante um ato de transferência, tal como no teatro de improvisação. Isto poderá soar horrível aos mestres da música abstrata. Mas provavelmente ficarão menos ofendidos se se aperceberem do seu verdadeiro significado. O diretor indica um tema ao grupo, um tema dramático, em termos teatrais e não musicais, usando uma certa técnica de transferência. Por exemplo, um casal de negros sobe as escadas para o seu quarto. Esta é a sua noite de núpcias. É o primeiro movimento teatral. De súbito, ela empurra o homem e joga-o pela janela para a rua, onde ele jaz imóvel; a mulher passa do ciúme e desespero à loucura. Este é o segundo movimento teatral. Agora, o homem levanta-se e sobe a escada, de navalha na mão, decidido a matar a mulher. Este é o terceiro movimento teatral. Mata-a em seu leito conjugal. Este é o quarto movimento teatral. Esta história é transferida ao grupo por um homem particularmente dotado e adestrado para sugerir. A tarefa dos músicos, agora, não é ilustrar ou interpretar essa história nem produzir a sua duplicata musical mas inspirar-se nela e ajudar os movimentos psíquicos que levam à libertação de associações musicais. Esses atos de transferência operam como os catalisadores nas reações químicas e podem ser comparados às transfusões de sangue. Os quatro movimentos teatrais acima citados incutem uma determinada ordem na sucessão da liderança instrumental. Conferem ao produto um ar de unidade, uma tendência empática para uma meta. Essa transferência verbal é mais drástica mas semelhante às grandes caminhadas que Beethoven costumava dar através dos jardins de Baden ou à Bíblia que Bach costumava ler antes de compor.

Tratamento Psicodramático da Neurose de Desempenho

Sinopse

Até à data, as definições de criatividade têm sido insatisfatórias porque os conhecimentos em que se basearam eram incompletos. Mas, desde que se iniciou o trabalho da espontaneidade num meio controlado, a nossa compreensão da criatividade foi grandemente ampliada. Este estudo faz uso desses novos conhecimentos. Procura enunciar o que é criatividade, discutir e exemplificar amplamente os desvios patológicos em relação ao novo quadro de referência. Um quadro de referência, uma norma de valores culturais, é a criatividade espontânea, tal como se manifestou ou deixou de manifestar em cada fase de uma dada cultura. Mediante os testes de espontaneidade e os critérios analíticos deles derivados, podem ser estudados os estados de criatividade de pessoas e culturas e determinados os desvios patológicos em relação à norma. Os estados de criatividade espontânea podem ser usados como medida das constelações de qualquer cultura, o montante e o grau de sua espontaneidade (quociente de espontaneidade). O resultado dessa análise de culturas seria uma escala de padrões culturais que tivesse num extremo os tipos conservadores e no outro extremo os tipos espontâneos, com muitos estágios intermédios. Assim como o adestramento de espontaneidade pode ser empregado eficazmente como terapia corretiva para indivíduos específicos, vivendo no meio de um tipo conservado de cultura, também seria ainda mais útil como corretivo para toda uma cultura que é transplantada para um meio espontâneo.

Introdução

A influência que os padrões culturais exercem sobre pessoas específicas e vice-versa, a influência que a criatividade de pessoas específicas tem na formação de padrões culturais, é um problema que ocupa a mente dos pesquisadores em muitos campos científicos. O problema diz igualmente respeito à antropologia cultural, à sociologia, à psicologia e à psiquiatria. Neste capítulo foi elaborada uma metodologia que tenta desenvolver o processo de criatividade, desde suas fases espontâneas iniciais, através de suas fases intermédias, até ao produto acabado.

O destino de uma cultura é decidido, em última instância, pela criatividade dos seus agentes portadores e transmissores. Se uma doença das funções criadoras afligiu o grupo primário, os homens criadores da raça humana, então será de suprema importância que o princípio de criatividade seja redefinido e que suas formas pervertidas se comparem com a criatividade, em seus estados originais. Este problema não foi devidamente examinado. A criatividade, como quadro de referência, não foi estabelecida e, assim, faltou uma base para a crítica dos desvios. A psiquiatria limitou-se à neurose e psicose do intelecto mediano. Foi negligenciado o paciente de mentalidade criadora. São freqüentemente desorientadoras e errôneas as análises de obras de gênio ou a análise retrospectiva do gênio, na base do material obtido de pacientes de mentalidade mediana. Portanto, a tarefa do psiquiatra consiste em enfrentar a pessoa de mentalidade criadora, no seio de suas dificuldades dinâmicas.

Apresentação do Problema

O sujeito (A. S.), de 45 anos de idade, é um notável violinista. É primeiro violino de uma famosa orquestra sinfônica. Compõe e dirige um conservatório musical. Quando toca perante um público numeroso, sente tremores em sua mão direita. Os tremores iniciam-se no polegar, espalham-se a todos os dedos de sua mão direita e atingem o pulso. O estado piora à medida que continua tocando. Finalmente, toda a mão treme. Ele procura ansiosamente tornar mais firmes os movimentos do arco, para que os sons não saiam tremidos. Receia que, se isso acontecer, todo o público e seus colegas se apercebam do fato de que algo está errado com ele. Quando tenta firmar o arco, os sons que este produz perdem toda a beleza e qualidade que sua execução tem usualmente. Segundo a sua própria expressão, "as cordas tornam-se frias e mortas". Finalmente, também a mão esquerda que segura o violino fica rígida e o seu toque perde equilíbrio e suavidade. Como esses ataques ocorrem amiúde, ele teme tocar em público. Usualmente, o acesso tem lugar quando ele está tocando com a orquestra, perante uma platéia numerosa, e sempre que executa um solo. O paciente também sofre tais acessos diante de um público invisível (apresentações radiofônicas). Nunca tem ataques quando está tocando sozinho, na presença de sua esposa ou quando ensina os seus alunos.

Método de Tratamento

Planejei um método de tratamento que é um método de *ação direta.* Em vez de retirar o paciente da realidade, colocando-o numa situação analítica, procurei viver com ele todo o desempenho real. O paciente está com seu violino no teatro terapêutico. Vê diante de si um minipúblico cuja constelação se modifica de tempos em tempos. Ele é tratado numa atmosfera livre de situações hipotéticas, símbolos, complexos e experiências traumáticas. Por outras palavras, a técnica psicanalítica foi substituída por uma técnica psicodramática e psicomusical.

O Instrumento

O seu violino é um antigo Stradivarius. Na relação do artista com sua obra, têm de ser considerados numerosos fatores. Primeiro, temos a relação entre o artista e o seu instrumento — o fator de *ajustamento*.

O instrumento é exterior a ele. Não faz parte dele, como sua voz quando canta ou suas pernas quando dança. É um organismo estranho. Um aluno aprende a incorporar o violino de modo que este se converte numa parte dele, para que possa usá-lo o tempo todo da mesma forma que usa sua voz quando canta ou suas pernas quando anda. Algumas pessoas desenvolvem o medo de andar, falar, cantar ou escrever. Uma perturbação semelhante pode se desenvolver num aluno em relação ao seu violino. Esse temor desenvolve-se mais facilmente quando o instrumento é independente da pessoa. Um violino é mais independente de uma pessoa que a sua própria língua. O hiato entre o artista e o violino pode ser uma das razões que desenvolvem o desajustamento. O problema do ajustamento difere de instrumento para instrumento. É diferente com um violino, um piano e um órgão. Por exemplo, o piano é uma unidade mas um violino consiste em duas partes independentes, o instrumento que contém as cordas e o arco. O instrumento de corda tem de ajustar-se à mão esquerda; o arco será ajustado e guiado pela mão direita. Assim, tocar violino é uma combinação de movimentos: o braço esquerdo segura-o, a mão esquerda dedilha-o e a mão direita maneja o arco. Podem-se insinuar algumas formas de ansiedade suscetíveis de produzir uma dificuldade de desempenho entre o instrumento e a mão. No caso do nosso paciente, o efeito vibratório poderá provir da mão direita que tremia ao guiar o arco sobre as cordas. Poderá se espalhar da mão esquerda tremente, quando ela se desloca ao longo das cordas. Talvez seja precipitado quando o paciente toca numa certa chave ou num determinado tempo, forte ou pianíssimo.

Além disso, todo e qualquer artista desenvolve uma relação pessoal com o seu instrumento particular. A luta que ele sustentou durante o processo de ajustamento produz nele, com freqüência, sentimentos de ternura para com o instrumento. O nosso músico, por exemplo, sente ciúmes se alguém toca em seu violino, tal como um outro homem pode ser ciumento em relação a uma mulher.

O segundo fator é a relação do músico com a música que produz. Já esclarecemos que o violino é estranho ao seu corpo e que o intérprete tem de passar por todo um processo de ajustamento gradual, até que o instrumento se converta numa parte integrante de sua própria pessoa. Analogamente, as peças musicais que ele reproduz são-lhe estranhas. Não promanam do seu íntimo; não estão feitas com a sua própria substância psíquica. São criações de outras mentes, produtos acabados.

O terceiro fator é econômico. Quando o nosso músico comprou o seu violino, isso representou um importante investimento. Agora, é tão valioso para ele quanto a voz pode ser para um cantor. É a fonte de sua renda.

A Orquestra

Um outro e importante problema de ajustamento do músico é a sua posição na orquestra. Ele e o seu instrumento são parte de um grande todo. Primeiro, há a posição simbólica que o seu instrumento ocupa dentro de uma certa peça musical a ser orquestrada e para o qual o compositor já tomou as devidas disposições. O compositor, quando cria uma sinfonia, é como um maestro utópico. O seu universo musical é organizado com perfeição. Cada instrumento tem nele um lugar definido e irremovível. Ele não existe por si mesmo mas está em relação definida com o lugar que cada um dos outros instrumentos ocupa. A posição musical de um instrumento corresponde a um certo número de outras posições musicais definidas que são interdependentes; a sua totalidade faz uma sinfonia. A inter-relação de duas ou mais posições musicais pode ser denominada a *tele* musical.

Assim, uma sinfonia orquestral é um átomo cultural, uma analogia estética com o átomo social e a estrutura social. Como aspira à perfeição simbólica, tem uma analogia na esfera teológica. Supomos que Deus criou o mundo de tal maneira que cada criatura tem seu lugar e funciona dentro dele. Um maestro dirige e a interação de todos produz o universo musical.

Em segundo lugar, temos a posição real do músico como homem e como artista, dentro de sua qualidade de membro de uma dada orquestra. O paciente toca violino numa certa orquestra sinfônica. Se ele tocasse violoncelo ou flauta, isso poderia, já por si, alterar a sua posição mas ele está no naipe dos primeiros violinos. É o primeiro violino. Portanto, está numa posição diferente da que teria se fosse, meramente, um dos violinistas. A sua orquestra é composta de mais de cem homens. Ele está extremamente apreensivo sobre os sentimentos que os demais colegas possam alimentar em relação a ele e ao seu papel. Está mais interessado nos primeiros e segundos violinos do que nos violoncelos, harpas ou flautas.

O maestro é o símbolo central da orquestra. O nosso sujeito e o maestro têm uma *tele* mútua positiva. Existem muitos outros homens que se esforçam por tornar-se o primeiro violino. Entre eles há um francês junto de quem o paciente costumava sentar-se na orquestra, um professor italiano e um professor universitário que tinha sido educado na Europa. Nàturalmente, todos eles o invejavam. O paciente afirma que, quando está tocando, eles o olham, sorriem irônicamente, e torcem para que ele fracasse.

Átomo Social

As peculiaridades do paciente podem ser atribuídas ao desenvolvimento do seu átomo social. Se a quantidade de sua tele pudesse ser medida, verificaríamos que a maior parte da sua energia é consumida pelo seu interesse artístico e suas relações com a orquestra. Somente uma pequena porção dela está livre e vinculada aos membros de sua família e aos amigos. O seu átomo social está categoricamente dividido em duas esferas cujas relações mútuas são quase nulas. Ele tenta manter uma parte distante da outra, assim como se esforça por manter separadas as duas pessoas que existem dentro dele. Não convida os seus colegas para sua casa e não gosta que os seus familiares e amigos assistam aos seus concertos. Sua esposa não vai aos seus concertos há mais de dois anos. A família parece insignificante e sem importância para o paciente. Ele e os membros cruciais de sua família foram entrevistados. O seu *status* sociométrico, quando o tratamento começou, está reproduzido no Sociograma 1.

O pai, que morreu quando sofria de uma doença mental, criticava a vocação de seu filho. O filho, por sua vez, ressentia-se com a oposição do pai. Mãe e filho não se davam bem. Após a morte do pai, ela viveu sozinha. A avó tinha vivido com sua família mas sentia-se rejeitada por todos e suicidou-se. O paciente nada tinha em comum com a sua irmã mais velha. Ela e seu marido viviam na água-furtada da mesma casa. O marido brigava com a família. Após uma discussão violenta, ele também cometeu suicídio. A irmã mudou-se, alimentando um amargo ressentimento em relação ao paciente. A sua irmã caçula era a menina bonita do pai. Havia ciúme entre ela e o paciente. Depois casou e passou a viver numa cidade vizinha mas há muitos anos que ela e o paciente não se visitavam. A esposa do nosso paciente entende pouco a arte do marido. Prefere a música popular à clássica. Não têm filhos. O paciente vive na mesma casa com os sogros. Tem havido atritos.

O sociograma também retrata as relações do paciente consigo mesmo, a sua *autotele*. Revela um violento desagrado pela aparência social da sua personalidade, o seu ego-espelho privado. É um mau homem de família. Não quer ter filhos. Todos os seus sentimentos convergem para o desejo de ser um grande artista. Desenvolveu uma auto-imagem muito forte, uma pessoa capaz de demonstrar poder criador. Em relação a essa imagem, a imagem do seu ego criador, sente uma forte tele positiva. Mas, depois que contraiu a sua doença, a crença em seu destino viu-se abalada. O relacionamento com sua arte, que insufla significação à sua própria vida, foi perturbado. Pensou em suicidar-se. Realizou débeis tentativas de ajudar-se e, finalmente, decidiu consultar um psiquiatra.

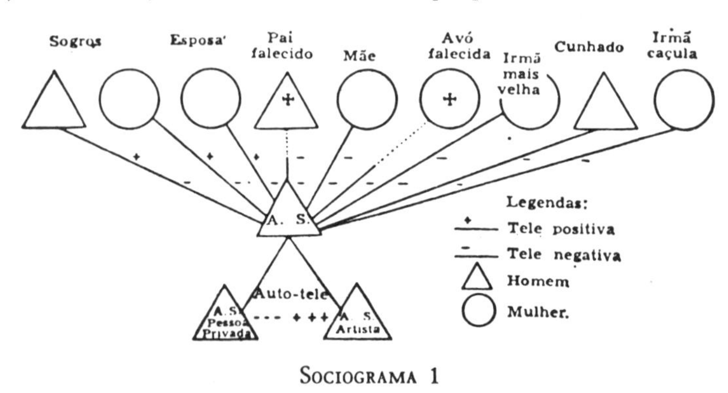

SOCIOGRAMA 1

A personalidade do artista criador está dividida em dois papéis fundamentais na vida. Essa divisão é o resultado de um desenvolvimento normal. É o produto de uma necessidade e não da doença. Um padrão é a sua personalidade privada. Começa no momento da concepção e termina com a morte. O outro padrão é um específico processo criador artístico que pode começar em qualquer período de sua vida. Com o nosso paciente, começou no início da adolescência, quando foi estabelecida uma relação com o violino. O poder criador artístico pode extinguir-se em qualquer momento, antes da morte, e pode continuar influenciando o mundo depois da morte. Esse novo processo criador, o nascimento de um ego criativo, não é idêntico ao nascimento biológico; tampouco a morte criativa de uma pessoa é idêntica à sua morte biológica. Esses dois processos podem, às vezes, estar intimamente interligados. Mas é proveitoso estudá-los em separado. Em pessoas de gênio criador, o processo criativo artístico domina, mais ou menos completamente, a pessoa biológica. Esta pode converter-se em para sita daquele. O ego criador é suscetível de usar, ferir e destruir o ego privado. Isto é uma das razões por que as vidas privadas de Beethoven, Dante ou Dostoievski podem ser consideradas, meramente, o material donde eles extraíram estímulos contínuos. A pessoa de gênio criador é cruel para os membros do átomo social e até para si mesmo, se isso for útil ao produto criativo.

O paciente está mais estreitamente relacionado com objetos, símbolos e papéis do que com pessoas reais. Traçamos aqui um sociograma especial para retratar essas relações. O Sociograma 2 é uma contraparte necessária do Sociograma 1. Combinados, eles retratam o padrão total do seu átomo social.

O violino é o símbolo central. A tele em relação a ele está dividida numa tele em relação ao corpo do instrumento e numa tele em relação ao seu arco. Uma indicação da intensidade da tele do violino é o tempo que o paciente gasta com ele. Raramente é visto sem o instrumento. Existe uma tele positiva para composições tais com a Sinfonia em Si Bemol Maior (Opus 20), de Chausson, e o Concerto em Ré Maior (Opus 61), de Beethoven. Tem uma tele positiva em relação a composições semelhantes. O seu professor de música (T. A.), já falecido, também sofria de tremores. O melhor amigo de sua adolescência era um estudante de música (G. R.) que enlouqueceu e se suicidou numa clínica mental. As teles positivas e nega-

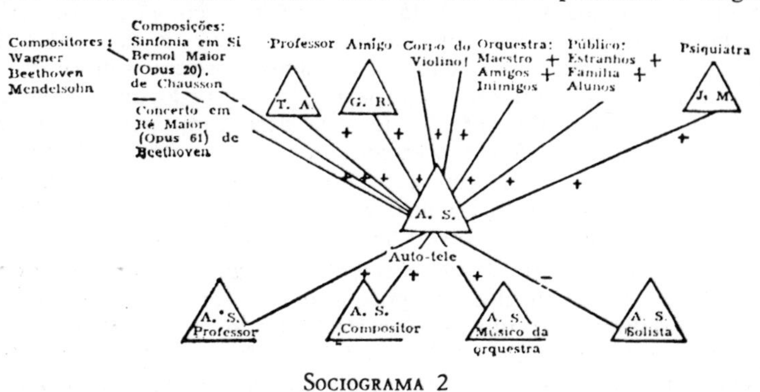

Sociograma 2

tivas são retratadas em relação a vários membros da sua orquestra. A sua tele positiva para o maestro é peculiarmente afetada pelas simpatias e antipatias que o maestro alimentava em relação aos demais membros da orquestra. Tem uma tele negativa em relação a numerosos colegas, sessenta dos quais ele considera seus inimigos. Embora os conheça superficialmente, tem uma clara imagem da opinião deles. É ciúme. Pensa que eles estão a par dos seus tremores e falam a esse respeito. O paciente estabelece uma distinção quando está tocando com a orquestra, em sua fantasia, e quando está realmente tocando com ela. Quando pensa na orquestra, vê-se sempre fracassando, cometendo erros. Quando está executando com ela, sente que o maestro, à sua frente, o encoraja e que dois violinos, na quinta fila, tentam arrasá-lo. A tele é dirigida para os seus amigos musicais e os seus alunos que se encontram no público. As pessoas desconhecidas ou com quem fala pela primeira vez perturbam-no. Os membros da sua família não o perturbam mas não lhe agrada a presença deles. A autotele positiva para consigo mesmo, como agente criador, está subdividida nos papéis de professor, compositor, membro da orquestra e solista. É negativo a respeito de si mesmo como solista e positivo em todos os outros casos. Desde que o tratamento começou, desenvolveu-se uma tele positiva em relação ao psiquiatra que o trata.

Experimentos Diagnósticos

Há alguns pacientes que colocam o psiquiatra numa situação embaraçosa. Se têm um distúrbio mental, não querem perder a enfermidade mental. Têm o medo e a suspeita de que perderão com ela a própria base de sua criatividade. A sua verdadeira identidade é a que possuem como criadores. A semelhante pessoa não importa ser neurótico como pessoa privada, desde que isso a ajude a ser um criador na vocação que escolheu. A saúde e o equilíbrio mental podem significar a morte para a sua missão mais profunda. Recordo um paciente, um poeta, que tinha sofrido de uma desordem mental e fora tratado com êxito. Reclamava que, desde a sua "cura", perdera todo o seu poder criador. Sentia-se terrivelmente desgraçado. Queria que a sua antiga neurose lhe fosse "devolvida". A neurose talvez pudesse devolver-lhe a sua criatividade.

O nosso paciente é um excelente exemplo ilustrativo desse problema. Veio consultar-me porque queria ser um músico criador. Acreditava ser um criador prejudicado. Sabia estar desajustado como marido e filho. Sofria de fantasias sexuais obscenas, de instintos de batoteiro, de estados de auto-acusação e depressão. Mas temia perder esses desajustamentos da sua pessoa privada. Com eles poderia desaparecer a sua criatividade. O que constituía para ele a norma não era a sua personalidade privada. Ele tinha uma nova norma, a decorrente dos seus objetivos criadores. O problema obrigou-me a desenvolver um método de tratamento que se afastava dos procedimentos psiquiátricos conhecidos. Deixei dormente o ego privado do paciente, considerando-o apenas secundário, mas estudei detalhadamente o desenvolvimento do seu ego criativo. Primeiro, localizei as falhas em seu processo criativo e, depois, inventei corretivos para essas falhas.

A condição do paciente foi aliviada no teatro terapêutico. Os seguintes experimentos diagnósticos foram levados a efeito: O paciente "toca" sem o arco. Ele "toca" sem o violino, propriamente dito. "Toca" sem qualquer instrumento. "Toca" sem público. "Toca" perante diferentes públicos. Executa um solo. Toca num grupo. Toca uma conserva musical, forte e pianíssimo. Improvisa uma música sem nexo. Improvisa um tema que exprime agressão e um tema que expressa ternura.

No primeiro experimento, o paciente "toca" sem arco. Faz de conta que tem na mão direita um arco, que ele move para cima e para baixo. No segundo experimento, "toca" sem o próprio violino. Finge que segura o violino e que dedilha as cordas com os dedos da mão esquerda. No terceiro experimento, está sem qualquer instrumento. Ele tenta visualizar, durante todos estes testes, uma certa peça musical que está "tocando". Pede-se-lhe que imagine estar tocando para um surdo-mudo que não ouve os sons mas unicamente vê o corpo vibrante do artista e os movimentos de suas mãos.

O paciente não dá sinais de tremor nesses testes. Não treme porque o instrumento foi eliminado. É uma execução em fantasia. O tremor remonta à evolução da sua aprendizagem de violino. O seu excesso de espontaneidade torna desagradável a tarefa de ajustamento a um instrumento técnico. Os seus primeiros professores de música desencorajaram e quase arruinaram as tendências espontâneas de sua compleição artística. Um músico pode ir mais além da música "fonética" do executante de um instrumento, para chegar à música interior do compositor dotado de capacidade criadora. Um Beethoven que se libertou de todos os instrumentos e que, graças à surdez, deixara até de ouvir os sons, atingiu um grau de espontaneidade que é muito mais profundo que a espontaneidade limitada do instrumentista.

A nossa tentativa foi a de reconstruir o mais alto nível possível de criatividade espontânea. Mas até Beethoven, o homem criador por excelência, elaborou veículos específicos de expressão que eram indispensáveis ao particular processo em que ele estava empenhado. Não foi um criador livre. Estava limitado a criar dentro de um certo quadro de referência: a conserva da notação musical. Até o maior compositor musical de nossa cultura tem de aceitar esse quadro de referência.

Dentro desse quadro, não só a execução deve ser espontânea mas devem sê-lo também o corpo do executante e as fantasias que acompanham o ato criador. Os gestos concomitantes, os estados de ânimo que o precedem — tudo deve ajustar-se numa constelação harmoniosa. Eles são o terreno de que se nutre o desenvolvimento saudável da personalidade criadora. A experiência distorcida nos primeiros anos desse desenvolvimento têm um efeito semelhante, sobre o resultado de tal personalidade, ao que um adestramento deficiente tem sobre o desenvolvimento do ego privado de uma criança que ainda esteja no berço e no seu quarto infantil. O "berço" do ego criativo, as escolas de música, as escolas de teatro e as escolas de dança, converteram-se, em nossa era tecnológica, em insalubres lugares de adestramento para todos os tipos de aptidão genuína.

O teste seguinte colocou o paciente diante de públicos distintos. O primeiro público consiste em pessoas que ele conhece e a quem considera amigas. Não manifesta qualquer indício de tremor. Entra um membro da nossa equipe, a quem não conhece, e imediatamente o paciente teve um violento ataque de tremores. Após várias sessões, logo que se familiarizou com essa pessoa, a sua presença já não causa tremor algum. Durante a sessão seguinte, reúne-se um público que consiste em pessoas estranhas e outras que não gostam dele. O paciente começa mal e tem um severo ataque de tremores. Quando o público é tão vasto que ele não pode abrangê-lo todo com a vista, é mais propenso a ter um acesso do que quando o público se compõe de um punhado de pessoas escolhidas. Parece ter as formações em rede e em cadeia de "mexericos", as imagens que fazem dele, as quais são mais difíceis de controlar se o público é numeroso.

O efeito perturbador que o público exerce sobre ele pode ser explicado se recordarmos a constelação do seu átomo social. O seu ego privado está cercado de pessoas em relação às quais manifesta indiferença. Por sua vez, elas não o apreciam: *Nemo propheta in patria.* Contudo, em suas fantasias, a imagem que tem de si mesmo é a de um gênio criador que conquistará o mundo, que nele encontrará admiradores, seguidores, irmãos e irmãs de uma espécie mais elevada. Um público que é formado por pessoas que pertencem ao seu átomo social primário, se bem que não o inspire tampouco o perturba. Sua mãe, sua irmã e sua esposa, não precipitam nele aquela angústia que o impele a um desempenho incoerente e neurótico. As pessoas que o perturbam pertencem todas àquele novo átomo social secundário que é capaz de inspirá-lo e do qual se esforça por recrutar uma massa de seguidores. Foi justamente nessa tarefa que ele fracassou.

Esse público, ante o qual se vê a si mesmo apresentando um desempenho como um ego criador, assumiu proporções super-humanas. Está repleto de seres a quem sente mais como símbolos do que como criaturas reais, a quem sente como severos juízes e críticos. Essa situação não surgiu recentemente. Leva-nos de volta a uma época em que o novo ego criador foi concebido nele. Nesse tempo, quando começou a rejeitar sua família, finalmente, a si mesmo como parte dela, procurou dois substitutos: um novo ego e uma nova mas superior família.

No teste seguinte, tocou primeiro como solista e, depois, num grupo, diante de vários públicos. Na execução a solo, os tremores apareceram quase regularmente. Quando tocou num grupo, apareceram com menor freqüência. O paciente relatou que sofria um choque em qualquer dos casos mas que o superava mais facilmente e o ocultava melhor. A personalidade dos co-executantes e a relação destes com o paciente tanto o encorajaram como o desencorajaram na execução em grupo. Assim, tal como o maestro da orquestra, todos os membros do grupo converter-se-iam em seu ego auxiliar e influenciariam o seu desempenho. Numa execução a solo, por outro lado, não encontrava socorro em seu íntimo nem apoio proveniente do exterior.

No grupo seguinte de experimentos, testamos a qualidade do seu desempenho na execução de diversas composições, conservas musicais de vários compositores, com especial ênfase em certos tempos e tons. O paciente selecionou o Concerto em Ré Maior, Opus 61, de Beethoven, para violino. Durante a execução começou a tremer.

Há obras que sobrevivem aos seus criadores e acabam por dominar os padrões culturais do homem. Sobrevivem por causa de certos processos tecnológicos que as conservam. Essas conservas podem penetrar na carne do artista e controlar o seu íntimo, como, por exemplo, no caso do ator; ou então proporcionam formas tecnológicas com um conteúdo, por exemplo, os livros. Podemos visualizar um período de civilização antes delas serem descobertas. Existem *conservas culturais* subjacentes em todas as formas de atividades criadoras — a conserva alfabética, a conserva numérica, a conserva lingüística e notações musicais. Essas conservas determinam as nossas formas de expressão criativa. Podem funcionar uma vez como força disciplinadora, outras vezes como um obstáculo. É possível reconstituir a situação da criatividade num período anterior às conservas que dominam a nossa cultura. O "*homem pré-conserva*", o homem do *primeiro universo,* não possuía notações musicais com que pudesse projetar as experiências musicais de sua mente, nem notações alfabéticas com que projetar na escrita suas palavras e pensamentos. Não tinha notações matemáticas que pudessem converter-se na base da ciência. Antes de ter selecionado os sons e as vogais que, partindo de uma massa inarticulada, se desenvolveram até constituir a nossa linguagem, devia ter uma relação com o processo de criatividade que era diferente da do homem moderno, se não na própria fonte, certamente na projeção e expressão. Quando tiramos ao paciente uma conserva após outra e nada mais resta senão a sua personalidade a nu, o homem pré-conserva fica mais próximo da nossa compreensão. Ele deve ter sido guiado pelo processo de aquecimento preparatório que é inerente ao seu próprio organismo, sua ferramenta-mestra, isolada no espaço, ainda não especializada, mas que funcionava como uma totalidade, projetando em expressões faciais, sons e movimentos, a visão de sua mente. Uma espécie de psicodrama deve ter sido a matriz de muitas formas de conservas culturais primitivas que, gradualmente, se converteram no núcleo central de uma cultura em desenvolvimento. Os sons articulados por ele originalmente, um simples recurso para tornar tão expressiva quanto possível uma situação vital, desenvolveram-se gradualmente até chegar ao resíduo fonético do primeiro alfabeto que foi selecionado de preferência a outros sons. Encontramos um remanescente da técnica do psicodrama pré-conserva na fase preparatória de toda e qualquer criação individual. As inspirações que levam um homem criador a produzir uma obra de arte são espontâneas. Quanto mais original e profundo é o problema que um gênio se propõe, mais ele é compelido a usar, como o homem pré-conserva, a sua própria personalidade, como ferramenta experimental, e a situação que o cerca, como sua matéria-prima.

A luta com as conservas culturais é profundamente característica de nossa particular cultura; expressa-se em várias formas de tentativa para escapar delas. O esforço de evasão do mundo conservado é semelhante à tentativa de retorno ao paraíso perdido, o "*primeiro*" universo do homem, o qual foi substituído passo a passo e sobrepujado pelo "*segundo*" universo em que hoje vivemos, como adultos. É provável que todas as conservas culturais sejam as projeções finais das tremendas abstrações que a mente conceptual do homem desenvolveu em sua luta por uma existência superior. A abstração gradual levou desde as imagens de coisas até às letras do moderno alfabeto e aos algarismos da aritmética. A gradual abstração e diferenciação dos sons lançou as bases das notações musicais. Mas o que deve ter sido comum ao Beethoven da área pré-conserva e ao Beethoven da nossa época é o nível de espontaneidade da criação. Contudo, não fora ainda modificado pelos dispositivos que dominam a nossa cultura e, talvez fosse, por essa razão, mais poderoso — se bem que, por outra parte, fosse menos articulado e menos disciplinado que os nossos produtos hodiernos.

O papel filogenético da conserva cultural corresponde a um papel ontogenético. Quando uma conserva entra na consciência do ego criador nas fases de crescimento, podem ser assinaladas respostas patológicas insignificantes. Se, por exemplo, um aluno toca uma composição que ensaiou, ele pode experimentar um penoso dilema na situação de desempenho. Por alguns instantes, a sua memória pode funcionar excelentemente. Pode tocar de modo fluente até chegar a uma certa passagem. De súbito, ocorre um hiato. Já não se lembra. Paralelamente à tendência para localizar a passagem decorada surge a tendência para criar uma nova passagem. As duas tendências interferem mutuamente. Quanto mais tempo a perturbação durar, mais difícil se torna para o executante recordar a passagem decorada. Qualquer que seja o grau de perfeição com que ele sabia a passagem, pouco antes de sua execução, fracassa agora durante o ato. Duas tendências simultâneas e opostas estão em processo e quanto mais enérgicas forem mais desesperada será a crise. Uma tendência dirige-se ao estado cujo centro é a memória traidora. A outra tendência dirige-se ao esforço de criar algo novo. Essa colisão pode ser denominada crise *ambicêntrica*. As passagens improvisadas podem ser influenciadas por algumas das partes decoradas, tornando as improvisações impuras. Nos estados espontâneos aparecem fragmentos inadequados e débeis. São sintomas característicos de uma degeneração dos atos criadores. A execução torna-se então patológica e o produto mostra ausência de afeição, confusão de fragmentos memorizados com espontâneos, aparecimento de idéias fracas e inadequadas, falta de coordenação entre uma passagem e outra, e perda de sensibilidade para a extensão correta de um trecho musical.

Durante o experimento acima descrito, o paciente sentia que os tremores se avizinhavam, muito antes deles acontecerem realmente. Eram prenunciados por certos "sinais", como ele os chamou. Certas imagens apareciam cada vez mais rapidamente e numa crescente variedade. Essas imagens eram produzidas, em grande parte, pelo medo. Interrompiam o seu controle do arco, a vivacidade do seu toque nas cordas. Por vezes, essas imagens eram de pessoas. Viu um conpetidor sentado no público e apontando para ele. Via-se a si mesmo caindo pela escada abaixo. Os rostos de todas as pessoas na primeira fila eram desfocados. Por vezes, tinha imagens ópticas. Via pontos vermelhos, azuis, verdes e pretos dançando diante dele. Por vezes, tinha imagens motoras. Previa uma câimbra em sua mão direita; o polegar esquerdo ficava duro; a sensação espalhava-se ao dedo indicador e ao maior. A sua respiração acelerava. Outras vezes, tinha imagens verbais. Via manchetes em jornais. Também lhe ocorriam imagens musicais. Via notações e claves musicais. Tais imagens de medo estavam todas associadas aos tremores. Para o paciente, era significativo que o tremor estivesse mais freqüentemente associado às passagens em "pianíssimo" do que às passagens em "forte". Relatou que tinha passado pela mesma dificuldade no salão de concertos.

O grupo seguinte de experimentos compôs-se de improvisações espontâneas. A finalidade desses experimentos era libertar gradualmente o paciente do fardo que as conservas culturais lançavam sobre o seu desempenho. Era-lhe dado o tema: "casa, fumaça subindo no ar, excitação, pessoas afluindo, o fogo destrói toda a casa". Ele tocou poderosa e rapidamente durante uns cinco minutos. Não houve qualquer indício de tremor. O paciente nunca sentiu, em momento algum, a sua aproximação. No experimento seguinte, recebeu outro tema: "mãe com um bebê no berço, balançando-o para que durma". Ele tocou suave e lentamente. Não foi tão eficaz quanto no teste anterior mas tampouco se apresentou qualquer indicação de tremores. Centenas de testes de espontaneidade deste tipo foram realizados com o paciente, alguns dos quais ilustram as páginas seguintes. Quer o tema lhe fosse sugerido por nós, quer ele próprio o sugerisse, quer fosse limitado a um certo tempo, um certo tom, uma certa freqüência, forte ou pianíssimo, ou se lhe fosse solicitado que tocasse sem pensar, nunca ele experimentou qualquer indício de tremor nem sentiu sequer a sua aproximação. Num outro experimento, emancipamo-lo não só de uma certa conserva musical, de um certo tempo ou clave, mas também das regras e convenções das notações musicais. Ele deveria tocar contra as convenções musicais. Foi solicitado a combinar sons, sem se preocupar em saber se a sua associação produzia algum "significado" musical. Uma vez mais, verificamos que não havia indicação alguma de tremores.

Deve ser enfatizado, se queremos entender esses fenômenos, que o processo de aquecimento preparatório num teste de espontaneidade difere fundamentalmente do processo de aquecimento preparatório na execução de uma conserva musical. Um é autônomo, pelo menos no momento de produção; o outro pressupõe um ajustamento bem sucedido e uma síntese de diferentes egos e mentes. O paciente, antes de começar a tocar no teste de espontaneidade, é animado, exibe vivacidade, fala gesticulando, movimenta o corpo e a cabeça para um lado e para outro. Correspondentemente, a sua mente, na fase preparatória, está repleta de imagens motoras e reflexos motores rudimentares. Nos testes de espontaneidade, essas atividades motoras encontram uma saída natural imediata. O desempenho utiliza-as num sentido positivo. São como elementos integrados no ato criador. O paciente não tem que rejeitá-los. Mas na fase preparatória e durante o desempenho de uma conserva musical, a rejeição dessas imagens motoras tem um efeito negativo. Aumenta no paciente a sua ansiedade momentânea e acaba sendo um fator contributivo no processo de tremer. Por outro lado, a sua incomum sensibilidade para as imagens motoras acelera e aperfeiçoa a sua espontaneidade, especialmente em números que exijam um máximo de energia musical dinâmica. Nas passagens em pianíssimo, um certo excedente de atividade motora não pode ser consumido. Isto explica o grau variável de ajustamento bem sucedido ao seu instrumento, mesmo no teste de espontaneidade. Para o paciente, os dispositivos físicos de arranque são melhores aglutinantes do que os mentais no processo de integração.

O tremor é uma forma de gaguez musical. Pode ser diagnosticado como uma *neurose de desempenho* ou uma *neurose de criatividade*. Não é o medo do palco. Muitas vezes, o paciente está calmo e confiante, antes da apresentação. O ataque chega de súbito enquanto ele toca, como se viesse do nada, segundo a sua própria descrição. A constelação do seu síndrome mental é o produto de muitos fatores. Alguns destes são a organização do meio cultural em que ele vive, uma inadaptação ao violino, um desajustamento em relação às conservas musicais ou ao seu público. Estes fatores estão vinculados a um desenvolvimento peculiar do seu ego criativo, uma superabundância de imagens motoras que encontram uma saída mais fácil no trabalho espontâneo do que na execução de conservas musicais.

FUMAÇA SE ERGUENDO, EXCITAÇÃO, GENTE, CASA ARDENDO

Isto é a reprodução de um fragmento de uma improvisação mais extensa. O paciente descreve a deflagração do incêndio. A fim de expressar horror e ansiedade, usa formas musicais irregulares. Isto pode ser um erro do ponto de vista da composição clássica mas indica um impulso espontâneo para libertar-se das regras estabelecidas.

Pastor tocando flauta, montanha ao fundo, cena aprazível.
Fase 1

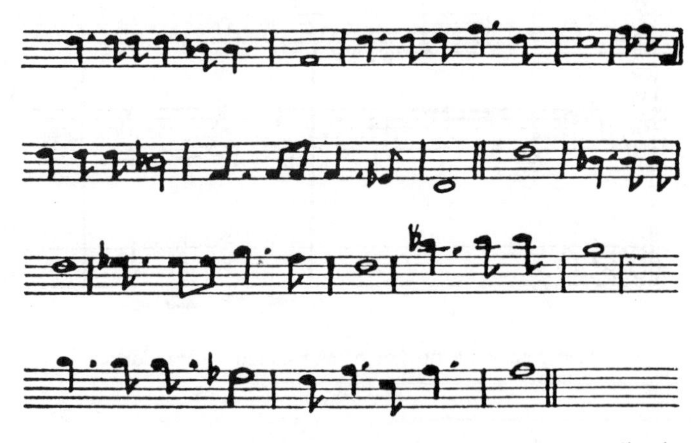

A Fase 1 e a Fase 2 são representações da mesma cena pastoril. A primeira é um registro imediato da interpretação espontânea da cena. A segunda é o mesmo tema, num arranjo que constitui um padrão musical definido.

Fase 2

Mãe com bebê no berço, embalando-o para dormir.
Fase 1

Isto é um fragmento de uma improvisação mais extensa. O intérprete não pôde encontrar inspiração no tema. Na pequena passagem aqui registrada, o compasso é desigual.

Fase 2

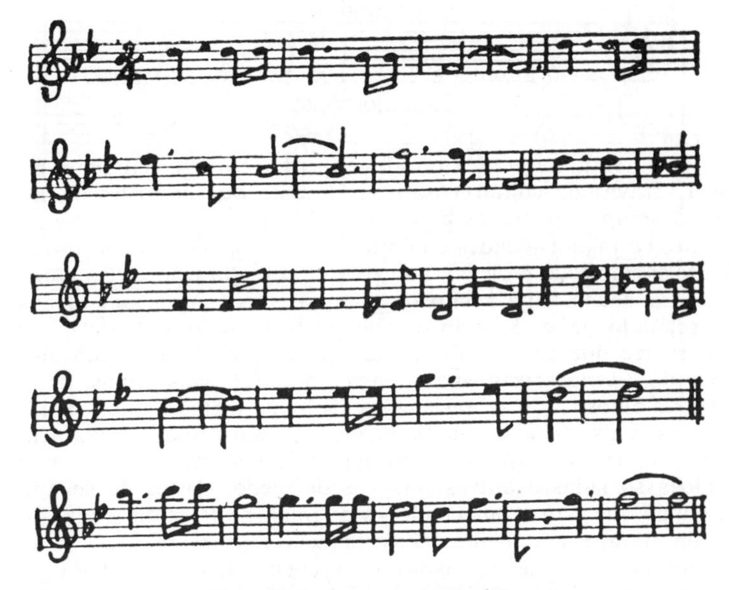

Fase final de uma composição.

Isto é um fragmento de uma composição mais extensa que se desenvolveu a partir de um improviso. As palavras sardônicas e desafiadoras que inspiraram a música são adequadamente retratadas.

Espontaneidade e Processo de Aquecimento Preparatório

O entendimento de um desempenho bem sucedido é possível através da compreensão dos fatores que contribuem para um desempenho fracassado: O paciente toca suavemente; de súbito, certas ansiedades começam se insinuando em seu íntimo. Sente-as por todo o corpo, na cabeça, na respiração e nas pontas de seus dedos. Sua mente está em branco. Após uma fração de segundo, já está cheio de medo. Sente-se impotente contra o desastre que se avizinha rapidamente. Mas tem de continuar tocando. Tenta fixar sua atenção no arco, nas notas diante de seus olhos. Mas as ansiedades são mais fortes e mais rápidas que os seus esforços de controle. Quanto mais arduamente tenta, piores as coisas se tornam. Certas imagens de medo estão associadas a outras imagens de medo. Antes de se aperceber do que está acontecendo, essas imagens já se disseminaram e dominaram sua mente. Surgem com imensa rapidez. A sua mente era um vácuo; agora está cheia. Foi preenchida por imagens provocadas pelo medo. Isto parece constituir um processo natural. Na medida em que um paciente nada tem em suas reservas mentais que possa lançar imediatamente a esse vazio como um meio de contenção, ele será vítima do que surgir como um expediente momentâneo do seu "inconsciente".[75] De fato, não é crível que ele "nada tenha em suas reservas mentais". Ele é, simplesmente, deficiente em espontaneidade, aquela espontaneidade requerida para estimular uma apropriada elaboração de imagens e para libertar suas imagens construtivas de desempenho de um modo suficientemente rápido para que as imagens produzidas pelo medo não possam tomar o lugar daquelas. Por meio de "arranques" físicos ou mentais para o aquecimento preparatório do sujeito — neste caso, do músico — constelações de imagens positivas ligam-se ao seu instrumento ou aos seus colegas de execução, cujas respostas o estimulam em retorno e assim sucessivamente, até que a apresentação musical chega a seu termo. Para um criador continuamente equilibrado, não seriam necessários conceitos como a

---

75. "Os estados espontâneos são de curta duração, extremamente aleatórios, por vezes repletos de inspiração. São uma forma de tempo que é realmente vivido pelo indivíduo, não só percebido ou construído. É metodologicamente útil diferençá-lo de outras formas de tempo e denominá-lo *tempo espontâneo*. A alta freqüência de eventos durante as unidades de tempo espontâneo, a aglomeração de atos e intenções, podem ser responsáveis por essa peculiar sensação liminar de que estão 'chegando' de algum lado, de alguma fonte metapsicológica, de um inconsciente." (Ver *Sociometry*, Vol. I, pág. 69.)

vontade, o inconsciente. Para ele, a vontade e as percepções, os fenômenos conscientes e inconscientes, estão fundidos num só curso de experiência. Ele dispõe sempre da espontaneidade suficiente, no momento exato, para o ato desejável. Para o criador absoluto, a dicotomia inconsciente-consciente não tem sentido nenhum. Para ele, inconsciente e consciente converteram-se em valores idênticos. Está sempre ao nível da criatividade. O conceito de inconsciente é, assim, um subproduto, uma projeção patológica de um sujeito empenhado no aquecimento preparatório de um ato que ele não pode dominar inteiramente.

Imagens Terapêuticas

Lembro-me de um homem, um equilibrista, que ganhava a vida caminhando numa corda a cinqüenta pés de altura. Certa noite, quando estava justamente a meio da corda, foi tomado de medo e caiu. Não morreu por milagre mas nunca mais pôde executar o seu trabalho. Tinha de voltar ao equilibrismo, pois não sabia como ganhar a vida de outro modo. Ele disse: "Quando voltar à corda, aquilo vai acontecer de novo." O nosso paciente é como o equilibrista. Caminha na corda toda a vez que toca numa sala de concertos. Para que o paciente seja salvo de um acesso, algo tem de ir em seu socorro num abrir e fechar de olhos. Tem de possuir algo à mão que ele próprio possa usar, uma técnica, uma arma, um procedimento em que possa apoiar-se numa emergência, em competição com aquelas imagens de medo.

O paciente começou executando outra vez uma passagem da composição em que falhara antes. Tentou visualizar o que essa passagem musical poderia expressar. Ela expressava, para o paciente, pessoas correndo apressuradamente de um lado para outro, uma tempestade, um furacão. Talvez fosse isso o que o compositor também quisera exprimir. O paciente tentou colocar-se na posição do compositor. Procurou visualizar as imagens que o próprio compositor poderia ter usado no processo de aquecimento preparatório da criação de sua música. As instruções para o paciente foram estas: "Lance essas imagens na música, na medida em que possam expressar o seu significado e tempo. Você fará o aquecimento preparatório para o seu instrumento desde o seu íntimo e com uma energia adequada." Essas imagens iriam servir como aglutinantes e integradoras entre o violino e o organismo. Muito antes do processo de aquecimento negativo surgir, sua mente estaria repleta de sentimentos e imagens positivos. As imagens de medo, sempre que tentassem surgir, seriam repetidamente sustadas na fase inicial de seu desenvolvimento. Tais imagens, se o ajudam a manter seu equilíbrio mental, encorajá-lo-ão e, inclusive, melhorarão o valor musical de sua execução; podem ser consideradas imagens verdadeiramente *terapêuticas*. Têm de ser cuidadosamente selecionadas. Serão diferentes para diferentes composições musicais ou de indivíduo para indivíduo. Na base de tais considerações, foi formulado um programa de tratamento.

Aquelas composições musicais durante o desempenho das quais o nosso músico sofreu repetidamente severas crises de tremores no passado foram a nossa primeira preocupação. Uma amotra de tais peças musicais foi a Sinfonia em Si Bemol Maior, Opus 20, de Chausson. O paciente, enquanto ensaiava essa peça, tentou descobrir o significado que a música tinha para ele, as imagens *visuais*, as cenas e as histórias que pareciam ser as mais adequadas para ele como interpretação. Disse ele: "É como o começo da criação. Vejo rochedos, correntes de água, pântanos, plantas em flor e lama, a evolução gradual dos seres. Não pode ser associada a coisas triviais. É uma grande música." O paciente começou realizando seu aquecimento preparatório dessas imagens e, quando começou a tocar, prosseguiu desenvolvendo e elaborando essas imagens, conservando-as vívidas em sua mente. Enquanto tocava, novas imagens surgiram, as quais se associaram às anteriores. De ensaio em ensaio, a história que acompanhava essa música mudou. Ele deixou que a sua fantasia acompanhasse o desempenho musical sem estorvos. Depois de se exercitar dessa maneira durante uma semana, aplicou a técnica a uma apresentação em público com grande êxito. Eis o que ele relatou: "Quando toquei, vi o princípio da criação, como durante os ensaios mas, além disso, acudiram-me muitas idéias e imagens novas. As imagens pareciam mover instintivamente o meu braço direito e o arco; pensei que toda a orquestra estava atônita. O maestro olhou para mim com surpresa e depois veio felicitar-me."

O paciente reconheceu gradualmente que o tremor não estava localizado nos dedos mas espalhado pelo corpo todo, que estava relacionado com o compositor da música, com os homens na orquestra e com as pessoas do público. Descobriu que, para impedir o tremor através da técnica de espontaneidade, não só as suas mãos tinham de ser espontâneas mas também a sua pessoa como um todo, e que era um bom princípio influenciar outros componentes da orquestra com a sua espontaneidade e, finalmente, deixar-se ser influenciado por alguma parcela da espontaneidade que o autor da música possuía quando a criou. No decurso do readestramento, descobriu também que as partes em pianíssimo eram difíceis para ele, pois quando tinha de usar uma extensa arcada era incapaz, freqüentemente, de manter a imagem todo o tempo necessário. Quando executava uma arcada curta, o tempo durante o qual a imagem tinha de perdurar em sua mente também era curto. Os estados de cólera e agressão produziam imagens mais vívidas e de uma variedade mais rica do que os estados de simpatia, compaixão ou caridade. As tendências de ternura compreensiva, como indicamos acima, não tinham sido suficientemente cultivadas no paciente quando era criança. Tinha recebido pouca afeição em casa e crescera cheio de protestos e agressão.

Durante o readestramento, aprendeu a associar mais livremente certas imagens com certos símbolos e cenas. Algumas imagens que começaram se repetindo eram preferidas a outras. A experiência ensinara-lhe que podia confiar nelas. Uma parte que ele temia era um prelúdio do terceiro ato de *Tristão e Isolda.* Em seu primeiro ensaio dessa peça, ele associou o pianíssimo a "uma criança dormindo num berço e a mãe balançando-a". Fez isso apesar de seu cabal conhecimento de que, de acordo com a verdadeira história, Tristão é mortalmente ferido por um servo. Tristão vem num barco ao encontro de Isolda e morre. Mais tarde, o paciente procurou ajustar a história verdadeira à música. Mas durante a execução, ele ficou tomado de grande aflição por alguns momentos. O texto de Wagner como imagem orientadora não o ajudou. Ele produziu a sua própria interpretação *false,* para substituir aquele, e assim foi salvo.

As dificuldades mentais na situação de um músico reprodutivo devem refletir algumas das dificuldades que são inerentes na situação do próprio compositor. Beethoven, de acordo com os seus biógrafos, antes e enquanto escrevia música costumava passear em seu jardim, aparentemente sem rumo certo, fazendo gestos, a expressão desvairada, estacando bruscamente aqui e ali como se quisesse tomar novo alento. Ele improvisava com todo o seu corpo, tentando agitar as associações musicais enterradas em sua mente. Levava sempre consigo um caderno de apontamentos, para poder registrar imediatamente suas inspirações.

Quando um músico reprodutor executa um concerto de Beethoven em seu violino, é como um duplo psicológico daquele Beethoven que gerou a música. No período preparatório de um estado de espírito criador, as imagens visuais, motoras e sonoras desempenham um grande papel na mente do compositor. Essas imagens, para dizermos o mínimo, desempenham um papel *catalítico* na produção de criações musicais. Beethoven deve ter sido estimulado, enquanto escrevia um determinado concerto, por um padrão definido de sentimentos e um complexo definido de imagens catalíticas. Um músico reprodutivo pode ter se aproximado tanto quanto possível dos mesmos sentimentos que animaram Beethoven no ato de criar a música mas as imagens catalíticas não têm por que ser necessariamente as mesmas. O paciente, que é um músico reprodutor, é tratado como se fosse Beethoven. Mas, em vez de ir da inspiração para o produto acabado, ele vai do produto acabado para a inspiração. É um Beethoven às avessas. Está acabando por onde Beethoven começou. Está na posição de um criador que tentasse estruturar de trás para diante o processo do concerto, não só musical mas também psicologicamente. Conjeturando os sentimentos e imagens que Beethoven teve, ele está se aproximando, através do tratamento, da mesma relação com a música que Beethoven possuiu. Imaginemos, por um momento, que o próprio Beethoven tem de executar o concerto, em vez do paciente. Num sentido geral, ele estará mais próximo do seu próprio estado de criatividade que um músico reprodutor. Mas até Beethoven não seria o mesmo que foi no momento de sua criação. Seria um Beethoven recriando a sua própria conserva musical. Entre Beethoven I, o compositor, e Beethoven II, o reprodutor de sua própria música, existe um hiato. Entre a pessoa que aprende essa música, S I, e a mesma pessoa que a toca em público, S II, existem muitos hiatos que podem levar a ansiedades. Mas as maiores barreiras devem ser entre Beethoven em seu estado espontâneo, como criador musical (B I) e o intérprete público de uma conserva musical (S II). Um certo montante de espontaneidade é também necessário ao processo de aquecimento preparatório do músico reprodutivo. Isto torna-se claro através da descoberta de que ele não tem que imitar literalmente o compositor. Ele não tem de usar as mesmas imagens visuais e acústicas que o próprio compositor usou quando escreveu o concerto. O músico reprodutor foi criado numa atmosfera diferente da do compositor. Numa cultura diferente, ele poderá ser estimulado por diferentes imagens. No decurso da nossa análise, deslocamo-nos do desempenho reprodutivo do músico para a criação do compositor — isto é, de um baixo nível de criatividade para um alto nível de criatividade. Para Beethoven, quando compôs o concerto, a centena ou mais de componentes da sua orquestra são pessoas fictícias. Mas, para o músico reprodutor, eles são realidades. Tem de cooperar com os membros da orquestra; deve suprimir a sua espontaneidade como criador musical; deve sacrificar o seu próprio ego criativo ao ego criativo do compositor.

A finalidade do nosso readestramento é estimular e aumentar a espontaneidade do músico reprodutor. As imagens terapêuticas são, simplesmente, *um* método que pode ser usado com vantagem. São possíveis outros métodos mas a finalidade é a mesma, em todos os casos. O método de ativação de imagens é apenas um recurso para auxiliar o músico ou o aluno no processo de aprender a ser espontâneo. Durante o readestramento, o paciente teve de aprender como libertar-se gradualmente do uso de imagens terapêuticas que têm apenas o propósito de servir como "arranques" musicais. A meta do readestramento é emancipar o sujeito da dependência de um particular conjunto de imagens. Na primeira fase do readestramento, algumas pessoas acompanham sua execução com uma contínua imagem mental. Após um certo montante de readestramento, eles não têm imagens mentais algumas, durante longos períodos, pelo menos conscientemente. Com freqüência, a primeira imagem foi um potente arranque, impelindo toda a execução por um longo período. Antes da intensidade desse arranque começar declinando, uma nova imagem poderá ter que surgir para dar novo impulso. O contínuo filme de imagens mentais é substituído por numerosos sinais. Nas fases subseqüentes do readestramento, o paciente aprendeu a ser suficientemente estimulado por imagens potentes, antes de começar a executar um concerto; e, finalmente, pôde remover todo o conteúdo tangível ou imagem do seu processo de aquecimento preparatório. O único guia remanescente era uma emoção intensa. Durante o adestramento, o paciente aprendeu como substituir imagens fortes por imagens fracas, visuais ou motoras. A sua execução reteve o mesmo sentimento de espontaneidade. Primeiro, começou com imagens visuais porque as preferia; gradualmente, passou a usar imagens motoras e, depois, aprendeu a transformar imagens e associações não-musicais em imagens e associações musicais puras. Um músico pode não ter as mesma vastidão de inspirações musicais de um compositor original mas nunca está inteiramente privado delas.

Uma das principais características do processo de aquecimento preparatório é que acelera ou abranda estados de sentimento ou emoção, idéias, imagens etc., que surgem em associação com eles. O processo de aquecimento preparatório opera em cada desempenho do organismo humano — comer, andar, pensar e atividades sociais. Os pacientes cujo processo de aquecimento preparatório em relação a uma ou outra função é abrandado tentam eles próprios acelerá-lo, quer pela auto-sugestão ou através de agentes psicoquímicos de arranque — como o café e o álcool. O paciente, por exemplo, informou que o álcool o estimulava quando ele se sentia bem. Mas se os seus sentimentos estivessem perturbados e ele pensasse que os tremores estavam chegando, o álcool fazia com que a sua execução fosse ainda pior.

No caso dos estados neuróticos e psicóticos, o processo de aquecimento preparatório é diminuído em tal grau (o extremo é o estado catatônico) ou aumentado em tal grau (o extremo é o estado maníaco) que atos normais são distorcidos ou substituídos por formações de sintomas patológicos. Dois tipos de terapia são sugeridos pelo estudo dos processos de aquecimento preparatório — o tratamento da lentidão patológica e o tratamento da rapidez patológica, correspondentemente, um treinamento da desaceleração e da aceleração espontâneas é amiúde requerido. A questão consiste em determinar experimentalmente a gama de freqüência normal dos processos de aquecimento preparatório, um limiar normal para a morosidade e um limiar normal para a rapidez. A pessoa que apresenta sintomas neuróticos tende para freqüências muito baixas ou muito altas de associações psicológicas. Nós tentamos medir sistematicamente a duração espontânea dos estados emocionais de indivíduos normais e patológicos, nas situações vitais essenciais. Pode ser previsto com segurança que serão encontradas as médias estatísticas para a duração espontânea de desempenhos específicos.

O problema de estimular adequadamente um paciente, de modo que ele faça seu aquecimento preparatório para um dado desempenho, levou ao estudo dos "dispositivos de arranque". As imagens terapêuticas que foram proveitosas para este paciente, assim como para muitos outros pacientes que sofriam de neurose de desempenho, também são tipos de dispositivos de arranque (*starters*). Já nos referimos aos *starters* físicos, mentais e psicoquímicos (café, álcool, várias drogas, o metrazol e a insulina também estão nesta categoria). Um outro estímulo que impulsiona uma pessoa a um desempenho é o *starter* econômico. O paciente queixava-se de que não era capaz de escrever uma determinada composição se esta tivesse de estar concluída num prazo definido de tempo. Se o editor lhe tivesse dado um "prazo final", ele protelava a tarefa até ao último momento, quando tentava então realizá-la às pressas mas isto era impossível. Podia, nesse caso, abandonar o trabalho, dizendo: "É tarde demais. Não pode ser feito." Afirmava que, se lhe fosse permitido trabalhar quando lhe apetecesse, teria escrito a partitura há muito tempo. Este comportamento indica uma outra variedade do desajustamento do paciente a respeito da conserva musical. O *starter* econômico, entretanto, suscita reações diferentes em pessoas diferentes. Assim como há grupos de pessoas rápidas — gente que trabalha depressa, que come depressa — também existem grupos de pessoas lentas — gente que trabalha devagar, que come devagar. No domínio da criatividade, também existem criadores rápidos e lentos. Certos escritores, poetas e compositores, começam um número muito maior de obras do que podem acabar. Um importante trabalho pode permanecer inacabado porque o seu criador é inclinado a arrastar o seu processo de aquecimento preparatório, de tal modo que perde o momento psicológico para concluir o trabalho. É neste caso que os *starters* econômicos desempenham um papel catalítico. O grande efeito do trabalho por contrato e do trabalho por tarefa no trabalho manual, para acelerar a produção, é uma questão que se tem por axiomática. Tem sido negligenciada a influência desse fator sobre os trabalhadores no campo da criatividade. A enorme produção dos grandes mestres do Renascimento não está tão relacionada com uma produtividade maior da que possuem muitos artistas modernos quanto ao fato de certos nobres desse período lhes atribuírem uma certa tarefa a ser concluída num prazo determinado — ou seja, um contrato de trabalho.

Adestramento da Espontaneidade

O paciente apresenta uma situação paradoxal. Atua como um homem doente quando tem de executar uma peça musical que foi cuidadosamente preparada e ensaiada, e que foi composta por uma outra mente. Mas atua de um modo triunfante (saudável e exuberante) quando cria espontaneamente em seu instrumento, embora tenha de compor à medida que vai tocando e se prive da vantagem de preparações cuidadosas. Atua como uma criança que quer brincar em vez de ir à escola. É algo como um protesto contra os grandes mestres compositores cujas obras era forçado a executar. Por vezes, sente-se culpado por causa de suas improvisações espontâneas serem tão imperfeitas, se comparadas com as obras acabadas dos grandes mestres. Paralelamente ao seu desajustamento para com as conservas musicais, registra-se um excesso de criatividade espontânea, instigado por uma tendência exibicionista. Muitos pacientes desta categoria oferecem a imagem inversa. Temem ver-se livres e entregues aos seus próprios recursos. Não gostam de criar espontaneamente. Estão superajustados e apegam-se, com ansiedade, às conservas culturais e sociais, a que se sentem vinculados.

Descrevemos o desempenho do paciente como um fruto do seu ego criador em luta por uma existência espontânea, e prescrevemos como antídoto um adestramento sistemático da espontaneidade. Um tal adestramento proporciona um verdadeiro paraíso, um viveiro para o desenvolvimento de seu ego criador. Liberta-o dos grilhões das conservas musicais, até que o seu ego criador esteja amadurecido e capaz de integrar a sua criatividade e as conservas musicais, com um maior êxito. O teatro terapêutico é um lugar em que os rígidos professores de música de sua infância são substituídos por um certo número de "egos auxiliares", médicos, artistas e músicos que o encorajam e o guiam. Aquelas fases de sua criatividade espontânea que estão latentes e permaneceram rudimentares são despertadas e articuladas por um adestramento gradual da espontaneidade. O problema consiste em integrar numa só personalidade as tendências criadoras espontâneas e a tarefa do mestre concertista de conservas musicais.

O paciente passa por numerosas fases de adestramento da espontaneidade. A primeira e mais simples fase de exercícios é a execução caótica e desorganizada ao violino. O ponto consiste em ignorar, tanto quanto possível, as notações musicais, não só as que estão na partitura à sua frente mas também todas as que perduram em sua mente. É uma espécie de relaxamento musical, uma descida gradual a um nível não-semântico da acústica. O paciente toca sem pensar em termos musicais. Elimina gradualmente de sua mente todas as formas musicais que aprendeu. Coloca-as entre parênteses. Os seus dedos passeiam pelas cordas. Não lhe interessa saber se os sons fazem música ou não. Parece confiar apenas em seus dedos, não em seu intelecto. Nesses exercícios, o paciente não teve quaisquer tremores. Executou esses exercícios diariamente por alguns minutos. A finalidade desses exercícios é ajudá-lo a superar ansiedades e tensões. Suscitam um novo esforço no sentido de consolidar a simples relação entre um organismo e seu instrumento exterior; fomentam o processo de integração entre ambos.

A fase seguinte é um exercício de verdadeira espontaneidade musical. No começo, não é sugerido qualquer tema, nenhuma clave ou tempo. Têm de surgir dele mesmo. Num período subseqüente do adestramento, o paciente é gradualmente restringido por um tema dado pelo instrutor. Ainda mais adiante, claves e tempos são também sugeridos. Finalmente, um tema é subdividido em sucessivos movimentos. Esse adestramento espontâneo na música faz-se paralelamente ao adestramento das qualidades emocionais que são deficientes no sujeito — por exemplo, seus sentimentos de compaixão e simpatia.

Durante mais de cinqüenta sessões, o seu ego criador amadurece, até atingir um considerável grau de estabilidade e produtividade. No princípio, as suas improvisações duram apenas alguns minutos. Depois, é-lhe fácil improvisar durante meia hora ou mais, em solo ou com acompanhamento. O seu processo de aquecimento preparatório é rápido. Após alguns momentos de reflexão, escolhe um tema e talvez um tom. Então, a música transporta-o. Ele origina, durante o adestramento, numerosas idéias musicais que se convertem, depois, na base de suas composições.

Uma fase para disciplinar a sua espontaneidade é a de dar interpretações musicais de pantomimas e peças teatrais que são desempenhadas simultaneamente no palco. Estes exercícios particulares têm valor para o paciente porque aprende a ajustar a sua espontaneidade aos atos e movimentos de outras pessoas. É algo como ser espontâneo num grupo de pessoas que são, elas mesmas, espontâneas entre si. É imprevisível como irão atuar no momento seguinte mas ele tem de ajustar sua música à atuação delas. É um método que leva o comportamento espontâneo a ser disciplinado e ordenado. Mediante esse procedimento, um número cada vez maior de obstáculos e resistências pode ser interpolado, até que o executante espontâneo aprenda a assimilar as maiores barreiras, as conservas musicais, sem qualquer diminuição séria de sua criatividade espontânea.

Orquestra de Grupo Espontâneo e Psicoterapia de Grupo Musical

Após um ajustamento bem sucedido às conservas musicais, o paciente tem outra tarefa a enfrentar: o ajustamento à sua orquestra. Um método eficaz de adestramento foi colocar o paciente num grupo de músicas cuja tarefa consiste em desenvolver de improviso uma composição musical, compondo à medida que tocam com seus instrumentos. Este método pode ser melhor entendido quando os seus antecedentes são considerados: os meus experimentos com o grupo orquestral espontâneo.

A improvisação por um único indivíduo é comparativamente simples mas a improvisação musical por um grupo é mais difícil. É um problema de criatividade social. A improvisação musical sempre foi exercida pelos grandes mestres mas era mais uma indicação de exibicionismo de destreza musical do que de clara consciência do seu significado. Para esses mestres, somente o produto acabado tinha valor. Mesmo nas épocas em que se usou a improvisação, esta aconteceu mais acidentalmente do que outra coisa. *A improvisação nunca foi um foco em si mesmo.* O criador musical nunca tentou criar técnicas para aperfeiçoar a capacidade de criação espontânea dos homens. As improvisações continuaram sendo improvisações, acidentes. Eram rudimentares. Por isso a improvisação nunca se converteu numa ciência ou numa arte. A composição acabada, o resultado final de qualquer esforço criador, controla a mente moderna. As possibilidades de criação espontânea não podem ser demonstradas com meras teorias, com frases românticas como o dionisíaco e o apolíneo. Comecei realizando meus experimentos com um conjunto musical. Primeiro, começamos às cegas, confiando apenas no ouvido, sem qualquer idéia preconcebida de como agir, porque tínhamos de descobrir quais eram os métodos mais eficazes de cooperação. Não possuíamos modelo histórico em que nos basearmos para aprender. O cigano tem, possivelmente, mais dotes musicais espontâneos que qualquer outra raça mas havia pouco a aprender dele. A improvisação musical do cigano é eficaz mas funciona, usualmente, num nível rudimentar, inarticulado. Raramente usa mais de uma corda e se o chefe de orquestra inicia uma melodia, é seguido cegamente por um ou dois colegas seus. Tivemos, portanto, que estudar as condições de uma orquestra de grupo espontâneo, a partir dos nossos próprios experimentos. Apuramos que, no meio musical, somente os homens que dominam os seus instrumentos são capazes de um trabalho espontâneo. À primeira vista, isso parece diferir do meio dramático. Para ser um executante espontâneo eficaz, não é preciso ser um ator adestrado, um profissional legítimo. Mas, no manejo de um instrumento musical, as deficiências técnicas na execução tornam praticamente impossível a improvisação. No caso do ator, o instrumento corporal com que atua cresceu com ele desde o seu nascimento. Começou a "representar" com ele muito antes de fazê-lo no palco do psicodrama. Pode ter alcançado uma elevada eficiência espontânea em seu manejo sem que seja um ator. Mas, na esfera musical, o instrumento é exterior ao criador. Até que o controle tão completamente quanto até uma criança é capaz de controlar o seu próprio corpo, ele necessita de um trabalho estrênuo. Segundo, apuramos que um mero técnico é inútil para o trabalho espontâneo; ele necessita de ouvido musical. Terceiro, descobrimos que a estrutura interpessoal, especialmente a estrutura dominante de um grupo orquestral, é de grande importância para estabelecer uma atmosfera de espontaneidade suscetível de fácil fluência. Prescindimos do argumento de que a música é uma ciência exata e de que, mesmo se a improvisação em grupo fosse possível, as produções seriam carentes de valor, do ponto de vista artístico. Sustentamos que a música existiu antes das teorias musicais e que técnicas diferentes de criação musical podem desenvolver estéticas distintas dos valores musicais. Experimentamos, em princípio, com dois métodos. A um dei o nome de transferência musical. O executante do primeiro instrumento, por exemplo, o violino, sugeriu o tempo comum a todos, como os movimentos ternário ou quaternário. Os executantes de todos os outros instrumentos seguiram as suas direções. Após ter se desenvolvido uma certa fase da produção, a liderança passava de um instrumento para outro. A liderança (regência) mudava numerosas vezes, durante uma produção. A transferência da liderança (regência) era reconhecida e obedecida como uma regra. O outro método consistiu numa transferência verbal de um tema ao grupo pelo maestro que continuava sendo o líder da produção, do começo ao fim.

Desde que esses experimentos foram realizados, nasceu o movimento *swing* nos Estados Unidos. O desenvolvimento do *swing* mostrou os dois perigos básicos que tentei superar em meus experimentos originais. Nas formas em que é verdadeiramente espontâneo, mantém-se no nível rudimentar e inarticulado dos ciganos. Nas formas em que parece progredir, recai nos ornamentos acessórios da conserva musical. Os músicos de *swing* tocam de memória, mais ou menos conscientemente, ou então escrevem suas partituras de *swing*. O resultado é uma espécie de "Commedia dell'Arte" *musical*. Parece que, sem um desenvolvimento consciente e sistemático das técnicas de espontaneidade musical, tendo em mira as formas supremas de expressão musical, nenhum avanço genuíno pode ser feito.

É significativo que os compositores e músicos que sofrem de uma neurose de criatividade aproveitam, em grande parte, o trabalho com a orquestração de grupo espontâneo, antes de poderem harmonizar-se com a orquestração de grupo das conservas musicais.

O Executante Público em Sua Relação Com uma Platéia: Catarse Coletiva

Durante a primeira fase do tratamento, foi considerada a relação do ego criador com o ego privado; na segunda fase, a criatividade espontânea do sujeito em relação com as conservas culturais; e, na terceira fase, a relação do regente e do primeiro concertista com os componentes da sua orquestra sinfônica, no decurso do próprio desempenho, ante públicos experimentais e reais. Falta discutir agora a relação com os públicos reais diante dos quais toca. Muitos executantes públicos têm em comum, independentemente de sua execução ser espontânea ou conservada, o desejo de suscitar em todo o ouvinte ou espectador a mais completa co-experiência de sua criação. Compartilhar de sua obra de arte com milhões de indivíduos justifica, para o artista, o tremendo esforço investido em sua apresentação. Nada existe que ele mais tema do que interpretar num vazio, em isolamento, sem apreciação nem amor. Ele teme isso não só pelo bem de seu ego privado mas por causa da profunda dependência do seu ego criador em relação aos ouvintes e às estimulações que estes proporcionam à sua própria capacidade de desempenho. Sabe que eles são capazes de fortalecer o seu ego criador, de provocá-lo para que se eleve ao nível mais alto que estiver ao seu alcance.

Existem exceções a essa regra, indivíduos que são incapazes de um aquecimento preparatório que seja adequado ao público à sua frente. Pode não haver "tele" funcionando entre eles, estando o indivíduo na posição de um isolado. Ou o sujeito rejeita o público, ou imagina que o público o rejeita. O nosso sujeito, tal como muitos executantes do seu estilo, substituiu o público real por um *pseudopúblico*. Como não era capaz de extrair inspiração de um público real, substituiu-o por um imaginado, um *superpúblico*. Este processo é semelhante ao mundo auxiliar que descrevemos nos psicóticos paranóides. É uma débil construção de auto-tele, um apoio que se tornou indispensável a esses pacientes. O tratamento consistiu em proporcionar a esse mundo um arrimo na realidade psicodramática.

De um modo semelhante, encorajamos o nosso sujeito a aceitar abertamente o *pseudopúblico* que ele construíra e a desenvolvê-lo ainda mais. Era um conglomerado de *dramatis personae*, heróis musicais do passado e do futuro, construções de sua própria lavra brotando de uma cornucópia. O conceito de imagem terapêutica que ajudou o sujeito a vincular a sua espontaneidade à conserva cultural por ele executada, foi aqui ampliado e aplicado à tarefa de vincular a sua espontaneidade a públicos visíveis ou invisíveis.

Resumo

Mediante o uso dos métodos psicodramáticos, pudemos estabelecer primeiro as raízes mais profundas do distúrbio mental do sujeito. Chamamos-lhe Neurose de Desempenho, para indicar que os sintomas, por exemplo, a perda de espontaneidade, ansiedade e pânico, só lhe ocorreram durante o desempenho. Termos como a neurose de ansiedade têm muitos outros significados e aplicações. Segundo, provocou-se um desaparecimento gradual dos tremores do paciente. Terceiro, a redescoberta e amadurecimento do seu ego criador foram alcançados através do adestramento da espontaneidade. Quarto, seguiu-se o ajustamento gradual ao violino. Quinto, através da técnica de imagens terapêuticas, a sua relação psicológica e artística com as conservas musicais tornou-se profundamente integrada. Sexto, através da técnica da orquestração do grupo espontâneo, foi preparado o caminho para um melhor domínio da sua tarefa de primeiro violino de uma orquestra sinfônica. Sétimo, foi testada e readestrada a sua relação com o público.

Seção VIII. SOCIODRAMA

Bases Científicas da Psicoterapia de Grupo

O advento tardio da psiquiatria de grupo e da psicoterapia de grupo tem uma explicação plausível, quando consideramos o desenvolvimento da psiquiatria moderna a partir da medicina somática. A premissa da medicina científica tem sido, desde a sua origem, que *o local do padecimento físico é um organismo individual.* Portanto, o tratamento é aplicado ao local do padecimento, tal como é designado pelo diagnóstico. A doença física com que um indivíduo A é afligido não requer o tratamento colateral da esposa de A, seus filhos e amigos. Se A sofre de apendicite e uma apendicectomia é a medida indicada, ninguém pensa em remover também o apêndice da esposa e dos filhos de A. Quando na psiquiatria nascente os métodos científicos começaram sendo usados, os axiomas recebidos do diagnóstico e tratamento físico foram *automaticamente* aplicados também aos distúrbios mentais. Influências extra-individuais, como o magnetismo animal e o hipnotismo, foram rechaçadas como superstição mítica e folclore. Na psicanálise — no começo do século atual, o mais avançado desenvolvimento da psiquiatria psicológica — a idéia de um organismo individual específico como local do padecimento psíquico atingiu a sua confirmação mais triunfante. O "grupo" foi implicitamente considerado por Freud como um epifenômeno da psique individual. A implicação foi que, se uma centena de indivíduos de ambos os sexos fossem analisados, cada um por um diferente psicanalista, com resultados satisfatórios, e fossem todos reunidos num grupo, resultaria daí uma organização social harmoniosa; as relações sexuais, sociais, econômicas, políticas e culturais resultantes não ofereceriam a essas pessoas obstáculos insuperáveis. A premissa que prevaleceu foi a da inexistência de qualquer *locus* de padecimento para além do próprio indivíduo, isto é, por exemplo, que nenhuma situação de grupo requer diagnóstico e tratamento especiais. A alternativa, porém, é que uma centena de psicanalisandos curados *poderiam* produzir, todos juntos, a maior balbúrdia social.

Embora, no primeiro quartel do nosso século, houvesse a reprovação ocasional desse ponto de vista exclusivamente individualista, ela era mais silenciosa do que vocal, partindo principalmente dos antropólogos e sociólogos. Mas nada tinham a oferecer em contraste com as demonstrações específicas e tangíveis da psicanálise, exceto as grandes generalidades como cultura, classe e hierarquia social. A reviravolta decisiva ocorreu com o desenvolvimento da metodologia sociométrica e psicodramática.[76]

A mudança no *locus* da terapia que esta última iniciou significa, literalmente, uma revolução no que sempre fora considerado uma adequada prática médica. Marido e mulher, mãe e filho, são tratados como uma combinação, enfrentando-se mutuamente, com freqüência, e não separados (visto que, separados um do outro, podem não ter qualquer padecimento mental tangível). Mas o confronto mútuo priva-os daquela coisa impalpável a que se dá correntemente o nome de "intimidade". O que permanece "íntimo" entre marido e mulher, mãe e filha, é a morada onde podem proliferar as dificuldades entre eles, segredos, hipocrisia, desconfiança e embuste. Portanto, a perda de intimidade pessoal significa perda de prestígio e é por isso que as pessoas, intimamente vinculadas numa situação, temem ver-se à luz de uma análise face a face. (Preferem o tratamento individual.) É óbvio que, uma vez eliminada a intimidade (como postulado da psique individual) a respeito de uma pessoa envolvida na situação, passa a ser uma questão de grau determinar para quantas pessoas a cortina deve ser levantada. Portanto, numa situação psicodramática, o Sr. A, o marido, poderá permitir que, além de sua esposa, sua parceira na doença, também esteja presente o outro homem (o amante), mais tarde seu filho e sua filha, e algum dia, talvez, eles não farão objeções (de fato, poderia convidá-los) a que outros maridos e esposas que têm um problema semelhante tomem lugar no público e vejam como as suas dificuldades são representadas, aprendendo delas como tratar e impedir as próprias. É claro que o juramento hipocrático terá de ser reformulado para proteger um grupo de sujeitos envolvidos na mesma situação terapêutica. O estigma oriundo de um padecimento e tratamento ingratos é muito mais difícil de controlar se um grupo de pessoas estiver sendo tratado, em vez de uma só pessoa.

---

76. Sociatria é sociometria aplicada. As psicoterapias de grupo são subcampos da sociatria, assim como esta abrange também a aplicação dos conhecimentos sociométricos a grupos "a uma certa distância", a relações intergrupais e à humanidade como unidade total.

Mas a mudança de *locus* da terapia tem outras conseqüências desagradáveis. Revoluciona também o *agente de terapia.* O agente de terapia tem sido, usualmente, uma única pessoa, um médico, a pessoa que cura. Usualmente, tem sido considerado indispensável na relação paciente-médico a fé nessa pessoa, o "rapport" (Mesmer) ou a transferência (Freud). Mas os métodos sociométricos mudaram radicalmente essa situação. Num determinado grupo, um sujeito pode ser usado como instrumento para diagnóstico e como agente terapêutico para tratar os outros sujeitos. O médico deixou de ser a fonte final da terapêutica mental. Os métodos sociométricos demonstraram que os valores terapêuticos (tele) estão dispersos entre os membros do grupo, que um paciente pode tratar outro. O papel do agente de cura mudou de dono e ator da terapia para aquele que a prescreve e administra.

Mas, enquanto o agente da psicoterapia foi um indivíduo particular, especial, um médico ou um sacerdote, além de ser considerado a fonte ou o catalisador do poder de cura — por causa de seu magnetismo pessoal, de sua perícia como hipnotizador ou como psicanalista — a conseqüência disso foi ele próprio converter-se também no *veículo* da terapia, o estímulo donde promanava todo o efeito terapêutico ou, pelo menos, por cujo intermédio eles eram estimulados. Tratava-se sempre de suas ações, da elegância de sua lógica, do brilho de suas lições, da profundidade de suas emoções, o poder de sua hipnose, da lucidez de suas interpretações analíticas, por outras palavras, ele, o psiquiatra, era sempre o veículo a quem o sujeito reagia e que, em última instância, determinava o *status* mental que o paciente havia alcançado. Era, portanto, uma mudança inteiramente revolucionária, após ter se despojado o terapeuta de sua singularidade, mostrar que, por exemplo, num grupo de 100 indivíduos, todo e qualquer participante *podia* agir como agente terapêutico de um ou outro dos demais componentes do grupo e até do próprio terapeuta; ou dar um passo mais à frente e despojar todos os agentes terapêuticos do grupo da idéia de que são os veículos por cujo intermédio os efeitos terapêuticos são alcançados. Por meio de uma produção no palco, é introduzido um *terceiro* elemento *além do* agente de cura e dos membros-pacientes do grupo; converte-se no veículo através do qual as medidas terapêuticas são canalizadas. (É este o ponto até onde conseguir com os métodos psicodramáticos, mais além dos métodos que tinha previamente usado na psicoterapia de grupo, mesmo em sua forma mais sistemática — as psicoterapias de grupo baseadas nos procedimentos e na análise sociométricos.) Nos métodos psicodramáticos, o veículo está, em certo grau, *separado* do agente. O meio, ou veículo, pode ser tão simples e amorfo quanto uma luz fixa ou movente, um único som repetido ou, mais complexo, um brinquedo ou uma boneca, um *slide* ou um filme, uma dança ou uma música, para chegar-se finalmente às formas mais elaboradas de psicodrama, mediante um elenco que consiste num diretor e os egos auxiliares, mobilizando sob o seu comando todas as artes e todos os meios de produção. A equipe de egos no palco não é formada, usualmente, pelos próprios pacientes; é tão-só o meio através do qual o tratamento é dirigido. Tanto o psiquiatra como o público de pacientes são, freqüentemente, deixados fora do meio.

Quando o *locus* da terapia passou do indivíduo para o grupo, este converteu-se no novo sujeito (primeiro passo). Quando o grupo foi decomposto em seus pequenos terapeutas individuais, e estes se converteram nos agentes da terapia, o terapeuta principal passou a ser uma parte do grupo (segundo passo); e, finalmente, o veículo da terapia foi separado do agente de cura, assim como dos agentes terapêuticos do grupo (terceiro passo). Devido à transição da psicoterapia individual para a psicoterapia de grupo, esta última inclui a psicoterapia individual; devido à transição da psicoterapia de grupo para o psicodrama, este inclui e envolve a psicoterapia de grupo e a individual.

Os três princípios, sujeito, agente e veículo da terapia, podem ser usados como pontos de referência para construir uma tabela de categorias polares das psicoterapias de grupo. Distingui aqui oito pares de categorias: amorfa vs. estruturada, *loco nascendi* vs. situações secundárias, causal vs. sintomática, terapeuta vs. centrada no grupo, espontânea vs. ensaiada, didática vs. dramática, conservada vs. criadora, face a face vs. à distância. Com estes oito pares de categorias, pode ser feita uma classificação de todos os tipos de psicoterapia de grupo.

QUADRO I

Categorias Básicas da Psicoterapia de Grupo

Sujeito da Terapia

1. Quanto à *Constituição* do Grupo

GRUPO AMORFO	vs.	GRUPO ESTRUTURADO (Organizado)
Sem considerar a organização do grupo na prescrição da terapia.		Determinação da organização dinâmica do grupo e prescrição da terapia segundo o diagnóstico.

2. Quanto ao *Locus* de Tratamento

TRATAMENTO DO GRUPO EM LOCO NASCENDI, IN SITU	vs.	TRATAMENTO PROTELADO PARA SITUAÇÕES SECUNDÁRIAS
Situacional, por exemplo, no próprio lar, no próprio trabalho etc.		Derivativo, por exemplo, em situações especialmente criadas, em clínicas etc.

3. Quanto à *Finalidade* do Tratamento

CAUSAL	vs.	SINTOMÁTICO
Retorno às situações e indivíduos associados ao síndrome e sua inclusão *in vivo* na situação de tratamento.		Tratamento de cada indivíduo como uma unidade separada. O tratamento pode ser profundo, no sentido psicanalítico, individualmente; mas não pode ser grupalmente profundo.

Agente de Terapia

1. Quanto à *Fonte* ou *Transferência* da Influência

MÉTODO CENTRADO NO TERAPEUTA	vs.	MÉTODO CENTRADO NO GRUPO
Ou um terapeuta só ou um terapeuta principal ajudado por alguns terapeutas auxiliares. O terapeuta trata cada membro do grupo individualmente ou em conjunto mas os próprios pacientes não são usados sistematicamente para que se ajudem entre si.		Cada membro do grupo é um agente terapêutico para um ou outro dos demais membros, de modo que um paciente ajude o outro. O grupo é tratado como um todo interatuante.

2. Quanto à *Forma* de Influência

FORMA ESPONTÂNEA E LIVRE	vs.	FORMA ENSAIADA E PREPARADA
Liberdade de experiência e de expressão. O terapeuta ou locutor (oriundo do próprio grupo) é improvisado e extemporâneo; o público não sofre restrições.		Experiência e expressão suprimidas. O terapeuta memoriza a lição ou ensaia a produção. O público é preparado e governado por regras fixas.

Veículo da Terapia

1. Quanto ao *Modo* de Influência

MÉTODOS DE LEITURA OU VERBAIS	vs.	MÉTODOS DRAMÁTICOS OU DE AÇÃO
Lições, entrevistas, debates, leitura e recitação.		Dança, música, teatro, cinema.

2. Quanto ao *Tipo* de Veículo

VEÍCULOS CONSERVADOS, MECÂNICOS OU NÃO-ESPONTÂNEOS	vs.	VEÍCULOS CRIADORES
Filmes, teatro de fantoches ensaiado, passos ensaiados de dança, música em conserva (partitura, disco etc.), teatro ensaiado.		Filmes terapêuticos como medidas preliminares para uma sessão real de grupo, teatro de fantoches improvisado com a ajuda de egos auxiliares atrás de cada boneco, psicodrama e sociodrama.

3. Quanto à *Origem* do Veículo

APRESENTAÇÃO FACE A FACE	vs.	APRESENTAÇÕES À DISTÂNCIA
Qualquer representação dramática, conferência, debate etc.		Rádio e televisão.

VALIDADE DOS MÉTODOS DE GRUPO

Todos os métodos de grupo têm em comum a necessidade de um quadro de referência que declare válidas ou inválidas as suas descobertas e aplicações. Um dos meus primeiros esforços foi, portanto, construir instrumentos por meio dos quais pudesse ser determinada a constituição estrutural dos grupos. Um instrumento desse tipo foi o teste sociométrico, o qual foi construído de modo que pudesse tornar-se facilmente um modelo e guia para o desenvolvimento de instrumentos similares. A minha idéia também era que, se um instrumento é bom, as suas descobertas seriam corroboradas por qualquer outro instrumento que tenha a mesma finalidade, isto é, estudar a estrutura resultante da interação de indivíduos em grupos. Depois de grupos sociais de todos os tipos terem sido estudados, grupos formais e não-formais, grupos familiares e grupos de trabalho etc., a questão da validade da estrutura grupal foi testada usando, primeiro, os desvios do mero acaso como base de referência; segundo, mediante estudos de controle de agrupamento e reagrupamento de indivíduos.

Experimentos de Desvio do Acaso. Tomou-se uma unidade de 26 como unidade conveniente para usar em comparação com uma distribuição de acaso de um grupo de 26 indivíduos fictícios, e três escolhas foram feitas por cada membro do grupo. Para a nossa análise, qualquer tamanho de população, grande ou pequeno, teria sido satisfatório mas o uso de 26 pessoas permitiu o uso de uma amostragem não selecionada de grupos já testados. Sem incluir o mesmo grupo mais de uma vez, sete grupos de 26 indivíduos foram selecionados entre os que tinham esse tamanho de população. As escolhas para o teste tinham sido feitas segundo o critério de companheiros de mesa e nenhuma das escolhas podia recair fora do grupo, tornando assim possível a comparação. O estudo das conclusões obtidas a respeito das configurações grupais (resultantes de indivíduos em interação), a fim de serem comparadas entre si, necessitava de alguma base comum de referência, a partir da qual os desvios fossem medidos. Pareceu que a base mais lógica para o estabelecimento de tal referência podia ser obtida determinando-se as características das configurações típicas produzidas por escolhas ao acaso e para uma população de tamanho similar e um número semelhante de escolhas. Tornou-se possível representar graficamente os respectivos sociogramas (gráficos de relações interacionais) de cada experimento, de modo que se visse cada pessoa fictícia a respeito de todas as outras pessoas fictícias no mesmo grupo; também foi possível mostrar a gama de tipos de estrutura, dentro de cada configuração aleatória de um grupo. As primeiras questões a que era preciso responder assim rezam: Qual é o número provável de indivíduos que, por mera seleção ao acaso, seriam escolhidos por seus companheiros, nenhuma vez, uma vez, duas, três vezes etc.? Quantos pares teriam probabilidades de ocorrer, entendendo por par dois indivíduos que se escolhem mutuamente? Quantas escolhas não-recíprocas podem ser esperadas, numa base de mero acaso? Os resultados do acaso experimental acompanharam de perto as probabilidades do acaso teórico. O número médio de pares no experimento aleatório foi de 4,3, na análise teórica, 4,68 (nas mesmas condições de 3 escolhas, numa população de 26 pessoas). Nos experimentos aleatórios, o número de escolhas não-recíprocas foi de 69,4, mostrando os resultados teóricos 68,64, nas mesmas condições.

Entre as muitas descobertas importantes, as mais instrutivas para os psicoterapeutas de grupo foram: (a) uma comparação dos sociogramas aleatórios com os sociogramas reais mostra-nos que a probabilidade das estruturas mútuas é 213% maior nas configurações reais que nas configurações por acaso, e o número de estruturas não-recíprocas é 35,8% mais raro nas configurações realmente dadas do que nas aleatórias; que as estruturas mais complexas, como triângulos, quadrados e outros padrões fechados, dos quais havia sete nos sociogramas reais, estiveram ausentes nos sociogramas aleatórios; (b) uma concentração maior de muitas escolhas sobre poucos indivíduos, e uma fraca concentração de poucas escolhas na maioria dos indivíduos, desviou a distribuição da amostragem de indivíduos reais de um modo ainda mais acentuado do que ocorreu nos experimentos aleatórios, e numa direção que não seria necessariamente adotada no caso de ter sido aleatória. Esta característica da distribuição é chamada o *efeito sociodinâmico.* A distribuição de freqüência real, comparada com a distribuição aleatória, mostrou que a quantidade de indivíduos isolados era 250% maior na primeira. A quantidade de indivíduos super-escolhidos era 39% maior, enquanto que o volume de suas escolhas foi 73% mais elevada. Tais dados estatísticos sugerem que, se o tamanho da população aumenta e o número de relações escolhidas permanece constante, o hiato entre a distribuição de freqüência aleatória e a distribuição real aumentaria progressivamente. O efeito sociodinâmico tem validade geral. Encontra-se em todos os agrupamentos sociais, seja qual for a sua espécie, quer o critério seja a busca de parelhas ou casais, a busca de empregos ou nas relações socioculturais. A distribuição de freqüência de escolhas mostrada pelos dados sociométricos é comparável à distribuição de freqüência da riqueza numa sociedade capitalista. Também neste caso são acentuados os extremos de distribuição. São poucos os excessivamente ricos, os excessivamente pobres são muitos. As curvas econômicas e sociométricas são expressões da mesma lei, uma lei da sociodinâmica.

Estudos de Controle. Foram comparados dois grupos de indivíduos. No primeiro, o Grupo A, o alojamento dos indivíduos no chalé foi feito ao acaso; no segundo, o Grupo B, os alojamentos foram decididos na base dos sentimentos dos indivíduos visitantes em relação ao dono do chalé e demais habitantes da casa e vice-versa. Foram então aplicados testes sociométricos a intervalos de 8 semanas, para que pudéssemos comparar a estrutura do grupo de controle A com o grupo testado B. Entre outras coisas, apurou-se que os indivíduos testados sofreram uma evolução social e uma integração no grupo mais rápidas do que os indivíduos colocados no chalé ao acaso. No final de um período de 32 semanas, o grupo de controle mostrou quatro vezes mais indivíduos isolados que o grupo testado. O grupo testado B mostrou duas vezes mais indivíduos formando pares do que o grupo de controle.

Indicações e Contra-Indicações da Psicoterapia de Grupo. A indicação da psicoterapia de grupo ou de um método particular em preferência a outro deve basear-se nas mudanças sociodinâmicas de estrutura que podem ser determinadas por meio de testes de grupo, dos quais dois exemplos ilustrativos foram acima dados. A psicoterapia de grupo já atingiu a maioridade e promete um vigoroso desenvolvimento, em grande parte porque a teoria do grupo e o diagnóstico do grupo prepararam o caminho e acompanharam a cadência das necessidades de aplicação em rápida expansão.

A Abordagem de Grupo no Psicodrama

Uma recapitulação da situação na Psicoterapia coloca todos os métodos existentes sob as seguintes epígrafes classificatórias:

A) O Monólogo e o Método de Autoterapia

A categoria estética do Monólogo (o estado lírico subjetivo em poesia) tem sua contraparte na terapêutica: a Autoterapia. Este método teve convincentes exemplos históricos em Buda, os Estilitas e outros tipos de anacoretas e reclusos que obtiveram sua catarse mental no isolamento. Neste tipo de tratamento, o "outro camarada" (um médico ou qualquer outra pessoa) é desnecessário. Trata-se, essencialmente, de uma autocura. Ele, o santo, retrata-se a si mesmo e a todos os seus egos euxiliares. Produz o seu próprio mundo auxiliar, enchendo-o de suas visões.

B) O Diálogo ou Método Diádico

O Diálogo, como categoria estética, tem uma contraparte na terapêutica em todas as formas de psicoterapia que, na acepção mais ampla da palavra, são conversacionais. A esta classe pertencem a sessão hipnótica, a terapia por sugestão, a psicanálise e qualquer tipo de tratamento em que o médico ou agente de cura se encontra face a face com *uma só* pessoa.

C) O Método Dramático ou de Grupo

O Teatro, como categoria estética, tem uma contraparte terapêutica na forma do Psicodrama. Na situação dramática não há limite para o número de indivíduos que podem participar nas ações. Assim como o diálogo pode conter, de tempos em tempos, um monólogo, teatro contém monólogos, diálogos, quer o lírico como o épico, o histórico ou o atual. É tridimensional, representa uma realidade superior e mais abrangente que o monólogo ou diálogo. Como categoria estética, o teatro é uma síntese de todas as formas estéticas acima referidas e, como vimos, estas são parte integrante dele.

O psicodrama é a contraparte terapêutica do teatro e contém todas as subformas da psicoterapia. Uma catarse mental pode ser atingida pelo monólogo, o diálogo ou métodos dramáticos. Portanto, um indivíduo que alcançou o equilíbrio mental mediante a autoterapia não sentirá a necessidade de método de diálogo, por exemplo, uma entrevista psiquiátrica. Há alguns indivíduos que podem chegar ao equilíbrio mental por um método de diálogo, talvez pela psicanálise. Eles também não precisariam ir mais longe e voltar-se para o método dramático ou de grupo a fim de encontrar uma resposta para seus problemas.

A superioridade metodológica dos procedimentos psicodramáticos, em comparação com as autoterapias e as terapias médico-paciente, pode ser facilmente demonstrada. Uma sessão psicodramática bem conduzida usa, entre outros elementos, os seguintes: (a) a entrevista psiquiátrica com cada membro participante do grupo; (b) uma conferência sobre tópicos cuidadosamente escolhidos, a fim de satisfazer os interesses e solicitações de tantos membros quantos seja possível; (c) discussão; (d) ações psicodramáticas no palco, com a assistência de uma equipe de egos auxiliares; (e) análise da passagem ao ato dos eventos que cada membro do grupo pode apresentar, como sua contribuição espontânea; (f) observadores participantes, colocados no público, os quais registram as reações de cada espectador; (g) registros textuais de toda a sessão; e (h) filmes terapêuticos. Estas são as bases para uma análise total e das medidas preparatórias que levarão à sessão seguinte.

Outras vantagens são a possibilidade de uma abordagem terapêutica de grupos, pequenos e grandes. A autoterapia bem sucedida é o privilégio de uns poucos. É, em grande parte, a província do gênio religioso. Também a terapia dialogal bem sucedida é o domínio de uma minoria exclusiva. Atingiu o seu clímax numa era de extrema ênfase sobre o indivíduo como entidade, separado do grupo. Um exemplo dessa tendência é o tratamento psicanalítico da neurose, realizado ao longo de muitos anos. As grandes massas das classes subprivilegiadas, como os camponeses e os trabalhadores urbanos, não podem beneficiar-se da psicoterapia privada e individual. Entretanto, a necessidade de psicoterapia é hoje mais pertinente que nunca. Os desajustamentos e as neuroses são, entre os milhões de pessoas subprivilegiadas, tão perniciosos como entre as pessoas que podem custear um tratamento. Afetam as situações no lar e no trabalho a um grau que influencia o equilíbrio social da nação inteira. No psicodrama de grupo, que é uma combinação prática de todas as abordagens grupais, é formulado um modo de tratamento que, ao mesmo tempo, tanto é suscetível de sistematização científica como de controle experimental.

D) Psicodrama: Tipo Confessional

A abordagem de grupo, no psicodrama, apresentou até hoje várias técnicas. Elas podem ser resumidas como do tipo direto ou *confessional.* O objeto desses procedimentos psicodramáticos foi tratar um grupo de espectadores ou um indivíduo em particular. As pessoas presentes foram encorajadas a passar ao ato seus próprios problemas, num palco, com toda a fidelidade, ou a discutir a representação no que se refere aos seus próprios problemas. A utilidade destas técnicas já foi por mim descrita em diversas ocasiões.

E) Psicodrama: Tipo Não-Confessional

Um outro grupo de procedimentos merece toda a nossa consideração. Neste caso, as ações que se desenrolam no palco são produzidas por uma equipe de egos auxiliares, em vez dos próprios sujeitos. É permitido aos membros do público discutirem a representação como se não lhes dissesse respeito. Esta forma de psicodrama é do tipo indireto ou *não-confessional.* O psicodrama não-confessional é caracterizado pelos três passos seguintes: a entrevista com cada sujeito que vai participar numa sessão — a análise cuidadosa desses materiais — a classificação de cada sujeito de acordo com o seu síndrome ou problema psíquico dominante. Na base dessas classificações, organiza-se então o grupo para cada sessão, de modo que os participantes possam alcançar o maior benefício possível do tratamento. Por exemplo, certos tipos de alcoólicos podem ser colocados num grupo, certos tipos de problemas matrimoniais num outro grupo etc.

A abordagem de grupo não-confessional no psicodrama parece ser de particular valor em desajustamentos menores, neuroses incipientes e simples conflitos interpessoais. Em tais casos, o fato de serem espelhadas no palco situações típicas semelhantes às dos próprios espectadores estimula as tentativas de objetivação autônoma de seus problemas reais, quando entregues aos seus próprios recursos. Nos casos mais sérios, entretanto, essa abordagem é apenas um prelúdio para a forma direta e quase-confessional de tratamento que culmina na apresentação direta dos problemas no palco.

F) Estrutura do Público

Na abordagem de grupo psicodramática, é importante que cada membro do público seja claramente visível ao diretor. Ele também deve estar apto a ver cada gesto e expressão facial. No teatro comum, a posição do espectador é arbitrária, na medida em que o interesse se concentra no palco e a única coisa que importa é que os espectadores possam ver o que ali acontece. Num teatro psicodramático, a situação é alterada. Aqui, o importante é que o diretor também esteja apto a ver cada espectador. Isto tem duas razões; a polaridade é dupla. O diretor psicodramático deve ver todos os membros do público e, assim, estabelecer, se não mais, pelo menos uma ilusão de comunicação direta com eles; e é de igual valor terapêutico que cada espectador esteja apto a ver o diretor. Um hábil diretor psicodramático deve criar sempre uma ilusão de comunicação, deixando seus olhos percorrerem cada membro do público. A visibilidade de cada espectador ao diretor está vinculada ao sentimento de contato pessoal. Pode preparar a base para uma relação interpessoal. Essa reciprocidade de contato é um fator básico no teatro psicodramático, especialmente valioso no tratamento de grupo. Além disso, em sessões avançadas, cada membro do público deve ser visível a todos os outros membros. A interação entre os membros do público é um paralelo à interação entre os atores no palco, visto que cada indivíduo pode converter-se num agente terapêutico de todos os outros indivíduos, podendo assim ser consumidas todas as oportunidades existentes de psicocatarse.

A abordagem de grupo no psicodrama refere-se a problemas "privados" por maior que seja o número de indivíduos que possam constituir o público. Mas logo que os indivíduos são tratados como representantes coletivos de papéis da comunidade

1. O espectador inativo

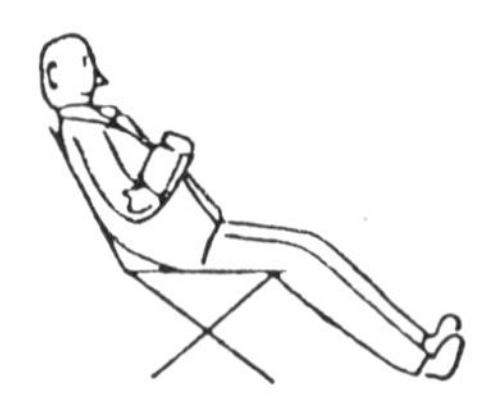

2. O espectador ativo

3. O espectador participante

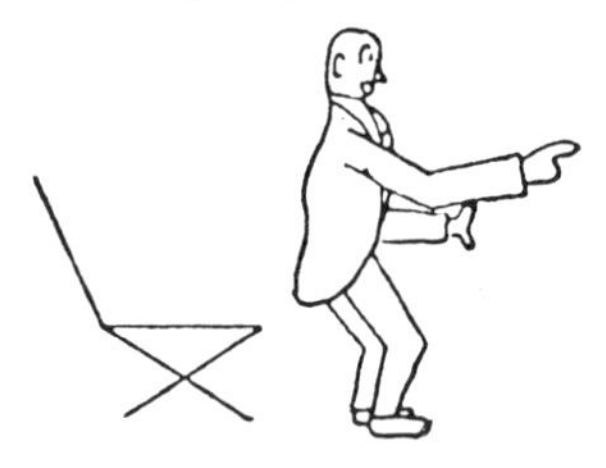

Um dos aspectos importantes da sessão sociodramática é o problema e o processo de aquecimento preparatório do espectador inativo para uma plena e benéfica participação.

O aquecimento preparatório é sempre, em qualquer sessão, uma questão bidirecional.

O espectador reativo torna-se, finalmente, um ator participante, ajudando a organizar o desenvolvimento da sessão.

Na psicoterapia de grupo, o diretor está sempre cônscio do grau e fase de aquecimento preparatório em seu grupo de pacientes. O grau indica a eficácia da técnica em uso. A **fase** indica a condição do distúrbio, em **função do** montante de disponibilidade do fator **e** (espontaneidade).

4. O ator participante

DIAGRAMA I

FUNÇÕES DO ESPECTADOR

e de relações de papéis, não levando já em conta os seus papéis privados e suas relações de papéis privados, o psicodrama converte-se num "sócio-psicodrama" ou, mais brevemente, num sociodrama. Este último abriu novos caminhos à análise e tratamento de problemas sociais.

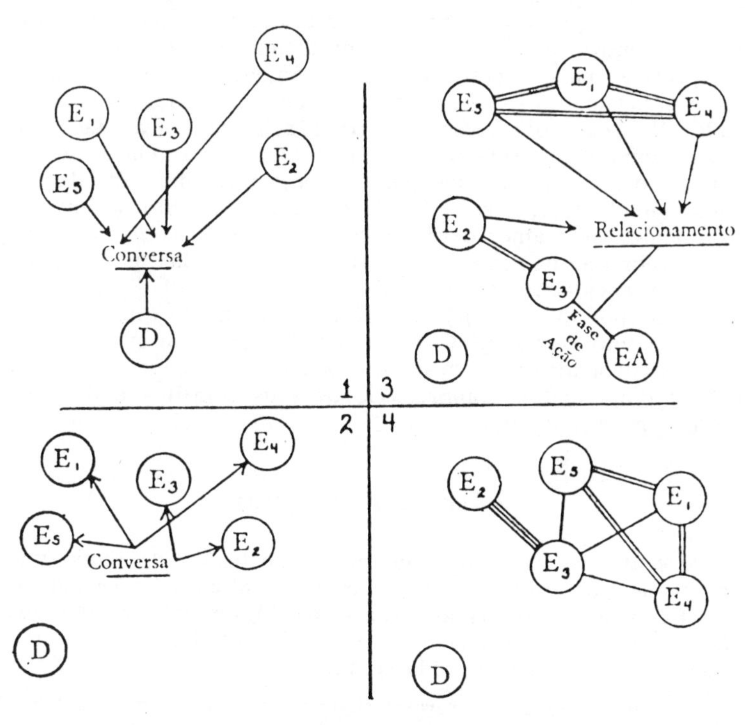

DIAGRAMA II

DESENVOLVIMENTO DA ESTRUTURA DO PÚBLICO

E = Espectador
D = Diretor
EA = Ego Auxiliar

Este diagrama retrata um público em quatro fases de interação e integração progressivas (1, 2, 3 e 4):

(1) fase amorfa
(2) fase de conhecimento recíproco
(3) fase de ação
(4) fase de relações mútuas

Tratamento Psicodramático de Problemas Conjugais

Introdução

O psicodrama projeta processos, situações, papéis e conflitos reais num meio experimental, o teatro terapêutico — um meio que pode ser tão vasto quanto as asas da imaginação permitam e que pode conter, entretanto, cada partícula dos nossos mundos reais. Aplicado ao problema conjugal, abre novas perspectivas para a pesquisa e o tratamento. Uma relação — amor e casamento — que é iniciada com tanta afeição e dignidade, desfaz-se com demasiada freqüência num grau tão desproporcionado de aversão e desapontamento, em relação às intenções originais, que nos parece necessária uma abordagem mais cuidadosamente considerada do relacionamento no amor e casamento. Se o amor deve começar e é preciso contrair matrimônio, por que não iniciá-los de acordo com todas as máximas da espontaneidade autêntica por ambas as partes? E se devem terminar, por que não pôr-lhes fim de um modo que seja tão digno quanto humano? O psicodrama oferece tal método: as pessoas envolvidas reúnem-se num palco, afastado da vida, para buscar uma melhor compreensão de seus conflitos e de suas tensões interindividuais.

O Teatro Terapêutico

O teatro terapêutico é um palco construído de modo que as pessoas possam viver e projetar numa situação experimental os seus próprios problemas e sua vida real, desembaraçadas dos rígidos padrões impostos pela existência cotidiana ou as limitações e resistências da vida comum.

O sujeito, no teatro terapêutico, está colocado a uma certa distância de sua vida e meio cotidianos — uma posição que ele raramente está em condições de lograr nas circunstâncias do dia-a-dia. O teatro é um cenário objetivo em que o sujeito pode passar ao ato seus problemas ou dificuldades, relativamente livre das ansiedades e pressões do mundo externo. Para tanto, a situação total do sujeito no mundo externo tem de ser duplicada, em nível espontâneo, no cenário experimental do teatro e — ainda mais do que isso — os papéis ocultos e relações inter-humanas invisíveis que ele possa ter experimentado têm de encontrar uma expressão visível. Isto significa que certas funções — um palco, luzes, um sistema de gravação, egos auxiliares e um diretor — têm de ser introduzidas.

A Primeira Entrevista

Quando um casal com dificuldades conjugais se apresenta para consulta e tratamento, o procedimento inicia-se com *entrevistas independentes* com cada cônjuge.

A finalidade da primeira entrevista é chegar rapidamente à essência da questão e encontrar a pista para o problema crucial. Partindo dessa pista, pode ser construída a primeira situação psicodramática, com a qual o processo de tratamento será iniciado. Não é começado qualquer registro minucioso do caso. Os cônjuges, em vez de exporem corajosamente a dificuldade imediata, podem derivar para descrições de situações que se situam num passado mais ou menos remoto. Por vezes, o motivo para uma primeira situação pode surgir, justamente, de uma dessas saídas laterais. É extremamente importante que as pistas sejam oferecidas de modo espontâneo e sugeridas pelos próprios sujeitos. Como se trata de uma experiência psicodramática idônea em que os sujeitos, uma vez que estão atuando no palco terapêutico, podem ser levados pelo ritmo da dinâmica psicodramática desde a superfície até ao nível mais profundo de seu relacionamento mútuo, é possível construir uma primeira situação em torno de qualquer motivo que acuda espontaneamente, durante a entrevista, à mente de um sujeito.

Acontece amiúde que cada cônjuge expõe uma diferente série de queixas, tendo cada um deles formulado também os remédios para as mesmas. Em outras ocasiões, talvez só um dos cônjuges, a esposa, por exemplo, se mostra ansiosa por receber conselhos ou tratamento; o outro cônjuge, o marido, pode ser indiferente à intromissão profissional ou ao tratamento. Outros fatores, como os problemas econômicos, podem intervir na situação conjugal mas de maior importância são quaisquer outras pessoas que fazem parte integrante, realmente, da própria situação de fricção — por exemplo, outra mulher ou outro homem, uma sogra, um filho crescido ou filhos de um casamento anterior. Tais fatores podem forçar um consultor psicodramático a alterar o seu procedimento estratégico. Antes de uma primeira situação ficar estabelecida, ele poderá necessitar de mais material preparatório, ou entrevistas com um terceiro, quarto ou quinto participante no conflito. Portanto, depois das primeiras entrevistas com os parceiros imediatos, numerosos passos preparatórios podem ser necessários antes de ser possível um início adequado no palco. Quando o cônjuges tendem a usar táticas dilatórias nas entrevistas, é freqüentemente aconselhável colocá-las diretamente no palco. É-lhes dito que devem atuar como se estivessem em casa, com uma diferença: eles podem atuar e pensar em voz alta e em maior liberdade. Podemos confiar usualmente nesse recurso para obter uma pista e pôr em marcha o procedimento.

Acontece amiúde que só um dos cônjuges é entrevistado, enquanto que o outro se mantém indiferente ou ignora que estão sendo solicitados conselhos. Neste caso, o procedimento consiste em começar com essa pessoa e introduzir gradualmente a outra pessoa ou pessoas envolvidas. Por via de regra, antes da primeira situação ser representada no palco, é possível formar uma imagem provisória do átomo social (1) de cada pessoa envolvida; os detalhes podem ser gradualmente preenchidos, à medida que o tratamento se desenrola. De modo análogo, um quadro esquemático dos papéis culturais dos participantes poderá ser obtido. Isto pode ser útil quando a espontaneidade dos sujeitos começa declinando e situações têm que ser construídas para eles.

O mais conspícuo conflito matrimonial apresentado à atenção do consultor psicodramático é, de longe, o triângulo ou, melhor dizendo, o triângulo psicológico formado pelo marido, a esposa e uma terceira parte, homem ou mulher. Essa situação é tão delicada e pode acarretar tanta infelicidade e amargura que a menor falta de tato no decurso da ação ou durante a análise da ação pode produzir um impasse. O diretor deve ter grande cuidado em não fazer qualquer sugestão sobre o curso de ação que poderia ser preferível. O teatro terapêutico não é um tribunal, os egos auxiliares que possam estar presentes não são um júri e o diretor não é um juiz. Além disso, o teatro terapêutico não é um hospital onde os sujeitos venham mostrar suas feridas e procurar que profissionais hábeis as curem. A iniciativa, a espontaneidade, as decisões, devem surgir todas dos próprios sujeitos. Com efeito, são incitados a mostrar maior iniciativa e espontaneidade que a que puderam experimentar, dia após dia, numa penosa vida no lar. Para o diretor, uma solução deve apresentar-se tão desejável quanto uma outra, com a condição única de que, seja ela qual for, acarrete o máximo grau de equilíbrio aos participantes. Num caso, isso pode significar uma reintegração da relação marido-mulher; e, num outro caso, o rompimento dessa relação, uma catarse pelo divórcio.

Há um mal-entendido que deve ser cuidadosamente evitado. O psicodrama não é uma cura pela "atuação", como alternativa para uma cura pela "conversa". A idéia não é que os sujeitos representem um para o outro, passando ao ato tudo o que lhes acode à mente — sem reservas, num exibicionismo ilimitado — como se esse tipo de atividade pudesse, por si mesmo, produzir resultados. Com efeito, é aí que a experiência do diretor na arte do psicodrama contará ao máximo. Assim como um cirurgião que conhece o estado físico do seu paciente limitará uma operação ao prazo de tempo que o estado desse paciente possa suportar, também o diretor do psicodrama pode deixar inexpressados e inexplorados muitos territórios das personalidades dos sujeitos, se as energias destes não forem iguais ao esforço exigido durante esse tempo.

Um Triângulo Psicológico no Casamento

A Primeira Sessão. O número de pessoas cuja presença é permitida no teatro limita-se aos egos auxiliares escolhidos pelo sujeito e outros tantos que o diretor possa reputar necessários. O caso seguinte constitui uma ilustração típica. Um certo casal, o Sr. e a Sra. T, não puderam oferecer qualquer indício satisfatório durante as entrevistas. Foi-lhes pedido que subissem ao palco e fizessem de sua situação atual no teatro terapêutico o motivo em torno do qual a ação seria construída. Talvez o Sr. T ou a Sra. T tivesse sido a força impulsora na decisão de virem ao teatro em busca de tratamento, ou talvez discordassem a esse respeito, por algum motivo. Qualquer que fosse o caso, eles deviam retomar o curso de pensamento e continuar falando sobre o assunto exatamente como se estivessem em sua própria casa mas com uma diferença: deveriam sentir-se inteiramente livres para atuar de um modo mais espontâneo, quebrando o respeito convencional pelos sentimentos mútuos que poderiam ter tido em casa. Após alguns segundos de hesitação, iniciaram uma discussão acalorada sobre as despesas com o tratamento. A Sra. T argumentou que qualquer despesa valeria a pena se ajudasse a trazer a felicidade de volta ao seu casamento. Neste ponto, o Sr. T interrompeu e disse-lhe, pela primeira vez, que o assunto havia chegado ao fim para ele, de qualquer jeito, pois estava apaixonado por uma outra mulher. Um segredo que vinha sendo cuidadosamente guardado foi revelado de súbito. O palco psicodramático tinha funcionado como um meio para definir a situação de um modo preciso. A revelação foi, é claro, um choque para a jovem esposa. Ela gritou: "Quem é essa mulher?" A situação foi interrompida e escolheu-se um ego auxiliar para personificar a outra mulher, a quem chamaremos Senhorita S. A Sra. T voltou-se para o público. O Sr. T explicou que teria um jantar com a Srta. S na noite seguinte. Essa situação do jantar era a primeira que seria projetada no palco terapêutico. O ego auxiliar B atuou como substituto da Srta. S.

Na cena, tal como o Sr. T a projetou no palco, ele disse à Srta. S (Auxiliar B) que havia começado um tratamento no qual os participantes num conflito conjugal tinham de representar em cena as dificuldades mútuas que pudessem existir. Continuou dizendo que, quando estava atuando com a Sra. T, na véspera, manifestara publicamente os sentimentos que alimentava em relação a ela, a Srta. S. Enquanto atuava, tinha começado a compreender que sofria em virtude de sua imaturidade, com o que arrastava duas outras pessoas, além dele próprio, para dificuldades cada vez maiores, e que tinha de chegar a uma decisão, num sentido ou outro. Ali, no palco, tinha tomado a decisão de que, o que realmente queria era divorciar-se de sua mulher e casar com ela, a Srta. S. A auxiliar B atuou de acordo com as suas instruções e a cena terminou com o fortalecimento do vínculo entre a Srta. S e o Sr. T.

A Segunda Sessão. O Sr. T tinha se encontrado com a Srta. S para jantar no dia anterior e quando ele e a Sra. T vieram ao teatro terapêutico para prosseguir o tratamento, foi pedido ao Sr. T que projetasse o encontro no palco, tal como realmente acontecera. A Auxiliar B substituiu novamente a Srta. S e a Sra. T manteve-se no público. O encontro *real* provocou algumas surpresas ao Sr. T. A Srta. S também havia chegado à sua própria decisão; devolveu a T uma lembrança que ele lhe oferecera, como um símbolo de que tudo havia acabado entre eles. O Sr. T parecia agora muito menos seguro de si do que na cena problemática projetada durante a sessão prévia. Quando a Srta. S lhe disse que não queria roubar o homem de uma outra mulher, o sentimento de culpa que isso revelava nela encontrou também um profundo eco no Sr. T.

A Sra. T, que nada ouvira do que tinha acontecido durante o encontro, ficou agradavelmente surpreendida e foi com satisfação que ouviu que T pretendia voltar para ela. Depois da cena, o Sr. T felicitou a Auxiliar B por ter retratado tão bem a reação da Srta. S. Quando viu que sua esposa estava exultante, observou que, embora não se casasse com a Srta. S, ele estava disposto, não obstante, a obter uma separação de sua esposa. Disse que se apercebia da crueldade dessa resolução, em vista dos sacrifícios feitos por sua esposa durante muitos anos de vida conjugal; mantivera em segredo a sua afeição pela Srta. S por temer que sua esposa pudesse ficar profundamente prostrada se tivesse de enfrentar a situação, mas o tratamento psicodramático trouxera à superfície as relações sentimentais subjacentes.

A Terceira Sessão. A Srta. S esteve presente nesta sessão, à qual a Sra. T não compareceu. O Sr. T e Srta. S representaram uma série de cenas, começando pelo seu primeiro encontro e mostrando, passo a passo, o desenvolvimento de suas relações mútuas. A Srta. S viera com relutância ao teatro terapêutico e estava determinada a sacrificar o seu amor por T e a retirar-se de "toda essa barafunda" com um gesto heróico de renúncia, mas essas cenas provocaram uma mudança total. As reminiscências, os sonhos e os planos que emergiram no curso da ação, levaram o seu relacionamento no palco a um tal clímax que o desejo e a decisão de ambos de continuarem suas relações e casarem surgiram de um modo espontâneo e irrevogável. Dois papéis em que T mostrou uma profunda comunhão de sentimentos com a Srta. S foram os de poeta e de aventureiro (nos quais ele e sua esposa não tinham qualquer ponto de contato); mas o ponto crucial da questão era que o Sr. T queria ter um filho (um rapaz) com a Srta. S. Na análise que se seguiu às cenas, o Sr. T afirmou que compreendia agora porque evitara persistentemente ter um filho com sua esposa, apesar de serem sexualmente compatíveis e embora sua esposa fosse uma excelente dona-de-casa. A Srta. S era a primeira mulher com quem ele fora capaz de visualizar-se numa relação pai-mãe.

As *Sessões Subseqüentes* foram dedicadas a levar as relações entre o Sr. e a Sra. T a um equilíbrio ótimo, em vista do provável desfecho do conflito. A Sra. T tentou toda e qualquer abordagem que pudesse levar o Sr. T a considerar a continuação de seu casamento, cenas que reproduziram os anos de namoro e noivado, os sofrimentos por que ela passara para facilitar o progresso na carreira do marido, a infância de ambos e o que seria a sua velhice. Tudo foi em vão. Entretanto, para ela, teve valor catártico. O processo fortaleceu o seu ego e preparou-a para enfrentar a vida por novos rumos. Perdeu suas disposições vingativas em relação à Srta. S. A cortesia e a compreensão do Sr. T aumentaram mas o seu desejo de união com a Srta. S não foi alterado. Uma catarse total para a separação e o divórcio foi atingida.

Não podemos apresentar aqui todo o material deste caso, pois abrangeria centenas de páginas. Além do Sr. e da Sra. T, e da Srta. S, apareceram no palco duas mulheres e três homens, como auxiliares. O tratamento cobriu um período de três meses. Foi representado um total de sessenta situações, no desenrolar das quais se assumiram mais de cem papéis.

Interpretação

No caso do Sr. T, um papel irrealizado (o poeta) foi vinculado a um papel afim (o aventureiro). Eles fundiram-se subseqüentemente e geraram um papel irrealizado mais profundo —

o de pai. A cadeia de papéis poeta-aventureiro-pai, provocada pela Srta. S, reavivou por seu turno, em relação a ela, o papel de amante do Sr. T. Foi mostrado num outro estudo de nossa autoria que, quanto mais abrangente é o processo de aquecimento preparatório de um papel — quanto mais amplo é o território de uma personalidade específica que abrange — mais satisfatório se torna o papel e mais inspira o desenvolvimento da iniciativa e da espontaneidade em todo o contexto vital do sujeito. No caso do Sr. e da Sra. T e da Srta. S, funcionou esse importante mecanismo interindividual. Enquanto só os papéis de poeta e de aventureiro estiveram interatuando com os papéis complementares na Srta. S, a situação foi suportável. Logo que eles se combinaram com os papéis de pai-bebê-mãe e de amante, então os papéis de amante e dona de casa que, até então, haviam estado bem ajustados entre o Sr. e a Sra. T, começaram se decompondo. Agora, estes últimos papéis pareciam insípidos e monótonos, comparados com os papéis da nova experiência do Sr. T. O campo mais limitado, representado pelos mesmos papéis até ao momento de seu encontro com a Srta. S, estava agora substituído por um campo mais vasto, no qual estava operando um complexo de papéis.

No decurso deste estudo de um triângulo conjugal, foi observado que um papel requerido por uma pessoa pode estar ausente no outro cônjuge, numa relação estreita, e que a ausência de um papel pode ter sérias conseqüências para um relacionamento. Regra geral, um papel pode ser (1) rudimentarmente desenvolvido, normalmente desenvolvimento ou superdesenvolvido (tele positiva); um papel pode estar (2) quase ou totalmente ausente numa pessoa, (indiferença); e um papel pode ser (3) pervertido para uma função hostil (tele negativa). Um papel, em qualquer das categorias acima indicadas, pode ser também classificado do ponto de vista de seu desenvolvimento no tempo: (a) nunca esteve presente; (b) está presente em relação a uma pessoa mas não de uma outra; (c) esteve certa vez presente em relação a uma pessoa mas está agora extinto.

Para um exemplo ilustrativo disto, podemos tomar os papéis maternos das duas mulheres no triângulo acima — papéis que desempenharam uma parte muito significativa nesse conflito. No caso da Srta. S, o papel de mãe estava altamente desenvolvido (no nível de fantasia) e, o que é de suma importância, estava intimamente vinculado aos seus papéis de poetisa e aventureira. A combinação dos três papéis fez dela um complemento quase perfeito para o Sr. T, com seus papéis irrealizados. Na Sra. T, por seu lado, o papel de mãe só estava desenvolvido em grau rudimentar (no nível de fantasia). Isto coincide com a experiência em muitos outros casos. O papel materno é necessário se uma situação psicológica concreta o exige: a gravidez, por exemplo. Uma total ausência desse papel (tele zero) durante o período de gestação e após o nascimento da criança, deve ser avaliada como sendo tão patológica quanto o seria um super-desenvolvimento desse papel. Para darmos um outro exemplo, o homem casado que não desenvolveu o papel de marido — ou em quem esse papel está ausente em relação à mulher com quem casou — está igualmente numa situação patológica.

Muitas situações e conflitos conjugais têm sido tratados pelo método psicodramático. Na maioria dos casos, foi alcançado um ajustamento entre marido e mulher. A duração do tratamento varia. Nos conflitos mais moderados, a catarse é obtida após algumas sessões. Nos casos complicados, nos quais um ou outro dos cônjuges sofre uma profunda perturbação mental, pode ser necessário mais tempo do que o requerido no caso do Sr. e da Sra. T e da Srta. S.

A Técnica do Ego Auxiliar em Problemas Conjugais

Quando um marido, por exemplo, recorre sozinho ao tratamento, a esposa ausente deve ser substituída por um ego auxiliar. Solicita-se ao marido que oriente esse ego auxiliar para o papel de esposa. Essa fase é, em si mesma, uma parte significativa do procedimento. No decorrer de alguns minutos, o sujeito deve promover no ego auxiliar o aquecimento preparatório, mostrar-lhe como atua sua esposa e que espécie de coisas ela diz. Tudo isto, é claro, serve para informar o diretor sobre o modo como o sujeito se sente a respeito de sua esposa e indica quais as características dela que mais impressionaram o marido. É dito a este que não deve esperar um retrato exato da esposa por parte do ego auxiliar mas apenas uma base suficientemente sugestiva para fazê-lo começar sua atuação. Com freqüência, é boa estratégia deixá-lo expor suas queixas e conflitos com uma "esposa" auxiliar e, depois, realizar sessões alternadas em que a esposa, por seu turno, possa vir elaborar os seus problemas com um "marido" auxiliar, antes de começarem trabalhando face a face. Quanto melhor adestrado estiver um ego auxiliar nos papéis requeridos, quanto mais ele ou ela corresponder às afinidades espontâneas do sujeito, maior será o êxito que se obtenha para fazer o sujeito "arrancar".

O adestramento de um ego auxiliar, especialmente em problemas matrimoniais, é de grande importância. Em primeiro lugar, o ego auxiliar deve aprender a desligar-se inteiramente de qualquer coisa, em sua vida privada, que pudesse fazê-lo inclinar-

-se para um ou outro dos cônjuges. Um elaborado adestramento da espontaneidade pode ser necessário, antes que os seus próprios conflitos privados deixem de afetar a sua função como auxiliar em problemas conjugais. Em alguns casos, só lhe será permitido intervir em certos papéis e situações.

O ego auxiliar não conhece as pessoas que vai representar. Depende do sujeito para orientar a sua caracterização dessas pessoas. Mesmo em papéis simbólicos (Satã, Deus, um juiz etc.), só deverá atuar como lhe foi sugerido pelo sujeito e intrometer sua própria personalidade o menos possível. No curso posterior do tratamento, as pessoas reais (a esposa, o outro homem ou a outra mulher) podem atuar, elas próprias, nos papéis em que foram substituídas pelos egos auxiliares. O contraste resultante, a soma de desvio, é um fenômeno interessante. Poder-se-á ver que o ego auxiliar simplificou excessivamente a esposa; o marido pode ter tido uma tarefa demasiado fácil para entender-se com ela. No decurso do tratamento, podem ser obtidos estímulos quase idênticos aos da vida real se o sujeito orientar o ego auxiliar no sentido de interpolar em sua representação tantas características quantas seja possível da esposa verdadeira.

Por vezes, o marido poderá ser difícil de agradar: nenhum dos egos auxiliares disponíveis é capaz de corresponder às suas exigências ou todos eles estão aquém da imagem da pessoa a quem devem substituir. O sujeito poderá criticar contundentemente uma auxiliar ou até insultá-la, se acreditar que ela tenta distorcer, de um modo deliberado, o caráter da pessoa ausente. Em tais casos, solicita-se ao sujeito que atue como seu próprio ego auxiliar. Ele pode mostrar como sua esposa atua e fala, e, se necessário, escolherá um dos auxiliares para substituí-lo a ele, o sujeito. Por exemplo, o sujeito poderá desempenhar o papel de seu próprio sogro numa cena de discussão enquanto um auxiliar substitui o sujeito. Tecnicamente, este encontra-se, ao mesmo tempo, ausente e presente. O uso do sujeito como seu próprio ego auxiliar é uma técnica muito útil para obter dele a impressão que os diferentes membros do seu átomo social lhe causaram em sua mente.

É óbvio que o ego auxiliar pode converter-se num instrumento para testar o comportamento psicodramático. De um ponto de vista terapêutico, o ego auxiliar é um alvo para os sujeitos e, por vezes, um guia. Como é algo fixo e permanente, converte-se, do ponto de vista da pesquisa, num idôneo quadro de referência. A sua equação pessoal, a sua gama de papéis, as suas dificuldades pessoais etc. são conhecidas do diretor; foram cuidadosamente estudadas e verificadas de tempos a tempos. Assim, foi estabelecida uma base de comparação —

um quadro de referência — contra o qual os sujeitos podem ser medidos, quando vão e vêm com suas reverberações, incoerências e atitudes extremas. O valor metodológico da técnica do ego auxiliar pode ser mais plenamente apreciado quando comparado com a técnica do observador-participante no estudo do comportamento de pessoas. Um observador-participante vigia as pessoas, formula perguntas a respeito delas e esquadrinha suas vidas privadas, mas não pode ultrapassar um certo ponto. Na técnica do ego auxiliar, entretanto, os aspectos do observador-participante são apenas suplementares para suas funções cruciais e têm seu lugar quando os egos auxiliares estão sentados no público, observando os processos à medida que se desenrolam no palco, ou misturando-se com os sujeitos entre as sessões. Além disso, o ego auxiliar introduz uma nova técnica que se acerca mais intimamente das relações interindividuais subjacentes. Ele atua no papel de pai, esposa, irmão ou amigo do sujeito; atua no papel do próprio sujeito. No nível psicodramático, ele personifica os seus heróis, os seus demônios e os seus deuses, e passa a atos as suas obsessões, os seus temores, suas alucinações e fantasias.

A Catarse do Ego Auxiliar Durante o Trabalho Psicodramático

O ego auxiliar que assumiu o papel da Srta. S, a outra mulher em nosso exemplo típico, comportou-se de um modo peculiar no palco. Por vezes, ela atuou de um modo que estava em profundo contraste com as instruções que o sujeito lhe dera. Aparentemente, ela não se apercebia disso. Na cena da mesa do jantar, quando o Sr. T lhe disse como se sentira feliz no dia em que ela lhe confessara que o amava, ela replicou violentamente: "Nunca o disse e nunca o direi!" O Sr. T retorquiu: "Mas disse sim!" E então, num aparte para a auxiliar, ele disse: "O que é que se passa?" A auxiliar recuperou sua compostura e continuou atuando de acordo com as suas instruções. Quando a situação terminou, ela rompeu em prantos e continuou chorando depois de voltar à sua cadeira. Após a sessão, foi chamada ao palco e o diretor perguntou-lhe o que tinha acontecido. Ela disse que pensava ter atuado como lhe fora requerido mas, quando instada, confessou que estava passando nessa época por uma experiência semelhante; havia um homem a quem ela amava e também havia uma mulher que estava tentando afastá-lo dela. Quando o sujeito esperava que ela atuasse da mesma maneira na cena que fora representada no palco, ela saiu momentaneamente do seu papel.

A esse processo podemos dar o nome de *efeito psicodramático.* Afeta os sujeitos e os egos. Desse gênero de experiência fez-se a base para o tratamento do ego auxiliar como se fosse um sujeito. O seu próprio conflito conjugal foi tratado separadamente, de fase para fase, com a ajuda de dois outros egos auxiliares da equipe. A sua experiência no palco é denominada *catarse psicodramática de um ego auxiliar.* Também aconteceu que um ego auxiliar que colaborava no tratamento de outro ego auxiliar denunciou dificuldades em sua própria personalidade. Depois, teve também de receber tratamento, por sua vez.

Um melhor modo de tratar um ego auxiliar tem lugar no decurso do próprio psicodrama. Quando o ego auxiliar manifesta qualquer conduta estranha, a indagação a tal respeito é feita diante do sujeito — de fato, na frente de todo o grupo. O auxiliar poderá explicar: "Sim, eu própria estou numa situação tringular." Poderá então esboçar sucintamente a sua situação e continuar trabalhando com o sujeito, mas conservando o domínio de suas ações e palavras. No decurso do trabalho com um sujeito, é sempre realizada uma dupla análise: a do sujeito, por um lado, e a do ego auxiliar, por outro lado. A análise da auxiliar realiza-se com especial atenção, na medida em que a atuação dela com o sujeito pode ter refletido o seu problema privado. Comparado com o outro gênero de procedimento, este possui numerosas vantagens e, portanto, é preferível àquele. O sujeito está presente quando o ego auxiliar é apanhado numa armadilha e, à medida que o problema é revelado e finalmente representado, o sujeito pode obter uma espécie de retrato de sua própria situação, vista a uma certa distância. Obtém então a catarse de um espectador, assim como a de um ator. Além disso, pode ser solicitado a atuar como ego auxiliar da auxiliar que revelou ter um problema. Isto gera o que poderia parecer uma situação paradoxal — o psiquiatra tornando-se paciente e o paciente convertendo-se em psiquiatra — mas o sujeito tem a vantagem de contar com uma oportunidade para ajudar, com a sua experiência, alguém que tentou justamente ajudá-lo. Agora é ele quem recebe as instruções sobre o modo de retratar o papel de um certo homem — talvez um marido que está traindo sua esposa (o ego auxiliar). O sujeito ainda é um espectador mas um espectador que está em ação. Pode assim experimentar uma dupla catarse — como sujeito que veio para tratamento e como ego auxiliar empregado para ajudar uma outra pessoa.

Outra vantagem deste procedimento é que todos os outros egos auxiliares que estiverem presentes — e, talvez, outros sujeitos também — passam por um processo de experiências que constitui para eles um importante adestramento. Estão sempre a meio caminho entre o espectador e o ator, e a meio caminho entre serem influenciados como pessoas privadas e estimulados como profissionais.

Como resultado líquido, assim como os sujeitos psicodramáticos saem do tratamento como pessoas aptas a desempenhar-se mais adequadamente nas situações tratadas, também os egos auxiliares se tornam mais compreensivos, mais sensatos e mais versáteis em suas próprias esferas da existência.

O Problema da Orientação

A iniciativa e espontaneidade do diretor e dos egos auxiliares durante a ação no palco é uma das características dominantes do tratamento. Muitas vezes, um casal tem de ser preparado porque não está pronto para aceitar o procedimento. A preparação pode assumir muitas formas. Pode ocorrer que os sujeitos estejam sofrendo em virtude de um conflito interpessoal que eles próprios não conseguiram manipular e exige, definitivamente, um tratamento. Talvez não estejam cônscios de que esse tipo de tratamento é possível ou um dos cônjuges não estava disposto a submeter-se ao tratamento. Ou, por outro lado, seu tipo particular de conflito poderá necessitar de alguma preparação geral, como uma descrição da natureza do tratamento, que efeitos o tratamento obteve em outros casos e que efeito ou solução o problema deles pode esperar do tratamento. Num certo caso, pode ser um parente ou um amigo quem dá o primeiro passo para levar o casal ao teatro terapêutico. Essa pessoa funciona, por assim dizer, como um ego auxiliar no próprio meio em que o casal vive. Num outro caso, pode ser o advogado do casal quem recebe instruções sobre como abordá-lo.

Na fase preliminar da ação no palco faz-se necessária uma outra técnica de orientação. Os dois cônjuges estão no palco, por exemplo, mas recusam-se a representar qualquer das situações cruciais que revelaram durante as entrevistas. O diretor tenta promover o arranque, transferindo rapidamente a atenção do casal de um enredo para outro. Isto poderá deixar suas mentes comparativamente à vontade e fazer com que eles se disponham a iniciar o trabalho. Se isso não dá resultado, o diretor sugerirá que podem escolher qualquer assunto ao acaso ou qualquer coisa que queiram dizer um ao outro nesse momento. Se isso tampouco tiver efeito, o diretor poderá sugerir que projetem no palco qualquer das situações mais agradáveis que possam ter encontrado no passado (quando se apaixonaram, por exemplo), ou qualquer situação que expresse como desejariam que o seu casamento se desenvolvesse (talvez terem um bebê ou constituírem uma família numerosa), ou uma situação no futuro que expresse qualquer mudança que possa agradar-lhes ver surgir na situação de suas vidas. Se nada disso produzir resultados, resta ainda a escolha de situações simbólicas e papéis simbólicos pelos quais revelem possuir afinidade ou que possam ser construídos para eles. Se tudo isso continuar sem produzir o efeito de um arranque, o diretor não suplica nem insiste com demasiada veemência mas envia os sujeitos de volta aos seus lugares na platéia. É-lhes então permitido que participem numa outra sessão em que outros sujeitos estão sendo tratados de problemas semelhantes aos deles. Segundo todas as aparências, eles são agora meros espectadores. Pode acontecer que, no decurso do tratamento de outro casal no palco, um dos cônjuges relutantes de que estivemos falando seja solicitado a prestar sua ajuda como ego auxiliar. Esta técnica de converter um sujeito em ego auxiliar, por razões terapêuticas, pode ser empregada durante um período de tempo considerável, sendo assim os sujeitos tratados de seus próprios problemas de uma maneira indireta. Ocorre amiúde que, depois do tratamento ter sido semicompletado dessa maneira, os sujeitos se ofereçam espontaneamente para atuar, sem se aperceber que o que estão fazendo é o que o diretor queria o tempo todo que eles fizessem.

A orientação também pode ser realizada quando o ego auxiliar está sendo preparado para um papel. Neste caso, o ego auxiliar é o agente. No exemplo acima, o Sr. T teve de explicar ao ego auxiliar que ia retratar a Srta. S como foi que ela atuou quando se encontraram pela primeira vez. Contudo, ele foi invulgarmente hesitante e incoerente ao prestar as informações adequadas. Então, o ego auxiliar mostrou grande iniciativa e habilidade para induzi-lo gradualmente a abrir-se. Ela discutiu poesia com ele e, mediante outros recursos vários, incutiu-lhe a confiança de que precisava para começar uma cena a que ele vinha tentando esquivar-se há algum tempo. Esse gênero de orientação fortaleceu também o seu relacionamento com essa auxiliar; aprendeu que poderia confiar no apoio dela (como uma extensão do seu próprio ego). Uma outra forma de orientação é ilustrada pelo seguinte incidente: o Sr. T projetou no palco um sonho em que ele e sua esposa assistiam ao funeral de sua sogra. Entretanto, esse fato parecia ser quase tudo o que ele era capaz de recordar do sonho. Enquanto se esforçava por representar o sonho e, na companhia da auxiliar, caminhavam lado a lado no cortejo fúnebre, o Sr. T estacou bruscamente e disse: "Pela maneira como a auxiliar caminhou e olhou para mim, recordo agora que, quando cheguei junto da sepultura, era a minha esposa quem estava morta." A auxiliar manifestara uma tal intensidade de dor em seu olhar e postura que deslanchara o processo de aquecimento preparatório do sujeito para o estado de experiência necessário à recordação.

Por vezes, o trabalho no palco pode parecer que está além das possibilidades de controle dos cônjuges. Neste caso, o diretor pode enviar ao palco um outro ego auxiliar, a fim de estimular a ação. Ou pode acontecer que o trabalho se arraste ou seja estéril de ações significativas. Então, o diretor suspende a ação e sugere um novo arranque. Outras vezes, o sujeito poderá decidir, persistentemente, expor a mesma situação. Se repetida com demasiada freqüência, isso pode ter um efeito adverso e o diretor ver-se-á obrigado a delimitar o território do tratamento. Talvez prefira deixar por explorar e tratar certos aspectos do conflito, entregando a sua solução à espontaneidade dos próprios sujeitos. Entretanto, o uso correto de tal discreção é a tarefa mais difícil de toda a orientação.

Um Quadro de Referência Para a Medição de Papéis

O psicodrama apresenta um novo método para o estudo de papéis. Fornece um meio experimental, livre das limitações ou fronteiras de qualquer comunidade ou cultura particular. Nenhuma necessidade existe aqui de uma definição básica de papéis (a informação legal, social e econômica é meramente suplementar). Eles são estudados em *statu nascendi* — não são dados, emergem pletóricos de vida, são criados diante de nossos olhos. O poeta não está escondido atrás do trabalho; com efeito, está nos assistindo através dos processos de concepção, fase após fase, através de todos os processos de representação. Isto não só abre o caminho para o estudo dos papéis *in vivo*, desde o momento de seu nascimento, mas também fornece a possibilidade de um quadro científico de referência e de provas mensuráveis. Os papéis não precisam ser definidos — eles próprios se definem ao emergir do *statu nascendi* para sua forma plena e madura. Alguns papéis são postulados por uma situação legal (o advogado, o criminoso), alguns são postulados por uma situação tecnológica (como o locutor de rádio) e outros são-no por uma situação fisiológica (a pessoa que come); mas só durante o trabalho psicodramático podemos estudar como eles se formam espontaneamente.

Já mostramos acima como o ego auxiliar é usado para fins terapêuticos. Em nosso teatro terapêutico, contamos com um certo número de pessoas, homens e mulheres, que estão adestradas para atuar em qualquer papel solicitado por um sujeito que quer retratar uma situação da vida. Na ausência da esposa, da noiva etc., um dos egos auxiliares femininos pode subir ao palco e retratá-la, depois de ter sido devidamente orientado pelo sujeito. Do ponto de vista do tratamento, isso abre três possibilidades: por um lado, tornar a situação tão concreta quanto possível para o sujeito — o marido; por outro lado, guiá-lo habilmente através dos momentos de indecisão; e, terceira possibilidade, determinar as deficiências que possam existir na personalidade do próprio ego auxiliar.

Depois de serem estudados os egos auxiliares no desempenho de centenas de papéis, tornou-se possível classificar suas gamas de papéis e os seus padrões na representação dos mesmos. Por exemplo, um certo ego auxiliar era extremamente eficaz em dois ou três tipos de papéis de marido mas, numa variedade particular, tinha de ser usado um outro membro da equipe. Após um período de vários anos, aprendeu-se a classificar cada ego auxiliar, não só em referência à sua gama de papéis mas também em referência ao seu comportamento psicodramático nesses papéis.

Foi construído um teste para os egos auxiliares, a fim de se estabelecer um quadro de referência para todos os papéis que poderiam ser retratados pelos sujeitos no palco terapêutico. Entre muitas outras, desenvolveu-se a situação seguinte para testar as pessoas em papéis matrimoniais: "Mostre como atuaria se o seu marido (sua esposa) revelasse subitamente que ele (ela) se apaixonou por uma outra mulher (outro homem) e queria obter o divórcio." Foi realizada uma análise de cada desempenho, a fim de se revelarem que linhas de conduta eram adotadas pela maioria das pessoas testadas e o montante de desvios de umas para outras. Os mais importantes pontos de desvio foram (a) a duração do estado espontâneo e (b) a intensidade do estado espontâneo, calculada a partir da inter-relação dinâmica entre os atos e as pausas — um número maior de palavras, frases, gestos e movimentos expressado em conjunto com pausas curtas e escassas observadas por unidade de tempo, indicava um alto grau de espontaneidade do sujeito. Durante os testes, um grupo de observadores sentou-se no auditório. Depois do papel de marido (esposa), na situação específica acima descrita, ter sido retratado por vários egos auxiliares, os desempenhos eram classificados, aproximadamente, em numerosas categorias: A, B, C, D etc. Cada um dos observadores era então solicitado a colocar-se numa categoria de desempenho. Assim, foi obtida uma norma preliminar, indicando como a maioria das pessoas se comportaria nessa situação específica. Desta forma, um quadro de referência pôde ser estabelecido para esse e outros papéis. Cada sujeito que se apresenta para tratamento e atua em todos os papéis pertinentes à sua pessoa e à sua situação pode ser medido em conformidade com as normas estabelecidas, as quais foram elaboradas pelos nossos egos auxiliares.

Os desvios espontâneos das normas de um papel que são mostrados por um sujeito podem agora ser determinados e medidos em referência à direção geral do papel: o curso de ação, a duração do estado espontâneo, a soma de movimentos no palco, a gama de vocabulário e fraseologia, e o caráter da voz e gestos usados. No decurso da experimentação deste tipo, o próprio quadro de referência preliminar é continuamente testado e retestado, a fim de o refinar e aperfeiçoar. Um projeto como este produzirá uma resposta mais precisa a interrogações como "De que modo um papel pode ser medido?", "Em que categorias cabe um certo sujeito como marido ou como pai?", "Que espécie de esposa ou mãe é o melhor complemento possível na vida de um sujeito ou no palco terapêutico?", "Como poderemos predizer o êxito ou o fracasso no casamento?"

Etapas no Desenvolvimento de uma Típica Relação Matrimonial

A construção seguinte de um desenvolvimento típico de uma relação matrimonial pode ser feita a partir de casos psicodramáticos de conflitos conjugais.

Duas pessoas, antes de se casarem, têm distintos átomos sociais. Esses átomos sociais ou são independentes um do outro ou, no máximo, sobrepõem-se parcialmente. (Ver os Sociogramas I e II.) Uma parte menor ou maior de cada átomo social mantém-se desconhecida do outro parceiro, isto é, algumas das relações emocionais da mulher permanecem ignoradas do homem e, por sua vez, algumas das suas permanecem ignoradas dela.

Uma alteração no comportamento e na organização de seus respectivos átomos sociais ocorre quando os dois parceiros passam do estado pré-marital ao de casamento. (Ver os Sociogramas III e IV.) Eles agora atuam a respeito um do outro em papéis que não foram preenchidos antes desse momento, ou seja, os papéis de marido e mulher, de chefe de família e dona-de-casa (ver o Diagrama de Papéis II). Formam um grupo de duas pessoas mas o número de papéis que eles desempenham face a face é muito superior a dois. A mudança no comporta-

SOCIOGRAMA I

Estado Pré-Conjugal, Primeira Fase.

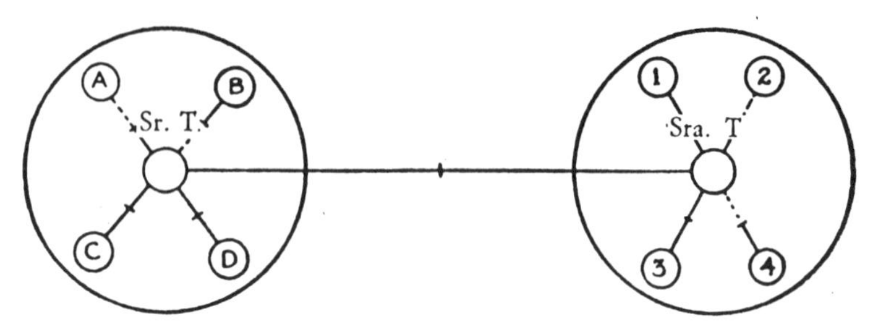

T atrai a Sra. T e a Sra. T atrai T. Todas as outras pessoas dos seus respectivos átomos sociais são desconhecidas e sem relação alguma com o outro cônjuge.

SOCIOGRAMA II

Estado Pré-Conjugal, Segunda Fase.

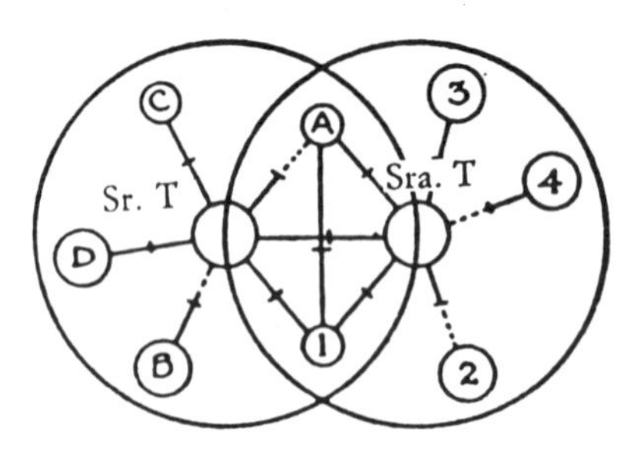

Os átomos sociais começaram se sobrepondo. Foi estabelecido o relacionamento entre cada membro principal e alguns membros do átomo social da outra pessoa.

mento dos dois cônjuges, em suas relações mútuas, pode ser atribuída aos seus novos papéis e ao relacionamento entre esses papéis. A concretização de uma situação matrimonial não só precipita novos papéis para os parceiros conjugais mas debilita ou intensifica papéis já estabelecidos entre eles, por exemplo, o papel de amante. A situação matrimonial e seus papéis conseqüentes provoca novas satisfações ou acarreta novos atritos. Portanto, alguns dos desequilíbrios que existiam no estado pré-marital desaparecem e nos desequilíbrios emergem.

Todo e qualquer indivíduo, assim como é o foco de numerosas atrações e repulsões, também é o foco de numerosos papéis que estão relacionados com os papéis de outros indivíduos. Todo e qualquer indivíduo, assim como tem, em qualquer momento dado, um conjunto de amigos e um de inimigos, também possui uma gama de papéis e defronta-se com uma gama de contrapapéis. Eles estão em vários estágios de desenvolvimento. Os aspectos tangíveis do que é conhecido como o "ego" são os papéis em que ele opera. O padrão de relações de papéis em torno de um indivíduo, como seu foco, tem o nome de átomo cultural desse indivíduo. Estamos aqui formulando um novo termo, "átomo cultural", por não conhecermos outro que expresse esse fenômeno peculiar do relacionamento de papéis. Obviamente, o termo foi escolhido como correspondente de "átomo social". O emprego da palavra "átomo" pode

SOCIOGRAMA III
Estado Conjugal, fase inicial.

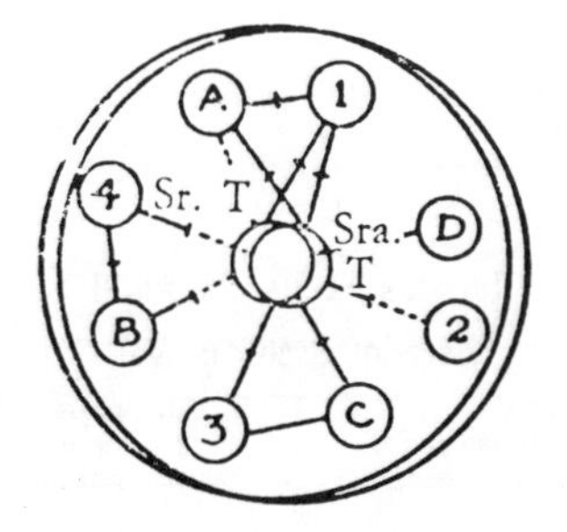

Todos os membros de ambos os átomos sociais travaram conhecimento com ambos os membros principais e também com alguns membros do outro átomo social. Reagem entre si com um *mais* (atração), um *menos* (repulsa) ou indiferença.

SOCIOGRAMA IV
Estado Conjugal, fase posterior.

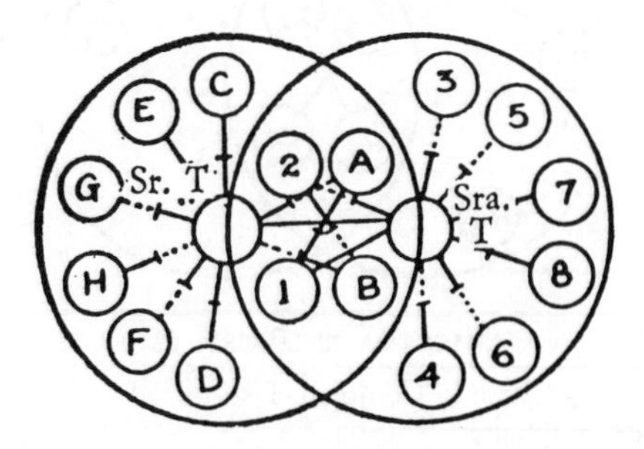

Ambas as partes têm alguns membros de seus átomos sociais respectivos que se conservam à parte de seu mútuo relacionamento, além daqueles membros que são comuns a ambos os átomos sociais. Isto pode ser o início de uma separação.

ser justificado se considerarmos um átomo cultural como a menor unidade funcional num padrão de cultura. O adjetivo "cultural" justifica-se quando consideramos os papéis e relações entre papéis como o desenvolvimento mais significativo em qualquer cultura específica (independentemente da definição que for dada à cultura por qualquer escola de pensamento).

DESENVOLVIMENTO DO ÁTOMO CULTURAL, INTER-RELAÇÃO DE PAPÉIS NO CASAMENTO

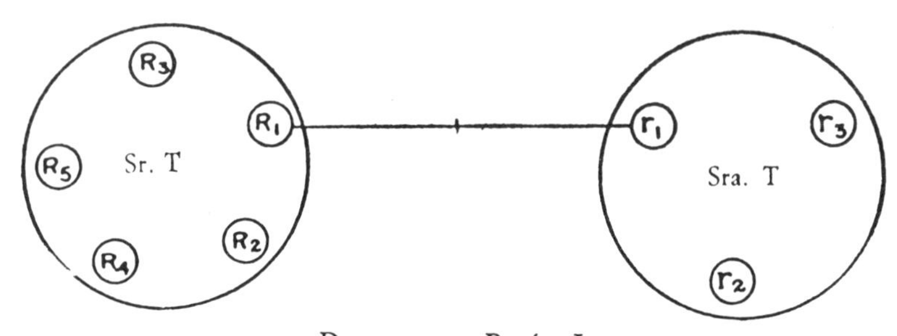

DIAGRAMA DE PAPÉIS I

Estado Pré-Conjugal.

P_1: papel de amante
P_2: papel de ganha-pão
P_3: papel de marido
P_4: papel de poeta
P_5: papel de aventureiro

p_1: papel de amante
p_2: papel de dona-de-casa
p_3: papel de esposa

É nos papéis de amantes que o Sr. T e a Sra. T são mutuamente atraídos. Os outros papéis não entram em seu relacionamento nesta fase.

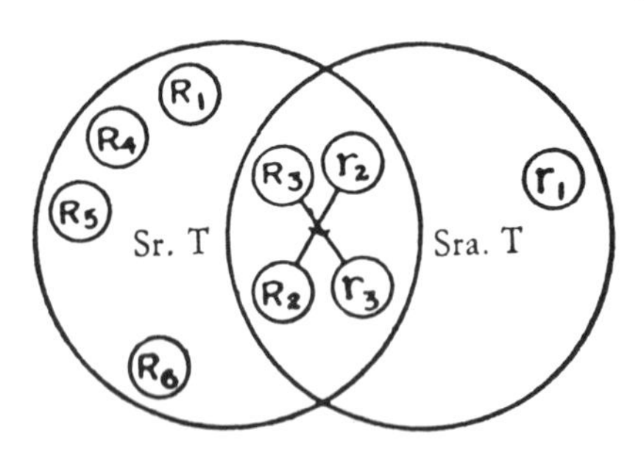

DIAGRAMA DE PAPÉIS II

Estado Conjugal, fase inicial.

P_6: Papel de pai

Os papéis de marido e ganha-pão em T estão encontrando seu pleno complemento nos papéis de esposa e dona-de-casa da Sra. T. Os papéis de poeta e aventureiro não são satisfeitos e um novo papel insatisfeito apareceu agora: o papel de pai. Ambos os papéis de amante estão em segundo plano.

Assim como os procedimentos sociométricos são capazes de investigar a configuração dos átomos sociais, os testes de espontaneidade e os procedimentos psicodramáticos são os meios principais para o estudo de átomos culturais.

Depois do casamento, duas pessoas aprendem a conhecer-se mutuamente em muitos mais papéis do que antes do casamento; e, em alguns dos papéis pré-maritais, aprendem a conhecer-se mais intensivamente. Alguns dos papéis com que os parceiros se enfrentaram antes do casamento foram encarnados por muitas pessoas diferentes; por exemplo, o pai, no papel de autoridade; duas pessoas nos papéis de amantes; três pessoas nos papéis de colegas de trabalho etc. É uma peculiaridade da situação conjugal que os participantes são amiúde propensos a pensar que podem preencher *todos* os papéis substanciais. O grau em que todos os papéis de um indivíduo podem ser satisfeitos pelo parceiro conjugal não podem ser previstos pelos próprios parceiros antes do casamento — a menos que passem pelo adestramento psicodramático, que parece ser a única maneira como podem *aprender* a prever as sucessivas fases em seu desenvolvimento matrimonial.

Entretanto, em circunstâncias ordinárias, a fim de ajustarem-se ao padrão oficial de casamento, assim como às normas do *fair play*, eles podem realmente renunciar a viver em certos

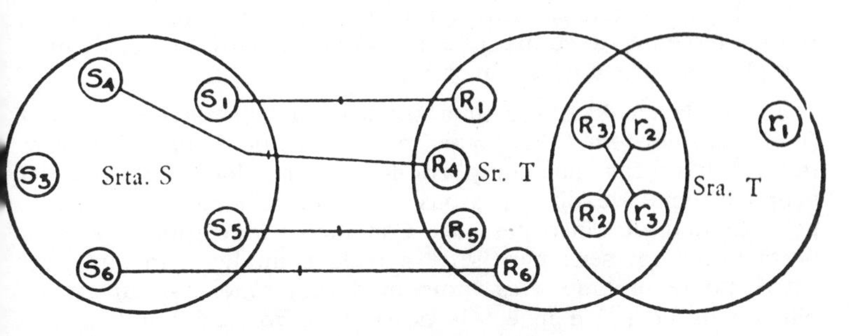

DIAGRAMA DE PAPÉIS III

Estado Conjugal, fase posterior.

Uma terceira pessoa entrou na situação.

Srta. S

S_1: papel de amante
S_3: papel de esposa
S_4 papel de poetisa
S_5: papel de aventureira
S_6: papel de mãe

Vemos agora que, enquanto T está na mesma relação em que estava com a Sra. T anteriormente, o seu papel de amante foi reavivado a respeito da Srta. S. Ela satisfaz os papéis de poeta e aventureiro de T e também vemos que ela parece ser a pessoa ideal para realizar, com seu papel de mãe, o papel de pai de T.

papéis que puderam realizar no passado, ou podem até proibir-se a si mesmos o desenvolvimento de novos papéis, temendo que o cônjuge não seja capaz de aceitá-los ou satisfazê-los. Isto produz amiúde um conflito típico nas estruturas de papéis dos cônjuges. Como no caso do Sr. e da Sra. T, só estão aptos a realizar um ajustamento tolerável em dois papéis. A mulher tem um repertório limitado a dois papéis e está perfeitamente satisfeita e ajustada ao homem. Ele, porém, tem numerosos papéis, nos quais a mulher é uma parceira sofrível ou não é parceira, de modo nenhum (ver o Diagrama de Papéis II). Com o decorrer do tempo, como já vimos, isso produz uma brecha em seu relacionamento. Dois dos papéis irrealizados em seu átomo cultural foram um alvo aberto para qualquer outra mulher que seja mais capaz de realizá-los que a esposa. O Sr. T manteve esses papéis ocultos de sua mulher ou nunca os sublinhou quando estava com ela. O conflito entre eles prolongou-se durante anos, sem produzir mais do que uma irritação muda. Muitas pessoas casadas perdem seus parceiros muito antes de se manifestar qualquer rompimento aberto, como no caso do Sr. e da Sra. T. A perda, neste caso, foi parcial num papel específico (o papel pai-bebê-mãe), no qual o casamento não foi bem sucedido. Contudo, essa perda parcial pode manter-se, por vezes, sem conseqüências ulteriores para a situação conjugal, se os papéis que levaram os parceiros ao casamento estão bem ajustados. Entretanto, essa perda parcial torna-se, freqüentemente, a cunha que se introduz para provocar uma completa separação e o divórcio.

A mudança do que é uma situação puramente matrimonial (onde não existem filhos) para a situação de família, acarreta novas alterações no comportamento dos dois cônjuges. O grupo original de duas pessoas é aumentado para um grupo, por exemplo, de cinco pessoas. Conquanto os cônjuges possam permanecer em seus papéis de marido e mulher, em um nível estritamente privado, eles também devem funcionar em novos papéis: os de pai e mãe. Os novos membros da família assumem seus papéis de filhos e filhas. Marido e mulher têm de atuar em relação aos filhos como pai e mãe. Além disso, quando estão na presença dos filhos, têm de interatuar nesses papéis. Os papéis de marido e mulher são cada vez mais restringidos a situações que lhes permitam manter a intimidade de outros tempos. A nova distribuição de papéis encobre o fato de que a família consiste em dois grupos: o grupo original de dois (marido e mulher, e seu repertório de papéis específicos), por um lado, e o grupo de cinco (marido e mulher, agora nos papéis de pai e mãe, e sua prole nos papéis de filhos e filhas), por outro lado. A duplicidade de papéis do pai (marido) e da mãe (esposa) explica a permanente confusão na mente dos filhos que não conseguem entender a existência, dentro da família, de papéis e relações em que eles não participam.

Num diferente nível, surgem na situação familiar conflitos semelhantes aos da situação matrimonial simples. Quando uma criança é pequena, a sua limitada gama de papéis pode ser facilmente satisfeita pelos pais nos vários papéis de babá, educador, protetor e ganha-pão. Mas à medida que a criança vai crescendo, a gama de papéis que exigem satisfação também se dilata. Em situações formais, como as fornecidas pela igreja ou a escola, ou em situações não-formais, como a que é representada pela vizinhança ou o bairro em que se vive, são introduzidos papéis significativos vinculados a indivíduos estranhos ao círculo familiar. Esses desenvolvimentos podem gerar atritos entre o pai e a mãe, atritos entre os pais e os filhos ou atritos entre os próprios filhos. Tais problemas podem não ser resolvidos até que os filhos estejam crescidos e se separem dos pais, começando a assumir por si mesmos os papéis que são essenciais no mundo dos adultos — os papéis de amantes, esposos, esposas, pais e mães.

Readestramento dos Parceiros Conjugais no Palco Psicodramático

Existem duas maneiras dos sujeitos psicodramáticos apresentarem seus desajustamentos. A primeira é pretender que a outra pessoa ou pessoas envolvidas são as culpadas. A segunda maneira é afirmar que a culpa cabe ao próprio sujeito. Esta segunda maneira é muito mais difícil de abordar que a primeira porque parece ilibar o sujeito de toda a culpa. É quase o mesmo que acontece num tribunal, quando um indivíduo comparece a fazer a sua autodefesa. Se afirma que não é culpado, o juiz e o advogado da parte contrária podem então passar a provar por que motivos ele é culpado e de que, e a recriar as cenas que provam a sua culpa de um modo concludente. Mas se esse indivíduo se apresenta diante do juiz e declara: "Sim, eu sou culpado, não é necessária toda essa engrenagem para prová-lo", cria-se uma situação muito mais difícil de enfrentar. Numa sessão psicodramática, este ponto torna-se ainda mais significativo que num tribunal. O sujeito parte da premissa, "Eu sou culpado", esperando em retribuição todo o calor e simpatia do "padre confessor" e ganhar, dessa forma, um ponto na batalha de argúcia que sempre se trava no palco. Um sujeito que procede dessa maneira está apenas enganando-se a si mesmo. No tribunal, pode ser, de fato, uma boa estratégia despertar a simpatia do juiz, confessando-se culpado e, assim, garantindo talvez uma sentença mais moderada. Mas a situação psicodramática não é um tribunal. Não há juiz nem julgamento, e nenhuma sentença é proferida após a sessão. Bem sofrível seria o diretor psicodramático que se deixasse influenciar por tais estratagemas do sujeito. Um sujeito que tente fazer vibrar as cordas humanas de um diretor só se engana a si mesmo, pois nada aproveitará da sessão. É a repetição de uma estratégia que usava com seu pai e sua mãe em casa, quando era criança, e que costumava funcionar muito bem; chorava e era perdoado, tinham pena dele. Faz o que lhe foi ensinado por causa de uma religião mal compreendida; diz a Deus: "Sou culpado", pensando que Deus perdoa mais facilmente à pessoa que confessa a sua culpa do que àquele que se nega a reconhecê-la. Isto, evidentemente, é uma concepção muito estreita de como a divindade reage às preces e confissões dos seres humanos. Ela terá, sem dúvida, a sua própria maneira de avaliá-las e aferir a sinceridade das pessoas. Se um sujeito diz, num palco psicodramático: "Sou culpado", e se procura, evidentemente, dar ao diretor e ao público a imagem de um anjo caído que dobra sua cabeça em arrependimento, o diretor deverá ficar duplamente prevenido. A coisa mais perigosa que poderia fazer seria interromper a sessão e dizer: "Está tudo terminado." A outra coisa perigosa que poderia fazer seria identificar-se com o sujeito e manifestar simpatia por ele. Pois isso é exatamente o que o sujeito quer, ter a simpatia do diretor e de todas as pessoas a quem ele feriu ou insultou. O sujeito quer desarmar o diretor e as pessoas que ele insultou, então poderia sentir, mais tarde, que ludibriou não só o diretor mas também as pessoas no público que tinham boas razões para detestá-lo. Ele continuará atuando como antes e a pensar de si mesmo: Bem, eu sou um camarada esperto. Posso sempre dar a volta por cima. O psicodrama é apenas um jogo.

. Sociodrama [77]

Todos os que assistem a um teatro do psicodrama pela primeira vez perguntam-se que espécie de ligação pode haver entre um palco teatral e a psiquiatria, a educação, a sociologia, a antropologia ou qualquer ramo da ciência social. Os métodos da ciência social parecem ser profundamente estranhos ao tea-

77. Este capítulo é um resumo de várias conferências feitas na Universidade de Chicago, em 15 de novembro de 1943; *Illinois Conference on Family Relations*, Chicago, 13 de novembro de 1943; Universidade Wayne, Detroit, 19 de novembro de 1943; Instituto Sociométrico, Nova Iorque, 3 de dezembro de 1943; Instituto Sociométrico, Nova Iorque, 17 de dezembro de 1943.

tro e ao palco. Mas nada parece estar mais longe delas do que o processo de curar padecimentos individuais e sociais, o diagnóstico e terapêutica médica. A natureza estritamente privada do consultório médico e a cuidadosa proibição de tudo o que seja exibicionista e espetacular tem sido a estratégia unanimemente aceita pela profissão médica no mundo inteiro, desde os tempos de Hipócrates — e assim deve ser, pelo menos no que tange aos métodos convencionais dedicados ao tratamento de doenças físicas e mentais. Entretanto, algumas gerações depois da morte de Hipócrates, um outro cientista grego, Aristóteles, observou um fenômeno psicológico nos espectadores que assistiam à representação de uma tragédia grega, fenômeno esse a que deu o nome de catarse. Ele procurou explicar pela catarse o efeito estético e moral do conteúdo dramático.[78] Aristóteles tinha apenas uma vaga idéia de suas conseqüências e o fenômeno permaneceu enterrado nas bibliotecas, ignorado, para todos os fins práticos e científicos, pelas psicoterapias medievais e modernas, inclusive a psicanálise[79] — até que o método psicodramático a devolveu à consciência do cientista social de nosso tempo. Esse processo de cura — a catarse — não tinha lugar no consultório do médico. Ocorria no *grupo*, nos espaços *abertos* do anfiteatro, provocado por ações dramáticas e fictícias apresentadas no palco, aparentemente estranhas à vida das pessoas que assistiam aos espetáculos.

Imaginemos, por um momento, que somos crianças pequenas e vamos a um teatro pela primeira vez. Então, os eventos dramáticos no palco apresentar-se-ão sob uma luz diferente que para o adulto sofisticado e desiludido. Eles são atuais e reais. Não existe um autor teatral que escreveu o texto encenado. Não há um diretor que tenha feito um certo número de pessoas ensaiar cada palvara e cada gesto. O palco não é um "palco" mas uma parte do mundo real. Para a imaginação ainda não adulterada da criança, esses atores não são atores mas pessoas reais. É como se, pelo movimento de uma varinha mágica, nos fosse permitido ser testemunhas de um mundo privado e pessoal de eventos usualmente escondidos da nossa vista — como o amor e o ódio, o assassinato e a guerra, a insanidade e a morte,

---

78. Aristóteles sustentou que a tragédia tende a purificar os espectadores e ouvintes, ao excitar artisticamente certas emoções que atuam como uma espécie de alívio homeopático de suas próprias paixões egoístas.

79. Freud usou o termo catarse em seu primeiro livro com Breuer, *Studien Über Hysterie*, 1895 (Estudos Sobre Histeria), mas deu-lhe uma ênfase diferente, sem ter consciência das implicações terapêuticas do meio dramático a que Aristóteles se referira. Entretanto, abandonou o termo pouco depois dessa publicação. Coube ao psicodrama reviver o termo, redescobrir o conceito de catarse e explorar seu pleno significado. (Ver *Das Stegreiftheater*, Berlim, 1932, e "Psychodrama and Mental Catharsis", *Sociometry*, 1940.)

todos os excessos do coração humano — as intrigas pessoais que estão ocultas por detrás dos negócios do Estado e da Igreja, revelações sobre os mais complicados e secretos mecanismos internos da sociedade. O processo dramático que se desenrola ante os olhos infantis apresenta-se, pois, como se fosse a própria vida. Portanto, se pudéssemos sentir novamente como crianças, talvez possuíssemos o dom de aceitar ingenuamente o drama como uma realidade absoluta. Uma tragédia grega, um drama de Shakespeare, Ibsen ou Eugene O'Neill, atingir-nos-ia diretamente, sem que tivéssemos consciência de todos os seus estratagemas artificiais. Mas as crianças depressa se desiludem de suas suposições originais. Aprendem quais são os truques e engrenagens que estão atrás das cenas representadas no palco. Começam se apercebendo de que esses atores estão apenas "representando", de que o negócio não é a sério. O "Bambi" do filme não é o verdadeiro Bambi, é um desenho feito por homens. A unidade primordial existente entre a fantasia e a realidade na mente infantil está doravante desfeita e elas começam se desenvolvendo em duas dimensões separadas da experiência. Pode se dizer que o psicodrama é uma tentativa de anular o dualismo entre fantasia e realidade, de restaurar a unidade original.

No decurso do psicodrama, um curioso fenômeno foi notado por muitos observadores. Uma mulher casada, por exemplo, que tenta representar algumas das situações mais íntimas e pessoais de sua vida para encontrar uma solução de seu conflito, espanta-se ao ver com que facilidade uma pessoa totalmente estranha (o ego auxiliar), ao desempenhar o papel de seu marido, é capaz, após uma pequena preparação, de assumir o seu papel e associar-lhe espontaneamente palavras e gestos que, segundo pensava, só *ela* conhecia bem. Isto pode ser facilmente explicado. Cada indivíduo vive num mundo que lhe parece inteiramente privado e pessoal, em que ele assume um certo número de papéis privados. Mas os milhões de mundos privados se sobrepõem em grande parte. As porções maiores que se sobrepõem são, na verdade, elementos coletivos. Só as porções menores são íntimas e pessoais. Assim, todo e qualquer papel consiste numa fusão de elementos privados e coletivos. Todo o papel tem duas faces, uma pessoal e uma coletiva. O mundo que cerca a pessoa pode ser desmontado em sucessivas camadas, como uma cebola. Primeiro "descasca-se" uma parte, depois outra, e mais outra, assim prosseguindo até que todos os papéis privados tenham sido removidos. Mas, ao invés da cebola, iremos encontrar um núcleo de papéis. Do ponto de vista desse núcleo, os papéis privados apresentam-se como um revestimento que confere aos papéis coletivos uma coloração individual, algo diferente em cada caso. É *o* pai, *a* mãe, *o* amante, *o* cavalheiro, *o* soldado, versus *um* pai, *uma* mãe, *um* amante, *um* cavalheiro, *um* soldado. No primeiro caso, o ego auxiliar procura retratar o pai, o amante, o soldado etc. como se atuasse numa cultura específica, por exemplo, uma aldeia árabe, uma granja coletiva russa, na Alemanha nazista ou numa colônia de imigrantes japoneses. No segundo caso, é um pai, um amante, um soldado, que o próprio sujeito tem de retratar porque é idêntico a ele ou está intimamente relacionado com ele. Mas representam um pai específico, um amante específico, um soldado específico, um indivíduo particular. Estas formas de desempenho de papéis são vividas e experimentadas de um modo pessoal e devem ser retratadas de um modo pessoal. Os outros, os papéis gerais, são vividos e experimentados de um modo coletivo, e devem ser retratados de forma coletiva. Os papéis que representam idéias e experiências coletivas denominam-se papéis sociodramáticos; os que representam idéias e experiências individuais chamam-se papéis psicodramáticos. Mas sabemos, pelos nossos experimentos, que essas duas formas de desempenhar papéis nunca podem ser verdadeiramente separadas. Sempre que um sujeito tem de retratar o seu próprio papel como esposa ou como mãe, no sentido mais individual e íntimo, e no contexto de sua vida real, entram no quadro, em grande medida, os papéis de esposa e de mãe, em geral. Assim, os espectadores do psicodrama são simultaneamente afetados por dois fenômenos, uma mãe e seu filho, como problema pessoal, e a relação mãe-filho como padrão ideal de conduta. O psicodrama foi definido como um método de ação profunda, lidando com as relações interpessoais e as ideologias particulares, e o sociodrama [80] como um método de ação profunda que trata das relações intergrupais e das ideologias coletivas. [81]

O procedimento no desenvolvimento de um sociodrama difere, em muitos aspectos, do procedimento que se descreveu como psicodramático. Numa sessão psicodramática, a atenção do diretor e de sua equipe concentra-se no indivíduo e em seus problemas privados. Na medida em que estes vão se desenrolando diante de um grupo, os espectadores são afetados pelos atos psicodramáticos na proporção das afinidades existentes entre os seus próprios contextos de papéis e o contexto do papel do sujeito central. Mesmo a chamada abordagem grupal no psicodrama é, num sentido mais profundo, centrada no indiví-

80. O vocábulo "sociodrama" tem duas raízes: *socius*, que significa o sócio, o outro indivíduo, e *drama*, que significa ação. Sociodrama significaria, pois, ação em benefício de outro indivíduo, de outra pessoa.

81. Ver J. L. Moreno, "Sociometry and the Cultural Order", *Sociometry Monographs* N.º 2, 1943, pág. 331.

duo. O público é organizado de acordo com um síndrome mental que todos os indivíduos participantes têm em comum; e o propósito do diretor é alcançar cada indivíduo em sua própria esfera, separado dos outros. Ele está usando a abordagem de grupo apenas para atingir terapeuticamente mais de um indivíduo na mesma sessão. A abordagem grupal no psicodrama interessa-se por um grupo de indivíduos *privados*, o que, num certo sentido, torna o próprio grupo privado. O planejamento e organização cuidadosos do público são indispensáveis, neste caso, pois não existe qualquer sinal externo indicativo de que o indivíduo sofre do mesmo síndrome mental e pode compartilhar da mesma situação de tratamento. Por conseguinte, há um limite até onde o método psicodramático pode ir na busca de fatos e na resolução de conflitos interpessoais. As causas coletivas não podem ser tratadas, exceto em sua forma subjetivada. Recordo uma sessão psicodramática a que duas famílias, vizinhas de porta com porta numa pequena cidade, compareceram para ajustar um problema. Tinham estado envolvidas numa briga por causa de um muro danificado que separava as suas respectivas propriedades. Foi fácil descobrir, nas primeiras três cenas, como o muro tinha sido danificado. Uma briga entre dois rapazes (cena primeira) foi seguida de uma altercação entre suas mães (cena segunda, vizinha A e vizinha B). Na manhã seguinte (cena terceira), o muro foi encontrado danificado pela vizinha C. A Vizinha A e a Vizinha B precipitaram-se para a cena do delito e acusaram-se mutuamente pela malfeitoria mas um policial interveio e assegurou-lhes que, durante a noite, caíra uma violenta tempestade que derrubara numerosas árvores e, com elas, arrastara uma parte do muro. Mas as hostilidades entre A e B não foram resolvidas por essas explicações. Depois de uma breve pausa (catarse temporária), a disputa prosseguiu e, na quinta cena, causas mais profundas vieram à tona. O Vizinho A, de ascendência italiana, pertencia a um sindicato que o Vizinho B de ascendência polonesa, considerava estar abalando o bem-estar social do país. Depois de resolvermos a disputa em torno do muro, tentamos solucionar as divergências de opinião política entre as duas famílias mas só conseguimos obter um êxito parcial. Em seus conflitos estavam envolvidos fatores coletivos, cujas implicações excediam em muito a boa vontade individual no sentido de um mútuo entendimento. Esses fatores também eram supra-individuais, como a tempestade que danificou o muro, embora se tratasse aqui de uma tempestade social, que tem de ser compreendida e controlada por meios diferentes. Era necessária uma forma especial de psicodrama que projetasse o seu foco sobre os fatores coletivos. Assim foi que nasceu o sociodrama.

O verdadeiro sujeito de um sociodrama é o *grupo*. Não está limitado por um número especial de indivíduos; pode consistir em tantas pessoas quantos os seres humanos que vivam em qualquer lugar ou, pelo menos, quantos pertençam à mesma cultura. O sociodrama baseia-se no pressuposto tácito de que o grupo formado pelo público já está organizado pelos papéis sociais e culturais de que, em certo grau, todos os portadores da cultura compartilham. Portanto, é incidental a questão de saber quem são os indivíduos, ou por quem o grupo está composto ou quantos o formam. É o grupo, como um todo, que tem de ser colocado no palco para resolver os seus problemas, porque o grupo, no sociodrama, corresponde ao indivíduo no psicodrama. Mas como o grupo é apenas uma metáfora e não existe *per se*, o seu conteúdo real são as pessoas inter-relacionadas que o compõem, não como indivíduos privados mas como representantes da mesma cultura. O sociodrama, portanto, para tornar-se eficaz, deve ensaiar a difícil tarefa de desenvolver métodos de ação profunda, em que os instrumentos operacionais sejam tipos representativos de uma dada cultura e não indivíduos privados. Está interessado no típico papel de pai alemão, num sentido generalizado, não num sentido particular, um pai individual cujo nome seja, por acaso, Müller, um alemão que vive na Alemanha. Está interessado no papel do cavalheiro — tal como é considerado um papel ideal, o de *gentleman*, nos países de língua inglesa — e não *um* cavalheiro, um indivíduo particular que age como tal.

Consideremos primeiro dois amplos campos dos procedimentos sociodramáticos, notadamente, a antropologia e as relações interculturais. Os antropólogos culturais desenvolveram diversos métodos para investigar culturas extintas, primitivas e contemporâneas, por exemplo, através da análise de documentos de toda a espécie, documentos escritos como os livros, registros pictóricos como os filmes, registros etnológicos como as ferramentas e estéticos como os templos e as estátuas, e ainda através do contato real com uma cultura, mediante observadores participantes. O sociodrama está introduzindo uma nova abordagem dos problemas antropológicos e culturais, métodos de ação profunda e de verificação experimental. O conceito subjacente nessa abordagem é o reconhecimento de que o *homem é um intérprete de papéis*,[82] que todo e qualquer indivíduo se

82. "Intérprete de papéis" (*role-player*) é uma tradução literal da palavra alemã *Rollenspieler* que eu tenho usado. Ver *Das Stegreiftheater*, págs. 31, 36 e 63. Pode ser útil distinguir entre *role-taking* (recebimento de um papel) — com o que nos referimos à adoção de um papel acabado, plenamente estabelecido, que não permite ao indivíduo qualquer variação, qualquer grau de liberdade — *role-playing* (interpretação de papel) — o que permite ao indivíduo um certo grau de liberdade — e *role-creating* (criação de

caracteriza por um certo repertório de papéis que dominam o seu comportamento e que toda e qualquer cultura é caracterizada por um certo conjunto de papéis que ela impõe, com variável grau de êxito, aos seus membros. O problema consiste em como revelar uma ordem cultural por métodos dramáticos. Isto seria comparativamente simples se (a) todos os papéis e situações cruciais de uma cultura fossem conhecidos, (b) se um determinado número de indivíduos participantes dessa cultura estivesse à disposição para fins de representação. Um hábil diretor poderia tirar proveito do fato desses indivíduos, ao serem desligados de seu solo nativo, estarem aptos a desempenhar seu próprio papel com um certo grau de deliberação e objetividade.

Para o estudo das inter-relações culturais, o procedimento sociodramático é idealmente adequado, especialmente quando duas culturas coexistem em proximidade física e seus membros se encontram, respectivamente, num processo contínuo de interação e permuta de valores. São exemplos a situação negro-branco, índio americano-branco e a situação de todas as minorias culturais e raciais nos Estados Unidos. Na cultura A, cada membro tem uma imagem mental do papel do pai, de mãe, juiz, prefeito, chefe de Estado, o papel do sacerdote, o papel de Deus, papéis que, em cada caso, são algo modificados pelas experiências subjetivas dos membros. Mas todos esses quadros mentais se referem à sua *própria* cultura. Os membros da cultura A podem *carecer* de imagens ou ter imagens muito *deficientes* e distorcidas dos papéis representativos da vizinha cultura B. E os membros da cultura B podem carecer de imagens mentais ou ter imagens muito deficientes e distorcidas dos papéis representativos da cultura A. Este dilema poderia ser superado pela inversão da interpretação de papéis, na medida em que todos os papéis existentes na cultura A também existem na cultura B e vice-versa. Mas a situação intercultural é freqüentemente dificultada por um outro fator. Certos papéis que existem numa cultura, por exemplo, o papel de Deus ou o papel de cavalheiro, não existem numa outra cultura ou apresentam-se de uma forma diferente. Ou uma certa cultura é tão deficiente no desenvolvimento de um certo papel, por exemplo, o papel do soldado, que ela se vê continuamente ameaçada por uma cultura vizinha em que o papel de soldado está altamente desenvolvido. Além disso, numa cultura, o mesmo papel pode ter uma valorização diferente ou totalmente oposta, por exemplo,

papéis) — o que permite ao indivíduo um alto grau de liberdade, como, por exemplo, o *ator espontâneo (spontaneity player)*. Um papel, tal como definido neste estudo, compõe-se de duas partes: o seu *denominador coletivo* e o seu *diferencial individual*.

o papel de um proprietário privado ou capitalista nos Estados Unidos e na União Soviética. As tensões decorrentes desses problemas não podem ser aliviadas unicamente pela disseminação de informações fatuais. Mesmo que a informação completa pudesse ser alcançada pela observação e a análise, tornou-se certo que a observação e a análise são ferramentas inadequadas para explorar os aspectos mais sofisticados das relações interculturais e que são indispensáveis os métodos de ação profunda. Além disso, estes últimos provaram ser de indiscutível valor e insubstituíveis porque podem, na forma de sociodrama, *tanto explorar como tratar*, simultaneamente, os conflitos que surgiram entre duas ordens culturais distintas e, ao mesmo tempo, pela mesma ação, empreender a mudança de atitude dos membros de uma cultura a respeito dos membros da outra. Acresce que pode alcançar vastos grupos de pessoas e, usando o rádio e a televisão, afetar milhões de grupos locais em que os conflitos e as tensões interculturais estão latentes ou nas fases iniciais da guerra aberta. Por conseguinte, as potencialidades da pesquisa dramática e da pesquisa de papéis [83] para fornecerem pistas úteis aos métodos pelos quais a opinião e as atitudes públicas podem ser influenciadas ou modificadas ainda não foram reconhecidas nem obtiveram uma solução concreta.

Espero ter sido capaz de dar uma idéia clara do sociodrama como conceito e proponho-me agora apresentar alguns dos métodos e técnicas que têm sido aplicados a problemas reais. Um dos métodos é a técnica do jornal dramatizado ou jornal vivo, que iniciei há vinte anos no *Stegreiftheater* vienense. Esse projeto constituía uma novidade — uma síntese entre o jornal e o teatro. [84] Entre as formas de escrita, o jornal é o que mais se avizinha de uma expressão espontânea e da realização — de um modo limitado e trivial — do que entendemos pelo conceito de momento. Está vinculado ao presente, ao atual. Um evento, pouco depois de ter acontecido, perde o

83. Para as fontes do material sobre pesquisa de papéis ver: *Das Stegreiftheater*, 1923. J. L. Moreno, "Psychopathology of Interpersonal Relations and Interpersonal Therapy", *Sociometry*, 1937, Vol. I, N.º 1. Theodore Sarbin, "The Concept of the Role", *Sociometry*, 1943, Vol. VI, N.º 3.

84. No início, usei o termo "jornal vivo" *(Lebendige Zeitung)* que foi depois alterado para a denominação mais adequada "jornal dramatizado" *(Die Dramatizierte Zeitung)*. "Sie ist eine Synthese aus Theater und Zeitung, daher wesentlich verschieden vom mittlelalterlichen und russischen Brauch einer mündlichen und gesprochenen Zeitung... Die dramatisierte Zeitung ist keine Rezitation, das Leben selbst wirt gespielt. Die Ereignisse sind dramatisiert." (É uma síntese entre o teatro e o jornal, pelo que difere, essencialmente, do costume medieval e russo de um jornal falado. O jornal dramatizado não é uma recitação de notícias, é a própria vida sendo representada. Os eventos são teatralizados.) Ver a seção "Die Dramatizierte Zeitung" (O Jornal Dramatizado), em J. L. Moreno, *Rede vor dem Richter*, pág. 33, Gustav Kiepenheuer Verlag, Berlim, 1925, podendo ser adquirido na Beacon House, Inc., Nova Iorque.

seu valor de notícia. Portanto, o jornal possui uma afinidade natural com a forma de teatro espontâneo, o qual requer, para a sua forma imediata e não ensaiada, um conteúdo igualmente espontâneo e imediato, por exemplo, os acontecimentos sociais e culturais sempre novos e sempre variados que chegam, de momento a momento, à redação de um jornal. Neste sentido, o jornal vivo não era somente teatral mas, sobretudo, sociodramático. Três fatores tiveram de ser considerados na produção do jornal dramatizado. Primeiro, as localidades onde os eventos tiveram lugar e os personagens neles envolvidos. Segundo, um elenco de repórteres improvisados que tinham de entrar em contato com eles, sempre que possível, e trazer — ou transferir — as notícias para nós. Terceiro, um conjunto de atores improvisados que fossem capazes de representar sem ensaios os papéis e situações que tinham acabado de ocorrer. Em nossa terminologia atual diríamos que os repórteres funcionaram — uma vez que as pessoas primárias das situações reais estavam ausentes — como intermediários no aquecimento preparatório dos nossos atores — os egos auxiliares — para as cenas e papéis que iriam ser interpretados. No decurso da produção, desenvolveu-se uma característica significativa. Mesmo que um jornal impresso traga reportagens de partes tão diferentes do mundo como a Alemanha nazista, a Rússia soviética, a Índia e a China, a descrição dos acontecimentos é feita em *palavras*. Mas num jornal vivo o evento tinha que ser dramatizado de acordo com as características culturais da localidade. Os papéis e o contexto tinham de ser retratados para adquirir significado, nos gestos, movimentos e todas as formas de interação características de um particular contexto cultural. A conseqüência foi que o público de um jornal dramatizado teve a oportunidade de experimentar de uma forma viva os modos de adoção de papéis culturais em várias partes do mundo. Mas a técnica do jornal vivo, após alguns anos de popularidade em escala nacional, na forma de *March of Time* (A Marcha do Tempo) e de um programa da W. P. A., chegou a um ponto morto em 1940. Seria interessante assinalar as causas que fizeram cair em desuso uma valiosa invenção sociodramática. Se recapitularmos um dos meus primeiros experimentos de jornal vivo nos Estados Unidos,[85] que levaram a idéia para as manchetes muitos anos antes de ter começado a dramatização de eventos pela *March of Time* e pela W. P. A., talvez possamos elucidar as razões desse fracasso final. A reação da imprensa foi a seguinte:

85. *Theatre Guild*, 5 de abril de 1931.

Evening World Telegram, de Nova Iorque, 28 de março de 1931. (Douglas Gilbert)

"Para evitar a suspeita de ensaios prévios, a equipe do Dr. Moreno dramatizará eventos do noticiário do dia."

New York Sun, 30 de março de 1931.

"O público do *Guild Theatre* verá no domingo um 'noticiário' do dia criado em forma teatral diante de seus próprios narizes, interpretado no palco sem qualquer espécie de ensaio. Será possível ler no *Sun* de sábado à tarde o relato de um assalto a banco, de uma cerimônia pública ou da morte de uma eminente personalidade, e ver esse mesmo incidente retratado no palco vinte e quatro horas depois."

New York Times, 6 de abril de 1931.

"O propósito original foi realizar a dramatização de um jornal e o diretor explicou a situação e distribuiu rapidamente os papéis."

Morning Telegraph, de Nova Iorque, 7 de abril de 1931. (Stanley Chapman)

"Os atores improvisados apresentarão uma dramatização espontânea de um jornal... Em seguida, todos os membros do improviso subiram ao palco e o médico indicou-lhes seus respectivos papéis. Designou um como o proprietário de um jornal, outro como o editor citadino e outro como gerente de publicidade."

Evening Post, de Nova Iorque, 6 de abril de 1931.

"Estamos agora na redação de um jornal. Sim, na redação de *The Daily Robot*, esperando notícias."

A reação da imprensa foi reservada e sarcástica, como acontece habitualmente com as novidades. Entretanto, um fator foi apreciado nas reportagens: a espontaneidade dos intérpretes. Não havia autor nem texto teatral. Foi neste ponto que os programas *The March of Time* e do jornal vivo da W. P. A. se desviaram do meu conceito original. Trivializaram-no e distorceram-no. Interpretar com espontaneidade é, reconhecidamente, uma tarefa difícil. Mas constitui o ponto crucial da questão. É irrelevante, neste caso, se a peça é escrita por um autor ou um grupo de autores. Logo que o jornal vivo é usado como quadro para escrever uma peça bem feita e bem polida, todos os recursos convencionais do teatro voltam, automaticamente, a entrar em ação. A idéia de fazer com que o presente social de uma comunidade seja experimentado dinamicamente por todos os seus membros de um modo ativo é destruída. Um jornal vivo, uma vez produzido e repetido perante muitos públicos, como qualquer outra peça de teatro, entra em conflito com o fato de que existem centenas de outras versões dos mesmos eventos e problemas que não são transmitidas para experiência dos espectadores. Em vez de serem educados para tornar-se mais espontaneamente receptivos, os espectadores — por um desvio para a conserva — são doutrinados pela antiga rigidez e inflexibilidade que o jornal vivo queria superar. Cada espectador ou ouvinte tem uma experiência individual algo diferente do papel, por exemplo, do político, do assassino, do libertador, do sacerdote. É exatamente nessa variedade de experiência que o jornal vivo está apto a superar e a diferençar-se de todas as formas de teatro conservado e estereotipado. Requer-se preparação e planejamento mas por métodos de um gênero diferente dos usados pelo teatro.[86]

Um outro método foi desenvolvido a partir do procedimento psicodramático que está livre do contexto do jornal. Muitas vezes, foram descobertas no público pessoas que sofriam profundamente de um sério desajustamento mas de natureza coletiva e não particular. Uma pessoa sofre porque é um cristão, um judeu ou um comunista; ou, por exemplo, sofre porque é um negro vivendo no Harlem, em Nova Iorque. Pouco depois de terem ocorrido no Harlem os distúrbios raciais, um certo número de sessões foi dedicado à sua exploração e possível tratamento. Neste caso, a situação era mais direta e requeria uma forma de apresentação mais natural que a reportagem jornalística. As duas culturas que estavam envolvidas no conflito vivem em estreita proximidade e estão engajadas num processo de casamentos cruzados e permuta de valores. Expressado em termos de poder, o grupo branco está no papel de domínio e o grupo negro no papel de subordinação. Não necessitamos de qualquer observador participante para estudar as suas relações interculturais; eles são vizinhos de ao pé da porta. Na realidade, o próprio público que compôs a sessão continha membros representativos dos nova-iorquinos brancos e negros que, mesmo não vivendo no Harlem, estavam direta ou indiretamente relacionados com a situação ali existente, a qual culminou nos distúrbios. As fases que diferenciamos na reconstituição da situação do Harlem foram as seguintes: primeiro, a situação que existia no Harlem antes de terem lugar os distúrbios. Prestamos, pois, nossa atenção às situações típicas do Harlem negro, especialmente as que eram propensas a provocar atritos inter-raciais e interculturais. O papel do policial típico do Harlem,

86. O teatro é apenas uma das muitas formas que a idéia do drama pode adotar, assim como a igreja é uma das muitas formas que a idéia universal de religião pode assumir.

o papel do ministro religioso, do mestre-escola, dos pais, do proprietário de hotel, do batoteiro, da prostituta, o papel do veterano negro da guerra e do soldado de licença ou prestes a ser recrutado, todos eles atraíram a nossa atenção, não em sua representação individual mas coletiva. A segunda fase consistiu nas situações que realmente provocaram os distúrbios, os personagens envolvidos neles e os papéis que desempenhavam no momento em que os distúrbios aconteceram. A terceira fase começou com o problema de como traduzir em termos sociodramáticos os eventos coletivos subjacentes e as cenas reais dos distúrbios. O procedimento foi planejado de modo que alguns dos próprios desordeiros e algumas das vítimas dos distúrbios comparecessem ao teatro, como se fosse uma sessão psicodramática, mas o método adotado foi o de deixar inteiramente ao critério deles se iriam subir ao palco ou não para retratar suas experiências individuais. A idéia era mais a de contar com um número adequado de indivíduos *in loco* que pudessem servir como *informantes* daquilo por que *eles próprios* haviam passado. O plano era que, se não atuassem em pessoa, poderiam transferir suas experiências para alguns de nossos egos auxiliares, os quais, por sua vez, iriam traduzi-las em ação criadora de papéis. Ficou claro para todos nós que, mesmo se tivéssemos usado alguns dos autores dos distúrbios em pessoa no palco, o propósito de suas atuações não teria sido explorar as suas situações individuais e produzir uma catarse individual mas, de outro modo, explorar as situações coletivas e provocar uma catarse coletiva. As causas dos distúrbios tinham pouco a ver com as vidas individuais, pois eram devidas, em grande parte, ao conflito que surgira entre as culturas A e B, das quais eles eram representantes, de um lado ou outro do muro que as separava. Uma outra parte principal do método foi reconstituir a comunidade do Harlem em situações sociodramáticas, de acordo com a sua expressão dinâmica cotidiana, independentemente de quaisquer incidentes espetaculares ou distúrbios. Uma situação bem escolhida está freqüentemente apta para revelar um complexo fundamental de problemas, como ocorre, por exemplo, numa agência de empregos próxima do Harlem que trate com clientes brancos e negros. Essa situação precipitou o motivo perene: "Não há emprego para você porque é negro." Os três personagens no enredo foram o agente branco e duas moças negras que se candidatavam a empregos anunciados num jornal local; cada um desses personagens foi representado no palco por um representante de sua própria raça. Não causou surpresa descobrir que as duas candidatas de cor tinham alguma experiência pessoal que se ajustava à situação e isso tornou-lhes mais fácil o aquecimento preparatório do protesto coletivo que cada negro formula contra os brancos, como grupo. O sociodrama começou se desenrolando daí em diante com um ímpeto e ritmo próprios. As moças voltaram a casa e disseram a seus pais que não tinham conseguido arranjar emprego. Um irmão que estava no exército e se encontrava nesse momento em casa de licença, enfureceu-se quando ouviu o que sua irmã contava. Então, a tensão começou se acumulando no público. Um espectador atrás de outro procurou representar suas próprias variações do conflito, o problema da discriminação racial no exército foi seguido pelo problema do desemprego para os negros, e uma atitude de espontaneidade começou se difundindo por todo o público e chegou ao palco, atitude essa que era semelhante à que devia existir no Harlem antes e no dia dos distúrbios. Esse processo de "aquecimento preparatório" de um grupo inteiro para que reexperimentasse um problema social permanente, insolúvel pelos meios convencionais, como as reportagens jornalísticas, os livros, os panfletos, a assistência social, as entrevistas, os sermões religiosos etc., abria novos caminhos à terapêutica social. É inerente no método que todas as fases do sociodrama, mesmo os passos preparatórios de natureza mais técnica, se iniciem *dentro* da situação grupal e não fora dela. Como nada escapa à observação e à ação, tudo o que acontece é acessível à pesquisa e análise. *Não existem bastidores nem momentos em que os atores saiam de cena.* Os sujeitos não devem ser preparados de antemão sobre o papel que vão assumir, como atuar ou que situações escolher e quais deixar de lado. Não devem ser aconselhados sobre como reagir às situações que se apresentam no palco e ninguém deve ser escolhido de antemão para dar a resposta. Por outras palavras, o procedimento deve se desenrolar *sub species momenti* e *sub species loci,* num dado tempo e num dado lugar. (Isto não significa, necessariamente, que todas as partes da sessão se encontram acessíveis a todos os membros do grupo, de uma só vez. Por exemplo, é suficiente que — quando um informante prepara um ego auxiliar para um papel — um observador os acompanhe até ao canto onde falam e registre o processo, o qual será logo comunicado ao grupo para que o avalie.) O único fator que se introduz na situação e que está altamente objetivado, testado e retestado, é o próprio diretor e sua equipe de egos auxiliares. A preparação do diretor e sua equipe é um desiderato no trabalho sociodramático. Proporciona-lhes uma abordagem objetiva da situação e confiança em si mesmos. Mas a *espontaneidade* dos sujeitos, tanto dos informantes como dos espectadores, deve ser mantida a todo o custo. Qualquer ensaio que se faça com os informantes anteriormente à sessão convertê-los-á em atores e, na maioria das vezes, maus atores. Isso reduziria a espontaneidade e a sinceridade da sessão, e convertê-la-á facilmente num esforço para imitar o teatro. Além disso, privaria os espectadores de assistirem ao desenvolvimento do sociodrama desde o seu *statu nascendi*. Alguns dos mais importantes fatores poderiam ser barrados da experiência deles, pelo processo de aquecimento preparatório nos bastidores. O que se perde em perfeição e qualidade de espetáculo é ganho em veracidade e no valor que a completa participação no programa tem para todos os membros do público. Os egos auxiliares não são necessariamente usados em cada sessão. Eles estão, simplesmente, *disponíveis* — se uma ocasião os requer. O diretor pode decidir *não* usá-los e preferir o concurso de sujeitos anônimos provenientes do grupo. O próprio diretor está subordinado à situação: faz parte da estratégia do psicodrama e do sociodrama que ele reduza a sua influência manifesta ao mínimo, por vezes, eliminando-se, deixando a iniciativa da ação a um ou outro membro do grupo.

Se o registro total,[87] auditivo e visual, de uma sessão é documentado e repetido, experimenta-se uma aglomeração de planos estratégicos, procedimentos de teste, entrevistas, fragmentos de cenas, frações de fragmentos, interpretações analíticas, observações metódicas, explosões tumultuosas de excitação, pausas cheias de tensão, uma dúzia de sementes de dramas e tragédias sociais inimaginados. Mas, não obstante o psicodrama e o sociodrama serem combinações de fatores e processos que, de acordo com os rótulos e as restrições dos departamentos universitários de estética, dramaturgia, ética ou psicologia, não podiam ser compatíveis, exercem freqüentemente um efeito mais profundo sobre o grupo do que cada uma dessas disciplinas poderia alcançar por si mesma. Isso deve-se, provavelmente, ao fato de constituírem uma contraparte mais verídica do panorama vital, sempre inacabado e sempre incompleto, meio caótico e meio cósmico, de que todos nós participamos.

O procedimento sociodramático requer um planejamento cuidadoso. O planejamento é tarefa que incumbe ao diretor e consiste, primeiro, na coleta de todas as informações fatuais necessárias ao programa que vai ser improvisado, informações essas que serão comunicadas à sua equipe de egos auxiliares. Qualquer informação é, na melhor das hipóteses, um quadro de referência para que os egos não sejam embaraçados em suas improvisações, em virtude de uma falta de conhecimento pura-

87. Os registros são efetuados no decurso do procedimento psicodramático e sociodramático como uma questão de rotina — estenogramas, fotografias, filmes, gravações etc. Desta maneira, retorna a conserva mas, agora, numa função subordinada, secundária da função da espontaneidade e da criatividade.

mente técnico do assunto. Fornece-lhes a atmosfera de um conflito social, por exemplo, a situação negro-branco nos estados sulistas da América ou a situação hindu-maometana na Índia. Segundo, é necessário algum adestramento dos egos auxiliares para cada programa. Um ego auxiliar, como pessoa privada, pode ter, por exemplo, uma prevenção contra a Alemanha nazista e estar em favor da Rússia Soviética. Numa sessão dedicada à representação do conflito nazi-comunista, ele poderá mostrar inconscientemente suas inclinações para o comunismo, ao dar um retrato distorcido de um soldado nazista, em comparação com o de um soldado russo. Portanto, o ego auxiliar deve aprender a desligar-se tanto quanto possível de tudo o que, em sua própria vida coletiva, possa fazê-lo pender para uma ou outra das culturas retratadas. Poderá ser necessário um elaborado adestramento da espontaneidade, antes que os seus próprios conflitos coletivos deixem de afetar a sua função como um auxiliar nas relações interculturais. Contudo, a mais cuidadosa preparação e adestramento do diretor e dos egos auxiliares não deve transformá-los em estereotipados recebedores de papéis. Deve proporcionar-lhes, porém, uma sólida base para empreenderem um difícil programa social e cultural. Cada sessão em que participam está repleta de elementos imprevisíveis; um grupo de pessoas com quem nunca se defrontaram pode causar-lhes uma surpresa. Eles são compelidos a manter-se livres de excessiva previsão sobre eventos vindouros. Por último — mas não de menos importância — devem estar aptos a subjetivar rapidamente as experiências dos informantes reais. Para que possam agir assim, é preciso vigilância e espontaneidade.

O valor exploratório do procedimento sociodramático é apenas metade da contribuição que ele pode dar; a outra e talvez a maior parte da sua contribuição é que pode *curar*, assim como solucionar, pode modificar atitudes assim como estudá-las. Uma compreensão disto está intimamente vinculada ao conceito de catarse, com que iniciei o presente capítulo. O significado que isso tem para o sociodrama pode ser elucidado por comparação com o significado primário que Freud deu à situação psicanalítica e à terapia psicanalítica. Freud insistiu na rigorosa intimidade e no caráter estritamente individual da situação psicanalítica. Não permitiu que alguém participasse dessa situação, nem mesmo o parente mais chegado do indivíduo sob tratamento. Isso era um procedimento lógico, do ponto de vista da psicologia individual e da estratégia do psicanalista, mas fechou os olhos de Freud para a essência da catarse, tal como ela opera no sociodrama. O sociodrama lida com problemas que, como sabemos, não podem ser esclarecidos nem tratados numa câmara secreta em que duas pessoas se encerram. Precisa de todos os olhos e de todos os ouvidos da comunidade, em profundidade e amplitude, a fim de que possa atuar adequadamente. Necessita, pois, de um meio que difere inteiramente da situação psicanalítica, um forum onde o grupo, com seus problemas coletivos, possa ser tratado com a mesma seriedade com que o indivíduo é tratado num consultório. A forma ideal para isso é o teatro, de que todos podem compartilhar, o forum por excelência é o anfiteatro, e o efeito é uma catarse da comunidade.

Fica ainda por esclarecer que espécie de processo é a catarse, que forças a provocam — suas causas e que resultados tem — seus efeitos. Aristóteles sustentou que a catarse purifica a mente dos espectadores, colocando um espelho diante deles, como Édipo foi infeliz, como Cassandra foi desditosa, como Electra foi digna de compaixão e desgraçada. Gera neles temor e piedade, libertando-os da tentação de cair no abismo da loucura e da perversão. Aristóteles também indicou um de seus efeitos mas deixou por explicar por que força o processo de purificação é causado. Freud atribuiria esse efeito a um mecanismo psicológico a que chamou identificação inconsciente, coisa que está intimamente aparentada com a interpretação aristotélica: o espectador, ao viver os eventos dramáticos, ao identificar-se com os personagens, encontra, pelo menos, um alívio temporário para seus mais profundos conflitos inconscientes. Mas a identificação é, em si mesma, um sintoma e não uma causa. Não constitui o processo primário. Aristóteles estava em desvantagem para indicar as causas que levam à catarse, pelo fato de considerar a tragédia uma entidade fixa e irredutível. Não retornou, passo a passo, ao seu *statu nascendi,* às fontes sociais e culturais donde a forma dramática emergiu. O sociodrama retorna ao *statu nascendi* dessas realidades sociais profundas, as quais ainda não foram adornadas pela arte nem diluídas pela intelectualização. Os grandes conflitos coletivos estão incitando a hostilidade entre uma cultura e outra, uma raça e outra, e culminam em guerras e revoluções. Numa sessão sociodramática, centenas de indivíduos trazem consigo seus conflitos em *statu nascendi.* Esses indivíduos ainda não estão diferenciados em categorias, espectadores e atores. Todos eles estão, potencialmente, na mesma situação. O diretor procura um conflito suscetível de agitar o grupo até levá-lo à catarse mais profunda possível, e busca atores para retratar esse conflito. Todos os componentes do grupo passam por um processo similar. Cada um realiza seu aquecimento preparatório com graus variáveis de intensidade, positiva ou negativamente a respeito da situação a ser dramatizada e dos personagens que serão retratados. O diretor diz: Há um negro que é linchado pela populaça. Quem quer fazer o papel do negro? Também há um homem que lidera a populaça branca contra o negro. Quem quer ser esse homem? Qualquer um pode ser o veículo para o desempenho desses papéis. Não existe qualquer conserva dramática preparada de antemão, nem mesmo um enredo básico, tudo é fluido. Cada participante passa por um processo de excitação inicial, gerada por agentes físicos e mentais de "arranque".

A catarse no sociodrama difere da catarse no psicodrama.[88] A abordagem psicodramática lida com problemas pessoais, principalmente, e visa à catarse pessoal.[89] No procedimento psicodramático, um sujeito — quer seja cristão, comunista, negro, judeu, japonês ou nazista — é tratado como uma pessoa específica, com seu mundo privado. A sua situação coletiva só é considerada na medida em que afete a sua situação pessoal. Portanto, *ele próprio* tem de ser o protagonista no procedimento terapêutico. Por outro lado, no procedimento sociodramático, o sujeito não é uma pessoa mas um grupo. Por conseguinte, não se considera um negro individual mas todos os negros, todos os cristãos, todos os judeus. Existem conflitos interculturais em que um indivíduo é perseguido, não por si mesmo, mas por causa do grupo a que pertence. Já não se trata de um negro mas de o negro, não de um cristão mas do cristão e, inversamente, o perseguidor, na mente do perseguido, já não é um homem branco mas a população branca, não um determinado indivíduo alemão mas os nazistas. Portanto, na sessão sociodramática, é irrelevante, em princípio, que indivíduo representa o papel de um cristão, de um judeu ou de um nazista, desde que seja membro da coletividade tratada. Qualquer um pode ser o ator. Um indivíduo que assume o papel do cristão no palco retratá-lo-á para todo e qualquer cristão, quem assumir o papel de um judeu representará todos os judeus, pois a finalidade do procedimento não é a sua própria salvação mas a salvação de todos os membros do seu clã.[90] O protagonista no palco não está retratando uma *dramatis personae*, o fruto

88. Ver J. L. Moreno, "Mental Catharsis and the Psychodrama", *Sociometry*, Vol. 3, N.º 3, 1940, pág. 227, e *Psychodrama Monograph N.º 6*, Beacon House, Nova Iorque.

89. A diferença entre psicodrama e sociodrama deve ser ampliada a todo o tipo de psicoterapia de grupo. Também deveria ser feita uma diferença entre o tipo individual de psicoterapia de grupo e o tipo coletivo de psicoterapia de grupo. O tipo individual é centrado no indivíduo. Focaliza a sua atenção em cada indivíduo na situação, nos indivíduos que compõem o grupo e não no grupo em geral. O tipo coletivo de terapia de grupo está centrado neste. Focaliza a sua situação nos denominadores coletivos e não está interessado nas diferenças individuais ou problemas privados que eles apresentam.

90. Um indivíduo pode, é claro, ser preferido a um outro para retratar um determinado papel mas somente por causa de sua maior habilidade para retratá-lo, e não porque a sua própria situação seja diferente, de

criador da mente de um dramaturgo *individual*, mas uma experiência coletiva. Ele, um ego auxiliar, é uma extensão emocional de muitos egos. Portanto, numa acepção sociodramática, não é identificação do espectador com o ator que está no palco, presumindo-se a existência de alguma diferença entre aquele e o personagem que este retrata. Trata-se de *identidade*.[91] Todos os cristãos, todos os negros, todos os judeus e todos os nazistas são personagens coletivos. Todo o cristão é, enquanto cristão, idêntico a todos os outros cristãos. Na fase primária de *identidade* coletiva, não há, portanto, necessidade de identificação. Não existe diferença alguma entre espectadores e atores; todos são protagonistas.

A produção dramática do autor teatral, individualmente considerado, tem um certo número de fases intermediárias a que se tem prestado pouca atenção na pesquisa teatral. Entre a fase inicial e fonte — os próprios eventos dramáticos vitais — como as Guerras de Tróia, a Revolução Francesa, a Primeira e a Segunda Guerras Mundiais, as conturbações sociais que as acompanharam, e as obras dramáticas de Ésquilo, Shakespeare ou Ibsen, há uma longa série de desenvolvimentos que requerem investigação. É neste ponto que o sociodrama pode intervir e ser usado como uma válvula de segurança e um fator de equilíbrio nas tensões e hostilidades culturais decorrentes de acontecimentos em escala mundial, e ainda como um meio de catarse social. Na forma de conserva psicodramática e sociodramática, no cinema e na televisão, a conserva dramática pode voltar revitalizada, abrindo uma nova perspectiva ao futuro do teatro.

Esta é a gênese do teatro e seu propósito original: a catarse coletiva.

O Problema Negro-Branco

Um Protocolo Psicodramático

Local: Uma grande universidade num dos estados ocidentais dos Estados Unidos.

Público: Estudantes de uma oficina de educação intercultural.

---

algum modo, da situação de qualquer outro membro do seu grupo. Assim como há algumas pessoas que são fotogênicas, há outros indivíduos que são *dramatogênicos*, especialmente sensíveis às experiências coletivas e capazes de dramatizá-las mais facilmente.

91. Para maior desenvolvimento deste tema, ver o capítulo "Teoria Psicodramática do Desenvolvimento Infantil", neste volume.

O Dr. Moreno, o diretor psiçodramático, ao entrar no auditório, vê um casal de negros no público. Convida-os a subir ao palco.

(Eles levantam-se e caminham para o palco.)

Richard: — Eu sou Richard Cowley, esta é minha mulher, Margaret. Tenho quarenta anos de idade, ela tem trinta e cinco anos.

Moreno: — Onde vivem, Sr. Cowley?

Richard: — Vivi em muitos lugares... tenho viajado bastante. Agora moramos em Dalton, na Carolina do Norte, a seis quadras da estação. (Ele indica a direção em que a estação está localizada. Começa caminhando da estação para casa.) Aqui está a casa (aponta o centro do palco).

Moreno: — Por que não nos convida para a sua casa? Como é que entram nela?

Richard: — Lamento muito, não posso convidá-lo a entrar.

Moreno: — Por quê?

Richard: — Não levo gente branca à minha casa.

Moreno (dirigindo-se agora à esposa de Richard): — Você é Margaret. Muito prazer em conhecê-la. Quando conheceu o Sr. Cowley?

Margaret: — Foi em 1941.

Moreno: — Gostava então dele tanto quanto agora?

Margaret: — Richard é um bom homem.

Moreno: — Onde foi que o conheceu?

Margaret: — Na mesma casa onde vivemos.

Moreno: — Por que não nos fazem entrar em vossa casa, você e o Sr. Cowley?

Richard: (Sorrindo) — Seria melhor para ela deixá-lo entrar.

Moreno: — Entre você com Richard.
(Richard e Margaret sobem os degraus que conduzem ao nível superior do palco.)

Margaret: — Temos um apartamento numa casa grande.

Moreno: — Como entram nele?

Margaret: — Da porta da rua passamos a um pequeno corredor.

Moreno — Descreva o apartamento.

Margaret: — A sala de estar... não a vemos há tanto tempo. Tem mais ou menos o tamanho deste palco. As paredes são em estuque rosa. O divã está encostado a uma parede. Há janelas do lado direito.

Moreno: — Quantas janelas tem?

Margaret: — Três.

Moreno: — Que se vê delas?

Margaret: — Outras casas.

Moreno: — Quem são os vossos vizinhos?

Margaret: — Outros negros.

Moreno: — Bem, prossiga e descreva a sua casa.

Margaret: — Há uma mesa de café diante do divã... dois ou três abajures e um tapete cor-de-rosa... um tapete indescritível... cortinas e livros.

Moreno: — Onde estão os livros?

Margaret: — Entrando, na parede em frente.

Moreno: — Que espécie de livros têm?

Margaret: — Temos alguns romances... alguns livros didáticos.

Moreno: — Indique os livros que leu.

Margaret: — *Who Shall Be Educated,* de Warner; Ludwig...

Moreno: — Talvez se lembre se os apanhar.

Margaret: — Me parece que os recordo se posso "olhar no espaço". Temos alguns de Upton Sinclair... o *Native Son,* de Richard Wright...

Moreno: — Onde estão suas roupas?

Margaret: — Estão no armário do dormitório; não é nesta sala.

Moreno: — Você está agora em sua casa com Richard. Tiveram algumas dificuldades, alguns problemas, ultimamente? Não há nada que a preocupe?

Margaret: — Bem, temos dificuldades ocasionalmente.

Moreno: — Vocês acabam de regressar da universidade onde estiveram estudando por algum tempo. Aí estiveram isolados do resto das pessoas. Elas são superiormente educadas... Foram mais amáveis com vocês do que a maioria das pessoas brancas? Seja o que for que aconteceu aí, agora pertence ao passado. Falem sobre isso... como se sentem a esse respeito. Não têm que falar apenas sobre a gente branca da universidade. Sentem-se... levem a coisa com calma e desenvoltura.

Richard: — Seria bem difícil falar sobre a gente da universidade. Pensei que você queria que falássemos dos nossos problemas.

(Richard e Margaret sentam-se.)

Margaret: — Bem, você está contente de voltar ao emprego?

Richard: — É claro que estou.

Margaret: — Não sente falta daquelas deliciosas tardes frescas?

Richard: — Não sinto falta quando me recordo da febre dos fenos. Mas sinto falta da paisagem.

Margaret: — De verdade? Mas é agradável estar em nosso próprio apartamento, depois de termos vivido apertados naquele quarto um ano inteiro.

Richard: — Sim, é agradável.

Margaret: — Foi uma experiência interessante... as dificuldades por que passamos para conseguir encontrar um lugar onde viver. Suponho que a universidade se preocupará mais, algum dia, com os seus estudantes graduados.

Richard: — Espero que sim. Não o senti mais que os outros. Quando fui visitar o diretor, percebi que ele não estava ligando muito para qualquer dos estudantes.

Margaret: — Acho que, depois de se graduarem, todos têm de passar por muitas dificuldades para encontrar um lugar onde viver. Apesar disso, creio que havia uma moça que ia chegar em setembro. Encontraram uma reserva para ela na *Randolph House*. Mas não era um casal... era só uma pessoa.

Richard: — Eu pensava que a explicação dada a esse respeito era que a maioria das moças que voltam deixavam a reserva feita antes de sair. Por isso tudo ficava lotado tão depressa. Os que vêm de fora têm poucas chances.

Margaret: — Como estará se saindo essa moça?

Richard: — Suponho que as coisas lhe estarão correndo bem. Tem alguns bons conselheiros.

Margaret: — O que terá acontecido ao teu amigo de Ohio?

Richard: — Não sei o que terá acontecido a esse amigo meu. Espero que tenha arranjado um bom emprego. Você se refere àquele que tomava o café da manhã comigo, não é?

Margaret: — Refiro-me àquele que tentava explicar a você "quem está governando o mundo".

Richard: — Você está aludindo à afirmação dele de que o mundo é dos brancos? Era um camarada interessante.

Margaret: — Como foi que aconteceu?

Richard: — Encontrei-o, certa manhã, na Allerton Avenue. Saltamos os dois do ônibus diante da lanchonete e fomos tomar o café da manhã. Eu disse-lhe que era da Carolina do Norte e ele disse que era do Ohio. Disse que estava bem perto do Sul. De fato, acrescentou ele, tenho um amigo que é um verdadeiro fanático a respeito da questão racial. Mas não é preciso entrar nesse assunto.

Margaret: — Gostaria de ouvi-lo de novo... Talvez eu precise repetir isso.

Richard: — Enquanto estávamos sentados esperando o desjejum, disse que tinha um amigo que pertencia aos Kiwanis ou um desses clubes, mas que tinha opiniões muito tendenciosas sobre a questão racial. No clube ia um negro fazer uma conferência e quando o seu amigo soube que era um negro quem ia falar, não quis assistir. O que estava tomando o café comigo foi no lugar dele e disse que o negro começou falando da questão racial e sobre os problemas de miscigenação e casamentos mistos de negros e brancos. Ele disse que os negros cometiam um erro quando abordavam o assunto dessa maneira.

Margaret: — E você que disse?

Richard: — Eu apenas escutava.

Margaret: — Você estava sendo prudente.

Richard: — Não era prudência mas como não conhecia o homem preferi escutá-lo. Ele disse que havia dois estudantes negros muito brilhantes e dois outros muito estúpidos. Estava interessado no que os professores brancos diziam sobre os seus alunos negros. Só falavam dos maus estudantes e nunca faziam referência alguma aos que eram brilhantes. Isso acontece em todas as escolas. Somos sempre classificados em função dos piores... nunca dos melhores. Disse que não havia problemas de espécie alguma com os negros em sua cidade natal. Estava escrevendo sua tese de formatura sobre relações interculturais. Tinha de entrevistar os negros de uma zona muito pobre. Os colegas disseram-lhe que estava expondo sua vida... que ele poderia ser esfaqueado. Ele foi, apesar de tais advertências, e obteve todas as informações que queria. Leu um artigo na *Time* sobre a 92.ª Divisão. Foi a divisão que não conseguiu sustentar suas linhas na frente italiana. Enviaram Truman Gibson para fazer uma reportagem sobre a situação. Ela foi publicada na *Time*. Afirmou que os negros não se portaram bem na guerra. No fim de contas, era um povo primitivo. Eram incapazes de manejar os instrumentos tecnológicos da guerra. Ainda era preciso algum tempo para se chegar a isso. Eu respondi que isso era uma afronta para todas as famílias negras deste país e para as famílias desses rapazes.

Margaret: — E os rapazes?

Richard: — Isso foi o que eu lhe perguntei e ele respondeu: "No fim de contas, isto é um país do homem branco." Não fique por aí contando esta história! A propósito, eu disse a esse amigo meu que ele tinha lido a *Time* mas não lera outras revistas que davam uma versão diferente da mesma história. A imprensa negra publicara artigos muito diferentes. Segundo a imprensa negra, esses rapazes não agüentaram as linhas porque eram analfabetos, não haviam recebido treinamento suficiente e ressentiam-se do fato de serem comandados por oficiais brancos que os desprezavam.

Margaret: — Tinham um problema de moral provocado pelos seus próprios oficiais. Havia meia dúzia de oficiais negros subalternos, mas os oficiais superiores, que eram todos brancos, não simpatizavam com eles. (Neste ponto interveio uma mulher branca, um Ego Auxiliar enviado ao palco pelo diretor.)

Sra. Branca: — (Ofegante) Como estão vocês? Eu sou a Sra. Branca. Não terão, por acaso, visto passar por aqui um garoto correndo? Estou terrivelmente aflita. O meu garoto foi agredido por um pequeno negro. Vocês viram um garoto?

Margaret: — O seu filho é que estava correndo? Quem está você procurando?

Sra. Branca: — O garoto negro apareceu e agrediu o meu filho. Não conseguimos encontrá-lo.

Margaret: — Ninguém passou por aqui.

Sra. Branca: — Sabem se ele pertence a alguma das famílias negras que habitam nesta casa de apartamentos? Ele era muito escuro... o cabelo muito escuro. Será que poderiam ajudar-me a encontrá-lo? Ele é um garoto muito insolente.

Margaret: — Não é daqui. Só existem dois apartamentos.

Sra. Branca: (Para alguém que está fora) — Um momento, Bob, um momento. (Para Richard e Margaret) Vocês estão provavelmente tentando proteger os vossos vizinhos.

Margaret: — Por que havia de querer proteger os meus vizinhos?

Sra. Branca: (Em aparte) — Espere um momento, Bob.

Margaret: — O seu filho está ferido? Poderemos prestar-lhe um primeiro socorro?

Sra. Branca: — Bem, já vi que não pretendem ajudar-me. Vocês são todos iguais. Tenho a certeza de que ele entrou aqui. (Sai.)

Richard: — Não entendi como foi a situação. Não sei se ela não terá batido na porta errada. O que me interessou foi verificar que ela tem o mesmo ponto de vista de muita gente branca... que se um negro faz alguma coisa errada, todos os negros vão encobri-lo. Não se pode recriminá-los por encobrirem. Não temos os nossos próprios júris, os nossos juízes ou quaisquer representantes entre os jurados. Não sentimos que os tribunais sejam capazes de nos fazer justiça.

Margaret: — Eu não deveria ter ficado tão zangada. Ela não estava preocupada sobre se o seu filho estava ou não machucado. A única coisa que lhe interessava era apanhar o garoto negro.

Richard: — Ela disse que o garoto era muito escuro... seu cabelo era muito escuro. Tudo isso denota maldade, maus instintos. Isso me lembra uma outra história.

Margaret: — Aquela das peças de xadrez?

Richard: — Sim. Estávamos diante da livraria da Universidade, vendo a exposição de peças de xadrez. Algumas estavam pintadas de escuro... supunha-se que representavam santos. Os reis eram vermelhos ou brancos.

Margaret: — Eu pensava que os santos eram pintados de branco.

Richard: — Não, essa foi a questão que se levantou. O meu companheiro estava intrigado por que *não* haviam pintado os santos de branco. Oh, bem, acontecia tão pouca coisa na universidade que é difícil falar disso.

Margaret: — Eu costumava amolar você... Você tinha o hábito de fugir das atividades e das pessoas, porque não estava muito acostumado a ter gente à sua volta.

Richard: — Lembro-me disso.

Margaret: — E o que sente agora?

Richard: — Agora acho que você estava um pouco equivocada. Não me mantive completamente alheio à situação.

Margaret: — Mas, no começo, você tinha receio de se dar com as pessoas.

(Batem à porta.)

Moreno: — Por que não vai abrir a porta, Sr. Cowley?

Richard: — Minha mulher nunca me deixa atender à porta.
(Margaret abre a porta, entra a Sra. Branca.)

Sra. Branca: — Espero que me perdoem. O meu comportamento foi inadmissível. (Com gestos de arrependimento.)

Margaret: — Não quer sentar-se?

Sra. Branca: (Aceita o convite e senta-se) — Obrigado. Creio que entenderam a situação. Sabe, encontramos o garoto. Ele vive perto daqui. Atravessou correndo o prédio de apartamento. Vive na casa do lado. Infelizmente, o meu filho foi quem provocou a situação. Naquela altura não entendi como as coisas se passaram. Foi uma atitude de incompreensão da minha parte. O meu filho é extremamente infeliz. Eu tinha-o repreendido. Ficou desolado e foi então discutir com o outro garoto, que se defendeu. Na excitação de persegui-lo... bem, ele não me explicou como as coisas se passaram. Agora estão lá fora brincando juntos e eu estou encantada. O meu filho vive muito só. Passou muito tempo sozinho e não houve muitas crianças com quem quisesse brincar.

Margaret: — Que idade tem o seu pequeno?

Sra. Branca: — Nove anos.

Richard: — Está brincando com o garoto negro?

Sra. Branca: — Sim.

Richard: — Não entendo isso. Aqui no Sul não é costume.

Sra. Branca: — Eu sou do Oeste. Sempre nos interessamos pelo problema do negro. Sempre procuramos ter relações com eles. Pessoas inteligentes... independentemente de sua cor, raça ou credo... Verificamos que não existem barreiras de cor em nossa família.

Richard: — É bom descobrir isso. No Sul, existe um ponto de vista muito diferente. Mas o pessoal do Oeste aparece muitas vezes com a sua chamada "liberalidade" e isso resulta ainda pior que os preconceitos dos sulistas.

Sra. Branca: — Gostaria muito se aceitassem o meu convite para jantar. Virão muitos amigos, até agora nunca convidei pessoas negras. Mas espero que isso não faça diferença alguma para vocês.

Richard: — Faria diferença a *você*. Estive na Universidade de Carolina do Norte. Alguns membros do corpo docente sentam-se com os alunos negros e comem com eles mas não gostam que as outras pessoas saibam disso. Se você convidou para jantar algumas pessoas que chegaram há pouco tempo a esta cidade, talvez se veja depois numa situação difícil, se elas não acharem que temos o direito de sentar e comer à mesma mesa com elas.

Sra. Branca: — Espero que vocês venham e se houver pessoas que ponham objeções, sentir-me-ei muito infeliz com isso.

Margaret: — Obrigado por ter vindo apresentar desculpas e pelo convite.

Sra. Branca: — O endereço é 251 North Carolina Street. Espero que não se importem mas o meu marido trabalha fora da cidade, de modo que jantamos sempre um pouco tarde. O jantar é às oito.

Richard: — E acha que poderá continuar vivendo na cidade depois do jantar?

(A Sra. Branca sai.)

Richard: — Bom, que acha você disto?

Margaret: — Mas que diferença!

Richard: — Que quer dizer com isso... que diferença!?

Margaret: — É difícil acreditar que ela é a mesma pessoa. A sua atitude no começo era que estava realmente tentando descobrir o garoto e eu comecei a sentir pena dele, se fosse encontrado.

Richard: — O filho dela?

Margaret: — Não, o garoto negro. Ela estava furiosa quando aqui veio.

Richard: — Talvez a razão seja por que ela não vive ainda aqui há muito tempo. A maioria dos brancos não procuraria desculpar-se. Limitar-se-ia a esquecer o caso.

Margaret: — Oh, por certo.

Richard: — Bem, de qualquer jeito não podemos ir porque não nos deu o endereço.

Margaret: — Claro que deu. Ela disse 251 North Carolina Street.

Richard: — Ah, é verdade. Bem, então é melhor prepararmo-nos para ir.

Margaret: — Não pensei que fosse algo definitivo. Tentamos arranjar desculpas.

Richard: — Você se refere a que eu assinalei o perigo para ela?

Margaret: — Que faremos?

Richard: — É melhor telefonar-lhe. Você quer chamá-la? É melhor que você faça isso. Não queremos que ela faça arranjos para mais duas pessoas com quem não estava contando.

(Procura na lista telefônica.)

Margaret: — Aqui está... J-2281. (Disca o número.)

Sra. Branca: (Responde) Alô.

Margaret: Alô, é a Sra. Branca?

Sra. Branca: — Sim, é ela.

Margaret: — Aqui é a Sra. Cowley. Não sei se tomou nota dos nossos nomes quando esta tarde veio à procura do garoto. Lamento não podermos ir a sua casa esta noite. Lembramo-nos de que é impossível ir porque já tínhamos um outro compromisso.

Sra. Branca: — Dizer-lhe que não acredito nisso seria um insulto. Mas se isto puder servir para induzi-los a vir, vamos ter um jantar de churrasco. De fato, o meu marido e eu temos muito desejo de recebê-los. Eu sei que foi um pouco em cima da hora e também sei que vocês acham que a coisa foi um tanto forçada e não querem que eu me sinta na obrigação de convidá-los. Mas podem estar certos de que não os convidaríamos se não quiséssemos que viessem. Acho que não estou disposta a aceitar a vossa negativa.

Margaret: — Lamento que tenha feito planos. Não sei por que, eu achava que você não esperava que fôssemos. Convidar-nos-ia para uma outra oportunidade?

Sra. Branca: — Certamente que sim. Que tal amanhã à noite?

Margaret: — Amanhã à noite? O meu marido viaja muito. É muitos difícil para nós contrairmos compromissos de antemão. Em vez de amanhã à noite, eu estava pensando na próxima semana. Um momento, deixe-me ver primeiro se Richard estará na cidade. (Volta-se para Richard.) Que faremos agora?

Richard (encolhendo os ombros): — Acho que teremos de ir e passar pelo transe.

Margaret: — Alô... sim, poderemos ir. A que horas?

Sra. Branca: — Usualmente jantamos às oito, por causa do trabalho de meu marido.

Margaret: Estou muito grata. Teremos muito prazer em ir.

Richard: — Assim tanto fazia. Podíamos ter ido esta noite, que vinha a dar no mesmo.

(Moreno começa entrevistando o Sr. e a Sra. Cowley.)

Moreno: — Alguma vez foi tratado desse modo, Sr. Cowley, ou tem conhecimento de algum incidente análogo?

Richard: — Acho que sei o que está procurando. Não vou responder-lhe o que creio. Essa reação foi... foi uma coisa quase inacreditável... deveras surpreendente.

Moreno: — Você quer dizer, Cowley, que nunca encontrou antes um branco que o tratasse de uma forma aceitável?

Richard (excitado): — Certamente que sim mas que uma *mulher branca* entrasse em minha casa no Sul foi algo deveras chocante; é uma razão suficiente para que eu me comportasse da maneira que me comportei.

Moreno: — Além do fato de vocês se encontrarem na Carolina do Norte e serem tomados de surpresa por uma pessoa a quem escolhi para testá-los... creio que você não está espontaneamente preparado para aceitar uma mudança. Contudo, você encontra-se aqui numa situação favorável. Há pessoas que admiram o seu trabalho.

Richard: — A diferença é esta: Você fez-me desempenhar um papel em minha casa da Carolina do Norte. Não nos pediu que descrevêssemos a nossa sala aqui, de modo que reagi como se estivesse no Sul e não aqui.

Moreno: — Se eu tivesse mudado a situação, você teria tratado a Sra. Branca de modo diferente?

Richard: — Sem dúvida.
(Todos concordam com o ponto de vista do sujeito.)

Moreno: — Foi difícil para você entender a Sra. Branca. (Voltando-se para Margaret.) Mas você, Margaret, apreciou melhor as desculpas da Sra. Branca.

Margaret: — Pensei que era justo recebê-la. Era correto recebê-la na minha casa mas como poderia eu saber que ela nos convidou *sinceramente?*

Richard: — Deixe-me explicar. Quando você deu a entender que eu não tinha reagido de um modo muito cooperativo, pensei em algumas das experiências por que tinha passado. A reação... o que eu vi... a manifestação de comportamento foi, por assim dizer, multiplicada. Não lhe reagi em particular. Era apenas uma amostra. Não faria sentido eu excitar-me por causa disso. Não é que eu esteja perturbado... o que acontece é que estou condicionado para esse gênero de comportamento. Passei por muitas situações como essa. Ela podia comportar-se desse modo, nessa situação particular, e numa outra situação em que eu esperaria o mesmo comportamento, ela poderia ter-se comportado de um modo inteiramente diverso. Não há motivos para ficar excitado só por isso.

Moreno: — Esperava encontrar-se esta noite aqui no palco?

Richard: — Não.

Moreno: — Aprendeu alguma coisa sobre uma situação desse gênero, ao representá-la?

Richard: — Aprendi algo sobre o psicodrama... Eu estava sofrendo, de fato, esse bloqueio. Para mim, foi uma coisa maravilhosa estar apto a senti-lo. Eu *vivi* esse problema... não foi mera representação.

Moreno: — Sim, estamos aqui para viver os nossos problemas, não para representá-los. Isto não é um teatro. Vocês estão tentando viver certas experiências que estão em vossas mentes. Nós, é claro, estamos interessados no processo aqui levado a cabo e no efeito que exerce sobre as pessoas aqui presentes. Há quanto tempo vêm aqui?

Richard: — Desde janeiro.

Moreno: — Temos a elite da comunidade aqui reunida. Fornecendo um pouco de equipamento, apenas uma outra pessoa e eu próprio, estamos subitamente comunicando com essas pessoas. Queremos ver se elas aprenderam alguma coisa sobre as relações interculturais. Vocês são membros dessa comunidade. Vocês não são apenas pessoas que vêm aqui e apresentam um fragmento de vossas vidas... ainda estão aqui vivendo. Quanto tempo esperam continuar aqui?

Richard: — Seis meses, talvez um pouco mais. Temos passado aqui um tempo muito agradável, encontrado algumas pessoas excelentes. E tivemos aulas magníficas.

Moreno: — Este é o meu método de ensinar relações interculturais, através do psicodrama.

Richard (gracejando): — Você vai embora daqui a alguns dias. Mas, entende, eu tenho de viver com estas pessoas depois disto acabar.

Moreno: — Eu sei, terá de ver onde põe os pés. Mas não é você quem está no palco, é o povo negro versus o povo branco. Você tem filhos?

Richard: — Não, ainda não temos.

Moreno: — Qual é a sua profissão?

Richard: — Professor do ensino médio.

Moreno: — Já ensinava antes de vir aqui? Por favor, conte-nos mais a seu respeito.

Richard: — Trabalhei para a Secretaria Estadual de Bem-Estar e Previdência Social, como supervisor escolar da Carolina do Norte. Margaret ensina Biblioteconomia numa das universidades para negros da Carolina do Norte.

Moreno: — Por quem votou na última eleição?

Richard: — Em Roosevelt.

Moreno: — E antes dele?

Richard: — Também em Roosevelt e nas eleições anteriores, de fato, nas quatro vezes em que ele foi eleito. Oh, esqueci que estava aqui.

Moreno: — Que espécie de jornais lê?

Richard: — *Dalton Herald... New York Times... Time Magazine... Mercury... Atlantic Monthly.*

Moreno: — Que espécie de livros?

Richard: — Livros didáticos, obras sobre educação, sobre economia.

Moreno: — E você, Margaret?

Margaret: — Biografias, ficção, não-ficção, viagens.

(O Diretor prepara uma nova cena, uma cena no futuro.)

Moreno: — O nosso mundo é um mundo em mudança. Vocês são ambos jovens. Estamos em 1945. Passemos a 1957. Onde esperam estar em 1957?

Margaret: — Em casa, numa nova casa em Dalton.

Moreno: — Que espécie de casa?

Margaret: — No estilo californiano... cheia de janelas. É algo que nunca me saiu da cabeça.

Moreno: — Quantos quartos?

Margaret: — Bem, dois dormitórios, estúdio, sala de estar, sala de jogos, porão...

Moreno: — Para que é a sala de jogos?

Margaret: — Não estava falando do quarto das crianças. Temos uma cozinha, sala de jantar, um jardim nos fundos, muitas flores, até uma piscina.

Moreno: — Qual é o estilo exterior?

Margaret: — Dois andares, fachada em estuque.

Moreno: — Quem a construiu?

Margaret: — Um construtor civil.

Moreno: — Pagaram à vista?

Margaret: — Não sei... acho que sim.

Moreno: — Onde é que esta cena tem lugar? (Sai do palco.)

(Margaret e Richard estão sós.)

Margaret: — Estamos sentados no estúdio de Richard. As paredes são apaineladas em madeira.

Richard (brincando): — Agora, não quero que entre e me perturbe.

Margaret: — Fiquemos no estúdio. Há uma escrivaninha... uma grande escrivaninha, dictafone, um daqueles como tinha Joe Hall. Filas e mais filas de livros até ao teto. Há uma bela e espessa tapeçaria que cobre o chão e absorve todos os ruídos... poltronas amplas e confortáveis... duas outras cadeiras, um pequeno sofá.

Richard: — Vejamos, Margaret, daqui a doze anos. Eu ainda estou na escola... área de educação, ciências pedagógicas.

Margaret: — Quanto ganha?

Richard: — Quatro mil dólares por ano, é uma renda razoável. Gostaria de ter um seguro maior, $2.500,00. Não é o suficiente para você, Margaret. Garantia de saúde... hospital... automóvel Mercury.

Margaret: — Viu os jornais da tarde?

Richard: — Sim, a FEPC foi aprovada. Acho que foi a melhor coisa que poderia ter acontecido.

Margaret: — Estiveram brigando em torno disso.

Richard: — Leva tempo para que as coisas sejam feitas.

Margaret: — Já leu o correio de hoje? Está na sua mesa.

Richard: — Eu sei que você lê tudo antes de mim.

Margaret: — Viu o postal que chegou dos Huntley? Eles estão na França.

Richard: — Vejo que ele arranjou colocação no *International Board of Education*. Foi ótimo. Ele merece.

Margaret: — Por que não lê o resto da sua correspondência? Há aí alguma coisa da Nell. Ela e o George ainda estão na Humboldt. Ela espera ir à Rússia e diz que certamente estaremos interessados.

Richard: — Não se esqueça de que acabamos de comprar o Mercury.

Margaret: — Veremos que volta podemos dar ao orçamento.

Richard: — Que me diz de nos livrarmos de Jim Crow? Não é maravilhoso? Pense no que isso significa... Você pode ir tranqüilamente à cidade e fazer compras onde quiser.

Margaret: — Posso entrar num *drug store* e pedir um refresco ...já imaginou?

Richard: — As crianças terão certamente um mundo melhor para viver do que aquele em que nascemos. O caçula esteve falando sobre a sua escola... um maravilhoso *playground* com todo esse equipamento moderno.

Margaret: — Se ao menos pudéssemos nos livrar destes velhos prédios que eles edificaram aqui... Você acha que poderemos ir para um lugar onde teremos um edifício para todas as crianças?

Richard: — Isso levará tempo. Elas terão de habituar-se a conviver em logradouros públicos... nos jardins públicos. Acostumar-se-ão umas às outras. Estamos fazendo alguns progressos, agora que os negros já freqüentam a Universidade da Carolina do Norte. Por exemplo, o meu filho não terá de ir para a Califórnia ou Nova Iorque, para continuar estudando, embora isso, por outro lado, tivesse suas vantagens para ele.

Margaret: — Talvez ele vá, de qualquer modo.

Richard: — Bem, se ele quiser... Talvez ele queira ir.

Margaret: — Vamos para a cama. Estou ficando com sono.

Discussão com o Público

O diretor dirige-se primeiro ao casal Cowley: "Obrigado pela vossa cooperação. Não abandonem a sessão enquanto não tiver terminado a discussão com o público."

Em seguida, o diretor dirige-se ao público: "Gostaria que me dessem as vossas reações à representação dos Cowley no palco. (a) *Vocês* teriam atuado como os Cowley se estivessem no lugar deles? Sim ou não. (Diferencia o Sr. Cowley da Sra. Cowley.) (b) Quer se identifiquem com eles ou não, consideram que o comportamento deles em relação à Sra. Branca foi apropriado? Sim ou não. (c) Teriam atuado como a Sra. Branca, se estivessem no lugar dela? Sim ou não. (d) Consideram a reação dela apropriada? Sim ou não."

Cada membro do público pode dar quatro tipos de resposta. A categoria *a* requer uma identificação subjetiva com o Sr. Cowley, sim ou não; a categoria *b* requer uma identificação objetiva com a atitude dos negros em relação aos brancos. Sim ou não. A categoria *c* requer a identificação subjetiva com a Sra. Branca. Sim ou não. A categoria *d* requer uma identificação objetiva com a atitude dos brancos em relação aos negros. Sim ou não. Deve ser tentada uma tomada de posição de um modo ou de outro. Os membros do público devem escolher uma das duas alternativas, em cada categoria, que estiver mais próxima da sua opinião pessoal. Não é necessário estar de pleno acordo com uma ou outra alternativa a fim de manifestar a preferência por uma delas.

Procede-se então no sentido de obter uma votação sobre isso mas, antes de se começar, convém recordar que se trata de um público privado e que existem milhões de públicos privados com que é possível defrontarmo-nos nos Estados Unidos. A estrutura de voto resultante dessas quatro categorias pode variar imenso de um público a outro. O público presente só tem cinco pessoas de cor, contra cento e vinte e cinco brancos. Imagine-se como seria diferente o resultado da votação se a composição do público fosse inversa, isto é, cento e vinte e cinco pessoas de cor contra cinco brancos. O nível etário dos membros deste público é superior a 21 anos. Imagine-se como seria diferente o resultado da votação se o público se compusesse unicamente de adolescentes, entre os 16 e 21 anos. A maioria dos membros presentes são mulheres, 65% contra 35% de homens. Uma inversão dessa percentagem de sexos também poderia influir consideravelmente no resultado da votação. O público consiste, em grande parte, em estudantes, professores e outros tipos de intelectuais. As classes camponesa e operária não estão representadas. Imagine-se como reagiria a esta situação um público de agricultores e operários. Finalmente, ainda que não seja o menos importante, é necessário compreender que, logo depois da votação ter sido realizada e seus resultados serem divulgados, terá lugar uma completa análise e discussão da mesma.

Há 131 estudantes assistindo a essa sessão. Trinta e um deles vieram pela primeira vez. Numa sessão "aberta" como esta, cuja assistência não é compulsória nem está limitada a um certo grupo de estudantes, é interessante apurar como as pessoas vieram e o que as motivou a virem. O diretor dirige-se a um "calouro" sentado na primeira fila:

— Por exemplo, você por que veio?

— O meu irmão é aluno da Universidade de Colúmbia. Disse-me que tinha assistido a uma sessão em Nova Iorque. Era um sociodrama que tratava do problema nazi-judaico. A cena, contou-me ele, era situada em Viena, na década de 1930. Refugiados judeus e não-judeus provenientes de Viena retrataram suas experiências no seu palco. Como supervisor de uma repartição de assistência social, lido com grupos minoritários. Foi por isso que eu vim. Falei a respeito das suas sessões a três dos meus assistentes sociais, que estão aqui comigo.

Moreno: — Conhece mais alguém aqui?

Estudante: — Não.

Moreno: — Assim, vocês formam uma unidade à parte. Há mais assistentes sociais no público? (São contados 23.) Assim, embora não seja por conhecimento pessoal mas em virtude da identidade de trabalho, vocês pertencem a uma rede social. (Voltando-se para outro estudante) E você, como veio aqui?

Estudante: — Por intermédio de um ministro batista. Não conheço ninguém aqui mas pergunto a mim mesmo se haverá alguém presente com o mesmo problema que eu. Sou mulato. (A contagem foi zero.)

Moreno: — E você?

Estudante: — Estou aqui com a minha filha, que está noiva de um oficial da Marinha. Esperava que a sessão se convertesse numa sessão matrimonial, lidando com o problema dos repatriados. Conheço algumas das pessoas aqui e suponho que algumas compartilham do mesmo problema. (A contagem mostra haver 37 pessoas que têm no estrangeiro alguém com quem estão comprometidas ou casadas.)

Deste modo, cada novo assistente é entrevistado e averigua-se quais são as suas relações pessoais e suas identidades sociais no público presente.

O diretor continua:

— Há alguém na assistência que teria apresentado o papel da Sra. Branca de um modo diferente?

Três espectadoras sobem ao palco e cada uma delas deu uma nova versão desse papel. Uma delas coloca-se inteiramente num segundo plano e manifesta uma atitude pró-negros. Leva com ela seu filho, senta-se e toma chá com os Cowley. A segunda é objetiva, não faz cena alguma e parte imediatamente, quando lhe é dito que a pessoa que procura não está. A terceira tem um acesso de mau humor, enfurece-se, os vizinhos intervêm e um policial teve de acudir em seu socorro.

Diretor: — Há alguém no público que teria atuado de um modo diferente do Sr. ou da Sra. Cowley?

Dois casais negros subiram ao palco, sucessivamente; mas, embora intentassem representar de modo diferente, o que apresentaram no palco foi uma réplica surpreendente da atuação dos Cowley.

Moreno: — Posso agora traçar um gráfico que retrata a estrutura deste público. Se plotar nele cada indivíduo, simbolizado por um círculo, e traçar linhas entre esses círculos, posso diferençar, na base do número de relações que têm aqui, a amplitude de sua influência potencial. Como podem ver por este mapa, algumas pessoas estão isoladas no público, isto é, sem relações pessoais. Outras formam cadeias ou fazem parte de aglomerados de relações. Também posso traçar linhas entre as pessoas que *não* se conhecem entre si, usando uma cor diferente para elas. Embora não se conheçam individualmente, pertencem a uma rede social específica de influências, porque operam na comunidade no mesmo papel como assistentes sociais ou militares, ou porque compartilham do mesmo problema, como negros ou chineses.

Análise

O primeiro instrumento que pode ajudar-nos a compreender a estrutura deste público é o princípio de *identidade*. A identidade deveria ser considerada à parte do processo de identificação. Desenvolve-se antes deste último na criança pequena e atua em todas as relações intergrupais da sociedade adulta. Para a criança pequena, "eu" e "meio imediato" são a mesma coisa; não existe, para ela, uma relação eu-outro. "Eu" e "outro" são as duas porções ainda indiferenciadas da "matriz de identidade". No nível adulto, para os não-negros, por exemplo, todos os negros são considerados idênticos, *o* negro; para os não-cristãos, todos os cristãos; para os não-judeus, todos os judeus; para os não-comunistas, todos os comunistas são tidos como idênticos, *o* cristão, *o* judeu, *o* comunista. Esta atitude é um reflexo coletivo, antes que alguma experiência diferencial mude o instrumento. Esse princípio de identidade também funciona ao inverso. Os negros consideram-se a si mesmos um coletivo singular, *o* negro, uma condição que submerge todas as diferenças individuais, uma auto-avaliação que parece ganhar cada vez mais apoio no modo como são considerados pelos outros, os grupos não-negros. Os cristãos, os judeus, os comunistas etc., consideram-se um coletivo singular idêntico, como *o* cristão, *o* judeu, *o* comunista etc. O fato dos grupos não possuírem realidade orgânica não altera a observação de que tais identidades sociais se vejam continuamente projetadas e se acredite nelas. Neste público, notamos que a Sra. Branca tratou os Cowley como se todos os negros fossem iguais: escuros, sujos, cabelos crespos e inclinados a agredir. Os romanos trataram os cristãos como uma entidade coletiva idêntica e o mesmo fizeram os nazistas com os judeus. Como terá sido notado pela votação, uma vasta parcela desse público teria atuado de modo semelhante ao da Sra. Branca em relação aos Cowley, o que é uma ilustração manifesta do princípio de identidade. É característico desse princípio funcionar melhor quando os membros estranhos ao grupo *(out-group)* não são individualmente conhecidos dos membros pertencentes ao grupo (*in-group*). Os coletivos simbólicos são inanimados, como autômatos. De fato, é paradoxal que — embora a noção de grupo seja uma falácia — o princípio de identidade de caráter dos membros exerça uma influência e um poder tão grandes sobre a imaginação do homem. A essa identidade chamaremos *a identidade de papel.*

Um segundo instrumento é a *identificação.* A Sra. Branca voltou à cena depois de receber uma lição do seu próprio filho. Ele não tinha "visto" um negro mas um companheiro de brincadeira. A sua mãe identificou-se então com a imagem que *seu filho* tinha do garoto negro e essa identificação com o papel de outrem estimulou-a a identificar-se com os papéis individuais desempenhados pelos Cowley na segunda cena do enredo original. Ela procurou então corrigir precipitadamente o seu erro.

É útil diferençar, no processo de análise, entre identificação subjetiva e objetiva. Entendemos por identificação *subjetiva* a projeção de um sentimento individual, usualmente irreal, num outro indivíduo. Segundo Freud, a identificação deve-se à transferência da imagem de, por exemplo, o próprio pai, a imagem de autoridade e onipotência, para um estranho. Esse estranho pode, de fato, ser totalmente carente de onipotência e de autoridade. A identificação do estranho com o próprio pai é, pois, de caráter subjetivo. Na identificação *objetiva,* por outro lado, a experiência de uma imagem ou situação de uma outra pessoa é bastante exata. Uma das mais importantes formas de identificação objetiva é com os papéis representados por outros indivíduos. Se, por exemplo, neste público, os assistentes sociais sentem afinidades mútuas, isso deve-se ao princípio de identidade que atua já ao nível de não-relacionamento pessoal e, depois, logo que passam a conhecer-se, será devido à identificação de papel. Este tipo de identificação é um processo objetivo. Se alguns membros desse público, ao observarem o psicodrama representado pelos Cowley no palco, tomaram partido, identificando-se, por exemplo, com a Sra. Branca e não se identificando com os Cowley, isso foi porque o papel retratado pela Sra. Branca foi por eles percebido como um papel que eles tinham ou podiam ter adotado em circunstâncias semelhantes.

Os três princípios — identidade, identificação subjetiva e papel — estão, usualmente, interligados. É raro apresentarem-se separadamente. Por maior que seja a frieza com que um lógico das identidades étnicas possa observar os negros, um certo enfraquecimento do princípio pode ter lugar na presença de um cavalheiro negro particularmente brilhante ou de uma moça negra singularmente bonita. Por outro lado, o processo de identificação raramente é completo. A maioria dos atos de identificação processa-se apenas com uma fase da outra pessoa. Recentemente, um estudante que estava no público, recém-chegado de seu serviço militar no estrangeiro e que estava tendo dificuldades em seu reajustamento, após o regresso, identificou-se com um ator que retratava no palco um repatriado que encontrara o seu emprego ocupado por um indivíduo que ficara isento do serviço militar, e sua noiva casada com um viúvo que morava na casa do lado. Mas não pôde identificar-se com o sujeito no papel de um fanático contra os sindicatos e que afogava no álcool os seus desapontamentos. Este foi um dos casos a que me refiro como de identificação *parcial*, não completa. Também recentemente, uma mulher do público identificou-se com um ego auxiliar que, no palco, perdia seu marido para uma rival. Se bem que, na realidade, ela não tivesse motivo algum para temer um incidente dessa natureza em sua própria vida, já que não havia qualquer situação tangível desse tipo, sentiu um ódio profundo pela sua rival e mostrou-se grandemente perturbada quando a sessão terminou. Durante uma entrevista subseqüente, ela revelou que seu pai e sua mãe haviam se separado e que seu pai casara de novo. É a isso que chamo, usualmente, identificação *distorcida*. Nesta categoria cabem muitas das identificações por transferência, no sentido freudiano, projeções de um desejo ou de um temor.

A análise mostra que o que esse público necessita é ficar mais familiarizado com o verdadeiro *papel vital* de uma família negra, não só intelectualmente, não só como vizinhos, mas também num sentido psicodramático, vivendo-o e elaborando-o conjuntamente neste palco.[92]

---

92. Os nomes dos atores neste protocolo foram alterados para manter o seu anonimato; também foram alterados os nomes das cidades. Por limitações de espaço, foi cortada a discussão integral com o público.

Seção IX. FILMES TERAPÊUTICOS

O Drama Terapêutico

Uma análise da literatura dramática de todas as épocas, de roteiros radiofônicos e cinematográficos, mostraria uma divisão em numerosas categorias, a categoria do drama de entretenimento, a categoria do drama estético e a categoria do drama social (religioso, moral, educativo). Mas uma categoria estaria faltando — pelo menos, numa forma pura — o *drama terapêutico.* A psicoterapia, como finalidade exclusiva da ação dramática, nunca foi tentada. A literatura, se cuidadosamente joeirada, mostrará que fragmentos ou mesmo consideráveis partes de muitos dramas e filmes poderiam ser considerados terapêuticos, se pudessem ser cortados do resto. Mas, estando ligados às outras partes, esses fragmentos tornam o quadro total duvidosamente terapêutico, quando não confuso e antiterapêuticos. Deste ponto de vista, até os melhores dramas psicológicos de Shakespeare, como *Hamlet, Macbeth* e *Otelo,* não resistiriam aos requisitos psicodramáticos. Mas os Shakespeares, os Ibsens e os Calderons de la Barca não podem ser responsabilizados por essas deficiências. Suas peças foram escritas com outros propósitos que não os terapêuticos, como, por exemplo, a apreciação estética ou moralista, que pode provocar no público tanto as atitudes heróicas e nobres como as mórbidas, infantis e anti-sociais. Assim, o teste decisivo sobre se uma obra dramática é ou não terapêutica depende de se apurar se é ou não capaz de produzir a catarse em tipos especiais de públicos, ou se é ou não capaz de suscitar um aquecimento preparatório de cada membro do público para uma melhor compreensão de si mesmo ou uma melhor integração na cultura em que participa. Em princípio, é possível que um autor teatral possa produzir uma obra dramática que satisfaça, inconscientemente, as finalidades catárticas. Excetuando-se tais acidentes, é evidente que a forma do drama terapêutico deve ser cultivada, consciente e sistematicamente, como qualquer outra forma de arte ou ciência.

Existe um argumento de que devemos nos livrar desde já, antes de continuarmos elaborando a idéia do drama terapêutico. Isto é, que o bom drama é entretimento, belo *e* terapêutico, ao mesmo tempo; que, se é belo, deve *eo ipso* produzir a catarse, e o que é excelente e belo será sempre o melhor dos entretenimentos. Longe de mim negar a grande beleza que existe no *Otelo* e que possui, em certas partes, a semente de uma grande catarse. Mas outras partes, como, por exemplo, a cena em que o negro Otelo mata a branca Desdêmona, estão fadadas a produzir em certas platéias sentimentos que são, justamente, o oposto da catarse. Como é óbvio, o que vale para um dramaturgo tão grande como Shakespeare, vale em muito maior grau para a legião de medíocres autores teatrais e autores de roteiros radiofônicos e cinematográficos. Contudo, a produção comum não nos interessa e deve ficar aos cuidados de seus especialistas reconhecidos. Mas um psicodramaturgo poderia prestar bons serviços à junta consultiva das agências produtoras de filmes, especialmente as que estão empenhadas na realização de filmes para crianças e adolescentes.

Os filmes *terapêuticos,*[93] para o cinema ou a televisão, a seleção dos conflitos, a construção dos argumentos, a escolha e adestramento do elenco, devem ser feitos de acordo com os princípios psicodramáticos. Mas o veículo fílmico incorpora outros fatores que estão ausentes numa sessão de psicodrama. Esta constitui um evento que ocorre uma só vez para um público que não se repete. Propõe-se acarretar um benefício catártico tanto para os atores como para o público. O filme terapêutico é um evento repetível e de benefício catártico somente para um público. Contudo, está apto a apresentar-se, simultânea e sucessivamente, a inumeráveis públicos. O foco de uma sessão de psicodrama é um público imediato e singular; no filme terapêutico, a atenção concentra-se em públicos futuros, ainda invisíveis. O diretor psicodramático trabalha em contínua interação com o público, analisando a ação não só de acordo com o que requeira a direção cênica mas também segundo os altos e baixos da atmosfera emocional do público exijam comentário. Uma outra dificuldade técnica decorre do próprio meio. Só um punhado de ações e interações, não-formais e espontâneas, próprias do psicodrama, se prestam à fotografia. A tomada inadequada de imagens pode facilmente converter a ação mais espontânea num retrato distorcido e artificial. O problema psicotécnico consiste, pois, em como realizar um filme de modo que se aproxime o mais possível da atmosfera da representação

93. Sugiro que utilizemos para esse novo tipo de filme uma frase especial: **cinema terapêutico, filme terapêutico ou filme psicodramático.**

espontânea e em como construir o filme para que incuta no público a ilusão de comunicação direta com ele mesmo.

A Situação Dramática e o Processo do Papel

O cenário do drama pode ser um teatro convencional, um auditório de rádio-teatro, uma platéia de cinema, um auditório de televisão e, por último, ainda que não seja, por certo, o menos importante, um teatro para o psicodrama e a espontaneidade. Talvez seja útil repetir aqui a interpretação que a teoria psicodramática deu à experiência teatral. Ela considera a situação total um processo subjetivo-objetivo. Não atribui excessiva ênfase a uma fase dessa situação, por exemplo, as experiências do espectador, à custa de uma outra fase, por exemplo, a experiência do ator, a experiência de um espectador individual, à custa de todos os outros espectadores individuais que constituem um público, a experiência de um determinado público à custa de outros públicos, a experiência de um ator individual à custa de um outro ator individual ou de todos os atores que interatuam numa produção psicodramática. Tampouco atribui excessiva ênfase ao processo verbal numa produção, à custa do processo de ação. Não realça a experiência de papel do ator à custa da experiência privada que ele tenha tido como pessoa real, nem sublinha as experiências passadas e particulares de um espectador, como pessoa real, à custa da sua experiência como um audio-ego [94] vivendo através do desdobramento de uma produção dramática. Portanto, é óbvio que não satisfaz explicar o processo altamente complexo da situação teatral pela identificação inconsciente. Isso simplifica demais o que está ocorrendo, num grau que se torna francamente enganador. As experiências pretéritas e profundamente subjetivas de um espectador podem exercer influência sobre a sua atitude no momento em que se senta no auditório. Mas o que acontece ao sujeito enquanto *vivencia* o drama, passiva e ativamente, é melhor respondido se considerarmos cada espectador um autor teatral embrionário e um intérprete embrionário de papéis, e se o relacionarmos com a estrutura objetiva da situação teatral a que ele está exposto.

Um dos erros básicos da psicanálise foi tirar de *uma* situação — a situação psicanalítica — conclusões a respeito de *outras* situações que, em virtude de sua diferente estrutura, requerem

94. Um termo criado por Abraham L. Umansky, ver "Psychodrama and the Audience", *Sociometry*, Volume VII, N.º 2, 1944.

um diferente tipo de interpretação. A situação dramática tem uma estrutura própria. A estrutura da produção tem dois aspectos. Um aspecto é a realização no palco — quer se trate de um drama teatral, cinematográfico ou radiofônico — a realização de um fenômeno *objetivo*, tangível e concreto (não é a máscara impenetrável e subjetiva do psicanalista que, por vezes, é para o paciente como um enigmático borrão de tinta do teste de Rorschach). *A produção consiste em papéis* desempenhados por certos atores numa série de situações, de um enredo que leva esses portadores de papéis a conflitos e sua solução. (Não é apenas a face enigmática de um analista escutando as queixas de um paciente.) *Os egos do público* ou, dito mais brevemente, os audio-egos, *reagem a papéis*, ao Rei Lear, Otelo, Eletra ou Hamlet, e a um contexto real em que esses papéis estão entretecidos. É fácil conseguir-se uma determinação objetiva do que são esses materiais de papéis, aos quais o audio-ego reage. A peça teatral escrita, o filme e a gravação fonográfica tornaram-nos acessíveis. Em virtude desse fundo objetivo, a reação concreta de um audio-ego a esses papéis pode ser submetida à seguinte indagação: Como é possível que um espectador que nunca foi um Hamlet, um Otelo ou um Rei Lear, se relacione com esses papéis, os desfrute e tire proveito deles? A primeira pessoa que teve de lidar com Hamlet, Otelo ou o Rei Lear, tal como se apresentam no palco, foi o seu autor, Shakespeare. Como foi então possível a Shakespeare criar um Hamlet ou um Otelo sem ter sido nada disso na vida real? Sabemos que, por intermédio da criatividade, ele procedeu a um aquecimento preparatório desses papéis, de um modo criador espontâneo, usando na realização todos os tipos possíveis de experiências que pôde extrair de elementos privados, tanto sociais como imaginários, animados pelo fator de espontaneidade. Os resultados são papéis super-reais e mesmo super-humanos, uma coesão, integração e unidade de realização que dificilmente seria possível conseguir na vida real. A própria brevidade dramática, retratando entre uma e duas horas a história de uma pessoa ou de uma nação inteira, indica por si mesmo a *irrealidade* e o caráter *a-histórico* do evento. Sabemos que é impossível para um autor produzir um Hamlet, por exemplo, a partir de um vácuo privado. Ele deve possuir esse papel e qualquer papel semelhante em alguma fase *mínima* de desenvolvimento íntimo, que ele pode expandir por meio do fator *e* (o processo de aquecimento preparatório) até ganhar proporções mágicas super-humanas. Os atores procedem de um modo semelhante ao do próprio criador do papel. Eles não podem reproduzir papéis que nunca tenham estado neles como uma experiência, ainda que remota. Só podem reagir a papéis que tenham sentido em suas próprias entranhas num estado mínimo de desenvolvimento. Mas assim como há uma *produtividade mínima* de papéis num ator, também existe uma *receptividade mínima* de papéis num espectador. O autor teatral elaborou esses papéis muito além do ponto em que são desenvolvidos num espectador. Este jamais poderia desenvolvê-los por si mesmo ao nível da visão que Shakespeare retratou no palco mas pode facilmente fazer seu aquecimento preparatório para a versão do *Hamlet* ou *Otelo* oferecida pelo dramaturgo. Num espectador, todo e qualquer papel, privado ou coletivo, deve ter um grau mínimo de desenvolvimento, pelo menos, a fim de que ele possa ter uma percepção para a ocorrência no palco de um processo paralelo de desempenho de papéis. Contudo, essa experiência embrionária no espectador é totalmente inferior à expressão super-humana, integrada e gigantesca a que o dramaturgo e os autores a levaram. Que poderes o habilitaram a atingir tais alturas, com um tão escasso investimento próprio? Um desses poderes é o fator *e* (espontaneidade). O espectador passa por um processo de aquecimento preparatório, no qual a realização no palco funciona como um agente mental de "arranque". Existe em seu íntimo o suficiente do papel para aceitar esse arranque. Estabelecido o *rapport*, ele abandona-se ao resto, como um seguidor à autoridade do líder, e quanto maior for a receptividade, mais fácil será ao papel levá-lo de cena em cena até ser atingido o clímax. É óbvio, porém, que quanto maior for a produtividade de um espectador na criação do papel, no sentido de uma versão própria, menor será a sua receptividade para qualquer versão que não coincidir com o rumo tomado pelo seu aquecimento preparatório. Se essa versão diversa do mesmo papel que lhe foi apresentado no palco tentar influenciá-lo para um aquecimento preparatório que contradiga o rumo adotado pela sua própria versão, isso poderá gerar nele dor e ressentimento, em vez de catarse.

Um espectador é capaz de experimentar o processo de papéis no palco porque todo e qualquer papel, em seu íntimo, tem dois aspectos, um coletivo e um diferencial privado. Um espectador, vendo um filme de Chaplin, reage, pois, a duas porções do papel, a pessoa privada e o vagabundo. Poderá ter uma tele negativa em relação à pessoa privada de Chaplin, uma tele positiva em relação a Carlitos, o vagabundo, ou talvez tenha uma tele positiva para ambas as porções do processo de papel. Se a vida privada de um ator pudesse ser mantida tão estereotipada e incógnita quanto a vida do imperador do Japão, a tele privada ficaria reduzida a um mínimo e o freqüentador comum de teatro somente conheceria a série de papéis em que um autor participa.

Reações do Público

No momento de exibição de um filme, o seu aspecto de realização está encerrado para sempre. Só existe um aspecto que é humano, variável e que tem necessidade de controle: é o do público. O público é o paciente. O estudo de reações do público e de constelações de público deve, portanto, preceder a própria realização dos filmes, uma vez que o conteúdo das produções cinematográficas depende das exigências do público. Existem significativas diferenças entre as platéias do teatro convencional, as cinematográficas e as psicodramáticas.

O público que assiste a uma obra dramática convencional e o público que assiste a um psicodrama têm diferentes atitudes. O primeiro, embora se defronte com um drama humano pela primeira vez, está cônscio de que se trata, em todas as suas partículas, de uma conserva criada por um autor. Neste caso, o público espera ser entretenido, impressionado, comovido e elevado pelo drama, e, por conseguinte, rejeita severamente qualquer imperfeição, falta de domínio, produtividade, coesão e equilíbrio dos atores que perturbe a unidade e perfeição da obra. Vai ao teatro na expectativa de um tipo de aquecimento preparatório, no ator, que é o comportamento característico de uma conserva cultural. Não espera que surja o fator *e* no ator nem na realização cênica. Considera, talvez acertadamente, que o fator *e*, o *ad libitum*, é um passo em falso ou um truque, um comportamento *ilegítimo* e perturbador de seu entretenimento. O público que assiste a um psicodrama, pelo contrário, deverá desenvolver uma atitude diferente para que possa obter alguma satisfação. Enquanto que o público convencional tem um grau zero de expectativa a respeito do fator *e* (referimo-nos aqui à espontaneidade proveniente do ator e da realização cênica, no momento de desempenho; o público não acolhe favoravelmente a *e*, no ator e na peça, na medida em que pode interferir com a sua própria *e* na experiência da realização cênica), o público psicodramático por seu lado, deve possuir um certo grau de expectativa de *e* e, concomitantemente, um elevado grau de tolerância para as imperfeições, incongruências, caráter fragmentário e desequilíbrio da realização, para que possa realmente tirar proveito do desempenho. O que os componentes deste público sentem é algo mais doloroso, mais semelhante à vida, mais perto deles mesmos, mais difícil de aceitar, porque não é sempre uma fuga do presente mas uma profunda penetração em sua própria essência, não só no tocante ao conteúdo mas também quanto à forma e ao processo. Portanto, assim como o elenco psicodramático no palco necessita de adestramento, também o público psicodramático tem de ser adestrado para a *percepção da espontaneidade* e a apreciação do fator *e*, resultando na saturação de *e* nos públicos do psicodrama.

O público cinematográfico comum assemelha-se mais, em suas atitudes, ao público do teatro convencional do que ao público de uma sessão psicodramática (exceto, naturalmente, que na primeira situação, só são vistas imagens congeladas de pessoas, ao passo que, na segunda, atuam pessoas reais, de carne e osso). Contudo, os públicos que assistem aos filmes terapêuticos deverão se desenvolver mais de acordo com os padrões de conduta dos públicos psicodramáticos. O fator *e* e a percepção de *e* devem ser estimulados e adestrados.

Embora a realização adequada de um filme terapêutico seja importante, deve ser compreendido que o objetivo principal de um filme terapêutico não é o seu processo de produção mas o tratamento do público. O valor terapêutico que possa ter para os pacientes que colaboraram na produção é pequeno, se o compararmos com a ajuda que pode levar a milhões de audio-egos. O público é, realmente, o paciente para quem o filme foi realizado e o benefício que esse paciente obtiver do filme é o teste final da sua utilidade. É neste ponto, uma vez mais, que o método psicodramático colhe um certo conhecimento das constelações de público. No teatro convencional e no cinema de massa, o público manifesta uma forma de *laissez faire*, é bem-vindo todo aquele que possa comprar seu direito a uma poltrona. Mas, no teatro terapêutico, assim como é essencial um elenco para a realização, também é essencial que *o próprio público seja o elenco.* Por vezes, o público deve ser estruturado homogeneamente em torno de certos síndromes mentais, conflitos pai-filho, conflitos de suicídio etc.

O novo papel do público em todos os procedimentos psicodramáticos, sejam estes aplicados ao teatro, cinema, rádio ou televisão, exige que a produção se efetue com uma preocupação psicodramática que atenda ao que um público específico necessita e ao que cada audio-ego sente no decorrer da exibição do filme. Talvez seja desejável projetar, de vez em quando, o diretor psicodramático, da mesma forma que, no teatro terapêutico, ele sobe ao palco e formula seus comentários nos intervalos; quando essa projeção não seja em pessoa, pelo menos poderá ser uma voz no próprio filme. Por conseguinte, a voz do diretor psicodramático poderia ser incluída ao longo do filme, do mesmo modo que se apresenta numa sessão psicodramática, não só comentando, analisando e planejando mas também instigando à ação, interrompendo-a ou finalizando-a, empregando com freqüência métodos agressivos, dando ordens, assumindo vários papéis que constituam o fundo das próprias cenas.

Pode ser conveniente fotografá-lo em certos momentos decisivos, se bem que apenas de modo tal que as suas ações não dominem o filme, porquanto este deve estar dominado, tanto quanto possível, pelos próprios atores-pacientes. Deveria adotar mais a forma de um ponto terapêutico, contraparte do autor teatral e do encenador no palco convencional. Todo e qualquer filme terapêutico deveria ser testado repetidas vezes perante públicos psicodramáticos especiais, antes de ser exibido para o público geral de pacientes. Quando exibido ao público, todo o filme terapêutico deve ser acompanhado de uma lista de instruções para o diretor-médico que irá apresentar o filme a um público, em qualquer parte do país. Atualmente, a nossa finalidade deveria ser a utilização dos filmes terapêuticos como suplementos das próprias sessões terapêuticas ou como seus agentes de arranque. O diretor funcionaria como uma espécie de monitor do público, complementando a função do diretor dentro do filme, parando o filme sempre que necessário, fazendo comentários explicativos, relacionando-o com o público específico que tem à sua frente e repetindo partes, quando requerido. Tais filmes podem ser utilizados para iniciar uma sessão psicodramática e favorecer gradualmente o aquecimento preparatório de um determinado público, passando-se imediatamente depois à sessão real ou, pelo menos, a uma discussão das próprias reações do público. Nos casos em que só é possível efetuar um tratamento de massa, podem ser exibidos filmes terapêuticos desse tipo mas sempre com uma reserva mental — a de que isso é algo como um vôo na escuridão.

A Produção de Filmes Terapêuticos

A idéia de uma cinematografia terapêutica, ou de filmes terapêuticos, acudiu-me há alguns anos. O experimento [95] ensinou-me algumas lições que podem ser úteis na preparação de experimentos semelhantes. Em primeiro lugar, é necessário enfatizar que um bom produtor de filmes, com um roteiro brilhante na mão e um excelente elenco, não é capaz, por si mesmo, de saber como realizar um filme autenticamente terapêutico. Por outro lado, também deve ser reconhecido que um psiquiatra ou um psicanalista competente tampouco sabe, necessariamente, como realizar um filme que tenha valor. Trata-se de um novo veículo de comunicação, de uma nova forma e de um novo processo. Não tem semelhança alguma com a situação de entre-

95. Um filme psicodramático foi realizado pelo autor com a colaboração de S. Bates, de Hudson, Nova Iorque. O filme foi apresentado na assembléia da *American Psychiatric Association*, em maio de 1935, em Washington, D. C.

vista num gabinete psicanalítico ou numa clínica psiquiátrica. Tem de consistir em imagens: cenas de ação, desenrolar de papéis, momentos de clímax e de anticlímax. A equipe formada por um bom diretor e um bom psiquiatra, que ignorem os domínios um do outro, não é uma solução conveniente para essa tarefa. Cada um deles pode trazer consigo certos "clichês", um de suas experiências cinematográficas, o outro de suas experiências com os pacientes. Pelo mesmo princípio, devem manter-se fora do estúdio cinematográfico psicodramático os roteiristas e os atores convencionais. Não só eles ignoram os nossos propósitos como serão propensos a projetar no novo experimento clichês derivados de produções anteriores. Não é suficiente que um produtor cinematográfico esteja decidido a realizar um filme com uma boa moral e um bom efeito terapêutico. É possível que ocorram exceções, é claro, mas o certo é que, de um modo geral, as realizações desse gênero estão fadadas a apresentar inúmeras falhas. Por outro lado, não é fácil para um psiquiatra traduzir síndromes mentais na forma de ação. Ele tem de ser, primeiro, um dramaturgo. Como sabemos, existe um método de psicoterapia que vem dando uma atenção especializada a esse problema: o psicodrama.[96]

Na realização de filmes, um produtor-psicodramaturgo deve seguir de perto, pelo menos no começo, a forma como um psicodrama se desenrola ao vivo num teatro terapêutico. Tem de partir da premissa de que a finalidade terapêutica é primordial e o veículo de comunicação, seja filme ou televisão, é um aspecto secundário. Não deve fazer quaisquer concessões ao mero entretenimento, truques cinematográficos, belos cenários e desenlaces felizes, a menos que façam parte integrante do desenvolvimento terapêutico do enredo. Deve aprender primeiro o seu psicodrama clínico, o qual lhe ensinará nada existir de mais perigoso para o principiante do que copiar os macetes do teatro convencional ou do estúdio cinematográfico. Terá de insistir nas lições que a experiência psicodramática ensinou tanto aos diretores como aos públicos.

Princípios de Produção Psicodramática

A mais importante tarefa da produção é encontrar uma *forma terapêutica* de drama que seja nítida, bem definida em seus contornos e possa ser compartilhada por todos os filmes

96. A abordagem psicodramática da cinematografia tem estado nos noticiários há muitos anos mas experimentos como *Lady in the Dark* e *Now Voyager* não podem ser considerados ensaios adequados. Pelo contrário, são exemplos condenáveis de uma forma dramática que não é nem carne nem peixe, nem entretenimento nem terapia, porque pretenderam ser ambas as coisas.

psicodramáticos, uma forma que seja intrinsecamente tão coesa quanto o drama estético ou o desenho animado. O produtor — em sua busca de forma — deve estar cônscio dos fatores que tornam terapêutica uma sessão psicodramática terapêutica, pelo que deve tentar traduzir esses fatores para o filme. Há três fatores em ação em todas as sessões: (a) a ação no palco entre pacientes e egos auxiliares; eles influenciam, por seu turno, cada membro do público; (b) a ação no público; um audio-ego pode ser um agente terapêutico para todo e qualquer outro audio-ego; assim como são influenciados pela ação no palco, eles também contra-influenciam, por sua vez, o ator-paciente e os egos auxiliares, durante o processo no palco, nas pausas entre as cenas, imediatamente após cada cena e no final da sessão, pelas suas reações; (c) o diretor; ele exerce a sua influência sobre os atores-pacientes no palco e os audio-egos no público; e, por último, mas não o de menos importância, pelos seus comentários e sua análise. Se desprezássemos essas influências terapêuticas, o resultado seria que um filme terapêutico se apresentaria como *Hamlet*, no teatro convencional, ou o vagabundo, de Charlie Chaplin, no cinema. Mesmo que os imaginássemos melhor adaptados aos fins terapêuticos, influenciariam o público pelo que nós, os psicodramaturgos, conhecemos como uma técnica de espelho, o que é excelente mas constitui apenas uma das técnicas usadas no teatro terapêutico. O que precisamos é de um Shakespeare que passe por uma revolução criadora em relação consigo mesmo e com os seus personagens.

Isto leva-nos de volta ao ponto de vista ilustrado na introdução a esta seção. Existem dois Shakespeares e dois *Hamlets:* o primeiro Shakespeare tem *Hamlet* como um produto de sua imaginação, que ele desenvolveu até converter numa peça a ser representada perante um público, num tempo remoto do momento de sua criação. Neste sentido, tanto Shakespeare como Hamlet são irreais. Há, depois, um segundo Shakespeare, o Shakespeare psicodramático que se defronta com o Hamlet real, o qual, por sua vez, o força a ser real e pessoal. A segunda produção ocorre no momento e no meio em que eles se encontram. Shakespeare está continuamente presente, não deixou a peça como um produto terminado entregue a um produtor e um elenco. Ele não está aí para fazer uma peça. O seu propósito é ajudar um pobre homem melancólico. Trabalha com Hamlet no presente. Não é um Hamlet fictício; é um Hamlet real, mais real que o Hamlet histórico. O próprio Shakespeare é real, mais real que o Shakespeare histórico; é o dramaturgo em sua criatividade real, não um fantasma póstumo, e que aplica a sua criatividade a uma pessoa real. *Este* Shakespeare liga uma cena a outra, Hamlet a Polônio e a Ofélia, à Rainha e ao

Rei, seu tio. Vemos *como* os liga e como os separa. Trabalha *com* o público, detém-se e analisa, medita a cada novo passo, vincula o público diante dele às ações no palco, aos planos em sua própria mente, aos planos na mente de Ofélia, na mente de Hamlet, na mente de todos os atores e de cada um dos espectadores. Aprendemos como esse Hamlet se tornou um Hamlet e como esse Shakespeare se tornou um Shakespeare. É mais fácil para ele, Hamlet, converter-se em Shakespeare que a este converter-se em Hamlet. O processo psicodramático é uma inversão do processo dramático normal. Nós, os espectadores, vemos como ele *poderia* ter se transformado num Fortinbrás. Cada componente do público pode se converter num Hamlet, cada um pode dar a sua própria versão. Mas eles não estão vendo apenas um espetáculo, estão aprendendo coisas sobre si mesmos, sobre os outros e, antes da sessão terminar, ocorreu um modo terapêutico de aprendizagem que não é uma experiência de recorte onírico, como a oferecida pelo teatro convencional, mas uma experiência que se prende à experiências íntimas de cada espectador individual.

Seria um desiderato para a reação do paciente, tanto no palco como fora dele, que as reações do diretor e as reações do público se integrassem no filme. Haverá muitas versões de Hamlet no palco, variarão imenso com cada paciente e seus problemas. Também haverá muitas versões de um diretor psicodramático, variarão com a equação da personalidade do indivíduo que atua. Todo o psiquiatra e psicanalista atua num papel que é natural para a sua personalidade. Se pudéssemos fotografá-los em seu comportamento para com o paciente, veríamos numerosas versões dos psiquiatras, no desempenho de seus papéis. Não devemos negar ao público de um filme terapêutico a influência benéfica do próprio diretor psiquiátrico, como intérprete de papéis.

Ainda durante largo tempo no futuro, até sabermos mais sobre a realização de filmes terapêuticos, um conhecimento que só poderá ser alcançado por meio de experimentação engenhosa e analítica, as sessões psicadramáticas continuarão sendo insubstituíveis como árbitros finais do êxito do tratamento.

O Elenco

O elenco, segundo o padrão psicodramático, pode consistir em: (a) pacientes para quem a realização do filme constitui uma parte do seu tratamento, assistidos por um certo número de egos auxiliares, um tipo de atores terapêuticos especializados (inteiramente alheios ao teatro ou cinema convencionais), os quais retratam os papéis complementares que o paciente ou pacientes reputem necessários no desenrolar da história filmada; (b) um elenco de egos auxiliares, assistidos pelos chamados informantes, pacientes que sofrem de síndromes mentais a ser representados na altura da produção do filme (ou que acabam de sair dessa experiência mórbida e estão preparados, através de seu próprio aquecimento prévio, para atingir alto grau de comunicabilidade), e para os quais o processo de produção do filme constitui uma parte de seu tratamento. Portanto, está claro que a verdadeira base dos filmes terapêuticos é a experiência real, vivida e vivente, e não a ficção, por muito significativa que esta possa ser, em outros aspectos. Na presente fase experimental da realização de filmes terapêuticos, a primeira versão, um elenco consistindo em um ou dois pacientes centrais e egos auxiliares, é o desenvolvimento mais seguro. Gradualmente, pode ser tentado um *elenco permanente* de egos auxiliares, saturados do desempenho de síndromes mentais combinado com a experiência na produção e sempre rodeados de informantes reais. A terceira versão, um diretor psicodramático que fica com uma equipe de egos auxiliares, sem contar com um júri de informantes, é uma tarefa extremamente arriscada.

As vantagens de usar um elenco formado de egos auxiliares e pacientes é que as realidades espontâneas da experiência mental podem ser captadas na imagem. O paciente não é um ator; ele está atormentado por uma certa experiência e, ao vivenciar essa experiência, beneficia-se a si mesmo e, como subproduto, realiza o filme que poderá ajudar a muitos de seus companheiros de sofrimento. A atuação forçada, os efeitos melodramáticos, se não se referirem à situação do sujeito, seriam evitados mais facilmente. Em vez de seguir um roteiro e um autor teatral, o diretor e os egos tomam por guia um paciente ou um sujeito, colocando-o gradualmente no quadro dos métodos e das técnicas de representação psicodramática; e isto, repita-se, não de um modo artificial — para efeitos de realização de um filme — mas porque ajuda o paciente a encontrar-se e a obter alívio. As desvantagens da produção por esse método são, é claro, consideráveis. Significa desprender-se de muitas sutilezas e preciosismos da realização regular de filmes: fazer um filme perfeito e coeso, proceder a cortes para obter certos efeitos, encorajar o paciente para que seja um bom ator, de acordo com certos modelos, tudo isto é sumamente indesejável, de fato, destrutivo para a filmagem terapêutica. O paciente deve ter liberdade de se descobrir a si mesmo, de atuar em seu próprio nível espontâneo, de proceder a um aquecimento preparatório até encontrar seu próprio caminho, e de ser antidramático e antiestético, se necessário. Tudo isto, é claro, requer muito mais metragem de filme que para a realização dos filmes convencionais. O cinegrafista terá de filmar um número muito maior de imagens e de desenvolver uma perícia toda especial para captar os atores em atitudes e posições significativas. O corte e montagem das melhores partes é uma tarefa muito mais difícil, neste caso, do que num filme comum; mas a despesa e a perícia requeridas são amplamente compensadas pelo fato de que um filme psicodramático não exige os cenários complexos e dispendiosos dos filmes convencionais. Aqueles devem ser simples e diretos, já que se referem exclusivamente ao interior da mente humana. Além disso, um bom filme terapêutico desenvolverá públicos permanentes em todo o mundo e, tal como um bom livro, poderá ser exibido durante muitos anos e não apenas por temporadas.

Deve ser levada em conta a mudança que o drama convencional teve de sofrer, em sua transição do teatro para o cinema. No começo, o cinema apegou-se ao modelo teatral mas foi desenvolvendo, gradualmente, formas livres, mais adequadas ao novo meio de expressão. Pode ser previsto que os filmes terapêuticos conhecerão um desenvolvimento semelhante mas, no começo, a forma psicodramática de realização pode proporcionar uma base segura donde partir para os experimentos necessários. Uma coisa deve ser sempre recordada. A catarse de ação nunca poderá ser substituída pela catarse do espectador. Em todos os casos, a segunda constituirá tão-só um passo preparatório da primeira. Em desajustamentos secundários, o processo de aprendizagem e adestramento fornecido pela catarse do espectador poderá ser suficiente — a catarse de ação pode ter lugar *in situ*, isto é, na própria situação vital, iniciada pelo paciente na forma de conscientização e autoterapia. Mas, num grande número de sujeitos, a catarse de ação deve ser fornecida por meio de sessões psicodramáticas reais, as quais terão de acompanhar as projeções de filmes terapêuticos. Resta ver se os filmes terapêuticos serão capazes de *reduzir* o montante de ação ou participação dos audio-egos necessários para a catarse. Uma coisa está bastante clara: que a catarse de ação continua sendo o ponto focal da terapia.

O produtor de um filme terapêutico deve ter em conta, portanto, que como não pode fornecer diretamente a catarse de ação, terá de extrair o máximo partido da catarse do espectador. Os públicos constituem o seu principal quadro de referência, não apenas os públicos numa acepção geral mas os públicos de pacientes ou, em termos mais genéricos, de sujeitos, públicos especiais em virtude de algum síndrome cultural ou mental. Um estúdio para filmagens terapêuticas deve contar, pois, com atores-pacientes e diretores de formação psiquiátrica, públicos de teste, aos quais seriam apresentadas partes dos filmes, enquanto estes ainda estivessem em processo de realização. As suas reações ao que experimentam quando vêem um filme poderiam guiar o realizador na delicada tarefa de cortar e montar as partes aprovadas. Deve ficar bem claro que não nos referimos aqui a uma pré-estréia de um filme, depois de concluído, mas a um teste contínuo de um filme à medida que vai sendo realizado, usando os sujeitos a quem está destinado como júri. Esse público de teste pode consistir apenas num punhado de pessoas cuja sensibilidade tenha sido adestrada até se obter um alto grau de idoneidade. Pode muito bem acontecer que os filmes terapeuticamente mais eficazes sejam aqueles que não apresentam a realização final mas o próprio processo em desenvolvimento, o *statu nascendi* e as fases intermédias. Muito do que é cortado e editado porque carece de fluência e clareza pode ser valioso do ponto de vista terapêutico e boa parte do que é fluente e direto poderá apenas ajudar na fuga glamurosa à questão real. Esta é uma das experiências da forma psicodramática que revela o ator-paciente em toda a sua nudez e seu *statu nascendi*, e mostra as partes fragmentárias e inacabadas de sua situação vital.

Em resumo, dois métodos gerais de produção podem ser diferençados: *o método do ator-paciente*, em que um paciente é, ao mesmo tempo, o ator principal e o informante principal; e *o método do ego-ator*, em que um auxiliar é o ator principal e o paciente é, meramente, o principal informante. O método do ator-paciente é mais simples e deve ser o modo mais rápido de obter bons resultados na atual fase experimental de produção. É claro, o paciente tem de ser selecionado entre muitos que apresentem o mesmo tipo de problemas e ser escolhido por causa de dois atributos: uma crucial experiência pessoal que abranja todos os aspectos do síndrome em questão e superiores qualificações dramáticas. O método do ego-ator requer uma organização mais permanente do elenco, uma equipe de egos auxiliares que tenham trabalhado com pacientes em alguns papéis de egos auxiliares e tenham sido adestrados para espelhar os pacientes no palco, utilizando os próprios pacientes para comprovar a fidelidade de suas atuações. Podem ser usados como atores principais egos altamente sensíveis, dotados de um profundo talento subjetivista de imitação, recorrendo-se também neste caso, é claro, a pacientes reais como informantes que verificam a pertinência de cada fase de sua representação no palco. Um relacionamento particularmente eficaz, descoberto no trabalho psicodramático, é um método inverso, ou seja, deixar que um ego auxiliar seja o ator principal — isto é, o paciente, ao passo que o próprio paciente atuará num papel secundário, como ego auxiliar de si mesmo. É provável que, uma vez que os estúdios para a realização de filmes terapêuticos sejam permanentes, os atores passem a ser treinados para todo e qualquer tipo de síndrome. Mas, sejam quais forem os progressos futuros, nunca deveria permitir-se-lhes que terminem uma produção por si mesmos, sem a censura prévia de informantes reais.

Exemplo Ilustrativo de Uma Produção Cinematográfica em Curso de Realização

Primeira Fase: Tem lugar uma série de sessões psicodramáticas cuja finalidade principal consiste em: levar um paciente a fornecer o material cênico, fazer com que ele atue em quantas situações forem pertinentes ao seu problema, independentemente do seu valor para as filmagens, trabalhando essas situações com o concurso de egos auxiliares e tendo em vista a determinação da melhor equipe possível para o elenco final do filme. Nesta fase de coleta de material, são feitos cuidadosos registros mas as filmagens só podem ser muito poucas.

Segunda Fase — Período de Reconstituição

Assim como acontece freqüentemente, no decurso do processo psicodramático, que, após um certo número de sessões, o diretor procede a uma recapitulação do progresso total do problema do paciente e então, por assim dizer, é compilado todo o "desenvolvimento" do psicodrama, também o diretor do filme, antes de começar a sua tarefa de filmagens, deveria contar com um psicodrama *final* do sujeito, reconstituído pelo diretor psicodramático na base dos materiais obtidos no curso do tratamento. Por outras palavras, a tarefa de montagem do material psicodramático será feita em duas etapas. Uma caberá ao próprio diretor psicodramático; a segunda, ao diretor do filme, que pode continuar a montagem e o corte à medida que o próprio filme vai sendo realizado. Um exemplo poderá ilustrar o método de proceder. Um sujeito, John, representou no palco um certo número de situações que tinham grande efeito terapêutico mas, do ponto de vista do diretor, não tinham a necessária seqüência nem qualquer tendência crescente para um clímax. O seu problema era o seguinte: Após ter sido recrutado e colocado num quartel militar para um treinamento de alguns meses, John tinha fugido, num momento de confusão, mas capturado e devolvido ao quartel. Subseqüentemente, teve baixa do serviço. Numa cena, ele mostrou como tinha fugido, numa outra como fora detido e recambiado para o quartel; e, numa terceira cena, representou o seu regresso ao seio da família. Entretanto, numa segunda sessão, apresentou suas visões de proezas gloriosas e morte no campo de batalha, que ele tivera antes de seu alistamento. Numa outra cena, descreveu uma situação ocorrida numa *drugstore,* quando lhe foi recusada a venda de uma grande quantidade de um sedativo com que pretendia cometer suicídio. Numa cena subseqüente, retratou o desapontamento causado por seu *status* no exército e seus choques com os oficiais superiores; numa outra cena, foi a vez de sua fuga de casa aos seis anos de idade, a qual terminou num distrito policial. Numa cena final, descreveu os seus sentimentos de vergonha pelas origens pobres donde provinha e por sua família nada distinta. Num plano de reconstituição para fins cinematográficos, o processo psicodramático poderia iniciar-se com suas visões de heroísmo e morte, no momento em que foi alistado, seguidas pelo acesso de depressão após os primeiros choques na unidade militar. Poderia continuar com o seu plano de suicídio, culminando na caminhada que fez, certa manhã, fugindo e deixando a si mesmo — o soldado — para trás. Nas últimas cenas, John é detido e recambiado para se apresentar perante as autoridades militares. Esta nova seqüência deve ser cuidadosamente planejada e elaborada; o sujeito e os seus egos auxiliares são dirigidos para que reconstituam essas cenas mas dando delas tantas versões espontâneas quantas as requeridas. Uma alternativa para a realização seria que um dos egos auxiliares co-atuantes fosse dirigido no sentido de dar a sua própria versão do desenvolvimento psicodramático de John, dentro da seqüência estabelecida pelo diretor. Cada versão psicodramática, em suas seções e na totalidade, deve ser apresentada, finalmente, a um público de teste. É escolhida a versão que provocar a catarse mais profunda.

Terceira Fase — Período de Filmagem

O processo de filmagem é o resultado da cooperação de numerosos agentes: o diretor, o operador, o elenco, os informantes e o público de teste. A composição psicodramática, antes de atingir o período de filmagens, foi testada quanto à sua conveniência terapêutica, isto é, decomposta em *unidades cênicas,* e um público de teste foi exposto a cada uma das unidades. A composição que chega ao período de filmagem já é, portanto, um produto cuidadosamente selecionado. O processo de triagem das partes indesejáveis deve ser continuado durante as próprias filmagens, pois não é apenas o conteúdo de um roteiro que é decisivo mas também o processo de ação e interpretação de papéis, no momento em que se procede às filmagens. O mesmo roteiro poderia ser representado por um elenco com efeitos saudáveis, por outro elenco com efeitos inversos. Os informantes, indivíduos que experimentaram os síndromes mentais que vão ser retratados, são indispensáveis, portanto, nesta fase, quando o conteúdo do filme é irrevogavelmente determinado. Eles são de particular importância se o elenco não é formado de pacientes mas de atores terapêuticos — egos auxiliares. O filme terapêutico é examinado por um público de teste nas diferentes fases do seu desenvolvimento, na fase de coleta de material, antes de qualquer filmagem, na fase de reconstituição, durante a qual o psicodrama é reconstituído como um todo, e na fase de filmagem, quando cada parte do filme é checada. O árbitro final é o público de teste a que o próprio filme é exposto, situação que é análoga àquela a que o filme se destina. A pesquisa sistemática das reações do público aos filmes, tanto em instituições psiquiátricas como na comunidade em geral, levará gradualmente a uma melhor compreensão de quais são as unidades que devem ficar fora de um filme terapêutico. Com o tempo, saberemos a quantas categorias de público deveremos chegar e produziremos filmes que se adaptem aos requisitos de cada uma delas.

Análise de Filmes Terapêuticos [97]

Nos últimos anos foi produzido um certo número de filmes que, como *Lady in the Dark, Now Voyager, Conflict, Love Letters* e *Spellbound,* representam uma incursão da indústria cinematográfica em projetos terapêuticos (com freqüência, francamente psiquiátricos). Dado o fato de que os produtores, diretores e atores não têm formação psiquiátrica nem psicológica, esses filmes podem muito bem ser classificados como "pseudoterapêuticos". Em virtude da influência de massa que o cinema exerce, tais filmes podem ser qualificados como empreendimentos perigosos, divulgando noções falsas, retratando explicações inverídicas das causas e curas distorcidas, através da tela. Uma análise mais meticulosa desses filmes, quanto ao seu conteúdo, revela que a influência da teoria psicanalítica é uma de suas características mais salientes. A introdução de traumas infantis, de sonhos e repressões, constituem algumas das hipóteses mais populares que são usadas para a explicação dos conflitos psíquicos. Contudo, está envolvido nas produções cinematográficas uma característica muito mais complexa mas

97. O filme terapêutico é definido como um tipo de realização cinematográfica cujo objetivo principal é o tratamento de públicos.

não tão óbvia: o psicodrama. A situação psicanalítica é uma relação paciente-médico, é uma forma de entrevista verbal; a verdadeira substância da vida, as situações e os conflitos, quando e como ocorrem, são mantidos fora daquela. Mas os produtores desses filmes não tentam duplicar a entrevista psicanalítica como de fato ocorre, o que seria um tanto cacete para o grande público; *eles procuram realizar um 'drama', mostrar que, pela representação de cenas, pode ser produzida uma catarse mental.* Portanto, inconscientemente, entraram no domínio do drama terapêutico ou, como é usualmente designado, o psicodrama. Ao preparar o roteiro, selecionar os atores, realizar os cortes e montagem do filme, avaliando seus efeitos sobre o público, os diretores de tais filmes foram introduzindo neles fatores e idéias tomados do psicodrama, que eles alinhavaram sem conhecimentos suficientes de seus princípios para a produção de filmes terapêuticos e dos problemas envolvidos na catarse do público. Inconscientemente, eles estão usando, durante a realização, o aquecimento preparatório dos atores (sempre com a idéia em vista de que o público terá realizado um aquecimento semelhante), os métodos do ego auxiliar, o processo de interpretação de papéis e de identificação com papéis, conceitos que se tornaram valiosos para a análise e orientação do público.

"Uma tão rápida divulgação de uma idéia poderia ser lisonjeira, se não fosse o crescente número de filmes aparentemente psiquiátricos lançados a público por homens não-especializados, gerando efeitos indesejáveis. Um veículo importante de comunicação, pelo qual grandes massas de pessoas podem ser tratadas simultaneamente, caiu nas mãos de leigos que, de um modo imprudente, estão promovendo uma forma de charlatanismo que poderá se tornar a maior barreira à cinematografia psicodramática do futuro."

Psicodrama e Televisão

Prefácio

Nas duas últimas décadas, ocorreu uma mudança básica na orientação metodológica, que se centra em dois pontos: os sistemas de relacionamento interpessoal e o conceito de momento. Para integrar as relações interpessoais no mais amplo quadro de referência das ciências sociais, têm de ser criados novos instrumentos de medição social, novos modos de apresentação e avaliação das descobertas e novas formas de procedimento estatístico. Para colocar no tempo presente os fenômenos sociais e culturais, tiveram de ser criados engenhosos experimentos e testes, tais como os procedimentos psicodramáticos e de espontaneidade, unindo a estrutura conceptual das relações interpessoais e a estrutura conceptual da filosofia do momento.[98]

No decurso da libertação dos eventos interpessoais do seu caráter pseudomomentâneo e da transformação desses eventos em interações *verdadeiramente* situadas no momento, as maiores barreiras encontradas foram os inventos tecnológicos, sobretudo na forma da conserva cultural. Ficou claro para nós que era impossível realizar algum progresso metodológico ou prático se não defrontássemos o conflito entre as relações interpessoais e as conservas culturais, com todas as suas conseqüências. Este problema constitui o verdadeiro núcleo do presente capítulo e é ilustrado através da sua aplicação a pesquisas que têm por finalidade correlacionar os métodos de espontaneidade com o veículo tecnológico da televisão.

O quadro de referência para este estudo é o relacionamento e o contraste entre dois conceitos fundamentais. Resolvemos chamar a um desses conceitos "espontaneidade" e ao outro a "conserva cultural". Nas páginas que se seguem, esses dois termos são empregados numa acepção algo especial. A raiz da palavra "espontâneo" e seus derivativos é o latim *sponte,* que significa *de livre vontade.* Webster definiu esse termo como "procedimento de acordo com o temperamento natural... ou atuar por impulso interno, energia ou lei natural, sem intervenção de uma força externa; atuar por si mesmo". Segundo Moreno, "a espontaneidade tem a tendência inerente para ser experimentada pelo indivíduo como seu estado próprio, autônomo e livre — quer dizer, livre de qualquer influência externa e livre de qualquer influência interna que ele não possa controlar. Tem, para o indivíduo, pelo menos, todas as marcas de uma experiência livremente produzida". "A espontaneidade é também a capacidade de um indivíduo para enfrentar cada nova situação de um modo adequado." "(A espontaneidade) não é apenas o processo interior à pessoa mas também o fluxo de sentimentos na direção do estado de espontaneidade de uma

98. Ver Moreno, J. L., *Der Augenblick*, Berlim, 1922; *Das Stegreiftheater*, Berlim, 1923, em parte traduzidos em "The Philosophy of the Moment and the Spontaneity Theatre", *Sociometry*, Vol. IV, N.º 2, maio de 1941; e Mead, George H., "The Philosophy of the Present", Londres e Chicago, 1932. Parece, pela literatura dos últimos vinte anos, que somente na obra de Moreno os dois pontos de referência — a teoria do momento e a teoria das relações interpessoais — estão consistentemente integrados num único sistema — a sociometria.

outra pessoa. Do contato entre dois estados de espontaneidade que se centram, naturalmente, em duas pessoas diferentes, resulta uma situação interpessoal." Diz Webster: "Conservar significa manter em estado seguro ou são; preservar." Deriva do latim *con* + *servare*, que significa "guardar". Usamos a palavra "conserva" com um substantivo seguido do adjetivo "cultural". A espontaneidade e a conserva cultural são fenômenos tangíveis e observáveis na experiência humana. São conceitos interligados; um é função do outro. Não pode ser realizada a espontaneidade absoluta nem a conserva absoluta, mas comprovou-se que são princípios heurísticos úteis.

Introdução

Um dos mais importantes aspectos no estudo das relações interpessoais é o desempenho interativo de um grupo de pessoas num meio que está em contínua mudança e no qual a atenção dos participantes se transfere sem aviso de uma tarefa para outra. Nessas condições, o julgamento instantâneo e a espontaneidade de resposta ver-se-iam rigorosamente contestados. A televisão é um meio em que a ação interpessoal do momento é o desiderato final.

A emissão de televisão proporciona uma nova oportunidade para se testar a produtividade interpessoal, dado que pode combinar, de um modo único, a espontaneidade da interação humana com a flexibilidade de um instrumento técnico bem afinado para tal intento. O organismo humano, individual e coletivamente, esteve no passado tão supercondicionado e tornou-se tão sensível aos estímulos da conserva cultural que novos métodos e procedimentos devem ser investigados para desenvolver novos padrões de reação.

Numa era tecnológica como a nossa, o destino e o futuro do princípio da espontaneidade, como padrão principal de cultura e da existência, pode depender do êxito que se obtenha para vinculá-lo aos inventos tecnológicos. É razoável supor que, se o princípio da espontaneidade ficasse à margem dos poderosos avanços tecnológicos do nosso tempo, continuaria sendo apenas uma expressão subjetivista de um pequeno grupo de intelectuais de pendores românticos e não mais poderia atingir e educar o grande público.

Entre os inventos tecnológicos capazes de expressão, podemos diferençar dois tipos: um que é especialmente designado para transmitir conservas culturais e inclui itens tais como o livro, a vitrola e o filme; e o outro tipo que inclui os inventos "neutros" do rádio e da televisão, que não impõem a produção de conservas, como fazem as invenções do primeiro tipo. Entendemos por "neutros" que são suficientemente flexíveis para transmitir as conservas *e* as formas espontâneas de expressão. Não constituem, pelo menos por agora, *barreiras* mecânicas à apresentação da espontaneidade.

Há mais de vinte anos que surgiu o rádio como um meio de transmissão cultural. Nessa época, foi sugerido por Moreno que aí estava um veículo suscetível de ser utilizado para a apresentação de material espontâneo; que devia ser o veículo para uma influência instantânea, de improviso, em vez de ser um simples meio de transmissão de conservas. Como sabemos hoje, o momento estratégico que era oferecido ao rádio perdeu-se para a idéia moderna do que é uma cultura espontânea: caiu presa de conservas antigas, consolidadas, impostas pela força do hábito, no próprio homem. Recapitulando os últimos vinte anos do rádio, podemos observar que todo o campo, com raras exceções, está praticamente controlado pela conserva. As razões psicológicas para essa decisão, são muitas. Em primeiro lugar, pôde copiar os modelos culturais já estabelecidos por outros empreendimentos: o livro, o teatro, a ópera etc. Só pôde ser comprado e vendido depois de ter sido cuidadosamente avaliado, de acordo com os seus méritos comerciais. O conteúdo do programa radiofônico pôde ser facilmente controlado por qualquer agente que desejasse influenciar a mente das pessoas, de acordo com um dado programa de cultura.

É óbvio que a história da conserva cultural, dentro da estrutura mental e social do homem — uma história que remonta há milhares de anos — constitui a maior de todas as barreiras à infiltração da espontaneidade no padrão total da civilização hodierna. Hoje, um outro invento tecnológico está dando frutos práticos: a televisão. Esta poderia facilmente cair presa da conserva, tal como aconteceu com o rádio.

Consideremos, por um momento, a situação das emissões radiofônicas atuais, com um esforço especial para entender por que a *conserva radiofônica* teve êxito onde a *espontaneidade radiofônica* fracassou. A montagem de produções acústicas na estação emissora é comparativamente barata. O que interessa é a ilusão acústica produzida no receptor. Na televisão, porém, a situação mudou inteiramente. Nela, o principal apelo é para o sentido óptico e o acústico está integrado no óptico — e ambos estão, por sua vez, integrados em padrões de ação. Portanto, o dilema da televisão é saber se tentará concorrer com o perfeccionismo do cinema — o rádio não tem essa concorrência — ou se terá de procurar outros padrões de apresentação que sejam de um caráter diferente da conserva cinematográfica e radiofônica. O perfeccionismo na produção cinematográfica compensa porque o filme é repetível e pode ser exibido em muitos lugares ao mesmo tempo ou em ocasiões diferentes. Mas o produto da televisão ainda não é repetível. É instantâneo e extemporâneo — transitório — e nisso reside todo o seu significado. Logo que se procurar fazê-lo repetível, tornar-se-á como um filme cinematográfico e perderá a sua característica central. Mas se há de ser momentâneo, a finalidade da produção deve adaptar-se a isso e atingir um alto grau de flexibilidade espontânea. Obviamente, a programação diária de uma emissora de televisão tem de atender a um número tão grande de situações e de atos que o sistema do filme cinematográfico não pode ser automaticamente transplantado para esse veículo. Um novo sistema deve ser organizado e introduzido que participe de algumas das fases das técnicas antigas e conservadas mas que seja integrado e vitalizado por métodos de espontaneidade. No decurso da experimentação, poder-se-á descobrir a existência de características a que as técnicas conservadas podem ser aplicadas, mas o significado supremo da televisão e — talvez — o seu destino serão alcançados se a relação entre produção e equipamento técnico for semelhante à coordenação instantânea do piloto com o seu avião.

Os experimentos de espontaneidade cuidadosamente organizados devem mostrar às entidades que controlam a disseminação de notícias, os programas de diversão etc. que a televisão pode funcionar, de fato, sem o emprego de conservas — na verdade, que esse veículo pode tornar-se, assim, mais vivo e mais rico de conteúdo do que seria de qualquer outro modo. Tendo em vista esse objetivo, foi por nós preparada uma série de estudos, mostrando a aplicabilidade dos métodos de espontaneidade ao veículo tecnológico da televisão.

Procedimento Operacional de uma Emissão de TV

A televisão compreende a emissão de ondas luminosas registradas por uma câmara de TV, assim como o rádio compreende a emissão de ondas sonoras registradas por um microfone. As ondas luminosas são convertidas em impulsos elétricos por meio de um tubo de raios catódicos, conhecido pelo nome de iconoscópio, o qual se encontra no interior da câmara. Esses impulsos elétricos são transmitidos através do éter e recebidos por um tubo de raios catódicos, semelhante ao anterior, o qual se encontra no aparelho receptor e os converte novamente em luz.

Assim, o espectador vê na tela do seu receptor uma imagem idêntica à que foi registrada pela câmara de televisão no estúdio.

Em todos os procedimentos televisivos que observamos,[99] são empregadas duas câmaras. Uma delas apóia-se num mecanismo relativamente simples de tripé, o qual pode girar para qualquer posição que se queira, no piso do estúdio, enquanto que a outra câmara é sustentada por um mecanismo altamente complicado, conhecido como plataforma panorâmica, que permite o uso de uma vasta gama de ângulos para tomada de cenas. A plataforma também pode ser deslocada com facilidade de um lado para o outro, graças a um chassis com rodas. Essas unidades são conhecidas como "câmara um" e "câmara dois", respectivamente. O estúdio, propriamente dito, que é o lugar onde a produção se desenrola e é fotografada, tem a designação corrente de *floor*. Entretanto, as produções são controladas pelo diretor do programa e seus assistentes técnicos, que se sentam atrás de uma divisória de vidro, no que se designa como "cabine de controle", a qual se encontra a um nível superior ao do *floor*, de modo a proporcionar uma visão clara de toda a produção. O diretor do programa está em constante comunicação telefônica com a "equipe de cena" *(floor crew)*, a qual se compõe dos cinegrafistas, dos eletricistas, dos mecânicos de cenários etc., que são necessários ao funcionamento técnico e mecânico da produção. A equipe técnica, assim como os atores, estão sob a supervisão de uma pessoa a que se dá o nome de "diretor de cena" *(floor manager)*, responsável pelo desenvolvimento harmonioso da produção como um todo, e que também retransmite ao pessoal de produção as ordens dadas pelo diretor, desde a cabine de controle. A Figura 1 reproduz um diagrama esquemático dos meios pelos quais a comunicação é mantida entre o diretor do programa e os demais membros da equipe de produção.

A preocupação primordial do diretor de programa é a direção dos cinegrafistas *(cameramen)* no que se refere à movimentação de suas câmaras, de modo que o espectador se encontre com uma agradável e variada seqüência de ângulos. Para facilitar este procedimento, são colocados diante do diretor dois monitores, ou seja, dois tubos de raios catódicos idênticos aos de um aparelho receptor de televisão. Cada um desses monitores está eletricamente ligado a uma das câmaras no *floor*, habilitando-o assim a ver com exatidão o que cada câmara está

---

99. Os autores estão profundamente gratos ao Sr. Adrian Murphy, diretor executivo de Televisão da *Columbia Broadcasting System, Inc.*, pela permissão e a oportunidade de presenciarem numerosas emissões de TV nos estúdios da CBS.

captando. Como só uma imagem é emitida de cada vez, isto é, só uma câmara "está no ar", o diretor pode pré-selecionar a imagem subseqüente a ser mostrada pela câmara não em uso, dirigindo as mudanças de uma câmara para outra. Isso é feito mediante uma série de controles elétricos operados por um técnico sentado diretamente à direita do diretor. Este indica qual a câmara que deve ser posta "no ar", dizendo simplesmente: "Take" Um ou "Take" Dois, referindo-se às tomadas da "câmara um" ou da "câmara dois".

DIAGRAMA ESQUEMÁTICO DA ATUAL TRANSMISSÃO DE TV

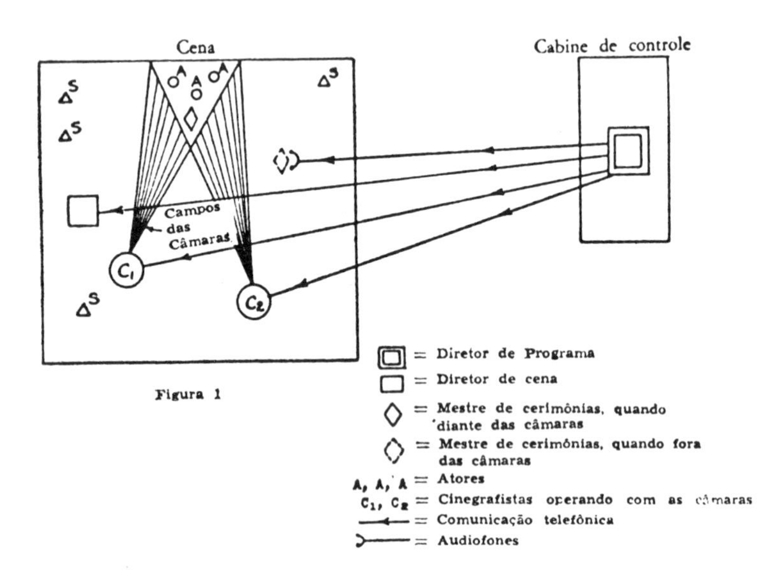

Figura 1

Procedimento Operacional de um Desempenho Espontâneo

A premissa em que se baseia um desempenho de espontaneidade é que um grupo de pessoas, sob a liderança de um diretor, pode produzir um drama ou dramatizar um evento ou experiência sem preparação prévia para isso e sem conhecimento algum do tema que vai ser representado. Milhares de experimentos apresentados no decurso de mais de vinte anos, ante públicos grandes e pequenos, demonstrou ser possível uma *arte do momento.*

A produção espontânea está divorciada do conceito de um roteiro (*script*) preparado por um indivíduo ou grupo de indivíduos. É uma produção em que cada intérprete é ator e autor ao mesmo tempo, desenvolvendo um drama que ele e seus colegas atores compõem à medida que vão atuando.

Os atores são treinados na produção espontânea de idéias, assim como na interação espontânea. É fácil apreciar um desempenho espontâneo em ação mas extremamente difícil passá-lo a escrito. Usualmente, existe o "portador" de uma idéia. Pode ser o diretor, um dos atores ou uma pessoa totalmente estranha à produção. O portador transfere a sua idéia ao diretor que, por sua vez, a elabora com todos os atores. São distribuídos os papéis e a ação começa. Essa idéia pode ser apenas uma semente. Com freqüência, é mais um incentivo para o pensamento e a ação espontânea do que um curso de ação completamente formado e postulado. Uma cena condiciona a seguinte e, após uma série de alternativas inesperadas, chega-se a um fim que é, ao mesmo tempo, dramático e lógico. A função do diretor é a de estimular o processo dramático, através de certas estratégias que são determinadas pelas contingências do momento. Tem constantemente uma visão total da ação e, assim, está apto a decidir em que ponto uma cena que está se arrastando demais deve ser interrompida ou quando uma cena fraca deve ser estimulada.

O diretor dispõe de um certo número de "atores de emergência" em reserva, a quem pode recorrer quando e onde se fizer mais necessário, e também pode retirá-los da cena de ação quando estorvem a unidade da produção ou já tiverem desempenhado sua parte e não sejam mais necessários. O ator que está trabalhando numa cena pode ser perfeitamente capaz de desenvolvê-la até ao seu clímax apropriado mas, na maioria das vezes, é incapaz de visualizar um desfecho adequado. O diretor — como um observador participante, visto que ele próprio não atua — está apto a prever os momentos críticos desse gênero. Um ator de emergência é por ele instruído quanto ao personagem e papel que vai assumir e que ação adotar para incutir ao drama os estímulos necessários para se chegar a um novo clímax ou a um desfecho lógico. Contudo, o diretor pode considerar prudente prescindir dos atores de emergência, se as mudanças e os clímaxes necessários surgirem dos atores que já estão atuando no palco.

No decurso de vários anos de pesquisa, foi desenvolvido um grande número de métodos e procedimentos adicionais. Existe uma literatura crescente sobre as técnicas de espontaneidade, cujas aplicações vão desde o teatro, o jornal vivo e o puro entretenimento até ao tratamento de problemas sociais, matrimoniais e mentais.

Sugestões para Adaptar os Métodos de Espontaneidade à Televisão

A mecânica de televisionamento de uma atuação espontânea não foi abordada até aqui. Assinalamos, em suas linhas gerais, as razões por que pensamos que os métodos de espontaneidade são claramente aplicáveis aos usos da televisão e o leitor, por esta altura, deve estar perguntando a si mesmo como, do ponto de vista operacional, nos propomos adaptar esses métodos ao campo da televisão, numa forma exeqüível.

Ao refletir sobre este tema, pareceu-nos que o problema gira em torno de um ponto central, a saber, a função do diretor. Ele é o agente por cujo intermédio devem fluir e correlacionar-se os diversos elementos da produção televisada, e é também a pessoa investida de autoridade e responsabilidade para cuidar de que o desempenho alcance o efeito desejado. Já assinalamos que uma emissão de televisão gravita em torno de dois focos: a cena *(floor)* e a cabine de controle. Assim, talvez seja mais exato dizer que o problema diz respeito à delegação ótima de autoridade e responsabilidade que permita abranger esses dois campos de atividade.

Quatro métodos se nos apresentaram para esse efeito:

Método 1. O diretor do programa terá plena autoridade sobre os dois aspectos da transmissão, o *vídeo*[100] e a *cena (floor).* O diretor estará sentado na cabine de controle e comunicar-se-á com o elenco de atores e as equipes de cinegrafistas via telefone ou microfone, dirigindo ambos os grupos ao mesmo tempo. Isto significaria que cada ator, assim como cada cinegrafista, teria de ser equipado com um jogo de audiofones, a fim de poder receber instruções do diretor. Cada ator teria de retirar os audiofones toda a vez que fosse chamado a atuar diante das câmaras (ver Figura 2) e não haveria modo algum que lhe permitisse receber novas instruções, uma vez que estivesse na cena de ação. O diretor estaria assoberbado de coisas a vigiar e teria dificuldade em prestar suficiente atenção a todos os aspectos da produção, ao mesmo tempo.

100. Este termo é freqüentemente usado para designar aquela parte da operação de transmissão que se refere à seleção de imagens fotográficas a ser televisadas. Em contrapartida, o termo *floor* refere-se a toda a atividade da produção que diz operacionalmente respeito à direção dos acontecimentos que se desenrolam diante das câmaras.

REPRESENTAÇAO ESQUEMATICA DO MÉTODO SUGERIDO N.º 1

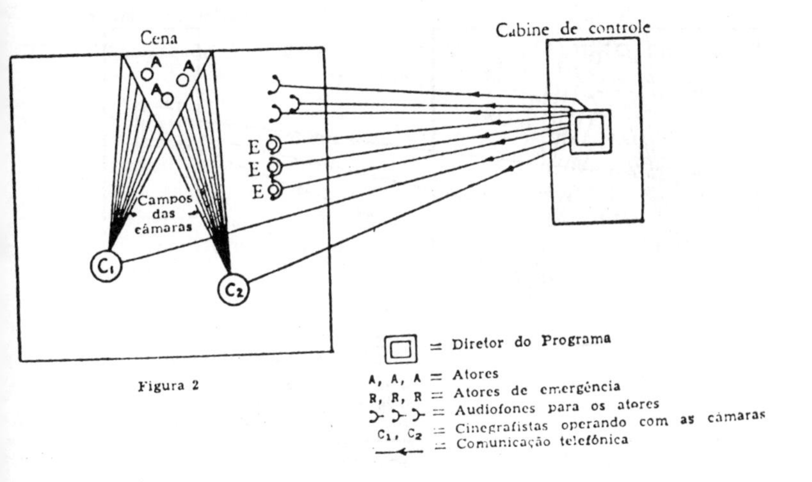

Figura 2

Método 2. Aqui, o diretor do programa continuaria sendo a autoridade final sobre toda a produção mas daria as ordens, telefonicamente, ao seu elenco de atores através de um assistente de direção que estaria localizado na cena *(floor)*. (Ver a Figura 3.) O assistente de direção, por sua vez, retransmitiria essas ordens à equipe por meio de um conjunto de sinais visuais previamente combinados. O diretor continuaria em comunicação telefônica direta com as unidades de cinegrafistas.

Método 3. Aqui, o assistente de direção do Método 2 converter-se-ia num diretor encarregado de todos os aspectos de movimentação de cena da transmissão e repartiria a direção em pé de igualdade com o diretor do programa, que se preocuparia fundamentalmente com os aspectos do *vídeo.* Essas duas pessoas estariam em comunicação telefônica nos dois sentidos (ver a Figura 4) e determinariam, em termos de colaboração, as normas e o tratamento dos problemas da produção. O diretor de cena, entretanto, ainda teria de usar sinais visuais para o elenco de atores.

Método 4. O diretor de cena, neste caso, tornar-se-ia a autoridade final, exercendo completo controle sobre os dois aspectos da produção — a movimentação de cena e o *vídeo* — e dando suas ordens por telefone (ver Figura 5) aos atores e ao diretor do *vídeo,* que seria apenas um assistente.

REPRESENTAÇÃO ESQUEMÁTICA DO MÉTODO SUGERIDO N.º 2

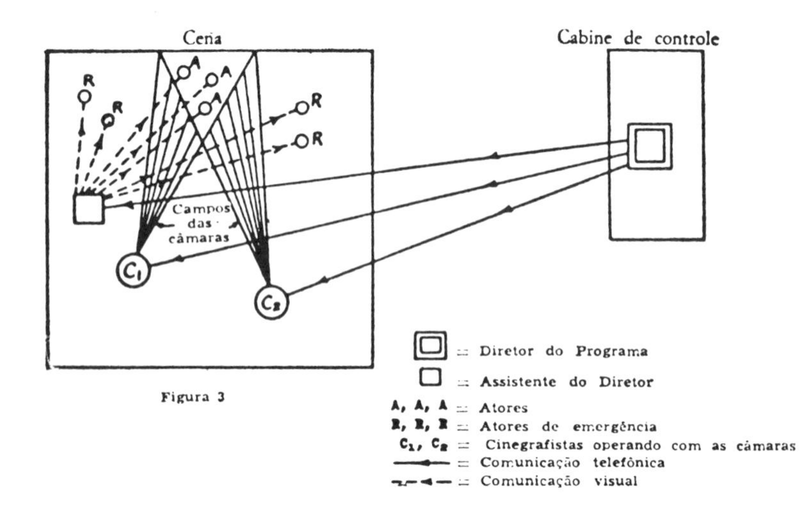

Figura 3

REPRESENTAÇÃO ESQUEMÁTICA DO MÉTODO SUGERIDO N.º 3

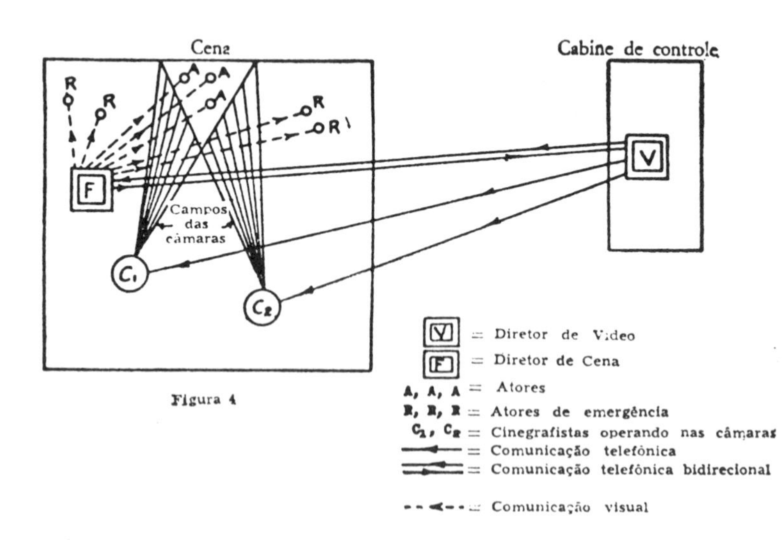

Figura 4

REPRESENTAÇÃO ESQUEMÁTICA DO MÉTODO SUGERIDO N.º 4

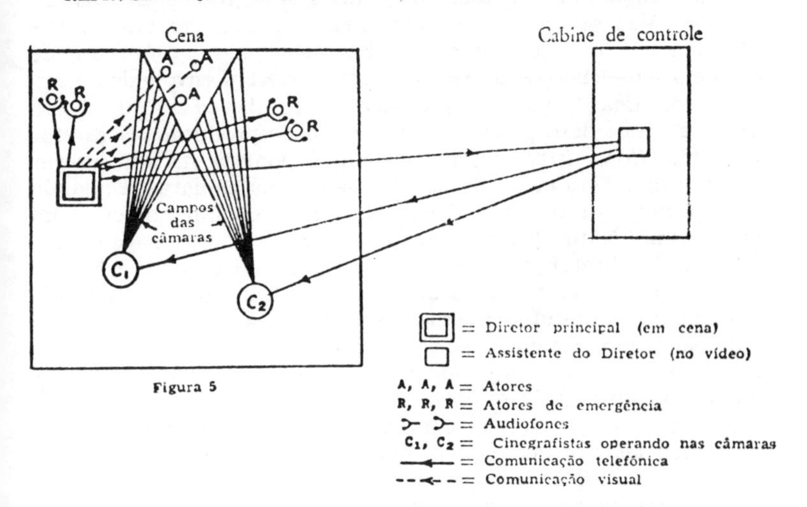

Figura 5

Elucidar os meios operacionais mediante os quais funcionaria cada um desses quatro métodos numa situação específica de transmissão *(broadcast)* e delinear as inter-relações exatas entre diretor e diretor, diretor e assistente, diretor e equipe em ação, é difícil de passar ao papel. Não existem duas situações de transmissão que sejam exatamente iguais e como seria impossível prever de antemão os requisitos artísticos e técnicos específicos, necessários para se obter o efeito estético desejado de uma cena ou seqüência de cenas, o desejável será a máxima flexibilidade de todos os agentes mecânicos e humanos envolvidos. O elemento importante é o fato de que a ação e a interação espontâneas de todos os aspectos da produção devem ser tão pouco estorvadas quanto possível. É importante que haja facilidade de comunicação verbal e visual entre o diretor (ou assistente de direção) responsável pela produção e a sua equipe de técnicos e atores. À medida que novas situações, ou mudanças de situações, se apresentam diante das câmaras, o diretor deve estar apto, em poucos segundos, a dirigir, estimular, preparar e sustar tanto os atores que nesse momento estiverem representando como os que estiverem preparados para entrar em ação, se forem convocados como atores de emergência. Se for usado o Método 3, os dois diretores devem estar aptos a manter constantemente um fluxo de conversação entre eles, para que cada um possa conhecer as intenções e sugestões do outro.

Obviamente, o fator mais importante que deve ser aqui considerado é o problema de sincronização. Isto é relativamente simples enquanto for um cinegrafista que recebe ordens do diretor. Mas se forem utilizadas mais de uma câmara, o problema torna-se mais complexo. Se, além disso, o diretor de cena e o seu elenco de atores também estiverem envolvidos nessa situação, uma falha em qualquer ponto da cadeia de inter-relações pode desorganizar todo o fluxo de produção. O diretor de cena *(floor director)*, por exemplo, poderia decidir alterar o curso de ação que se desenrola diante das câmaras, enviando à cena um ator de emergência na forma de um homem com uma arma. Naturalmente, ele quer que esse personagem seja filmado. O diretor de vídeo, numa fração de segundo anterior a isso, poderia ter decidido deixar que a ação que estava sendo atualmente televisada corresse mais alguns segundos ou poderia ter ficado impressionado por uma sugestão prévia do diretor de cena para fotografar um outro personagem que está nesse momento "agonizando". A *nova* ordem do diretor de cena — ou seja, fotografar o homem com a arma — talvez retire a essas contingências prévias todo o significado potencial que podiam ter tido. As sugestões provenientes do diretor de cena, entretanto, estão por sua vez na contingência das diversas improvisações que ocorrem diante das câmaras. Ele pode ter mudado de idéia antes de se iniciar uma determinada cena, enviando um novo personagem à cena acompanhado de instruções para que o diretor de vídeo passe a focalizar as câmaras nesse ator. O diretor de vídeo tem então de transmitir a ordem do diretor de cena às equipes de cinegrafistas. Tudo isto parece mais difícil quando é descrito no papel do que nas condições reais de uma transmissão. Quem tiver presenciado um desempenho num teatro de espontaneidade sabe que uma equipe pode ser facilmente adestrada com elevado grau de eficiência, de acordo com estas diretrizes gerais.

Direções e Propósitos da Pesquisa em Televisão

As investigações efetuadas em laboratórios psicodramáticos prepararam o terreno para estudos semelhantes que são modificados pela adição de elementos tecnológicos. Esses estudos mostraram que a espontaneidade e a produtividade dos indivíduos que participam numa situação comum podem ser testadas, incluindo o diretor e investigador social. Também mostraram que uma interação bem equilibrada e produtiva pode ser fomentada pela escolha de colaboradores com tele-relações favoráveis. Finalmente, ainda que não seja o de menos importância, demonstraram que a interação espontânea de indivíduos é suscetível de adestramento; que é possível — pelo menos, para a duração da ação — estimulá-los a uma resposta rápida e adequada às novas situações, a um certo grau de julgamento claro e apropriado, a um grau de equilíbrio e controle interpessoais que excedem de longe a expectativa de inteligência e capacidade observáveis nesses indivíduos, em sua vida cotidiana.

No laboratório psicodramático, três tipos de interação foram apurados, cada um dos quais condiciona os outros dois, dando assim forma à produção total. O primeiro tipo é a interação entre o equipamento tecnológico, os sistemas de luz e cor — aos quais, no estúdio de televisão, corresponderiam as câmaras e os microfones — e os indivíduos no palco onde são focalizados. O diretor psicodramático, que supervisiona e dirige as pessoas no palco, e o homem que está recebendo as suas instruções e direções sobre como e quando alterar os efeitos de luzes, têm freqüentes colisões por causa de diferenças de sincronia — aceleração e retardamento de certos efeitos luminosos que chegam ao palco — e também por causa das diferentes respostas dos indivíduos no palco às mudanças de luz e cor sobre eles projetadas. Em alguns casos, o processo de aquecimento preparatório é estimulado; em outros, decresce ou é até bloqueado. É evidente que, no estúdio de televisão, podem ocorrer reações análogas no decurso da produção espontânea e enquanto as câmaras estão operando.

O segundo tipo de interação consiste na relação pessoal privada que existe entre os membros da equipe. No laboratório psicodramático, foram assinaladas dúzias de ocasiões em que a simpatia e antipatia entre os membros da equipe mudavam de dia para dia, ou até de atuação para atuação. A tele-relação de cada uma das pessoas com o diretor — ou de um conjunto de atores a respeito dele — também é freqüentemente notada. Num estúdio de televisão, devem existir tele-relações, sendo imprescindível notá-las.

O terceiro tipo de interação é o que tem lugar no próprio nível de produção. Envolve os membros da equipe, não como pessoas privadas mas nos papéis e situações que criam, ao atuarem no palco. Neste nível, pôde ser continuamente observado, no laboratório psicodramático, que se produzia um tipo distinto de equilíbrio e desequilíbrio entre os próprios atores e entre estes e o diretor, no que se refere ao papel deste no tocante a essa situação particular. Um tipo semelhante de interação deve ser previsto como tendo lugar num estúdio de televisão entre os dois diretores, entre o diretor de cena e a sua equipe técnica, entre o diretor de vídeo e os seus cinegrafistas, e entre estes e o diretor de cena.

O primeiro tipo de interação condicionará o segundo, o segundo condicionará o terceiro, e a produção total deve ser estudada e avaliada segundo os três pontos de vista aqui delineados. A nossa experiência indica-nos — e isto deve ser particularmente enfatizado a todo e qualquer organizador de um estúdio de televisão — que quando mais espontânea é uma produção, mais esses tipos de interação estão fadados a influenciar o curso e o resultado final de um desempenho.

Para ilustrar este processo, apresentamos, nas Figuras 6 e 7, sociogramas que retratam situações reais de trabalho no laboratório psicodramático. Uma apresentação gráfica do processo dinâmico interpessoal é fornecida mediante a substituição do "diretor psicodramático" pelo "diretor de cena" *(floor director)*

SITUAÇÃO ARBITRÁRIA DE TRABALHO NO MÉTODO 3

Sociograma

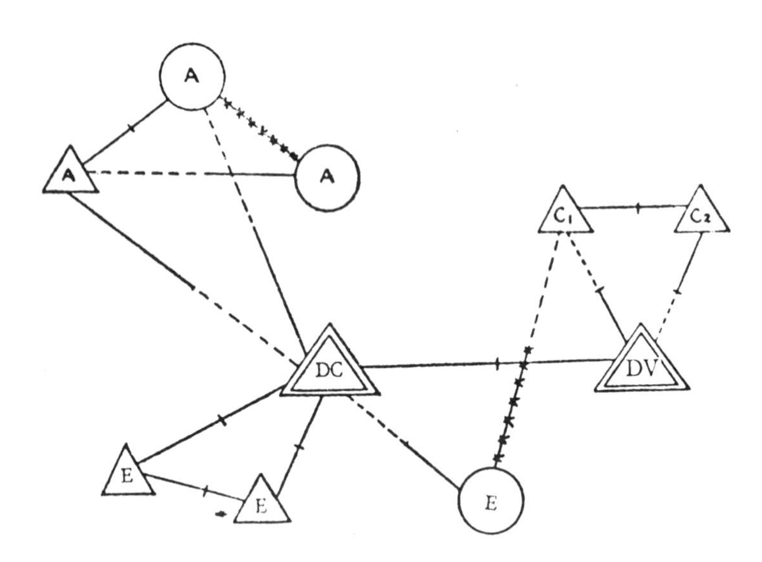

Figura 6

F = Diretor de cena
V = Diretor de vídeo
C_1, C_2 = Cinegrafistas
A, A, A = Atores
R, R, R = Atores de emergência

△ = Homem
○ = Mulher
——— = Atração
-x-x-x-x- = Rejeição
- - - - - = Indiferença

e do "operador de luzes" pelo "diretor de vídeo" — enquanto que os atores e os intérpretes de emergência continuam sendo os mesmos para ambos os meios de comunicação.

Assim, não pode supor-se que a situação interpessoal produzida num laboratório psicodramático pode ser automaticamente introduzida num laboratório de televisão. Inúmeros fenômenos atenuantes são introduzidos pelos recursos tecnológicos da televisão: as exigências de interação do pessoal, a integração do pessoal tecnológico com o pessoal da produção e, finalmente, o problema apresentado pelo público da televisão. O sentido de

SITUAÇÃO ARBITRÁRIA DE TRABALHO NO MÉTODO 3

Sociograma

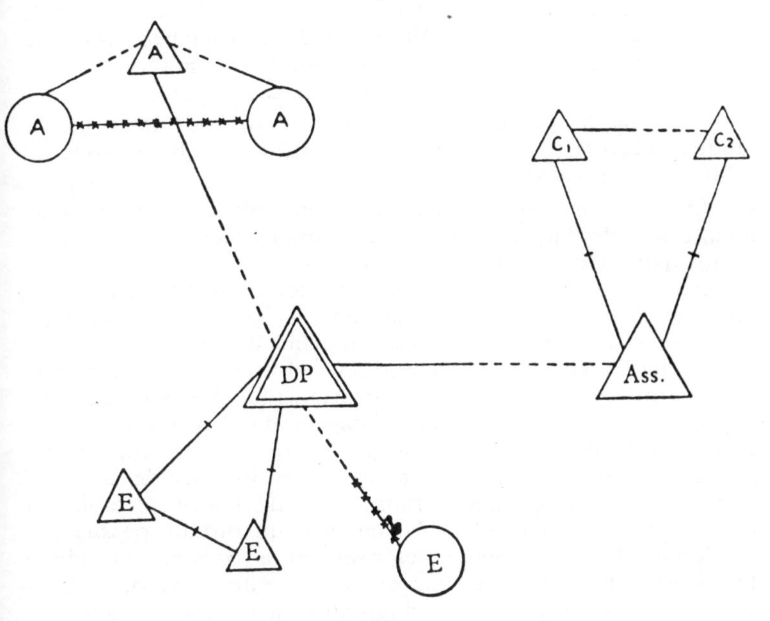

Figura 7

Ch = Diretor Principal (na cena)
Asst = Assistente (no vídeo)

C_1, C_2 = Cinegrafistas
A, A, A = Atores
R, R, R = Atores de emergência

△ = Homem
○ = Mulher
——— = Atração
-x-x-x-x- = Rejeição
- - - - - = Indiferença

apreciação deste último está condicionado pelas conservas altamente aperfeiçoadas do cinema e do rádio, ou pela produção harmoniosa de uma peça teatral no palco. O que ele vê em seus receptores de televisão diferirá imenso em forma, regularidade e harmonia, em relação ao que esse mesmo público estava acostumado a ver antes. O seu sentido de apreciação terá de ser adestrado de acordo com as linhas-mestras da experiência e realização espontâneas.

A finalidade da pesquisa de televisão deve ser a de ajudar a uma gradual evolução das atuais condições, vagas e inarticuladas, de transmissão para as condições que coloquem a televisão em sua forma de expressão espontânea mais adequada. É óbvio que nenhuma empresa de televisão pode realizar mudanças de um dia para o outro. Cada inovação deve ser testada e avaliada na objetividade do laboratório, antes de ser permitida qualquer apresentação ao público. O direção da pesquisa deve ser no sentido de aumentar a flexibilidade espontânea de cada um dos agentes responsáveis pela produção.

A gama de pesquisa na televisão deve considerar os seguintes fatores: (a) o diretor e seus auxiliares, (b) a produção — técnica e criadora — e (c) o público.

As omissões e irrelevâncias de uma abordagem superficial, quanto ao televisionamento de uma produção espontânea, serão tanto mais evidentes quanto mais uma tal produção se tornar integrada e correlacionada. Se um diretor de televisão tenta fotografar um grupo de pessoas dançando — por exemplo — pode, com maior ou menor justificação, movimentar as suas câmaras de um lugar para outro do cenário, deixando alguns dos dançarinos inteiramente fora do enquadramento. A sua única preocupação será a de obter uma imagem da dança que resulte agradável à vista. Esse tipo de procedimento errático, que depende inteiramente do gosto momentâneo do diretor, é o que ocorrerá, por certo, numa transmissão de televisão, a menos que se atue com cuidado. Mesmo que um diretor possua um sentido estético altamente desenvolvido e consiga um efeito televisivo tolerável, cinco diretores diferentes poderiam apresentar outras tantas versões diferentes da mesma transmissão. Parece-nos, portanto, que um sistema de teste dos diretores de televisão em potencial deve ser criado para obter os resultados mais desejáveis e com maiores possibilidades de cooperação.

Para a realização desse teste, são necessários dois quadros de referência. Um deles deve consistir num corpo de especialistas no campo da televisão, que atuariam como um júri seletivo, julgando os relativos méritos estéticos dos diretores potenciais a ser testados. Os critérios sugeridos para uso pelo júri são os seguintes:

(a) Riqueza e variedade comparativas das unidades estéticas para o sentido visual, conforme sejam causadas pelo diretor para a transmissão;

(b) Originalidade na seleção dessas unidades; e

(c) Eficiência no uso do tempo de que se dispõe para cada transmissão.

A este respeito, deve ser acrescentado que todos os diretores de um determinado grupo a ser testado deveriam receber, tanto quanto possível, o mesmo tipo de material para trabalhar. O outro quadro de referência deveria consistir na reação do próprio público de televisão aos vários programas realizados pelos respectivos diretores sob consideração. Uma pesquisa de opinião junto do público poderia ser feita na forma de um questionário escrito, interrogando cada membro do público sobre qual o programa de que mais gostara e por que razões. A cada diretor a ser testado seria atribuído um programa e o seu mérito popular poderia ser determinado de acordo com o que o seu público de televisão pensasse do programa por ele dirigido. Seria, provavelmente, feita a descoberta de que certos diretores eram extraordinariamente capacitados para um tipo de programa e, ao mesmo tempo, indesejáveis para um outro tipo.

Se dois diretores estão trabalhando juntos na mesma produção, como no Método 3, deveria ser testada a capacidade de cooperação de ambos, na maior extensão possível. Como já dissemos, o elemento de sincronização à fração de segundo é sumamente importante e a permuta de sugestões entre o diretor de cena e o diretor de vídeo não deve ser estorvada pelo atrito causado por diferenças de personalidade ou outros desajustamentos em suas relações interpessoais. Deve existir constantemente entre eles um relacionamento produtivo.

O elenco de atores que forma o núcleo e a base para todas as produções espontâneas de televisão, tal como as concebemos, deve estar sujeito a um rigoroso sistema de adestramento, em grande parte de acordo com as mesmas diretrizes estabelecidas nos laboratórios psicodramáticos. Antes do adestramento ser especificamente aplicado à televisão, cada ator deve estar bem familiarizado com os princípios da ação dramática espontânea e conhecer o pleno significado da espontaneidade, aplicada a esse campo. Ele estará então pronto para os testes e o adestramento diante das câmaras.

É sugerido que esse adestramento abranja a colocação do ator, no começo, em situações dramáticas muito simples, situações essas em que um máximo de três pessoas estejam envolvidas e que durassem períodos relativamente curtos de tempo — de cinco a dez minutos. Não deveria tentar-se complicar os enredos dessas situações, com subenredos complexos e sofisticados; a ação deve se desenrolar segundo linhas simples e fundamentais. À medida que o ator se tornar cada vez mais proficiente em seu trabalho, poder-se-á então aumentar gradualmente a complexidade das situações em que atua, assim como a sua duração. Deve ser também sublinhada a conveniência de ser estabelecido um laboratório em ligação com o estúdio de televisão, no qual possam ser experimentadas todas as fases e idéias de uma produção, antes destas serem realmente levadas ao ar, de modo que os produtores e diretores pudessem determinar que elementos são mais adequados à produção e quais deveriam ser eliminados.

O mais difícil problema que se apresenta a respeito da adaptação dos métodos de espontaneidade aos recursos da televisão é o que consiste no ajustamento e educação do público para a apreciação do material espontâneo. Como já foi freqüentemente afirmado neste capítulo, a humanidade acostumou-se cada vez mais, ao longo das eras, a considerar a conserva cultural, com suas implicações de perfeição, um *sine qua non* de todo o esforço e empreendimento humanos. Em momento nenhum pretendemos subentender que a conserva seja uma qualidade indesejável na cultura civilizada. Por outro lado, parece evidente que, através da sua persistente concentração no "artigo acabado", o homem negligenciou sistematicamente uma outra propriedade vital da sua existência, o elemento da criatividade espontânea *per se*. O fato de um público poder exibir uma apreciação entusiástica de uma atuação espontânea é algo que já ficou, para nós, repetidamente demonstrado no teatro psicodramático e fora dele. Uma vez informados os espectadores sobre o que devem esperar, eles podem ser persuadidos a reajustar seus padrões de apreciação, em obediência aos princípios artísticos de uma produção de espontaneidade.

O público da televisão pode ser educado de acordo com as linhas de espontaneidade, mediante os seguintes métodos:

1. As estações emissoras podem enviar pesquisas de opinião aos membros do público, convidando-os a apresentar críticas e sugestões a respeito de vários programas;

2. Podem ser televisadas conferências, a certos intervalos, explicando os vários aspectos do trabalho de espontaneidade e os princípios básicos que lhe são subjacentes; e

3. Os membros do público televisivo podem ser convidados a participar ativamente em produções espontâneas selecionadas.

Conclusão

É aconselhável organizar sessões psicodramáticas a serem transmitidas ao mundo desde uma estação de televisão. As suas três características principais — o público, o diretor com sua equipe de egos auxiliares, e a ação dramática no palco — devem ser mantidas. A audiência, como elemento de sondagem da opinião pública, deve consistir num pequeno grupo de indivíduos que representem os papéis dominantes na comunidade em geral, e informantes dos conflitos sociais correntes. Como essa audiência padronizada e adestrada representa a audiência nacional que vê e ouve os programas, o problema terapêutico deveria promanar, se possível, do público e passar deste para o palco. O diretor do público ou um dos seus audio-egos, deveria apresentar-se como o porta-voz ou querelante. Tal como numa sessão psicodramática, depois de cada cena ter sido representada no palco, deveria intercalar-se um debate com a audiência. De tempos em tempos, um audio-ego subirá ao palco, representando uma ou outra parte do público em sua entrevista com o diretor. É de grande valor terapêutico que o processo total de interação entre o público e o palco seja televisado. Verificou-se que a função terapêutica do público é inestimável no psicodrama e, portanto, não deve ser descurada a sua visualização na televisão. O cidadão, em sua casa, deve sentir que está participando fisicamente numa sessão; deve sentir que o seu próprio representante, um audio-ego, está atuando por ele na tela, no palco, como no auditório do público. Assim, não só se produz a ilusão de uma participação pessoal mais íntima na sessão psicodramática mas também uma forma de catarse do público semelhante à experiência do público em sessões ao vivo. Prevejo que num futuro não muito distante, os teatros para televisão terapêutica e o cinema terapêutico serão lugares tão comuns quanto as salas onde hoje se passam jornais da tela. Cada um deles terá um consultor psiquiátrico. Fornecerão o veículo mais eficaz até hoje criado para a psicoterapia de massa. A psicoterapia de grupo "localizada" terá encontrado uma contraparte através da qual milhões de grupos locais poderão ser tratados em massa. Um importante atraso cultural terá chegado ao seu fim. Os recursos técnicos, como o cinema e o rádio, puderam ser utilizados como um meio de propaganda por agitadores e políticos sem escrúpulos, para influenciar a opinião e as atitudes das massas enquanto não existiram os controles terapêuticos. Com o advento do cinema terapêutico, chegou ao seu fim a era da invasão tecnológica desinibida.

É aconselhável organizar jornais vivos e dramatizados que sejam transmitidos ao mundo através das emissoras de televi-

são. Isto é mais do que o usual noticiário fotográfico de eventos; é um instrumento por meio do qual o gênio vivo e criativo pode, neste planeta, comunicar-se direta e instantaneamente com os seus semelhantes.

Shakespeare e o Psicodrama

As novas idéias que o psicodrama trouxe para a dramaturgia e o teatro podem ser flagrantemente ilustradas refletindo sobre a atitude que Shakespeare, o criador de *Hamlet*, poderia ter tido se defrontado por uma prova real. Imaginemo-lo, por um momento, sentado à escrivaninha em sua casa de Stratford, inspirado pela história de Hamlet, o príncipe da Dinamarca, que ele descobrira num livro. Está meditando sobre ela, tomando notas para uma nova peça teatral, rascunhando cenas e diálogos à medida que lhe acodem à mente. De súbito, é interrompido por uma pancada na porta. Shakespeare abre a porta e encontra-se face a face com um visitante inesperado.

O ESTRANHO: — O senhor é Shakespeare, o Dr. Shakespeare? O meu nome é Hamlet.

SHAKESPEARE: — Hamlet, Príncipe da Dinamarca?

HAMLET: — Sim, sou eu. Estou em grande apuro.

SHAKESPEARE: — Que lhe aconteceu, Príncipe?

HAMLET: — Estava caminhando pelo palácio. A lua refulgia e vi o rosto de meu falecido pai, olhando fixamente para mim, tão verdadeiro e real como o senhor aí em pé. Ele falou-me.

(Por um momento, Shakespeare não sabe o que fazer. No fim de contas, ele é o Shakespeare do século XVI.)

SHAKESPEARE: — Você pode ser o verdadeiro Hamlet, mas não o necessito. A peça já está praticamente escrita. Do que preciso é de um ator que desempenhe o papel do protagonista.

Mas imaginemos que Shakespeare ressuscitou em Stratford, em nossa época, e volta a sentar-se em sua escrivaninha. Contempla fixamente o desconhecido, deixa cair o seu livro de histórico e arremessa para longe o texto que estava escrevendo.

SHAKESPEARE: — Mas isso é muito excitante!

(Caminha para o homem de pé à sua frente.)

SHAKESPEARE: — Desculpe-me se eu lhe toco. É você. Sim, você é real.

(Anda de um lado para outro e, de súbito, colhe Hamlet do braço.)

SHAKESPEARE: — Diga-me uma coisa, Hamlet, você viu mesmo o seu pai morto, com os seus próprios olhos?

HAMLET: — Sim, Shakespeare, vi-o diante de mim. Abalou meu espírito e estou em grande aflição.

SHAKESPEARE: — Ele estava parado com os pés no chão?

HAMLET: — Não senhor, estava suspenso no ar.

(Caminha para mostrar-lhe o lugar. Assim fazendo, Hamlet dá-se conta de que o gabinete de Shakespeare é, na realidade, um palco.)

SHAKESPEARE: — Que aspecto tinha ele?

HAMLET: — Mais alto do que eu o conheci, parecia ter mais de dois metros. E depois foi sumindo, sumindo, e quando tentei tocá-lo tinha-se dissipado.

SHAKESPEARE: — Falou com ele?

HAMLET: — Não. Ele falou-me duas vezes. No começo, sua voz era amável, depois tornou-se como uma advertência severa. Agora que estou falando dele, tenho a sensação de que me seguiu até aqui.

SHAKESPEARE: — Veja, Hamlet, nós não estamos sós. Estão aqui alguns de meus amigos, homens e mulheres.

HAMLET: — O meu pai persegue-me de novo. Ajude-me, Shakespeare.

SHAKESPEARE: — Poderia ajudá-lo melhor se eu conseguisse ver seu pai com os meus próprios olhos, como você o viu e lhe falou. Talvez alguns dos homens que estão aqui possam representar o papel de seu pai.

(Um velho sentado na primeira fila sobe os três degraus, na direção de Hamlet.)

SHAKESPEARE (a Hamlet): — Diga-me qual era o aspecto de seu pai e como ele atuou, onde estava e o que disse.

HAMLET: — Não posso, é impossível. É difícil recordar. (Falando para o velho, um ego auxiliar.) No começo estava ajoelhado, com a cabeça inclinada assim.

(O ego auxiliar observa cuidadosamente Hamlet. Tenta imitá-lo. Ajoelha-se e inclina a cabeça.)

HAMLET: — Não, homem, assim não! O meu pai inclinou a cabeça mas não tinha o corpo inclinado. Olhava para baixo e, não obstante, tinha os olhos cravados em mim. Você é um ator muito ruim. (Agride-o.) Agora me lembro como realmente aconteceu. Levante-se, homem, talvez um outro homem possa tentá-lo.

(Sobe ao palco um outro ego auxiliar.)

HAMLET: — Enquanto eu perambulava pelo palácio, pensando na traição de minha mãe, ouvi alguém chamando por meu nome. Ele estava sentado numa escada.

(O ego auxiliar sobe uma escada.)

HAMLET: — No último degrau.

(O ego coloca-se no degrau de cima.)

HAMLET: — Ele estava encostado a uma coluna do palácio, de modo que eu só podia ver-lhe a face direita. Um olho estava semicerrado.

(O ego desvia o rosto para um lado, semicerrando um olho.)

HAMLET: — A lua brilhava sobre a sua cabeça. O meu pai mexeu os lábios, como se tentasse falar.

(O ego mexe os lábios, como se quisesse falar mas incapaz de fazê-lo.)

HAMLET: — E foi então que meu pai gritou: "Tu és o Rei da Dinamarca." Três vezes.

EGO AUXILIAR (levanta a voz e grita três vezes para Hamlet): — Tu és o Rei da Dinamarca!

HAMLET (furioso): — A voz dele não era assim. Era gentil mas forte. Tinha poder e majestade. Não suporto mais isto, pare, por favor!

SHAKESPEARE: — Oh, Hamlet, então por que não me mostra você como foi? Você estava lá e conhece o seu pai muito melhor do que estes estranhos.

(Hamlet assume o papel de seu pai. Sobe para a coluna, sua cabeça erguida, dominando o palácio, e sua voz troa pelos campos em volta.)

HAMLET (como seu pai): — Tu és o Rei da Dinamarca!

SHAKESPEARE: — Que é isso? Por que estás tremendo, Hamlet?

HAMLET (como ele mesmo): — É que acabo de ouvir a voz de meu pai. Vinha dali.

SHAKESPEARE: — Donde?

(Hamlet caminha até um nível superior do palco.)

HAMLET: — Aqui, neste canto, a uns três metros de distância donde eu estou agora. Era como um murmúrio.

HAMLET (como seu pai, em voz baixa): — Chama às armas o povo da Dinamarca.

HAMLET (explicando): — Então voltou-se assim.

HAMLET (como seu pai, dá uma volta, agita o punho e desfere golpes no portão do palácio): — Chama às armas o povo da Dinamarca e mata os traidores.

SHAKESPEARE (interrompendo): — É isso o que você quer... matar?

HAMLET (tomado de surpresa, deixa de atuar como seu pai; como ele próprio): — Morte ao novo Rei e à nova Rainha!

HAMLET (ainda como ele próprio, volta-se bruscamente para Shakespeare): — Quero ver a minha mãe. Faça-a vir aqui. (Sobe ao palco um ego auxiliar e atua como a mãe, Hamlet atua no papel de Hamlet.)

Cena entre a mãe de Hamlet e Hamlet.

Depois, Hamlet pede a presença de seu padrasto, o novo Rei.

Um ego assume esse papel.

Cena entre o novo Rei e Hamlet como seu pai.

Então, Hamlet representa o papel de seu padrasto, fazendo amor com sua mãe.

Cena entre Hamlet, como o novo Rei, e a Rainha, mãe de Hamlet.

Então pergunta por Ofélia. Uma jovem, ego auxiliar, assume o seu papel.

Cena entre Hamlet e Ofélia.

Assim, passo a passo, o psicodrama de Hamlet vai se desenvolvendo, como se surgisse do nada, diante de nossos olhos. Vemos muitas versões de Hamlet e mais de uma de Ofélia. Contudo, o extraordinário dessa produção é que não vemos Shakespeare, o autor e produtor que se enfrenta com o ator e fá-lo ensaiar o papel de Hamlet, mas vemos um Hamlet real que se encontra com um Shakespeare real. Quando o louco se torna real, também Shakespeare tem de retirar sua máscara de dramaturgo e a sua personalidade privada vem ao primeiro plano, a de um homem com suas próprias angústias e ânsias, deficiências e ambições. É uma produção de pessoas reais, Shakespeares verdadeiros em luta com Hamlets verdadeiros. E os egos que vêm em seu auxílio não são apenas atores mas amigos e conhecedores do mundo de Hamlet, a quem tentam encarnar.

À primeira vista, pareceria ser esse um novo ponto de partida no drama, uma espécie de síntese entre o teatro e o manicômio, entre o drama e a psiquiatria, uma espécie de psiquiatria shakespeareana. Mas, numa consideração mais profunda, verificamos que não se trata de um novo modo de enfocar o drama; é, outrossim, um retorno ao seu *status nascendi*, o drama que remonta à sua fonte primária. Muito antes do dramaturgo poder escrever um *Hamlet* e um elenco de atores entreter com ele uma multidão de freqüentadores de teatro, existiram milhares de Hamlets, Otelos e Macbeths de carne e osso. Da própria vida, eles chegaram aos livros de História. E destes o dramaturgo os retirou. Mas o psicodramaturgo encontra-os *antes* deles passarem aos livros. Defronta-se com o verdadeiro Hamlet e o verdadeiro Shakespeare, aqui e agora, no palco do psicodrama.

Bibliografia I

Aristóteles, *Poetics*, Texto e tradução de S. A. Butcher, 1895.

Lessing, G. E., *Hamburgische Dramaturgie*, 1877.

Diderot, D., *De La Poesia Dramatique*, VII, 1875.

Dryden, I., *Essay of Dramatic Poesy*, 1900.

Smith, Winifred, *The Commedia dell'Arte*, Nova Iorque, 1912.

Bibliografia II

Adler, Alfred, *The Inferiority of Organisms*, Viena, 1907.

Allport, G. W., *Personality: A Psychological Interpretation*, Holt, Nova Iorque, 1938.

Bergson, Henri, *Les Données Immédiates de la Conscience*, 1889.

— , *Matière et Memoire*, 1907.

— , *L'Évolution Creatrice*, Paris, 1907.

Brodman, K., *Vergleichende Lokalisations Lehre der Gross Hirnrinde*, Barth, Leipzig, 1925.

Burgess, W. W., *Personality and the Social Group*, University of Chicago Press, Chicago, 1929.

Burks, B. S., "The Relative Influence of Nature and Nurture upon Mental Development", *27th Yearbook of the National Society for Student Education*, Parte I, 1928.

Coghill, G. E., *Anatomy and the Problems of Behaviour*, Harvard University Press, Cambridge, 1929.

Fourier, François Charles, *Theorie des Quatre Mouvements*, 1898.

Franz, J. G., "A Survey of Sociometric Techniques", *Sociometry*, 1939.

— "The Place of Psychodrama in Research", *Sociometry*, Vol. III, 1940.

Freud, Sigmund, *Interpretation of Dreams* (traduzido por Brill, A. A.), 1900.

Galton, F., *Inquiries into Human Faculty and Its Development*, Macmillan & Co., Londres, 1883.

Gesell, A., *Infancy and Human Growth*, Macmillan, Nova Iorque, 1929.

James, William, *Principles of Psychology*, Holt, Nova Iorque, 1890.

Jennings, Helen H., *Leadership and Isolation*, Longmans, Green & Co., 1943.

Jennings, Herbert S., *The Biological Basis of Human Nature*, Norton, Nova Iorque, 1930.

Kierkegaard, Soren, *The Concept of Dread*, 1844.

Lerner, Eugene, *Experiments in Active Play Techniques*, Monografia da *Society for Research in Child Development*, 1941.

Lombroso, C., *L'Uomo Delinquente*, Turim, 1889.

Meyer, Adolf, "Spontaneity", *Sociometry*, Vol. IV, N.° 2, 1941.

Mead, Herbert G., *The Philosophy of the Present*, 1933.

— , *Mind, Self and Society, from the standpoint of a social behaviourist*, University of Chicago Press, Chicago, 1934.

Moreno, Florence B., "Sociometry Status in a Nursery School Group", *Sociometry*, Vol. VI, N.° 4, 1942.

Moreno, J. L., *Who Shall Survive?*, 1934, Beacon House, Nova Iorque.

— , "Psychodramatic Approach to Performance Neurosis", *Psychodrama Monograph*, N.° 2, Beacon House, Nova Iorque, 1944.

— , "Psychodramatic Treatment of Psychoses", *Sociometry*, Vol. III, N.° 2, Beacon House, Nova Iorque, 1940.

Moreno, J. L., "A Case of Paranoia Treated Through Psychodrama", *Proceedings of the Second Brief Psychotherapy Council*, The Institute for Psychoanalysis, Chicago, 1944.

— , "Mental Catharsis and the Psychodrama", *Sociometry*, Vol. III, N.° 3, Beacon House, Nova Iorque, 1940.

— , "Interpersonal Therapy and Psychopathology of Interpersonal Relations", *Sociometry*, Vol. I, N.° 1, 1937.

— , "Spontaneity Test and Spontaneity Training", *Psychodrama Monograph*, N.° 4, Beacon House, Nova Iorque, 1944.

— , "The Theatre for Spontaneity", traduzido de *Das Stegreiftheatre*, 1923, *Psychodrama Monograph N.° 4*, Beacon House, Nova Iorque, 1944.

Murphy, Lois Barclay, "Experiments on Free Play", *Monographs of the Society for Research in Child Development*, 1941.

Murphy, G., Murphy, L. B., Newcomb, Theodore, *Experimental Social Psychology*, Harpers, Nova Iorque, 1937.

Pavlov, J. P., *Conditioned Reflexes. An Investigation of the Phisiological Activity of the Cerebral Cortex*, 1927.

Peirce, Charles Sanders, *Collected Papers*, Harvard University Press.

Piaget, J., *The Language and Thought of the Child*, 1926.

Rank, O., *The Trauma of Birth*, Harcourt, Brace, Nova Iorque, 1929.

Stern, W., *General Psychology*, Macmillan & Co., Nova Iorque, 1938.

Stone, Joseph, "Experiments in Group Play and Readiness for Destruction", Parte 2, *Monographs of the Society for Research in Child Development*, Vol. 6, N.º 4, Série N.º 30, 1941.

Bibliografia III

John R. P. French, Jr., "Retraining an Autocratic Leader", *Journal of Abnormal and Social Psychology*, Vol. 39, N.º 2, 1944.

J. L. Moreno (Editor), *Impromptu Magazine*, Beacon House, 1931.

J. L. Moreno, "The Advantages of the Sociometric Approach to Problems of National Defense", *Sociometry*, Vol. IV, N.º 4, 1941.

Nahum E. Shoobs, "Psychodrama in the Schools", *Psychodrama Monograph*, N.º 10, Beacon House, Nova Iorque, 1944.

Alvin Zander, Ronald Lippitt e Charles E. Hendry, "Reality Practice in Education", *Psychodrama Monograph*, N.º 9, Beacon House, Nova Iorque, 1944.

Bibliografia IV

Urie Bronfenbrenner, "The Measurement of Sociometric Status, Structure and Development", *Sociometry Monographs*, N.º 6, Beacon House, Nova Iorque, 1945.

Frances Herriott e Margaret Hagan, "The Theatre for Psychodrama at St. Elizabeths Hospital", *Sociometry*, Vol. IV, N.º 2, 1941.

Helen H. Jennings, "Control Study of Sociometric Assignment", *Sociometric Review*, 1936.

J. L. Moreno e Helen H. Jennings, "Sociometric Measurement of Social Configurations, Based on Deviation from Chance", *Sociometry*, Vol. I, Parte II, 1938; e *Sociometry Monographs*, N.º 3, Beacon House, Nova Iorque.

Howard P. Rome, "Therapeutic Filmes and Group Psychothetherapy", *Sociometry*, Vol. VIII, N.ºs 3-4, 1945.

Bibliografia V

Bruno Solby, "The Psychodramatic Approach to Marriage Problems", *American Sociological Review*, Vol. VI, N.º 4, 1941.

Zerka Toeman, "Role Analysis and Audience Structure", *Psychodrama Monographs*, N.º 12, Beacon House, Nova Iorque, 1944.

Abraham L. Umansky, "Psychodrama and the Audience", *Sociometry*, Vol. VII, N.º 2, maio de 1944, Beacon House, Nova Iorque.

Bibliografia VI

J. L. Moreno, "Die Gottheit als Komoediant" (A Divindade como Comediante), como folheto, 1911, reeditado em "Daimon", Vol. II, Anvengruber-Verlag, Viena, 1919.

— , "Homo Juvenis", 1908, reeditado em "Einladung zu einer Begegnung", Viena, 1914.

— , "Rede vor dem Richter", editado por Gustav Kiepenheuer, Berlim, 1925.

— , "Das Reich der Kinder", (O Reino das Crianças) 1908, reeditado em *Einladung zu einer Begegnung*, Anzengruber Verlag, Viena, 1914.

— , "Homo Juvenis", 1909, *ibid.*

— , "Die Gottheit als Autor", (A Divindade como Autor), Gustav Kiepenheuer Verlag, Berlim, 1918.

— , "Die Gottheit als Redner" (A Divindade como Orador), *Ibid.*, 1919.

— , "Das Testament des Vaters", *ibid.*, 1920.

J. L. Moreno, "Rede über den Augenblicj", *ibid.*, 1922.

— , "Der Königsroman", *ibid.*, 1923.

— , "Das Stegreiftheater", *ibid.*, 1923.

— , "Rede über die Begegnung", *ibid.*, 1924.

— , "Rede vor dem Richter", *ibid.*, 1925.
— , *The Worlds of the Father*, Beacon House, 1941.
— , "The Future of Man's World", em *Group Psychotherapy. A Symposium*, Beacon House, 1945.

DATAS DE PUBLICAÇÃO ORIGINAL DE IMPORTANTES ARTIGOS CONTIDOS NESTE VOLUME

Origin of the Therapeutic Drama, 1911 (de *Die Gottheit als Komiediant*)
Locus Nascendi of the Theatre, 1923 (de *Das Stegreiftheater*)
The Therapeutic Theatre, 1923 (de *Das Stegreiftheater*)
A Philosophy of the Creative Act, 1931 (Revista *Impromptu*)
Ave Creator, 1931 (Revista *Impromptu*)
The Art of the Moment, 1931 (*Impromptu*)
The Creative Act, 1931 (*Impromptu*)
The Spontaneity State, 1923 (*Stegreiftheater*)
The Status Nascendi and the Idea of Perfection, 1923 (*Stegreiftheater*)
The Theatre of Spontaneity and the Stanislawski Method, 1943 (*Sociometry*, Vol. VI)
Dramaturgy and Creaturgy, 1923 (*Stegreiftheater*)
The Living Newspaper, 1923 (*Stegreiftheater*)
Body Training, 1923 (*Stegreiftheater*)
The Creative Revolution, 1931 (*Impromptu*)
Spontaneity Theory of Child Development, 1944 (*Sociometry*, Vol. VII)
General Spontaneity Theory, 1944 (*Sociometry*, Vol. VIII)
The Category of the Moment, 1940 (*Sociometry*, Vol. III)
First Public Session in New York City, 1928 (Revista *Impromptu*, 1931)
Spontaneity and Intelligence Testing, 1931 (*Group Method*, 1931)
Spontaneity Test, 1934 (*Who Shall Survive?*)
Spontaneity Test in Standard Life Situations, 1940 (*Sociometry*, Vol. III)
Spontaneity Training, 1936 (*Sociometric Review*, N.º 1)
Spontaneity Training in Children,, 1929 (*Impromptu*)
Towards a Curriculum of the Impromptu Play School, 1931 (*Impromptu*)
Notes on the Pathology of Immediate Creation, 1931 (*Impromptu*)
Role Tests and Role Diagrams of Children, 1945 (*Sociometry*, Vol. I)
Psychodrama and the Psychopathology of Inter-Personal Relations, 1937 (*Sociometry*, Vol. I)
Intermediate (In Situ) Treatment of a Matrimonial Triangle, 1937 (*Sociometry*, Vol. I)
Experimental Psychodrama, 1941 (*Sociometry*, Vol. IV)
Function of the Psychodramatic Director, 1941 (*Sociometry*, Vol. IV)
Function of the Auxiliary Ego, 1940 (*Sociometry*, Vol. III)
Function of the Audience, 1941 (*Sociometry*, Vol. III)
Psychomusic: Instrumental Form, 1931 (*Impromptu*)
Psychodramatic Treatment of Performance Neurosis, 1939 (*Sociometry*, Vol. II)
The Group Approach in Psychodrama, 1942 (*Sociometry*, Vol. V)
Psychodramatic Treatment of Marriage Problems, 1940 (*Sociometry*, Vol. III)
Sociodrama, 1943 (*Sociometry*, Vol. VI)
Psychodrama and Therapeutic Motion Pictures, 1944 (*Sociometry*, Vol. VI)
Psychodrama and Television, 1942 (*Sociometry*, Vol. V)
Shakespeare and the Psychodrama, 1944 (*Sociometry*, Vol. VI)

ÍNDICE DE ASSUNTOS

Leia também:

PSICOLOGIA INTEGRAL

Consciência, Espírito, Psicologia, Terapia

Ken Wilber

A meta de uma "psicologia integral" é levar em conta e abarcar todos os aspectos legítimos da consciência humana. Este livro apresenta um dos primeiros modelos realmente integrativos da consciência, da psicologia e da terapia. Fundamentando-se em centenas de fontes orientais e ocidentais, antigas e modernas, Wilber cria um modelo psicológico que inclui ondas e correntes de desenvolvimento, estados de consciência e do eu, e analisa o curso de cada um deles, desde o subconsciente, passando pelo autoconsciente e indo até o superconsciente.

Psicologia Integral é o trabalho sobre psicologia mais ambicioso de Wilber até agora, e já está sendo chamado de marco no estudo do desenvolvimento humano.

PSICOLOGIA DA EVOLUÇÃO POSSÍVEL AO HOMEM

Ouspensky

PSICOLOGIA DA EVOLUÇÃO POSSÍVEL AO HOMEM abrange o texto das conferências psicológicas de Ouspensky, lidas a partir de 1934 para todos os grupos novos, de cerca de quarenta pessoas, formados para estudar o "sistema". "Porque o 'sistema' não pode ser aprendido pelos livros", Ouspensky não as escreveu para publicação, mas para dar às pessoas recém-chegadas idéia da direção do seu trabalho, iniciado com a publicação, em 1912, de *TERTIUM ORGANUM* e prosseguindo, de 1915 a 1918, com Gurdjieff em Moscou, São Petersburgo e Essentuki. Gurdjieff expressou a substância do seu trabalho em três livros sob o título geral de *ALL AND EVERYTHING* (DO TODO E DE TODAS AS COISAS). O relato de Ouspensky se encontra sob o título de *FRAGMENTS OF AN UNKNOWN TEACHING* (FRAGMENTOS DE UM ENSINAMENTO DESCONHECIDO), que só foi publicado depois da sua morte com o nome de *IN SEARCH OF THE MIRACULOUS* (EM BUSCA DO MILAGROSO). Com o dom de redigir com clareza, Ouspensky torna acessíveis numa forma moderna, a qualquer leitor sério, os sistemas tradicionais de psicologia e cosmologia. Nas derradeiras poucas páginas (375-389) dessa obra descreve o seu afastamento, em 1918, de Gurdjieff e como se sentiu capaz de continuar o "trabalho", fazendo conferências sobre o "sistema" para pequenos grupos em Ekaterinodar e Rostov em 1919; em Constantinopla em 1920, em Londres de 1921 a 1941 e em Nova Iorque de 1941 a 1946. Para estes últimos grupos escreveu, em 1945, uma introdução à PSICOLOGIA DA EVOLUÇÃO POSSÍVEL AO HOMEM a fim de alertá-los para o fato de que estamos realmente ouvindo coisas novas.

EDITORA PENSAMENTO

tel.: 25226368